(재) 미래연구원
서애와 현대 시리즈

서애 류성룡의 리더십

송 복 · 서재진 편

法 文 社

책머리에

지금까지 류성룡 연구의 백미로 알려진 송복 고수의 『서애 류성룡 – 위대한 만남』에 따르면, 임진왜란은 바다에서는 이순신의 전쟁이었고, 육지에서는 류성룡의 전쟁이었다. 어찌 그 두 사람만 있었을까 마는 이 두 사람만 있었다 해도 지나치지 않을 정도로, 조선은 전적으로 이 두 사람에 의존해 있었다고 한다.

실제로 류성룡과 이순신이 없었더라면 우리 한민족의 역사는 임진왜란을 계기로 끝났거나 완전히 달랐을 가능성이 매우 높았다. 아마도 한민족 우리가 아닌 중국화된 우리, 혹은 일본화된 우리로 존재하지 않을까. 어쩌면 한반도가 반으로 분단되어 북쪽은 중국화된 우리, 남쪽은 일본화된 우리로 만들어졌을 가능성도 높았다. 임진왜란은 바로 그런 전쟁이었고, 그런 참혹한 전쟁에서 오늘의 우리, 지금의 정체성을 가진 우리로 존립 존속케 한 결정적인 역할을 한 사람이 바로 서애 류성룡이었다.

류성룡이 퇴임 후에 "지난 일의 잘못을 징계하여 뒤에 환난이 없도록 경계하자"는 의미로 쓴 국보 132호 『징비록』에서 이순신의 인품과 전쟁에서의 영웅적 스토리를 기록하였기 때문에 이순신의 활약상이 후세에 전해졌다. 현존하는 것만 해도 888수의 시를 쓴 시인 류성룡의 필력으로 "아직 12척의 배가 있나이다", "나의 죽음을 알리지 말라" 등의 감성적인 레토릭을 썼기에 이순신이 우리 민족의 가슴에 영원히 남을 수 있었다. 류성룡은 이순신을 발탁하여 7단계로 높은 직급인 전라좌수사로 천거하였을 뿐만 아니라 그의 활약상을 기록하여 이순신의 진면목을 정서적 스토리로 기억할 수 있게 한 것이다. 그리고 그런 기록과 이야기에 감동받은 박정희 대통령이 이순신을 성웅화하는 작업을 정부 차원에서 추진하고 광화문에 동상을 세웠기 때문에 이순신은 그 인품과 리더십과 업적이 정당히 평가되고 알려지게 되었다.

그런데 류성룡의 업적과 리더십이 정당히 평가를 받는 데는 긴 세월이 걸렸다. 조선의 붕당정치의 폐해로 말미암아, 류성룡의 그 역사적인 책 『징비록』이 붕당이 다르다는 이유로, 류성룡 퇴임 이후 집권한 붕당에 의하여 배척당하고 읽히지 않았다. 그리하여 조선은 외침을 경계하는 『징비록』이 출간됐지만 불과 30년도 안되어 또다시 정묘호란과 병자호란을 겪는다.

류성룡이라는 인물이 발굴되고 제대로 평가된 것은 정조임금을 통해서였다. 임진왜란 이후 200여년이 지난 시점에서 정조임금이 수원화성을 축조하는 과정에 참고자료를 찾다가 류성룡이 개발하여 시행한 축성법을 찾아서 읽은 것을 계기로 『징비록』과 그의 창의성, 통찰, 지혜, 리더십을 재발견한 것이다. 정조임금이 류성룡을 임진왜란 최고의 인물로 평가하여 그를 추모하여 지은 제문(신두환 번역)의 일부이다.

그 이름 문충공 류성룡이라
저 주나라 기산의 석고처럼
저 한나라 기린각과 함께
그 아름다운 이름 가지런히 짝하여
백세 영원토록 사라지지 않으리라
선조임금이 다시 번창하여 일어남은
그 공이 마땅히 경에게 있도다
분주히 상주문을 올려 왜란을 물리침이
명나라 구원병 한 방법이 있었네
뛰어난 책략으로 전쟁을 총지휘하여
전심전력으로 최선을 다하였도다
임금의 행차는 다시 돌아오고
거센 전란의 파도를 길이 잠재웠도다
공훈은 진나라 승에 드리울만하고
이름은 조려의 솥에 무거워라
온 백성 모두들 서애를 칭송하네
농부와 길쌈하는 아낙네들 까지도

정조는 이 제문과 함께 매년 류성룡의 제사를 올렸다. 류성룡의 축성법이라든지, 거북선을 만드는 방법이라든지, 염업과 국경무역을 시행한 시책들이 훗날의 실학사상의 뿌리가 되었다.

그러나 이후의 조선의 조정과 사대부들은 류성룡을 또 잊고 있었다. 붕당정치의 여파이다. 조선이 배제하고 망각한 사이 오히려 일본이 1695년 『징비록』을 한문으로 된 원문에 일본식 훈점(訓點)을 붙여 간행했다. 『징비록』은 조선통신사 수행 역관에 의해 일본으로 밀반출되어 일본에서 먼저 출간되고, 더 많이 읽혔다. 이종각 교수에 의하면, 일본에서 징비록이 간행된 이후 현재까지 번역, 영인본 20여종이 간행되었고, 에도시대에는 '징비록 사회현상'으로까지 번졌다고 한다. 일본인의 류성룡과 징비록에 대한 평가는 명재상, 현상(賢相), 명저, '실록이라 할만하다'는 평가 등으로 알려졌고, 식민사관을 주도한 일본인 관학자들마저도 『징비록』과 류성룡을 명저, 명역사가, 명사상가 등으로 높이 평가하였다.

『징비록』이 우리 땅에서 간행된 것도 일본인에 의해서다. 1936년 조선사편수회가 간행한 조선사료총간(朝鮮史料叢刊)의 하나로 하회 류씨 종가에 보관 중이던 류성룡 자필의 징비록을 영인하고 해설을 붙였다. 일본어로 번역된 것은 1979년 재일조선인이 처음 일본어로 주석을 달아 번역하였는데 가장 최근의 번역본이기도 하다.

『징비록』을 우리말로 번역되어 책으로 출간된 것은 너무 늦었지만 1960년, 이재호의 번역으로 비로소 이루어졌고, 2001년 '서애선생기념사업회'에서 『진사록』, 『근폭집』, 『군문등록』을 포함한 <징비록 전서>가 번역 출간되었다. 이제 서애 선생에 대한 연구가 더욱 활성화되고 대중화되는 계기가 될 것이다.

일본은 임진왜란에서 육전에서는 승리했으나 수군에서 대패하였다는 교훈을 잊지 않고, 해군을 강화하여 러일전쟁에서 대승을 거두었고, 여세를 몰아 결국 조선을 병합하였다. '징비하지' 못한 조선은 결국, 임란 실패를 '징비한' 일본의 식민지로 전락하였고, 해방 후에도 분단이 고착화되는 비극을 당하였다.

지금까지 류성룡에 대한 학계의 연구는 주로 역사학자들에 의하여 이루어졌고, 그의 사상과 철학에 대한 연구도 인문학자들에 의하여 이루어졌으나 대중에게 전달되어 그 교훈이 전파되는 데는 미미한 수준이다. 2015년 KBS 대하드라마 <징비록> 50부작이 책 『징비록』과 류성룡을 대중적으로 알리는 데 큰 영향을 미쳤다. 이후로 학계에서도 류성룡과 징비록 연구에 관심들이 많이 생겨나고 있다. 류성룡의 방대한 저서와 사료들이 번역되고 있으며, 나라를 다시 세운다는 '재조산하'(再造山河)라는 말이 류성룡을 상징하는 말로 쓰여지기 시작하기도 하였다. 그러나 류성룡에 대한 역사학자들과 철학자들에 의한 연구도 지속되어야 하지만 한계가 드러나고 있다. 자료 제한과 관심 연구자 풀의 제한 때문이다.

이제, 역사적 사료를 이론적으로 해석하는데 초점을 맞추는 '사회과학적 연구'가 필요한 시점이다. 류성룡을 제대로 해석하여 이해하고, 나아가서 정책적 교훈, 삶의 지혜의 교훈, 리더십의 교훈을 얻는 연구가 필요한 때이다.

(재)미래연구원이 서애선생기념사업회의 후원을 받아서 <서애 류성룡 연구단>을 발족하였고, 10명의 사회학자, 정치학자, 경영학자, 언론학자를 포함한 사회과학자들이 참여하여 추진한 첫 연구 성과로 이 책을 내놓는다. 서애를 현대에 되살려 교훈을 얻는 '서애와 현대' 시리즈 첫 책이다. 첫 책은 류성룡의 리더십에 초점을 맞추는 연구이다. 이 연구가 기존의 류성룡 관련 연구들과 다른 점은 사회과학적, 이론적 분석틀을 가지고 류성룡의 리더십을 해석한다는 점이다. 사실 그대로의 모습을 본다는 것이 너무나 방대한 작업이기 때문에 한 부분씩 한 부분씩 살펴보되, 특별한 현미경을 가지고 본다는 의미이기도 하다. 류성룡이 어떤 사람인지, 어떤 목적으로, 어떤 정책을, 어떻게 추진했는지의 의미를 해석함으로써 그에 대한 심층 이해에 도달하게 하는 연구이다.

제1장 송복 교수의 "류성룡의 시관(時觀) – 미래지향성 리더십" 논문은 이

책의 기조논문이다. 이 논문은 류성룡이 '시관(time-perspective)'의 차원에서 그 시대의 일반적 지향과는 다른 시관을 가졌다고 본다. 그 시대의 일반적 지향이 '오래된 미래'라고 본다. 오래된 미래는 '새로운 미래'와 대비되는 말로서, 오롯이 조선시대 '시관'의 산물이지만 그것이 오늘 이 시대에, 그 시대의 판박이로 재현되어 나라가 마구 뒤흔들리고 있다고 주장한다. 적폐청산, 진영구축이 다른 사회와는 비교하기 어려운 우리 특유의 원한, 한풀이인데 이 모두가 선대의 데자뷔라 해도 이의를 달기 어려운 우리만의 '오래된 미래'라고 본다.

왜 우리는 아직도 선진국이 못되는가? 세계최고의 교육수준에도 왜 여전히 우리는 정직성, 투명성, 준법정신, 신뢰도 면에서 미성숙을 보이는가? 매년 한국인들의 인구비례 고소·고발사건이 일본의 120배가 넘는다는 사실을 어떻게 설명할 것인가? 송복 교수는 이런 현재의 현상들이 '이미 오래전에 예고된 미래'라는 점에서 '오래된 미래'라고 보는 것이다. '오래된 미래'가 현재 우리를 설명하고 미래의 우리를 설명해 주는 키워드(keyword)라는 것이다.

이와 대조적으로 류성룡의 징비의 '시관 時觀'은 미래지향적이라는 것이 송복 교수 주장의 핵심이다. 모든 책임이 '나'에게 있다고 하면 '나'는 반성한다는 것이고, 다시는 그런 과오를 저지르지 않도록 경계한다는 것이고, 끊임없이 새 방책을 강구한다는 것이며, 그리하여 '새로운 미래'를 열어간다는 것이다. 반대로 모든 책임이 '그들'에게 있다고 외친다면, 그만큼 시간은 자꾸 과거지향이 되고, 과거지향성은 더욱 공고화 되어간다는 것이다. 송복 교수는 『징비록』이 우리에게 주는 함의는 희망이라고 본다. 그 희망이 과거를 털고 미래로 향하는 바로 미래지향성이었다. 그것이 류성룡의 '새로운 미래'이다.

제2장 전상인의 "류성룡 주도 국가개혁의 역사사회학" 논문은 역사사회학적 시각에서 전시재상 혹은 전쟁영웅의 차원을 넘어 근대 국가건설자(state maker) 혹은 국가개혁가(state reformer)로서의 류성룡을 부각시키고자 했다. 류성룡의 진가는 단순히 조선을 침몰 직전에서 구해낸 정도가 아니라, 미래

지향적 안목을 통해 전반적인 국정개조에 심혈을 기울였다는 점에서 찾아야 하기 때문이라는 것이다. 이 논문은 또 류성룡이 국가의 존재 이유가 무엇인지를 알았고, 왜 부국강병이 필요한지를 깨달았던 정치가였다고 보고, 16세기를 살았던 조선의 위인이었지만 정신적으로는 몇 세기를 훨씬 앞서 살았던 세계사적 인물이기도 했다는 점을 경험적으로 분석한다.

제3장 서재진의 "자기초월과 공공성 지향의 리더 류성룡" 논문은 류성룡의 리더십의 본질을 자기의 사심과 사욕을 초월하여 공공성을 지향한 리더라는 관점으로 바라본다. 이 관점은 서애 선생의 학문과 사상에 대한 탐색을 통하여 발견된 것으로서 "인욕을 제거하고 도리를 보존하라"는 양명학의 정신으로 해석된다. 류성룡은 이 신념으로 평생을 살면서 임진왜란을 당하여 사대부들의 이기주의를 뚫고 공공선을 향한 리더십을 발휘하여 그의 이름의 상징어인 재조산하(再造山河)를 이루어내는 공적을 이루어냈다는 사실을 경험적으로 살펴본다.

제4장 백권호의 "CEO로서 류성룡의 리더십" 논문은 조직의 CEO는 위기를 맞이할 때마다 자신이 보유한 근본적인 리더십 상태를 점검한다고 설파한 리더십의 대가 퀸(Quinn)의 관점을 빌어서 류성룡의 리더십의 '내적 품성'에 초점을 맞추고 있다. 류성룡은 성리학적 깨달음을 추구하여 소위 '도통의 경지'에 도달하였으며, 그러한 정신적 수련이 임진왜란이라는 극단적 위기 상황에서 조선을 구해낸 리더십의 원천이라고 보고, 그 관점에서 그의 리더십의 성과를 분석하였다.

제5장 심재철의 "언론인으로서 류성룡의 리더십" 논문은 류성룡의 언론삼사에서의 경력과 활동, 『징비록』의 내용에 대해 '프레임 분석'이라는 기법으로 접근했다. 류성룡이 청요직 시절 언관으로서의 활약을 통해 일약 조정의 스타로 떠오르게 된 과정들을 서술하고, 『징비록』에 임진왜란의 최후 전쟁인 노량해전의 기록을 사실적이면서도 감동적으로 묘사해 성웅 이순신에 대한 한국인의 정서구조가 형성되었다고 주장한다.

제6장 조백상의 "협상가로서 류성룡의 리더십" 논문은 당시 명(明)이 조

선에 대해 '분할역치'의 시행을 기도하고자 명 황제의 사신 사헌(司憲)을 1593년 윤11월 12일부터 7일간 한양에 파견하였을 때의 상황에 초점을 맞추어 사례 분석을 한다. 사헌은 조선을 2, 3개 지역으로 나누어서 분할통치하고, 임금 역시 바꾸겠다는 칙서를 가져왔는데, 영의정 류성룡이 그 경천동지할 상황에서 대응 협상을 주도하였다. 그런데 명 사신은 그 기도를 단념하고 오히려 협상을 주도한 류성룡을 재조산하(再造山河)를 이룰 명재상이라고 극찬하면서 떠났던 사건이다. 이 글은 류성룡의 협상의 시말을 협상가의 자질이라는 개념으로 세밀하게 분석하여 그의 협상가로의 면모를 흥미롭게 잘 부각하였다.

제7장 박희태의 "류성룡의 전략적 리더십" 논문은 군사전략가로서의 탁월한 면모를 심층분석한다. 전략적 리더십(strategic leadership)이란 시각에서 접근하되, 먼저 전략적 리더로 성장하는 사전경험의 과정을 잘 부각하였다. 임진왜란 이전까지 류성룡은 다양한 군사분야 직책을 경험하며 군사분야의 통찰과 경륜을 축적하면서 '증손전수방략'과 '군국기무10조', '북변헌책의'와 같은 중요한 전략서적들을 작성하였다. 그리고 전란 기간 류성룡은 도체찰사로서 그리고 좌의정과 영의정으로서 야전을 누비며 전략적 이론가이면서, 전략 실천을 도모하는 실천가의 모습, 전략적 동기부여자의 모습을 세밀하게 분석하였다.

제8장 노명화의 "류성룡의 전략적 통찰" 논문은 조직을 책임지는 리더의 역량 중 전략적 통찰에 관하여 살펴본다. 여기서 전략적 통찰을 전략가가 지니는 철학적 가치, 품성, 그리고 지적 역량 등의 하위 개념으로 나누어서 접근한다. 이런 분석을 통하여 류성룡은 풍전등화 같은 시기에 그 전략적 통찰과 더불어 전시에 한 국가의 재상으로서 본보기가 되는 성과를 냈다는 점을 경험적으로 잘 보여준다.

제9장 송재윤의 "류성룡과 조선의 국가 형성" 주제의 영어논문은 류성룡이 도요토미 히데요시의 침략을 명과 일본 간의 국지전쟁으로 재정의하고, 명군이 참전하도록 유도한 것이 조선의 국가를 보존하는데 주효했다는 관점

에서 접근한다. 이 논문은 류성룡이 왜군이 조선을 침략한 것은 명나라를 침략하기 위한 중간 단계로 보고, 명에 이 사실을 통보하고 원군을 요청한 것이며, 명이 원군을 보낸 것도 조선을 구하기 위한 것이라기보다는 왜군의 명 침략 기도를 조선 전선에서 방어하기 위한 것으로 보았다는 점이다. 또한 이 논문은 류성룡이 명(明)의 조선 분할 역치 및 일본과의 강화협상으로 조선을 분할 점령하고자 했던 기도를 좌절시킨 점, 이순신을 기용하는데 주도적인 역할을 한 점, 만신창이가 된 제도들을 혁신한 점을 자세히 분석하여 류성룡의 리더십이 조선왕조를 단일 민족국가로 존속하게 하는데 가장 중요한 요인으로 작용했다고 본다.

본 책에 수록된 논문들의 연구는 '서애선생기념사업회'의 지원으로 이루어졌다. 류진 이사장님께 깊은 감사의 마음을 표한다. 주제 선정과 논문 작성은 전적으로 연구자 개인들의 독자적인 학문적 관점에서 수행되었으며, 편집과 출판 역시 미래연구원에서 학술적 차원에서 기획되고 추진되었다. 이 책이 나오기까지 기획에서부터 출간까지 함께하며 물심양면으로 지원과 격려를 아끼지 않은 (재)미래연구원의 이진규 이사장님께 집필자 9인을 대신하여 감사드린다. 끝으로 이 책을 만들어주신 법문사 정해찬 과장님과 배은영님께 감사한 마음을 전한다.

2019년 4월초

집필자 9인을 대신하여 삼가 씀

서 재 진

(재)미래연구원 원장

차 례

제 1 장

류성룡의 시관(時觀, Time-perspective): 미래지향성 리더십

Ⅰ. 서론

Ⅱ. '오래된 미래'－그 실존의 유래

Ⅲ. 끈질긴 역사－적(積)폐청산·적(敵)패몰이

Ⅳ. 시관(時觀), 작용과 역(逆)작용

Ⅴ. 柳成龍의 시관(時觀)－원형의 미래지향성

Ⅵ. 맺음말: 미래 희망

제 1 장
류성룡의 시관(時觀, Time - perspective): 미래지향성 리더십

송 복 (연세대학교 명예교수)

Ⅰ. 서 론

이 글은 류성룡(柳成龍, 1542-1607)이 그 참담한 임진왜란에서 어떻게 나라를 지켜낼 수 있었는가를 그의 '시관(時觀)'을 통해 밝히려는 데 뜻이 있다. 지금까지 柳成龍 연구는 여러 분야에서 여러 주제로 다각도로 진행되어 왔다. 역사적 사실에 근거해 그 시대를 다양하게 조명한 것은 말할 것도 없고, 정치학, 사회학, 행정학, 경제 · 경영학 그리고 군사학적 측면에서까지 柳成龍의 시대와 柳成龍의 행적 · 업적을 포괄적으로 심도 있게 다루어 왔다.

일찍이 우리 연구에서 이렇게 한 인물을 다측면에서 다각적으로 연구한 예는 흔치않다. 앞으로의 柳成龍 연구는 역사학보다는 사회과학 분야에서 지속될 것이며, 더 좋은 결실이 있을 것이다.

이 글에서는 柳成龍이 과연 어떤 '시관'을 가지고 국사(國事)에 임했으며, 난국을 타개하고 미래를 열어 갔는가를 보려한다. '시관'은 아직까지 우리말 사전에 등재되지 않은 사회학적 용어다. 글자 그대로 '시관'은 시간에 대한 관점(觀點)이고 시각(時角)이다. 어떤 눈으로 어느 방향에서 시간을 보고 있느냐가 관점이고, 어떤 각도 어떤 자세로 시간을 보느냐가 시각이다. 보는 관점과 각도에 따라 사물이 완전히 다르게 보인다. 시간 또한 그 봄(관觀)에 따라 완전히 다르게 보인다. 보임에 따라 인간의 마음도 정신도 행동도 달라진다. 역사의 지향도 달라진다.

우리말사전에 '시관'이라는 주제어(主題語)는 아직 없다. 전통사회에도 '시관 時觀'이라는 개념은 없었다. 『역(易)』에는 육관(六觀)이라는 관(觀)의 분류가 있지만, 이 여섯 가지 분류에도 시간을 보는 '관'은 없다.[1] 불교에는 관세음(觀世音)처럼 '소리를 본다'는 말은 있어도 '시간을 본다'는 말은 쓰이지 않는다. 영어의 시관은 'perspective'다. 이 단어는 우리말로 조망(眺望), 원근(遠近), 혹은 원근법(法), 그리고 시각(視角)이라는 의미를 나타낸다. 이때의 'perspective'는 세상을 보는 관점, 시각을 의미한다. 관점과 시각에 따라 세상은 전혀 다른 새로운 전망으로 펼쳐지기도 하고, 낡은 그대로의 모습으로 존속되기도 한다.[2]

이 글에서 '시관'은 시간지향(時間志向, time-orientation)이다. 어떤 눈으로 시간을 보느냐에 따라 목표가 달리 정해지고, 목표 따라 마음이 향(向)하는 곳, 지향(志向)도 달라진다는 의미에서다. 시간을 보는 눈은 세 가지다. 과거의 눈으로 시간을 보느냐, 현재의 눈, 아니면 미래의 눈으로 보느냐이

1) 『易』 '觀卦' 20, "坤下巽上."
2) Webster's 용례, "the event has thrown the universe into a fresh perspective."

다. 어떤 시간의 눈으로 보느냐에 따라 과거지향(past-oriented), 현재지향(present-oriented), 그리고 미래지향(future-oriented)으로 나누어진다. 사람의 삶에서 시간이란 이 세 지향 중 하나만 선택되는 것이 아니다. 두 개나 세 개로 얼마든지 중첩될 수 있다. 그럼에도 누구에게나 일관되게 나타나는 중심지향(中心志向)이 있다. 어떤 문제 어떤 사태에 대해 결정적으로 결단을 내릴 때 나타내는 지향이 그것이다.

이 글에서는 柳成龍이 어떤 눈, 어떤 지향으로 시간을 보았느냐를 규명한다. 그의 리더십이 어떤 '시관'에서 나왔느냐가 핵심이다. 물론 과거·현재·미래 중 어떤 '지향'이었느냐다. 그러기 위해선 무엇보다 그 시대의 일반적 지향이 먼저 탐지되어야 한다. 柳成龍시대도 그러했지만 柳成龍 이전 거의 4세기에 이르는 그 끈질기고도 치열한 적폐청산, 적(敵)패몰이는 도대체 어떤 '시관'으로 만들어졌는가, 어떤 '시관'이었기에 그토록 성곽처럼 완고한 진영이 구축되어 헤일 수 없이 많은 사람들을 죽이며 싸웠는가, 그래서 어떤 결과에 이르렀는가를 살펴보아야 한다. 서두에서 조선시대의 적폐청산, 적(敵)패몰이를 상세히 논하는 이유가 바로 그것이다. 이 모두 그 당시 사람들의 '시관'과 연결되기 때문이다.

조선시대의 그 같은 '시관'에서 "왜 '오래된 미래'인가?"의 물음이 나온다. 여기서 '오래된 미래'는 오롯이 조선시대 '시관'의 산물이다. 그것이 오늘 이 시대에, 그 시대의 판박이로 재현되어 나라가 격하게 뒤흔들리고 있다. '특혜는 받되 책임은 지지 않는 사람들'의 행태가 이미 오래 전에 예고된 '미래', 지금 우리의 이 '현재'라는 것이다. 그럼에도 '새로운 미래'의 희망의 여지는 우리 사회에 여전히 있다. 이유는 '오래된 미래'를 연출하는, 그래서 우리사회를 뒤흔드는 그러한 한 축(軸)이 있다 해도, 그것을 압도하는 다른 축들이 있기 때문이다. 그만큼 지금 우리 사회는 다양하고(diverse) 다원적(plural)이다.

Ⅱ. '오래된 미래' – 그 실존의 유래

1. 왜 '오래된 미래'인가

(1) '오래된 미래', 시제(時制)상으로 가능한 이야기인가? 오래된 것은 모두 과거다. 과거는 이미 지나간 것이고 지나간 것은 앞으로 다가올 것과는 반대 방향으로 사라지고 있는 것이다. 사라지는 것은 잊혀지는 것이다. 그중 일부가 역사의 기록에 혹은 세인의 기억에 남는다 해도, 그것은 '오래된 과거'일 뿐 '다가올 미래'가 될 수는 없다. 흔히들 '역사는 과거와 현재의 대화'라 하지만, 아무리 깊게 대화를 해도 역사는 여전히 '과거'이고, 현재는 역시 '현재'인 것이다. 더구나 아직 이르지 않는 '미래'임에랴.

그런데 어떻게 그 '다가올 미래' 아직도 '존재하지 않은' 그 내일에 지난 것에만 붙는 '오래된'이라는 말이 붙을 수 있는가. 시간의 역발상(逆發想)인가, 시제의 반어법(反語法)인가. 역발상도 반어법도 아니라면, '오래된 미래'는 대체 우리에게 어떤 의미인가. 20세기도 아닌 21세기 중단 없이 지속적으로 앞을 열어 나아가야 할 이 시점에서, 어째서 '오래된 과거'가 '오래된 미래'로 형상화(形象化)되고, 실제화(實際化)될 수 있는가. 오래 전의 조선왕조도 아닌 지금 현재, 더구나 '48년의 건국' 이래 그 어느 시기보다 특히 2018~19년의 바로 '지금' 이 시점에서, 이 기이한 '언어도착(言語倒錯)'이 현실이 되어 있다면, 그것도 가장 참담히, 가장 절망적으로 그 현실이 지금 우리를 포박하고 있다면, 우리가 지금 풀어야 할 초미의 급무는 무엇인가? 어떤 시간지향(時間志向)으로, 그 어떤 의식과 방법으로 이 문제에 접근해야 하는가.

이 접근에 앞서 우리를 미혹(迷惑)케 하는 것, 우리들 판단을 더욱 해매이게 하고 어지럽게 하는 것은 이 '오래된 미래'가 지금 우리들 '한국인들'만이 갖는 특유한(unique) '난제(problem)'이기도 하고, 우리들 '한국인들'만의 특유한(peculiar) '역사 history'이기도 해서다. 물론 시야를 더 넓혀 나라들을 보면 결코 우리들만이라 할 수는 없다. 우리와 같은 역설(逆說)의 역사를 가진 나라들은 많다. 그러나 오늘날의 우리처럼 세계화되고, 세계적인 경쟁력을 갖고, 그리고 마치 식민지시대나 다름없이 다른 나라 영토 안으로 들어가서 자국의 경제영토를 넓혀가고 있는 나라들 중에 우리처럼 이같이 기이한 특유의 난제(難題)와 역사를 안고, 그같이 세계적인 나라가 된 경우는 유사이래 없었다. 그래서 우리 '특유'라는 그 '특유'(peculiarity)는 지금 현재 우리에게 조금도 지나치지 않다.

어째서 그러한가. 어째서 그러한 '오래된 미래'가 지금 우리의 현재로 재현되고, 현실로 작동하고, 미상불 미래의 그 어느 시점에까지 우리를 이렇게 끌고 가게 하지 않을까 우려하게 되는가. 우리는 지금 그 전말서(顚末書)를 찾아내야 한다. 그 자초지종(自初至終)을 현재를 사는 우리들 모두에게 말해주어야 한다. 쉽게, 이 땅에 사는 그 누구나 알 수 있는 이야기처럼, 그러면서도 증거가 명백한 논문처럼 설명해 주어야 한다. 왜 우리는 그러한 '기이한' 역사를 살고 있는지, 그 '기이한' 일상을 가고 있는지, 가감 없이 정직하게, 부끄러우면 부끄러운 대로, 욕되면 욕되는 대로 말해주어야 한다. 여기는 '민족(民族)' 혹은 '민족주의'는 금물이고, '국수'(國粹), 더구나 국수주의는 더 금물이다.

(2) '오래된 미래'는 현재 우리를 설명하고 미래의 우리를 설명해 주는 키워드(keyword)다. 말 그대로 잠겨있는 쇄문을 열어 제치는 열쇠가 되는 말(word)이며, 단서(端緖)가 되는 개념(concept)이다. 지금 우리가 당면한 문제들을 풀고 해결해주는 실마리가 되는 언어다. 이 언어 속에 내포된 우리의 긴긴 과거만큼 우리의 현재며 미래도 이 언어가 말해준다. 우려 하는 대로 더 길게 더 멀리 우리의 앞날을 조명(照明)하는 등(燈)일지도 모른다. 그 등(燈)이 실상을 제대로 비추려면, 꺾임 없이 있는 그대로를 비출 수 있게 하려면, 두 가지 금물을 명심해야 한다. 하나는 '민족애'에 포박되지 않는 것이

다. 다른 하나는 우리 민족이 정신적으로, 도덕적으로 우수하다는 '국수'에 휘말리지 않는 것이다. 이 두 가지에 포박되고 휘말리면, '오래된 미래'는 '왜곡된 미래'가 된다.

이 등(燈)이 무엇을 비추는지, 또 무엇을 직설(直說)해 주는지, 지금 당장 우리 오감(五感)에 와서 닿는 사례는 헤아릴 수도 없이 많다. 왜 우리는 아직도 선진국이 못되는가. 1인당 국민 소득에서는 이미 선진국에 진입하는 3만 달러가 되었는데, 어째서 나라의 품격(品格), 흔히 말하는 국격(國格)은 일본, 미국, 서유럽 국가들에 훨씬 못 미치는가. 개개인의 품격에서도 우리는 왜 인격적으로 성숙한(mature) 시민이 되지 못하는가? 세계최고의 교육수준에도 왜 여전히 우리는 정직성, 투명성, 준법정신, 신뢰도 면에서 미성숙을 보이는가. 지나친 '자기폄하'인가? 매년 한국인들의 인구비례 고소 · 고발사건이 일본의 120배가 넘는다는 사실을 상기해 보라. 얼마나 우리는 시민적 성숙과 인격적 완성에서 멀어져 있는가.

정치적으로 우리의 내부분열은 어째서 그토록 가열(苛烈)한가? 갈등은 어째서 그토록 첨예한가? 민주주의의 근저를 이루는 관용, 타협, 협의, 협상의 능력은 어째서 그토록 덜 발달되어 있는가? 어째서 새로 들어서는 정권마다 기묘하게도 하나같이 '진영'(陣營)을 구축해서 내 편과 네 편을 흑백으로 가르고, '배제'와 '닫힘'의 정치로 그토록 일관되게, 변함없이, 거듭하는가. 오랜 세월 우리 정치는 어째서 그처럼 역진(逆進)하고 또 퇴화하는가. 그래도 민간(民間)이 생동하고, 기업이 역동하고, 시장이 작동해서 기적적으로 선진국의 문턱까지 왔지만, '정권'(政權)은 여전히 그 문턱 밑에 도사리고 있는 함정 속으로 빠져들고 있지 않은가.

왜 '정권'은 그러한가. 특히 지난 세기 90년대 이후, 소위 말하는 민주화시대 이래 '정권'들의 역행(逆行)이며 역진(逆進)은 '단군 이래 최대 호황'이라 했던 이전의 '80년'과는 너무나 대조되지 않는가. 그러나 다시 생각해보라. 우리 역사에서 지난 세기의 그 '호황'은 오히려 별건(別件)이며 예외(例

外)이다. 지금처럼 젊은이들이 스스로를 방기(放棄)하는 자포시대(自抛時代)의 정치사회적 행태가 우리의 일상이며 본모습이지 않은가. 이는 오로지 우리의 그 '오래된 미래'로 해명할 수밖에 없다. 그 '오래된 미래'로 우리의 '특유성'을 규명할 수밖에 없다. 그만이 아니라 역사를 거슬러 올라가면 일본도 중국도 왜 우리와 다른가가 이해된다. 특히 일본이 한국과 왜 그토록 차이가 나는지 밝힐 수 있다. 그러기 위해선 지금부터 5세기를 거슬러 올라가 '柳成龍시대'였던 16세기말의 임진왜란에 초점을 맞춰야만 한다.

2. 어떤 '정치적 결과'인가

(1) '모든 정치는 결과(consequence)다'라는 오랜 잠언이 있다. 어떤 정치든 '결과'로 설명되고 '결과'로 평가된다는 것이다. 이 정치의 결과는 두 가지다. 하나는 '업적'(業績)이고, 다른 하나는 '행태'다. 정치는 위대한 업적으로 역사에 기록(記錄)되든지, 아니면 으레 있는 정치행위의 한 행태로 기술(記述)되든지, 둘 중 하나다. 업적은 역사의 다른 업적들과 구분되고 비교된다는 점에서 '기술 record'한다 하고, 행태는 비슷비슷하거나 같은 여러 정치 행태 중의 하나라는 점에서 '기술(describe)'된다고 말한다.

정치의 얼굴은 복잡하고 다양해서 이 둘만의 유별(類別)로는 얼마든지 부족할 수 있다. 어느 정치든 그 형태(regime)면에서 군주정(君主政)도 있고 민주정(民主政)도 있고, 또 과두정(寡頭政)도 있고 혼합정(混合政)도 있다. 기능의 측면에선 민간주도·시장경제의 정치도 있고, 정부주도·계획경제의 정치도 있다. 자유·자율에 기반한 분권화(分權化)·다원주의 정치도 있고 강제 타율에 의거한 집권(執權)·일원주의 정치도 있다. 그러나 어떤 정치의 형태 어떤 정치기능이든 정치에는 반드시 '결과'가 있다. '결과'는 모든 정치의 '결산'이며 종합화다. 잘 했든 못했든, 혹은 잘 됐든 못됐든, '결과'는 종장에 그려지는 마지막 얼굴, 최후의 그림이다. 그 그림에 미완성은 없다. 있는 그대로가 완결판이다.

이 정치의 '결과'인 업적과 행태는 일반적으로 역사기술에서는 서로 중복된다. 예컨대 군주정에서 어떤 한 군주의 혹은 민주정에서의 어떤 한 총리·한 대통령의 업적과 행태는 함께 논의되고 함께 쓰여 진다. 그것이 일반적이고, 역시 그것이 정상이라 생각한다. 그러한 업적에 그러한 행태가 있고, 그러한 행태 때문에 그러한 업적이 나왔다. 그리고 그 역(逆) 또한 진(眞)으로 보는 것이다. 하지만 여기서는 이들을 각기 다른 종속적 결과로 보고 그런 결과를 가져온 독립변수를 따로 찾아서 따로 설명한다. 왜 어떤 정치는 그런 '업적'을 냈는데, 왜 어떤 정치는 그런 '행태'를 보였느냐, 무엇이 그런 결과 그런 차이를 가져오게 했느냐를 말하는 것이다.

이제까지의 일반적인 기술과는 달리 왜 이런 업적·행태를 분리해서 설명하려 하는가. 그것은 이 글의 주제가 '오래된 미래'이고 이 '오래된 미래'는 정치의 정태적 기술보다 동태적 분석을 통해서 더 잘 이해될 수 있기 때문이다. 보다 구체적으로, 정치를 정태적으로 추상화해서 개념화하지 않고, 동태적으로 실제화해서 그 실상을 보다 생생히 밝힘으로써, 기존의 정치설명에서는 이해하기 힘든 이 '오래된 미래'가 보다 분명히 파악될 수 있고, 그 줄기며 가지와 잎, 그것이 만들어지는 원인이며 과정이 이 분리방식을 통해 보다 생생히 설명될 수 있기 때문이다.

(2) 이 같은 분리 설명을 통해 먼저 업적을 보면, 어느 정치든 업적은 '성취'(achievements)의 결과다. 정치든 역사든 동태적으로 보면 핵심은 이 성취다. 어떤 '성취'를 했느냐가 어떤 '업적'을 가져오는가이다. 그렇다면 이 성취는 어떻게 이뤄지는가. 그것은 지금까지 지녀왔던 사고, 행해져 왔던 제도 법령 관행 등 기존의 규제방식으로는 안 된다. 그것은 성취를 옥죄는 굴레며 장애물들이다. 이 굴레며 장애물들을 부수고 넘어서는 데서, 파괴하고 초월하는 데서 성취는 시작된다. 기존의 것 — 그것이 정신이든 물질이든, 혹은 일상의 생활용품이든 행위규범이든 성취는 새로운 것, 신산업을 만들어 내는 것이기 때문에, 그 모두를 그대로 두고는 아무것도 이루어 낼 수 없다.

새로운 변화는 다가올 미래에 맞춰 이 모두를 마치 표범 가죽 벗기듯 혁파(革罷)하고, 지금까지 없던 것, 상상하지도 못했던 것을 '창조'(創造)하는 것이다. 그래서 성취는 과거의 연속(連續)이 아니라 과거와의 단절(斷絶)이다. 어머니 모태(母胎)로부터 탯줄을 끊는 것, 그래서 새 생명이 태어나는 것, 그것이 소위 말하는 '창조적 파괴'고 '창조적 혁신'이다. 파괴는 언제나 혁신을 전제하고 혁신은 반드시 파괴를 동반한다. 그 결과의 함축인 '업적'은 이래서 이루어진다. 여기에 '오래된 미래'는 없다. 오래되어서 더 이상 기능이 끝난 것, 작동할 수 없는 것, 그래서 신산업, 새로운 성취에 걸림돌이 되는 것, 그것은 모두 제거되고 없어진다. 그래서 '오래된 미래'는 없고, 오직 '새로운 미래'만 있다.

반대로 행태는 '반복'(repetition)의 결과다. 반복은 고수(固守)가 그 시작이다. 고수는 본래대로 변화 없이 굳게 지키는 것이다. 지키는 것은 지난 것을 계속 이어가는 것, 되풀이, 반복하는 것이다. 어떤 행동, 어떤 생각이든 계속 반복하면 어떤 한 유형(類型), 소위 패턴(pattern)이라는 것이 만들어진다. 행태는 이 반복함으로써 만들어진 '반복되는 행위 유형'(repeated behavior pattern)이다. 바로 행위패턴(pattern)이라는 것이다. 이 행위패턴은 모든 사고, 모든 행동의 본보기(example)가 되어서 모두 이 패턴에 따라 사고하고 행동한다. 그래서 정치적으로, 사회적으로, 혹은 관념적으로 이 행태는 갈수록 변화의 여지가 없어지고 더 굳어지는 속성을 갖는다.

정치적으로는 제도며 법령 관행이 현실의 변화 현장의 아우성과는 동떨어져 경직되고 강화되어서 그 특유의 정치 행태가 만들어 진다. 사회적으로는 전래의 그 생각과 행동, 생활방식(way of life)이며 생활양식(lifestyle) 이 모두 그대로 지속되어서 그 사회 특유의 사회 행태가 고착된다. 이념도 가치도 흔들리거나 멀리 하거나 거부 이탈의 조짐 없이 마음 속에 있던 그대로 자리해서 심리적으로나 사상적으로 그 특유의 관념 행태가 형성된다. 이 '행태'의 형성은 어느 한 위치 어느 한 방향이며 한 부분에서만 만들어지는 것이 아니라 전방위적(全方位的)이고 사회 전체적이다. 그래서 이 '행태'는 역사에서 왕왕 보는 몇 가지 주요 특징을 갖는다.

그 특징은 무엇보다 폐쇄적이다. 그리고 진영적이고 근본주의적이라는 것이다. 그것은 말할 것도 없이 앞서 본 그 전래의 것을 오로지 그대로 반복함으로써 만들어진 유형－패턴에 따라 사고하고 행동함으로써 이다. 폐쇄(閉鎖)는 밖으로 문을 닫아 잠그는 것이고, 생각이든 행동이든 열림과 융통이 없는 것이고 은둔・한거・칩거(seclusion)・편향 등의 내면지향적(inner-directed)이라는 것이다. 진영(陣營)은 내 편, 네 편을 철저히 가르는 것이고, 나 아닌 다른 편은 모두 적(敵)이고, 적은 없애거나 퇴치해야 하는 대상으로 생각하는 것이다. 근본주의(根本主義)는 오직 나만 도덕적이며 선(善)하고, 나와 다른 사람 다른 생각을 가진 사람들은 '근본적으로' 비도덕적이고 사악하다는 믿음이다. 그 믿음은 경(經)을 문자 그대로만 해석해서 문자 밖이거나 문자에 없는 것을 해석하는 사람은 '성인(聖人)의 말씀'을 모독하는 사문난적(斯文亂賊)이 되고 만다. 그래서 생각과 행동이 아주 급격하거나 과격(radical)하다는 특징이 있다.

(3) '오래된 미래'는 앞선 때의 성취가 이루는 '업적'과는 정반대로 반복이 만들어 내는 이 '행태' 속에 있다. '행태' 자체가 오래된 것의 반복이라는 점에서 이 '행태' 속에 자동적으로 '오래된 것'이 내포되고, 그것도 '오래된 것만'을 선택적으로 유전적으로 내포하는 관성(慣性)이 있다. 그래서 흔히들 말하는 온고지신(溫故知新)이며,[3] 법고창신(法故創新)도 지신(知新)이나 창신(創新)보다 온고(溫故)며 법고(法故)에 더 의미가 주어진다. "옛것을 익혀서 새것을 안다"(acquiring new)는 온고지신이나 "옛것을 본받아 새것을 만든다"(creating new)는 법고창신에서 다 같이 '새것의 앎'이나 '새것의 만듦'은 무시되거나 거부되고, 심지어는 금기시되기까지 했고, 그 경향과 추세는 조선이 끝나도록 까지 계속 됐다.[4]

---

3) 『論語』 '爲政' 11, "溫故而知新, 可以爲師矣."

그러나 '오래된 미래'가 정치결과의 한 축인 이 '행태' 속에 예외 없이 들어 있다 해도, 모든 정치의 '행태'가 꼭 같은 모습으로 '오래된 미래'에 갇혀 있는 것은 아니다. 그 구속성·포박성의 강도며 그 작용의 범위와 정도가 어떤 정치 '행태'에서는 유연하고, 어떤 정치 '행태'에서는 경직되는 차이가 있다. 또 어떤 정치 '행태'에서는 지속적으로 상존(尙存)하고 어떤 정치 '행태'에서는 간헐적(間歇的)으로 되풀이 되는 모습을 보인다. 그렇다면 무엇이 정치 '행태'에 따라 그같이 확연히 다른 차이를 가져오게 하는가. 한결같이 '오래된 미래'임에는 변함이 없는데 어떤 경우 그 지속이 상존적이고 어떤 경우 간헐적인가. 또 어떤 경우 그 작용이 신축적이고 어떤 경우 경직인가. 그것은 장(章)을 달리해 다음 시관(時觀, time-perspective)에서 다시 밝히기로 한다.

Ⅲ. 끈질긴 역사 – 적(積)폐청산·적(敵)패몰이

우리 역사에서 끈질기게 지속적이며, 심지어 공고(鞏固, consolidation)하기까지 한 '오래된 미래'는 어떤 것일까. 어느 역사에서도 '오래된 미래'라는 주제는 없다 그것이 역사학과 사회과학의 차이다. 역사는 있는 그대로의 '사실'을 기록하는 것이고, 역사에서 '오래된 것'은 오래전의 것일 뿐이다. 하지만 사회과학에서는 그 오래 전의 것이 왜 지금도 상존하고 있고, 오래전의 그때와 꼭 같이 작용하고 있느냐를 따진다. 그 대표적인 것이 '적폐청산'이다. 물론 이것만이 아니라 우리 특유의 '적전 분열', '내부투쟁', '진영구축'에 다른 사회와도 비교하기 어려운 우리 특유의 '원한', '분노', '한풀이'가 있다 이 모두 선대의 데자뷔라 해도 이의(異議)를 달기 어려운 우리만의 '오래된 미래'이다.

4) 『論語』 '述而' 1, "述而不作, 信而好古." '선대의 예악 문물을 전술할 뿐 새것을 짓지 않는다. 진실로 옛것을 믿고 좋아 한다'에서와 같이 새 것이나 새로운 것을 캐어 내거나 만든다는 것에 대해 거부적일 뿐 아니라 터부시 하는 경향이 강하다.

1. 정권의 화두: 적폐청산 · 판박이 조선시대

(1) '적폐청산'은 오늘날 이 정권의 화두(話頭)다. 생각의 시작이고 말의 머리이며 온갖 정책의 출발점이다. 가히 이 정권의 '알파와 오메가'라 하기에 충분하다. 그렇게 지칭하고도 남을 만큼 그 매달림은 유별나고 집요하다. 아마도 1948년 대한민국의 창건 이래 이보다 더 한 가지 문제에 모든 것을 건 예는 다시 찾아보기 어렵다 할 것이다. 왜 그러할까, 도시 이 정권이 청산하려는 '적폐'가 그 어떤 것이기에 그렇게 매달릴까. 그렇게 한 정권이 사활(死活)을 걸만큼 그토록 결정적인 것이라면 도대체 지금의 대한민국은 어떻게 존재할까. 어떻게 이 수준에 이를 수 있었으며 어떻게 그 빈곤의 임계점을 넘어 국민소득 3만 달러의 글로벌 국가가 되었을까.

적폐는 글자 그대로 쌓인 폐단(弊端)이다. 쌓인 폐단은 역사적으로 오랜 세월 묵어온 잘못된 것, 해로운 것, 지금 당장 제거하거나 고치지 않으면 앞으로 더 나아갈 수 없는 시대의 변화와 요구에 전혀 맞지 않는, 그런 제도며 법령이며 규제며 관행이다. 총체적으로 구질서다. 구질서라 하면 1789년 프랑스 혁명의 '앙시엔 레짐'(Ancien Régime)을 상기시키지만, 적어도 적폐청산은 그에 준하는 혹은 그에 필적하는 일대 개혁이다. 하지만 더 중요한 것은 적폐청산 다음의 신제도, 신질서의 새 시스템을 만드는 것이다. 이 새로운 시스템의 구축과 그 시스템의 지속적, 안정적 작동이 없는 적폐청산은 또 다른 적폐를 불러올 뿐이다. 어떤 새 정권이든 새로운 정권의 새 정치가 요구되는 것은 오직 그러한 이유에서이다.

그런데 지금 그러한가. 정말 국민들이 바라는 그러한 적폐청산을 하고 있는가. 만일 그러하다면 그것은 '오래된 미래'가 아니고 '새로운 미래'의 시작이며 만듦이다. 그러나 지금 어느 국민이 '새로운 미래'를 위해 새로운 제도와 법규, 새로운 질서와 시스템을 만들어 내고 있다고 생각하는가. 국민들이 생각하는 '적폐'는 그대로 남아 있을 뿐, 오히려 더 새로운 '적폐'가 이 정권

들어 추가적으로 계속 쌓여져가고 있다고 믿고 있지 않는가. 거기에 정권 밖에서 이 새로운 적폐를 만드는 세력과 현 정권이 이전 정권과는 비교 안 될 정도로 유착되고 있다고까지 여기고 있지 않는가.

예컨대 지금의 소위 말하는 귀족노조야 말로 적폐 중의 적폐다. 거기에 정치, 행정, 교육, 문화 분야는 물론, 심지어는 시민단체 내에서까지 끊임없이 지대(地代)를 높이고 요구하는 뿌리 깊은 기득권 세력이 있다. 이 세력들 모두 적폐 중의 적폐다. 이런 적폐들을 이 정권은 청산하려 하는가. 거꾸로 이 적폐들과 밀착해 더 많은 적폐, 더 큰 적폐를 만들고 쌓고 있지 않은가. 그러면서 계속 적폐청산을 부르짖고 있다. 그래서 국민들은 완전히 헷갈리고 헤매는 미혹(迷惑) 상태에 빠지고, 드디어는 '이제 그만'이라는 '적폐청산' 회의론, 불신감까지 갖고 있다. 진실로 해야 할 '적폐청산'은 하지 않고, 청산을 내세우기만 하면서 엉뚱하게 목적과 수단이 전도된 다른 정치목적의 청산 '행태'를 보이고 있는 것이다.

(2) 그 다른 청산 '행태'가 바로 '적폐(積弊)' 청산이 아닌 '적(敵)패' 청산으로의 변신이다. 적폐는 글자 그대로 묵은 폐단(弊端), 쌓인 폐단이다. 적패는 적(敵)의 패거리다. 지금 청산의 대상이 되어있는 이 적패의 적(敵)패거리는 누구인가. 누구에게 물어도 그 대답은 자명하다. 내 파(派) 내 진영(陣營)에 속하지 않는 사람들, 이전 정권의 사람들이다. 정치·외교·교육·문화·국방 기타 어느 행정부서에서 일 했든 전 정권 그리고 그 이전 정권에서 일했던 사람들, 정규직이든 별정직이든 관계없이 그들은 모두 적(敵)패다. '적패' 청산은 바로 이 '적(敵)'으로 낙인(烙印)된 사람들의 내쫓음을 넘어 말끔히 정리·처분하는 것으로 전도되어 있다. 이를 적시(摘示)하는 기사며 사설도 그치지 않는다.

> "전 정권 인사들에 대한 적폐수사는 2년 가까이 진행되고 있다. 압수수색은 수백 차례 달하고 100명이 넘는 사람이 구속되거나 재판을 받고 있다. 이들에

대한 재판에서 선고된 징역형 형만 따져도 100년을 훌쩍 넘은 지 오래다. 재판이 진행 중인 장·차관급만 30명에 가깝고 한 부처 출신 수십 명이 한꺼번에 조사받고 기소되기도 했다. 성한 사람 찾아보기가 어렵다는 말이 나올 정도다."[5]

"정권 교체 때마다 반복되는 일이지만 이렇게까지 잔혹하게 칼을 휘두른 적은 없다." "현대판 사화란 말이 나온다.… 반대파 씨를 말리려는 무관용의 권력 행위나 다름없다."[6]

"정의로워야 할 적폐청산이 정적(政敵) 박멸의 수단으로 타락했다. 문정부의 불공정한 권력행사는 원한을 키우고 사회통합을 파괴한다. 살아있는 권력의 입맛에 맞춘 법의 오·남용이 공화국의 근간을 뒤흔들고 있다."[7]

2. 조선시대: 그 참담함

(1) 지금의 적폐청산이야말로 조선시대 그 적(敵)패청산의 판박이다. 조선시대는 '조선시대'여서라지만, 지금이 어떻게 조선시대와 같은 정치 '행태'일 수 있는가. 그러나 지금의 이 '행태'야말로 따지고 올라가면 5백년도 더 전에 예견되었던 '오래된 미래'다. 조선조가 건국하고(1392), 1백년이 지나면서(1498), 형식·명분은 적폐(積弊)이고 실제로는 적(敵)패인 정적박멸(政敵撲滅)이 시작되었다.[8] 이는 대한민국 건국 70년에 이르는 지금의 이 적폐청산과 건국대비 시간 간격으로 아주 유사하다. 그때 현재 거의 모든 국사교과서에 등장하는 사림파(士林派) 학살의 참혹한 사화(士禍)가 50년 넘게 계속된다.[9] 내편이 아니면 모두 적(敵)으로 분류되어 수백 명이 죽임을 당했고, 노비·천민으로 전락한 가족까지 합치면 그 희생자는 매번 수천 명에 이르

5) 『조선일보』 '사설'(2018년 12월 8일).
6) 『조선일보』 '박정훈 칼럼'(2018년 12월 21일).
7) 『조선일보』 '윤평중 칼럼'(2019년 1월 4일).
8) 물론 그 이전 1452년 단종 즉위년에 일어난 수양대군(세조)의 계유정란에도 있었지만 이는 적폐명분도 없는 정적 소탕 박멸의 쿠데타 그 자체였다.
9) 1498년 연산군 4년 무오사화, 1504년 연산군 10년 갑자사화를 거쳐 1519년 중종 14년의 기묘사화 그리고 1545년 명종 즉위년의 을사사화까지가 근 50년간이다. 이후 1689년(숙종 16년) 기사환국(서인숙청), 1717년(숙종 44년) 갑술환국(남인숙청)이 이어진다.

렸다.

이에 못지않게 처참했던 또 하나의 대표적 적(敵)패몰이가 바로 기축옥사(己丑獄死)다. 기축옥사는 속칭 정여립(鄭汝立, 1546-1589)의 난(亂)으로 선조 22년(1589)부터 시작해서 적을 바로 코앞에 둔 임진왜란 직전(1591년)까지 이어진다. 이 사건은 지금까지도 "무옥(誣獄, 거짓으로 죄를 꾸며 옥에 가두는 사건)이다, 아니다"로 서로 다른 역사논쟁이 끊이지 않고 있다. 군사력이라곤 전혀 없는 정여립이 노비 얼마와 가솔들을 거느리고 서울로 들어와 당시 대장이었던 신립을 죽이고 병권을 장악해 조정을 뒤엎으려 했다는 것이 사건의 전말이다. 진위야 어떻든 당시 서인(西人) 영수 정철(鄭澈, 1536-1593)이 반대세력(동인 東人)을 몰아내는 기회로 삼아 반대파는 물론 평소 정여립과 친분이 있는 사람들 천여 명을 골라 처형하는 대 옥사사건이었다. 이 옥사를 계기로 특히 전라도가 반역향(反逆鄕)으로 지목되어 그 차별은 조선조 말까지 계속된다.

정철 본인이 전라도 창평을 근거로 한 창평인임에도 적(敵)패청산에는 고향도 없었다. 관동별곡 성산별곡 사미인곡 등 송강가사(松江歌辭)로 학교교과서에까지 널리 알려진 조선조 가사문학을 대표하는 이 문인도 적(敵)패몰이엔 그 특유의 DNA가 있었던 것 같다. 그로 해서 비난도 받고 탄핵도 당해 임진왜란 다음 해 강화도에서 쓸쓸히 죽었지만, 그렇게 많은 사람들을, 그것도 정여립과 친분이 있다는 것 외에 아무런 혐의도 찾을 수 없는 무고한 사람들을 그렇게 무자비하게 죽일 수 있었을까. 그것은 여전히 의문으로 남는다. 이 또한 오늘의 적폐청산을 보면서 정말 그것은 우리 역사에서 일찍 경험되고 예고된 '오래된 미래'였구나 생각하게 한다(주 13 다시 참조).

(2) 이 같은 적(敵)패몰이는 이후에도 끈질기게 반복 되어서 1623년 인조반정(仁祖反正)에서 또 한 번 반대파 숙청의 피비린내를 뿜다가 조선 중기를 넘어서는 효종(孝宗) 다음의 현종(재위 1659-1674)대에 들어서는 국상(國喪, 효종)에 복(服・상복)을 1년 입느냐 3년 입느냐를 두고 정권이 왔다 갔다

한다(1659년). 지금 생각하면 도대체 정부(조정 朝廷)라는 것이 무엇이냐, 그런 정부도 존재하느냐를 의심할 정도로 첫 싸움 1차 예송(禮訟 1659년)에서는 서인이 이기고 남인이 모두 쫓겨나고, 2차 예송(禮訟 1674년)에서는 반대로 서인이 쫓겨나고 남인이 집권한다. 그것도 잠시, 다음 숙종(肅宗, 재위 1674-1720)대에 이르면 환국(換局)이니 대출척(大黜陟)이니 해서 3번이나 정권이 오고 가는 피를 뿜는 적(敵)패몰이가 또 반복 된다.[10] 다음 경종(景宗, 재위 1700-1724)대에 이르러서도 반역을 꾀한다는 죄목으로 적을 대거 제거하고 박멸하는 '행태'는 그치지 않는다.[11]

마침내 1728년 영조(英祖)대에 들어서 노론 일당(一黨)이 지속적으로 권력을 장악하면서 정적은 거의 완전히 제거되고 적(敵)패청산몰이도 잠잠해지지만, 15세기 말에서 18세기 초엽에 이르는 거의 4세기에 걸친 '오로지 내 편'만 이라는 극단의 '배제'와 '폐쇄'의 정쟁으로 국가는 거의 기능이 상실됐다. 인공호흡기를 단 중환자나 다름없이 왕도 신하도 조정도 이름만으로 연명할 뿐이었다. 역사학자들은 영조와 다음 정조(正祖, 재위 1776-1800)대를 중흥기라고까지 말하지만, 사회과학자의 눈으로 보면 이미 나라는 백성의 나라도 양반 선비의 나라도 아닌 '그들끼리의 나라'일 뿐이었다. 같은 시기 정반대로 이웃 일본은 그들 역사분류로 완전 '근대(近代)'에 들어섰고, 종주국 청국 역시 중국 역사상 최고 전성기를 구가하는 '강희·옹정·건륭'기(期)였다.[12]

3. 두 개의 결과

이 4세기에 걸치는 기나긴 적폐청산—적패몰이의 결과가 어떠했나는 너

10) 1680년(숙종 7년) 경신대축출(남인숙청).
11) 1722년(경종 2년) 신임사화(노론숙청).
12) 1700년대 일본은 도쿠가와 막부의 안정기였으며, 서구문물을 받아들이는 시기였으며, 청국은 강희(康熙, 재위 1662-1722), 옹정(擁正, 재위 1723-1734), 건륭(乾隆, 재위 1735-1795) 3대 140년간의 전성기로 경제규모가 세계경제의 40%를 차지한다고까지 했다.

무나 자명하다. 궁극적으로는 나라가 나라일 수 없어, 마침내 속수무책 나라를 남의 손에 넘겨주고 말았지만, 그 간(間)의 결과는 2가지로 나타난다. 하나는 '신념윤리의 왜곡화(歪曲化)'이고 다른 하나는 '인재 풀의 왜소화(矮小化)'이다. 이 둘 다 오래 전에 예고된 '오래된 미래'다. 문제는 21세기 세계화, 시쳇말대로 하늘과 땅의 차이만큼 천양지차(天壤之差)로 하늘도 땅도 달라졌는데, 어째서 아직도 우리는 '오래된 미래' 그대로의 적폐청산일까. 그래서 '왜곡화'와 '왜소화'라는 너무 큰 부정성이 조선시대와 마찬가지로 지금도 진행되고 있는 것인가.

(1) 신념윤리의 교조화

먼저 '신념윤리의 왜곡화'에서 신념은 글자 그대로 내가 믿고 있는 생각이다. 물론 일관되게 지속적으로 변하지 않고 이 생각을 가지고 있을 때 쓰는 말이다. 우리가 일상으로 쓰는 이념·이데올로기, 혹은 가치 소신, 이 모두 신념이다. 신념윤리는 이 신념이 인륜(人倫)이나 도덕과 마찬가지로 나에게 내재화(internalization)되어 있는 상태다.[13)] 내재화는 내 몸의 뼈와 살처럼 내 몸 안으로 들어와 의식·무의식화된 것을 이른다. 구태여 신념윤리라 한 것은 사람들은 인륜·도덕에 벗어난 행동은 잘 안 해도 자기가 가진 신념대로 행동하는 사람은 많지 않기 때문이다. 신념윤리는 그만큼 신념에 철저하다는 함의(含意connotation)가 있다.

신념윤리의 '왜곡화'는 이러한 신념윤리가 완전히 잘못되어 있다는 것이다. 꾸부러지고 뒤틀어지고 심지어는 거짓으로 꾸며져 있다는 말이다. 영어에서도 "distortion"이라 해서 아주 의미 깊게 이 말을 쓰고 있다. 자연형태(natural shape), 본래의 의미(original meaning), 혹은 사실들(facts)을 마음대

13) 막스베버. 『직업으로서의 정치』(전우성 역), 11장. 베버는 신념 그 자체와 과정에 집착하는 '신념윤리'와 정책시행 결과와 결과에 대한 책임을 중시하는 '책임윤리'로 나누었는데, 이 글에서의 신념윤리는 베버가 말하는 그 신념윤리와 꼭 일치되지는 않는다.

로 바꾸고 진리(truth)를 새끼줄처럼 꼬아 놓은 것(twist)을 의미한다. 옛 사람들은 왜곡화 대신 견강부회(牽强附會)라는 말을 널리 썼다. 자기 감정대로, 자기 편리대로, 사실도 의미도 바꾸고 말도 억지로 끌어대고, 그리고 자기 고집대로, 자기 주장대로 잘못을 번연히 알면서도 밀고 나갈 때 '견강부회한다' 했다.

조선시대는 바로 이 신념윤리를 철저히 왜곡하는 시대였다. 적폐청산－적(敵)패몰이에서, 나는 물론 내 편에 속한 사람들의 신념과 소신 행동은 언제나 옳고, 나와 다른 편, 더구나 반대 편에 선 사람들의 그것은 '언제나' '절대로' 옳지 않은 것, 잘못된 것이라는 확신(確信)에 빠져 있었다. 오로지 내 편에 선 사람들은 어떤 생각, 어떤 행동을 하든지 모두 도덕적이고 윤리적이고, 반대 편에 선 사람들은 더 볼 것 더 따질 것 없이 어떻든 모두 비도덕 비윤리적이라고, 말 그대로 견강부회했다. 이 내 편과 반대 편을 도덕·비도덕, 예(禮)·비례(非禮), 정(正)·부정(不正)으로 확증편향(確證偏向)해서, 서로에 대해 돌담을 쌓고 성벽을 높이 구축해버리는 그 병리적 함정에서 수세기 동안 그들은 헤어나질 못했다.

그래서 나와 내 편의 사람들은 모두 '충심(忠心)'에 차 있고, 반대 편 사람들은 모두 '역심(逆心)'을 품고 있다고 질타하고 탄핵했다. 자동적으로 내 편은 모두 '충신(忠臣)'이고 반대 편은 모두 '역신(逆臣)'이 되었다. 처음 훈구파(勳舊派)·사림파(士林派) 간의 어느 사회에서나 있기 마련인 공통적인 권력싸움이, 그것도 유교윤리의 도덕, 비도덕의 그렇게 심각할 것 같지 않았던 적폐청산이 어떻게 그렇게 종교전쟁 이상의 피비린내 나는 처절한 적(敵)패몰이로 바뀌었는가는, 그것도 몇 세기에 걸친 장구한 세월을 그렇게 끊이지 않고 이어졌는가는 유교국가에서는 가장 치명적이며 결정적인 이 '충심·역심', '충신·역신'으로 신념윤리가 왜곡화된 것 외에는 달리 설명할 길이 없다.[14)]

14) 그 대표적인 예로 기축옥사에서의 정철(鄭澈)의 '잔인함'이다. 그는 정여립과 단순히 친

이 조선시대의 '신념윤리 왜곡화'는 현대 한국사회, 특히 정권 핵심층의 '행태'를 연상시키는 너무 '오래된 미래'이고, 너무 오래 전에 예고된, 지금 이 시대 정권의 현재며 현주소다. 이 시대의 유행어 '내가 하면 도덕이고 남이 하면 불륜'이라는 역설(逆說) 또한 그 시대의 '충심 · 역심', '충신 · 역신'의 데자뷔다. 청와대에 내걸었다는 '춘풍(春風)추상(秋霜)' 또한 그 시대 권력층이면 으레 집 벽에 걸어 두었다는 좌우명 '대인이춘풍 待人以春風 처기이추상 處己以秋霜' 그대로다. 본래의 의미 — '남에게는 봄바람 나에게는 가을서리'가 거꾸로 '나에게는 따뜻이 봄바람처럼, 남에게는 냉혹히 가을 서리처럼'으로 전도된 신념윤리가 되었다. 미상불 이 같은 신념윤리의 왜곡화는 이 정권 다음 정권이 들어서도 이어질 것이다. 그것은 너무 '오래된 역설'이고, 너무 '오래된 미래'이기 때문이다.

(2) 인재 풀의 왜소화

다음 '인재 풀의 왜소화'는 무엇보다 조선조 인재수(人材數)가 너무 적고, 얼마 안 되는 그 마저 극소수를 제하면 너무 초라하다는 것이다. 이는 고대국가인 신라의 인재 풀과는 아예 비교조차 할 수 없고, 고려와 비교해도 훨씬 떨어진다. 신라가 3국을 통일할 수 있었던 것은 그 인재 풀이 월등히 컸기 때문이고, 또한 나라를 위해 목숨을 내놓는 노블레스 오블리저들이 유달리 많았기 때문이다.[15] 고려 또한 세계적인 대제국 몽고와 30년 이상 항쟁을 할 만큼 인재 풀이 컸을 뿐 아니라 그 항쟁에 절대적인 백성 동원력(動員力) 또한 탁월했었다.[16] 임진왜란 때 몽고와는 비교도 안 되는 왜군을 맞아 18일

분이 있다는 것만으로 이발(李潑)을 국문해 죽이고, 그의 80노모까지 '때려서' 죽인다. 가장 인간적일 것으로 생각되는 조선 가사(歌詞)의 최고봉이 어떻게 그렇게 잔인할 수 있는가는 이 신념윤리의 왜곡화로 설명할 수밖에 없다. 『연려실기술Ⅲ』(고전국역총서) 第14권 선조조 고사 본말, 기축년 옥사 p.471.

15) 『三國史記』 '列傳' 신라편.

16) 柳成龍도 『징비록』에서 신라 고려의 백성동원 능력에 비해 조선이 너무 작은 것을 한탄하고 있다.

만에 서울을 내주고 압록강 까지 도망가는 조선조와 비교하면 고려는 역사에 기록된 인물보다 훨씬 많은 인물들을 실제(實際)에 남기고 있었다.

조선은 시작부터 인물들이 불우(不遇)했고 불운했다. 그나마 많지 않은 인물들이 등용의 기회도 제대로 갖지 못했고, 가져도 성취(成就)하기 전에 이미 죽임을 당했다. 초기에 건국의 기틀을 잡은 정도전(鄭道傳)이 그러했고, 세종 때 두만강변의 육진(六鎭)을 개척했던 김종서(金宗瑞) 또한 그러했다. 집현전 학사들이 집단으로 학살되는 사육신(死六臣)은 말할 것도 없고, 앞서 본대로 거의 4세기에 이르는 적폐청산 – 적(敵)패몰이로 동종(同種, homogeneity)만 남고 이종(異種, heterogeneity)은 모두 죽거나 내쫓김을 당했다. 인물은 동종 – 이종, 동질성 – 이질성의 혼종인 다양 – 다변성(diversity)에서 만들어지는 공통성이 있다. 외종만이 살아남는 조선조 풍토에서 인재 풀의 왜소화는 그 정치가 너무 인위적인 작위(作爲)에서 그 결과는 그렇게 불을 보듯 번연했다.

학자로서 퇴계(退溪, 이황 李滉, 1502–1571)도 있고 율곡(栗谷, 이이 李珥, 1537–1584)도 있고 실학자 성호(星湖, 이익 李瀷, 1681–1764), 다산(茶山, 정약용 丁若鏞, 1762–1836)도 있지만, 사실 이들의 학문은 독창성(originality)보다는 술이부작(述而不作)일 뿐이었다. 조선의 학문 지향에서 학자로서의 독창성은 사문난적(斯文亂賊)의 멍에가 되고 말았다. 그만큼 조선의 학자들은 비학문적 환경에서 글을 읽고 글을 써야만 했다. 위대하기로는 한글을 창제한 세종대왕을 넘을 수 없다. 그러나 이 세종이라는 더할 수 없이 위대한 인물도 더할 수 없이 위대한 한글을 창제하고도 한문 기득권세력을 극복하지 못해 결국 조선이 끝나도록 온 백성을 문맹으로 남겼다. 그러고 보면 조선에선 이순신(李舜臣, 1545–1598)과 그 이순신을 만들어낸 류성룡 외엔 따로 변변히 내세울 인물이 없다. 물론 이때의 인물은 어떤 직위 어떤 권좌에 있었거나 다 유사한 그런 정치행위의 '행태의 인물'이 아니라, 어떤 일 어떤 업적을 이루어 내었느냐의 '성취의 인물'이다.

제도적으로도 조선은 인재 풀을 계속 줄이고 있었다. 과거제도가 그 장본(張本)이었다. 과거제도는 2가지 면에서 조선의 인재를 죽였다. 사실상 '말살(抹殺)'이나 다름없었다. 첫째로 조선 인재들을 모두 시험공부나 하는 수험생으로 전락시켰다. 예나 이제나 시험공부는 '학문'하는 것이 아니라 오로지 '합격'하기 위해서 시간을 죽이는 것이다. 그나마도 뽑아 주지 않아 인재가 설 곳이 없었다. 99.9% 이상을 탈락시켰다. 평생을 시험공부하고도 합격될 확률은 0.03%에 불과했다. 조선조 500년에 과거 합격자 수는 15,000명으로 기록 되고 있다. 그렇다면 합격자는 연 평균 30명 고작이다. 당시 조선 인구를 400~500만 명으로 추산할 때 30명은 0%나 다름없다. 4서(四書) 3경(三經)을 읽는 한문 습득자며 수험생 수를 통칭(統稱) 10만 명이라 할 때 30명은 0.03%다.[17)]

조선이 왜 망하는가. 더 이를 것도 없이 인재 풀의 이 같은 왜소화 때문이다. 그나마 있는 인물도 이순신처럼 죽이지 못해 안달이었다. 심지어는 남의 나라 공사관으로 스스로(고종) 도망을 가는(아관파천, 1896년) 수치를 겪으면서도 나라를 건질 생각보다 인물을 죽일 생각을 먼저 했다. 당시로서는 가장 실용적인 인물이라던 김홍집(金弘集, 1842-1896), 어윤중(魚允中, 1848-1896), 정병하(鄭秉夏, 1849-1896) 등이 을미사변(1894)의 분풀이로 역신으로 몰려 참살되었다. 그나마 조선 말에 오면 이승만(李承晩, 1875-1965), 박은식(朴殷植, 1859-1925), 서재필(徐載弼, 1864-1951), 장지연(張志淵, 1864-1921) 등 개화된 인물이 적잖이 있었다. 그러나 이들의 대다수는 실제로 나라가 넘어가는 청일전쟁(1894)을 기점으로 보면, 나이가 겨우 20살 정도고, 많아도 30을 넘기지 못했다. 그나마 이들에게는 명치유신(明治維新) 때의 인물들처럼 번(藩)이라는 기반도 없었고 무력도 없었다.

이 인재 풀의 왜소화에서 보면 조선은 남의 나라에 '빼앗긴 것'이 아니라

---

17) 정확한 수치는 어느 기록에도 없고, 『연려실기술』 등에는 통상적으로 당시 과거를 보러 서울에 몰리는 사람 수가 대략 10만 명 정도라는 기록이 있다.

남의 나라에 통째로 나라를 '넘겨준 것'이다. 일본(日本) 낭인들 말에 '우리가 그물을 치기도 전에 새가 먼저 날아들었다'는 소리는 그냥 흘겨만 들을 말이 아니다.[18] 맹자(孟子)에 '내가 나라를 망친 연후에(국필자벌 國必自伐) 남이 내 나라를 망친다(인벌지 人伐之)'는 경구는 예나 지금이나 변함이 없다.[19] 이 경구야 말로 가장 '오래된 미래'다. '모든 잘못된 결과는 내 것이다'. '모든 책임은 나에게 있다'. 이는 모든 역사의 경험칙(經驗則)이다. 남에 대한 분노에 앞서 나를 먼저 분노해야 한다. 자기에 대한 분노가 없거나 약할 때 그 '오래된 미래'는 계속된다. 이 또한 오래 오래 전에 예고된 것이다.

4. 코드윤리 – 진영윤리

그렇다면 지금은 어떤가. 조금 과장해서 말한다면 지금 한국의 인재 풀은 바이칼 호수만큼 크다. 지난 세기 48년 이래 70년 동안 이 땅에 일어난 가장 큰 변화는 이 인재 풀의 변화다. 질적으로든 양적으로든, 그 변화는 '하늘이 갈라지는' 파천황(破天荒)의 대변화에 비유해도 지나치지 않다. 그것은 유사 이래 대한민국이라는 나라의 가장 위대한 성취이고, 그 성취가 바로 같은 뿌리, 같은 문화와 제도에서 갈라져 나온 남과 북의 엄청난 괴리를 가져왔다. 지금 한국이 가지고 있는 각계각층의 다양한 인재 풀은 인구비례와 관계없이 그 절대 수만으로도 세계 상위권에 속한다. '추격'을 넘어 '선도'에 이를 만큼 그 인재의 수준도 상위권에 올라있다.

이는 물론 정부가 아니라 민간이며, 민간이 주도하는 시장에서다. 당장 대표적 기업 하나를 예로해도, 삼성 한 기업이 가지고 있는 인재 풀이 대한민국 정부 전체가 가지고 있는 인재 풀보다 양적으로든 질적으로든 더 크고, 더 우수하다. 삼성만이 아니라 SK, 현대, LG, 포스코 등 대기업들이 가지고 있는 인재 풀 또한 세계시장을 누비고도 남는다. 200개국이 넘는 나라들에

18) 1895년 을미사변(乙未事變)을 일으킨 당시 일본에서 데려왔다는 낭인패들.
19) 『孟子』 '離婁' 上 8.

경제영토를 만드는 그 탁월한 능력이 이들 기업의 그 엄청난 인재 풀에서 나왔다. 불과 반세기 전을 돌이켜보라. 어떻게 지금과 같은 글로벌 스테이트(global state)를 상상할 수 있었겠는가. 오랜 세월 우리가 살아왔던 그 '조선'이라는 나라, 아닌 자유민주주의 시장경제의 나라가, 어떤 측면에서든 그 체제가 우리 한국 사람들 체질, 유전자에 가장 알맞다는 의미다.

그런데 왜 지금 온 나라에 '이렇게도 인재가 없느냐'는 비명(悲鳴)이 울리고, 한탄(恨歎)이 쏟아져 나오는가. 인재빈곤을 넘어 심지어는 인재진공(眞空)이라고까지 과장하는 사람도 있지 않은가. 그것은 '정치권'이라는 한 영역 혹은 한축(軸)에서이고, 그것도 '현 정권'이라는 한 정권 안에서이다. 물론 90년대 이후 전 정권들도 정도의 차이만 있었을 뿐, 그 '오래된 미래'가 현 정치권과 현 정권에 와서 다시 두드러지게 드러났기 때문이다. 국회 청문회만 하면 장관도 대법관도 헌법 재판관도 모두 죄인이다. 어떻게 저 막중한 자리에, 저 같은 '나는 되고 너는 안 되는', 나에 대한 도덕 잣대와 남에 대한 도덕 잣대가 저토록 뒤집어진, 조선시대 적폐청산 – 적(敵)패몰이 그대로의 '나는 충심(忠心)·충신(忠臣)이고, 너는 역심(逆心)·역신(逆臣)'인가?

이런 정치권과 정권에선 조선시대 재판(再版)인 인재 풀의 왜소화는 말할 것도 없고 인사기용(人事起用)의 왜곡화(歪曲化) 또한 너무 당연한 귀결이다. 지금 정권에서 인사는 베버가 『직업으로서의 정치』에서 강조하는 신념윤리와 책임윤리 중 그 어느 것도 없고, 오직 코드윤리만 있다.

노무현 정권 당시 코드란 말이 세간에 유행했었다. 코드(code)란 본래 법전, 규칙 등의 의미를 갖는 영어단어이지만, 현대영어에선 유전적 코드(genetic code)에서처럼 편향성(bias)이나 성향(trait)의 의미로 사용되기도 한다. 과연 노무현 정권의 인사들이 어떤 의미로 사용했는지 알 수 없지만, "코드가 같다"는 표현은 결국 정치편향이나 이념성향이 같다는 의미일 것이다. 또한 노끈, 밧줄, 탯줄, 전깃줄 등을 의미하는 코드(cord)라는 영어단어도 있다. 전기는 같은 전깃줄, 그것도 같은 전압(voltage)에서만 흐른다. 그래서 사전의 주제어(主題語로)로 이 말이 올랐다.

노무현 정권의 사람들이 코드(code)를 의미했건, 코드(cord)를 의미했건 마찬가지다. 코드인사란 결국 같은 진영 내, 같은 생각하는 사람들만 골라 기용하는 동종동패(同種同牌), 동종교배의 정치형태를 의미한다. 그 코드인사가 몸 안의 뼈와 살처럼 내재화(內在化터)될 때 코드윤리가 된다. 이 코드윤리는 진실로 옳음을 믿어 그 옳음에 따라 행동하는 신념윤리도 아니고, 자기가 한 일의 결과에 대해 철저히 책임을 지는 책임윤리도[20] 아닌, 오로지 자기 진영의 윤리, 그 진영의 집단 이기주의일 뿐이다.

사회는 한 개의 코드에서만 전류가 흐르는, 그 하나의 코드, 하나의 연결망만 있는 것이 아니라, 이루 말할 수 없이 많은 연결망이 있다. 그 많은 연결망으로 마치 코드에 전류가 흐르듯이 인간의 모든 것이 흐른다. 이 수많은 연결망을 다 없애고, 전체주의 독재주의 국가에서나 하듯이 하나의 연결망(網)만 남기면 그 사회 그 정치가 갖는 모든 관계(relations)는 끝난다. 바로 사회의 끝이며 정치의 종말이다. 그래서 코드란 단어의 첫째 의미가 '목매는 사람의 밧줄'(the hanging man's rope)이고, 둘째 의미가 속박(bondage)이다.

코드윤리야 말로 사람을 활개 치지도 활동하지도 못하게 손발을 완전히 묶는 속박이며 감금이다. 앞으로 전진하지도 새 세계를 열지도 못하게 사람의 목을 매어놓는 밧줄이다. 코드인사를 하는 정부마다 예외 없이 실패하는 이유가 거기에 있다. 조선이 오직 '그들끼리'만의 나라이듯이 지금의 코드윤리도 '그들끼리만' 작당(作黨)해서 작폐(作弊)하는, 이미 조선이 예고한 그 '오래된 미래'다.

20) 이는 막스베버가 말하는 '책임윤리'이고, 그런 면에서 현 정치권은 책임윤리 부재(不在) 상태라 할 수 있다.

Ⅳ. 시관(時觀), 작용과 역(逆)작용

1. 시간(時間)과 시관(時觀)

시관은 앞서 말한 대로 시간을 '보는 것'이다 그것도 단순히 물리적으로 보는 것이 아니라 어떤 마음가짐으로, 어떻게 보느냐는 것이다. 시간은 소리처럼 눈에 보이는 것이 아니다. 그 눈에 보이지 않는 것을 내 눈으로 본다는 것은 내 '생물학적' 눈이 아니라 '사회학적' 눈 혹은 '철학・심리학적' 눈이다. 이 눈은 내 얼굴에 붙은 눈이 아니라 내 몸 깊숙이 숨어있는 눈, 소위 말하는 심안(心眼), 바로 마음의 눈이다. 이 마음의 눈으로 보는 시간, 그것이 시관이다. 이 시관과 함께 말하는 시간은 옛사람들이 쓰던, 지금도 우리가 일상으로 쓰는 때, 틈, 동안 혹은 세월과는 다른 개념이다.

20세기 이전 한국어엔 '시간(時間)'이라는 말이 없었다. 시간이란 주제어(主題語)가 없었던 것만큼 시간이란 개념도 없었다. '시간'이란 말이 처음 쓰인 것은 갑오경장(甲午更張) 이듬해인 1895년 당시 학부(學部, 현재의 교육부)에서 펴낸 『국민소학독본』에서였다.[21] '시간'을 조선시대 한자로 쓸 때는 그냥 '시時'였고 한글로는 '때'였지만, 시각(時刻)과 시각 사이를 말하고 연결해주는 '간(間)'을 시(時)에 붙여 쓰지는 않았다. 영어의 'time'을 동양어로 '시간'이라고 처음 번역해 쓴 사람은 깊은 지식과 혜안(慧眼)이 있었다 할 수 있다. 흔히 '세계는 공간과 시간으로 존재한다(the world exists in space and time)'고 말할 때, 공간과 시간에서 간(間)자를 빼어버리면 지금 우리가 생각하는 것과는 전혀 다른 공중이라든지 사철, 때와 같은 의미가 된다.

그렇다면 시(時) 혹은 때와, 지금 말하는 시간・시관은 어떤 차이가 있는가. 전자의 '나(我)'는 객체(客體)며 피동체(被動体)이고, 후자의 '나(我)'는

---

21) 이한섭. 2014, 『일본어에서 온 우리말 사전』, 고려대 출판부, p.499. 시간(時間), 그리고 '時計'는 '한성순보' 1884년, 괘종시계류 값을 말하면서 처음 썼다. 같은 책 p.500.

주체(主體)며 능동체(能動体)이다. 시(時) 혹은 때에 대해서 ‘나’는 오직 수동적으로 적응할 수 있을 뿐이라는 점에서 ‘나’는 객체이고 피동체이다. 반면 시간・시관은 얼마든지 ‘나’의 시간으로 이용할 수 있고 ‘나’의 시관을 만들 수 있다는 이유에서 시간・시관의 ‘나’는 주체이고 능동체이다. ‘세월 앞에 장사 없다’는 속언(俗言)은 객체로서의 ‘나’를 함의한다. 반면 ‘세월이 아무리 매서워도 나는 변경(frontier)으로 간다’는 문장은 주체로서의 ‘나’를 의미한다.

사실 동양 고전에서 거의 예외 없이 시와 때에 대해서 ‘나’는 늘 객체로서 인식된다. 중용의 핵심개념으로 ‘군자시중(君子時中)’이라는 말이 있다.[22] 군자는 주어진 때에 맞춰 알맞게 행동하고 대처한다는 말이다. 때라는 말을 상황으로 바꾼다면, 군자는 주어진 상황 따라서 행동하고 방법을 강구해야 한다는 것이다. 그 시와 때는 내가 어떻게 할 수 없는 ‘절대적 존재’이며, ‘나’는 오직 거기에 맞게 순응할 수밖에 없는 피동체일 뿐이다. 그것이 바로 군자관(君子觀)이다. 『논어(論語)』의 “시연후언(時然後言 반드시 때가 된 후에야 말하라)”이나 『사기(史記)』의 “시난득이이실(時亂得而易失 때란 얻기란 어려우나 잃기는 쉽다)”, 혹은 『잡서(雜書)』의 “시이세환(時移世換 세월이 흐르면 세상도 바뀐다)”[23] 등은 모두 시와 때에 대해 나는 불가항력적이고 객체이며 수동적 존재일 뿐이라는 사고를 보여준다.

이와 반대로 주체적 자아로서의 ‘나’는 시간에 대해서도 주체적이며 능동적인 존재이다. ‘내’가 어떤 눈으로 시간을 보느냐에 따라서, 또 어떤 시관으로 문제와 사태에 임하느냐에 따라서 시간은 ‘내’가 이용할 수 있는 최고의 자원일 수도 있다. 세상을 의지대로 바꾸는 가장 유용한 수단이 될 수도 있다. 때문에 시관(時觀)이 문제가 된다. 시관은 마음의 눈으로 시간을 보는 것이다. 마음은 이쪽이든 저쪽이든 한쪽으로 쏠리는 경향이 있다. 이른바 지향(志向)하는 바가 있다.

22) 『中庸』 2장: “君子而時中.”
23) 『論語』 ‘憲問’; 『史記』 ‘齊太公世家’; 雜書 剪燈新話.

지향은 특정 목표를 향해 마음이 움직이는 것. 문자 그대로 의지가 향(向)하는 바이다. 이 마음이 보는 시간, 곧 뜻 의지가 향하는 시간인 시관(time-perspective)은 세 가지로 나눠 볼 수 있다. 과거와 현재와 미래의 시간 중 그 마음이, 뜻이, 의지가 어디로 향하느냐에 따라 과거지향성(過去志向性), 현재지향성(現在志向性), 미래지향성(未來志向性)으로 구분된다.

2. 세 가지 지향(志向, orientation)

『국가는 왜 실패 하는가(Why Nations Fail)』라는 누구에게나 읽어보라고 권하고 싶은 책이 있다.[24] 이 책의 3장 첫 부분의 주제가 '38선 경제학'이다. 제목만 봐도 누구나 쉽게 내용을 짐작할 수 있는 남과 북의 비교다. 같은 혈통 같은 역사와 문화를 가진 민족이 어떻게 그토록 큰 차이를 보이는가를 한마디로 '제도'의 다름으로 설명하고 있다. 더 부연할 필요도 없이 남은 자유민주주의 시장경제, 북은 공산주의 계획경제라는 제도적 구분이다. 하지만 남과 북의 그 같은 차이를 밝히기 위해선 이 '제도'의 차이에 앞서 '시관'의 차이를 규명해야 한다. 이 시관의 차이 때문에 남은 남대로 북은 북대로 그와 같은 '제도'를 택할 수밖에 없었고, 결과적으로 38선을 경계로 완전히 다른 두 세계가 만들어지는 '38선 경제학'이 성립되었던 것이다. 그 '시관'을 다음 세 가지 지향 혹은 지향성(志向性)으로 분석해 보기로 한다.

(1) 과거지향성 – 두 개의 사례

이 지향 또는 지향성은 눈의 초점이 과거에 가있는 것이다. 생각이며 마음의 중심을 과거에 두는 것이다. 모든 문물의 표준(標準)을 과거에서 찾는 것이다. 핵심은 현재도 이제도 아닌 과거가 이 표준이라는 것이다. 표준은 모든 행동 모든 사고의 본보기인 모범(模範)이기도 하고, 사람이든 사물이든

24) 대런 에스모그루 · 제임스 A. 로빈슨. 2012, 『국가는 왜 실패 하는가』(최완규 역), 시공사, p.113.

모방(模倣)하는, 다른 말로 본뜨고 싶어 하는 모형(模型)이기도 하다. 영어에서 표준은 "standard"인데, 그 첫째 의미는 깃발(flag)이다. 깃발을 봄으로써 풍향(風向), 바람의 방향을 안다. 사람들은 방향을 알리는 깃발 따라 움직인다. 깃발이 표준이기 때문이다. 과거지향 또 과거지향성에서 이 표준은 3가지가 있다.

첫째로 사고(思考)의 표준이다. 그 대표적인 것이 상고주의(尙古主義)다. 상고주의는 옛 문물을 숭상(崇尙)하고 숭배(崇拜, worship)하는 것이다. 마치 예배하듯이 옛것을 높이고 받드는 것이다. 시가(詩歌)도 문장도 옛 형식에 맞춰 읊고 짓는다. 그래서 의고주의(擬古主義, antiquarianism)라고도 한다. 의고주의는 옛것을 흉내 내고 모방(imitate)하는 것이다. 당연히 새것을 잘 만들려 하지도 않고 만들어도 부박(浮薄)하고 경박(輕薄)하다고 생각한다. 새것은 뭐든 다 뜬 구름처럼 일상(日常)이 없고, 요란한 빈 수레처럼 구심(求心)이 없다는 것이다. 지금 아무리 통치를 잘해도 요순시대를 따라 갈 수 없고, 지금 아무리 훌륭한 저술이 나와도 사서삼경(四書三經)을 덮을 수는 없다는 사고다.

둘째로 행동의 표준이다. 우리 사극에 '상감마마 전고에 없는 일입니다'고 신하들이 임금에게 하는 말을 종종 듣는다. 여기서 전고(典故)는 문헌상 혹은 관습상의 근거가 되는 의식(儀式)이나 예의범절 행동 등의 전례(前例)이다. 특히 제례(祭禮), 상례(喪禮) 등은 철저히 과거의 예(禮)와 의식(儀式)에 따라야 하고, 웃어른이나 동료 후진을 대하는데도 전통적인 예의 규범이 있어 여기서 벗어나면 안 된다는 것이다. 이 예나 의식은 정해진 형식이다. 이 형식은 모두 외형적(外形的)인 것이어서 허례형식이 상당부분 차지하지만 이 허례형식도 행동의 표준으로 작용하고 또 작용해 왔다.

셋째로는 기술의 표준이다. 여기서 기술은 기록 또는 문장을 짓는 기술(記述, description)이다. 논어(論語)에서 기술은 술이부작(述而不作)[25]이라

25)『論語』'述而' 1.

해서 성인의 말씀이나 옛 문물을 "전하기만 하고 지어서는 안 된다"(transmit but not create)는 의미도 있지만, 그보다는 글을 짓되 춘추의 필법에 따르는, 따라서 대의명분(大義名分)에 벗어나는 글을 써서는 안 된다는 의미에서, 과거의 글들이 기술의 표준이라는 것이다. 특히 사마천(司馬遷)의 『사기(史記)』를 비롯해 옛 사람들이 쓴 역사기록들은 대부분 이 기술의 표준들이라 할 수 있다.

문제는 과거지향 또는 과거지향성에서 이 표준들이 과거는 물론 특히 현대사회에서 어떻게 작용하고 역(逆)작용하는가이다. 여기서 작용은 순기능(eufunction)처럼 역사와 사회, 크게는 그 시대 사람들의 삶에 기여하는 것이고, 역작용은 역기능(disfunction)하는 것이다. 삶에 기여하지 못함은 물론, 엄청난 저해적 요인으로 작용함을 말하는 것이다. 과거사회-전통사회에서 과거지향성은 그 표준들이 모두 그 사회에서 만들어진 것만큼 역작용 보다는 순기능이 더 많은 것임을 여기서 더 이상 논의할 필요가 없다. 문제는 현대사회에서다. 현대 사회에서 과거지향성과 그 표준들이 어떻게 작용할 것인가. 물론 현대의 대다수사람들은 과거의 그 같은 표준들을 상상하기도 힘들다. 그럼에도 그 같은 사회가 있다면 어떤 사회일까.

1) 북한: 판박이 조선

북한은 이 지구상 거의 유일한 과거지향성 국가다. 물론 앞서 말한 그 같은 표준들은 사회적 삶이 달라진 것만큼 그대로일 수는 없다. 하지만 그 표준들의 본질과 성향은 그대로다. '국가는 왜 실패 하는가'의 글에서 남과 북의 격차를 저자들은 '제도 차이'에서 찾았지만, 앞서 제기한 대로 그런 제도형성(institution-building) 이전에 그런 제도를 시발(始發)한 '시관(時觀)'과 그 시관에서 발단한 '지향(志向)'이 우선이다. 그런 시관과 지향, 바로 그 지향성이 만들어 낸 북한 사회는 거의 완전한 조선조 복사판이다. 물론 20세기 이전의 조선사회 꼭 그대로나 다름없는 현대판 복사판이다.

첫째로 세습(世襲)이다. 북한에서의 세습은 형식적이든 실제적이든 절차가 바로 조선조와 꼭 같다. 조선조에서 왕이 지명하는 세자, 세손은 누구도 이의를 달지 못한다. 죽임을 당하거나 역적으로 몰린다.

둘째로 주체(主體)다. 주체는 임금의 몸이다. 조선에서 임금 외에 다른 사람은 자기 몸을 주체라 할 수 없고 몰래라도 했다가 발각되면 그 또한 반역이 된다. 주체는 으뜸이다. 한자로 으뜸은 '원(元)'이고 그 원(元)은 오직 하나이기 때문에 오늘날의 다원주의와는 대치되는 일원주의다. 일원주의는 그 하나의 으뜸인 주체를 떠받드는 것이고, 주체가 말하는 사상만이 사상이 된다. 북에서 말하는 주체사상은 주체의 입에서 나온 모든 말이다.

셋째로 폐쇄다. 조선조는 유례를 찾기 어려운 폐쇄사회였다. 폐쇄사회는 이동(移動)이 막힌 사회다. 어느 사회든 이동은 셋이 있다. 직업이동, 계급이동, 지역이동이 그것이다. 북한에서의 이동의 끊어짐은 조선조보다 더 했으면 더했지 결코 덜하다 할 수 없다.

넷째로 학정(虐政)이다. 학정은 백성을 괴롭히는 모질고 포학한 정치다. 전통 왕조로서 그 대표가 조선조이고, 오늘날 북한이 그렇다는 것은 세계적으로 이미 널리 알려진 사실이다.

다섯째로 빈곤이다. 조선조만큼 가난한 나라가 역사적으로 또 있었을까. 그 빈곤은 다산 정약용의 기록에 너무 생생히 나와 있다. 오늘날 북한 또한 그러하다. 그 대표적 예가 90년 대 고난의 행군 때 굶어죽은 사람이 300만 명에 이른다는 기록이다. 조선이나 북한이나 정권이 오래 가는 이유가 이 빈곤에 있다. 빈곤하면 밑에서 들고 일어나 정권을 갈아치울 에너지가 축적되지 않는다. 조선조가 이웃나라들과 달리 500년이나 간 이유가 거기에 있다.

여섯째 제노포피아(xenophobia)다. 제노포비아를 구태여 영어로 쓴 것은 우리말 번역이 너무 길기 때문이다. 외국인 혐오증, 외국 문물 공포증, 낯선 사람 경계증, 인종주의 등의 의미가 모두 포함되어 있다. 거기에 개방개혁의 거부, 혐오, 편집증(偏執症), 피해망상증(被害妄想症)까지 겹쳐 있다. 1653년

(효종 4년) 조선에 와서 14년간 머물다 결국 일본 나가사키로 탈출한 하멜(Hendrick Hamel, 1630-1690)이 본 조선이 이의 대표적 사례다. 처음 33명이 와서 26명이 죽고, 7명이 겨우 살아서 탈출한 그들의 수난사는 그 후 『하멜 표류기』에 잘 나타나 있다. 어떻게 그렇게 외국인을, 그것도 당시로서는 최고의 문명인을 그토록 받아들일 수 없었을까. 일본은 어떻게 그들이 가고 싶은 나라였을까. 오늘날 북한에 들어간 외국인 수난사는 350년 전 그 시대의 제노포비아 그 자체다.

2) 지금 한국: 역(逆)주행 정권

우리의 과거지향성은 지금 진행 중인 '적폐청산'이 그 전형(典型)이다. 현대사회, 그것도 글로벌 스테이트에서 어떻게 그 같은 과거지향성이 있을 수 있는가. 적폐청산은 당연히 해야 하는 것이고, 앞선 나라일수록 으레 언제나 하고 있는 것이다. 문제는 어떤 '적폐청산'이고, 어떻게 하는 '적폐청산'인가이다. 무엇보다 지금 우리가 경험하고 있는 이 '적폐청산'이 다른 선진국들과는 달리 "어째서 과거지향성인가"이다. 그것은 다 같이 체제구조를 바꾸는 대변혁임에도 혁명(革命)은 미래지향성이고, 반대로 반란(反亂)은 과거지향성이 되는 비유와도 같다. 혁명(revolution)은 현재 구조를 완전히 탈바꿈해서 새로운 구조개편으로 미래를 지향해 가는 것이고, 반란(rebellion)은 지금 구조보다 더 오래된, 오래 전의 그 옛날 구조에 맞는 구조복귀로 과거를 지향해 가는 것이기 때문이다. 그래서 혁명은 '구조개편'이라 정의하고, 반란은 '구조반동'이라 명명한다.

지금 적폐청산은 반란에 비유되는 구조반동과도 같다. 적폐정산은 잘못되고 해가 되는 제도, 법령, 기구의 청산이다. 그래서 새로운 제도, 법령, 기구를 만드는 것이다. 그리고 그 다음 거기에 맞는 인재를 골라 그 제도 기구의 자리에 앉히는 것이다. 그야말로 적재적소, "the right man in the right place"를 의미한다. 그것이 바로 제대로 된 적폐청산이다. 선진국의 적폐청산은 예외 없이 그렇게 해왔다. 적폐청산은 미래지향적이어야 한다. 결코 과거지향적이 돼서는 안 된다. 그런데 왜 지금 진행되고 있는 이 적폐정산은 과거지향성의 표본인, 심지어는 반란에 비유되는 구조반동이라고까지 말하는가?

그 이유는 지금의 '적폐청산'이 목적과 수단이 완전히 뒤집혔기 때문이다. 서구 사회학이론에 목적전치(目的顚置, goal-displacement)라는 개념이 있다. 목적과 수단이 완전히 뒤집혀 목적이 수단이 되고, 수단이 거꾸로 목적이 되는 상태를 일컫는다. 적폐청산의 청산 목적은 제도와 기구의 개편이다. 청산 수단은 개편된 제도와 기구에 적재(適材, the right man)를 앉히는 것이다. 적재를 앉혀야만 개편된 제도와 기구가 소기의 목적대로 작동할 수 있기 때문이다. 이 적재라는 수단을 얼마나 잘 동원하고 이용했느냐가 모든 성공한 혁명과 개혁의 관건이었음을 우리는 경험을 통해 알고 있다.

그런데 지금 '적폐'청산의 목적인 제도와 기구 개편, 그리고 법령·관행·규제개혁은 간 곳없고(보다 정확히는 옛날 그대로이고), 청산수단인 사람만 갈아치우는(더 정확히는 이전 그 자리에 있던 사람들을 모두 해고하고 숙청하는), 그리고는 그 자리에 자기 코드에 맞는 사람만 갖다 앉히는, 따라서 그 '코드인사'가 제도·기구 개편의 목적이 되어버리는 기이하고 왜곡된, 목적과 수단이 정확히 뒤바뀐 목적전치의 '적폐청산'이 된 것이다. 목적과 수단이 제자리에 있는 목적정치(正置, goal-placement)를 악용해서 '코드윤리'를 만들다가 마침내 그 자리가 뒤집히는 목적전치(顚置, goal-displacement) 현상을 초래한 것이다. 이는 북한이 조선시대 그대로이듯, 지금 이 '적폐청산'의 정치행태 또한 오직 '과거사적(過去史的)'이고 과거지향적일 뿐인 너무 '오래된 미래'인 것이다.

(2) 현재지향성 – 히도니즘(hedonism)

현재지향 또는 현재지향성은 보는 눈이 현재를 향해 있는 것이다. 생각도 마음도 현재라는 시간에 속박당해 있는 상태이다. 과거는 지나가버려 내가 다시 어떻게 할 수가 없고, 미래는 아직 오지 않아 무엇 하나 제대로 기약할 수가 없다. 내가 의문도 의심도 없이 가질 수 있는 것은 지금 이 시간이다. 누구에게도 물어보지도 허락 받지도 않고 소유할 수 있는 것 또한 지금 이 현재다. 현재야 말로 나에게 가장 확실하고 가장 확증되어 있는 시간이다. 과거를 후회하는 사람도, 과거가 좋았다고 회상하는 사람도 과거는 이미 자기 것이 아니다. 내일은 오늘과 다를 것이다, 내일은 더 풍요롭고 행복할 것이라고, 기대하는 사람도 그 내일은 아무것도 약속해 주지 않는다. 그래서 그 허망한 과거도 그 불확실한 미래도 생각지 말고 오직 지금 이 현재만 보고, 이 현재를 누리자는 것이 현재지향성이다.

첫째로 이 현재지향성의 가장 큰 특징은 이름 그대로 현재주의(現在主義)다. 쳐다보는 시간이 현재이듯이, 지금 내가 생각하고 있는 것, 지금 내가 당면하고 있는 것, 지금 내가 체험하고 있는 것 그리고 지금 치열히 싸우고 있는 이 현장과 지금 당장 해내지 않으면 안 되는 이 업무 이 과업, 그것이 모두 지금 내가 몸소 부딪치고 있는 이 현재다. 이 나의 현재가 과거와 어떻게 연관되어 있고, 또 내일 부딪치게 될 그 불안한 미래와 어떻게 연결될 것인지, 그것은 하나도 중요하지 않다. 중요한 것은 지금 이 시간 이 현재가 어떻게 되고 있느냐 이고, 어떤 모습으로 나에게 나타나고 있느냐이다. 이 현재주의는 극단적으로는 현재실존주의다. 실존(實存)하는 것은 현재뿐이고, 현재만이 실지로 존재하고 있는 것이다. 눈을 현재에 초점하면 지금 내 시간의 의미는 오로지 이 현재, 이 현재 외에는 아무것도 없다.

둘째로 현재지향성은 현재성과주의다. 과거의 성공은 과거의 성공일 뿐이다. 과거의 대성취는 아무리 큰 성취여도 지금의 성취는 아니다. 그 성취가 지금 이 현재를 보장해 줄 수도 없고, 보장해 준다 해도 어느 순간에 과거의 것으로 훅 날아가 버릴지도 모른다. 설혹 날아가지 않는다 해도 언제까지 현재의 것으로 남아 있을지 기약할 수도 없다. 더러는 그 과거의 성취가 득이 아니라 재앙이 되는 경우도 많지 않던가. 할아버지의 많은 유산 때문에, 아버지의 탁월한 능력 때문에 망하는 아들 손자가 한 둘이었는가. 그래서 오직 있는 것은 현재성과주의다. 크든 작든 현재의 성과만이 보장된 것이고 믿을 수 있는 것이고, 누릴 수 있는 것이라는 생각과 주의가 바로 현재성과주의다.

셋째로 현재지향성은 현세주의(現世主義)다. 그것도 철저한 현세주의(現世主義)다. 종교에서 말하는 전생(前生)이나 내세(來世)에는 관심이 없다. 물론 죽어서 천당으로 올라갈지 지옥으로 떨어질지에 대해서도 생각이 없다. 현세 외에 다른 세상의 존재에 대해서는 관심도 생각도 없을 뿐 아니라 도대체 그것이 나와 무슨 상관이냐는 태도다. 구태여 따진다면 현재 내가 살고 있는 이 현세를 불교에서 전세나 내세 믿듯이 믿고, 기독교에서 천당이나 지옥 믿듯이 믿는다는 것이다. 이 현세주의는 많은 경우 향락주의 쾌락주의와 연결된다. 향락주의는 행복과 즐거움을 누리고 찾는 것이 인생의 최고 목적이라는 주의이고, 쾌락주의는 순간순간의 감각적 쾌락만이 유일한 선이라는 주장이다. 이 향락주의 쾌락주의는 서구의 경우 히도니즘(hedonism)이라 하여 도덕적 불신으로 이어지기도 한다.

문제는 지금 우리의 경우, 이 현재지향성이 어떻게 나타나고 있느냐이다. 첫째로 포퓰리즘이 그 전형이다. 포퓰리즘은 대중영합주의이고, 대중영합은 현재 만족을 추구하고 현재 요구를 충족하려는 그 대중의 바람과 주의주장에 맞추어 나가는 정치적 태도며 경향이다. 거기에는 내일이 없다. 철저한 현재주의며, 향락주의 쾌락주의나 다름없는 현세주의다. 둘째로 실제 정부정책으로 시행되는 복지명복의 '현금지원'이나 세금으로 '일자리 만들기'도 도덕적 해이를 부추기는 현재주의며 현세주의다. '균형발전'이라는 것도 실은 '균형정체'를 가져오는 포퓰리즘의 최고 레토릭이다. 이 모두 향락주의 쾌락주의로 이어진다.

셋째로 유독 이 정부 들어 강행하겠다는, 경제성이라고는 전혀 고려되지 않는 '예비 타당성조사 면제'도 포퓰리즘의 극치일 뿐 아니라 현세주의의 극치다. 아 극치는 시속으로 '부어라 마시라'의 향락주의의 극치이기도 하다. 넷째로 옛 영국노조들에서나 볼 수 있는 현재의 한국 '강성노조'도 현재주의며 현세주의의 대표사례다. 이 노조 때문에 미래를 책임질 젊은이들이 죽어가고 있다. '해고 없이 고용 없다'는 미래를 보장하는 '책임윤리'다. 이 '책임윤리'를 완전히 파괴하는 현재 한국의 '강성노조'는 미래한국과 미래한국의 젊은이들을 가장 암담하게 하는 현세주의자들이다.

다섯째 세계에서 가장 낮은 현재 한국의 '출산율저하'도 젊은이들의 지나친 현재주의 현세주의 지향의 결과다. 지난 세기 우리보다 훨씬 낮았던 일본 출산율이 현재 1.4인데 비해, 지금 우리는 0.98로 내려 앉아있다. 이 같은 '출생률 저하'도 '애 낳으면 기르기 어렵다'는 이유에서라기보다 '애 낳을 의지가 없다'는 젊은이들의 기력과 정력과 정열과 욕망이 심각히 저하된 지나친 현재지향성 탓으로 봐야 한다. 심지어는 과잉되고 병적이다시피 한 현재주의·현세주의의 한 중심인 히도니즘으로의 퇴행으로 간주되기까지 한다.

(3) 미래지향성 – 네 번의 혁명

미래지향성은 눈을 미래로 향하는 것, 내일을 바라보는 것이다. 모든 가치를 내일에 두고 모든 기대를 내일에 거는 것이다. 현재의 욕구는 목적이 달성되는 내일로 미루고 현재의 결핍은 풍요가 이뤄지는 내일까지 참는 것이고, 현재의 고통은 행복이 확인되는 내일까지 달게 받는 것이다. 그 내일이 왔는데 성취된 것이 없다면 그 다음 내일을 기다리는 것이다. 마치 사무엘 베켓(Samuel Bucket, 1906-1989)의 '고도를 기다리며'처럼 체념을 받아들이지 않는 것, 그것이 미래지향성이다. 그 미래에 현재는 아무것도 아닌 것이다. 그것은 지나가는 한 순간일 뿐이고, 의미가 있다면 오로지 내일을 위해 준비하는 것, 그 내일을 위해 설계하는 시간이고, 기반을 만드는 시간이고, 디딤돌이 되는 시간일 뿐인 것이다. 현재지향성이 갖는 그 모든 특징들은 미래지향에선 모두 악일 뿐이다.

미래지향성의 전형은 '창조적 파괴'다. 창조적 파괴는 창조보다 파괴가 먼저다. 창조의 의의(意義), 창조의 기능 그리고 그 창조의 효용은 파괴 다음에 온다. 이 창조적 파괴는 과거지향성은 물론 현재지향성의 프레임을 파괴하는 것이다. 그 지향성들의 가치와 사고의 프레임들을 파괴하는 것이고 제도와 관행의 프레임들을 파괴하는 것이다. 그리고 새로운 세계를, 새로운 문물을 만들어내는 것이다. 새로운 기구, 새로운 조직 그리고 새로운 기업을 창업하는 것이다. 이는 마치 줄탁(啐啄)과도 같은 것이다. 줄탁의 줄(啐)은 닭이 알을 깔 때, 껍질 안에서 병아리가 우는 소리이고, 탁(啄)은 어미닭이 그 소리를 듣고 껍질을 깨어주는 것이다. 이 두 개가 일치해서 동시에 행해질 때 비로소 병아리가 태어난다. 창조와 파괴는 바로 이 줄탁처럼 동시적으로 행해지는 미래지향성의 표본이다.

우리 역사에서 20세기 이후 미래지향성은 4번 있었다. 1919년의 3·1운동은 '근대혁명'으로서의 미래지향성이었다. 3·1운동 이전의 우리 역사는 사실상 중세였다. 3·1운동이 일어남으로써 우리는 비로소 독립자주국이 되어야 함을 전 국민이 깨달았다. 3·1운동은 일본으로부터 독립뿐 아니라, 중국 일부로서의 우리, 중국지향성의 우리 의식으로부터 해방되는 '근대혁명'이었다. 1948년의 대한민국 국가수립은 '체제혁명'으로서의 미래지향성이었다. 이전까지 자유·평등의 자유 민주주의 국가체제는 경험해본 일도 상상해본 적도 없었다. 우리 역사에서 그 시작이야말로 하늘도 놀라고 땅도 요동치는 거대한 체제변혁의 '체제혁명'이었다.

1960년의 4·19는 '의식혁명'으로서의 미래지향성이었다. 그 이전까지 우리 국민의식은 공민이나 시민의식보다는 신민의식(臣民意識)이 지배적이라 할 만큼 덜 깨어 있었다. 밑으로부터 일어나 처음으로 정권을 쓰러뜨리면서 왕조시대 신민들이 갖던 의식은 깡그리 무너졌다. 1961년의 5·16은 '산업혁명'으로서의 미래지향성이었다. 이 산업혁명의 성공으로 산업화도 되고 민주화도 된 명실 공히 '자유민주주의 국가'로서 북한과 완전히 다른 나라가 됐다.

이러한 우리의 미래지향성은 지난 세기 80년대에 최고조에 이른다. 정치적으로는 포퓰리즘이 등장하는 90년대 이후의 민주화시대로 이행하는 과도기적 권위주의 시대였다. 경제적으로는 단군 이래 최고의 호황기를 맞았다 했고, 국제적으로도 처음으로 북방시대를 열며 세계 각 지역으로 경제영토를 넓혀가던 때였다. 시운(時運)은 더해 때맞춰 올림픽을 개최하면서 세계의 변두리에서 세계의 중심권으로 들어서는, 꿈에도 그려지지 않던 나라로 우뚝 섰다.[26] 사회적으로도 전 국민의 45%에서 50%가 자기 대(代)에서 계층상승 이동 가능성을 확신했고, 75%에서 80%는 다음 대(代)까지의 그 같은 가능성을 확신했다.[27] 우리 역사상 미상불 다시 기대하기 어려운 가장 벅차고 활기찬 미래지향성시대였다. 이후 정권이 바뀔 때 마다 과거지향성 아니면 현재지향성으로 시관(時觀)은 바뀌었고, 정치도 혼란스러웠고, 그에 따라 그와 함께 사회경제도 활기를 잃어갔다.

Ⅴ. 柳成龍의 시관(時觀) - 원형의 미래지향성

1. 『징비록』 - 그 기막힌 아이러니

서애전서(西厓全書)를 보면 『징비록(懲毖錄)』은 모두 16권으로 구성되어 있다. 그 중 『징비록』이라는 이름으로 권1 권2가 있고, 나머지 14권은 전체적으로는 『징비록』이라는 제명(題名)하에 다른 작은 제목들이 붙어있다. 예컨대 『징비록』 3권에서 5권까지는 '근폭집(芹曝集)', 6권에서 14권까지는 '진사록(辰巳錄)', 15권에서 16권 까지는 '군문등록(軍門謄錄)', 그리고 제일 마지막 후기에 속하는 '녹후잡기(錄後雜記)'가 있다. 우리가 보통 『징비록』이라

26) 이영일. 2018, 『이영일 회고록 '미워할 수 없는 우리들의 대통령'』, "제3편 대한민국을 웅비시킨 대통령", HadA, pp.270-372.

27) 『한국의 사회지표』 83년-89년 편.

해서 읽는 책은 앞의 『징비록』 권1과 권2이다. 이 권1과 권2는 『징비록』 전체의 서론이고 본론이고 결론이기도 해서 큰 거울처럼 임진왜란 전체를 조명해 준다. 당시 조선의 능력으로는 아무리 유비(有備)해도 무환(無患)일 수가 없는 비극적 상황을 절통(切痛)해 하면서도 냉정을 잃지 않고 잔잔한 필치로, 그래서 더욱 가슴 무너지는 분노와 감동을 느끼게 하는 글이 이 『징비록』 1권과 2권이다.

하지만 이 1권과 2권은 어디까지나 큰 줄기로서의 대강(大綱)이다. 전쟁의 현장이며 디테일은 나머지 3권에서 16권까지의 '근폭집', '진사록', '군문등록' 안에 있다. 조(朝)・명(明)・일(日)군의 유, 무능(能)과 유, 무강(强), 특히 명군(明軍)의 횡포와 문란과 취약성 그리고 전쟁회피, 일군(日軍)의 첨단무기와 전투력과 날쌤, 그리고 기동력, 그 사이에 낀 조선군(朝鮮軍)의 무기력－조정은 멀리 압록강까지 가서 여차하면 중국으로 귀화하겠다 하는데, 군량미 1만석을 못 만들어 날마다 발을 동동 굴려야 하는 전쟁의 현장 책임자 柳成龍의 노심초사, 그 애태우며 간 녹임, 모두 이 나머지 권속에 들어있다.

『징비록』은 모두 하면 한자 글자로 20만자가 훨씬 넘는 엄청난 분량이다. 이를 1598년 11월 조정에 물러나서 서거 이태 전인 1605년까지 7년도 채 안 되는 짧디 짧은 기간에 썼으니, 책을 직업으로 쓰는 오늘날 우리 학자들도 도저히 감당이 안 되는 대작(大作)이다. 더구나 이 대작만 있는 것이 아니다. 그보다 훨씬 더 많은 분량의 시(詩)와 서(書)와 잡저(雜著) 그리고 기타가 있다. 그러나 柳成龍의 이 대저 『징비록』은 곧 잊혀졌다. 집안에서 『서애집』으로 간행되기는 했지만[28] 재래식 간행이고 부수도 읽는 사람도 극히 제한되어 있었다. 그 이유 또한 적폐청산의 진영윤리・코드윤리가 17세기에

28) 『징비록』이 처음 간행된 것은 1633년 柳成龍의 아들 유진이 『서애집』을 출간하면서 그 안에 수록했을 때였다. 이후 1647년 柳成龍의 외손자 조수익이 경상도 관찰사로 재임하면서 16권으로 구성된 『징비록』을 다시 간행했다.

서 19세기 초에 이르기까지의 오래고 오랜 세월 지배한 때문이다.

그런 『징비록』이 일본에서 먼저 크게 나왔다. 써진지 꼭 90년째 되던 1695년 교토에서 대중적으로 출간되어 널리 읽혔고, 뒤늦게 이를 알게 된 조선조정에서 1712년 『징비록』의 일본 유출을 엄금하기도 했다. 우리나라에서 이 책이 본격적으로 출간된 것은 1936년 조선총독부 조선사편수회에서였다. 柳成龍이 손으로 직접 쓴 필사본을 영인(影印)해서 출간한 것이 이때가 처음이다. 전쟁의 피해자인 우리는 정작으로 잊고 있었는데 그 전쟁의 가해자인 일본이, 그것도 조선을 지배하던 총독부가 출간했으니 기막힌 아이러니다. 이 아이러니야 말로 16세기 말의 임진왜란 때를 생각하면 역시 '오래된 미래'다. 누구를 탓하며 누구를 원망하겠는가.

2. 전쟁 – 아무도 기록하지 않았다

오직 柳成龍과 李舜臣만 기록했다. 柳成龍의 『징비록』, 李舜臣의 『난중일기』, 이 두 기록이 없었다면 임진왜란은 전쟁도 일본 전쟁, 기록도 일본 기록일 뿐이었다. 왜 우리는 그 큰 전쟁을 경험하고도 기록하려 하지 않았을까. 柳成龍의 『징비록』 1·2권에 나오는 인물만 해도 140명이 넘는다. 이 모두 柳成龍과 함께 전쟁을 치르면서 柳成龍이 직접 거명한 인물들이다. 그 중에는 학봉 김성일(鶴峰 金誠一)이나 송강 정철(松江 鄭澈)처럼 전쟁 초기에 죽은 사람도 있지만 대다수는 전쟁을 끝까지 지켜보며 온갖 고초(苦楚)를 겪어낸 사람들이다. 그들은 또 절대 다수가 글을 한 문신(文臣)들이고 문인(文人)들이다. 잘 쓰던 못 쓰던 글을 쓰고 글로 기록하는 사람들이다.

신립(申砬), 이일(李鎰), 김응서(金應瑞) 등 처음부터 무과에 합격한 순수 무인들도 있지만, 절제사 순변사 도원수 등 무인직(武人職) 의 대부분은 문신들이었다. 도원수 권율(權慄)은 처음 문신이었고, 팔도 도원수(八道都元帥)로서 임진왜란 직후 임진강을 방어하던 김명원(金明元)도 문과에 급제한 문신이었다. 전쟁 사령관은 물론 최전방 전투지휘관까지 문신이 맡을 만큼 조선은 문신의 나라였다. 특히 조선조 문신들은 죽으면 문인으로서 으레 문집(文集)을 남기려하는 사람들이다. 이 문신들은 글을 쓰는 것이 본분(本分)이라기보다 본능(本能)에 가깝다 할 수 있다. 일반적인 문인은 다 그러했다.

그런데 왜 임진왜란이라는 대란(大亂)을, 그것도 엄청난 수모를 그토록 뼈에 차도록 당하고도 柳成龍, 李舜臣처럼 글을 쓰고 기록하려 하지 않았을까. '전쟁은 모든 진리를 거부한다'는 전쟁 잠언(箴言)이 있다. 모든 진리를 거부할 만큼 백척간두(百尺竿頭)에 섰다. 거기서 진일보(進一步)만 하면 천길 낭떠러지로 떨어지는 그 절체절명의 순간들을 모두 경험하고도 글을 남기지 않는다면, 그들은 정말 문(文)을 하는 '문신(文臣)'인가. 글의 무늬만 좇는 '문신'(紋臣)인가. 그들은 무엇을 바라고 무엇을 생각하는 문신이며 문인인가. 그들이 진실로 찾는 것은 무엇이며 구하는 것은 무엇인가. 오매불망 또 염원(念願)하는 것은 무엇이었는가. 나라인가, 오직 임금인가. 대의(大義)인가, 오직 벼슬인가. 나라를 생각했다면 그들은 충신(忠臣)이고 오직 임금을 생각했다면 그들은 간신(奸臣)이다. 대의를 구했다면 그들은 선비로서의 문사(文士)이고, 오직 벼슬을 구했다면 그들은 고관이어도 탐관(貪官)일 뿐이다.

조선조가 건국하고 200년이 지나는 선조시대 유난히 인물이 많았다. 유명한 오리 이원익(梧里 李元翼, 1547-1634)에, 아계 이산해(鵝溪 李山海, 1539-1609), 李舜臣을 구한 약포 정탁(藥圃 鄭琢, 1526-1605)에, 백사 이항복(白沙 李恒福, 1556-1618), 한음 이덕형(漢陰 李德馨, 1561-1613), 그리고 윤두수(尹斗壽, 1533-1601), 윤근수(尹根壽, 1537-1616) 형제 등, 이루 헤일 수 없다. 이들은 임진왜란이 끝난 후 대부분 호종공신(扈從功臣, 임금 수레를 호위하는 신하)에 일등공신이 되었다. 그러나 누구도 임진왜란을 단 한 장(章)이라도 제대로 기록한 사람은 없다. 왜 그랬을까. 그야말로 미스터리다. 예나 이제나 기록이 없는 문인은 문인이 아니다. 스토리(story)를 못 찾고 못 적은 문인이 어찌 문인이며 문신이겠는가.

그러나 예외도 있다. 길지 않는 글이지만 그 글 속에 임진왜란을 단한마디로 알게 해주는 촌철(寸鐵)이 있다. 신립(申砬, 1546-1592)의 종사관(從事官)으로 충주전투에 참여한 김여물(金汝岉, 1548-1592)이 아들에게 보내는 편지다. 김여물은 '정여립사건'을 맡은 정철(鄭澈)이 탄핵될 때 정철의 당(黨)으로 같이 몰려 물러나 있었다. 柳成龍이 그의 인물됨과 무략(武略)이 있음을 알고 다시 천거해 신립의 종사관으로 충주로 내려 보냈다. 곧 벌어질 전쟁 현장을 둘러본 김여물이 신립에게 '고지(高地)에 진(陣)을 치고 적의 측면을 공격하든지, 아니면 한성(漢城)으로 물러나서 방위하는 것이 상책'이라 건의했다. 그러나 신립은 끝내 광야(廣野) 배수(背水)를 고집했고 김여물의 지략을 무시했다. 그것이 자살이라는 것을 신립 자신은 전혀 깨닫지 못했다. 아마도 예전에 싸우던 여진과의 싸움 정도로만 생각했던 것 같다.

그러나 김여물은 알았다. 끝까지 고집을 꺾지 않는 신립을 보고, 이 싸움이 필패라는 것을 예측하고 그의 아들에게 마지막 편지를 보낸다. 요지(要旨)만 추리면 '영남, 충청, 호남 삼도를 징집해도 한 사람도 응해오는 사람이 없다. 우리는 단지 빈주먹을 흔들며 싸울 수밖에 없다. 남아가 나라를 위해 죽는 것은 당연히 원하는 바이지만, 오직 나라의 치욕을 씻지 못하고 장부의 뛰는 심장을 그대로 재로 만드니, 하늘을 우러러 긴 한숨을 내쉴 따름이다.'[29] 이 충주전투의 공식 기록은 도순변사 신립, 순변사 이일, 종사관 김여물, 그리고 충주목사 이종장(李宗張, 1544-1592)의 병력 모두 합쳐 8천 명으로 되어 있지만 김여물의 이 글로 보면 8천명은 고사하고 8백 명도 되지 못했을 것이다. 공식 기록과 실제 병력의 차이가 그만큼 컸다. 그래서 조선 조정의 전쟁을 지상병전(紙上兵戰), 책상머리 종이 위에서 하는 전쟁이라 했다.

29) 李炯錫. 1967, 『壬辰戰亂史』 上, 서울大學校 출판부, p.269: "三道徵兵無一人至者 吾輩只張空拳 男兒死國 固其所也 但國恥未雪壯心成灰 仰天噓氣而已."

3. 『징비록』 – 무엇이 다른가

(1) 조선조 기록들의 과거지향성

조선조 기록들의 원형(原形)은 예외 없이 과거지향성이다. 역사기록들은 말할 것도 없고 반계 유형원(磻溪 柳馨遠), 성호 이익(星湖 李瀷), 다산 정약용(茶山 丁若鏞) 등의 실학도 지향하는 전범(典範)은 모두 과거에 있었다. 연암 박지원(燕巖 朴趾源)의 글도 읽어 보면 새로운 미래추구는 없다. 다른 소리를 할 뿐이고 그 다른 소리 역시 과거를 지향하는 색다른 소리일 뿐이다. 생각하는 본보기, 꿈꾸는 좋은 세상은 모두 과거에 있었고, 있었을 것이라고 상상하는 그런 글들이다. 20세기에 와서 쓴 황현(黃玹)의 매천야록(梅泉野錄)도 박은식(朴殷植)의 한국통사(韓國通史), 조선독립지혈사(朝鮮獨立之血史)도 모두 과거지향적이다.

한결같이 일본의 무신함, 일본에 대한 적개심, 우리 조정의 적폐와 조정대신들의 무능, 매국행위만 따지고 파헤쳤을 뿐, 도대체 이 나라를 어디로 어떻게 무엇을 지향해 앞으로 나아가야 할 것인가의 미래지향이 없다. 이들 글뿐이 아니라 단재 신채호(丹齋 申采浩, 1880-1936)의 그 많은 글들도 서구든 일본이든 그 나라들은 어째서 그토록 앞선 나라가 되었는가의 의문이 없고, 우리는 또 어떤 나라를 만들어야 할 것인가의 미래 정향(定向)이 없다. 1905년 황성신문 사설 "시일야방성대곡(是日也放聲大哭)"(이날 목 놓아 크게 우노라)으로 온 나라를 울린 위암 장지연(韋庵 張志淵, 1864-1921)의 자강(自强)사상도 미래지향성이라 하기엔 그저 우국지사류의 울분 토로일 뿐이다.

왜 일본이 그렇게 발전했는지, 강성해졌는지, 서구 열강과 어깨를 나란히 할 만큼 우리나 중국과는 다른 나라가 됐는지, 기껏 명치유신 정도로만 알 뿐, 더 깊은 원인 규명도 천착도, 무엇보다 강한 의문이 없다. 이는 그 훨씬 이전에도 마찬가지였다. 17세기 초(인조) 정묘-병자호란을 겪고도 명(明)나라 망한 것만 원통해 하고 절통해 하며 분개심만 들어냈지, 정작 100만도 안 되는, 우리와는 비교도 안 되는 작은 인구의 여진이 어떻게 1억 5천 만 명의 명나라를 점유할 수 있었는지, 그러고도 그 긴긴 세월을 지배할 수 있었는지, 기이하게도 질문이 없고 의심이 없다.

오로지 과거를 향해 중화문물만 받들고 높일 뿐, 한갓 작은 부족일 따름인 여진족이 세운 그 대청(大淸)제국이 중국 역사상 최고의 제국이 된 그 원인 그 경위를 알려고 안했다. 이미 역사 이전으로 사라지고 없는 그 옛날 한족이 세운 명(明)만을 그리워하며 '만절필동(萬折必東)'의 만동묘(萬東廟)나[30] 세워 19세기 중반이 넘어서도록 까지 '한족 중국문화'의 계승자로 자처하는 망상(妄想)을 멈추지 못했다. 그토록 과거지향적이었다.

(2) '징비'의 함의(含意), 미래지향성

그러나 『징비록』은 처음 시작부터 달랐다. '징비(懲毖)'라는 어휘 자체가 당시에는 없던 말이다. 단순히 글자 그대로만 보면 '징비'는 여기징이비후환(予其懲而毖後患), 나 징계해서 후환을 경계한다는 시경(詩經) 한 구절에 나오는 글자들이다. '징비'는 이 시경 구절의 앞뒤 한 글자씩을 따서 柳成龍이 직접 새로이 만든 조어(造語)다. 조선시대 사람들이 쓰던 한자어(漢字語)를 모아 만든 '한국한자어사전(韓國漢字語辭典)'에는 이 말이 나오지 않는다.[31]

---

30) 만동묘는 1717년(숙종 43년) 송시열(宋時烈)의 유명에 따라 제자 권상하(權尙夏)가 창건해 명(明)황제 신종과 마지막 황제 의종의 신위를 봉안해 제사 지내는 사당이다. 만동묘(萬東廟)라는 이름은 만절필동(萬折必東)이라는 말에서 나왔는데 '황하가 만 번을 꺾어져도 끝내는 동쪽으로 흘러간다'는, 아무리 곡절이 있어도 결국은 중국이며 중국문화라는 중화주의 중화숭배주의의 핵심어다. 만절필동은 오직 명(明)만을 섬긴다는 뜻으로 쓴 선조(宣祖)의 어필(御筆)이 있고, 명(明)이 망한 후에는 숭명사대(崇明事大)에 젖은 조선 유학자들이 특히 받들어 쓰던 사자성어(四字成語)다. 본래 공자(孔子)가 제자 자공(子貢)에게 '꺾이지 않는 강한 의지'를 가지라는 의미로 한 말 '만절야필동 萬折也必東'에서 유래했는데, 그 출전은 『순자(荀子)』이다. 최근 대한한국 국회의장이 이 문구를 붓으로 써서 미국하원 의장에게 바치는 역설(逆說)이 있었다. 아마도 뜻을 모르고 썼을 듯하다. 한국 사람들이 이 문구를 쓰면 가장 반겨할 사람은 중국 고위층들이며 고위 관리들임은 말할 필요도 없다.

사전에 주제어(主題語)로서 없다는 것은 당시 사람들이 전혀 쓰지 않던 말이라는 의미다. '징비'는 그 때 사람들의 지적 수준에 비추어 柳成龍 아니면 도저히 만들 수 없는 기막힌 조어다. 이 말이 지금 『우리말 큰 사전』에 주제어로 나와 있는 것을 보면 아마도 그 훨씬 이후에 柳成龍의 『징비록』에서 뽑아내 정착시킨 어휘일 것이다.

'징비'의 의미는 단순하고도 명료하다. '징(懲)'은 잘못을 깨우쳐 뉘우치도록 징계한다는 것이고, '비(毖)'는 후환이 없도록, 또다시 근심 걱정하는 일이 생기지 않도록 삼가고 경계한다는 것이다. 다시는 잘못되지 않도록, 실패하지 않도록, 나라를 누란의 위기에 몰아넣지 않도록 한시라도 마음이 해이해지거나 긴장을 풀어서는 안 된다는 의미이다. 글자 상으로는 풀이하는 '징비'의 의미는 이보다 더 분명하고 확실해질 수 없다. 그리고 임진왜란이라는 대란을 몸소 치른 전시수상(戰時首相)으로써 으레 뒷사람들에게 이런 경계의 말을 남겨놓아야 한다는 점에서도 이 같은 '징비'의 의미는 자명하다.

그러나 이런 '징비'의 의미는 표의(表意, denotation)이고, 함의(含意, connotation)는 더 넓고 더 크고 더 다양한, 글자 그대로 속에 더 깊은 뜻이 있다.[32] 이를 풀어서 보면 첫째로 '징비'의 주체는 누구이냐이다. 징비의 징(懲)이라는 징계의 주체는 누구며, 또 이 징비의 '비(毖)'라는 경계의 주체는 누구냐는 것이다. 주체는 언제 어디서나 둘 중 하나다. 하나는 바로 '나'(아我)이고, 다른 하나는 '그들'(피 彼)이다. 그들은 나 아닌 타자(他者)이고 또 이 타자들의 집단(集團)이다. 역사는 이 '나'와 타자인 '그들'간의 누가 주체가 되느냐에 따라 역사의 진화(進化)와 퇴화(退化)가 갈라진다.

柳成龍 '징비록'에서 징비의 주체는 철저히 '나'다. '징(懲)'의 주체도 나이

---

31) 단국대학교 동양학 연구. 1997, 『韓國漢字語辭典』, 卷2, p.467: "懲"자.

32) 표의(表意)는 글자 그대로 밖으로 표명된 겉뜻이다. 사물의 이름처럼 한 어휘가 지칭하는 단순의미(simple meaning)이다. 이와 달리 함의(含意)는 그 어휘가 깊이 품고 있는 속뜻이다. 밖으로 드러나지는 않지만 누구나 마음으로는 느끼는, 그 어휘의 단순의미에 첨부되는 많은 뜻들이다. 예컨대 어머니의 표의는 나를 낳아주신 분이지만, 그 함의는 모정, 자애, 사랑, 희생, 포용 등 이후 헤아릴 수 없이 많은 의미들을 내포한다.

고 '비 毖'의 주체도 나이다. 이 '징비'에서 '그들'은 오직 객체다. 누가 잘못했고 누가 징계 받아야 하고 누가 후환이 없도록, 다시 실패가 없도록 경계해야 하느냐. 이 모두 철저히 나다. 내 아닌 타자, '그들'은 주체도 아니고 중심도 아니고 중추도 아니다. 중심도 중추도 오직 나다. 내 자리보다 '그들' 자리가 높건 낮건, 나보다 '그들' 권세가 크건 작건, '그들'에게 잘못이 있다면 '그들'에 대한 내 성심이 부족해서이고, 그들의 지지를 이끌어 낼 좋은 방책이 없었기 때문이다. 모든 잘못은 내 탓이고 내 책임이다. 그것이 징비의 골자다. 그리고 『징비록』에 담긴 정신이다.

둘째로 징비의 '시관 時觀'은 어떤 지향이냐이다. 먼저 우리 역사의 고질(痼疾)인 그 끈질긴 내부분쟁은 어디서 비롯됐느냐를 볼 필요가 있다. '모든 것은 나 아닌 타자, 그들' 때문이다. '그들'이 저지른 잘못, 그들로 하여 쌓인 폐단-바로 그 적폐(積弊) 때문이다. 그 적폐 때둔에 오늘날 우리가 이 위기 이 난국에 처했다. '우리 역사의 모든 내부분쟁 내부분열은 하나같이 이렇게 시작되었다. '왜 우리가 왜군에게 오늘날 이렇게 당해야 하느냐, 오로지 너희들 탓이다.' '설혹 그 때 그 자리에 내가 있었다 해도 나에게 책임은 없다.' 모든 잘못 모든 책임은 이렇게 모두 '그들'에게로 전가(轉嫁)된다.

모든 책임이 이처럼 '그들'에게로 넘겨지는 것만큼 투쟁은 격렬해진다. 그 투쟁의 명분은 모두 '그들'이 저지른 그들의 과거 잘못인 그 적폐청산이다. 그 투쟁이 격렬해지는 것만큼 과거도 뜨겁게 달아오른다. 지금 우리가 경험하고 있는 그대로 시간은 매양 타임머신을 타고 과거로 돌아간다. 현재가 모두 과거로 바뀌고 미래는 꿈도 꾸자 못한다. 모든 책임이 '그들'에게 있다고 외치는 것만큼 시간은 자꾸 과거지향이 되고, 과거지향성은 더욱 공고화 되어간다.

반대로 모든 잘못이 '나'에게 있다고 하면 '나'는 반성한다는 것이고, 다시는 그런 과오를 저지르지 않도록 경계한다는 것이고, 끊임없이 새 방책을 강구하는 것이며, 그리하여 새로운 미래를 열어간다는 것이다. 모든 잘못 모든 책임이 '나'에게 있다와 '그들'에게 있다는 이렇게 '과거 지향성'과 '미래지향성'의 엄청난 차이를 가져다준다. 『징비록』의 '징비' 정신은 미래지향의의 원형이다. 어떻게 그 시대 그런 원형(原形)을 상상할 수 있었을까.

Ⅵ. 맺음말: '징비'의 함의, 미래 희망

류성룡의 삶과 그의 마지막 저작 『징비록』이 우리에게 주는 함의는 무엇인가? 희망이다. 『징비록』의 '징비'에 더 깊은 함의(含意)는 천찬(天贊)이다. 천찬은 바로 희망이다. 그것은 하늘이 절대 버리지 않는다는, 그 하늘의 도움을 '절대 확신하는' 희망이다. 임진왜란은 절대절망(絶對絶望)의 극한상황이다. 절망의 맨 끝, 도저히 헤어날 수도 일어설 수도 없는, 인력으로서는 어떻게 해 볼 수 없는 앞이 막힌 상태, 것이 절대절망이다. 그 절망의 극단에서도 절망은 없었다. 절통(切痛)은 해도 절망하지는 않았다. 그것이 징비록의 기록이고, '징비'의 또 다른 함의다. 그 희망이 소생(蘇生)의 원천이고, 국가재조(國家再造), 나라를 다시 만들고 일으키는 힘이었다.

그 희망이 과거를 털고 미래로 향하는 바로 미래지향성이었다. 어째서 柳成龍은 절망하지 않았는가. 절망 말고는 아무것도 품을 수 없는 상황에서 어떻게 다른 조신들과 달리 희망을 버리지 않았을까. 아니, 희망을 굳게 믿고 흔들림이 없었을까. 『징비록』에서 그 두 가지를 찾아낼 수 있다. 물론 다른 이유도 찾을 수 있지만, 이는 모두 파생적(派生的)인 것이고 근본적(根本的)인 것, 대본(大本)이 되는 것은 두 가지다. 하나는 柳成龍의 유교적 신념(儒敎的 信念)이고, 다른 하나는 李舜臣이다. 바로 柳成龍이 그에게 건 유일한 희망이다. 앞의 것이 임진왜란 이전에 이미 형성되어 있었던 것이라면, 뒤의 것은 임진왜란을 바로 맞으면서다.

■ '희망 1' 유교적 신념

유교적 신념에서 '희망'은 유학를 공부한 사람이라 해서 누구나 가질 수 있는 것은 아니다. 베버의 '프로테스탄트 윤리'는 프로테스탄트라는 종교적 신앙에 기반한 것이고, 또 하나님을 굳게 믿는 사람들의 신념인 만큼, 오로지 그 믿음만으로 구원의 '희망'을 굳게 가질 수 있었다. 그러나 유교는 프로테스탄트와 같은 종교가 아니고, 그 윤리도 프로테스탄트윤리처럼 신앙에 기반한 윤리도 아니다.

더구나 당시 사람들과 이웃해서 함께 믿는 불교의 열반이나 윤회사상에서 오는 내세의 '희망'이 있는 것도 아니다. 유교에서의 윤리며 신념은 매일매일의 삶에 기반을 한 오직 생활윤리며 생활신념일 뿐이다. 거기서 종교적 신념으로서의 '희망'을 갖는다는 것은 본원적(本源的)으로 어려운 일이고, 더구나 일상생활이 완전히 무너진 생활세계의 파탄 상태에서 종교도 아닌 유교가 구원의 '희망'을 불러 일으킬 일은 더더욱 만무한 일이다.

당시 실낱같은 희망이라도 있었다면 그것은 명(明)나라다. 명은 조선이 기댈 유일한 나라였고 명의 원병(援兵)이 오직 일루의 희망이었다. 선조를 비롯해 조신들은 모두 거기에 목을 매었다. 그러나 명나라 군대는 희망이기도 했지만 다른 한편 절망이기도 하고 재앙이기도 했다. 그것은 나중 구원병으로 온 그들을 경험하고야 알았다. 명군이 와서도 희망은커녕 나라는 쑥대밭이 되었고, 임금은 여차하면 중국으로 귀화하려했다. 군량(軍糧)은 다 떨어지고, 병사도 싸울 기력이 없고, 그런 병사마저 병기가 없었다. 상대는 당시 세계 최강의 군대였다. 한 가닥 희망이었던 명군은 싸울 때 마다 졌다. 그나마 싸울 의지도 의욕도 없었다. 가능하면 싸움을 회피하려 했고, 싸우려는 조선군마저 싸움을 못하게 했다.

그들은 6·25때의 원군으로 온 미군이나 유엔근과는 완전히 달랐다. 선조가 아무리 매달려도 그들은 남의 나라였다. 그들이 결코 희망이 될 수는 없었다. 그런데 柳成龍은 어떤 유교적 신념으로 희망을 잃지 않았을까. 누구나 논어(論語) 맹자(孟子)에서 '성인(聖人)의 말씀'을 익히지만 누구나 다 성인의 말씀을 신념화할 수 있는 것은 아니다. 성인 공자(孔子)는 절체절명의 상황에서도 절망하지 않고 늘 희망을 내보였다. '하늘이 이 문화(文化)를 없애려 하지 않는데 저들이 나를 어찌 하겠느냐.'[33] '하늘이 내게 선천적으로 덕(德)을 주셨거늘 환퇴(桓魋)가 나를 어떻게 해칠 수 있겠는가.'[34]

그렇게 공자의 희망은 바로 하늘이었고, 어떤 극한에서도 '하늘은 절대로 버리지 않는다'는 그 믿음은 흔들림이 없었다. 그 공자의 믿음이 곧 유교적 신념이고, 柳成龍 또한 그 신념이 내재화되어 국가 재조(再造)의 희망을 굳게 갖고 있었다. 징비록에 반복되어 나오는 하늘의 도움 – 천찬(天贊), 그리고 이 '어찌 하늘의 뜻이 아니겠느냐'의 기비천재호(其非天哉乎). 그것은 모두 柳成龍 '유교적 신념'의 원천이었고, 그것은 또 우리 애국가 '하느님이 보호하사 우리나라 만세'의 원형(原形)이라고도 할 수 있다.

■ '희망 2' 李舜臣

당시 조(朝), 명군(明軍)을 다 합쳐 李舜臣은 유일한 희망이었다. 이는 『징비록』이라는 기록 안에서도 그러했고 기록 밖에서도 그러했다. 그러나 선조를 비롯해 조신들 중에서는 누구도 그렇게 생각하는 사람이 없었다. 선조에겐 명군 총책 양호(楊鎬)가 유일한 '희망'이었고, 조신들도 대부분 선조와 비슷한 생각들이었다. 그들은 모두 李舜臣의 한산도 대첩(閑山島大捷, 1592. 7.)도 권율(權慄)의 행주대첩(幸州大捷, 1593. 2.), 김시민(金時敏)의 진주성 대첩(晋州大捷, 1592. 10.)과 다 같은 유(類)의 큰 이김으로만 생각했다.

---

33) 『論語』 '子罕' 5: "天之未喪斯文也, 匡人其予何?" 공자(孔子)가 광(匡)땅에서 잘못 오인 되어 광 땅 사람들이 군(軍)을 풀어서 공자와 제자 일행을 구치해서 죽이려고 했을 때 공자가 한 말이다.

34) 『論語』 '述而' 22: "天生德於予, 桓魋其如予何?" 공자가 송(宋)나라에 갔을 때 송(宋)의 중신(重臣) 환퇴(桓魋)가 병사를 시켜 나무를 뽑아 공자를 압사시키려해 놀란 제자들이 "어서 피하시라" 말할 때 공자가 했다는 말이다.

그만큼 임진왜란에 대해 무지했다.

행주대첩이든 진주성대첩이든 그 당시 조선의 능력으로 그렇게 적을 막아낼 수 있었다는 것은 대단한 것이었다. 싸움의 성격이나 수준이 쳐부수어 '이김'이 아니라 성(城) '지킴'의 성격이며 수준이었다 해도, 그것은 엄청난 것이었다. 그러나 그 대첩은 李舜臣의 그 한산도 대첩과 비교할 수도 없고, 또 할 수가 없는 것이었다. 행주성이나 진주성에서의 대첩은 한 성을 지킴에 불과했다. 넓게 보아도 한 지역의 방어 이상이 될 수가 없었다. 그러나 한산도 대첩은 한 성 한 지역이 아니라 한 나라를 지키는 것이었고 조선과 중국의 바다를 지키는 것이었으며, 그렇게 해서 동아시아를 지키는 것이었다.

1592년 4월 14일 왜병이 들어오고 3개월 후인 7월 8일, 한산도에서 李舜臣이 대첩을 거두었을 때, 柳成龍이 무릎을 치며 소리 높여 한 말은 바로 '하느님이 보호하사'였다. '李舜臣의 이 한판 승리가 나라를 중흥시키고 국가를 다시 만드는 운을 열었다. 이 어찌 하늘의 도움이 아니겠는가'(순신 일전지공 이제중흥 국가재조지운 기비천재 舜臣 一戰之功 以濟中興 國家再造之運 豈非天哉!)라고 부르짖었다. 만일 한산 대첩이 없었다면 왜군은 조선의 보루인 전라도를 점령하였을 것이고, 그리고 서해로 나아가 요동 연안의 대련(大連)과 금주(金州), 복주(復州), 천진(天津) 등이 위협받는 것은 물론, 명의 수도인 북경마저 위협을 받아 명의 구원군이 조선으로 나올 수 없음은 너무나 명약관화한 사실이다.

그렇다면 조선은 어떻게 되는가. 조선의 국토는 한강 이남과 이북으로 나누어져 한강 북은 명(明), 한강 남은 일본이 지배하는, 한반도 분할은 이미 결정되어 있을 것이다. 이는 일본이 처음부터 그들이 벌린 이 전쟁을 조선땅 가르기의 삼한정벌(三韓征伐), 조선할지(朝鮮割地) 전쟁이라 명명한데서 명확히 알 수 있고, 명 역시 조선을 그들의 울타리로 삼는 번리지전(藩籬之戰), 바로 그 울타리를 만드는 전쟁으로 공공연히 명시한데서 명확히 알 수 있다. 조선이 있고 없음이 이 李舜臣의 이 한 판 승(勝)으로 (물론 이후의 李

舜臣 불패(不敗)에 더 해) 명실공히 결정된 것이라는 것을 왜 선조는 그토록 인정하려하지 않았고 조신들도 그렇게 수긍하려 하지 않았을까. 柳成龍이 오직 李舜臣에서 '희망'을 보고 있었다는 것은 조선의 역사에서 4백년이 지난 오늘에야 겨우 깨달고 있는 것인지도 모른다.

이런 李舜臣을 죽이려고만 했다. 柳成龍은 선조와 조정의 다른 군신들에게 '통제사는 李舜臣 아니면 안 됩니다. 李舜臣이 아니면 한산도를 지킬 수 없고 한산도를 지키지 못하면 호남을 보전할 수 없습니다. 호남을 보전하지 못하면 나라는 어떤 구실도 할 수가 없습니다.'라고 단호히 말하지만,[35] 이런 柳成龍을 경기도 순찰사로 내보낸 사이 선조는 어떻게든 李舜臣 죽일 상소문을 올리라고 독촉한다. 그 명재경각(命在頃刻)의 순간에 노재상 정탁(鄭琢)이 나서 겨우 李舜臣을 구명한다. '舜臣은 명장입니다. 죽여서는 안됩니다. 군사상의 기밀의 이롭고 해로움은 전장과 멀리 떨어져 있는 조정에서는 알 길이 없습니다. 舜臣이 나아가지 않았음은 반드시 생각하는 바의 깊은 뜻이 있어서일 것입니다. 청컨대 너그러이 용서하시어 훗날에 공을 이루도록 하소서.'[36]

그렇게 해서 李舜臣은 겨우 살아났다. '희망'이 완전히 절망으로 바뀌는 순간, 이 역시 '오 천찬天贊 – 하늘이 도우샤' 였을 것이다. 그러나 미스터리는 왜 선조는 그토록 李舜臣을 죽이려고 했고, 왜 다른 조신들은 李舜臣을 살리려고 하지 않았을까 이다. 당시 柳成龍과 더불어 최고의 인물이라던 오리 이원익(梧里 李元翼, 1547-1634)은 왜 침묵을 지키고 있었고, 나이가 밑이긴 하지만 가장 명민하고 기개가 있다던 백사 이항복(白沙 李恒福, 1556-1618), 한음 이덕형(漢陰 李德馨, 1561-1613)은 왜 가만히 있었을까. 그들도 원균(元均)이나 마찬가지로 李舜臣에게 '희망'을 보지 못했던 것인가.

---

35) 『징비록』: "統制使 非舜臣不可 非舜臣閑山不守 則湖南不可保 湖南不可保 則其 能爲國乎!"

36) 『藥圃集』, "舜臣名將不可殺 軍機利害 難可遙度 其不進未必無意 請寬恕以責後效."

그러나 『징비록』에서는 李舜臣이라는 이 유일의 '희망'이 400년 후 '오래된 미래'가 아닌 '새로운 미래', '새로운 지평'으로 거듭나고 재천명될 것임을 미리 내다보고 있었다 할 것이다. '역사는 / 무덤가에서 희망을 찾지 말라지만 / 갈망의 파도가 솟구치면 / 희망과 역사는 함께 노래한다'는 어느 시인의 시귀처럼 『징비록』의 '징비'가 함의하는 '희망'도 이와 같을 것이다.[37] 그 '희망'이 곧 柳成龍의 미래지향성으로서의 리더십도 함께 함의하고 있는 것이다.

37) 세이머스 히니(Seamus Heaney, 1939-2019)의 『희망』. 북 아일랜드 작가며 시인, 1995년 노벨 문학상 수상자.

참고문헌

단국대학교 동양학 연구소. 1997, 『韓國漢字語辭典』, 단국대학교출판부.
대런 에스모그루 · 제임스 A.로빈슨. 2012, 『국가는 왜 실패 하는가』(최완규 역), 시공사.
류성룡, 『징비록』.
막스베버. 2007, 『직업으로서의 정치』(전우성 역), 나남.
세이머스 히니. 『희망』.
『연려실기술Ⅲ』(고전국역총서).
이영일. 2018, 『이영일 회고록 '미워할 수 없는 우리들의 대통령'』, "제3편 대한민국을 웅비시킨 대통령", HadA.
李炯錫. 1967, 『壬辰戰亂史』 上, 서울大學校 출판부.
『論語』.
『孟子』.
『史記』.
『三國史記』.
『藥圃集』.
『中庸』.

제 2 장

류성룡 주도 국가개혁의 역사사회학

Ⅰ. 서론

Ⅱ. 세계사적 근대의 여명(黎明)과 조선

Ⅲ. 국가개혁의 이론적 논거

Ⅳ. 류성룡의 국가개혁 : 배경

Ⅴ. 류성룡의 국가개혁 : 내용

Ⅵ. 맺음말

제 2 장

류성룡 주도 국가개혁의 역사사회학[1)]

전 상 인 (서울대학교 환경대학원 교수 / 사회학)

Ⅰ. 서　　론

오늘날 대한민국에는 '이게 나라냐?'고 묻고 따지는 가운데 적폐청산이나 국가개조 등의 화두가 위세를 떨치고 있다. 이른바 국가개혁을 둘러싼 최근의 사회적 관심은 서애 류성룡에 대한 재인식·재발견으로 이어지는 측면이 있다. 조선 중기에 활동한 류성룡은 누구보다, 그리고 무엇보다 국가개혁에 매진했던 인물이기 때문이다. 말하자면 그는 조선 중기 국가개혁의 아이콘(icon)이었다. 그가 볼 때 조선은 거의 새로 만들어야 할 대상이었다. 그가

1) 이 글이 완성되는데 크게 도움을 준 익명의 논평자들에게 감사드린다.

실행한 국가개혁은 일차적으로 임진왜란이 원인 제공자였다. 하지만 그가 구상한 국가개혁의 목표는 당면한 전란 극복을 넘어 보다 원대한 비전의 산물이었다.

이 논문의 목적은 역사사회학(historical sociology)의 관점에서 류성룡의 국가개혁을 분석하는 것이다.[2] 이 글은 류성룡의 국가개혁을 '근대적 이행'(transition to modernity)이라고 하는 16세기 세계사 및 시대정신의 관점에서 접근하고 평가한다. "16세기 말 세계사적 대전환기에 류성룡은 단순한 군사력의 차원을 넘어 "전쟁의 깊은 원인이라 할 사회경제적 모순의 문제를 직시"하고 있었다.[3] 그에게는 임진왜란 극복으로만 설명될 수 없는 "독특한 국가 개혁사상"이 있었다.[4] 또한 그는 "임란 극복의 제일 공로자"를 넘어서는 "진보적인 경세학자"였다.[5] 요컨대 류성룡은 임진왜란이라는 당대의 무대를 초월하여 보다 세계사적 차원의 구조적이고 장기적인 관점에서 논의될 필요가 있다.

제2~3절은 이 글의 문제의식과 이론적 틀을 제시한다. 제2절은 16세기의 세계사적 의미를 개관하고 임진왜란을 동아시아의 세계전쟁으로 이해하면서, 당시 조선을 '갈라파고스 제도(諸島)'로 규정한다. 제3절에서는 국가개혁의 의미를 논의하기 위해 '근대국가'(modern state) 및 '발전국가'(developmental state)라는 사회과학적 개념이 소개·활용된다. 이를 통해 류성룡이 주도했던

---

2) 역사사회학은 역사를 사회(과)학의 시각에서 접근하고 해석하는 것이다. 그런 만큼 이 글은 '위인전'도, '영웅전'도, '일대기'도 아니며, '문중사학'(門中史學)은 더더욱 아니다. 역사적 인물의 정치적 활동이나 업적을 사실에 입각하여 객관적으로 평가하는 '전기(傳記)정치학'(biographical politics)은 역사사회학 분야와 겹치는 측면이 있다(신복룡. 1999, "전기정치학의 시론", 『한국의 정치사상가』, 집문당). "모든 시대는 그 시대 나름의 신(神)이 있다"는 레오폴드 랑케(Leopold von Ranke)의 금언(金言)에 입각하여 인물 류성룡과 류성룡 시대를 연구한 송복의 저작 또한 역사사회학적 접근에 해당한다(송복. 2007, 『위대한 만남』, 지식마당, 2007).

3) 오종록. 2007, "서애 류성룡의 군사정책과 사상", 이성무 외. 『류성룡의 학술과 경륜』, 태학사, pp.198-199.

4) 이헌창. "서애 류성룡의 경제정책론", 이성무 외, 『류성룡의 학술과 경륜』, p.109.

5) 이수건. 1995, "서애 류성룡의 학문과 학맥". 『퇴계학과 유교문화』 23, p.17.

국가개혁의 핵심 요소들을 제시한다. 제4절은 류성룡이 추진한 국가개혁의 배경을 다룬다. 먼저 개인적 차원에서 국가개혁 '방법인'으로서의 자질이, 이어서 상황적 차원에서 국가개혁의 계기로 작용한 임진왜란의 의미가 논의된다. 제5절은 류성룡이 추진한 국가개혁의 구체적 내용들을 살펴보는데, 이때 핵심 키워드는 안보국가, 주권국가, 이재(理財)국가, 관료국가, 국민국가 등이다. 그리고 제6절은 결론이다.

Ⅱ. 세계사적 근대의 여명(黎明)과 조선

1. 16세기 세계사 개관

류성룡(1542-1607년)은 크게 보아 16세기 인물이다. 그가 조선시대 국정의 주역으로 활동한 것은 1592년부터 1598년까지의 일로서, 16세기의 끝자락이었다. 16세기는 세계사적 변혁기의 개막이었고, 그 파고는 동아시아와 조선에도 밀려왔다. 임진왜란이 발발한 것도 16세기의 세계사적 대전환의 일환이었고, 류성룡의 국가개혁 역시 임진왜란을 배경으로 하지 않고는 상상하기 어렵다. 이 글이 류성룡의 국가개혁을 역사사회학적 관점에서 접근할 수밖에 없는 일차적인 이유가 바로 여기에 있다.

16세기는 근대의 여명기였다. 그리고 근대적 이행은 유럽에서 먼저 시작되었고, 이는 종국적으로 '근대화의 세계화'로 이어졌다. 우선 중세 유럽이 끝나고 있었다. 그것의 신호탄은 1517년 마르틴 루터의 <95개조 반박문>으로 시작된 종교개혁이었다. 로마 가톨릭에 저항하는 프로테스탄티즘의 득세는 새로운 유럽의 정신적 모태가 되었다. 15세기까지 이탈리아에 머물던 르네상스 정신이 알프스산맥을 넘어 북상(北上)한 것도 16세기였다. 봉건사회와 종교국가의 폐해를 고발하면서 새로운 세상을 만들고자 하는 의지를 에라스무스는 <우신예찬(愚神禮讚)>(1511)에, 그리고 토마스 모어는 <유토피아>(1516)에 각각 담았고, 여기에 결정적으로 가세한 것이 1543년에 나온 지동설(地動說)이었다. 이른바 '코페르니쿠스적 전환'에 따라 근대 '과학혁명'의 문이 열린 것이다.

1492년 크리스토퍼 콜럼버스의 아메리카 대륙 발견이 촉발한 '대항해시대'가 본격화된 것 또한 16세기의 일이었다. 그 가운데 스페인의 아메리카 식민지 개척이 괄목할 만 했다. 특히 1545년 경 스페인 식민지 도처에서 대형 은광(銀鑛)이 잇따라 발견되었다. 당시 유럽의 핵심적 화폐가 은이었는데, 막대한 양의 은이 유럽에 반입됨에 따라 '가격혁명'(price revolution)이 거의 한 세기 동안 지속되었다. 그 결과, 상업자본과 산업자본의 이윤이 폭증하였고, 이는 자본축적과 근대적 기업의 성장으로 이어졌다. 이러한 사회경제적 변화는 정치적인 측면에 영향을 미쳤다. 봉건체제가 중앙집권적 왕정으로 바뀌면서 '근대국가'(modern state)의 단초가 만들어졌고, 1532년에 출간된 마키아벨리의 『군주론』은 정치의 탈종교화 및 권력개념의 세속화에 크게 기여했다.

2. 동아시아의 세계전쟁

16세기에는 동아시아 지역에도 구조적 변화가 서서히 나타나고 있었다. 이는 유럽발(發) 근대사회의 태동과 무관하지 않았다. 중국 중심의 전통적 동아시아 역내(域內) 질서에 나타난 이상(異常) 징후는 소위 '북로남왜'(北虜南倭)의 폐해로 표출되었다. 1550년 몽골의 타타르족이 명나라 황도(皇都) 북경을 포위하는 '경술의 변'(庚戌之變)이 발생한 데 이어, 1553년에는 왜구가 대거 침입하여 중국 장강(長江) 일대를 80일 동안이나 무법천지로 만드는 사건이 발생했다. 하지만 중화주의 세계관과 해금(海禁)정책 중심의 동아시아 질서가 도전받는 보다 결정적인 계기는 1557년 포르투갈의 마카오 조차(租借)였다. 마침내 서세동점(西勢東漸)이 가시화된 것이다.

서구 해양문명의 도래는 중국경제에 새로운 국면을 열었다. 유통통제와 현물주의 경제에서 시작한 명은 1570년에 이르러 은납(銀納) 재정을 전면적으로 채용하기에 이르렀는데, 은의 국내 축적이 충분하지 않은 상태라 국외로부터 막대한 양의 은이 중국으로 들어오게 되었다. 스페인령 남미에서 산출된 은이 필리핀을 경유하여 중국에 대량 유입되었을 뿐 아니라 일본으로부터도 대량의 은이 중국으로 직접 흘러갔다. 1530년대부터 일본의 은 생산량은 폭발적으로 늘어났는데, 이는 16세기 초 조선에서 개발된 연은(鉛銀) 분리법이 일본에 소개된 결과였다.[6)]

은의 통화량 증가와 국제교역의 확산에 따라 16세기 후반 중국을 포함한 동아시아는 '상업의 시대'를 본격적으로 맞이하고 있었다.[7)] 말하자면 동아시아를 포함한 자본주의 '근대 세계체계'(modern world-system)가 성립되던 시점이었다.[8)] 마카오에 거주하는 포르투갈 상인들과 마닐라에 거점을 둔 스페인 상선들이 향료와 은을 중국에 들여오고 중국산 비단과 생사, 도자기 등을 수출하는데 앞장섰다. 이러한 상품·화폐경제의 발달에 따라 종교나 사상의 측면에서도 새로운 변화가 생겨났다. 그것은 서양의 프로테스탄티즘에 필적하는 양명학(陽明學)의 인기였다.[9)] 가톨릭에 대항하는 프로테스탄티즘이 자본주의 정신의 모태가 된 것처럼, 주자학이 일방적으로 지배하던 중국에서도 상인과 수공업자, 무신(武臣), 서민층 사이에서 양명학이 점차 세(勢)를 확산했다.

동아시아의 이와 같은 '상업의 시대'는 동시에 '국가형성의 시대'이기도 했다. 국제무역으로부터 큰 이익을 올리기 시작한 타이, 자바, 베트남 등지의 동남아시아 전통 왕국들이 서양의 새로운 군사기술을 도입함으로서 부국강병의 길에 접어든 것이다. 일본의 도요토미 히데요시(豊臣秀吉) 정권도 이런 맥락에서 이해할 필요가 있다.[10)] 16세기 후반에 이르러 일본은 국력의 비약

---

6) 스가와 히데노리. "동아시아 해역 국제경제 질서와 임진왜란", 이성무 외. 『류성룡의 학술과 경륜』, pp.336-337.
7) Anthony Reid. 1993, "*Southeast Asia in the Age of Commerce, 1450-1680*", Yale Univ. Press.
8) Immanuel Wallerstein, 1974, *The Modern World-System I*, Academic Press 참조.
9) 강응천 외. 2013, 『민음 한국사 조선 02: 16세기 성리학 유토피아』, 민음사, pp.90-93.

적 성장을 경험했다. 은의 생산이 급증했을 뿐 아니라 옥강(玉鋼)이라 부르는 강철의 생산도 늘어났다. 1543년에는 포르투갈 상인에 의해 조총(鳥銃)이 소개되어 전투력이 획기적으로 향상되었으며 서양 선진문명에 대한 관심이 전반적으로 늘어났다. 마침내 1587년 도요토미 히데요시는 센고쿠 시대의 분열과 혼란을 종식하고 일본을 통일했다.

임진왜란에서 드러난 도요토미 정권의 해외정복 욕구는 단순한 영토 확장이나 내부모순 배출, 개인적 공명심 발산을 넘어서는 것이었다. 대신 그것은 기존의 화이(華夷) 질서의 해체를 틈타, 해역(海域)을 중심으로 새로운 동아시아 국제질서를 구축하고자 하는 거대한 지정학적 전략의 일환이었다.[11] 조선과 일본과의 전쟁으로 시작된 임진왜란이 조선, 중국, 일본 사이의 삼국대전(三國大戰)으로 확산되고, 임진왜란 말미에 만주에서 누르하치의 후금이 발흥하여 명을 패퇴시고 끝내 중원을 제패한 사실까지 고려하면 그것은 '동아시아판 세계전쟁'이었다.[12] 임진왜란은 특정 개인의 사적 동기가 아닌 16세기 세계정세의 대변화가 필연적으로 초래한 '구조주의적 관점'에서 이해되어야 한다.[13]

3. '갈라파고스' 조선

16세기 세계는 근대적 여명을 맞이하기 시작했고, 동아시아 국제질서 또한 지각변동을 예고하고 있었지만 조선은 '성리학 유토피아'에 안주하고 있었다. 15세기의 조선조가 상대적으로 '군주의 시대'였다면, 16세기 조선은 점차 '사(士)의 지배'가 두드러지는 나라가 되었다. 건국 이후 200년의 평화 시대는 성리학의 가치를 줄곧 강화하였다. 이로써 한편으로는 과거제를 매개로

10) 스가와 히데노리, "동아시아 해역 국제경제 질서와 임진왜란", 이성무 외, 『류성룡의 학술과 경륜』, pp.342-343.
11) 스가와 히데노리, 위의 책, pp.343-344.
12) 강응천 외, 『민음 한국사 조선 02: 16세기 성리학 유토피아』, p.234.
13) Theda Skocpol, 1979, *States and Social Revolutions*, Cambridge Univ. Press 참조.

하는 사대부 문화가 착근했고, 다른 한편으로는 도덕이 권력을 장악하는 '도덕정치'가 득세했다. 조정의 신료(臣僚)들은 행정 관료로서의 정체성을 넘어 도학지사(道學志士)로서의 역할과 책임을 자임했다.[14] 그런 만큼 국왕과 신료, 그리고 신료 상호간의 대립과 갈등이 구조적으로 불가피했고, 16세기 조선이 '사화(士禍)의 시대'로 점철된 것은 바로 이 때문이었다.

16세기 조선은 당대의 세계사적 흐름에서 한참 떨어져 있었다. 말하자면 조선은 '갈라파고스 신드롬'으로 충만해 있었다.[15] 조선이라는 국가는 백성들의 삶과는 무관한 "그들끼리의 나라"였다.[16] "신하들의 왕, 궁인들의 왕, 종친들의 왕"으로서 군주는 백성을 "근본이 아니라 마음대로 쳐내도 되는 곁가지 정도"로 생각했다. 개국 200년 만에 조선은 율곡 이이(李珥)의 말마따나 "나라가 나라가 아닌 처지"(國非其國)로 전락해 있었다. 요즘 말로 "이게 나라냐?"라는 뜻이다. 2년 이상 먹을 양식이 없는 나라가 조선이었고, 국가의 재정이 1년을 지탱하지 못할 나라가 바로 조선이었다.[17] 당시 조선이야말로 도덕정치와 공론정치의 적폐 덩어리였다.

16세기 말 조선의 실상을 율곡은 다음과 같이 표현하였다. "오늘날 나라 형세는 마치 오랫동안 고치지 않고 방치해 둔 만간대하(萬間大廈)에 비유할 수 있습니다. 크게는 대들보에서 작게는 서까래에 이르기까지 썩지 않은 것이 없어, 근근이 날만 넘기며 지탱하고 있는 형국입니다… 오직 날로 더 썩어 붕괴할 날만 기다리는 그 집과 오늘의 나라꼴이 무엇이 다르다 하겠습니

14) "신하의 도는 의(義)를 따르는 것이지, 임금을 따르는 게 아닙니다"라는 발언이 대표적이다. 이는 영의정 윤필상 탄핵을 놓고 성종과 언관들이 충돌하는 가운데 홍문관의 사관 유호인의 상사였던 성세명이 했던 말이다(권경률. 2015, 『조선을 만든 위험한 말들』, 엘피의책 참조). 조선조의 군신공치(君臣共治)는 13세기 영국의 마그나카르타처럼 국왕의 전제(專制)에 대항하여 국민의 권리를 옹호하기 의한 전거(典據)로 보기 어렵다. 대신 그것은 사(士) 중심 지배블럭의 권한을 제도화한 측면이 강하다.

15) 갈라파고스 제도(Galapagos Islands)는 남아메리카 동태평양에 있는 19개의 섬과 암초로서 구성되어 있는데, 대륙에서 멀리 떨어져 있어서 고유종 생물이 많다. 오늘날 '갈라파고스 신드롬'은 동시대의 보편적 흐름을 외면하는 '고립' 혹은 '쇄국'의 의미로 사용된다.

16) 송복, 2014, 『류성룡, 나라를 다시 만들 때가 되었나이다』, 시루, pp.33-34.

17) 송복, 위의 책, p.19.

까".[18] 하지만 이러한 율곡조차 국가개혁의 방법론에는 무심하고 무지했다. "지극히 원론적이고 당위적인 것 이외에는 아무것도 따로 내놓지 못"하였고, "어떤 방법, 어떤 과정, 어떤 순서를 밟아가며 혁파하자는 구체성은 어디서고 찾아볼 수 없"었다.[19] 임진왜란 직전의 조선은 "정말 어찌할 수 없는 지경에 이른 나라"가 되었다.

세계정세의 대변혁, 그리고 일본의 강대국 도약 앞에 조선은 특히 문약(文弱)한 나라였다. 개국 초에 정도전이 만든 양인개병제(良人皆兵制)는 200년간의 평화기를 거치며 점차 유명무실해졌다. 사대부 유생들은 군역을 면제받았고, 향교는 병역기피의 소굴이 되었다. 임진왜란 앞에 조선조의 운명은 풍전등화(風前燈火)를 방불케 했다. 하지만 국가위기를 국가개혁의 기회로 돌린 인물이 있었다. 바로 류성룡이었다. 그는 조선조 역사에서 보기 드문 '방법인'(man of methodology)이었다. 신하든 학자든 거의 모두가 당위론자로서 '어떻게 되어야만 한다'는 윤리적 주장만 되풀이하던 당시 상황에서, 류성룡은 "'어떻게' '어떤 수단을 동원해서' '누가' 할 것인지"에 대한 방법론을 제시했던 거의 유일한 인물이었다.[20] 체(體)는 있는데 용(用)이 없던 시대에 그는 "본체도 알고 방법론도 아는 가장 현명한 정치인"이었던 것이다.[21]

Ⅲ. 국가개혁의 이론적 논거

1. 근대국가(modern state)

통상적인 국가 개념과 구분되는 '근대국가'(modern state)는 16세기 이후 서유럽에서 형성되기 시작한 새로운 통치형태다. 베버는 근대국가를 물리적 강제력의 독점, 배타적 영토의 획정, 사회구성원 전체를 대상으로 하는 집합

18) 송복, 위의 책, p.38에서 재인용.
19) 송복, 위의 책, p.32.
20) 송복, 위의 책, pp.32-34.
21) 송복, 위의 책, p.29.

적 의사결정, 그리고 다양한 층위와 역할로 분화된 조직들의 집합체로 정의하였는데,[22] 16세기 이전 봉건제하 유럽에서는 이러한 의미의 국가가 존재하지 않았다. 서구의 역사에서 국가는 근대의 산물일 뿐이다. 일찍이 중앙집권형 왕정국가를 지향했던 동아시아의 경우 유럽의 전근대사회에 비해 '국가성'(stateness)의 수준이 높았던 것은 사실이다. 하지만 정치와 사회의 융합, 정치와 종교 혹은 도덕의 미분화, 권력의 의인화(擬人化) 등의 측면에서 조선조의 통치양식을 결코 오늘날 '근대국가' 개념에 필적시킬 수는 없다.

틸리는 베버의 근대국가를 '국민국가'(national state) 개념으로 발전시켰다.[23] 그는 서구에서 근대국가가 역사적으로 형성되는 과정에서 나타나는 사회적 동원양식의 변화와 정치적 권리의 신장에 주목했다. 동원양식의 변화는 주민에 대한 동원이 지역이나 신분, 계급, 종교 등의 기준을 초월하여 문자 그대로 '국가적'(national) 차원에서 이루어지는 것을 의미한다. 정치적 권리의 신장은 정치과정에 대한 사회구성원의 참여가 늘어나는 것을 뜻하는 데, 궁극적으로 보통선거권의 전면적 확대로 귀결되었다. 말하자면 국가건설(state making)에 상응하는 국민형성(nation-building)인 것이다.

유독 서유럽에서 근대 국민국가 모델이 탄생하게 되는 배경과 원인은 다양하게 논의될 수 있는 것으로, 이 글의 직접적 목적에 해당되지 않는다. 대신, 국가건설과 전쟁수행과의 상호작용은 아무리 강조되어도 지나치지 않다. 유럽의 국가건설과 관련하여 틸리는 "전쟁이 국가를 만들고 국가가 전쟁을 만들었다"고 주장했다. 근대국가가 등장하기 이전 유럽의 정치질서는 패권적 제국이 부재한 가운데 군주, 영주, 교회, 그리고 도시 부르조아 권력이 서로 대립하고 견제하는 상황이었다. 하지만 16세기 이후 유력(有力) 군주들의 권력질주가 진행되면서 분권적 봉건제는 해체되기 시작했고, 이 과정에서 전쟁

22) Max Weber. 1978, *Economy and Society*, Univ. of California Press 참조.
23) Charles Tilly (ed.). 1975, *The Formation of National States in Western Europe*, Princeton Univ. Press 참조.

이 일상화되었는데, 전쟁에서의 승패 여부가 국가건설자로서 군주의 운명을 일차적으로 가늠하였다.

전쟁을 준비하고 그것에 대비하는 과정은 근대국가의 핵심 요소들이 속속 구비되는 효과를 결과적으로 동반했다. 물리적 강제력의 대내적 독점이 자연스럽게 이루어졌을 뿐 아니라 조세나 징병, 징발 등 자원추출 및 동원 능력도 극대화되었다. 군대는 국가의 전유물이 되었고 국가(state)와 통계(statistics)는 어원(語源)을 공유하게 되었다. 국가조직의 합리적 효율성도 제고되었고, 국가 간 영토적 경계도 명확해졌다. 근대 관료제가 정비된 것도 이 무렵이고 요즘과 같은 국제관계의 개념이 정립된 것 역시 이 시기였다. 내부에서 자원을 추출하고 주민을 동원하는 과정에서 정치적 포섭과 사회통합이 적극 모색되기도 했다. 법적, 신분적 불평등을 줄이고 참정권을 늘이는 것이 일종의 유인책이자 반대급부였던 것이다.

2. 발전국가(developmental state)

근대 국민국가는 세계체제의 형성 과정에서 주체적 '모방' 혹은 강제적 '이식'의 결과 전(全)지구적으로 확산되었다. 일본의 메이지(明治) 국가는 전자의 대표적 경우이고 수많은 식민지 국가들은 후자의 사례이다. 특히 제2차 세계대전 이후 이른바 제3세계 지역에서 독립과 더불어 근대 국민국가의 출현이 러시를 이루었다. 이들 신생국, 후진국 또는 개발도상국들은 대부분 산업화를 포함한 서구의 근대적 이행을 자력으로 경험하지 못했다. 이런 상황에서 보다 적극적인 국가개혁을 통해 부국강병을 추진하는 나라가 1960년대 이후 동아시아 일부 국가들을 중심으로 등장했는데 이를 '발전국가'(developmental state)라 부른다.[24] 자본주의 세계체제 하에서 '저발전'(underdevelopment)이 일반적이던 당시 제3세계 상황에서 이들은 이른바 '종속적 발

24) Chalmers Johnson. 1982, *MITI and the Japanese Miracle*, Stanford Univ. Press; Meredith Woo-Cumings, 1999, *The Developmental State*, Cornell Univ. Press 참조.

전'(dependent development)을 경험했던 예외적 경우였다.

여기서 20세기에 만들어진 발전국가 개념을 굳이 검토하는 이유는 국가의 약탈적 기본 속성 대신 사회발전을 위한 국가의 내재적 능력에 주목하기 때문이다. 곧, 발전국가론은 기존의 국가체제를 일신(一新)함으로써 국가역량(state capacities)을 총체적으로 극대화하는 방법론에 대해 이론적으로 함의하는 바가 크다고 볼 수 있다. 발전국가는 소위 '계획·합리적'(plan-rational) 체제로서 구체적인 전략과 방법을 통해 주어진 국가목표를 보다 효율적으로 달성하고자 한다.[25] 이를 위해 발전국가는 무엇보다 계획·합리적 개입의 전제조건이 되는 국가개혁의 내용과 방향을 제시해 준다. 그리고 이는 류성룡의 국가개혁을 평가하는 데 있어서도 유효한 전거(典據)로 활용될 수 있다.

발전국가론이 말하는 국가개조 내지 국가개혁은 일관적으로 다음과 같은 내용으로 구성된다.[26] 첫째는 국가재정의 안정적 확보다. 근대국가의 이론적 기틀을 제시한 프랑스의 정치사상가 장 보댕이 "재정은 국가의 신경"이라 했듯이 재정능력은 국가역량 가운데 부동(不動)의 으뜸이다. 둘째는 관료제의 발전이다. 여기에는 행정 관료기구의 물리적 건설이나 제도적 안정뿐 아

25) 존슨은 근대국가의 경제체제를 두 가지 축에서 조합하였다. 그 하나는 경제운용의 주체에 관한 것으로, 계획과 시장 가운데 어디에 방점을 찍는가 하는 문제다. 전자가 국가주의라면 후자는 개인주의 혹은 자유주의다. 또 다른 하나는 경제활동의 목표에 관한 것이다, 경제활동의 목적을 본연의 합리적 효율성 추구에서 찾을 것인가, 아니면 특정 이념이나 가치의 실천에 둘 것인가 하는 문제라고 볼 수 있다. 일반적으로 '시장·합리적'(market-rational) 체제는 미국이나 유럽과 같은 선진 자본주의국가의 방식이고, '계획·합리적'(plan-ration) 체제는 1960대 이후 동아시아의 '발전국가' 방식을 말한다. '계획·이념적'(plan-ideological) 체제는 국가가 경제운용의 주체가 되어 경제활동의 목표를 이데올로기의 구현에 두는 경우로서 소련을 위시한 구(舊)사회주의권이 실험했다가 역사적으로 실패가 확인된 바 있다. 한편, '시장·이념적'(market-ideological) 체제는 논리적으로 성립하지 않는다. 권력을 좋아하는 이념과 간섭을 싫어하는 시장은 태생적으로 극성(極性)이 반대이기 때문이다(Chalmers Johnson. 1982, *MITI and the Japanese Miracle*, Stanford Univ. Press).

26) Peter B. Evans and Dietrich Rueschemeyer (eds.). 1985, *Bringing the State Back In*, Cambridge Univ. Press; Meredith Woo-Cumings, 1999, *The Developmental State*, Cornell Univ. Press 등 참조.

니라 관료집단의 애국과 헌신, 자부심과 사기와 같은 주관적인 요소까지 포함된다. 셋째는 국가의 지식 및 전문성 신장이다. 경험주의 철학의 대부 프란시스 베이컨이 “아는 것이 힘”이라 정리했듯이, 통치의 효율성을 가늠하는 데 있어서 국가가 갖고 있는 정보와 지식의 양과 질의 중요성은 아무리 강조해도 지나치지 않다.[27] 동아시아 발전국가의 성공을 감안하여 여기에 하나 더 추가될 수 있는 것은 국민의식 혹은 민족주의의 힘이다. 이는 국민을 하나로 결집시킬 수 있는 일종의 이데올로기적 역량이다.

Ⅳ. 류성룡의 국가개혁: 배경

1. 개인적 차원: ‘방법인’의 자질

16세기에 조선조의 적폐를 말하고 국가개혁의 필요성을 주장한 인물은 많았다. 류성룡이 이들과 달랐던 것은 어떻게 개혁을 할 것인가라고 하는 구체적 방법을 알고 실천했다는 점이다. 류성룡은 무엇보다 어릴 적부터 총명했다. 그는 “4살 때부터 글을 읽을 줄 알았다”고 전해진다. 퇴계 이황은 21살짜리 류성룡을 “하늘이 낸 사람”으로 극찬했다고 한다. 류성룡은 1564년에 생원, 진사과에 합격하고 2년 뒤인 1566년에 과거시험 문과에 급제하는 것에서부터 벼슬을 시작하였다.

류성룡은 자신의 지적 성장과정에서 지행합일(知行合一)의 유교이념에 충실했다. 그에 의하면 “경학(經學)을 공부하는 것은 시무(時務)를 알기 위한 것이고 역사를 탐구하는 것은 오늘을 알기 위한 것”이었다.[28] 말하자면 당대

---

27) 근대국가의 또 다른 이름은 지식국가(knowledge state)다. ‘최대다수의 최대행복’을 추구하는 근대 공리주의 국가(utilitarian state)의 힘은 기본적으로 조세나 통제, 징병 등 자신의 필요에 따라 세상과 자연을 정확히 파악하고 분석하고 감시하는 가독(可讀) 역량에서 비롯된다(제임스 스콧. 2010, 『국가처럼 보기』(전상인 역), 에코리브르, 2010 참조).

28) 권오영. “서애 류성룡: 경학사상의 심학적 경향”, 이성무 외, 『류성룡의 학술과 경륜』, pp.20-21.

조선조 유학자들이 일반적으로 공유하고 있던 근본주의나 명분주의와 일정한 거리를 둔 것이다. 유학자인 그에게 체(體)도 중요했지만 용(用)도 마찬가지로 필요했다. 그런 만큼 세상을 바라보는 눈이 창의적일 수 있었다. 류성룡은 이렇게 말했다. "무릇 책을 읽는 데는 주해(註解)를 먼저 보아서는 안 된다. 우선 경문(經文)을 반복해서 상세히 음미하며, 자기 나름대로 새로운 뜻을 가질 때까지 기다렸다가 곧 주해를 참고하여 비교한다면 거의 경(經)의 뜻이 환해져서 엉뚱한 해설에 가린 바가 되지 않을 것이다."[29] 요컨대 기계적 학습 대신 주체적 사색을 강조한 것이다.

류성룡이 강조한 것은 지식의 사회적 효능과 실천이었다. 이를 위해 그는 다양한 학문을 섭렵했다. 류성룡은 "어느 한 학문에 치우치는 경향을 옳게 생각하지 않았다. 자기 몸을 닦고 본성을 기르는 데 필요하고 현실의 위기를 극복하는데 절실하다고 판단되면 어느 학문이든 비판적 검토를 통해 적극적으로 수용하였다".[30] 그의 주체적이고도 개방적인 학문 자세는 성리학을 넘어 상산학(象山學), 양명학(陽明學), 불경, 도가서, 의학서에까지 이르렀다. 이 가운데 특히 주목할 것은 양명학에 대한 각별한 관심이었다. 양명학은 국제교역 증대에 따른 '상업의 시대'가 중국에 열리면서 주자학에 대항하는 유교판(版) 프로테스탄티즘의 성격을 가졌기 때문이다.[31]

---

29) 류성룡. 2006, "독서법", 『(신편 국역) 서애 류성룡 문집 3』, 한국학술정보, p.98.

30) 권오영, 앞의 책, p.17.

31) 류성룡이 양명학 서적에 처음 접한 것은 17세 때 부친 류중영(柳仲郢)의 임지였던 의주에서였다. 류성룡은 압록강 가를 거닐다가 사은사(謝恩使) 심통원(沈通源)이 연경에서 돌아오다 규정 이상의 물품을 사왔다고 탄핵당해 버리고 간 짐바리에서 <양명집>을 발견하고 아전을 시켜 이를 필사해 두었다. 양명학에 대한 류성룡의 각별한 애정은 임진왜란 중에 확인된다. 전쟁 통에 안동 옛 집과 원지정사(遠志精舍)에 보관 중이던 서적이 모두 불타 없어졌는데, <양명집>이 수풀 사이에 있어 온전한 것을 보고 "불각(不覺) 중에 눈물이 흘러내렸다"고 썼다("양명집 뒤에 씀", 『서애 류성룡 문집 2』, pp.257-258). 천하의 사물은 이치가 아닌 것이 없다는 것이 류성룡이 기본적으로 생각하는 주자학의 관점이다. 따라서 사람은 사물에 나아가 이치를 궁구하여 그 지(知)를 이루어야 한다. 이에 비해 양명학은 "이치란 내 마음에 있으므로 다른 곳에서 찾을 것이 없다"고 주장한다. 그럼에도 양지(良知), 곧 배우지 않고 알 수 있는 타고난 재능만 믿으면 "한 때의 응결된 힘은 다소 얻어질 듯할 것이나, 마침내 성인과 같아지지는 못할

'방법인' 류성룡을 만든 또 하나의 자산은 다양한 관직경력과 현장경험이었다. 류성룡의 첫 관직은 국가문서를 다루는 승문원(承文院) 권지부정자(權知副正字)였으며 외교문서를 작성하는 예문관(藝文館), 역사서를 편찬하는 춘추관(春秋館), 성균관 등을 돌며 하위 관료생활을 이어나갔다. 그러다가 선조 2년에 공조좌랑(工曹佐郞)으로 전격 발탁되는데, 조선시대 공조는 산택(山澤)이나 공장(工匠), 영선(營繕), 도야(陶冶) 분야를 관장하던 건축·기술 분야의 국가기구였다. 이 밖에도 류성룡은 성절사(聖節使) 서장관(書狀官)으로 북경에 가서 국제 감각을 익히기도 하고 사헌부(司憲府)나 사간원(司諫院) 등에서 일하며 사정(司正)과 감사(監査) 업무를 배우기도 했다. 또한 이조좌랑(吏曹佐郞)과 병조좌랑(兵曹佐郞)으로 일하면서 인사(人事)와 군사(軍事)에 대한 행정실무도 체득했다.

류성룡은 중앙에서 청요직(淸要職)을 두루 거치는 엘리트 코스를 밟았다. 1588년 형조판서, 1589년 예조판서와 이조판서, 병조판서, 1590년 우의정, 1591년 좌의정, 1592년 이조판서 겸임 좌의정 등이 대표적이다. 말하자면 류성룡은 "임금과 매일같이 얼굴을 맞대는 자리"에 줄곧 있었다.[32] 그만큼 그의 눈높이는 거의 군왕급(君王級)이었다. 류성룡이 지방에서 현장을 자주 경험했다는 점도 의미가 크다. 상주목사(1580년), 함경도관찰사(1583년), 경상도관찰사(1583년) 등을 지내며 그는 백성의 눈높이에서 국정을 생각하는 안목을 키웠던 것이다.[33] 류성룡은 평소 고향 안동을 다닐 때마다 백성들에게 폐가 되는 것을 여러 방면으로 조사하고 해결을 위해 노력하였다고 한다. 류성룡의 정책지식 가운데 특히 군사 분야는 가학(家學)으로 배양된 측면이 있다. 그의 조부는 병마동첨절제사(兵馬同僉節制使)로서 간성에서 근무하였

것이다"고 말함으로써 양명학의 한계를 분명히 했다("양명집을 읽고 난 느낌", 『서애 류성룡 문집 1』, pp.58-59).

32) 이덕일. 2012, 『류성룡: 난세의 혁신 리더』, 위즈덤하우스, p.79.

33) 상주목사 재임 시 아전(衙前)제도의 개선 노력이 대표적이다. 그는 성과에 따른 급료제도의 도입을 통해 아전의 부정부패를 막고자 했다(이덕일, 위의 책, pp.39-40).

고, 부친은 병마절도사(兵馬節度使)와 수군절도사(水軍節度使)를 겸무하는 황해도 관찰사를 역임한 적이 있기 때문이다.[34)]

2. 상황적 차원: '기회'로서의 전쟁

전쟁은 국가건설 혹은 국가개혁을 위한 절호의 기회다. 전쟁은 기본적으로 국가 고유의 역(役)이자 업(業)이다. 『전쟁론』의 저자 클라우제비츠(Karl Clausewitz)가 "전쟁은 수단을 달리해 계속되는 정치일 뿐"이라고 말한 것은 이런 맥락에서다. "전쟁이 국가를 만들고 국가가 전쟁을 만들었다"는 앞서 틸리의 언명(言明)은 서구의 근대국민국가 모델 역시 전쟁을 배경으로 형성되었다는 사실을 확인해 준다. 20세기 발전국가 개념 또한 또 다른 전쟁, 곧 제2차 세계대전 이후 동아시아 냉전체제와 분리하여 논의하기 어렵다. 요컨대 전쟁은 국가의 존립을 가늠하면서, 통치권력의 정당성을 제고하기도 하고 국가역량의 향상을 도모하는 계기가 되기도 한다.

임진왜란은 국가가 무엇이고 민족이 무엇인가를 깨닫게 만드는 소중한 기회가 되었다. 던컨에 의하면 임진왜란 당시 일본이나 명(明)이 조선정부나 백성들에게 가한 충격적인 경험은 "류성룡과 같은 엘리트로 하여금 '민족의식'(a sense of nationhood) – 정의하자면 영속적이고 독자적인 정치적, 문화적 실체의 일원임을 자각하는 것, 또한 우리가 오늘날 '동포'라고 부르는 운명공동체에 대해 인식하는 것 – 을 표출하기에 충분한 기회를 제공"했다. 또한 그는 "민중들이 스스로를 '조선인'이라고 구분하여 인식하는 민족의식이… 최소한 임진왜란 당시에는 이미 형성되기 시작"했다고 본다.[35)] 말하자

34) 오종록, "서애 류성룡의 군사정책과 사상", 이성무 외, 『류성룡의 학술과 경륜』, pp.186-187. 그가 실무적인 군사지식에 해박했던 것도 집안 내력과 무관하지 않은 것으로 보인다. 그는 우리나라 지형에서 산성(山城)이 중요하다는 사실을 경험적으로 잘 알고 있었고 ("산성설", 『서애 류성룡 문집 3』, pp.88-90), 임난 당시 평양성 탈환 이후 한양 수복 과정에서 부교(浮橋)를 "임시방편으로 우연한 생각에서 터득"하기도 했다 ("임진강에 부교 놓은 일을 기록함", 『서애 류성룡 문집 3』, pp.152-153).

35) 존 B. 던컨. 2016, "류성룡과 조선 중기 민족의식의 문제", 연세대서애학술연구단 · 김왕

면 임진왜란을 통해 지배계층이나 피지배계급 공히 조선, 명, 일본을 세 개의 다른 독립체로 인식하게 된 것이다.36)

전쟁이란 개인적으로는 하루하루 생존의 문제이지만 국가적으로는 국체(國體) 존립의 문제다. 관념의 문제가 아니라 하루하루 국가생존의 문제가 걸린 것이다. 류성룡의 주도사상(主導思想)이37) '이론적' 내지 '관념적'이 아니라 '실천적'이고 '전략적'인 성격을 갖게 된 것도 이러한 전시 상황에 기인한 측면이 크다.38) 위기를 기회로 인식한 류성룡의 생각은 임진왜란 와중인 1594년에 선조에게 올린 차자(箚子)에 잘 나타나 있다. 힘든 결단을 요구하는 국가개혁은 무릇 평시보다 전시가 유리하다는 뜻에서 그는 "깊은 근심으로 인하여 성명(聖明)을 개발하고 많은 어려움으로 인하여 나라를 일으킨다"(殷憂啓聖 多難興邦)고 썼다.39)

그리고 류성룡은 임진왜란 대부분의 기간 동안 국가의 중책을 맡았다. 1592년 4월 14일 전쟁 발발 당시 그는 좌의정이었고, 5월 1일 피난길 개성에서 영의정으로 임명되었다가 전쟁발발의 책임을 지고 하루 만에 파직을 당했다. 그럼에도 그는 피난길에서 선조를 따라 백의종군했다. 6월 1일에는 명나라 사신을 영접하는 풍원부원군(豐原府院君)으로 제수되었다. 1593년 10월 27일, 서울 수복 이후 그는 영의정에 복귀했으며 도체찰사 겸무하게

배 외, 『서애 경세론의 현대적 조망』, 혜안, p.222, 239, 243.

36) 그렇다고 해서 던컨이 임진왜란을 통한 민족주의나 국민형성의 완성을 주장한 것은 결코 아니다. 류성룡 역시 유학자로서 한국 사회의 문화적 독자성 대신 보편적 유교문명을 우선시했다. 또한 류성룡은 이분법적 화이관(華夷觀)을 답습함으로서 일본의 야만이나 왜군의 만행에 대해서는 특별히 분개하지 않았다. 그와 같은 오랑캐 행동은 으레 예상되는 것이기 때문이다. 그가 분노했던 것은 오히려 명나라 관료 및 장수의 행동이었다. 이는 그만큼 명나라에 대해서 '문명국가'를 기대하였다는 의미가 된다(존 B. 던컨. "류성룡과 조선 중기 민족의식의 문제", p.232, pp.236-237, pp.242-243).

37) 주도사상이란 '스스로 설계하여 구현하는 정신'을 의미한다(백기복. "서애 류성룡의 경영사상", 연세대서애학술연구단·김왕배 외, 『서애 경세론의 현대적 조망』, p.60).

38) 백기복. "서애 류성룡의 경영사상", 연세대서애학술연구단·김왕배 외, 『서애 경세론의 현대적 조망』, pp.60-61.

39) 류성룡. "시무를 진주한 치자", 『서애 류성룡 문집 1』, p.102.

됨으로써 민정과 군정을 총괄하는 막강한 권력을 행사했다. 말하자면 그는 전시재상(戰時宰相)이자 '전쟁영웅'(war hero)이었다.[40]

V. 류성룡의 국가개혁: 내용

1. 안보국가(national security state)

전쟁 상황이 요구한 국가개혁의 일차적 과제는 두말 할 나위 없이 국방력 강화일 것이다. 조선은 임진왜란 전에 200년간의 평화시대를 구가했고, 전쟁의 징조를 읽고 일본에 통신사를 파견했지만 정사 황윤길(黃允吉)과 부사 김성일(金誠一)의 보고는 서로 상반되었다. 임란 발발 두 달 전 좌의정 류성룡은 대장 신립(申砬)과 이일(李鎰)을 각도에 파견하여 군사태세를 점검시켰으나 돌아온 대답은 "그리 걱정할 것 없다"는 것이었다. 류성룡이 왜군의 조총을 언급했지만 "비록 조총이 있다 해도 어찌 쏠 때마다 다 맞힐 수가 있겠습니까?"라는 답만 들었을 뿐이었다.[41] 당시 일본은 세계 최대의 조총 생산국이었다.

당시 조선군대는 허약하기 짝이 없었다. 왜국의 입장에서는 임진왜란은 전쟁이 아니라 '전쟁놀이'에 가까웠다.[42] 조선에 파견된 명나라 제독 이여송(李如松)은 조선군을 '도망군'이라 불렀다. 한심하기만 했던 당시 조선군대의

40) 선조는 류성룡에게 크게 의존하면서도 정치적으로는 그를 항상 견제했다(이덕일. 『류성룡: 난세의 혁신 리더』, p.135). 만약 선조가 계몽군주의 자질을 갖춘 상태에서 개혁재상 류성룡과 콤비를 이뤘더라면 조선조의 역사는 크게 달라졌을지 모른다. 류성룡과 이순신의 관계를 '위대한 만남'이라 부르기도 하지만(송복. 2007, 『위대한 만남: 서애 류성룡』, 지식마당), 류성룡과 선조의 관계는 아쉬움이 많이 남는 '불편한 만남'처럼 보인다.

41) 이덕일. 『류성룡: 난세의 혁신 리더』, p.75. 그 이전에도 조선에는 조총 개발의 기회가 있었다. 1555년 왜인 평장친(平長親)이 총통(銃筒) 한 자루를 들고 부산으로 건너 와 귀화를 요청했다. 그 정교함과 파괴력을 본 대신들이 "낡은 종을 녹여 총통을 제작하자"고 왕에게 건의했지만, 명종은 "옛 물건에는 신령한 힘이 있다"며 거부했다. 임란 발발 3년 전인 1589년에 대마도주 평의지(平義智)가 조선정부에 조총을 헌사했지만, 무기고에 조총을 집어넣고 아무런 조처를 취하지 않았다.

42) 송복, 2014, 『류성룡, 나라를 다시 만들 때가 되었나이다』, 시루, p.45.

실상을 송복은 다음과 같이 정리한다.[43] 첫째 조선군은 역(逆)피라미드형 조직이었다.[44] 말하자면 명령체제가 없었던 것이다. 둘째, 장수들에게 녹봉이 주어지지 않았다. 따라서 휘하 병졸이 장군의 생활수단이었다. 셋째, 병졸들에게 무기가 없었다. 그들의 주무기는 몽둥이와 죽창 정도였다. 넷째 군사 수는 대개의 경우 허수(虛數)뿐이었다. 군대의 실체가 존재하지 않았던 것이다.

류성룡이 추진한 국방개혁은 크게 두 종류로 구분된다. 첫째는 방어전략의 문제다. 개국 당시 조선조는 진관체제(鎭管體制)를 택했다. 하지만 삼포왜란과 을묘왜란 등 작은 전투를 치르며 제승방략(制勝方略)이 도입되었다. 류성룡은 임진왜란 6개월 전부터 진관체제로의 복귀를 주장하였고, 한양수복 이후 일본과 명나라 간에 강화회담이 진행되던 1594년에 이르러 자신의 뜻을 관철시켰다. 제승방략이 임진왜란 당시 화를 자초한 사실이 명확히 증명되었기 때문이다.[45] 진관체제는 내 고장은 내가 지키자는 개념에서 출발한다.

진관은 감사(監司)와 병사(兵司)가 있는 주진(主鎭), 첨절제사(僉節制使)가 있는 거진(巨鎭), 고을 수령들이 관할하는 제진(諸鎭)으로 구분되는데 각 진관은 독립적 방어단위로서, 지방관 책임 하에 자전자수(自戰自守)한다. 류성룡은 진관법을 "군사정책의 큰 강령이며 국방을 담당하는 훌륭한 계획"으로 인식했다. 곧, "진관에 적격자를 두어 각각 그의 소속을 통솔하면서 평상시에는 법에 따라 조련을 시키고, 유사시에는 무기와 군사를 정돈하여 각각

---

43) 송복, 2014, 위의 책, pp.114-148.

44) 이와 관련하여 류성룡은 "오늘의 큰 걱정거리는 지휘자가 너무 많고 명령이 엇갈려 나오는 것"이라 썼다("명군이 퇴각하여 평양에 주둔하고 나서 군중에서 해야 할 일을 조목으로 아뢰는 서장", 『서애 류성룡 문집 1』, p.198).

45) 제승방략은 유사시 각지의 수령들이 관할 군사를 이끌고 본진(本陣)을 떠나 멀리 배정된 방어지역으로 달려가는 것이다. 전쟁이 발생하면 각 지방관은 평소에 배정된 지역까지 군사를 이끌고 나가서 중앙에서 온 경장(京將)의 지휘를 받는 분군법(分軍法) 체제로서, 말하자면 남의 고장을 지키려 자기 고향을 버리고 출동하는 식이다. 국민 내지 민족개념이 부재한 상황에서 이러한 전국 단위의 기동전은 원천적으로 무모할 수밖에 없다. 또한 중앙에서 내려온 장수는 지역 현장의 지형지물을 잘 몰라 한번 무너지면 더 이상 대책이 없게 된다.

의 요새를 지키되, 싸우고 지키는 것을 대장의 호령에 따라서 한다면 국가의 안팎 형세가 반석같이 튼튼할 것"이라고 생각한 것이다.46) 요컨대 방어벽을 중문(重門)과 복장(複墻)처럼 여러 겹으로 만드는 것이 바로 진관체제다.47)

둘째는 군사시스템의 문제다. 조선조는 원래 병농합일(兵農合一)의 부병제(府兵制)를 택했다. 부병제는 재정부담 감소, 군사쿠데타 화근 제거, 국민개병의 이상 실현이라는 장점을 갖고 있지만 전시에 나라를 유지하기 어렵다는 한계를 갖고 있었다. 이에 류성룡은 부병제를 병농분리의 직업군인제로 바꾸었다. 이를 위해 중앙에 정예 군사조직인 훈련도감이 설치되었다. 훈련도감은 급료병제(給料兵制)를 시행했다는 점 이외에도 활이나 화살 중심의 궁시(弓矢) 무기체제를 조총이나 화포 중심의 화약 무기체제, 그리고 단병전(短兵戰)에 대비하는 창검(槍劍) 무기체제로 전환시켰다는 데 의미가 있다.48)

특히 주목할 대목은 류성룡이 우수한 군인의 충원 필요성과 더불어 신체적, 집합적 상시훈련(training)의 개념을 도입했다는 사실이다. "군사는 정밀하게 선택된 것을 귀하게 여기고… 전술을 익힌 용감한 병사를 얻을 것"을 강조한 것이다.49) 그는 훈련도감 군사 충원과정을 이렇게 회고했다. "하루 한 사람에게 두 되씩 준다하고 군인을 모집하는 과정에서… 큰 돌을 들게 하거나 담장을 넘게 하는 시험을 치렀는데…. 얼마 안 되어 수천 명의 뛰어난 군인을 얻게 되었다."50) "지금 가장 중요하고 급한 것은 군사를 훈련하는 한 가지 일로써… 군사를 만약 훈련시키지 않으면… 비유하건대 양을 몰아 범을 치는 것과 같다"는 것이 그의 지론이었다.51)

---

46) 류성룡. "연강에 둔보를 조치하는 일에 대한 치자", 『서애 류성룡 문집 1』, pp.119-120.
47) 류성룡. "진관의 제도를 보수하기를 청하는 계", 『서애 류성룡 문집 2』, pp.43-44.
48) 오종록. 2008, 『서애 류성룡의 군사정책과 사상』, 태학사, pp.214-215.
49) 류성룡. "정병을 골라 뒷날을 꾀하기를 바라는 서장", 『서애 류성룡 문집 1』, pp.204-206.
50) 류성룡. "훈련도감", 『서애 류성룡 문집 3』, p.174.
51) 류성룡. "군병 훈련하기를 청하는 계", 『서애 류성룡 문집 2』, p.36.

중앙에 훈련도감이 설치되었다면 지방에는 속오군(束伍軍)이 구성되었다. 원래 조선에서 병역의무는 16세-60세 사이 일반 양인들의 몫이었다. 양반 사대부는 군역으로부터 면제되었고, 양반들의 재산 혹은 사유물 취급을 받았던 노비 역시 병역 의무를 지지 않았다. 중인의 경우에는 군역 대신 별도의 신역(身役)을 부담했다. 속오군은 양인과 천민에다가 양반까지 포함된 일종의 신분 혼성군으로서 "출신, 양반, 서얼, 향리, 공천, 사천을 논할 것 없이" 모두 받아들였다.[52] 류성룡이 도입한 일종의 국민개병제는 비록 종국적으로는 "골간만 채운 채 끝난" 예외적 군국기무였지만[53] 양반 종군(從軍)과 천인 충군(充軍)에 대한 양반계층의 격렬한 반대를 무릅썼다는 점에서 결코 의의가 적지 않다.

2. 주권국가(sovereign state)

전쟁을 맞이하여 주권국가를 유지하는 것도 류성룡에게는 국가개혁 과제 가운데 하나였다. 류성룡의 국가주권론은 전란 초기의 파천 및 요동내부책 비판과 전란 후기의 강화회담 반대 및 분단 가능성 차단으로 대별할 수 있다. 이 점을 두고 류성룡은 국왕 선조와 자주 대립했다. 조선조가 끝내 주권국가로 남아있을 수 있던 힘은 선조가 아니라 류성룡으로부터 나왔다고 해도 과언이 아니다. 선조는 전쟁기간 내내 국가보다는 자신의 안녕을 더 중시했다. 도주하는 선조에게 류성룡은 종종 정치적 장애물이자 걸림돌이었다.

선조는 신립(申砬)의 충주 탄금대 패전 보고 직후 이미 파천을 결심할 정도였다. 이에 반해 류성룡은 한양을 버리면 조선이 망한다고 생각하며 이에 반대했다. 국가의 중심이 수도에 있다는 사실을 인식하고 있었던 것이다. 하지만 평양성이 왜군에 의해 함락되자 '수도를 옮기는 것도 나라를 보존하는 한 방법'이라 여겼다.[54] 류성룡이 피신지로서 함경도가 아닌 의주를 선택한

52) 이덕일. 2012, 『류성룡: 난세의 혁신 리더』, 위즈덤하우스, p.259.
53) 송복. 2014, 『류성룡, 나라를 다시 만들 때가 되었나이다』, 시루, p.151, pp.184-185.
54) 이덕일. 2012, 『류성룡: 난세의 혁신 리더』, 위즈덤하우스, p.204.

것은 명과의 전략적 소통을 위해서였다. 하지만 그는 왕실이 전란을 피해 국경을 넘는 안에 대해 격렬히 반대했다. 선조의 이른바 '요동내부책'(遼東內附策)에 대해 류성룡은 한 치의 양보도 하지 않았다. 최악의 경우 국내에 남아 있는 세자를 통해 국체(國體)는 계속 유지해야 한다고 믿었다. 그가 세자 책봉을 서두른 이유도 "임금보다 나라가 더 중요하다"고 판단했기 때문이다.[55]

류성룡은 요동내부책, 곧 명에 귀부(歸附)하는 일은 나라를 버리는 계책이라 평가했다. 그는 선조를 향해 "나라의 누림이 장원한 국가치고 중도에 쇠하였다가 다시 떨치고 일어나지 아니한 예가 없었습니다… 어찌 한 번 미친 왜구에게 당하였다 해서 끝내 도모할 수 없는데 이르겠습니까?"라고 절규했다.[56] "임금께서 우리 땅에서 한 발자국이라도 떠나신다면, 그때부터 조선은 우리 소유가 아닙니다"라고도 했다.[57] 선조는 요동에 일종의 '망명정부'를 설치할 심산이었지만 류성룡에게 망명정부란 어불성설이었다. 류성룡의 판단은 과연 정확했다. 망명정부는 근대적 개념일 뿐, 국가와 조정이 일치되어 있던 전근대사회에서 만약 왕이 영토 바깥으로 나가면 사실상 국가소멸을 의미했기 때문이다.[58]

전란이 소강상태에 들어서면서 류성룡의 주권국가론은 다시 한 번 빛났다. 류성룡은 명의 군사적 지원을 수용하면서도 자주권을 최대한 지키고자 했다. 1592년 9월에는 만주 누루하치의 구원병 파병 제의를 거부했다. 1593년 1월 8일 조명(朝明) 연합군이 평양성을 수복한 이후에는 전시주도권이 명군(明軍)으로 넘어가는 것을 경계했다. 그에 의하면 전쟁의 주체는 결코 남의 나라 군대가 될 수 없었다. 그는 선조에게 이렇게 고했다. "타국의 군대는 우리를 위하여 돕고 응원할 뿐…. 이것을 병을 치료함에 비유한다면,

55) 이덕일. 위의 책, p.129.
56) 류성룡. "요동의 자문을 논하고 겸하여 사의를 아뢰는 차자", 『서애 류성룡 문집 1』, p.86.
57) 송복. 『류성룡, 나라를 다시 만들 때가 되었나이다』, p.49.
58) 송복. 위의 책, p.208.

우리는 원기(元氣)요, 타국의 군대는 약석(藥石: 약과 침)과 같습니다. 약석으로 치료할 때엔 반드시 원기를 바탕으로 삼은 것이니, 만약 우리 쪽에 원기가 없으면, 비록 만금(萬金)가는 약이 있다고 하여도 어디에다가 이것을 실시하겠습니까."[59)]

1593년 11월 명나라 사신 사헌(司憲)이 조선에 대한 직접통치 국서를 갖고 오자 이를 극력 반대한 것도 류성룡이었다. 명군 총사령관 송응창(宋應昌)이 제안한 이른바 하삼도경리안(下三道經理案)을 물리친 것 역시 류성룡이었다.[60)] 그것은 선조를 무력화시키기 위해 광해군에게 하삼도를 맡기자는 내용이었다. 이때 류성룡은 "전체국가는 선조가 총괄, 하삼도는 광해군이 일부 현안 처리하는 형식으로" 국가의 내부 분할을 막았다. 류성룡은 조선을 배제한 채 진행되던 왜와 명의 조선분할 강화회담에 결코 동의하지 않았다. 조선이 온전히 살아남을 수 있었던 것은 "목숨을 건 류성룡의 독립주의" 덕분이 아닐 수 없다.[61)]

3. 이재(理財)국가(fiscal state)

이재국가는 국가개혁의 경제적 측면에 해당한다. 이재의 사전적 의미는 재산을 잘 관리한다는 것이다 16세기 중엽 이후 조선조는 재정이 급속히 악화되고 있었다. 이는 인구의 절대다수를 차지하고 있던 농민의 경제력 약화와 납세 공민(公民)의 양적 감소에 따른 현상이었다.[62)] 조선의 입장에서 임

59) 류성룡. "시무를 아뢴 치자", 『서애 류성룡 문집 1』, p.100.

60) 이덕일. 앞의 책, p.237, pp.246-249.

61) 송복. 앞의 책, pp.276-285. 한편, 임진왜란을 맞이하여 조선의 모든 지배엘리트들은 명나라에 대한 의존도를 높였다. 호칭에 있어서 그 이전에는 명나라에 관련하여 당(唐)이나 한(漢)과 같은 보다 객관적인 호칭을 주로 쓰다가 임난 직후 하늘 천(天)이라는 표현이 급증하였다. 명나라를 극존(極尊)하기 시작한 것이다. 류성룡도 이런 추세를 대체로 따르기는 했지만 그런 변화를 직접 주도하지 않았고 적극적이지도 않았다. 이런 점에서 그는 "조선국의 재상으로서 체통에도 세심한 주의를 기울였다"고 평가된다(계승범. "조선 전기 명인 호칭의 변화 추세와 그 의미", 연세대학교 서애학술연구단 · 김왕배 외, 『서애 경세론의 현대적 조망』).

62) 이헌창. 2008, "서애 류성룡의 경제정책론," 이성무 외, 『류성룡의 학술과 경륜』, 태학

진왜란은 '군량(軍糧)전쟁'이기도 할 정도로, 경제발전 수준이나 조세 수취능력은 매우 낮은 상태였다.[63] 이 문제를 류성룡은 두 가지 차원에서 접근했다. 하나는 조세체제를 제도적으로 개혁하는 것이고, 둘째는 국부 자체를 증대시키는 것이었다. 물론 이 둘은 긴밀히 연관되어 있다. 재부(財富)를 늘이면 조세도 덩달아 많아지기 때문이다.

조선조의 조세는 크게 보아 전세(田稅), 공납(貢納), 역(役)으로 구성되어 있었다. 이 가운데 가장 큰 문제는 공납이었다. 공납은 각 지방 특산물을 임금에게 바친다는 소박한 충성 개념에서 시작되었는데, 전반적으로 전세 대신 공납의 비중이 점점 더 커지는 상황이 되었다. 공납의 경우, 공안(貢案) 액수를 일괄적으로 부과하는 것부터 공정하지 않았다. 일차적으로 군현(郡縣) 단위, 이차적으로 가호(家戶)단위로 공안이 분배되었는데 인구의 규모나 경제적 차이를 고려하지 않았기 때문이다. 여기에 방납(防納)의 폐해가 심했다. 곧, 농민들이 직접 생산한 물품이 아니라 방납업자들이 파는 공물만 수령하는 관행 때문이었다.[64]

이에 류성룡은 공납제에 대한 대대적인 개혁에 나섰다. 전란에 의해 공물제가 사실상 붕괴되는 시점도 맞아떨어졌다.[65] 그가 제안한 것은 공물작미의(供物作米議) 혹은 수미법(收米法)이었다. 그 골자는 공납방식을 미곡으로 통일하고, 부과단위를 토지면적의 다과(多寡)로 바꾸는 것이었다. 류성룡은 수미법의 의의를 이렇게 설명했다. "공물상납에는 가볍고 무겁고 힘들고 험한 구별이 있으니…. 공물을 미곡으로 대납하게 하여 일률적으로 받아들이매 숨기고 변통할 방도가 없게 되니… 요는 백성의 힘을 탕진하지 않으려는 것"이다.[66] 이러한 혁명적 세제개혁안은 류성룡 실각 이후 방납모리배, 조세

사, pp.121-122.

63) 송복. 『류성룡, 나라를 다시 만들 때가 되었나이다』, pp.67-99.

64) 이덕일. 2012, 『류성룡: 난세의 혁신 리더』, 위즈덤하우스, p.293.

65) 공납제 개혁은 조선조의 오랜 숙원사업이었다. 이는 조광조 개혁정치의 핵심이기도 했고, 율곡 역시 대공수미법(代貢收米法)을 제안한 바 있다.

66) 류성룡. "공물을 쌀로 하자는 의논", 『서애 류성룡 문집 3』, pp.63-64.

징수자들의 극심한 반대로 폐지되었다가 숙종 연대에 들어와 대동법으로 정착하게 된다.

한편 류성룡은 상공업 장려를 통해 국가와 백성의 재부(財富) 총량을 늘이고자 했다. 이는 조세원을 다양하게 만들어 조세 수입을 늘이는 길이기도 했다. 이는 전통적 농본상말(農本商末) 정책으로부터의 대반전이 아닐 수 없었다. 전시 기근상황을 맞이하여 류성룡은 시장에서 각자도생(各自圖生)하는 방식의 효율성을 생각한 것인지도 모른다.[67] 국내상업의 활성화를 위해 류성룡이 착안한 것은 소금의 가치였다. 상업거래의 새로운 수단이 될 수 있다는 이유에서였다. 그는 이렇게 설명했다. "지금까지 쌀과 베로써 생활의 밑천을 삼을 뿐…. 유행하거나 무역할 화물이 없어…. 소금은 사람이 날마다 쓰는 데 빼놓을 수 없는 것이어서…. 수용(需用)의 간절함이 오곡(五穀)과 더불어 같습니다."[68]

유무상통(有無相通)하는 "통상이 흉년 정사에 중요한 일"이라고 판단한 류성룡은 "중강진에 시장을 열어 무역을 하도록 하니…. 수년 사이 완전히 활기를 찾은 평안도 백성들이 헤아릴 수 없을 정도"라고 크게 만족감을 드러냈다.[69] 중강개시(中江開市)는 중국의 곡물과 조선의 은, 동, 무쇠를 교환하는 장이었다. 그에 의하면 국제무역은 "식량은 물론 온갖 물건이 유통되게 함으로써 몇 년 안에 백성을 구제할 수 있을 것이며… 이는 국가경제와 국민생활에 관계되는 것"이었다.[70] 이 밖에도 류성룡은 국영 수익사업에도 관심이 많았다. 관이 운영하는 둔전(屯田)과 염전(鹽田)의 적극적인 개발은 '여민부쟁리'(與民不爭利)의 원칙, 곧 이익을 놓고 국가와 백성이 다투지 않는다는 유가의 경제윤리를 넘어서는 것이었다. 병기(兵器) 생산을 중심으로 수

67) 이는 이른바 '고난의 행군' 시대 북한에서 '장마당'이 형성되고 용인된 것과 유사한 측면이 있다.
68) 류성룡. "군량을 조치하기를 청하는 계", 『서애 류성룡 문집 2』, pp.68-70.
69) 류성룡. "중강진에 저자를 열다", 『서애 류성룡 문집 3』, pp.162-163.
70) 류성룡. "병사를 단련시키고 절강 군사의 무기를 본떠서 화포와 그 외의 기계를 많이 만들어 뒷날의 사태에 대비하여 주기를 거듭 바라는 서장", 『서애 류성룡 문집 1』, p.209.

공업 분야에도 힘을 쏟았는데, 이는 오늘날 군수산업에 해당하는 것으로 볼 수 있다.

4. 관료국가(bureaucratic state)

국정운용 방식에 있어서 류성룡은 권력집중과 관료조직을 선호했다. 그는 '임금이 도를 실천하는 것'(君主有道)에 가장 높은 가치를 부여함으로써, 군주의 역할을 절대적으로 중요시했다. 도덕이 군주보다 상위에 있다는 사림(士林) 세력들의 이른바 '도고우군'(道高于君) 이념을 비판하면서, 사림의 공론정치를 부정적으로 평가했다.[71] 류성룡은 시비변별의 최고기준을 사림의 공론이 아닌 임금의 판단에 귀속시켰다. 요컨대 그는 "군주가 국정운영의 주체가 되고 대신(大臣)으로 대표되는 관료제가 이를 뒷받침하는 정치형태"를 이상적 정치로 간주했다고 볼 수 있다.[72]

류성룡은 붕당정치보다 관료정치를 선호했다. 그가 볼 때 붕당은 정란(政亂)의 요인이 될 개연성이 높았기 때문이다. "붕당으로 권력이 분산되어 아무 것도 못하는 것보다 차라리 확실한 권력주체가 있는 권신(權臣)체제가 정치에서 낫다"고 인식한 것이다.[73] 그는 사공이 많아 배가 산으로 오르는 것과 같은 당시 조선의 정치풍토를 개탄했다. 정책이나 법령이 사흘 만에 바뀐다는 이른바 '조선공사삼일'(朝鮮公事三日)의 폐해를 지적하면서 그는 한번 "의논이 정해지면 요동하지 않아야"한다고 믿었다. 국가정책이란 "마땅히 6－7년을 기한을 정하여 추진"해야 한다는 것이 그의 신념이었다.[74] 국정의 효율성은 오직 장기계획이 가능한 관료체제에서 나온다는 뜻이다.

유능한 관료체제의 핵심을 류성룡은 무엇보다 우수한 인재 충원에서 찾

71) 이헌창. "서애 류성룡의 경제정책론," 이성무 외, 『류성룡의 학술과 경륜』, p.158.
72) 정만조. "서애 류성룡의 정치활동과 정치론", 이성무 외, 『류성룡의 학술과 경륜』, p.268.
73) 정만조. "서애 류성룡의 정치활동과 정치론", 이성무 외, 『류성룡의 학술과 경륜』, pp.262－263.
74) 이헌창. "서애 류성룡의 경제정책론", 이성무 외, 『류성룡의 학술과 경륜』, p.159.

았다. "옛 말에 '기술자'(工)가 그 일을 잘 하려면 반드시 그 기구를 예리하게 잘 만든다 하였으니, 인재란 바로 국가의 예리한 기구입니다"[75]라는 언급이 이를 대변한다. 국가의 예리한 기구로서의 인재 발굴에는 도덕성이 절대적 기준이 아니었으며, 전문성을 확보하기 위해서는 폭넓은 문호개방이 필수적이라고 믿었다. 그런 만큼 그는 "요행으로 들어오는 문이 점점 조정 안에 열려지고, 엽관(獵官)하는 풍습이 날로 어두운 밤중에 많이 불어나고" 있는 당시 조선조의 상황을 크게 우려했다.[76]

인사를 매우 위중하게 생각하는 류성룡의 입장은 다음의 글에서도 드러난다. "하나의 벼슬이나 하나의 직책도 꼭 적당한 사람이 맡아야 합니다…. 반드시 장점과 단점을 견주어 헤아려보고서 각각 마땅한 자리에 앉힌 뒤에라야 고기 눈알이 구슬과 섞이는 폐단이 없어지고, 사람들마다 기운을 떨쳐 전체를 돕는 효력이 있게 될 것입니다."[77] 그는 "오직 재주만을 취하고 다른 것은 묻지 않아야" 할 뿐 아니라 "스스로를 천거할 것을 허락하여야" 좋은 인재를 얻을 수 있다고 주장했다. 또한 그는 "많은 인재가 폭주하고 이인(異人)이 아울러 나와 세상에 쓰이면 진실로 매우 다행"이라고 주장하거나 "재지(才智)나 학술, 언사(言辭), 용력(勇力), 담기(膽氣)도 중요하지만…. 이재나 산법에 능한 사람도 중요"하다고 언급함으로써 다양한 배경의 기술관료들에 의한 정책의 시너지효과를 기대했던 것으로 보인다.[78]

5. 국민국가(national state)

임진왜란 당시 일반백성들은 조선이라는 국가적 정체성이나 조선인이라는 민족적 정체성이 별로 없었다. 사실 백성은 조선이든 왜든 상관없는 존재였다. 일반적으로 유교국가의 백성은 '왕의 신하'들처럼 무조건 '충성'하는 백성

75) 류성룡. "시무를 진주한 차자", 『서애 류성룡 문집 1』, p.113.
76) 류성룡. "무빙차자", 『서애 류성룡 문집 1』, pp.156-157.
77) 류성룡. "무빙차자", 『서애 류성룡 문집 1』, p.156.
78) 류성룡. "널리 인재를 구할 것을 청하는 계", 『서애 류성룡 문집 2』, pp.63-65.

이 아니다.[79] 국가적 위기 상황에서 모든 백성이 국가 사수에 나선 것은 결코 아니었던 것이다. 아닌 게 아니라 선조가 도성을 버린 직후 백성들이 경복궁에 불을 지를 정도였다. 임진왜란 초기 전투에서의 처참한 패배 또한 군사력의 열세가 아니라 민심이반이 더 큰 문제였다.[80] 류성룡 자신도 "백성의 태반이 적과 뒤섞여 사느냐와 죽느냐를 따져 판단되는 대로 거취를 정하는" 상황을 잘 알고 있었다.[81]

따라서 류성룡은 전쟁을 치르는 과정에서 일반 민심의 회복과 수습에 심혈을 기울였다. "만에 하나라도 믿을 희망이 있다던 그것은 인심입니다. 인심이 만약 풀어진다면 더욱 아무것도 할 수 없게 됩니다"라는 주장이 이를 웅변한다.[82] "전쟁이 한창 복잡하다고 해서 백성의 구원을 조금이라도 늦출 수 없습니다"라고도 했다.[83] 전란 중에 그는 백성을 체제 안으로 적극 끌어들이는 사회통합과 국민형성을 모색한 것이다. 전쟁의 궁극적인 승패는 민심에 달린 문제라고 인식한 결과다.

이를 위해서 다양한 방법들이 동원되었다. 우선 백성의 부담부터 줄이고자 했다. 이는 "민심을 얻는 근본은 달리 구할 수 없고 다만 요역(徭役)과 부렴(賦斂)을 가볍게 해서 함께 휴식할 수 있도록 할 뿐입니다"라는 논리에서 잘 드러난다.[84] 다음으로는 백성을 잘 먹이는 일이었다. "백성이 하늘처럼 여기는 것은 오직 먹는 데 있을 따름인데 지금 살려줄 길이 없이 아무리 빈 말로 날마다 달랜다 한들 흩어져가는 민심을 수습할 수 있겠습니까?…. 한편으로는 곡식을 나누어 죽는 목숨을 살리고, 한편으로는 형편에 따라 농

79) 송복. 『류성룡, 나라를 다시 만들 때가 되었나이다』, pp.239-241.
80) 무기체계의 측면에서 당시는 아직도 전근대적 전쟁이었다. 수비 쪽의 병력이 공격 쪽의 1/10만 되어도 대등한 전투가 가능한 상황이었던 것이다. 그럼에도 왜군이 파죽지세로 조선을 석권한 것은 민심이 반드시 조선의 조정 편이 아니었기 때문이다(오종록. "서애 류성룡의 군사정책과 사상", 이성무 외, 『류성룡의 학술과 경륜』, p.199).
81) 류성룡. "굶주리는 백성을 구제하기를 아뢰는 서장", 『서애 류성룡 문집 1』, p.202.
82) 류성룡. "시무를 아뢰는 차자", 『서애 류성룡 문집 1』, p.88.
83) 류성룡. "굶주리는 백성의 구원을 진정하는 서장", 『서애 류성룡 문집 1』, p.192.
84) 류성룡. "시무를 진주한 차자", 『서애 류성룡 문집 1』, p.110.

사를 권하여 가을농사를 도모"해야 한다고 주장한 것은 이 때문이었다.[85)]

또한 그는 백성에 대한 일체의 가혹 행위를 없애고자 했다. 그는 선조에게 이렇게 건의했다. "바라옵건대 조정에서는 모든 일에 있어서 백성을 괴롭히는 것은 모조리 제거하시고, 그 어쩔 수 없어서 하는 일이라도 후덕의 뜻을 선포하고 가혹하고 사나움을 금지하시면 백성은 작으나마 은혜를 입게 되고, 아울러 국가의 영원한 계책이 될 것입니다."[86)] 중요한 점은 민심을 하나로 만드는 과정에서 류성룡이 자발성과 합법성을 강조했다는 사실이다.[87)] 무공을 세운 노비에 대한 면천, 포상을 통해 민간으로부터 군량을 확보하는 모속(募粟), 그리고 정당한 매관매직에 해당하는 공명첩(空名帖)이 대표적인 사례이다.

류성룡의 노력으로 조선조의 국민층이 점차 확대된 것은 의미 있는 일이 아닐 수 없다.[88)] 그럼에도 이를 근대 국민국가의 성립으로까지 적극 해석하기는 어렵다. 그는 정치적 필요에 따라 사회통합을 시도했고 결과적으로 국민형성의 길이 일부 열렸을 뿐이다. 물론 이런 이유로 류성룡의 '국민정치' 프로젝트가 통째 비난받을 일은 아니다. 서구의 국가건설 과정에서도 전시동원으로부터 국민참여가 시작된 것이 일반적이기 때문이다. 그리고 그것이 완성되기까지는 수백년에 세월이 소요되었다. 류성룡의 민족주의는 피지배층, 혹은 민(民)을 각별히 포섭하지 않았는데, 그가 "비양반층과 동질성을 느끼지 못했던 것은 그 시대 양반의 전형적인 모습"으로 이해할 필요가 있다.[89)]

---

85) 류성룡. "군량과 백성의 먹을 것을 논하는 서장", 『서애 류성룡 문집 1』, pp.194-196.
86) 류성룡. "군량고 백성의 먹을 것을 논하는 서장", 『서애 류성룡 문집 1』, p.194-196.
87) 송복. 『류성룡, 나라를 다시 만들 때가 되었나이다』, pp.102-108.
88) 이헌창. "서애 류성룡의 경제정책론", 이성무 외, 『류성룡의 학술과 경륜』, p.155.
89) 존 B. 던컨. "류성룡과 조선 중기 민족의식의 문제", 연세대서애학술연구단 · 김왕배 외, 『서애 경세론의 현대적 조망』, pp.238-243.

Ⅵ. 맺음말

지금까지 류성룡에 대한 대중적 관심이나 학문적 분석은 주로 임진왜란 극복의 주역이라는 사실에 초점을 맞춰왔다. 그리고 이러한 경향은 하등 놀라운 일이 아니다. 만일 류성룡이 없었다면 조선은 원래 모습 그대로 살아남지 못했을 것임에 거의 틀림없기 때문이다. 하지만 이 글에서는 전시재상 혹은 전쟁영웅의 차원을 넘어 근대 국가건설자(state maker) 혹은 국가개혁가(state reformer)로서의 류성룡을 부각시키고자 했다. 류성룡의 진가는 단순히 조선을 침몰 직전에서 구해낸 정도가 아니라, 미래지향적 안목을 통해 전반적인 국정개조에 심혈을 기울였다는 점에서 찾아야 하기 때문이다. 또한 류성룡을 통해 16세기 조선은 당대의 세계사적 흐름에 동참할 수 있는 절호의 기회를 맞았다.

류성룡은 국가의 존재 이유가 무엇인지를 알았고, 왜 부국강병이 필요한지를 깨달았던 정치가였다. 그의 국가개혁 드라이브는 국정전반을 꿰뚫어 볼 수 폭넓은 식견과 미래를 선도적으로 개척하는 혜안이 있었기에 가능한 일이었다. 무엇보다 그는 조선시대 지도층 사이에서 유례를 찾기 힘든 방법인이자 실천가였다. 도덕정치와 공론정치의 늪에 빠져 성리학 유토피아에 자족(自足)했던 조선조 지배층의 전형이 결코 아니었던 것이다. 그는 인간의 본성을 간파했고 권력의 본성을 직시했으며, 시장의 가치를 인식했을 뿐 아니라 국제정치의 냉혹한 현실에도 통달했다. 이런 점에서 그는 16세기를 살았던 조선의 위인이었지만 정신적으로는 몇 세기를 훨씬 앞서 살았던 세계사적 인물이기도 했다.

전란을 극복하는 과정에 끼친 커다란 기여에도 불구하고 류성룡이 주도한 국가개혁이 당대에는 비판의 대상으로 마감되었다는 사실은 참으로 유감스러운 일이다. 전란 종식과 더불어 그는 '주화오국'(主和誤國)의 혐의로 관직을 떠났다. 미완의 국가개혁 이후 그가 선택한 것은 『징비록』의 집필이었다. 당대에 자신이 경험한 좌절을 후세를 위한 기록과 경고로 남기려고 한 것이다. 그의 핵심 기조는 '반구제기'(反求諸己), 곧 모든 허물을 자기 자신에게서 찾는 태도였다.[90] 돌이켜볼 때 『징비록』 저술은 국난 극복 못지않게 값어치가 큰 것이라 말할 수 있다. 사실 『징비록』 집필 자체는 해도 그만, 안 해도 그만이었다. 그럼에도 그는 자신이 못다 펼친 국가개혁의 꿈을 글로 써 후대에 남긴 것이다. 그런 만큼 국가개혁을 위한 의지는 여전히 살아있었다고 볼 수 있다.

『징비록』은 물론 그의 국가개혁 또한 한국사에서 오랫동안 잊혀졌다. 17세기에 들어와 주자학 이념이 강화되고 북인과 서인의 당파적 이해가 강하게 표출되는 상황은 류성룡에게 보이는 "실용적이고 포용적인 현실 대응자세를 인정하기 어려운 바"가 되었기 때문이다.[91] 사실상 한국정치사에는 개혁이 성공한 유산이 거의 없다. 개혁이 늘 좌절했던 근본적인 이유는 체제유지를 지상과제로 생각했던 주자학적 세계관의 보수성 때문이었다.[92] 『징비록』이 더 많이 읽힌 곳은 오히려 일본이었다. 18세기에 실학이 등장하면서 비로소 "그(류성룡)가 처한 시대의 상황을 이해하고 (류성룡을) 이해해야" 한다는 정조의 평가가 있었을 따름이다.[93] 정조가 언급한 "그가 처한 시대의 상황"은 일차적으로 임진왜란일 것이다.

하지만 이 글의 초점은 임진왜란 극복의 주역 류성룡이 아니라 16세기 말 근대적 이행이라는 세계사적 무대 위의 류성룡이다. 근대국가의 형성, 시장경제의 발달, 세계체제의 성립과 같은 역사사회학적 시각에서 류성룡의 국가개혁을 분석한 것이다. 그렇다면 이제 우리에게 남는 질문은 류성룡의 국

90) 장준호. 2017, "류성룡의 『징비록』 연구", 서강대 사학과 박사학위 논문, p.149.
91) 도현철. 2014, "서애 류성룡에 대한 일 시선: 17세기 『선조실록』과 『선조수정실록』의 경우", 『퇴계학과 유교문화』 55, p.251.
92) 신복룡. 1999, 『한국의 정치사상가』, 집문당, p.271.
93) 장준호. "류성룡의 『징비록』 연구", p.132.

가개혁이 조선을 궁극적으로 왜 세계사적 보편적 흐름에 동참시키지 못했는가 하는 것이다. 다시 말해 왜 조선은 류성룡의 노력에도 불구하고 전쟁이 끝나자마자 국가개혁 이전으로 다시 되돌아가고 달았는가 하는 문제다. 류성룡의 역할과 관련하여 이 글에서는 잠정적으로 세 가지 이유를 제시한다.

첫째는 인식의 한계다. 류성룡은 계몽된 유학자이긴 했지만 여전히 성리학 세계 속의 인물이었다. 허물을 내부에서 찾는 것은 옳은 일이었지만 서양을 포함한 외부세계에 무슨 일이 벌어지고 있는지에 대해 그의 지식과 정보는 제한적이었다. 16세기 세계사를 기준으로 하여 볼 때 그는 '보편적 근대인'이라기보다 '자생적 근대인'에 더 가까웠다. 둘째는 신권(臣權)의 한계다. 비록 국가개혁을 주도하긴 했지만 류성룡은 스스로 막강한 군주가 아니었다. 게다가 그의 주군(主君) 선조는 국가개혁에는 별로 관심이 없는 용렬(庸劣)한 왕이었다. 국가개혁의 성공을 위해서 류성룡은 선조 이상의 계몽군주를 만났어야 했다. 셋째는 개인의 한계다. 당시는 요즘 식의 정당정치가 아니었다. 게다가 류성룡은 붕당정치와도 거리를 두었다. 그의 국가개혁은 사실상 '고군분투'에 가까웠기에 확장성이나 지속성을 크게 기대하기 어려웠던 것이다.

참고문헌

강응천 외. 2013, 『민음 한국사 조선 02: 16세기 성리학 유토피아』, 민음사.

계승범. 2015, “조선 전기 명인(明人) 호칭의 변화 추세 및 그 의미”, 연세대학교 서애학술연구단・김왕배 외, 『서애 류성룡의 학문과 계승』 혜안.

권경률. 2015, 『조선을 만든 위험한 말들』, 엘피의책.

권오영. 2007, “서애 류성룡: 경학사상의 심학적 경향”, 이성무 외, 『류성룡의 학술과 경륜』, 태학사.

김호종. 1992, “서애 류성룡의 자강 경제사상”, 『퇴계학』 4, 안동대학교 퇴계학연구소.

______. 1995, “서애 류성룡의 정치사상-정치운영과 인재등용을 중심으로”, 『퇴계학과 유교문화』 23, 경북대학교퇴계연구소.

도현철. 2015, “서애 류성룡에 대한 일 시선: 17세기 『선조실록』과 『선조수정실록』의 경우”, 연세대학교 서애학술연구단・김왕배 외, 『서애 류성룡의 학문과 계승』.

류성룡. 2006, 『(신편 국역) 서애 류성룡 문집, 1, 2, 3』, 한국학술정보.

______. 1998, 『서애집 1, 2』, 민족문화추진회.

백기복. “서애 류성룡의 경영사상: 전략적 주도사상”, 연세대학교 서애학술연구단・김왕배 외, 『서애 류성룡의 학문과 계승』.

송 복. 2007, 『서애 류성룡, 위대한 만남』, 지식마당.

______. 2014, 『류성룡, 나라를 다시 만들 때가 되었나이다』, 시루.

신복룡. 1999, 『한국의 정치사상가』, 집문당.

스가와 히데노리. 2007, “동아시아 해역 국제경제 질서와 임진왜란”, 이성무 외, 『류성룡의 학술과 경륜』, 태학사.

안영상. 2009, “서애 류성룡의 양명학관에 대한 재검토”, 『유교사상연구』 38.

연세대학교 서애학술연구단・김왕배 외. 2015, 『서애 류성룡의 학문과 계승』, 혜안.

오종록. 2007, “서애 류성룡의 군사정책과 사상”, 이성무 외, 『류성룡의 학술과 경륜』, 태학사.

이덕일. 2012, 『류성룡: 난세의 혁신 리더』, 위즈덤하우스.

이성무 외. 2008, 『류성룡과 임진왜란』, 태학사.

______. 2007, 『류성룡의 학술과 경륜』, 태학사.

이수건. 1995, "서애 류성룡의 학문과 학맥", 『퇴계학과 유교문화』 23.

______. 2005, "서애 류성룡의 사회경제관", 서애선생기념사업회, 『서애 류성룡의 경세사상과 구국정책(상)』, 서애선생기념사업회.

이헌창. 2008, "서애 류성룡의 경제정책론", 이성무 외, 『류성룡의 학술과 경륜』, 태학사.

장준호. 2017, "류성룡의 『징비록』 연구", 서강대 사학과 박사학위 논문.

정만조. 2008, "서애 류성룡의 정치활동과 정치론", 이성무 외, 『류성룡의 학술과 경륜』, 태학사.

존 B. 던컨. 2015, "류성룡과 조선 중기 민족의식의 문제", 연세대학교 서애학술연구단・김왕배 외, 『서애 류성룡의 학문과 계승』, 혜안.

한명기. 2007, "임진왜란 시기 류성룡의 외교활동", 이성무 외, 『류성룡의 학술과 경륜』, 태학사.

제임스 스콧. 2010, 『국가처럼 보기』(전상인 역), 에코리브르.

Anthony Reid. 1993, *Southeast Asia in the Age of Commerce*, 1450-1680, Yale Univ. Press.

Chalmers Johnson. 1982, *MITI and the Japanese Miracle*, Stanford Univ. Press.

Charles Tilly (ed.). 1975, *The Formation of National States in Western Europe*, Princeton Univ. Press.

Immanuel Wallerstein. 1974, *The Modern World-System I*, Academic Press.

Max Weber. 1978, *Economy and Society*, Univ. of California Press.

Meredith Woo-Cumings. 1999, *The Developmental State*, Cornell Univ. Press.

Peter B. Evans and Dietrich Rueschemeyer (eds.). 1985, *Bringing the State Back In*, Cambridge Univ. Press.

Theda Skocpol. 1985, *States and Social Revolutions*, Cambridge Univ. Press.

제 3 장

자기초월과 공공성 지향의 리더 류성룡

Ⅰ. 서론

Ⅱ. 자기초월과 공공성 지향의 리더십

Ⅲ. 류성룡 리더십의 정치환경 : 성리학 유일사상체제와 사대부 계급의 이기주의

Ⅳ. 류성룡의 자기초월과 공공성 지향 리더십의 사상적 연원

Ⅴ. 류성룡이 양명학으로부터 받은 영향

Ⅵ. 류성룡의 공공성 지향의 리더십과 재조산하

Ⅶ. 맺음말 : 류성룡 리더십에서 얻는 교훈

제 3 장
자기초월과 공공성 지향의 리더 류성룡

서 재 진 ((재)미래연구원 원장)

Ⅰ. 서 론

이 글은 임진왜란 기간동안 전시 재상으로서 전쟁을 승리로 이끄는데 주도적인 역할을 한 류성룡의 삶을 '자기초월과 공공성 지향'의 개념으로 파악하여 그의 리더십을 설명하는데 목적이 있다. '자기초월과 공공성 지향'이라는 개념의 단초는 선공후사(先公後私)와 대공무사(大公無私)라는 말에서 찾았다. 조선의 5대 명재상으로 꼽히는 사람은 세종 때 황희, 선조 때 류성룡, 광해군 때 이원익, 인조 때 김육, 정조 때 채제공인데, 명재상의 첫째 요건이 선공후사(先公後私)라는 것이다.

그런데 선공후사와 대공무사라는 말로는 류성룡의 리더십을 설명하는 데는 부족하다. 공적인 것을 우선시하고 사적인 것을 뒤로하는 정도의 개념으로는 그의 리더십과 업적을 설명하기에 충분하지 않다. 류성룡은 자신의 사념과 사익을 후순위로 한 정도가 아니라 자기를 초월한 경지의 사람이며, 공공성과 공공선을 우선시하는 정도를 훨씬 넘어서 왜군에 침략당해 없어질 뻔한 나라를 구해낸 '재조산하'(再造山河)[1]의 큰 공적을 이룬 사람이기 때문이다. 이 글이 자기초월과 공공성 지향이라는 개념을 제시한 이유는 류성룡의 인품과 업적을 더 잘 담아내는 더 이론적이고 분석적인 개념이 필요하기 때문이다.

자기초월과 공공성 지향의 개념이 중요한 또 하나의 이유는 당시 조선의 지배계급이었던 양반 사대부들의 계급 이기주의 때문이다. 국운이 명재경각이던 임진왜란 7년동안 류성룡이 분골쇄신 고전하였던 전쟁이 왜군과의 전쟁, 조선을 분할지배하고자 하였던 명군과의 전쟁뿐 아니라 우리 조선의 지배계급이었던 사대부 관료들의 이기주의와의 전쟁이었다. 왜와의 전쟁, 명과의 외교전에서는 과정이 매우 힘들었으나 결국 승리하였지만, 양반 사대부 지배계급의 이기주의와의 전쟁에서는 결국 패하였다. 임란이 끝나자마자 북인 계열의 사대부 관료들의 탄핵 소동에 사직을 하고 홀연히 관직을 떠났기 때문이다. 류성룡에 대한 탄핵 사건은 당시 성리학을 기반으로 유일사상체제를 형성하였던 조선 사대부들의 이기주의에서 비롯된 것이다.

1) 재조산하라는 말은 임진왜란 당시 1593년 11월 명나라 황제가 왜군과의 강화를 거부하는 선조를 압박하기 위하여 "여차하면 왕을 갈아치우도록" 명을 받고 온 명 사신 사헌(司憲)이 7일 동안 조선에 체류하면서 조선 내정을 살펴본 결과, 류성룡의 뛰어난 국정역량과 우국충정에 감동한 나머지 양위계획은 없던 일로 하면서 류성룡에 대하여 한 말이다. 그는 "서애(西厓) 류성룡(柳成龍)은 굳세고 정도(正道)를 잡아 모든 신하의 으뜸이 되고 있다는 말을 오래 전부터 들어 왔으니, 왕은 참으로 모든 국정(國政)을 그에게 전임시키면 그는 반드시 왕을 위하여 근심을 나누고 일을 맡아서 어려움을 물리치고 어지러움을 진정시켜 사직(社稷)을 안정시킬 것이며 산하(山河)를 중흥(再造)할 것입니다"라고 하였다(『선조실록선조』 26년(1593) 윤11월 16일).

이 글에서 특히 주목하는 류성룡의 공적이 당시의 양반 사대부 관료의 이기주의에 맞서서 그들의 계급이익을 허무는 개혁을 단행하였던 것이고, 이것으로 이반한 민심을 수습하여 국력을 결집하는데 영향을 미쳤고, 결국 임진왜란을 승리로 이끄는데 기여한 점이다. 당시 조선은 양반 사대부 관료들이 성리학이라는 통치이념을 기반으로 인류 역사에서 유례가 없는 견고한 계급 이기주의를 관철하였던 폐쇄적 사회였기 때문에 결국 근대화의 물결을 타던 서양과 주변국의 힘에 눌려 망하고 말았다.

그런 점에서 리더들의 이기주의가 조직과 나라를 해치는 주범이라는 사실이 이 연구의 핵심적 문제의식이다. 오늘날 리더십을 설명하는 여러가지 이론들이 있다. 카리스마 리더십과 같은 전통적 리더십에서 부터 시작하여 부정적인 것으로 간주되는 권위주의 리더십을 비롯하여, 인본주의와 감성을 중시하는 새로운 감각의 리더십으로서 감성 리더십, 서번트 리더십, 진정성 리더십 등 다양한 리더십 이론들이 있다. 어느 것이 가장 좋은 리더십이어서 어느 특정한 리더십을 선택해야 된다는 시각보다는 '상황 리더십'이라는 개념하에 특수한 상황에서는 특수한 역량이 발휘되어야 한다는 관점도 있다.

그러나 리더십의 가장 근저에서 가장 토대가 되는 것이 자기중심성을 초월해서 조직의 공적 이익을 위해 헌신하는 가치관을 갖는 것이 가장 중요하다는 입장들도 많다. '리더십이란 타인을 통해서 조직의 목적을 실현하는 예술'이라고 정의할 수 있듯이 리더의 존재이유는 구성원들과 더불어 조직 목적을 달성하는 것이다. 그런데 리더가 조직의 이익이 아니라 자기 개인의 이익에 편향되는 경우 그 리더는 실패하고 만다. 『일 잘하는 당신이 성공하지 못하는 20가지 비밀』과 같은 제목의 책[2]도 있고, 사람은 태산에 걸려 넘어지는 것이 아니라 작은 돌부리에 걸려 넘어진다는 고사성어도 있듯이, 인간이 본능적으로 가지는 자기중심적 사고와 행동이 리더십을 망치는 주요인이 된다는 시각을 주목할 필요가 있다.

2) 마샬 골드스미스. 2008, 『일 잘하는 당신이 성공하지 못하는 20가지 비밀』, 리더스북.

현대의 리더십 이론의 대가인 제임스 쿠제스와 배리 포스너는 "자신의 욕구 너머에 있는 더 큰 것을 보려는 자세가 되어 있지 않다면 결코 리더가 되지 말아야 하며, 이기적인 마음가짐으로 리더가 된다면 결국은 실패하고 만다"고 했다.[3] '서번트 리더십'으로 유명한 제임스 헌터는 "불행히도 많은 사람들이 유아기의 '자기중심적' 단계를 벗어나지 못하고 겉으로는 어른의 옷을 입고 있지만 세상이 자신의 욕구와 기대를 충족시켜주길 바라는 두 살짜리 감정을 가진 채 인생을 살아간다"고 지적하였다.[4] 그래서 리더에게는 개인의 사심과 사욕을 넘어서 공공성을 지향하는 것이 리더로서 지녀야 할 가장 근본적인 품성이 되는 것이다.

자기중심성을 넘어서 자기초월을 하는 것이 리더로서 뿐만 아니라 개인의 삶에서도 추구해야 할 궁극적 목표라고 보는 심리학적 관점도 있다. 에고의 욕구이론으로 성장 과정을 설명한 심리학자 매슬로는[5] 욕구단계의 마지막 단계로 '자기초월'의 단계를 제시하였다. 매슬로는 인간행동을 욕구기반으로 설명하였는데 인간행동의 동기를 매우 구체적인 삶의 욕구로 환원하여 설명한 점에서 심리학에서 많이 수용된다. 매슬로는 처음에는 생리적 욕구, 안전의 욕구, 소속의 욕구, 존중의 욕구, 자기실현의 욕구라는 에고의 5단계 욕구에 기반한 개념을 중심으로 인간의 욕구를 분석하였으나 그의 만년에 인간은 자기초월의 욕구가 있다는 것을 인식하고 6번째 단계로 '자기초월'의 욕구라는 개념을 추가하였다.[6]

400여년 전의 사람이었던 류성룡을 지금 시점에서 그의 리더십을 연구하

---

3) 제임스 쿠제스 · 배리 포스너. 2007, 『최고의 리더』(A Leader's Legacy), 비즈니스북스, p.38.

4) 제임스 헌터. 2006, 『서번트 리더십』, 시대의 창, p.252.

5) 이이브러햄 매슬로우. 2009, 『동기와 성격』, 21세기북스.

6) A. Maslow, 1972, "Theory Z", *Journal of Transpersonal Psychology* 1, 31-47.; A. Maslow, The Father Reaches of Human Nature. New York: Harper.; Bruce Scotton, Allan Chinen, John Battista. 2008. 『자아초월 심리학과 정신의식』(김명권 외 역), 학지사, p.87.

고 그의 교훈을 찾고자 하는 연구를 하는 이유도 바로 그가 자기를 초월하여 공공성과 공공선에 헌신한 리더이기 때문이다. 만약 류성룡이 자기초월의 경지에 이르지 않았다면 어떤 사람이 되었을까? 에고의 욕구를 초월하지 못하고 개인적 욕구, 즉 생리적 욕구와 안전의 욕구에 충실했다면 한 사람의 '필부'에 불과했을 것이며, 소속의 욕구에 충실했다면 당파성에서 벗어나지 못했을 것이며, 존중의 욕구와 자아실현의 욕구에 충실했다면 벼슬자리에 연연했을 것이다. 서애 류성룡은 자기초월의 성품을 가졌기 때문에 그는 공직에서 선공후사(先公後私)를 하고, 공직 퇴임이후에도 편히 쉬지 않고 하늘이 맡긴 일, 즉, 임진왜란 7년 동안을 되돌아보고 우리가 반성해야 할 것을 기록하고 미래를 경계하는 내용의 『징비록』을 저술하는 일에 몰입할 수 있었을 것이다. 그의 징비록이 있었기에 이순신이 어떻게 싸웠는지, 왜군이 어떻게 우리 강토를 유린하다 실패했는지, 명군이 원군으로 와서 얼마나 패악질이 심했는지도 알 수 있었던 것 아닌가.

이러한 성숙한 내적 성품과 리더십이 있었기 때문에 임진왜란 7년 동안의 극한상황에서 역경에 위축되거나 좌절하지 않고 낙관성을 가지고 전쟁을 승리로 이끄는데 주도적인 역할을 할 수 있었다. 그의 내면의 영성적인 인품에 기반한 공공성 지향의 정신이 있었기 때문에 사대부들의 이기주의에 의해 훼손된 조정의 공공성을 회복하는 일에 주도적인 역할도 할 수 있었을 것이다. 그는 인간으로서 흔히 가지는 이러한 에고의 욕구를 초월하였기에 국가와 민족을 위한 큰 리더로서의 삶을 살 수 있었고 400여년이 지난 지금도 큰 리더의 모델로 존중받고 있다.

이 연구는 자기초월과 공공성 지향의 리더십이라는 개념에 기반하여 임진왜란 7년동안 전쟁의 최전선에서 정무와 군무를 총괄하면서 사대부 지배계급의 자기이익 지키기에 맞서 개혁을 추진하고 마침내 전쟁을 승리로 이끄는데 헌신한 류성룡의 리더십의 특징을 설명해보고자 한다.

Ⅱ. 자기초월과 공공성 지향의 리더십

'자기초월과 공공성 지향'이란 무슨 말이며, 어떤 사상적, 이론적 맥락에서 나온 개념인가? 우선, 이론적으로는 자기초월은 '자기 너머(personal plus)를 의미하며,[7] 이 글에서 사용하는 경험적 의미로는 자기의 사심과 사욕을 넘어서 초월한다는 의미이다. 공공성 지향이란 공적인 가치, 공공선(公共善)을 지향하는 마음가짐을 의미한다. 그런데 이 글에서 자기초월은 양명학의 핵심사상인 "인욕을 제거하고 천리를 보존한다"는 말로 정의한다. 양명학에 관해서는 제4장에서 자세히 논의할 것이다.

좋은 리더십의 기준으로서 왜 자기초월이 중요하고 공공성 지향이 중요한가? 자기를 초월하여 공공성을 지향하는 것을 높은 가치로 추구하는 이 사상의 근원은 무엇일까? 우선 인간의 본성의 측면에서 인간은 사심과 사욕에 집착하기 쉽고, 공공성에 헌신하기가 쉽지 않다는 점이다. 그래서 인류 지성의 고전에는 인간 본성에 관해서 사심 및 사욕의 추구와 당위적인 공공성 지향의 이원성에 대한 주장이 많이 있다. 그래서 이들 사상들은 공통적으로 인간의 마음에는 사심과 사욕을 추구하는 마음과 보편적인 도리 또는 천리(天理)를 추구하는 마음 사이의 대극성을 강조한다.

인간 본성의 이러한 이원성 또는 대극성에 관해서 가장 오래된 개념은 중국에서 가장 오래된 역사서인 『서경』에 나오는 16자심법의 '인심도심설'이다(人心惟危 道心惟微 惟精惟一 允執厥中). "인심(人心)은 위태하고, 도심(道心)은 희미하니, 오직 정(精)하고 일(一)하여야 진실로 그 중(中)[8]을 잡으리라"는 명제이다. 인심(人心)은 인간의 인욕이자 사심, 또는 에고의 개념이다. 도심(道心)은 보편적인 원칙의 개념이자 하늘이 내린 본래의 마음인 천심(天

7) Bruce Scotton, Allan Chinen, John Battistap. 2008, 『자아초월 심리학과 정신의식』, 학지사. p.8.
8) 중(中)은 감정이 어디에도 치우치거나 의지하지 않은 평형상태를 의미한다.

心)이다. 인심은 항상 사심과 사욕의 도발로 위태롭고, 도심은 미약하고 희미하다는 것이다. 유정(惟精)은 인욕을 제거하여 마음을 순수하게 하는 것이고, 유일(惟一)은 천리의 마음을 한결같게 유지하는 것이다. 결국은 인욕(人欲)을 제거하고 천리(天理)를 보존해야 중(中)을 잡을 수 있다는 의미이다.[9)]

2,500여년 전 불교에서는 생멸심(生滅心)과 진여심(眞如心)으로 인간 마음의 이원성(二元性)을 구별하였다. 생멸심이란 감각의 자극에 따라 마음이 움직이고 변화하는 측면을 말한 것인데, 이 생멸심이 바로 에고의 마음이자 인심에 유사한 개념이다. 眞如心은 여래를 닮은 마음이란 뜻인데, 인간의 본래 마음이 보편적인 진리를 아는 마음이라는 의미이니 진여심을 기르기 위해 수행을 해야 한다고 본다. 2000여 년 전 형성된 기독교에서는 선악과로 상징되는 선과 악이라는 대극적인 인간 본성이 있다는 것을 전제로 한다는 점에서 불교나 동양사상과 유사점이 있다.

현대 서양 심리학에서 알프레드 아들러(Alfred Adler)는 인간의 심리를 사적 논리(private logic)와 공동감각(common sense)으로 대비시키고 있는데 이것은 인심도심설의 '인심'과 '도심'의 개념과 유사하다. '사적 논리'는 자신의 이기적 욕망에 기반한 주관적 신념체계, 또는 사심이다. 공동감각은 인간이면 누구나 공유하고 있는 보편적 도리에 대한 감각으로서 자명한 진리와 비슷한 개념이다. 아들러 심리학에서 사적 논리의 추구가 과도할 경우 신경증에 걸려서 사적 이익을 실현하기는커녕 자기를 병들게 한다고 보는데, 신경증을 치유하는 길은 공동체 감각, 즉 공동감각을 배양하는 것이라고 본다. 아들러는 공동체감을 키우고 실천하지 않는 사람은 결코 성숙한 인간이 될 수 없다고 본다.[10)]

진화심리학자 리차드 도킨스는 그의 책 『이기적 유전자』에서 "인간은 이기적 유전자를 보전하기 위해 만들어진 로봇 기계로서, 이 유전자의 세계는

---

9) 정인재 · 한정길 해설. 2007, 왕양명, 『전습록』, 청계, p.152.
10) 알프레드 아들러. 2010, 『인간이해』, 일빛, pp.38-39.

비정한 경쟁, 끊임없는 이기적 이용 그리고 속임수로 가득 차 있다"고 했다.[11] 이런 주장을 한 이 책이 출간 후 40여년간 베스트셀러 지위를 유지하고 있다. 많은 사람들이 공감하고 있다는 이야기다.

이 책이 인기있는 또 다른 이유는 인간에게 희망을 주는 이야기 때문일 것 같다. 즉, 인간은 이기적 유전자에 의해서만 움직이는 로봇 이상의 의식과 지혜를 진화시켰다는 사실이다. 인간은 다른 동물과는 달리 뇌가 고도로 진화해서 "적어도 우리에게 당장 눈앞의 이익보다 이타적인 행위를 함으로써 장기적인 이익을 따질 정도의 지적 능력은 있다"고 보았다. "순수하고 사욕이 없는, 진정한 이타주의의 능력이 또 하나의 인간 특유의 본성"이라는 것이다.[12] 그 결과 인간은 유전자의 기계로 만들어졌지만, 이 지구상에서 유일하게 이기적인 자기 복제자의 폭정에 반역할 수 있다는 것이다.[13] 인간이 이타적인 행위를 할 수 있는 것도 장기적인 이익을 위하여 단기적인 고통과 손해를 감수할 수 있다는 말이다. 이 정도로 유전자의 명령을 통제할 수 있는 것만 해도 인간은 다른 동물과 구별되는 대단히 특수한 경우에 속한다고 본다.[14]

인간의 본성이 이처럼 동서양과 고금을 막론하고 이기적 자기중심성과 공공성 지향으로 대극성을 가지고 있다는 것을 이해하는 것이 리더십을 이해하는 데서도 중요하다. 그렇다면 자기중심성의 인욕을 넘어서 천리와 공공성을 실현하는 인간적 과제를 어떻게 제대로 실행할 수 있다는 말인가? 인류가 태초부터 지금까지 비슷한 문제를 가지고 있고 그 해법을 고민해 오지 않았던가?

다행스럽게도, 인류의 숙원과제에 대한 해법의 단서가 '극기복례'(克己復禮)라는 공자 사상에서 발견할 수 있다. 여기서 '극(克)'이란 이기는 것이고,

---

11) 리차드 도킨스. 2010, 『이기적 유전자』, 을유문화사, p.5
12) 위의 책, p.335.
13) 위의 책, p.335.
14) 위의 책, p.123.

'기(己)'는 자기의 사욕을 말한다. 그리고 '복(復)'이란 돌이킨다는 것이고, '예(禮)'란 도리이자 천리(天理)의 공동감각(common sense)을 의미한다.

동양사상에서 인간이 천리를 본성으로 타고났으니 천리를 따라야 한다고 '규범으로' 주장한 것인데 반하여, 진화심리학은 그러한 인간의 본성이 도덕적 규범이 아니라 생존을 위해 필요하기 때문에 진화과정에서 획득된 본성, 즉 생리적 DNA라고 본다. 가령, 진화심리학자 토마셀로는 유인원이 생겨난 이후 500만년이 넘는 기간 동안 인간의 생각은 개인 중심적이었으며, 경쟁적이고 착취적인 사회적 인지를 가동할 뿐이었다고 지적했다. 토마셀로는 이것을 '개인지향성' 또는 '자기지향성'이라는 개념으로 설명한다. 그러다가 40만년 전쯤 초기 인류는 생태환경의 변화에 따라 식량을 얻기 위해 다른 개체와 협력하여 공동생활을 하지 않으면 생존할 수 없는 상황이 되었다는 것이다. 공동의 목표를 위해 협력하고 각자의 역할에서 상대방에게 유용한 정보를 알리고 협력하는 '공동지향성'이 생존에 유리했기 때문이라고 본다. 그래서 사회적 파트너와의 이타적 협력과 소통 및 공감에 기대어 생존하고 번창할 수 있는 초기인류가 탄생했다는 것이다.[15)]

20만년 전, 호모 사피엔스의 시대가 되자 협력규모는 집단 전체로 확장되었는데, 현대인류는 초기 인류의 '공동지향성'에서 한발 더 나아가 '집단지향성'을 기반으로 사회적 제도라는 실체들을 만들었다고 한다. 그리고 자신이 공동체의 일원으로서 협력 활동을 잘 수행할 수 있음을 보이기 위해 집단의 관점에서 자신을 평가하기 시작했는데 이렇듯 인간만의 전유물인 초사회성이 형성된 것이다.[16)] 이 '초사회성'이 인간이면 누구에게나 있고, 이 사회성이야말로 인간이 인간일 수 있는 조건이고, 누구나 가져야만 할 덕목이기 때문에 보편적 진리, 자명한 진리로까지 격상된 것이다.

---

15) 마이클 토마셀로. 2017, 『도덕의 기원』, 이데아, p.49.
16) 마이클 토마셀로. 위의 책, p.180; 장대익. 2017, 『울트라 소셜: 사피엔스에 새겨진 '초사회성'의 비밀』, 휴머니스트, p.10.

공공성 지향성에 대하여 동양사상은 하늘이 준 것이므로 따라야 하는 '규범'으로 본 데 반하여, 진화심리학은 화석 자료를 증거로 밝혀낸 과학적 연구 결과로서의 '인간 본성'으로 본다. 즉, 진화심리학은 인간의 고유한 특성인 공감, 상호의존, 협력, 공동 지향성의 본성들은 인류 조상들이 엄혹한 자연환경과 사회 속에서 생존하기 위하여 적응하는 과정에서 획득한 본성이자, 생리적 DNA라고 본다. 즉, 진화심리학에서는 공공성 지향은 지켜야 할 도덕이 아니라 잘 생존하기 위해서 진화적으로 개발된 생리적 특성이라는 것이다. 즉 자기를 초월하고 공공성을 지향하면 더 잘 생존하고 더 행복해질 수 있다는 의미이다.

공자의 극기복례는 자신의 욕심을 버리고 인류 조상이 생존을 위해 불가피한 자산이라고 물려준 공동감각으로 되돌아가라고 한 점에서 진화심리학과 맥을 같이한다고 볼 수 있다. 사람이 공동체에서 함께 잘 살기 위해서는 태어날 때부터 본성으로 타고난 공동체 감각, 즉 천리(天理)로 되돌아가야 한다는 것을 말한다.

인심이 자기의 사심과 사욕이고, 도심이 공동감각에 기반한 공공성이라면, 이제 우리의 리더십 분석틀은 자기를 초월하여 공공성을 지향하는 '정도의 문제'에 관한 것이 된다. 즉, 얼마만큼 자기를 초월하고 얼마만큼 공공성을 지향하느냐의 문제가 리더십의 성공 여부에 영향을 미친다는 이야기다. 이렇게 어렵고도 필수적인 과제를 수행하도록 소명을 받은 것이 조직의 리더들이다.

리더십을 구성하는 많은 요소들이 있지만 리더십에서 가장 토대가 되는 덕목은 사심과 사욕을 초월하여 공공성을 지향하는 것이라는 사실이 인류 지성에서 지지하는 바이다. 개인이 사적 이익을 추구하는 것이 일반적이고 자연스런 현상이지만 리더는 공적 이익을 위하여 일하도록 소명을 받은 사람이다. 공적 이익을 추구하는 일을 하고 그 일에 대한 보수를 받는 사람이다. 그런데 지도자가 사적 이익을 우선적으로 추구한다면 공동체가 피해를 입는 것은 물론 리더 개인도 공동체의 지탄을 받아서 무너지고 만다. 리더들은 자기 중심성을 넘어서 공공성에 헌신해야 한다는 것이 리더십 이론의 중요한 명제의 하나인 것이다.

자기를 초월하여 공공성을 지향하는 것이 리더의 최고의 덕목이라는 이 개념이 류성룡의 인품과 업적을 읽어내는 효과적인 하나의 개념이 될 수 있을 것이다.

Ⅲ. 류성룡 리더십의 정치환경: 성리학 유일사상체제와 사대부 계급의 이기주의

류성룡의 자기초월과 공공성 지향의 리더십을 이해하기 위해서 당시 조선시대의 정치환경이 어떠했는지를 이해하는 것이 필요하다. 류성룡의 리더십 패턴은 그의 내면적 기질과 사상뿐만 아니라 그가 대면하는 주변환경과의 상호작용의 산물이기 때문이다. 조선시대의 특징을 이해하는 접근법의 하나는 현재까지 '조선———'이라는 국호를 사용하고 있는 북한을 보면 '이씨조선'의 본질을 이해하는데 도움이 된다.

북한체제의 본질을 한마디로 말하면 주체사상 유일사상체제 또는 김일성주의 유일사상체제이다. 북한이 스스로 칭하는 말이다. 김일성주의만을 유일한 사상으로 옹호하고 다른 생각이나 사상은 금지되고 처벌받는다. 유일사상체제의 핵심가치는 경제성장과 국리민복이 아니라 권력자의 권력유지와 권력 재창출이고, 경제논리가 아니라 정치논리가 지배한다. 대한민국이 10대 경제강국으로 성장할 때 북한은 세계 10대 빈국이 되었던 이유가 바로 여기에 있다.

북한의 유일사상체계와 닮은 체제가 또 하나 있다. 이씨 조선이다. 아니 조선이 북한을 닮았다기보다는 북한이 조선을 닮은 것이다. 오늘날 북한은 조선의 데자뷔이다. 조선은 성리학 유일사상체제였다. 성리학이 유일사상으로서 조선사회의 통치 이데올로기로서 기능했다. 불교는 물론이고 유학의 한 유파인 양명학도 사문난적(斯文亂賊)이라 금지되었다.

성리학에 기반한 조선경국대전은 조선의 헌법이었기 때문에 제반 통치 시스템과 일상의 삶의 문화까지도 규정하였다. 성리학을 국가의 헌법, 교육, 과거, 일상의 규범 등 국가와 사회, 개인생활의 전 부문에 걸쳐 전일적으로 적용하였다. 말하자면 조선은 성리학이라는 사상이 유일 독점적 가치를 가지는 체제였다. 유학지식을 시험하는 과거제도를 통과하여 권력에 진입한 사람들이 권력과 부와 명예를 독점하는 체제를 제도화하였다.

유일사상체제의 핵심적 특징은 그 체제에서 독점적 이익을 얻는 주도세력이 있다는 점이다. 조선은 왕정이었지만 조선왕조는 '관료국가'로 평가될 만큼 사대부 관료가 실질적인 지배층이었다. 왕정인 조선에서 '군신공치(君臣共治)' 이념으로 통치체제를 편성해, 관료가 왕과 공동의 통치자로 인정될 정도의 위상을 가졌다. 과거제를 통해 유능한 인재가 관료로 발탁되고 이들이 임금과 더불어 통치를 담당하는 것이다. 문과에 급제한 자는 조선 시대 전체를 통틀어서 15,547명이다.[17] 이조 500년은 그들만의 나라였다. 조선의 성리학자 관료들은 성리학이라는 단일 이데올로기를 유지한 덕분에 500년 동안 조선을 독점적으로 지배할 수 있었다.[18] 성리학자들이 향촌사회를 장악한데 이어 중앙 권력에 잇달아 진출한 성종 이후 시기 16세기를 역사학자들은 '성리학 유토피아'라고 일컫고 있다.[19] 22대 군주 정조는 1791년에 "선왕(요순 임금을 뜻함)의 옳은 말씀이 아니면 노자·석가·제자백가 모조리 이단이다"고 선언했다.[20] 최고 권력자 입에서 성리학을 제외한 모든 학문이 이단이라는 선언이 나온 것이다. 정조는 주자학 외 일체를 이단으로 규정하고

17) 오구라 기조. 2017, 『한국은 하나의 철학이다』, 도서출판 모시는 사람들, p.47.
18) 정병석. 2016, 『조선은 왜 무너졌는가』, 시공사, p.73.
19) 강응천 외. 2016, 『16세기-성리학 유토피아』, p.33
20) 정조. "異端云乎者 老佛楊墨荀莊申韓 凡諸子百家 而非先王之法言皆是也"(『정조실록』. 1791년 10월 24일).

일체의 중국 서적 수입 금지령을 내렸다. 국경에서 봇짐을 압수수색해 중국 책을 색출하였다.[21] 사대부를 넘어서 군주까지 성리학 유일사상체제의 사고를 가지게 된 것이다.

그런데 성리학적 지식이 일반 백성은 물론, 왕을 통제하는 도구로도 사용되었다. 성리학 기반의 언관들이 자기들의 목소리를 내어서 왕을 견제하고 관료들을 견제하는 장치로서 사헌부, 사간원, 홍문관이 있다. 사헌부의 대간은 관료를 감찰, 탄핵하는 임무를 띠고, 사간원의 간관은 국왕을 간쟁하고 봉박하는 임무를 띠고 있으며, 홍문관은 국왕에 대한 경연을 주관하는 관청이었다. 이러한 여러 언로 장치를 통해 사대부 관료들은 자기들의 기득권을 주장하고 지켜내었다. 16세기 조선정치를 상징하는 사화(士禍)들은 성리학적 원칙과 도덕을 추구하는 청요직 성리학자들의 영향력 확대가 국왕의 권력과 충돌하면서 나타난 현상이라고 볼 수 있다. 연산군대의 무오사화, 갑자사화, 중종대의 기묘사화, 선조대의 기축옥사가 그런 맥락에서 일어난 사건이다. 사대부들은 참혹한 사화로 인해 심한 내상을 입었으나 성리학적 질서를 포기한 것이 아니라 도덕적 원칙을 명분으로 하는 자신들의 정체성을 강화하며 자기들의 주장을 관철해나갔다.[22]

양반사대부들은 자기들의 독점체제에 다른 계층의 진입을 막기 위하여 견고하고 높은 장벽을 설치했다. 대표적인 예가 사대부들의 유일한 자원인 지식을 독점하기 위해 한글 보급을 저지한 것이다. 세종대왕이 한문을 모르는 백성을 불쌍히 여겨서 만든 한글을 사대부들이 대중적으로 보급하지 못하게 막았다. 자신들의 독점적 기득권이 (한문 기반의) 지식에서 나왔기 때문에 한글이 보급되면 지식이 평준화될 것을 우려하였기 때문이다. 세종대왕이 사대부 계급의 반대를 이기지 못하였기 때문에 자신이 혼신을 다해 만든 한

---

21) 박종인. "세상을 바꾼 서기 1543년 ⑧성리학과 난가쿠(蘭學)·下"(조선일보. 2019년 3월 20일).

22) 강응천 외. 위의 책, p.33; 백승종. "조광조와 김인후: 이상세계를 현실로 가져오다", 백승종·박현모·한명기·신병주·허동현. 2010, 『조선의 통치철학』, 푸른역사, p.95; 117.

글을 보급하지 못하였고, 백성의 90% 이상이 문맹인 나라로 방치되었다. 한글이 대중에게 보급된 것은 조선이 망하여 사대부계급이 몰락한 일제시대에서나 가능하게 되었다.

성리학자 체제가 너무나 견고하게 뿌리박혔기 때문에 아직도 그 영향이 크다. 아직도 한국은 주자학의 나라이다. 오구라 기조가 말한 대로 주자학은 책 속에만 있는 것이 아니다. 사회 전체가 주자학이었다. 아직도 한국인의 일거수일투족이 원칙을 중시하는 성리학적이다.[23)]

유일사상체제의 가장 큰 특징은 그 사상을 신봉하고 유지하는 주체세력의 이기주의이다. 그들은 지배계급으로서 공공성과 소임과는 거리가 먼 이기적인 행태가 심했다. 당시의 깨어있던 유학자였던 율곡 이이가 그의 유명한 「만언봉사」에서 했던 말이다. 지배계급의 행태와 그로 인한 백성들의 삶의 모습을 잘 보여준다.

> 나라의 기강으로 말할 것 같으면, **개인의 이익만을 쫓고 공익은 무시하는 것이** 옛날과 다름이 없고, 법령과 명령대로 행하여지지 않는 것도 옛날과 같으며, 여러 관리들이 직무를 태만히 하는 것도 옛날과 같습니다. 나라의 민생으로 말할 것 같으면, 집안에 일정한 재산이 없는 것이 옛날과 같고, 흘러 다니며 일정히 살 곳을 잃고 있는 것도 옛날과 다름이 없으며, 방탕하고 사악하여 악한 짓을 일삼는 것도 옛날과 같습니다. (이이, 만언봉사, 1574년 선조 7년)

1866년 독일 무역상 에른스트 오페르트(Ernst Oppert)는 2년여 동안 세 번에 걸쳐 조선을 방문하고 1880년에 쓴 『금단의 나라 조선』에서 "부패한 관리들이 마치 강도처럼 백성을 약탈하고 착취한다"고 썼다.[24)] 18세기~19세기 조선에서 활동하던 프랑스 신부들은 "조선 귀족 계급(양반)은 세계에서 가장 강력하고 가장 오만하다"고 지적했다. 달레 신부는 조선 양반의 특징을 상세히 기술했는데, 압축하면 다음과 같다.

---

23) 오구라 기조. 『한국은 하나의 철학이다』, p.252.
24) 정병석. 위의 책, p.21.

> 조선 양반은 수가 많고, 양반 계급 내부의 투쟁에도 불구하고 그들의 계급적 특권, 기득권을 보존하고 확대하기 위해 단결하므로 서민이나 임금마저도 그들의 권력에 대해 싸우지 못한다. 다른 나라에서는 사법관이나 여러 단체가 귀족계급을 견제해 그 권력과의 균형을 맞춘다. 그런데 조선의 사대부 귀족들은 도처에서 지배자와 폭군처럼 행동한다. 돈이 필요하면 하인을 보내 상인이나 농민을 잡아 와 가두고 때리며 돈을 요구한다. 정직한 양반은 강탈하기보다는 차용을 가장해 돈을 요구하되 결코 반환하지 않는다. 이러한 특권을 유지하기 위해 그들의 계급이익을 지키는 데는 모두 하나로 일치되어 있다. 조선의 양반 사대부들이 세계에서 다른 어느 나라 귀족계급보다 강력하다.[25)]

조선의 지배계급의 이기주의적 행태가 어떠하였는지를 잘 보여준다. 오늘날 우리 젊은 청년들이 '헬조선'이라고 하는데 그것은 사실상 현재 한국이 아니라 조선시대에 적용하면 꼭 맞는 말이다. 조선은 정말 헬조선이었다.

임진왜란이 일어났을 때 류성룡이 선조에게 올린 차자를 보면 지방의 방백과 수령 같은 벼슬아치들의 이기주의적 행태가 어떠하였는지를 볼 수 있다. 류성룡은 "예전부터 국가가 패망하는 것은 하루 동안이거나, 한 가지 일의 실수가 아닌 것이고, 대개는 벼슬하는 이의 심지가 부서져 무너지는 데서 비롯되는 것"[26)]이라고 말했다. 류성룡이 사대부 지배계급의 이기적 특성을 잘 의식하고 있었음을 의미한다.

임진왜란에 참전한 명군 지휘부가 성리학 학풍을 비판하고 양명학을 권고하였으나 받아들여지지 않았다. 임진왜란 당시 조선에 들어온 명군 지휘관들 가운데는 양명학자들이 다수 섞이어있었다. 그들은 경략 송응창을 비롯하여 그의 참모로서 활약했던 원황(袁黃) 등 그 휘하의 문관들로서 대부분 양명학의 본거지였던 절강, 산동 출신들이었다. 이들은 당시 주자학 일변도였던 조선의 학문 경향에 대하여 비판적인 견해를 제기하고 그 대안으로서 양

25) 정병석. 위의 책, p.216.
26) 류성룡. "시무를 진주하는 차자. 1592년 9월", 『국역 근폭집』, p.9.

명학을 수용할 것을 강조하였다.[27)]

그러나 조선의 군신들은 송응창이나 원황 등이 강조했던 양명학에 대하여 '이단의 학문'을 배울 수 없다고 거부하였다. 한 예로 좌의정 윤두수 등은 선조를 만난 자리에서 양명학자인 원황의 강설이 가소롭다고 비판하였고, 선조 역시 송응창의 학문이 정도에서 어긋난 것이라고 비판하였다. 그렇지만 적어도 일부 학인들에게는 주자학 중심으로 흐르던 조선의 학풍에 대해 돌아보게 만드는 계기가 되었을 개연성은 크다고 하겠다. 특히 일찍부터 양명학에 접하여 섭렵하였고 실용적 경세를 실행하였던 류성룡의 경우는 관심이 더 컸을 것으로 보여진다.

조선이 성리학 유일사상체제로 정체되어 있던 당시 16세기 바깥세상은 대항해의 시대였다. 1543년 코페르니쿠스 지동설이 발표되고, 1543년 일본에 조총 들어왔다. 코페르니쿠스의 과학과 군사기술과 자본이 만난 사건이 49년 뒤의 임진왜란이다. 조총의 유입으로 전쟁의 판도가 바뀌어 일본에서는 에도시대 성리학의 시대가 지나가고 양명학에 기반한 새로운 혁신사상이 일본을 변화시키고 있었다. 프로이스가 쓴 『일본사』에 의하면, 도요토미 히데요시가 1586년부터 포르투칼에서 온 예수회 사제들에게 '우리는 반드시 중국 왕국을 정복하리라 결심하였다'고 선언했다고 한다. 히데요시는 그들에게 "조선과 중국을 교회의 땅으로 만들어 주겠다"고 호언장담했다고 한다. 조선은 그런 사실을 모르고 있었다.[28)]

같은 시기 1543년 조선에서는 경상도 풍기군수 주세붕이 자기 임지이자 고려 때 성리학을 도입한 학자 안향의 고향 풍기에 백운동서원을 세웠다. 7년 뒤 명종이 백운동서원을 소수서원으로 사액하면서 본격적인 성리학 정치, 교육 시스템이 가동됐다. 서양과 일본이 근대화를 시작할 즈음에 조선은

---

27) 한명기. "류성룡과 최명길의 통치철학. 외교적 행적을 통해 살피다", 백승종 외. 2010, 『조선의 통치철학』, 푸른역사, p.171.

28) 박종인. "조선이 명을 섬길 때 일본은 세계를 만났다"(조선일보. 2019년 2월 27일자).

유일사상체제 암흑시대를 더욱 심화시키는 과정을 시작한 것이다.

중국에서 양명학이 성행하면서 상업이 성행했을 때 조선에서만은 성리학 유일사상체계가 지배하여 무본억말 정책, 농본상말(農本商末) 정책이 지속되어 경제가 피폐했다. 성리학의 본고장인 명에서조차 양명학과 같은 반(反)성리학적 사조가 등장하는 흐름 속에서 조선은 성리학의 세력이 더욱더 견고해져 갔다. 유럽뿐 아니라 중국과 일본을 흔들고 있던 상업의 성장은 조선에서는 무본억말(務本抑末)[29]이라는 명분으로 억압되었다. 산업의 근본이었던 농업을 본업으로 장려하고, 영리를 추구하는 상업은 억제해야 한다는 이념이 형성되었다. 당시 사대부가 무본억말 정책을 추구한 이유는 자기들 토지의 노동을 담당하던 노비나 농민들이 노동강도가 덜한 상업으로 빠져나가는 것을 막기 위한 것이었다.[30] 상업의 발달은 다른 산업의 발달을 견인하는 법인데 상업을 억압함으로써 조선의 산업은 발달하지 못하는 주요 원인이 되었다. 조선의 성리학 유일사상체제를 담당한 사대부들은 공공성을 지향하는 정치를 한 것과는 거리가 너무나 멀다는 것을 알 수 있다.

이렇게 사대부들의 견고한 이기주의가 판치는 상황에서 류성룡은 어떻게 그들의 이해관계를 거스르는 개혁조치를 시행할 수 있었을까? 그는 어찌하여 그런 다른 사상과 리더십을 가지게 되었는가? 그의 리더십을 어떻게 파악할 수 있을까? 다음 장에서 그 답을 탐색한다.

Ⅳ. 류성룡의 자기초월과 공공성 지향 리더십의 사상적 연원

앞장에서 본대로 조선 사대부 관료들의 계급이기주의를 감안할 때, 류성

29) 무본억말이란 "도덕이 근본本이고 재물은 말末"이라는 말이다. 즉 본(本)에 힘쓰고 말(末)은 억제한다는 정책이다. 당시 산업의 근본이었던 농업을 본업으로 장려하고, 영리를 추구하는 상업은 억제해야 하다는 이념이 형성되었다. 도덕적으로 교화된 인간의 조화로운 생활을 이상으로 여겨 영리추구나 경제활동에 너무 치우치는 것을 경계했다(정병석. 『조선은 왜 무너졌는가』, p.136).

30) 강응천 외. 『16세기 성리학 유토피아』, p.27.

룡은 어떤 사상적 신념과 가치로 살았기에 당시 동시대 사대부 관료들과 다르게 생각하고 다르게 행동하였는가? 즉, 계급 이기주의에 편승했던 다른 사대부들과는 달리 자기초월과 공공성 지향성의 리더십을 구현한 류성룡은 어떻게 해서 그렇게 남다른 신념과 가치관을 가질 수 있었을까? 이것이 이 글의 문제의식이자 관심사다.

이 글은 그 답을 그의 남다른 학문 세계에서 찾았다. 당시 조선은 성리학 유일사상체제의 나라였고, 대부분의 사대부 관료들은 성리학이라는 고정된 사고틀에서 벗어나지 않았다. 성리학의 틀에서 벗어나면 사문난적이라 하여 금기시 당하고 심지어는 처벌당하거나 죽임을 당하였다.

류성룡은 일찍이 성리학의 문제점을 파악하고 대안적 학문으로서 양명학을 공부한 사람이다. 그는 사문난적의 규범을 주도한 퇴계 이황의 학문적 문하였기 때문에 일면 양명학의 문제점을 비판하는 글을 쓰기도 하였지만, 양명학의 본질에 대해서는 수용하고 체화하여 실천한 사람이다. 공주사왕(公朱私王), 즉 공적으로는 주자학, 사적으로는 왕양명의 학을 신봉했다고 볼 수 있고,[31] 양주음양(楊朱陰陽), 즉 낮에는 주자학, 밤에는 양명학이라는 태도를 취했다고 한다.[32] 구이지학(口耳之學)이라 비판받던 성리학을 넘어서 인욕을 초월하여 천리를 보존할 것을 설파한 양명학의 심학(心學)을 공부한 사람이다. 그의 학문이 남달랐기 때문에 사고방식도 달랐고 행동도 달랐고 결과도 달랐다. 그는 양명학에서 강조하는 천리(天理) 보존이라는 수양의 목표를 천착하였기 때문에 이 천리의 생각을 늘 간직함으로써 점차 **아름답고(美), 크고(大), 성스럽고(聖), 신묘한(神) 경지에** 이르게 되었던 것이다.[33]

당시의 최고위 관료였던 대신들 중에는 재임중에 탄핵을 당하여 유배를 가지 않은 대신들이 없었으나[34] 그는 한번도 탄핵당하여 유배를 가지 않았

31) 요시다 코헤이. 2014, 『일본 양명학』, 청계, p.23.
32) 이수건. 1995, "서애 류성룡 학문과 학맥", 『퇴계학과 한국문화』 23, p.9.
33) 류성룡. 『잡저』, p.152-153; 왕양명. 「육징의 기록」 16조목, 『전습록』, p.137.
34) 율곡 이이는 재임기간이 짧고 요절하여 유배를 당한 적이 없는 대신의 한 사람이다.

다. 그는 최장수 기간의 영의정을 역임하였고, 임진왜란이라는 국난을 당하여서도 일등공신의 업적을 남겼고, 국보 132호로 지정된 『징비록』이라는 임진왜란 기록서를 남겼던 것이다.

다른 사대부 관료들과의 차이 중에서 중요한 차이가 바로 양명학이라는 학문적 배경의 차이이다. 그는 다른 사람들은 하지 않았던 양명학을 학습한 사람이다. 양명학의 심학으로 마음을 수련 하였고, 공공성 지향의 정신을 배양하였다. 양명학에서 학습한 대로 실천하였다.

류성룡이 당시 조선의 다른 사대부 관료들과는 달랐다는 것이 이 글의 초점 중의 하나이다. 그래서 양명학에 대한 심층적인 이해가 필요한 이유이다. 이제 우리에게 필요한 접근법은 류성룡의 학문적 사상적 세계를 탐색하여 그의 신념체계를 재구성해 내고, 다시 그 신념체계로 그의 리더십의 업적을 설명해 내는 작업을 하는 것이다.

이 장에서는 양명학을 심층적으로 탐색함으로써 류성룡의 사상세계를 이해하고자 한다. 그리고 류성룡이 이런 양명학에서 받은 영향을 재구성함으로써 이 글의 분석틀인 자기초월의 두가지 하위 개념과, 공공성 지향의 다섯가지 하위개념을 도출하고자 한다.

1. 류성룡의 학문세계

류성룡의 사상을 형성하는 학문적 배경의 특징은 그가 다양한 분야의 학문을 섭렵하였다는 사실이다. 그의 학문의 근간은 당시의 지배학문이었던 유학, 더 구체적으로는 주자학과 양명학으로 대별되는 신유학이다. 또한 춘추전국시대에 형성된 제자백가, 역사학, 의학, 군사학, 불교, 도가 등도 그의 사상적 배경이 된다. 류성룡의 학문은 주자학 또는 성리학에서 시작하였지만, 실제 마음공부와 경세 실천에 있어서는 양명학에 많이 경도했다. 류성룡은 명나라에서 이미 구이지학(口耳之學)[35]으로 비판받은 성리학의 문제점과

35) 구이지학(口耳之學)이란 입과 귀로 하는 학문이란 말로, 들은 것을 새기지 않고 그대로

한계를 인식하고, 대안 학문으로서 양명학을 공부하였다. 류성룡의 양명학 심취는 '성리학 유토피아'[36]라고 불리는 당시의 학문풍토에서 볼 때 특별하고 남다르다고 할 수 있다.

류성룡은 어릴 때부터 조부, 부, 재종숙의 가학을 이어받아 기초적인 동몽서와 사서를 배우고 양명학까지 접하였다. 그는 대륙과의 관문인 평안도와 황해도지방에 자주 여행하였고, 17세 때에 부친을 따라 의주에 있으면서 때마침 우리나라에 최초로 전해진 『양명집』을 입수, 독파하게 되었다. 21살에는 안동의 도산서당으로 퇴계 이황을 찾아가 수개월간 머무르면서 『근사록』 등을 배우면서 이황의 제자가 된다. 『근사록』은 남송의 유학자 주희와 여조겸이 편찬한 일종의 성리학 해설서이다.[37]

류성룡이 도산서당을 찾아 퇴계 이황에게서 공부를 하게 되었을 때, 당시 62세의 노학자 퇴계 이황이 처음 류성룡을 보고 "하늘에서 내린 인물"이라고 말하였다고 한다. 류성룡이 이황으로부터 이런 인정을 받을 수 있었던 것은 어릴 때부터 서울에서 공부하면서 『주자집주(朱子集註)』에만 매몰되지 않고 육구연의 『상산집(象山集)』이나 양명 왕수인의 『양명집(陽明集)』, 도가서, 불경, 병서, 의서 등도 두루 공부했기 때문인 것으로 알려지고 있다. 25세에 과거에 급제하여 20대 중반 홍문관에 재임할 때 양명학을 좋아하여 그 학설의 요점을 정리하기도 했다. 선조가 양명학에 대하여 식견을 가졌던 것도 홍문관 류성룡의 영향일 것으로 보인다.

류성룡이 양명학에 끌리게 된 것은 주자학의 효과성에 대하여 의문을 가지게 되었기 때문인 것으로 보인다. 류성룡이 출제한 과거시험 지문에서 주자학 대비 양명학에 대한 그의 인식을 엿볼 수 있다. 그는 주자학과 양명학

남에게 전하기만 할 뿐 조금도 제 것으로 만들어서 진정성있게 실행하지 못하는 학문 자세를 말한다. 과거에 급제하여 관료로 등용된 뒤에는 성리학의 가르침인 자기 수행과 실행을 게을리하고 관념주의와 이기주의에 집착하는 경향을 비판한 말이다.

36) 강응천 외. 『16세기 성리학 유토피아』, p.166.

37) 이덕일. 2012, 『난세의 혁신 리더. 유성룡』, 역사의 아침, p.27.

을 나란히 병치시키면서 주자학의 문제점을 지적하고 있음을 볼 수 있다. 류성룡이 출제한 과거시험 문제의 원문을 좀 길지만 인용해보자.

> 원나라와 명나라 이후로는 학술이 더욱 분열되었는데, 그들 중에서 도문학을 주장하는 학파를 주자학이라 말하고, 덕성을 주장하는 학파를 육학(또는 양명학)이라 하였다. 주자학과 양명학의 두 학파는 떠들썩하게 다투어 변론하기를, 마치 여러 사람이 모여 분쟁을 하면서, 시비가 결말이 나지 않는 것과 같이 되었으니, 이 때문에 세도(세상의 도의)는 날로 떨어지게 되고 인심은 날로 무너지게 되었으므로, 어느 편이 잘된 것이 되고, 어느 편이 잘못된 것이 되는지 잘 알 수가 없다. 자사(공자의 손자)가 이미 말하기를 "덕성을 공경히 받들면서 학문을 극진히 닦는다(道問學)"라고 하였으니, 이를 요약한다면 이쪽만 중하게 여기고 저쪽은 가볍게 여길 수가 없는 것인데도, 각자가 한쪽만을 주장하여, 서로 다투어서 이기려고 애쓰는 것처럼 하는 것은 또한 무슨 까닭이겠는가?
>
> 우리나라에서는 백년 동안이나 유학을 함양한 후에 선비들이 정학(正學)[38]을 한다고 스스로 핑계를 대지 않는 사람이 없었다. 그러나 잘 살펴볼 줄 아는 사람으로 하여금 이를 보도록 한다면, 그들의 함양하는 학술이 학문을 극진히 하는 것이라 하겠는가? 덕성을 공경히 받는 것이라 하겠는가? 주자학인가, 또는 양명학인가? 아니면 주자학도 아니고 양명학도 아니면서, 공명과 이욕에 갖풀(아교)이나 옻으로 교착되는 지경에 빠져서 스스로 빠져나올 수가 없는 것인가? 만약 공자, 맹자, 정자, 주자와 같은 부류에 속하는 대인으로써 이를 구제하겠는가?
>
> 원컨대 여러 유생들은 상세히 분별하여 이 일을 담당하는 사람(執事)으로 하여금 (이 답안을) 상고(詳考)해서 그 옳고 그름과 얻는 것과 잃는 것을 분별할 때에, 의심나는 점이 없도록 하기를 바란다.[39]

이 글에서 류성룡은 주자학과 양명학이 어느 한쪽이 중요하고 어느 한쪽은 가볍게 여길 상황이 아니며, 양 학파가 서로 병존하면서 논쟁을 계속하고 있다고 보고 있으며, 정통 학문이라고 주장하는 주자학자들이 공명과 이욕에

---

38) '정학'이란 공자의 가르침을 받드는 유학을 지칭하며, 도교나 불교를 배척하는 학문을 의미하며, 곡학 또는 이단에 반대되는 말이다.

39) 류성룡. 策問三首, 『국역 잡저』, pp.257-258.

결탁하여 구제하기가 불가능하다고 보고 있다. "공명과 이욕에 갖풀(아교)이나 옻으로 교착되는 지경에 빠져서 스스로 빠져나올 수가 없는 것인가?"라고 비판하면서 만약 공자, 맹자, 정자, 주자와 같은 부류에 속하는 대인으로써도 이를 구제할 수 있겠는가라고 한탄하고 있다.

이수건 교수는 "서애는 일찍이 양명학을 이해한 바탕 위에서 나중 퇴계의 설파에 따라 양명학을 정주학과 비교하여 비판하는 글을 쓰기도 했지만 그의 평생사업을 심층 분석해 볼 때 그의 체용겸비(體用兼備)의 학문 경향은 오히려 양명학적 영향이 작용했다고 볼 수 있다고 말한다.[40]

2. 양명학에 대한 이해

류성룡이 17세 때부터 심취한 양명학에 대하여 살펴보자. 양명학이란 중국 송대의 육구연과 명대의 왕양명이 창시한 유학의 일파로서 주자학과 함께 유학의 쌍벽을 이루는 학파이다. 마음을 다스리는 심학(心學)을 추구하는 양명학은 사물의 이치 이해를 추구하는 이학(理學)으로서의 주자학과는 사상의 지향점이 서로 대극적이다. 양명학의 창안 배경을 살펴보면 양명학의 사상적 지향을 잘 이해할 수 있다.

(1) 양명학의 탄생 배경

남송 시대 유학자 주희朱熹(1130-1200, 호는 朱子)가 당시의 불교 및 도교가 유입되어 혼란된 사상 풍토를 정비하고 중화질서를 지키기 위하여 유학 정비 작업을 한 결과가 신유학이다. 중국에서 요순시대로부터 전해진 유학 경전을 도교 및 불교와 구분하기 위해 산재해있던 유학 경전을 대학, 논어, 맹자, 중용을 선택하여 『4서집주』로 간행하면서 유학을 정통성의 시각에서 새롭게 해석하고 편집하여 학문체계로 재정비한 주자학을 창안하였다. 이것을 주자의 유학 '도통론'이라 부른다. 이전의 유학을 '훈고학'이라 하였다면

---

40) 이수건. 1995, "서애 류성룡 학문과 학맥", 『퇴계학과 한국문화』 23, p.6.

주희가 창시한 주자학은 '신유학'이라 불린다. 주자학은 원나라와 명나라에서 과거시험의 시험과목으로 채택되고 관학으로 인정받으면서 지배적 학문으로 인정받았다. 이전 시기의 중국의 학문이 불교. 도교 등과 경쟁하는 학문이었으나 이후는 주자학이 중국의 국학이자 지배적인 학문이 된 셈이다.

주자 이후 신유학의 쌍벽을 이루는 또 한 사람의 유학자가 양명학을 창안한 왕수인(1472-1528, 호는 양명)이다. 주희보다 342년 뒤에 태어난 왕양명은 당시 명나라 사회의 현실이 성인(聖人)의 학문을 추구하여 인(仁)과 공의(公義)를 추구하기보다는 사람들이 이기적 욕구에 따라 자신의 물질과 명예와 권세 등을 쫓는 데 혈안이 되어 있고, 정치인들은 왕도(王道)를 실천하기보다는 타국을 침략하여 자국의 부와 영토를 확장하는 데 전념하고 있다고 비판한다.

이러한 시대적 상황에서 학자, 교육자, 정치관료, 또한 군사지휘자로서 활약하였던 양명 왕수인은 육구연의 사상을 계승하면서 공자와 맹자가 추구하던 유학의 목적과 그 방법을 다시 정립하고자 하였다. 관료들의 이기적 쟁투가 심하게 벌어지는 상황에 대해 양명은 주자학에 문제의 원인이 있다고 보고, 심학(心學) 중심의 새로운 학문을 창시하여 새로운 세상을 만들겠다는 꿈을 가졌다. 양명은 당시의 혼란스럽던 시대 상황에서 문관 사대부로서는 물론이고 군 관료로서 전선에 뛰어들어 활약하였고 1519년에는 주신호의 반란을 평정하여 군사적 공을 세운 바 있듯이, 서재에 파묻힌 학자가 아니라 군무에 동분서주한 실천자였다.

공맹의 유학자로 교육받은 왕양명은 공맹사상의 도통을 공부했던 유학자들이 과거에 급제하여 권력을 잡고는 도를 망각하고 구이지학에 빠져 있는 모습을 보고 개탄하였고, 결국 공자의 이상사회인 大同社會와는 너무나 거리가 먼 현실을 대면하고서 새로운 대안을 모색하고자 하였다.[41]

---

41) 왕양명. "答顧東橋書" 142 조목, 『전습록』, p.421.

(2) 심즉리: 38세에 유배지에서 깨달음

왕양명이 양명학이라는 독자적인 학문을 창안하게 된 것은 용장이라는 유배지에서 38세 되던 해의 깨달음에 기인한다. 양명이 용장에서 귀양살이를 하게 된 것은 당시 부패정치에 대한 정의로움을 표출하다가 천자의 뜻을 거역했다는 명목으로 죄를 받았기 때문이다. 유배지에는 거처할 집도 없고, 말을 나눌 친구도 없으며, 읽을 책도 한 권 없는 귀양살이였다. 그는 사색을 거듭한 결과 홀연히 깨달은 것이 있었는데 "일체 성인의 도(道)가 나의 본성 가운데 저절로 족하니 밖을 향하여 사물에서 이치를 구함은 잘못이다"라고 하였다. 이른바 내 마음이 곧 천리라는 심즉리(心卽理) 사상이다. "사람에게는 모두 心이 있고, 모든 心은 理를 가지고 있으니, 心이 곧 理이다"라고 했다. 학문의 초점을 내면의 마음을 갈고 닦는 것에 두었다. 이는 바깥으로 사물에 나아가 탐구함으로써 이치를 깨닫는다는 격물궁리(格物窮理)를 주장하는 주자학에 대한 부정이다.

어릴 적부터 성인(聖人)이 되는 꿈을 가졌던 양명은 다양한 학문 편력을 거쳤던 사람이다. 21세에 주희의 즉물궁리설(卽物窮理設)에 심취하여 대나무 앞에서 7일 동안 그 이치를 탐구하였으나 끝내 병만 얻고 소득이 없어 주자학에 회의를 품게 되었다. 그 이후 27세에는 노자의 도교에 출입하였으며, 28세에는 불교에 관심을 갖고 심취하였다. 31세에는 지금까지 닦았던 도가의 장생술이나 도인술을 버리고, 또한 불교가 인정에 어긋남을 깨닫고 유교로 되돌아왔다. 양명학의 수련법에 불교와 도교적인 요소가 있는 이유가 여기에 있다.

양명이 38세에 심즉리(心卽理)의 깨달음을 얻는 것은 이러한 다양한 학문 편력과 수행의 과정이 있었기 때문이다. 유학에서 도교, 불교, 다시 유학으로 방황을 하다가 마침내 심즉리(心卽理)로 새로운 깨달음을 얻고 양명학이라는 독자적인 학문을 창안하게 된 것이다. 심즉리는 양명의 독자적인 학설이 아니라 육상산의 사상을 계승 발전시킨 것이다. 양명의 심즉리 깨달음에 영향을 미친 것은 육상산의 사상일 것으로 보인다. 그래서 후에 양명학을 육왕학(육상산과 왕양명의 학문)이라 일컫기도 한다.

3. 양명학의 인심도심설과 양지: 인욕을 제거하고 천리를 보존하라

양명은 38세에 용장에서 심즉리(心卽理)를 깨닫고 난 이후 육상산의 사상을 계승하여 그의 학문체계를 발전시켜 갔다. 다양한 학문적 편력과 삶의 경험, 그리고 사상 및 교육의 변천을 통해 유학－도교－불교－다시 유학을 거쳐서 최종적으로 양명이 도달한 지점은 유학의 도통론(道統論)이다. 도통론이란 유학의 정통설을 의미한다.

양명은 유학의 도통론을 요(堯)·순(舜)·우(禹) 임금이 서로 주고 받았다고 하는 "인심유위 도심유미 유정유일 윤집궐중(人心惟危 道心惟微 惟精惟一 允執厥中)"이라는 (『서경』에 나오는) 16자심법에서 찾았다. "인심(人心)은 위태하고, 도심(道心)은 희미하니, 오직 정(精)하고 일(一)하여야 진실로 그 중(中)을 잡으리라"는 명제이다. 인심은 항상 사심과 사욕의 도발로 위태롭고, 도심은 미약하고 희미하다. 그러니 항시 "**인욕을 제거하고 천리를 보존**"하는 공부에 정진하라는 말이다.

양명학의 인심과 도심의 개념이 이 16자심법에서 나온 것이다. 양명이 양명학의 핵심 개념인 도심과 인심에 대하여 어떻게 정의를 내리는지를 살펴보자.

> 선생께서 말씀하셨다: "본성을 따르는 것을 도"라고 한다는 것이 바로 도심이다. 그러나 사람의 (사적인) 생각이 조금이라도 발생하면 바로 인심이 된다. 도심은 본래 소리도 없고 냄새도 없다. 그러므로 '은미하다'고 하였다. 인심에 따라 행하면 편안하고 온당하지 못한 곳이 많게 된다. 그러므로 오직 '위태롭다'고 하였다.[42]

---

42) 왕양명. "황성증의 기록", 250조목, 『전습록』, p.706.

> 인위적인 것이 아직 섞이지 않은 마음을 도심이라 하고, 인위적인 것이 섞인 마음을 인심이라 한다. 인심이 그 바름을 얻은 것이 도심이고, 도심이 그 바름을 잃은 것이 바로 인심이지, 애초에 두 마음이 있는 것이 아니다.[43]

양명은 정자(程子)가 "인심은 곧 인욕이고, 도심은 곧 천리이다"[44]라고 한 말을 인용하면서 자기 사상의 토대를 인심도심설에서 마련하였다. 인욕을 제거하고 도심을 보존하는 이 명제가 양명학의 종지(宗旨)가 되었다. 그 밖의 유학의 언어들은 배제하여 단순화하였다. 공자가 『육경』을 저술한 이유는 "천하를 어지럽히는 번잡한 문장을 깎아내고, 오직 인욕을 제거하고 천리를 보존하는 그 참된 정신을 전하여 사람들의 마음을 바로잡는데 있었다"고 했는데,[45] 이러한 공자의 가르침대로 양명은 인심도실설의 핵심 명제만으로 학문의 내용을 단순화한 것이다. 심학으로서의 양명학의 핵심 명제는 전체를 일관하여 "인욕을 제거하고 천리를 보존하는 것" 뿐이다.

양명학은 『전습록』이라는 3권의 방대한 책으로 구성되어 있지만 핵심사상은 "인욕을 제거하고 천리를 보존하라"는 하나의 명제이다. "인욕을 제거하고 천리를 보존하는 것"이 양명학의 종지이자 핵심 공부 목표이다. 나머지는 이 핵심 명제의 정의, 사상적 근원, 공부방법, 수행방법의 종지인 양지를 갈고 닦는 방법에 관한 것이다. 양명은 성현들이 주고받은 유학의 이 도통을 요순우(堯舜禹) 임금으로부터 공자가 계승하고, 맹자, 주자로 계속되었다고 보았으며, 이후 육상산의 학설이 맹자의 가르침에 근접하고 있다고 보았다.[46]

이처럼 왕양명이 주자학에 대한 문제점 비판에서 시작한 만큼, 양명은 전통유학을 재해석하는데서 그의 새로운 학문의 길을 찾았던 것이다. 양명학은 유학의 세가지 개념인 인심도심설. 극기복례. 양지 개념을 통합하여 독자적

43) 왕양명. "서애의 기록", 10조목, 『전습록』, p.109.
44) 왕양명. "서애의 기록", 『전습록』, p.109.
45) 왕양명. "서애의 기록", 『전습록』, p.118; 122.
46) 박연수. 2010, 『양명학이란 무엇인가』, 한국학술정보, pp.41-43.

인 사상체계로 발전시킨 것으로 이해할 수 있다. 인심도심과 극기복례는 공자의 개념이며, 양지는 맹자의 개념이다.

양명의 이 접근법은 주희의 주자학과 대비된다. 같은 유학의 도통론에서 남송의 주희는 중국에서 요순우(堯舜禹) 시대로부터 전해지고 공자와 맹자가 전승받은 유학의 경전을 체계적으로 편집하는 방식으로 도통(道統)을 전승받았다. 즉 그는 새로운 사상을 창안하기 보다는 기존의 유학 경전들을 편집하여 대학, 논어, 맹자, 중용을 『4서집주』로 묶어서 간행하고 주석을 달았다. 유학의 텍스트를 4개의 교과서로 정비한 것이다. 그에게서 도통론의 목적은 유학을 불교 및 도교와 구분하여 신유학을 창안한 것이다. 주자 이전의 유불론 경쟁체제에서 신유학이 지배하는 새로운 사상적 풍토로 정립한 것이다.

그에 반해서 왕양명이 도통론에서 받아들인 것은 그 도통론의 핵심인 '인심도심설'이라는 사상 그 자체이다. 인심도심설을 물려받아서 새로운 학문의 뿌리로 삼은 것이다. 즉, 도통론의 핵심을 16자심법, 즉 '인심도심설'로 본 것이다. 이 16자심법의 내용은 "인심은 위태롭고 도심은 희미하다. 그러니 인심을 극복하고 도심을 잘 보존해야 한다"는 내용이다. 양명은 이것을 모든 성인들의 마음 수양 학문의 본원이라고 규정한 것이다. 명대에서 양명학이 간결하고 명료한 사상체계로 탄생하자 빠르게 대중에 확산되었다. 주자 이전의 학문이 '유불론'으로 경쟁했다면, 왕양명 이후의 학문은 이제 주자학과 양명학이 경쟁하는 '주왕론'으로 경쟁체제가 변화한 것이다.[47]

어떻게 인욕을 제거하고 천리를 보존할 것인가가 양명학의 과제이자 수행방법의 과제이다. 공자가 인심도심을 극복하기 위해 '극기복례'(克己復禮)라는 방법론을 제시하였지만 어떻게 克己하고 어떻게 復禮를 실현한다는 말인가? 어떻게 자기를 극복하고 예와 천리로 돌아간다는 말인가?

47) 요시다 코헤이. 『일본 양명학』, p.154.

(1) 극기복례

극기복례(克己復禮)라는 사자성어의 유래는 『논어』이다. 『논어』 '안연(顔淵)' 편은 안연이 인(仁)에 대해 묻자, 공자가 "자기를 이기고 예(禮)로 돌아가는 것이 인(仁)을 하는 것(克己復禮爲仁)"이라고 답한다. 자기를 이기고 예로 돌아가는 것이 仁의 실천이란 뜻이다. 자기란 자기의 사심, 사욕, 즉 에고이다. 예란 무엇인가?

예(禮)는 기본적으로 남과 더불어 살자는 공존의 지혜다. 나도 이런 욕심이 있지만 남도 배려하고 양보도 해야 서로가 평화롭게 살 수 있다는 공존의 철학이다. 공공감각, 공동체감각, 공공성이다. 극기복례는 인욕을 극복하고 천리를 보존한다는 인심도심설의 다른 표현이라 볼 수 있다.

공자의 대표적 사상이 인(仁)이라면, 제자 안연에게 대답한 '극기복례(克己復禮)'가 『논어』 중에서도 특히 주목되는 유명한 장으로 인(仁) 사상의 결정판이라고 해도 과언이 아니다. 극기복례를 인간의 사욕과 사심을 이겨내는 관건으로 공공성의 도를 보존하라고 한 공자의 이 언명은 당시 춘추전국 시대, 500여년간의 전쟁의 시대에 인간이 인간을 잡아먹던 약육강식의 혼란시기에서 얻은 경구이기도 하다. 공자와 맹자 사상의 밑바닥에는 두려움이 깔려있다고 한다. 인간이 짐승으로 추락할지 모른다는 공포와 염려인 것이다. "한밤중에 산길를 가다가 만나는 사람이 짐승보다 무섭더라"던 것처럼, 사람이 짐승보다 더 두려웠던 시대였다. 이 시대를 상징하는 말이 가정맹어호(苛政猛於虎)이다. "가혹한 정치는 호랑이보다 무섭다"는 고사가 있다.

맹자는 "공자가 시대를 두려워하였다(孔子懼)"라고 전한다. 맹자 자신도 "인간이 짐승보다 못한 꼴로 타락할까 두렵다(吾爲此懼)"며 진저리를 쳤다. 공자와 맹자가 이 나라 저 나라를 전전하며 인(仁)을 설파한 것은 "사람이 사람을 잡아먹는" 암울한 인간세상을 구제하고자 함이었다고 한다.[48)]

---

48) 배병삼. 2012, 『우리에게 유교란 무엇인가』, 녹색평론사, p.6.

인심은 위태로운데 도심은 미미한 이 상황을 극복할 수 있는 길로서 공자가 제시한 것이 극기복례이다. 그런데 사실은 인심도심설이든 극기복례든 당위적인 규범이지, 인욕을 제거하고 천리를 보존할 구체적인 방법으로서는 미미하다. 극기복례를 실현할 방법론은 무엇인가?

(2) 양명의 양지학: 양지와 치양지

다행히도, 인심은 위태롭고 도심은 희미한데, 도심을 밝힐 수 있는 희망과 방법을 제시한 사람이 맹자이다. 『맹자』 告子 상 6편에 "인간에게는 본래 태어날 때부터 측은지심, 수오지심, 사양지심, 시비지심과 같은 선한 본성이 내면에 있다"는 것이다. 이처럼 맹자는 마음속에 인의예지(仁義禮智)라는 도덕성의 단초가 있다고 하였는데, 여기에 인간의 인간으로서의 존엄성이 있는 것이다. 이러한 도덕성은 인간이 혼자 살 수 없고 언제나 남과의 관계 속에서 살고 있기 때문에 생긴 것이다. 맹자는 '인의예지'는 인간의 마음에 본래부터 뿌리를 두고 있다고 하였다.[49]

또 『맹자』 진심(盡心) 상 15편에서 사람이 배우지 않고도 능한 것은 양능(良能)이고, 생각하지 않고도 아는 것을 양지(良知)라고 하였다. 양명은 이 양능과 양지를 합하여 양지(良知)라고 불렀다. 양명은 순수 지선(至善)의 천명지성(天命之性), 즉 천리(天理)가 자신의 밝은 덕성을 밝게 드러내는 것을 '양지'로 규정한다.[50] 양명은 이 '良知' 개념에서 답을 찾았다. 양명은 양지라는 이 선한 본성과 지혜가 있기 때문에 사심과 사욕을 닦아내면 원래의 선한 본성이 밝혀진다고 본다. 양명은 사욕을 닦아내고 선한 본성을 밝힐 수 있는 도구가 맹자의 선한 본성인 '양지'라고 본 것이다. 양명학의 핵심은 양지를 확장시키면 사심과 사욕을 제거하고 도심을 보존할 수 있으며, 양지를 확장하면 천하 만물이 일체가 되고 대동사회를 구현할 수 있다고 본다.

---

49) 정인재. 『양명학의 정신』, pp.218-219.
50) 왕양명, "설간의 기록, 118조목", 『전습록』, p.316.

이처럼 왕양명은 인간의 본성에 선천적으로 타고난 양지(良知)라는 '도심의 프로그램'이 내장되어 있다는 사실에서 구원의 방도를 찾았다. 양명학을 양명학답게 만드는 가장 커다란 특징은 양지를 마음의 본체로 파악한다는 점이다. 양명학이 바로 이 점에서 마음공부를 의미하는 심학(心學)으로 평가된다. 인간이 가지고 있는 인심은 위태롭고 도심은 희미하므로 양지를 개발하여 도심을 보존하라는 것이다. 왕양명은 말한다:

> '양지'라는 것은 맹자가 말한 바의 '옳고 그름을 가리는 마음으로 사람이면 모두가 갖고 있는' 바로 그것이다. 옳고 그름을 가리는 마음은 생각하는 것을 기다릴 것 없이 알게 되고, 배우는 것을 기다릴 것 없이 할 수 있게 되는 것이다. 그래서 그것을 '양지'라 이른다. 그것은 하늘이 내려준 본성이며 내 마음의 본체로서 자연히 영묘하고 밝게 분명히 깨닫게 되는 것이다. 모든 뜻과 생각이 발동할 때, 내 마음의 '양지'는 스스로 알지 못하는 것이 없다. 그것이 선할 때는 내 마음의 '양지'가 스스로 그것을 안다. 그것이 선하지 않을 때도 역시 내 마음의 '양지'는 스스로 그것을 안다. 지금 선과 악을 분별하면서 그의 뜻을 정성스럽게 하려 한다면 그것은 오직 그의 '양지'가 아는 것을 제대로 다하게 하면 되는 것이다.[51)]

참으로 명료한 해법이다. 이것은 맹자의 성선설, 즉 인간은 본래 선하고 완전하다는 학설에 기반한 것이다. 인간이 본래 완전하고 선한 존재라고 인정하는 이 언명만큼 인간 스스로에게 자존감을 높이고 나아가서 자성예언(自成豫言)의 효과가 있는 말은 없을 것이다. 자신이 내면에 성인이 들어있어서 원래 좋은 사람이라고 생각한다면 어찌 행동을 함부로 하겠는가? 자신이 본래 성인이라는 정체성을 가진다면 그 정체성대로 살게 될 것이다. 이것이 자성예언의 효과이고 교육의 방법으로서 효과가 있다. 양명은 이러한 방법론을 채택하였기 때문에 대중적 호응을 얻고 그 영향력이 넓게 확산되었다.

---

51) 왕양명. "덕홍 전서산, 대학문", 『전습록』, p.944.

(3) 수행방법

인욕을 제거하고 도심을 보존하기 위한 근거인 양지를 어떻게 공부하여 심학으로서의 양명학의 효과를 낸다는 말인가? 양명이 양지설을 제출하기 전에는 정좌명상과 성의(誠意) 공부법을 사용하였다. 정좌법은 학문을 처음 시작하는 자들에게 가르쳐서 사려를 그치게 하고 마음이 안정되기를 기다리게 한다. 양명은 정좌를 통해 마음을 차분히 가라앉히는 효과를 거둘 수 있다고 본다. 그가 정좌법을 가르친 궁극적 의도는 외부로 치닫는 마음을 안으로 수렴하여 일체의 인욕이 가라앉았을 때 드러나는 마음의 본래 모습, 즉 도덕적 본심인 심체를 체인하게 하는 데 있었다. 이것이 이른바 묵좌징심(默坐澄心)이다.

묵좌징심은 마음의 기운을 차분하게 하여 사욕을 가라앉힐 수는 있지만 그것을 제거하지는 못한다. 그래서 구체적인 일에 접하게 되면 마음의 기운이 흔들려서 가라앉았던 사욕이 다시 떠오르게 된다. 정양(靜養) 공부는 고요한 때(靜時)에는 안정상태를 유지할 수 있을지는 몰라도 움직여 행동할 시(動時)의 안정상태까지 보장하지는 못한다. 이 정좌법은 또한 잘못하면 고요함을 좋아하고 움직임을 싫어하여 고목사회와 같이 고요한 데로 흘러 들어가거나, 현실을 초월한 현묘한 깨달음을 구하는 폐단을 드러내게 된다.[52]

성의(誠意)는 초기의 수신 공부법이었다. 성의(誠意)는 뜻[意]를 진실하게 한다는 뜻이다. 양명은 성의를 심체인 天理에 따르고 中을 지키는 방법으로 제시하였다. 이 성의(誠意)란 사의(私意)가 없는 것이다. 성의는 단지 천리에 따르는 것이다. 선을 좋아하고 악을 미워하려는 의지가 선을 행하고 악을 버리는 격물공부를 주재해야 그 공부가 실효를 거둘 수 있다고 생각하여 성의를 가지고 『대학』의 공부법으로 삼았다.[53]

52) 정인재 해설. "황성증의 기록" 262조목, 『전습록』, p.713.
53) 왕양명. "설간의 기록" 101조목, 『전습록』, p.285

그러나 성의를 중심으로 한 해석이 치지(致知) 두 글자를 전혀 언급하지 않았다는 비판이 있은 후,[54] 치양지설을 제출하였다. 이렇게 해서 양명의 공부론은 성의(誠意) 중심에서 치양지로 바뀌게 된다.[55] 성의(誠意) 중심의 공부에서 치양지(致良知) 중심의 공부로 바뀌게 된 것을 「대학문」에서 다음과 같이 자세히 설하고 있다.[56]

> 양지라는 것은 맹자가 말한 "시비지심은 사람들이 모두 지니고 있다"[57]는 그 것이다. 시비지심은 사려를 기다리지 않고도 알고 배우지 않고도 능한 것이니, 그런 까닭에 그것을 일컬어 양지라고 한다. 이것이 바로 하늘이 명령한 본성이고, 내 마음의 본체로 자연히 영명하고 밝아서 환하게 깨달은 것이다. 무릇 의념(意念)의 발현은 내 마음의 양지가 스스로 알지 못하는 것이 없다. 그것이 선이라도 오직 내 마음의 양지가 스스로 그것을 알며, 그것이 불선이라도 오직 내 마음의 양지가 스스로 그것을 알고 있다.[58]

이렇게 왕양명이 치양지설을 제출한 것은 만년 50세이다. 왕양명은 「대학고본」의 서문을 쓰면서 "아! 『대학』의 치지(致知)는 곧 마음을 간직하는 것과 같으며 치지를 깨달으면 다 이룬 것이다"라고 하였다. 치지는 바로 치양지를 말한 것이며 이것을 학문의 근본으로 삼은 것이다. 「연보」 50세에는 "이 해에 비로소 치양지의 가르침을 게시하였다"라고 하여 양명이 만년에

54) 성의 중심의 공부법에 대한 나정암의 비판을 받은 뒤[49세, 1520] 진구천과의 논의과정에서 양지를 종지로 하는 공부법을 창안해내게 되었다. 그 이유는 의(意)의 활동에는 선도 있고 악도 있으나 의(意) 자체는 선악을 판별할 수 없기 때문이다. 선을 행하고 악을 제거하는 격물공부가 참되기 위해서는 시비선악을 명확하게 판단하는 양지에 따라서 행하기만 하면 된다는 것이다. 이것이 치양지(致良知)이다.

55) 정인재. 『양명학의 정신』, p.230.

56) 의념(意念)이 발하는 데 선이 있고 악이 있으니, 그 선과 악의 구분을 밝히지 않으면 또 참과 거짓이 뒤섞여서 비록 성실하고자 하더라도 성실할 수가 없다. 그러므로 그 뜻을 성실하게 하려는 것[誠意]은 반드시 치지(致知)에 달려 있다. --- 致知 운운하는 것은 후세의 유학자들이 말하는 것처럼 지식을 넓힌다는 것이 아니라, 내 마음의 良知를 실현하는 것일 따름이다(왕양명. "대학문", 『전습록』, p.943).

57) 맹자 告子 上.

58) 왕양명. "대학문", 『전습록』, pp.943-944.

이르러 치양지를 종지로 삼아서 가르쳤음을 알 수 있다.[59]

양명의 치양지에 대한 깨달음은 1519년 신호의 반란 평정과 장충과 허태의 모함에 직면하여 생긴 양지에 대한 확신과 그 실질적 경험에서 나온 것이기도 하다. 그는 전투중에도 어진 마음을 발휘하여 살상을 최소화하면서 신묘불측한 용병으로 수많은 도적과 반란을 평정하였다. 이처럼 왕양명의 양지설은 천백 번 죽을 고비를 넘기면서 험난한 현실에서 체득한 것임을 알 수 있다.[60]

양명은 "이후로는 치양지를 말할 뿐이다"고 말했다. 양명은 양명학의 핵심은 치양지에 있다고 말한다.[61] 양지를 개발하여 확충하는 것을 치양지(致良知)라고 했다. 양지는 마음의 본체를 의미하며, 치양지는 양지를 지극히 확충하는 공부를 나타낸다. 인간이면 누구나 양지가 있지만 양지를 실천하는 공부를 하지 않으면 성숙한 인격을 갖춘 인물이 될 수 없다고 한다.[62]

왕양명은 그 스스로 치양지가 학문의 핵심이며, 성인의 으뜸가는 가르침이라고 하였다. 양명이 창안한 치양지에서 '치지'는 『대학』에서, '양지'는 『맹자』에서 나온 말이다. 왕양명은 이 두 사상을 결합하여 만년에 '치양지' 학설을 제출하였다.

치양지의 공부방법으로서 가장 중시하는 것이 사상마련(事上磨鍊)이다. 사람은 반드시 일에서 연마해야 비로소 확고하게 일어설 수 있으며, 비로소 "고요해도 안정되고, 움직여도 안정될 수 있다"고 했다.[63]

치양지의 학설이 확립된 이후 수행방법이 자기 억제적인 것으로부터 적극적 자기실현이라는 관점으로 전환하였다고 한다.[64] 이전의 수행법이 인욕을 억제하는 것에 두었다면 이후의 수행법은 양지를 확장하는 것에 초점을

59) 정인재. 『전습록』 해설, p.222.
60) 정인재. 위의 책, p.228.
61) "황성증의 기록" 262조목, 『전습록』, p.721.
62) 정인재. 위의 책, p.217.
63) 왕양명. "육징의 기록" 23조목, 『전습록』, p.146.
64) 박연수. 『양명학이란 무엇인가』, p.36.

두어 도심을 보존하고자 하였다. 이것이 치양지이다.

고요한 때는 생각이 그런대로 괜찮다고 느끼다가도 일을 만나자마자 정시(靜時)와 같지 않는 것은 무엇 때문이냐는 제자의 질문에 양명은 이렇게 대답하였다. "그것은 한갓 고요한 가운데서 수양할 줄만 알고 극기 공부를 하지 않았기 때문이다. 그와 같으면 일에 부딪혔을 때 곧 무너지게 된다. 사람은 반드시 일에서 연마해야(사상마련) 비로소 확고하게 일어설 수 있으며, 비로소 고요해도 안정되고, 움직여도 안정될 수 있다."[65)]

양명에 의하면 양지 공부는 일상적인 삶의 과정에서 접하는 구체적인 일을 떠나지 않는다. 양지를 일상에서 실현한다는 의미를 이해하기 위해 사상마련 치양지의 사례로 양명이 들고 있는 다음의 이야기를 들으면 쉽게 이해가 될 것이다.

> 어떤 하급관리가 오랫동안 선생의 학문을 청강하고는 다음과 같이 말했다: 이 학문이 매우 좋기는 하지만 공문서를 관리하고 소송을 관장하는 일이 번잡하여 학문을 할 수가 없습니다.
>
> 선생께서 그것을 듣고 말씀하셨다: 내가 언제 그대에게 공문서를 관리하고 소송을 관장하는 일을 떠나 허공에 매달려 강학하라고 가르친 적이 있는가? 그대에게는 이미 소송을 판결하는 일이 주어져 있으니, 그 소송을 판결하는 일에서부터 학문을 해야만 비로소 진정한 격물이다. 예를 들어, 하나의 소송을 심문할 경우에 상대방의 응답이 형편없다고 화를 내서는 안되며, 그의 말이 매끄럽다고 기뻐해서도 안된다. 윗사람에게 부탁한 것을 미워하여 자기 뜻을 보태서 그를 다스려서는 안되며, 그의 간청으로 인해 자기 뜻을 굽혀서 그의 요구를 따라서도 안된다. 자기 사무가 번잡하다고 멋대로 대충 판결해서도 안되며, 주변 사람들이 비방하고 모해한다고 그들의 의견에 따라 처리해서도 안된다. 이 수많은 생각들은 모두 사사로운 것이며 단지 그대만이 스스로 알고 있으니, 반드시 세심하게 성찰하고 극복하여 오직 이 마음에 털끝만큼의 치우침과 기울어짐이라도 있어서 사람의 시비를 왜곡시킬까 두려워해야 한다. 이것이 바로 격물치지이다. 공문서를 관리하고 소송을 관장하는 일들은 실학이 아닌 것이 없다. 만약

---

65) 왕양명. "육징의 기록", 23조목, 『전습록』, p.146.

> 사물을 떠나 학문을 한다면 도리어 공허한 데 집착하는 것이다. [66]

가령, 송사 등의 일을 처리할 때 그 마땅함[義]을 얻지 못하는 까닭은 일을 처리하는 과정에 사사로움이 개입하기 때문이라고 본다. 따라서 사사물물(事事物物)이 각기 그 마땅함을 얻기 위해서는 사사로움을 제거하는 공부가 요구된다. 양명이 말하는 양지 공부는 구체적인 일에서 자기 마음의 사욕을 제거하고 양지를 실현하는 공부이다. 이것이 다름아닌 사상마련이자 격물치지(格物致知)이다. 사물을 떠나서 학문을 하는 것은 실학이 아닌 것이다.[67]

리차드 도킨스가 그의 책『이기적 유전자』에서 이기적인 목적만을 추구하는 것이 개체에게 오히려 손해가 될 수 있기 때문에 이타적 행위가 장기적이고 궁극적 차원에서는 이익이 된다고 보았다는 사실을 상기해 보자. 비슷한 맥락에서 양명은 인욕을 제거하기 위해 자신의 사념과 사욕을 초월하면 자신이 손해를 보는 것이 아니라 오히려 치유가 된다고 지적하였다.[68]

> 한 친구가 물었다: 정좌할 때 명예를 좋아하고 색깔을 좋아하고, 재화를 좋아하는 등의 뿌리를 하나 하나 찾아내어 말끔히 제거하고자 하였지만, 자신의 살을 도려내는 것은 아닌지 두렵습니다.
>
> 선생께서 정색을 하며 말씀하셨다: 이것은 내가 사람을 고치는 처방으로서, 참으로 사람의 병을 뿌리를 제거할 수 있다. 그대가 만약 (이 처방을) 사용하지 않겠다면 그냥 내버려 두면 그만이니, 내 처방을 망치는 짓은 하지 마라. 앉아 있던 사람들이 모두 송구스러워 했다.[69]

인욕을 제거하고 천리를 보존할 것을 주장한다는 양명학의 가르침이 제자들의 저항도 없지 않았다. 이러한 양명의 가르침에 대해 제자는 인욕을 제거하는 것이 혹 개인의 생명을 깎아내는 것은 아닌지 묻고 있다. 양명은 사

66) 왕양명. "진구천의 기록", 218 조목,『전습록』, p.657.
67) 정인재. "진구천의 기록", 212 조목 해설,『전습록』, p.658.
68) 왕양명. "황성중의 기록", 279조목,『전습록』, p.751
69) 왕양명. "황성중의 기록", 279조목,『전습록』, p.751.

념과 물욕의 뿌리를 제거하는 것은 개체 생명을 해치는 것이 아니라, 병을 치료하는 처방이라고 말하였다.[70] 사념과 물욕이 결국 마음의 병을 가져오고 마음의 병은 몸의 병을 가져오기 때문이다.

또한 양명은 인욕을 제거하는 것이 진실로 자기를 위하는 것이라고도 말하였다. 제자 소혜가 "자신의 사사로움을 이기기 어려운데 어떻게 해야 합니까"라고 질문했을 때, 양명은 "사람에게는 반드시 자기를 위하는 마음이 있어야 비로소 자기를 이길 수 있으며,[71] 자기를 이길 수 있어야[72] 비로소 자기를 성취할 수 있다"고[73] 하였다. 여기서 자기란 사욕과 사심을 추구하는 사적인 자기가 아니라 천리를 따르는 참된 자기[眞己]라고 말하였다. 참된 자기가 무엇인지 알고 그것을 위할 수 있어야 사적인 자기를 이길 수 있다[克己]고 말한 것이다.[74] 참된 자기가 천리이니, 인욕을 추구하면 결국 천리인 자기를 망치고 세상을 망치게 된다는 말이다. 작은 사욕을 탐하다가 큰 자기의 손실을 범하는 '소탐대실(小貪大失)'을 경계하는 말과 유사하다고 볼 수 있다.

이처럼 양명학의 인간관과 수련법은 간단하고 명료하기 때문에 대중적 인기를 모았다고 볼 수 있다. 왕양명은 공리주의(功利主義)가 몇 천년이 지났지만 인간에 내재한 양지의 본성이 있는 한 천리(天理)를 되살릴 수 있는 희망이 있다는 것이다.

양지(良知)가 인간의 선천적인 본성이자 천리(天理)라는 왕양명의 이러한

---

70) 정인재 해설. 『전습록』, p.751.

71) 『논어』 헌문 25장. 공자께서 말씀하셨다: 옛날의 학자는 자기를 위해 학문을 했지만, 오늘날의 학자는 남에게 알리기 위해 학문을 한다.

72) 『논어』 안연 1장. 안연이 인(仁)에 대해 물었다. 공자께서 대답하셨다: 자기를 이겨서 예(禮)로 돌아가는 것이 인을 행하는 것이다. 하루 동안이라도 자기를 이겨셔 인으로 돌아가면, 천하가 인으로 돌아가게 된다. 인을 행하는 것이 자기로 말미암지, 남으로 말미암겠는가?

73) 『중용』 25장. 성실함은 스스로 자기를 이룰 뿐만 아니라 남을 이루어준다. 자기를 이루는 것은 仁이고, 남을 이루어 주는 것은 知이다. 이것은 성(性)의 덕이니, 안과 밖을 합하는 도(道)이다. 그러므로 때에 맞추어 베푸는 것이 마땅하다.

74) 왕양명, "설간의 기록", 122조목, 『전습록』, p.330.

관점은 현대 심리학이나 진화심리학의 관점에서 보면 타당한 명제이다. 진화심리학에 의하면 양지는 인간이면 누구나 다 가지고 있는 '집단무의식'이다. 생존을 위해서 진화과정에서 습득된 인간의 본성인 것이다. 진화심리학의 관점에서 보면 양지를 더 많이 실현한 사람일수록 생존과 번식을 더 잘하게 되는 것이다.[75]

이러한 양명학의 핵심사상이 류성룡의 사상과 리더십에 중요한 영향을 미쳤다는 것이 이 글의 주장이다. 다음 장에서 살펴볼 사안인데, 류성룡의 저작들에 나타난 내용을 살펴보면 그의 리더십의 요체를 이러한 양명학의 핵심 개념들로 이해할 수 있다.

4. 양명학의 공공성 지향: 친민사상, 만물일체, 대동사상

이제 우리의 주제 개념인 공공성의 개념을 살펴볼 차례가 왔다. 양명학에서 공공성 지향을 구성하는 세가지 개념은 양지, 친민, 만물일체 사상이다.

첫째, 양명학의 기본 개념인 양지(良知)가 공공성(公共性)의 사상으로 확장된다. 양명은 "양지학을 천하에 함께 밝혀서, 세상 사람들로 하여금 모두 그 양지를 스스로 실현할 줄 알게 하여 서로 편안하게 해주고 서로 기르며, 사사롭고 이기적인 데 가려진 것을 제거하고, 모함하고 질투하고 다투고 성내는 습관을 일소하여 대동사회(大同社會)에 이른다"고 주장한다.[76] 왕양명 자신이 양지학을 제출한 이유를 밝히고 있는 셈이다. 즉 양지학을 천하에 밝혀 대동사회를 실현하고자 하였다.

> 저는 참으로 하늘의 영명[天之靈]에 힘입어 우연히 양지학(良知學)을 발견하였으며 반드시 이것으로 말미암은 뒤에야 천하가 다스려질 수 있다고 생각하였습니다. 때문에 백성들이 곤경에 빠져있는 것을 생각할 때마다 슬프도록 마음이 아파서 양지학으로 그들을 구제하려고 생각하고 있습니다.[77]

75) 마이클 토마셀로. 2018, 『도덕의 기원』. 이데아.
76) 왕양명. "섭문울에게 답하는 글", 183조목, 『전습록』, pp.579-580.

양명은 누구나 가지고 있는 양지는 천하 공공을 실현할 수 있는 聖人의 마음이라고 주장한다. 성인의 근원은 오직 이 마음이 天理에 순수한가 하는 점에 있을 뿐 재능에 있지 않으며, 천리에 종사하면 자연히 그 속에 재능이 들어있다는 것이다. 사사로운 마음(私意)이 싹틀 때 그것을 아는 것이 양지인데, 만일 사람들이 이 마음의 양지를 자각한다면 바깥세상이 송두리째 공공성(公共性)의 영역에 들어온다고 본다. 다시 말해 공공의 마음인 양지가 발휘된다면(致良知) 세상은 모두 공공성을 획득하고 '공공재'로 변한다는 말이다.[78]

양지를 갈고 닦아서 성인이 되는 길을 탐구한 양명의 학은 이제 공공성의 사상이 된다. 양명은 "대저 학문이라는 것은 고금의 성현의 학문이며, 천하 공공의 것이지(天下之所公共) 우리 세 사람(주자, 육상산, 양명)의 사유물이 아니라고 했다. 천하의 학문은 천하를 위해서 이를 공공의 것으로서 논해야 하는 것(當爲天下公言之)이다"라고 했다.[79] 왕양명은 그의 저서 속에서 공학, 공도, 천하공공, 대공지심, 대동사회라는 개념을 사용한다.[80]

양명학은 단지 개인적 안심(安心)만을 추구하지 않으며, 사회에 단 한 명이라도 불행한 자가 있는 한 모두가 행복한 이상세계를 실현하기 위해 노력해야 한다는 대동사회론을 주장한다. 적어도 정도의 차이는 있을지언정 이것은 신유학의 기본 이념이었다. 다만 양명학의 경우 개인적 안심이 자기 일신의 세계에서 완결되는 것이 아니라, 그 자신이 사회의 일원이므로 만물(사회전체)의 안심이 개인의 안심을 위한 필요조건임을 주장하는 데 특징이 있다.[81]

둘째, 양명학은 『대학』의 3강령에 나오는 '친민(親民)'이 공공성의 사상을

---

77) 왕양명 위의 책, 181조목, p.572.
78) 최재목. 2017, 『양명학의 새로운 지평』, 지식과 교양, p.189.
79) 왕수인. 『양명전집』 권 21.
80) 최재목. 위의 책, p.195.
81) 요시다 코헤이. 위의 책, p.34.

내포하고 있다고 본다. 3강령이란 명명덕, 친민, 지선인데, "대학의 길은 밝은 덕을 밝히는데(明明德) 있고, 백성을 친애(親民)하는데 있고, 지극히 선함(至善)에서야 그치는 데 있다"고 했다. 양명은 대학의 길이란 백성을 사랑하는 것이라고 본다.[82]

양명학은 내 마음이 선천적으로 가지고 있는 '밝음'을 밝히는 것과 가정과 국가 천하에 대하여 '애틋한 마음'을 가지고 '친민'하는 것은 다르지 않다는 말이다. 이 밝음이 아니면 애틋함도 없고 이 애틋함이 없으면 그것은 밝음이 아니라고 본다. 학문의 골자는 바로 여기 한 곳에 있으니 한 순간이라도 백성 및 사물과 내가 일체라는 감통이 없으면 내 마음의 본체 역시 없어진 것이라고 명명덕과 친민의 관계를 절실하게 설명하였다.[83]

셋째, 양명학의 또 하나의 핵심 사상인 '만물일체'도 공공성을 내포한 사상이다. 만물일체의 개념은 왕양명의 「대학문」[84]에 나오는 개념이다. 여기에서 『대학』은 '대인의 학문'이라는 의미인데 왕양명은 '대인'이란 천지만물을 자기와 한 몸이라 여기는 사람으로 정의하고 있다.

> "대인은 '천지 만물을 자기와 한 몸이라 여기는 사람(以天地萬物爲一體)'인지라, 천하를 한 집안처럼 보고, 중국을 한 사람처럼 본다. 저 형체를 두고 너와 나를 나누는 자는 소인이다. 대인이 천지 만물을 한 몸으로 여길 수 있는 것은 그것을 의도해서가 아니라, 그 마음의 어짊이 본래 그와 같아서 천지 만물과 더불어 하나가 되는 것이다. 어찌 오직 대인뿐이겠는가. 비록 소인의 마음이라도 하더라도 또한 그러한데 자기 스스로 작게 만들었을 뿐이다.[85]

그런데 후세에 양지와 공공성이 잘 실현되지 못한 이유가 양지학이 밝혀

---

82) 정인재. "대학문", 『전습록』 하, p.951.
83) 왕양명. 2007, "서애의 기록", 1조목, 『전습록』(정인재 · 한정길 역주), 청계출판사, p.76.
84) 「대학문」은 양명이 사망하기 1년전인 56세에 제자들에게 가르친 것을 전덕홍이 기록한 것으로. 대학에 대한 양명의 철학적인 최후 견해를 대표하며. 왕양명의 철학체계의 강령이다(왕양명. 『전습록』, p.950).
85) 왕양명. "대학문", 『전습록』, p.933.

지지 않았기 때문이라 본다. 왕양명은 세상이 혼란하고 재앙이 연달아 일어나는 원인을 양지의 상실로 인한 사욕의 팽배로 보고 있다. 이로 인하여 겉으로는 도덕(仁義)을 찾고 속으로는 비루한 생각과 이익을 챙기는 음험한 술수가 나오며 세속에 영합하여 경쟁적으로 명성을 추구하는 것이라고 하였다.

> "(요순시대 이후) 후세에는 양지학이 밝혀지지 않아서 사람들은 사사로운 꾀를 사용하여 서로 겨루고 배척하였습니다. 그래서 사람마다 각각 제 마음을 갖게 되어 치우치고 사소하고 괴벽하고 고루한 견해와 교활하고 음험한 술수가 이루 다 말할 수 없는 지경에 이르렀습니다. 겉으로는 仁義를 빌리지만 속으로는 사적인 이익의 실질을 추구하며 궤변으로서 세속에 영합하고 행위를 꾸며서 명성을 구하고 있습니다."[86]

양명학은 양지 개념에 기반하여 사욕을 닦아내면 양지의 밝은 빛이 실현되어 세상에 널리 밝은 빛을 비추는 공공성 지향의 사회가 된다는 것을 앞에서 지적했다.

끝으로, 신유학의 경전인 사서(四書) 중에서 양명학이 가장 중시하는 『대학』은 수신(修身)을 기반으로 치인(治人)을 추구하는 학문인 만큼, 공공성에 대한 학문이라고 해도 과언이 아니다. 수신, 제가, 치국, 평천하가 바로 그것이다. 수신을 기반으로 해서 집안을 잘 다스리고 그것을 기반으로 해서 나라를 다스리고 천하를 평화롭게 하는 순서이다. 『대학』의 궁극적 목적이 평천하이다.

이처럼 양명학은 '성인이 되는 심학(心學)'의 관점에서 출발하여 '공공성의 사상'으로 발전한 것이다. 양지－친민－만물일체－지행합일－치국－평천하의 개념들이 사상적 토대가 되어 매우 견고한 공공성 지향의 사상을 만들어 내었고 이것이 서애 류성룡의 사상에 큰 영향을 미친 것으로 보인다.

양명학에 정통했던 류성룡의 리더십은 이제 공공성 지향의 리더십으로

86) 왕양명. "180조목", 『전습록』, p.570.

특징지어진다는 것을 알 수 있다. 임진왜란 기간 동안 류성룡은 공공성 지향의 리더십으로 어떤 구체적인 혁신을 추진했으며, 그것이 당시 조선사회에 어떤 의미가 있는지를 살펴보는 것이 이 책의 한 관심이다. 이제 양명학이 류성룡에게 구체적으로 어떻게 영향을 미쳤는지를 살펴보자.

Ⅴ. 류성룡이 양명학으로부터 받은 영향

1. 사념과 사욕을 넘은 자기초월

류성룡은 당시의 학문풍토와 다르게 특이하게 양명학과 성리학을 모두 공부한 사람이다. 류성룡은 17세 때에 아버지를 따라 의주에 갔다가 「양명집(陽明集)」을 구해 보게 되었는데, 이때의 일이 인연이 되어 평생 양명학에 대해 관심을 갖게 되었다. 양명학의 학문체계를 한 문장으로 표현하면 "인욕을 제거하고 천리를 보존하라"는 것이다. 이 명제가 류성룡 리더십의 본질을 담을 개념틀의 토대가 된 것이다.

류성룡이 양명학의 핵심사상인 '인심도심설'의 영향을 받았다는 증거는 그의 저서에 인용되어 수용되고 있다는 데 있다. 양명학의 기본 명제인 인심도심설을 자신의 저서 『잡저』에 인용하여 "아주 적합하고도 간절하여, 물을 담아서 새는 곳이 없는 것과 같으므로, 이 밖에 무엇이 더 필요하겠는가" 하고 말하고 있다.

> 인심은 위태롭고 도심은 미약하니, 정밀하고 전일하여야만 진실로 그 중도를 지킬 수 있다(인심유위 도심유미 유정유일 윤집궐중 人心惟危 道心惟微 惟精惟一 允執厥中)"라는 말은 이것이 모든 성인들의 마음을 수양하는 학문(心學)의 본원이니, 비록 천 마디, 만 마디의 말이라 할지라도 이 열여섯 글자에 벗어나지 않을 것이다.
>
> 정(精)한 것은 바로 격물과 치지이고, 전일(專一)한 것은 바로 성의와 정심이니, 오직 정밀하기 때문에 전일하게 되는 것이고, 오직 전일하기 때문에 정밀

하게 되는 것이다. ――― 이것은 아주 적합하고도 간절하여, 물을 담아서 새는 곳이 없는 것과 같으므로, 이 밖에 무엇을 더할 필요가 있겠는가.[87]

여기서 '인심'은 인욕 즉, 사심과 사욕이고, '도심'은 천리(天理)이다. 양명학의 핵심은 한마디로 요약하면 "인욕을 닦아내고 도심을 보존하라"는 것이다. 이 사상이 류성룡의 마음공부와 나아가서 국정 수행에 있어서 공공성으로 지향하는 사상의 핵심 지침이 되었다고 볼 수 있다.

류성룡은 양명학으로부터 심학과 경세학과 관련된 많은 자양분을 섭취하였다. 류성룡은 주자학이 점차 구이지학(口耳之學)으로 경직되어 나타나는 폐단의 조짐을 인식하고 양명학의 실천적 자각에 관심을 가지게 된 것이라고 생각된다.[88]

당시 중국 명나라에서는 주자학―양명학이 병존한 데 반해, 조선에서는 퇴계에 의해 양명학이 사문난적으로 배척된 뒤부터는 사림(士林) 사회에서 그것을 공개적으로 찬양하거나 교습할 수 없었다. 조선에서는 주자학이 유일 사상체계를 이루고 있었고 유학의 한 유파인 양명학을 이단으로 취급하여 금기시했다. 특히 퇴계 이황이 양명학을 배척하는데 주도적 역할을 하였다. 조선 성리학의 대가인 퇴계 이황이 왕양명에 대해 겉으로는 유학을 내세우지만 속으로는 불교와 도교와 다름없다면서 사문난적(斯文亂賊)으로 선포했다.

그러나 류성룡은 스승인 퇴계의 입장 때문에 공개적으로는 양명학에 비판적 태도를 취하기도 했지만 비공식적으로 또는 개인적으로는 양명학에 대하여 친화적인 생각을 가지고 있었다. 공주사왕(公朱私王), 즉 공적으로는 주자학, 사적으로는 왕양명의 학을 신봉했다고 볼 수 있다.[89] 또 이수건 교수가 묘사한 대로, 양주음양(楊朱陰陽), 즉 낮에는 주자학, 밤에는 양명학이라는 태도를 취했다고 한다.[90]

87) 류성룡. "격물에 관한 논설(格物說)", 『국역 잡저』, p.263.
88) 안상영. "서애 류성룡의 양명학관에 대한 재검토", 『유교사상연구』 38(2009. 12), p.96.
89) 요시다 코헤이. 2004, 『일본 양명학』, 청계, p.23.

류성룡은 양명학의 심학(心學)으로부터 영향을 많이 받았다. 양명학은 '심즉리(心卽理)'라는 개념에 기반하고 있었기 때문에 주자학의 '이학(理學)'과 대비하여 '심학'(心學)이라 불렸는데, 류성룡이 양명학의 심학에 많은 매력을 느꼈던 것으로 보인다.

무엇보다도 류성룡의 유명한 '심주재설'은 왕양명의 『전습록』에서 거의 그대로 빌어온 말이다. 양명학의 '심주재설'은 심(心)이 어떤 상태인지, 심에서 어떤 마음을 가지고 있는지가 눈, 귀, 코, 입, 몸을 포함하는 일신의 감각과 행동을 주재한다고 본다. 류성룡은 그의 『잡저』에서 주재설에 대하여 다음과 같이 썼다.

> 주재(主宰)라는 두 글자는 곧 자기의 몸을 다스리고 본성을 서서히 양성하는 뛰어난 방법인 것이다. ――― 『대학』에 이르기를 "마음이 그 목적한 곳에 있지 않으면 보아도 보이지 않으며 들어도 들리지 않으며, 먹어도 그 맛을 알지 못한다"라고 하였으니, 이것은 마음에 주재하는 것이 없는 데서 오는 병폐이다. 마음이 고요한 상태에서 마음을 다스려 지킨다면, 조용해져서 움직이지 않으며, 마음이 움직이는 상태에서 마음을 관장하여 다스린다면 사물에 감응하여 마침내 이치를 통달하게 된다. 귀와 눈과 코와 팔다리의 적용은 대략 모두 이 마음에서 내리는 명령을 듣고서 간단없이 활동하게 되어, 총명 예지가 모두 이를 통하여 나오게 된다. 성인이 되는 도리도 이와 같을 뿐이니, 이에 마음이 사람의 일신을 주재하게 된다는 논설을 짓는 바이다.[91]

류성룡의 '심주재설'에 관한 이 논설은 양명학의 『전습록』의 다음 귀절에서 빌어온 것임을 다음 구절에서 확인할 수 있다.

> 몸의 주재자는 바로 마음이다. 마음이 겉으로 나타난 것이 뜻(意)이다. 뜻의 본체는 바로 앎(知)이며 뜻이 가 있는 곳이 바로 물(事)이다. ――― 그래서 나는 말하기를 '마음 밖에 이(理)가 있는 게 아니고 마음 밖에 물이 있는 게 아

90) 이수건. 1995, "서애 류성룡 학문과 학맥", 『퇴계학과 한국문화』 23, p.9.
91) 류성룡. "주재설", 『국역 잡저』, pp.289-290.

니다'고 한 것이다.[92]

류성룡의 심주재설은 주자학에서는 없는 개념인데 양명학의 '심즉리'의 개념에서 마음이 이치의 근원이라고 보는 것이나, 마음이 모든 것을 결정한다는 불교의 일체유심조의 개념에서 확장된, 마음의 주도성에 대한 개념이다. 결국 류성룡은 주자학을 넘어 양명학에 가까운 인식론을 선호한 셈이다.

류성룡은 자신의 저서 『잡저』에 실은 「대학연혁편차」에서 『대학』이 편집된 연혁으로 송나라 두 정자(亭子)의 개정본과 그 당시 학습되고 있던 주자의 개정본을 열기한 후, 남송 말기의 학자 채정, 방효유 등 여러 학자의 학설을 인등하고, 류성룡 자신의 견해를 첨가 기록하였다. 그런데 자신의 첨가 기록문[93]이 양명학의 내용인데, 왕양명의 『전습록』 1조목의 내용을 전재한 것이다.

> 최고선은 마음의 본체이나, 다만 이것은 사람이 지니는 흐린 데가 없는, 맑은 덕성을 나타나게 하여(明明德), 정수하고 전일한 곳에 이르는 것이며, 사물을 궁리한다(格物) 함은, 다만 마음(意念)이 있는 곳에서 즉시 그 옳지 못한 것을 제거해야 하며, 그렇게 함으로써 그것을 완전히 올바르게 하는 것이니, 곧 어느 때 어느 곳에나 하늘의 도리(天理)가 존재하지 않음이 없는 것이다.[94]

또 아래의 『잡저』 153쪽에 실린 글은 『전습록』 16조목의 글을 전재한 것이다.

> 한 생각 한 생각마다 천리(天理)를 보존하고자 하는 것이 바로 立志(천리보존의 뜻을 세우는 것)이다. 이것을 잊지 않고 오랫동안 유지한다면 자연히 마음 한 가운데 응취하는 것이 있게 된다. 마치 도가에서 말하는 결성태라는 것과 같게 되는 것이다. 이 천리의 생각을 늘 간직함으로써 점차 **아름답고(美), 크고**

92) 왕양명. "서애의 기록", 6조목, 『전습록』, p.98.
93) 류성룡. 『국역 잡저』, p.152.
94) 왕양명. "서애의기록", 1조목, 『전습록』, p.79.

> **(大), 성스럽고(聖), 신묘한(神) 경지에 이르게 되는데,** 이것도 또한 다만 이 한 생각으로부터 본심을 보존하고, 본성을 수양하여 확충해 나가는 것이다.[95)]

천리를 보존하는 것에 뜻을 세우고 이를 지속적으로 오랫동안 실천하고자 하는 류성룡의 결기를 읽을 수 있는 대목이다. 류성룡은 청년기에 이미 육구연의 설을 즐겨 보기도 하였다. 그래서 그는 여러 사람들로부터 상산학(또는 양명학)으로 오해를 받았다. 특히 정탁은 류성룡 형제에게 보낸 시에서 류성룡 형제를 육구연의 형제에 비유하고 그의 고향 하회를 육구연의 고향 아호(鵝湖)에 견주었다. 또한 퇴계 문하의 동문있던 월천 조목(趙穆)도 류성룡 형제를 육구연의 형제에 비유하고 하회를 아호에 견주어 류성룡의 학을 상산학으로 비판하였다.[96)] 조목의 그런 비판에 대하여 다음과 같이 대응하였다.

> 강서(江西)의 학문(양명학)은 비록 노맥은 다르지만 마음과 몸의 공부는 우연히 이루어진 것이 아니니, 그날 그날을 한가롭게 보내는 자들이 미칠 바가 아닙니다. 그 잘못을 말하자면 선현들의 변론이 있고, 그 어려움을 말하자면 성룡과 같은 사람은 쉽사리 본받을 바가 아니었습니다.[97)]

양명학이 도달하기 어려운 경지의 학문이며 섣불리 비판할 수 없다는 의미이다. 또한 조식의 문인 김우옹(金宇顒)의 비슷한 비판에 대해서도 다음과 같이 당당히 응수하였다.

> 양명학에 대해서는 노선생(이황)께서 이미 충분하도록 통절하게 물리치셨으며, 유가에서는 이를 대대로 지켜온 것은 설명을 들을 필요도 없는 분명한 일이기는 하지만, **정신상으로 얻은 장점과 같은 것에 이르러서는, 저절로 가리고 덮을 수 없는 것으로서, 전대의 현인께서도 이를 취하였으니, 그것이 어째서 해롭다고만**

95) 왕양명. "육징의 기록", 16조목, 『전습록』, p.137; 류성룡. 『잡저』, pp.152-153.
96) 이수건. 2005, "서애 류성룡의 학문과 학맥", 『서애 류성룡의 경제사상과 구국정책』 하, 서애기념사업회, pp.7-8.
97) 류성룡. "사경 조목에게 답함", 『국역 서(書)』, p.29.

> **하겠습니까.** 무릇 넓게 알고, 상세하게 물으며, 조심해서 생각하고, 명백하게 분별하며, 자신을 반성하고 살피며, **사욕을 이겨내고 사악한 마음을 다스리는 일이 참으로 가장 우선적으로 해야 할 긴요한 일이기는 하지만,** 만약 마음의 바탕에 심신을 가꾸고 길러내며, 학문과 식견을 넓혀 심성을 닦을 만한 힘이 없다면 또한 어디에 근거로 삼고 의지할 곳이 있겠습니까?[98)]

류성룡은 양명학의 '즉물궁리를 반대하는 주장'에 대해서는 비판적 관점을 유지하여 다양한 서책을 읽으면서도 주자학의 단점을 보완할 수 있는 양명학의 유용성을 굳이 배척할 필요는 없다고 판단했던 것이다. 특히 류성룡은 이 편지에서 양명학으로부터 깨달은 장점이 크다고도 말했다. 스승 퇴계 이황이 양명학에 대해 사문난적이라고 비판하고 있던 상황에서 양명학을 이런 논리로 옹호한 것은 류성룡이 양명학의 논리에 많이 공감하고 있었음을 뜻한다.[99)]

이수건 교수는 "서애는 일찍이 양명학을 이해한 바탕위에서 나중 퇴계의 설파에 따라 양명학을 정주학과 비교하여 비판을 가했지만 그의 평생사업을 심층 분석해 볼 때 그의 체용겸비(體用兼備)의 학문 경향은 오히려 양명학적 영향이 작용했다고 볼 수 있다고 말한다.[100)]

결국 지금까지 내용을 종합해보면 류성룡이 주자학과 결별하고 양명학에 빠졌다고는 할 수는 없다. 그렇지만 양명학의 근본 취지에 대해서는 상당히 수용적으로 생각하고 있었고, 이것은 적어도 젊었을 때의 생각이나 늙었을 때의 생각이나 크게 변화한 것은 없다고 할 수 있다.[101)]

---

98) 류성룡. "김우옹에 답하다", 『국역 書』, p.97.
99) 이덕일. 『난세의 혁신 리더. 유성룡』, p.31.
100) 이수건. 1995, "서애 류성룡 학문과 학맥", 『퇴계학과 한국문화』 23, p.6.
101) 안영상. "서애 류성룡의 양명학관에 대한 재검토", 『유교사상연구』 38(2009. 12), p.93.

(1) 사념과 사욕의 초월: 자기초월

양명학의 종지는 리더는 양지를 구현하기 위해서 자기 사심과 사욕을 초월해야 한다는 것이다. 물질적 이해관계도 초월하고 자기의 사적인 생각이나 신념도 초월해야 한다. 그래야 리더의 역할인 공공성을 위한 직무에 몰입할 수 있기 때문이다. 심학을 즐겨했던 류성룡은 "사욕이 없는 내 마음이 천리(天理)"라고 말한 양명을 좋아했던 것으로 보인다. 류성룡이 동문선배인 월천 조목에게 1581년에 보낸 서신에 이런 내용이 있다:

> 요즘 세상에서 생기는 일들은 참으로 걱정스러운 데가 많습니다. 명색이 학덕이 높은 선비의 무리(士類)라고 하면서도 그 형상과 빛깔은 여러 가지입니다. [이들은] 대개 **도리(道理)**를 살피는데 정밀하지 못하고, **사심**을 없애지 못하기 때문에 도리가 공평하다는 것을 공평하게 보지 못하고 각자가 한쪽으로 기울어진 견해에 의거하여, 서로가 다투다 보니, 한없는 좋지 못한 소식이 만들어져 나오게 되었던 것입니다.[102]

여기서 '도리'에 대비되는 말로 '사심'이라는 말을 쓰는 것에서 양명학의 언어를 쓰고 있음을 알 수 있다. 류성룡이 양명학에 끌렸던 이유는 조선의 주자학에 대한 병폐에 대한 인식과 관련이 있다. 류성룡은 주자학이 점차 구이지학(口耳之學)으로 경직되어 나타나는 폐단의 조짐을 인식하고 양명학의 도덕적 자각에 관심을 가지게 된 것이라고 생각된다. 즉 「독양명집유감이수」라는 詩에서 "주자학의 말폐적 현상으로 口耳之學이 극성하게 나타나 양명이 이런 잘못을 바로잡으려 했다"는 사실에 공감한 듯하다.[103]

류성룡의 이러한 입장은 명나라에서 인간에게 도덕적 행위의 지침을 제

---

102) 류성룡. 2011, 『국역 서書』, 서애선생기념사업회, p.32.

103) 류성룡은 모든 것을 마음으로 환원시켜 예락명물禮樂名物 고금사변古今事變을 무시하고 불교처럼 변해가는 양명학이 가진 폐단도 알고 있었고, 오히려 그것이 지나쳐 양명학이 불교로 빠지고 말았다는 측면도 이해하고 있었다(안영상. "서애 류성룡의 양명학관에 대한 재검토", 『유교사상연구』 38(2009. 12), p.96).

시해 주던 주자학이 당시에는 문장의 유희로 전락하여 사장학(詞章學)이 되었으며, 성인의 가르침의 본의를 상실한 것으로 단순히 입과 귀로만 하는 학문(口耳之學)이라는 것과, 또한 과거시험을 위한 공리(功利)적 공부에 지나지 않음을 지적한 왕양명의 비판과 유사하다.[104]

류성룡이 양명학의 사상을 선호하게 된 이유가 바로 여기에 있다. 류성룡이 양지 사상을 기반으로 사욕을 절제하고 나라에의 헌신을 공직자의 사명으로 알게 된 배경이 바로 이 양지 사상이다.

2. 공공성 지향의 가치관

류성룡이 양명학으로부터 심학적 측면의 영향을 많이 받았지만, 경세론의 측면에서도 많은 영향을 받아서 공공성 지향의 실용적인 개혁조치들을 채택하여 시행하였다. 류성룡이 양명학으로부터 받은 영향이 실제 경세론의 리더십에서 어떻게 구현되었는지를 2가지의 구체적 하위 개념으로 나누어 설명할 수 있다. 백성을 위하는 친민사상 및 대동사회관, 그리고 최고 공직자로서의 공공성 지향이 그것이다.

(1) 친민사상 및 대동사회관

류성룡의 공공성 지향의 기초는 친민사상과 대동사회를 지향하는 의식이다. 류성룡의 사상에는 친민사상, 애민사상의 지향이 많다는 것에서 알 수 있다. 이것은 조선조 초부터 민본(民本)이라는 국시에서 받은 영향도 많을 것으로 보인다. 그런데 당시의 다른 신료들과는 달리 류성룡이 다른 사상을 보인 것은 다른 요인으로 설명해야 한다. 양명학에 밝은 류성룡이 양명학의 친민사상에서 많은 영향을 받은 것으로 볼 수 있다.

류성룡은 자신의 문집인 『잡저』에서 성인(聖人)이 사람들에게 仁을 실행하는 방법으로서 다 함께 행하여야 할 것으로서 다음과 같이 인용하여 쓰고

---

104) 박연수. 2009, 『양명학이란 무엇인가』, 한국학술정보, p.86.

있다.

> "거처함에 공손하고, 일을 처리함에 조심하며, 사람들과 어울릴 적에 성실하라" 한 것과, "문을 나서면 귀빈을 뵙는 것과 같이 하고, 백성들을 대하는 일에는 큰 제사를 모시는 것과 같이 하라"고 한 것과, "사욕을 누르고 예절에 복귀한다"하는 것이 이것이다. [105)]

류성룡의 재상으로서의 마음가짐을 잘 보여주는 대목이다. 특히 백성을 대하는 태도로서 "큰 제사를 모시는 것과 같이 하라"는 말에서 감동을 받는다. 류성룡은 여러 가지 전시 대비 정책이나 개혁안들을 진행시키는 과정에서 국가의 정무와 군무를 기준으로 하지만 그것이 과연 민(民)에 어떤 영향을 주는가, 백성들의 삶에 피해를 주는 것인가 아니면 혜택을 줄 수 있을 것인가 하는 것을 따져서 정책을 수립하고 시행하였다.

류성룡이 백성을 바라보는 마음은 주자학보다는 양명학을 더 닮았다. 앞에서 본대로, 양명학과 주자학의 가장 큰 차이는 사민(四民, 사·농·공·상)을 바라보는 시각이다. 주자학은 사대부와 일반 백성의 신분 차이를 하늘이 정해준 천경지의(天經之義)라고 생각하는 반면, 양명학은 사민평등(四民平等)을 주장한다. 왕양명은 사대부 계급의 우위를 인정하지 않고 사민을 평등하게 바라보았다.[106)] 이러한 사민관(四民觀)은 일반 백성, 즉 민(民)에 대한 해석의 차이에서 나온 것이며, 사민관은 주자학처럼 지도자가 백성을 새롭게(新) 만드는 수직적인 계몽의 대상으로 보는가(新民), 아니면 양명학처럼 백성을 가까이[親]하여 일체로 느끼는 수평적인 관계로 보는가(親民)와도 관련이 있다.[107)]

가장 큰 차이는 성리학은 양반사대부들의 입장을 하늘이 내려준 배타적인 권리로 인식하는데 반해, 양명학은 그러한 철학에 반대를 한다. 양명학에

---

105) 류성룡. "격물에 관한 논설", 『국역 잡저』, p.265.
106) 이덕일. 『난세의 혁신 리더. 유성룡』, p.30.
107) 정인재. 2014, 『양명학의 정신』, 세창출판사, p.88.

서는 이업동도(異業同道)라고 해서 '업은 각자 다르지만 추구하는 도는 같다'라고 하는데 반해, 성리학에서는 '정치는 양반 사대부 계급만이 하는 것이다'라고 규정한다. 양명학에서는 '누구든지, 심지어 천민도 정치를 할 수 있다'고 규정을 한다. 양명학과 성리학의 근본적인 차이는 신분제에 대한 시각에서 양명학이 성리학보다는 상당히 전향적이고 개방적이라는 점을 들 수 있다. 그래서 류성룡이 전시에 추진했던 면천법이나 속오군, 작미법 등이 대부분 신분제를 완화, 내지는 해체시키는 방향으로 나타내고 있었다는 것은 류성룡이 양명학의 영향을 깊게 받아들이고 있었다고 볼 수 있다.

왕양명이 백성들의 곤궁함과 고통에 대해 아파하는 마음은 자주 통곡으로 감정이 표출되었는데[108] 그런 마음의 출처는 양명학의 다음 글과 유사하다.

> 무릇 사람이란 천지의 마음입니다. 천지만물은 본래 나와 한몸이니, 백성들의 곤궁함과 고통이 어느 것인들 내 몸의 절실한 아픔이 아니겠습니까? 내 몸의 아픔을 모른다면 시비지심(是非之心)이 없는 사람입니다. 시비지심은 사려하지 않아도 아는 것이고 배우지 않아도 가능한 것으로 이른바 양지입니다. 양지가 사람의 마음에 있는 것은 성인과 어리석은 자의 구분이 없으며, 천하 고금이 다 같습니다. 세상의 군자가 오직 양지를 실현하는 데 힘쓰기만 한다면 저절로 시비를 공유하고 호오(好惡)를 함께하며, 남을 자기와 같이 보고 나라를 한 집안처럼 보아서 천지만물을 한 몸으로 여길 수 있습니다.[109]

임진왜란 기간 동안 류성룡이 백성들의 고통을 아파하면서 자신의 몸과 가정을 돌볼 겨를도 없이 분골쇄신 했던 모습이 양명학의 사상과 많이 닮아 보인다. 임란 발발 1년 8개월이 된 1593년 12월 무렵 류성룡이 선조에게 보고한 상황을 보면 당시 류성룡이 백성을 바라보는 마음이 얼마나 아파했는지를 알 수 있다. 류성룡은 임란중의 백성이 겪는 참상을 이렇게 묘사하였다.

108) 류성룡. 2011, 『국역 징비록』, 서애선생기념사업회, p.173.
109) 왕양명. 2007, "답습문울(答聶文蔚)", 179조목, 『전습록』, 청계, p.567.

> 지금 팔방이 일패도지(싸움에 한번 패전하여 뇌수가 땅에 흘러 대지를 더립힘)하여, 재물과 곡식이 다 떨어져서 백성들이 들판에서 이리저리 서로 베고서 죽어 누워있으며, 도적들은 떼를 지어 일어나고 있으니 근심할 만한 일은 다만 외적뿐만이 아닙니다. 이것이 신이 하늘을 우러러보고 땅을 굽어보며, 가슴을 치면서 슬픔을 견디지 못하는 까닭입니다.[110]

이처럼 양명학 사상은 단순한 사변적 관념적 지식의 추구나 사회를 떠난 개인의 도덕성 함양에 있는 것이 아니라, 세계 내의 존재로서 인간이 회피할 수 없는 사회적 책임과 도덕적 의무를 적극적으로 수행할 것을 강조한 것이다.[111] 공직자의 친민사상은 책임이자 의무라는 것을 주장하고 있다.

(2) 공공성 지향

류성룡의 학문은 바로 공공성의 학문이다. 그는 심학이 지향하는 대로 마음을 닦는 데만 집중한 것이 아니라, 공공성의 정책을 위한 학문으로 발전시켰다. 류성룡은 아래의 인용에서 보는 대로 체(體)와 용(用)의 개념을 학문의 중요한 준거로 삼았음을 알 수 있다.

> 제왕의 학은 경륜을 귀중히 여기면서 반드시 本으로서 體와 末로서 用을 함께 구비하여, 안으로는 신령한 마음과 성정의 미묘함으로 시작하여 밖으로 정사의 실제에 이르기까지 순서에 맞추어 도달합니다.[112]

이수건은 "서애는 일찍이 양명학을 이해한 바탕 위에서 나중 퇴계의 설파에 따라 양명학을 정주학과 비교하여 비판을 가했지만 그의 평생사업을 심층 분석해 볼 때 그의 체용겸비적 학문경향은 양명학적 영향이 작용했다고 볼 수 있다고 말한다.[113] 이러한 그의 학문세계가 전란의 시대에 다양한 개

---

110) 류성룡. "시무를 진주(陳奏)하는 차자", 1593년 12월, 『국역 근폭집』, p.35.
111) 박연수. 2009, 『양명학이란 무엇인가』, 한국학술정보, p.136.
112) 류성룡. "유조인 상소에 대한 회계"(柳祖認上疏回啓乙未), 1595년, 『국역 근폭집』, p.266.
113) 이수건. 1995, "서애 류성룡 학문과 학맥", 『퇴계학과 한국문화』 23, p.6.

혁정책을 세우고 추진했던 또 하나의 배경이 되었던 것이다.

그의 학문은 성리학에 대한 관념적 논의를 지양하고 체득과 실천을 지향하는 무실적(務實的) 학문의 경향을 추구하는 것을 특징으로 한다. 이러한 류성룡의 학문적 특성은 정경세(鄭經世)·이준(李埈)·김응조(金應祖) 등 그의 문인들에게 전해져 하나의 일파를 이루게 되는데, 이를 서애학파(西厓學派)라고 한다.[114]

류성룡의 학문은 조선후기 실학(實學) 발전에 영향을 미쳤다. 실학의 대부인 정약용은 류성룡의 저술을 기본적인 학습교재로 삼았는데[115], 사(士)권력의 억제와 왕권의 강화, 중국 학습을 통한 기술 발전, 둔전을 재원으로 한 상비군 육성 등을 통해 부국강병을 도모하자고 주장한 데에서 드러나듯이, 정약용은 류성룡의 정책론을 발전시킨 대표적인 인물이다.[116]

류성룡의 저술은 정약용보다 앞선 세대인 이수광, 유형원 등 실학자 내지 개혁적 경세가의 대부분에게도 중시되었다. 류성룡은 허목과 이익보다 적극적인 경제사상을 가지고 있었다. 허목과 이익 모두 류성룡의 저술로부터 영향을 받고 국난의 극복에 대한 그의 공헌을 높게 평가하였지만 류성룡의 경제정책론을 부분적으로 계승하였으되 더 발전시켰다고 보기는 어렵다. 허목(1595-1682)은 성호 이익에 영향을 미침으로써 경학 중심 경향의 영남 남인과 실사구시 학풍의 기호 남인의 다리 역할을 했다고 평가된다.[117]

양명학의 장점을 취하려 했던 류성룡의 개방적 학문 태도는 관리로서 실무를 처리하는 정책적 유연성에서 유감없이 발휘되었다.[118] 그가 임란을 전

---

114) 국립중앙도서관 디지털 컬렉션. "임진왜란을 극복한 재상. 류성룡(柳成龍)".
115) 정약용 지음, 박석무 편역. 2001, "학연에게 부치노라 1; 두 아들에게 부치노라 11", 『유배지에서 보낸 편지』, 창작과 비평사(개정판), p.52, 79.
116) 이헌창. 2008, "서애 류성룡의 경제정책론", 이성무 외, 『류성룡의 학술과 경륜』, 태학사, p.173.
117) 이헌창. 위의 글, p.173.
118) 최연식. "역사를 잊은 민족에게 미래는 없다"… 「기록으로 倭와 맞선 '붓을 든 영웅'-난세에 빛난 리더십-유성룡」(구글 검색).

후해서 국정 전반에 걸쳐 많은 개혁안을 제시할 때마다 당시 속류들의 완고불통을 개탄하였고, 또 유학자들의 논의가 지나치게 관념적인 이상론이어서 현실과 유리되어 있다고 하였다. 그는 국난 극복책으로 포괄적인 민심수습책, 신분을 초월한 인적자원의 활용책, 재정확보와 민생안정을 위한 공물작미(貢物作米)의, 식량과 군량의 확보책으로 제시한 여철자련(鹽鐵煮鍊), 중강개시, 설보둔전(設堡屯田) 등을 거론할 때도 "금일의 급선무는 마땅히 부문(浮文, 겉만 번드러하고 실속없는 경박한 문장)을 떨쳐버리고 본실을 돈독히 해야 한다"고 강조하는 한편 과감한 변통을 주장하였다.[119)]

조선시대 사림 중에서 文과 學을 갖춘 인사는 많았으나 행정업무 처리능력인 리재(吏才)를 갖추지 못한 것이 관료로서 최다의 약점이었는데 반해 류성룡은 그러한 주자학자의 한계를 초월하였다. 류성룡의 공공성 지향은 국정 전반에 대한 현장 업무에 능통한 역량을 개발하게 하였다. 그의 학문은 심학과 경세지학을 겸수하였고 역사와 문리를 겸비한 실용적인 학문을 중시하였다. 그의 수제자격인 정경세는 스승을 평하되,

> 젊을 때부터 공부하는 법이 깊은 천착과 실천을 위주로 하였다. 항상 경세제민의 사업과 예악교화(禮樂敎化)에 유의하는 한편 군대의 조련, 재정의 운용과 같은 일에도 상세히 조사연구하지 않은 것이 없었다. 재질은 능히 국사를 맡음에 넉넉하였고, 학문은 족히 실용에 모자람이 없도록 치길하였다.[120)]

류성룡은 현장 업무에 대한 통찰력 뿐만 아니라 그것을 보고와 지시의 문서로 작성하는 역량이 탁월하였다는 점이 남달랐음을 강조할 필요가 있다. 류성룡이 남다르게 청요직을 두루 거치고 승진에 승진을 거듭하며 조정의 주요 요직을 두루 거칠 수 있었던 것은 그의 탁월한 실무 능력을 선조가 높이 샀기 때문일 수 있다. 그가 관리로서 보여준 탁월한 능력에 대해서는 임

119) 이수건. "서애 류성룡의 학문과 학맥", pp.6-7.
120) 『西厓年譜』 권3. 鄭經世選 西厓行狀(이수건. 위의 글, p.5재인용).

진왜란 때 그를 도와 업무를 처리했던 신흠(申欽)도 다음과 같이 증언했다.

> 이재(吏才)란 문서를 처리하는 재주니 별로 귀할 것이 없다. 그러나 재상으로 이재를 갖추는 것 또한 어려운 일이다. 임진(壬辰)·계사(癸巳)년에 왜구가 국내에 깔렸고 명나라 군사가 성에 가득 차 있던 때에, 급한 보고와 통첩들로 내왕하는 문서가 매번 산더미처럼 밀렸다. 공(류성룡)이 관청에 들어오면 항상 속필인 나(신흠)에게 집필하도록 시켰는데, 입으로 부르면 글이 되었다. 여러 장의 글을 풍우같이 빨리 불러서 붓을 쉴 새 없이 놀려 쓴 글이었건만 고칠 것 없이 찬란한 문장이 되었다. 명나라에 보내는 자문(咨文)과 주문(奏文)도 마찬가지였으니 참으로 기이한 재주였다.

류성룡에게 공공성 혁신을 추진할 이러한 역량을 보유하고 있었지만 이를 방해하는 요인은 당시의 지배계급인 사대부 관료들이었고 그들이 지탱하고 있던 성리학 유일사상체제 였다.

Ⅵ. 류성룡의 공공성 지향의 리더십과 재조산하

이 장에서는 자기초월과 공공성 지향의 개념 틀에 따라서 류성룡의 개인차원의 자기 초월과 공적 차원에서의 공공성 지향 리더십의 성과를 중심으로 살펴본다.

1. 자기 초월

개인적 차원에서 리더는 자기를 초월하는 역량을 가져야 한다. 자기의 사적 주관적 생각을 초월하여 보편적인 공동감각을 가져야 한다. 그리고 물적 이익에 집착하지 않고 초월할 수 있어야 공공성에 헌신할 수 있다.

(1) 사적 신념의 초월

앞에서 동양사상의 고대로부터 공자 맹자에게까지 전해진 도통론의 핵심 내용이 16자심법, 즉 '인심도심설'에서 류성룡이 영향을 받았음을 살펴보았다. 인심도심설은 "인심은 위태롭고 도심은 미약하니, 정밀하고 전일하여야만 진실로 그 중도를 지킬 수 있다"는 내용인데, 그 의미는 사심을 제거하고 도심을 보존하라는 내용이다.[121]

류성룡의 리더십의 한 측면은 인심도심설에서 가르치는 것처럼, 사적 신념과 사심을 초월한 모습인데, 실제로 류성룡이 도심과 인심의 관점에서 세상 사람을 바라보고 있음을 같은 퇴계 문인 조목에게 보낸 서한문에서 알 수 있다.

> 요즈음 세상에서 생기는 일들은 참으로 걱정스러운 데가 많습니다. 명색이 학덕이 높은 선비의 무리(士類)라고 하면서도 그 형상과 빛깔은 여러 가지입니다. (이들은) 대개 도리(道理)를 살피는데 정밀하지 못하고, 사사로운 마음(私心)을 없애지 못하기 때문에, 옳은 도리가 공정하다는 것을 공평하게 보지 못하고, 각자가 한쪽으로 기울어진 견해에 의거하여, 서로가 다투다 보니 한없는 좋지 못한 소식이 만들어져 나오게 되었던 것입니다.[122]

류성룡의 이러한 삶의 철학은 "**욕심을 적게 가지는 것으로서 마음을 훌륭하게 육성하고 도리(道理)에 다가가는 것**"임을 아래의 글에서도 확인할 수 있다.

> 나는 타고난 기력이 매우 허약하여 질병에 자주 걸렸으며, 타고난 체질이 지극히 허약하여 추위와 더위에 쉽사리 해를 입게 되니, 참으로 몸과 마음을 휴양하여 건강을 보전하고 활력을 기르는 일을 지극하게 하고, 몸의 조리와 보호를 심절(深切)하게 하며, 음식을 적게 먹어 몸의 오장을 화평하게 하게 하고, 탐하고 좋아하는 마음을 줄여서 그 참된 기력을 배양하지 않는다면, 그 걱정이 반드시 헤아릴 수 없을 정도로 많이 있게 될 것이다. ---맹자가 말하기를 **마음관리[養心]는 욕심을 적게 가지는 것보다 더 나은 것이 없다**(養心莫善於寡欲)"라

121) 류성룡. "격물에 관한 논설(格物說)", 『국역 잡저』, p.263.
122) 류성룡. "조사경(퇴계의 문하 월천 조목)에게 회답하다", 『국역 서』, p.32.

고 하였으니, 아아! 더할 수 없이 극진한 말이다.[123)]

류성룡의 도에 대한 추구가 얼마나 지극한지를 알 수 있는 증거가 그의 '세가지 회한'이라고 한 글에서 볼 수 있다.

> 나의 한 평생에 세가지 회한(悔恨)이 있으니, 군주와 어버이의 은혜에 보답하지 못한 것이 그 첫째의 회한이요, 관작과 위계가 너무나 지나쳤는데도 일찍이 물러나지 못한 것이 그 둘째의 회한이요, 망령되이 도(道)를 배울 뜻을 가졌으나 이를 성취하지 못한 것이 그 셋째 회한이다.[124)]

또한 류성룡이 사람을 바라볼 때 평가의 기준이 도리(道理)라는 것을 알 수 있는 글이 있다. 임진왜란 때 5천명의 승병을 모집하여 관군을 도와 공을 세웠던 휴정대사가 묘향산에 있을 적에 쓴 시를 읽고 해설하는 글에서 "휴정이 도리(道理)를 알고 지은 시(詩)"라고 논평한 대목이다. 그는 휴정대사가 "세상 밖으로 멀리 떠나 있으면서도, 이 진세(속세)를 내려다 보는 뜻이 있으니 또한 한때 마음속으로 도리(道理)를 알고 지은 시다"고 논평하였다.[125)]

이런 글을 통해서 볼 때 류성룡은 인욕을 억제하고 천리(天理)와 도리(道理)를 보존하기를 지극히 정성스럽게 하는 사람임을 알 수 있다. 그는 인욕을 제거하고 도심을 보존하기를 가르치는 양명학의 인심도심설을 체화한 삶을 살았던 사람으로 볼 수 있다.

사심을 넘어서 도심을 보존하기를 추구하는 류성룡의 인생방식은 공무를 대하는 데 있어서는 당론을 조정하는 것을 자신의 정치적 목적으로 삼았다. 류성룡은 나라를 위하는 일에서는 "**공정한 마음에서 나와서 사심이 섞이지 않아야 한다**"고 보았다.[126)] 류성룡은 "국가를 다스리는 사람들이 정치를 바르

---

123) 류성룡. "養生에 관한 경계", 『국역 잡저』, pp.412-413.
124) 류성룡. "세가지 회한", 『국역 잡저』, p.413.
125) 류성룡. "중이 시를 잘 지었다", 『국역 잡저』, pp.396-397.
126) 김호종. 1995, "서애 류성룡의 정치사상-정치운영과 인재등용을 중심으로", 『한국의

게 하기 위해서는 개인보다는 대중의 이익을 앞세우는 공정한 논의를 존중하여야 한다"고 보았다. 즉 자기와 다른 의견을 가졌다고 하더라도 동의해야 할 것은 반드시 동의하여 국가를 위하는 일에 정성을 다할 수 있는 공론을 형성하자는 것이다. 자기와 이견을 가졌다 하더라도 동의해야 할 것은 반드시 동의하여 국가를 위하는 일에 정성을 다할 수 있는 공론을 형성하자는 것이다.[127)]

선조 대는 소위 붕당정치(朋黨政治)가 시작되는 시기로 알려져 있다. 왕실의 외척과 공신세력 등이 정권을 잡던 이전 시기와는 달리 성리학의 정치이념을 배움의 과정을 통해 연마하여 '공론(公論)'을 통해 새로운 정치문화를 이끌 준비가 되어 있던 '사림(士林)'들이 이 시기에 대거 조정에 자리를 잡았다. 그러나 이들 사이에서도 구체적인 정치 사안과 지향점에 대한 이견이 존재하였기 때문에 동인(東人)과 서인(西人)의 분당이 이루어진다. 조정 중신들은 동인과 서인, 남인, 북인 등으로 나뉘어 지속적인 갈등을 계속하고 있었다. 이들을 중재하고 달래며 어떻게 하든 전쟁을 승리로 이끌고 백성을 위기에서 구하는 것이 류성룡의 몫이었다.[128)]

류성룡은 동인의 계열에 있으면서도 서인인 정철을 변호하여 절충과 상생의 리더십을 실천하기도 했다. 류성룡은 때때로 율곡과 대립하는 경우가 있었지만 그가 미워서가 아니라 현실과 괴리된 급진성이 이치에 어긋난다고 보았기 때문이다. 따라서 의견이 다르다고 배척하지 않았으며 같은 동지로서 뭉쳐 공공의 이익을 손상시키지 않으려고 노력하였다. 즉 그는 율곡을 동류의 사림으로 인식하면서 동서의 대립은 동지의 의견 차이점으로 이를 하나로 통일하려고 힘썼다.

류성룡은 공론이 국가의 기강을 세우는 원천이므로 비록 대신이라 하더

철학』 제23호, p.48.

127) 류성룡. "붕당", 『雲巖雜錄』.

128) 이덕일. 『난세의 혁신리더 유성룡』, p.40.

라도 공론이 물러나야 된다고 하면 사직해야 한다고 주장하였다. 그는 공론을 어긴다면 이것이 바로 죄를 짓는 것이며 나라와 조정을 위태롭게 하는 것으로 인식하고 국왕은 공론을 듣기 위하여 신하들과 자주 한자리에 앉아 의견을 교환해야 한다고 보았다.[129]

이와 같은 생각을 지닌 그였으므로 임진왜란 종전 무렵에 전란 정국을 책임지고 있었지만 북인의 탄핵을 받게 되자 이에 맞서 방어하지 않고, 공론이 형성되는 곳을 지적하면서 사직 상소를 바로 올렸다. 그리고 물러났다.

> 공론은 국가의 기강입니다. 대신으로써 자신이 죄를 저질렀다는 공론을 받고도 돌아봄이 없이 평일처럼 태연히 앉아 국사를 본다면 조정이 어떻게 될 수가 있겠습니까? 아무리 일엽편주 위에 놓여있어도 거치에 구차해서는 안된다는 옛사람들의 말이 진실로 이유가 있나이다. 아무쪼록 여론을 굽어 살피시어 신의 관직을 체탈해 주시옵기 엎드려 바라나이다.[130]

선조는 윤허하지 않았고 사직상소를 거듭 올렸지만 윤허하지 않자 류성룡은 거주지를 도성 한참 밖으로 옮겨버렸다. 이제 조정에 나가지 않겠다는 결연한 의지의 표현이었다. 거듭된 사직 상소에 선조는 체임으로 영의정 자리에서 물러나게 하였으나, 거듭된 상소에 선조는 결국 윤허하였다. 선조도 이미 떠난 그의 마음을 잡을 수가 없었다. 류성룡의 사직 차자는 공직을 맡은 자, 특히 윗자리에 앉은 자, 어떻게 사고하고 어떻게 처신해야 하는가를 잘 알려주고 있다. 그 사고 그 처신의 요체는 무사심이고 그 무사심이 공직자에게 엄격히 요구되는 최고의 덕목이다.[131]

(2) 물적 이해의 초월

류성룡은 앞에서 본대로 마음을 육성하는 길은 욕심을 적게 가지는 것보

129) 『西厓集』, 年譜, 선조 31년(1598) 10월, "辭職箚子사직차자".
130) 「서애연보」 1598년 9월 26일 차자.
131) 송복. 『서애 류성룡 위대한 만남』, pp.416-421.

다 나은 것이 없다고 했다. 그 말을 성실히 지켜 류성룡은 중앙조정의 관직에 있으면서도 서울에 집이 없었고 전세를 얻어 생활하였다. 파직되고 고향으로 낙향할 때 고향에 사람을 보내어 식량을 보내라고 했을 정도로 청빈하였다고 한다. 류성룡은 1598년 11월 19일 파직된 후 낙향할 때 바로 고향 하회로 가지 않고, 상주에서 살던 형님 집에서 노고를 모시고 있다가 이듬해 봄에 고향으로 돌아왔다고 한다. 고향에서도 마땅히 거처할 곳이 없어 풍산 서미동(西美洞)의 깊은 산중에 초가를 짓고 칩거했다고 한다. 류성룡의 제자였던 우복 정경세는 "어찌 10년 동안이나 재상을 지내고도 제갈량이 남겼다는 뽕나무 800그루도 없단 말인가"라며 그의 청렴한 기백을 기렸다. 현재 후손들이 살고 있는 하회마을의 충효당은 류성룡의 후손들이 그의 정신을 기려 사후에 지은 집이다.

당시 지방에서 올라온 벼슬아치들은 한양에 첩을 두었는데 이를 '경첩(京妾)'이라고 불렀다. 경첩은 유행이었는데, 백의정승으로 이름난 황희도 첩을 두기도 했다. 물론 류성룡은 경첩을 두지 않았다. 류성룡은 첫째 부인과 사별한 후 재혼을 했고 자녀는 모두 아들 5형제를 두었다.

류성룡이 아들에게 보낸 편지를 통해서 그의 가치관을 엿볼 수 있다. 류성룡은 공직에서 바쁜 와중에서도 틈틈이 자녀에게 편지를 보내고 답장을 받는 형식으로 자녀들의 학습에도 관심을 점검했다고 한다. 류성룡이 자녀에게 보낸 편지 내용의 대부분은 경전 공부를 열심히 해야 한다는 것과 공부하는 방법, 공부의 철학에 대하여 당부하는 내용들이다. 류성룡은 자신의 공부 경험을 자녀에게 이야기해주고 따라 배우도록 하였는데, 류성룡은 처음부터 과거시험을 보기 위해 공부를 한 것이 아니라 『맹자』와 『춘추』 등을 공부했다고 한다. 과거시험을 치르기 위해 '점수 따기'식 공부 대신, 학문하는 자세로 공부를 한 결과 과거에도 합격하고 학문도 깊어졌다는 것이다.

"나는 과거 공부를 하는 데 합격하는 길로 통하는 문을 살핀 일이 없다. 다만 경서를 연구하는 학문은 비록 얻는 것이 없다고 하더라도 평생토록 아끼며 귀중하게 여기고 있으니, 너희들도 부질없는 과거 공부를 잠시 접어두고 『논어』, 『맹자』, 『대학』, 『중용』을 가져다가 정밀하게 사색하고 익숙하게 읽어서 자기의 것이 되도록 한다면, 안목은 저절로 높아지고 마음도 저절로 넓어질 것이니 기타의 보잘것없는 것들이야 힘들이지 않고도 할 수가 있을 것이다. 태산에 오르고 나면 모든 산들이 언덕과 개미둑처럼 작아 보이는 것을 알 수 있으니 부디 노력하기 바란다." [132]

공부를 착실히 하되, 출세를 위한 과거 준비가 아니라 인격을 도야하는 수행으로서의 공부를 하라고 당부한 것이다.[133] 류성룡이 자녀에게 보낸 편지 내용에 나타난 자녀 교육의 방식은 당시의 다른 사대부들의 경우와 대비된다.

2. 공공성 지향의 정책 혁신

혼란스러운 임진왜란 중에서도 그가 추진한 아래의 정책들은 일관적으로 친민적인 마음에 기반을 두고 있음을 알 수 있다. 류성룡은 민심수습을 우선적 가치로 여겼으며 징벌보다는 포상제도를 사용하여 동기부여를 하였고, 국가의 약탈적 징세법을 쓰지 않았으며, 민생안정을 지원하는 각종 시책을 채택하였으며, 사대부들의 특권을 타파하여 백성들의 권익을 회복하는 정책들을 시행하였다.

(1) 친민사상의 실천과 민심회복・민생안정

영의정과 도체찰사로서 류성룡이 국란을 극복하는데 있어서 가장 힘쓴 것은 민생을 안정시키고 민심을 회복하여, 국민의 힘을 결집시키는 것이었다.[134] 임진왜란 초기 서울이 20일만에 함락되고 선조가 의주로 파천할 때

132) 최효찬. "풍산 류씨 서애 류성룡 가문", 『한국교육신문』, 2006년 11월 1일자.
133) 정민・박동욱. 2008, 『아버지의 편지』, 김영사.
134) 이재호. "임진왜란과 류성룡의 자주국방책". 『서애 류성룡의 경세사상과 국국정책』(上). p.328.

백성들이 분노하여 경복궁에 불을 지르는 등, 민심이 급격히 무너지는 것을 목격한 류성룡은 전란을 극복하기 위한 정책에서 민심 수습을 최우선시 하였다. 류성룡은 "난리를 평정하여 질서있는 세상으로 회복시키는 것이 비록 군대를 넉넉하게 하고, 식량을 넉넉하게 하는 일에 달려 있다고 보았지만, 그 요령은 더욱 민심을 얻는 일에 있다"고 하였다.[135]

류성룡이 민심을 중시한 이유는 양명학의 친민사상과 만물일체 등의 사상을 중시한데서 발현된 것으로서, 백성들의 아픔에 대한 공감 때문인 것으로 보인다. 당시의 백성들의 삶의 실상은 형언하기 어려운 상황이었음을 『징비록』의 곳곳에서 기록하였다. 백성이 다 죽으면 나라가 멸망하는 것은 말할 나위가 없지 않은가.

> 왜군이 침략한지 만 1년만인 1593년 4월 20일 서울이 수복되었다. 성안에 남아있던 백성을 보니 백명에 한 명도 살아있는 사람이 없는 형편이었고, 그 중에 살아남은 사람도 모두 굶주리고 병들어 얼굴빛이 귀신과 같았다. 이때 날씨는 몹시 더웠는데, 죽은 사람과 말의 시체가 곳곳에 그대로 드러나 있어, 썩은 냄새가 성안에 가득차서 길 가는 사람들은 코를 가리고서 지나갔던 것이다.[136]

이런 백성들을 두고 무엇을 징수해내어서 백성들을 전쟁에 동원할 생각을 할 수가 있었겠는가? 류성룡이 사용한 방책은 포상을 통한 동기부여이다. 임진왜란 첫해 7월에 명에서 요동의 부총령 조승훈이 5,000명의 군사를 거느리고 원군으로 올 때 정주, 가산에 이르기까지는 5천명이 하루 이틀 먹을 것은 준비되어 있었으나 그 이후 것은 준비가 안돈 상태였다. 그때 류성룡이 군량미를 구하기 위하여 어떻게 했는지를 그의 『징비록』에서 볼 수 있다.

> 평안북도 소곶(所串)에 이르러보니 이속(吏屬)과 군졸들이 도주해 흩어져서 사람의 그림자도 볼 수가 없었다. 군관들을 시켜 촌락에 가서 수색했더니 몇사

135) 류성룡. "시무를 진주하는 차자". 1594년 4월 『국역 근폭집』. p.49.
136) 류성룡. 『국역 징비록』. p.172.

> 람을 데리고 왔으므로 내가 타이르기를, "나라에서 평소에 너희들을 길러 온 것은 지금과 같은 때에 쓰고자 한 것인데, 어찌 차마 도망칠 수 있겠는가. 더구나 명나라 군사가 방금 이르러 나라 일이 급하니, 이때야말로 너희들이 힘을 다하여 공을 세워야 할 시기인 것이다" 하고 이내 공책을 한 권 꺼내어 그 곳에 와 있는 사람의 성명을 먼저 써서 그들에게 보이면서, "훗날에 이것으로써 공로의 등급을 사정하여 임금께 아뢰어 상을 줄 것인데, 만일 이 기록에 기재되지 않은 사람은 난리가 평정된 뒤에 일일이 조사해서 벌을 줄 것이니 한 사람도 면하지 못할 것이다" 하였더니 조금 후에 사람들이 잇달아 와서 말하기를 "소인들은 볼 일이 있어서 잠시 나갔던 것이오니 어찌 감히 신역(身役)을 피하겠습니까? 그 책에 이름을 기재하여 주시옵소서"라고 하였다.
>
> 나는 인심을 능히 수습할 수 있음을 알고 즉시 여러 곳에 공문을 전하여, 이와같은 방법으로 고공(考功)책을 비치하고, 공로의 많고 적은 것을 기록해서 서로 알려서 시행하도록 하였더니, 그제야 이 영을 들은 사람들은 다투어 나와서 시초(柴草)도 운반하고 집도 건설하며, 솥과 가마도 걸어서 며칠 동안에 모든 일이 점차 이루어져 나갔다. 나는 생각하기를 난리 때의 백성은 급하게 사역해서는 아니될 것이라 여겨서, 오로지 성심껏 타이르며 한 사람도 매질하지 않았다.[137)]

이처럼 류성룡이 백성을 동원하여 명군에게 먹일 군량미를 어떻게 준비했는지의 일면을 소상히 볼 수 있다. 백성들에게 수고하고 기여한 만큼 평가해서 보상을 주겠다는 약속에 흩어졌던 군졸들이 경쟁적으로 모여들어서 나라 일에 임하였다는 사실을 알 수 있다. 현대 경영학의 동기부여 이론을 류성룡이 이때 이미 활용한 것을 볼 수 있다.

둘째로, 류성룡이 민심을 얻는 데서 가장 감동적인 측면은 전란 극복을 위해 긴요한 병력동원과 군량미 확보를 하는데 있어서 전시 국가가 범하기 쉬운 일체의 약탈적 조치를 취하지 않은 점이다.[138)] 전쟁에서 결정적으로 중요한 것이 군량인데, 군량이란 농사짓는 백성들로부터 나오는 것이다. 백성

---

137) 류성룡. 『국역 징비록』. pp.106-108.
138) 송복. 『류성룡 위대한 만남』. pp.123-131.

들로부터 세금을 거둬들일 때 일반적으로 역사상 보편적인 방법은 백성들로부터 약탈하는 강압적 강제적 수거 방식인 것이다. 그 약탈성은 심지어 부족함 없이 군량을 조달할만큼 국가세입원이 넉넉한 경우에도 더러더러 일어나는 사례들이 많다. 그러나 류성룡은 그 방법을 절대로 쓰지 않았다.

류성룡이 사용한 방법은 몇 가지가 있는데 첫째가 모속이다. 자원해서 군량미를 내는 것이다. 일반백성은 식량사정이 어려웠기 때문에 모속의 대상은 중인으로 삼았다. 중인은 양반과 상민의 중간계급으로서 여유가 있는 계급이었기 때문이다. 둘째는 공명첩인데 원하는 사람에게 첨사 만호 권관 등 실직이 없는 벼슬을 주고 곡식을 받는 방식이다.[139] 셋째는 무속(貿粟)으로서 소금 등을 구워서 무역으로 곡식을 사들여 군량을 조달하는 방법이다. 이렇게 하여 류성룡은 백성의 원망을 사지 않는 방법으로 군량을 확보하였다.

이처럼 류성룡은 전란을 수습하기 위한 여러 가지 제도와 민생정책을 보상적이고 포용적이고 자발적 참여 방식으로 시행했던 것이다. 류성룡에 대한 평가는 당파싸움으로 갈려있던 당시보다 현대 사학자들이 더 후하게 내리고 있는 것 같다. 이수건은 임진왜란 당시 이산되고 동요된 민심을 수습하는 데에 기여한 점 등에서 임진왜란을 극복한 제1의 공로자라고 평가한다.[140]

류성룡은 친민정책의 근본이 백성이 안심하고 끼니를 이어서 살아갈 수 있는 터전을 마련해주는 민생안정이며, 식량을 보전해주는 것이라고 보았다.

> 지난날 임진년에 있었던 일은 급작스럽게 일어났기에 조성에서는 미처 잘 분별하여 처리하지 못한 점이 많습니다. 이제는 앞으로 닥쳐올 일을 경계하여 미천한 백성들로 하여금 안심하고 살아갈 터전을 잃지 않도록 하며, 각자가 그의 전지(田地)와 가택에서 안심하고 그 생업을 다스려서, 함부로 경솔하게 행동하여 스스로 넘어지고 자빠지는 지경에 빠뜨리지 말도록 해야 할 것입니다.[141]

139) 류성룡. “공명첩으로서 곡식을 모집하기를 청하는 서장”. 임진년 11월. 『국역 진사록 1』. p.194.

140) 이수건. 2005, “서애 류성룡의 사회경제관”. 『서애 류성룡의 경세사상과 구구정책』(상), 서애기념사업회.

> 백성들이 하늘같이 우러러 의지하는 것은 다만 식량에 있으니 이 문제에 있어서 이미 믿고 생활할 수 있는 길이 없다면, 비록 실행할 수 없는 빈말로써 밤낮으로 어루만져 편안하게 하더라도, 흩어져 떠나버린 백성들의 마음을 능히 수습할 수가 있겠습니까?[142)]

백성들에게 식량은 하늘같이 우러러 의지하는 것인데 이것을 어떻게 구한단 말인가? 류성룡은 전례없던 혁신적인 방식을 도입하였다. 소금과 철을 생산하여 시장과 국경무역을 통하여 식량과 교환하는 방안이다. 이러한 시책은 당시 조선으로서는 획기적인 것이다. 왜냐하면 성리학은 국가가 백성과 이익을 다투는 영리사업을 하지 못하게 하는 것이고, 더구나 상업은 천시되고 금기시되는 업종이었기 때문이다. 류성룡의 이러한 혁신적인 아이디어는 대체로 중국의 역사적 사례에서 참고한 것임을 알 수 있다. 명나라, 월나라 등에서 구체적인 사례를 예로 들면서 정책의 내용과 성공 여부를 설명하였다.[143)]

그는 우선 1593년 8월 염업의 국가관리를 요청하였다. 염호가 생산한 소금을 관청과 민간의 배로 곡물과 교역하여 백성을 구제한다는 것이다. 소금을 생산하여 식량과 교환하거나 구입할 수 있게 하였고, 또한 중강개시를 통해서는 교역확대를 통한 상공업을 장려하고자 하였다. 소금생산과 중강개시를 통해 곡식을 마련하여 굶주린 백성들을 구휼하고, 아울러 군량미까지 조달하는 하나의 새로운 정책이었기 때문이다.[144)]

류성룡의 식량확보를 위한 산업정책론 중에 가장 주목되는 점은 국내 상업과 외국 무역의 장려이다. 흉년이 날로 심하여 굶어죽는 송장이 들판에 가득하였으나 관가나 민간에 저축된 곡식이 바닥이 나서 진구하려 하여도 별

---

141) 류성룡. “인심을 진정시키기를 청하는 계사”, 1596년 4월, 『국역 근폭집』, p.320.
142) 류성룡. “군량과 백성들의 식량에 관하여 아뢰는 서장”, 계사년 3월, 『국역 진사록2』, p.37.
143) 류성룡. “소금과 쇠의 판로를 열어서 나라의 용도를 넉넉하게 하기를 요청하는 계사”, 1595년, 『국역 근폭집』, p.147.
144) 이헌창. 2008, “서애 류성룡의 경제정책론”, 『류성룡의 학술과 경륜』, 태학사. p.132.

다른 계책이 없었다고 했다. 류성룡은 중강(의주의 대안에 위치, 지금의 단동)에서 국경교역을 주장하여 실현해 내었다.

> 국내에서 부족한 양곡을 보충하고, 남도에서 양곡을 실어오는 번거로움을 덜기 위해서였다. 의주 중강에서 개시(開市)를 하게 되어 요동의 곡식도 자못 운반할 길이 있으니, 은냥을 적당하게 내어, 가을철의 (중국) 곡식이 흔해서 값이 쌀 때에 많이 사들여서, 고을 창고에 쌓아두도록 해야 할 것입니다.[145)]

당시 부국을 위한 일반적 방책은 농업을 중점적으로 육성하고 상업에 소홀하였는데, 류성룡의 북국책에서는 시장 활성화가 혁신적인 의의를 가졌다. 조선시대 일반적인 경제정책은 농업생산을 장려하고 그 편의를 도모하는 것이었는데, 류성룡은 시장 활성화를 통한 산업발전의 도모를 중시하였다. 류성룡의 대공수미법(또는 공물작미법)은 서울 시장을 중심으로 하는 상업육성 정책이기도 했다. 실제로 17세기 대동법의 시행은 시장 발전에 크게 기여하였다.[146)]

류성룡의 국영 염업론에 대해서 양반과 사대부들의 저항이 심하였다. 그것은 백성과 이익을 다투지 않아야 하고 이재를 추구를 경계하는 조선시대의 지배적 관념에 반하였기 때문이다. 사대부들의 독점 기득권 체제하에서 불평등과 부패를 척결하는 것이 친민정책의 근간이 될 뿐만 아니라, 백성의 체제통합을 높이는 첩경이 된다. 류성룡은 면천법 도입, 군역 및 세제 개혁을 통해 불평등과 차별을 완화시키는 정책들을 통해서 백성들의 마음을 얻는 정책들을 시행하였다.

(2) 공적인 사명감 회복

임진왜란 동안 정무와 군무의 시행에서 류성룡이 가장 중요시한 것은 민

145) 류성룡. “군량을 조치하기를 조목별로 열거한 계사”, 『국역 근폭집』, p.209.
146) 이헌창. 위의 글, p.142.

심을 수습하여 나라를 구하는 일에 '공적인 사명감'을 가지도록 하는 일이었다. 전쟁 초기에 20일만에 수도가 함락되고 왕이 의주로 파천하자 민심이 이반되고 노비들이 적군에 가담하는 등 민심이 무너져내렸다. 류성룡은 임란 극복에는 무엇보다 국민의 총화된 힘을 배경으로 해야 한다는 방침 하에 파격적인 포상제를 도입하였다. 후한 상금을 내걸면 반드시 목숨을 걸고 활약하는 용사가 나오는 법이라고 보았다.

> 나라 일이 위급한 것이 이 지경이 이르렀지만, 믿을 곳이 있고 만분의 일이라도 희망을 가질 수 있는 것은 민심입니다. 민심이 만약 해이하게 된다면 더욱 아무 일도 할 수가 없을 것입니다. 무릇 군공(軍功)에 대하여 상과 벼슬을 베풀고 면천, 면역 등의 일도 모두 획일적인 규정을 만들어, 담당관리가 곧 그 날 중에 시행함으로써 옛날 사람이 말한 대로, "상을 줄 때는 제 때를 넘기지 않는다"라는 뜻에 맞도록 해야 할 것입니다. ――― **이렇게 하면 어리석은 백성들도 자기 한 몸의 이익은 적병을 죽이는 일에 있다는 것을 알고서 다투어 일어나 적병을 쏘아죽이게 한다면 적군의 형세는 어쩌면 조금은 쇠약해질 것입니다.** [147]

포상제에 기반한 시책은 백성들에게 적과 맞서 싸울 동기를 부여하고 동시에 생명을 보존할 양식을 제공하고 체제에 순응하게 한다는 점에서 매우 현실적이고 효과적인 시책이라고 볼 수 있다. 류성룡은 이러한 관점에서 광범위하게 포상 기반을 민심회복과 국민동원 시책들을 전개하였다. 가령, 강원도 산골의 사냥꾼들에게 게릴라전 방식으로 적을 공격하여 공을 세우면 그에 상응하는 상을 준다는 정책인데, 나라와 백성이 윈윈하는 효과성 높은 시책인 셈이다.

> 강원도는 ――― 산이 험준하고 수풀이 우거졌기 때문에 도내의 군정(軍丁)은 비록 수효는 많지 않으나, 산골짜기에서 활을 쏘아 사냥하는 것으로 생계를 삼는, 산척(山尺)이라고 일컫는 사람들의 수효가 적지 않을 것이니, 만약 후한

147) 류성룡. "시무를 진주하는 차자-정주에 있었다", 1592년 11월, 『국역 근폭집』, p.15.

> 상금으로써 사 모으고, 그 가족들을 두터운 은혜로써 구휼하고서는, 흩어져 있으면서 복병이 되어 혹은 낮이든지 밤이든지 나타났다 숨었다 하면서 적병을 죽이고 잡는다면, 적병의 북로로 왕래하는 놈은 전면과 후면이 서로 끊어지게 되므로 우리의 동남방의 형세가 서로 통할 수가 있을 것입니다.[148)]

또한 류성룡은 국민들에게 구국정신을 일깨우는 대국민 호소도 구사하였다. 류성룡이 안주에 머물면서 격문을 사방에 보내어 의병을 일으켜 전장에 나서라 하였는데 그 격문이 산중에 도달하자 유정 사명대사가 격문을 불상 앞 탁자위에 펴놓고 여러 승려를 모아 읽어 들여준 후에 통곡을 하고 드디어 승군을 일으켜 근왕군으로서 서쪽으로 출정하게 되었다. 평양에 다다른 때는 그 병력이 천여 명이나 되었다고 한다.[149)]

전국적으로 많은 의병들이 궐기하여 왜군에 맞서 싸웠고 이것이 게릴라전과 같은 효과를 내었기 때문에 왜군에게 큰 타격을 주었다. 의병은 처음에는 자기 지방을 지키기 위해 양반, 농민, 노비들이 함께 하여 궐기했다. 곽재우, 조헌, 김천일, 고경명 등이 대표적인 의병장군이고, 스님들로만 이루어진 승병들도 있었다. 서산대사, 사명대사, 영규가 이끄는 승병 의병들도 큰 역할을 하였다. 그들은 자신이 살던 지역에서 지형과 지리를 잘 알았기 때문에 숨어 있다가 왜군이 지나가는 길목에서 게릴라 전술로 왜군에게 큰 타격을 주었다.

류성룡이 임란 중에 수행한 사회경제적인 시책에서 가장 역점을 둔 것은 민심수습책이었는데, 백성들의 민심만을 수습한 것이 아니라 왕의 불안한 마음을 위무하는 역할도 효과적으로 수행하였다. 가령, 선조가 겁이 많고 자기 일신만을 보존하려는 국량이 좁은 군주였는데도 류성룡은 그를 잘 자문하여 국난을 극복하는데 중심을 잡도록 잘 보필하였다.

---

148) 류성룡. "시무를 진주하는 차자-정주에 있었다", 1592년 11월, 『국역 근폭집』, p.16.
149) 류성룡. 『징비록』, p.135.

> 신이 듣건데 “깊은 근심 때문에 성명이 계발되시고(殷憂啓聖), 많은 어려움 때문에 나라가 일어난다(多難興邦)”라고 하였습니다. ― ― ― 지난날의 실수는 징계하지 않을 수 없으며, 뒷수습을 잘 하게 될 계획은 경영하지 않을 수가 없습니다. 천명은 이 때문에 다시 연속하게 되고, 국맥도 이 때문에 다시 견고하게 되니, 옛날의 국운을 장구하게 누린 나라는, 혹은 중간에 쇠진했기 때문에 다시 진흥하여 천백년 동안을 편안하게 지냈으니, 이런 일로써 살펴본다면 깊은 근심과 많은 어려움이 어찌 나라를 일으키고, 성명을 계발토록 하는 기본이 되지 않겠습니까? 이것은 전하께서 각별히 유의하시는 데에 달려있을 따름입니다.[150]

비관적인 상황에서도 좌절하지 않고, 류성룡은 어려움이 오히려 나라를 흥하게 하며 국운을 장구하게 하는 계기가 될 것이라고 군주를 위무하였다. 전화위복이라는 비유, 비온 뒤에 땅이 굳어진다는 비유로 군주를 위로하고 있는 것이다.

이처럼 류성룡은 사심과 사욕을 초월하여 국난극복의 사령관으로서 마음을 다잡고, 공적인 사명감 회복에 전력을 다하여 민심을 수습하고 국가역량을 전쟁에 동원하는데 몰입할 수 있었다.

(3) 면천법을 통한 공공성 회복: 신분제 및 군역 공정화

조선의 제도 중 가장 착취적이고 폐쇄적인 제도이면서 정치, 경제, 사회면에서 많은 영향을 미친 것이 신분제였다. 1467년(세조13년) 8월 6일의 「세조실록」을 참조하면, 대사헌 양성지는 상소에서 “대저 대가 세족이 다시 대가 세족이 되는 것은 그 노비를 소유하였기 때문입니다”라고 밝혔다. 양반들은 노비를 통해 재산을 축적하고 권위를 유지했다. 사실상 노비는 양반들의 재산일 뿐 아니라 양반계급과 그에 근거한 조선 통치체제를 유지하는 힘의 물리적 근거를 이뤘다. 양반들은 향촌에서도 토지와 노비를 활용해 향촌 지배체제를 구축했다.

---

150) 류성룡. “시무를 진주하는 차자”, 1594년 4월, 『국역 근폭집』, p.37.

조선은 건국 초기부터 모든 백성의 신분을 양인과 천민노비로 구분하는 양천제를 시행했는데, 노비가 양반 사대부들의 조선통치 체제에 핵심적인 역할을 했기 때문에 노비 숫자가 점점 더 많아졌다. 16세기 노비 수는 전체 인구의 40% 정도로 추정된다.[151)]

노비제가 양반계급에게는 큰 이익이 되었지만, 국가적으로는 암적인 제도였다. 인간이 인간으로 대접받지 못하는 제도하에서 국민통합이 저해되었고, 노비는 세금과 군역이 면제되었기 때문에 노비수가 많아질수록 재정이 감소하고 병역 담당자수가 줄었다. 임진왜란때 참전한 명군 낙상지가 조선의 노비제의 문제를 지적하여 고치도록 조언을 하였는데 이를 류성룡이 선조에게 보고한 내용이다.

> 이 나라에는 관노(官奴)와 사노(私奴)의 법이 있어 영원히 벼슬길에 나아가지 못하게 하니, 이들에게 어찌 원한의 감정이 없겠소. 더구나 이런 위태한 시기에 이와 같은 법이 존재하니, 적에게 투입한 자들이 마땅히 돌아오기를 좋아하지 않을 것이오. 그 법의 폐단이 심하오.[152)]

노비제도는 임란을 계기로 그 모순점이 크게 드러나게 되었다. 선조가 서울을 나서자 노비문적이 있는 장례원과 형조가 먼저 소실되었고, 난 중에 공사천(公私賤)이 배주반국(背主叛國)하는 행위가 많이 발생하였다. 노비들은 평시에는 도망가거나 전시에는 적국에 가담하는 형태로 사회의 화약고 역할을 했다. 임진왜란 때 선조가 도성을 버리고 북상길에 올랐는데, 「선조수정실록」은 선조의 어가(御駕)가 떠나자 백성들이 난입해서 '먼저 장예원(掌隷院)과 형조(刑曹)를 불태웠다'고 전한다. 장예원과 형조에 불을 지른 이유에 대해 「선조수정실록」은 '두 곳의 관서에 공사 노비의 문적(文籍)이 있기 때문이었다'고 적고 있다. 이에 대해 이덕일은 백성들이 조선 사대부 지배체제

151) 이헌창. 위의 글, p.122.

152) 『선조수정실록』, 선조 27년(1594) 1월 1일, "명나라 장수 낙상지와 사대수 등이 군사를 이끌고 돌아가다".

에 불을 지른 것이라고 보았다.[153)]

실제로 노비들은 임란 중에 일본군에 적극 가담했다. 선조 25년(1592년) 5월 4일 개성까지 파천한 선조는 우의정 윤두수에게 "적병의 숫자가 얼마나 되는가? 절반은 우리나라 사람이라는데 사실인가?"[154)]라고 물었다. 그 비율은 확인되지 않았으나 노비들이 대거 일본군에 가담한 것이었다. 그래서 선조는 조선은 망했다는 생각에 압록강을 건너 요동으로 내부(內附)하려 한 것이다. 실제로 이 문제를 해결하지 않으면 조선은 망한 것이나 마찬가지였다.

그래서 영의정 겸 도체찰사 류성룡은 노비들이 군공(軍功)을 세우면 양인으로 신분 상승을 시켜주고, 공이 클 경우 양반 벼슬까지 주는 면천법(免賤法)을 적극 추진했다.

> 공천(公賤)과 사천(私賤)에 대해서는 적의 참수(斬首)가 1급(級)이면 면천(免賤)시키고, 2급이면 우림위(羽林衛)를 시키고, 3급이면 허통(許通)시키고, 4급이면 수문장(守門將)에 제수하는 것은 이미 규례(規例)로 되어 있습니다. 그리고 이미 허통되어 직이 제수되었으면 사족(士族)과 다름이 없어야 마땅합니다.[155)]

이와같이 해서 류성룡이 예견한 것처럼 노비들이 의병으로 일어나기 시작했다. 이렇게 조선은 신분제를 완화시키는 면천법을 제정해 국망(國亡)의 위기에서 벗어나는데 도움이 되었다.[156)]

1) 군역 공정 개혁

양민은 16세부터 60세까지 병역의 의무를 졌지만 양반 사대부들은 병역에서 면제되고 있었다. 류성룡은 이런 불평등을 개선하지 않으면 전쟁을 수

153) 이덕일. 『난세의 혁신 리더, 유성룡』, p.133.
154) 『선조실록』, 선조 25년 5월 4일, "승지 및 비변사 당상과 평양으로 옮기는 일을 논의하다".
155) 『선조실록』, 선조 27년(1594) 5월 8일. "군공청이 공·사천이 군공으로 높은 관직에 오르는 일을 아뢰다".
156) 이덕일. "노비들의 분노-양반들이나 나가 싸워라", 『시사저널』, 2014년 10월 7일자.

행할 수 없다고 보았다. 전쟁판에서는 가장 중요한 것이 병역인데, 일반 백성만 전쟁터에 나가고 온갖 권력, 부, 명예를 독점하는 사대부와 그 자제들, 그들의 노비들은 전쟁 동안 무엇을 한단 말인가?

16세기에도 양반의 자제들은 물론이고 부유한 양인 농민의 경우 향교의 명부에 이름을 올려둔다든가 하는 방법으로 군역에서 빠져나가고 있었고 이에 따라 부족해진 군역 자원을 가난한 농민들로 충당하고 있었다. 군적에 이름이 오르게 된 농민들은 도망하여 군포 부담에서 벗어나고자 했고, 국가는 이를 친족과 이웃에게 연대하여 책임지도록 했는데, 류성룡은 바로 이 문제를 지적하였던 것이다.[157]

전쟁기간에 양반들은 자기들의 사노비를 군사로 징발하는데 대해 노골적인 불만을 가지고 있었다. 류조인이 그 대표적인 사람이었다. 그는 사천을 군인으로 뽑아가면 안된다고 했다. 양반 사대부의 특권을 지키기 위해서였다. 류성룡은 이러한 주장을 맹렬히 비판했다.

> 사천(私賤)을 군사로 만드는 데 따르는 폐단에 대해서 현재까지 관습으로 논한다면 이런 말이 있을 수도 있겠지만, 천하 일반 사회의 도리로 말한다면 사천만은 유독 국민이 아니란 말입니까? 우리나라는 원래 협소한 데다 그 사이를 양반과 상인으로 나누어, 귀천의 구분이 있으니 이른바 사천이란 것이 날마다 불어나고 달마다 번성하여 천민의 무리를 이루었으나 한 사람도 군역에 종사하는 자가 없습니다. 반면에 양민들은 각종 부역이 번거롭고 무거워서 살아갈 수가 없어 달아나고 흩어져 졸지에 서울과 지방의 양민들은 모두 개인의 사문(私門)으로 들어가게 되어 공후(양반 사대부)의 집은 모두 공봉을 받지만 공실(국가나 관아)에는 백성이 없게 되었습니다.[158]

양반 빠지고 양반의 노비도 병역에서 빠지면 누가 전시에 병역의무를 지고 전쟁에 참전한단 말인가. 류성룡은 군역 개혁을 추진했다. 선조 28년

157) 오종록. "서애 류성룡의 군사정책과 사상", 이성무 외, 『류성룡의 학술과 경륜』, p.202.
158) 류성룡. "유조인의 상소에 대한 회계", 1595년, 『국역 근폭집』, p.272.

11월 26일, 도체찰사 류성룡은 함경도 감사와 병사에게 지시하는 공문을 보면, 양반과 천인을 막론하고 모두 속오군에 편입시키라고 지시했던 사실을 통해서 양반들의 노비를 군복무시키도록 조치했음을 알 수 있다.

> 병졸을 교련시키는 한 가지 일은 더욱 조금이라도 늦출 수가 없으니, 출신 양반, 서얼, 향리, 공천, 사천을 논할 것 없이 장정으로서 실군이 될 만한 사람은 사목에 의거하여 모두 대오로 편성하여 그 부근의 각리에 거쳐하도록 하고, 각각 묶어 몇 대가 되도록 하며, 한편으로는 병기를 조치 준비하여 새로 훈련을 하도록 할 것이다.[159]

류성룡이 양반과 노비들의 종군을 밀어붙이자 양반들은 거세게 반발했다. 그러나 류성룡은 이에 굴하지 않고 밀어붙였다. 양반들은 자신들은 물론 노비들의 병역의무도 반대했다. 노비들은 자신들의 재산이기 때문이다. 류성룡은 양반 종군과 노비 충군을 실현하지 못하면 개국 이래 최대의 난국을 극복할 수 없다고 판단했다.[160]

(4) 세제개혁을 통한 공공성 회복

류성룡은 백성을 보전하고 그 인심을 얻는 친민정치는 『대학』에 나오는 '혈구지도'(絜矩之道)의 마음으로 사람들의 딱한 사정에 깊이 동정하는 것으로서, 그 기본 대책 가운데 조세 부담의 경감을 포함하였다. 류성룡은 그의 문집에서 맹자의 말을 인용하여 다음과 같이 지적하고 있다.

> 맹자가 백성을 보전하는 방법은 형벌을 줄이고 조세의 징수를 적게 하며, 나의 딱한 일을 보고서 그대로 참지 못하는 마음을 가지고서 사람들의 딱한 사정에 깊이 동정하는 정사(政事)를 행하는 것이다.[161]

---

159) 류성룡. "함경도 감사와 병사에게 지시하는 공문", 『국역 군문등록』, p.85.
160) 이덕일. 위의 책, pp.260-262.
161) 류성룡. 『국역 잡저』, p.243.

민심을 얻는 근본은 다른 데서 구할 것이 아니라 오직 마땅히 요역과 세금을 가볍게 해 주어 더불어 휴식하게 하는 것뿐이라고 보았다. 토지소유의 집중, 조세제도의 왜곡된 운영, 양반 사대부의 특권 등으로 말미암아 농민들의 유리 도산을 안타까와 하고 이를 시정하고자 한 것을 충분히 볼 수 있었다.

당시 조선의 농민들은 기본적으로 조(租)·용(庸)·조(調)의 세 가지 부담을 졌는데, 조(租)는 전세이고, 용(庸)은 역역(力役)이며, 조(調)는 공물이었다. 류성룡이 지적한 조세제도의 문제점은 첫째, 대토지 소유의 권세가가 공부(貢賦)를 내지 않아, 조세부담이 소민에게 편중되었다. 둘째 양반층이 존재한데다가 국가의 역을 부담하지 않는 사천(私賤)이 늘어 양민의 역 부담이 더욱 무거워졌다. 셋째, 공물제도의 불공평이다. 넷째, 아전 등의 중간수탈이다. 류성룡은 1594년 지시무차에서 토지세는 낮은 반면 공물의 부담을 불공평하고 무거운데, 관리의 농간과 중간수탈이 심하여 백성에게는 심한 고통인 반면 국가재정으로 흡수되는 부분은 적다고 지적하였다.[162]

그래서 류성룡은 수많은 가짓수의 공납을 쌀 한가지로 통일하게 하고, 관청에서 필요한 물품은 장시에서 구매하도록 했다. 류성룡은 1결당 균일하게 쌀 또는 콩을 2말 거두어 각사 관원으로 하여금 정부 물자를 시전에서 구매하도록 했는데 이것이 대공수미법(代貢收米法)이다.

류성룡의 대공수미법에 의하면 조세부담이 증가한 호족들 및 이권을 상실한 방납인뿐만 아니라 지방 재원을 상실한 지방관과 아전들도 반대하고 식견이 부족한 고관들이 동조하였다. 사실 양반 사대부들이 모든 것을 장악하고 있는 조선에서 이 법의 시행은 불가능에 가까웠다. 그러나 류성룡은 이 문제를 바로잡지 않으면 백성들의 생활이 안정될 수 없고. 백성들의 생활이 안정되지 못하면 나라를 다시 세울 수 없다고 생각했다.

대공수미법은 민심회복을 위한 안민의 대책이자 군량 확보책이기도 했다.

162) 이헌창. 위의 글, pp.122-123.

이이의 제안하기도 했던 이 안을 구체화하고 제도화하여 류성룡은 대공수미법은 공납제의 문제점을 혁신한 것이었다. 류성룡은 방물값 또한 이에 의거해서 고루 배정하되 쌀이든 콩이든 그 1도에서 1년에 소출되는 방물의 수를 전결에 따라 고르게 납입토록 해야 할 것이니, 이렇게 하면 결마다 내는 것이 그저 몇 되, 몇 홉 정도에 불과하여 백성들은 방물이 있는지조차도 모르게 될 것이라고 보았다.

이 수미법은 양반 시대부들의 반대가 심하여 류성룡이 퇴임하자마자 1599년에 폐지되었지만 후일에 실시된 대동법은 조선시대 조세제도의 가장 중요한 개혁이었다. 후일에 대동법이란 이름으로 재개되었는데 류성룡을 도와 국난의 극복에 기여한 이원익이 광해군, 인조 때에 추진을 주도하였다.[163]

3. 류성룡 이후의 공공성 문제

지금까지 살펴본 대로 류성룡이 추진한 공공성 개혁으로 당시 전쟁 수행에서 핵심이었던 민심수습, 군역, 재정 면에서 체제가 정비되어 감에 따라 군사태세가 정비되어 왜군을 압박하여 결국 전쟁을 승리하는데 결정적 역할을 하였다. 7년간의 항전 끝에 국토와 국권이 온전히 보전되고 일군과 명군은 물러났다.

그러나, 미증유의 국난이 극복되었지만 그는 불행하게도 종전과 함께 그의 반대파에 의해 물러나지 않으면 안되었다. 양반 사대부들은 류성룡이 실행한 개혁조치들에 반대하고 저항하는데 그치지 않고 임진왜란이 끝나자 전쟁동안 온전히 헌신하여 승전의 공을 세운 류성룡을 영의정의 직에서 몰아내고, 심지어는 삭탈관작까지 하였다. 미구에는 역시 당색을 달리하는 세력이 계속 집권하였으므로 후세 역사는 그의 탁월한 공적을 평가하는데 인색하였다.

163) 이헌창. 위의 글, p.127.

당쟁으로 인하여 공사기록의 곡필과 편견도 많았다. 「선조실록」은 북인 기자헌과 이이첨 등에 의하여 편찬되었기 때문에 곡필이 많았고, 「선조수정실록」은 인조반정후 이식 채유후 등에 의해 수정되었는데 거기서도 서인측 인사들의 수정 보완에 비하여 류성룡에 관한 보완은 미흡한 편이었던 것이다. 서인 내지 노론 세계에서는 류성룡을 동인, 남인이라 하여 『서애문집』이나 『징비록』 등이 기호지방에서는 읽혀지지 않고 거의 외면당했다고 한다.[164]

류성룡이 임진왜란을 극복한 명재상임에도 불구하고 정응태 무고사건이나 주화오국 같은 이유를 들씌워 이산해, 이이첨 그리고 동문인 월천 조목에 의해서 서애가 정치적으로 몰락함으로써 만년에 자기의 정치적 입지를 가질 수 없는 그런 상황에 처해짐으로써, 경세사상의 계승이 정치적으로 사상적으로 단절된 것은 안타까운 일이다.[165] 당파 사이의 정치적인 논리가 결국 류성룡의 사상이나 경륜이 정당하게 계승되거나 부활되는데 장애로 작용하였다.[166]

류성룡이 부국강병을 꿈꾸며 추진하던 재조산하의 정책도 상당부분 중단되고 말았다. 삭탈관직 당한 후 당대와 후세들에게 경계하고 반성하도록 쓴 『징비록』을 집필하였으나, 사대부 관료들은 읽지도 않고 무시하다가 30여년 만에 다시 병자호란을 겪어 임진왜란 못지않은 혹독하고 치욕적인 참화를 당하였다. 류성룡은 후세에 교훈을 주기 위해 전쟁을 기록했지만, 그 교훈을 망각한 조선은 북으로부터 시작된 또 다른 전란, 정묘호란과 병자호란을 맞아야 했다.

그것은 역사의 교훈을 망각한 민족에게 닥친 피할 수 없는 일이었다. 그 이후 조선의 사대부들의 성리학 유일사상체제와 폐쇄적 통치로 200년도 넘

164) 이수건. 2005, "서애 류성룡의 사회경제관", 『서애 류성룡의 경세사상과 구국정책』, 서애선생기념사업회, p.139.
165) 권오영. 2008, "역사가 낳은 명재상"(집담회), 이성무 외, 『류성룡과 임진왜란』, p.348.
166) 한명기 · 이성무 외. 『류성룡과 임진왜란』, p.345.

게 연명은 했으나, 명치유신을 단행하여 더욱 강국이 된 일본에 저항을 해보지도 못하고 국권을 상실하고 나라가 통째로 망했다. 사대부들의 기득권도 다 없어지고, 사대부 계급 자체가 없어졌다. 그야말로 작은 사익에 집착하다가 지배계급으로서의 자기들의 설 땅과 나라까지 망치고 말았던 것이다. 인욕을 제거하고 천리를 보존하라던 양명학의 가르침에 5%만 관심을 기울였더라면 자기들 지배계급의 부귀영화도 더 누릴 수 있었을 것을!

Ⅶ. 맺음말: 류성룡 리더십에서 얻는 교훈

류성룡이 아니었으면
선조는 명에 내부하여 중국 사람이 되었을 것이고,
23전 23승하여 임란극복에 결정적 공을 세운 이순신도 발탁하지 못하였을 것이고,
명나라가 기도한 조선 분할통치나 직할통치도 막지 못했을 것이다.
류성룡이 아니었으면 조선은 왜군에게 나라를 빼앗겼을 것이다.
그러면, 임진왜란 이후의 조선도 지금의 독립국가 한국도, 북한도 없었을 것이다.
그런 류성룡을 사대부들이 어이없는 이유를 대어 파직시키고 삭탈관작까지 시켰다.
그들의 인욕 때문이고 사심 때문이다.
사대부들이 유학에서 배운 대로 천리를 따랐더라면
오늘의 한국은 훨씬 더 나은 나라가 되었을 것이다!

이 글은 '인심도심설'이라는 동양사상의 도통론에서 인심과 도심의 양극성으로 인간의 심성을 파악한 양명학에서 분석의 프레임을 얻었다. 인심은 위태롭고 도심은 미약하니, 인욕을 초월하여 도심을 보존하여 공공성을 확장하라는 내용이다.[167] 인간의 인욕을 제거하고 천리를 보존하는 것이 동양사상에서 보는 리더십의 핵심사상이다. 류성룡은 인욕과 사심을 멀리하고 천리를 따라서 공공성을 구현해낸 조선의 지도자였다. 그는 양명학에 매료되어 정좌

167) 人心惟危 道心惟微 惟精惟一 允執厥中; 이에 대한 설명은 왕양명. "서애의 기록" 10조목, 『전습록』, p.109.

하여 음미하고 성찰하는 수련을 통해 조선에서 양지를 실현하고자 한 사람이었다.

이 글은 그런 류성룡이 자기를 초월하여 임진왜란 7년이라는 긴 세월 동안 군 최고사령관으로서 그리고 국무를 총괄하는 영의정으로서 혼신을 다하여 공공성의 정신을 세상에 펼친 경륜을 살펴보았다. 우리가 류성룡에게서 배워야 할 교훈도 바로 이것이다. 자기의 사욕과 사심의 자기중심성을 초월하여 리더로서 자기 조직의 공공성의 혁신을 이루어낸 것 말이다.

■ 오늘날 우리 사회 리더의 문제: 인심은 위태하고 도심은 희미하다

중국의 태고적부터 전해내려온 도통(道統)의 핵심이 인욕을 제거하고 도심을 보존하라고 했던 것인데, 오늘날 우리 사회에서 목도하고 있는 리더들의 문제가 태고적의 그것과 다르지 않다는 것을 알 수 있다. 에고, 사욕, 사심, 물욕으로 사회적 비난을 받고 무너지는 리더가 얼마나 많은가! 인간의 자기초월과 공공성 지향의 리더십으로 살았다면 그렇게 무너지지 않고 세상의 존경을 받으며 자족하며 살았을 사람들이다. 사람이 태산에 걸려 넘어지는 것이 아니라 작은 돌부리에 걸려 넘어진다는 한비자의 말이 있다. 인욕을 제거하지 못하고 천리를 보전하지 못하여 생겨난 문제들이다.

현대 서양에서도 마찬가지 말을 한다. 능력있는 사람이 성공하지 못하고 무너지는 이유에 대하여 자질구레한 이기적 습관들을 20개나 나열한 마샬 골드스미스 책168)이 흥미롭다. 이 모든 것이 자기 이익, 자기 논리에 집착하다가 생기는 문제이다. 이 한계를 초월하여 공공성 지향으로 산다면 극복될 수 있는 일이다. 서애 류성룡은 재임중에 한번도 탄핵받거나 유배를 가지 않았다. 이조 500년 역사에서 그런 대신이 없다. 사소한 것을 탐하지 않고 도리와 천리를 지켰기 때문이다.

이름난 고위직 인사들이 사소한 인욕을 닦아내지 못하여 도심을 잃었다

168) 마샬 골드스미스. 2008, 『일 잘하는 당신이 성공하지 못하는 20가지 비밀』, 리더스북.

가 사회의 지탄을 받고 무너지는 사람들이 얼마나 많은가? 수년 전 서울중앙지법 형사합의부 심리로 열린 결심공판에서 검찰은 한 고위공직자가 자신의 사회·정치적 영향력을 이용해 거액을 장기간 반복적으로 수수했으니 엄벌에 처해야 한다"며 유죄를 구형했다. 그는 검찰 구형 후 최후 진술에서 한비자의 '태산에 걸려 넘어지는 사람은 없다. 사람을 넘어지게 하는 건 작은 흙더미다'라는 말을 인용하면서 "이 말을 다시 새긴다"며 "황혼을 아름답게 마무리하고 싶으니 은혜를 베풀어 달라"고 말했다. 알기는 아는데 실행하지 못하는 구이지학(口耳之學)의 폐해라고 할 수 있다. 한 유명대학교 교수는 국내외에서 주목받던 학계 석학이었는데 해외출장비를 횡령해 직위 해제되었다. 유명연예인들이 권력과 유착하여 도심을 저버리고 사욕을 추구하다 세상에 밝혀져서 낭떠러지로 떨어진 사례가 여럿 있다.

이외에도 사욕을 추구하고 천리를 무시하다가 패가망신한 리더들이 얼마나 많은가? 날이면 날마다 잘못된 일로 언론에 보도되는 사람들을 보게 된다. 태산에 부딪혀 넘어지는 사람은 없다. 자기의 작은 사욕과 사심을 제거하지 못하고 도심을 보존하지 못하여 자신의 귀한 직장과 명예와 목숨까지도 잃고 마는, 소탐대실(小貪大失)을 하게 된다. 이런 사람들로 인해 사회의 공적 질서가 무너지고 정의가 실종되어 사회전체가 무너지고 만다.

우리 사회에서 자기가 하는 일에서 공동체감, 책임감, 직업의식 등의 공공성의 가치에 둔감하여 리더의 자리에서 공동체를 위해 헌신하기 보다는 자리를 이용하여 사익을 탐하여 문제자로 탄로난 사람들이 많다. 권력남용 같은 비리와 탈법, 권력과 유착된 비리뇌물, 횡령 등 잘못되었다는 것을 자신의 내면의 양지(良知)는 다 알고 있다. 알고 있으면서 실천하지 못하는 것은 진정한 앎이 아니라고 양명학은 가르친다.[169]

『서번트 리더십』의 저자 헌터는 말한다. 리더는 자기의 이익과 자기 고집을 희생해야 하며, 자신을 위해서 그 일을 하는 것이 아님을 보여주어야 한

169) 정인재. 『양명학의 정신』, p.141.

다고 지적한다. 리더십의 역할은 봉사하는 것, 즉 구성원들의 당면한 욕구를 경청하고 충족시키는 것이다. 그러한 욕구를 충족시키는 과정에서 때로는 봉사하는 대상으로부터 희생을 요구받는 것이다. 리더의 권위는 봉사와 희생에 근거한다는 것이다. 그것은 농부들의 수확의 법칙과 동일하다. 뿌린 만큼 거두는 것이다. 공공성을 위한 헌신적 행동이 희생만 하는 것은 아니다. 생각지도 못하는 큰 긍정적인 보상이 따른다는 것도 지적할 필요가 있다. 리더들이 헌신적이고 겸손할 때, 사람들은 그들을 신뢰하고 따르는 경향이 훨씬 더 크다.[170)]

앞에서 보았듯이, 양명은 인욕을 제거하는 것이 진실로 자기를 위하는 것이라고도 말하였다. 작은 사욕을 탐하다가 큰 자기의 손실을 범하는 '소탐대실(小貪大失)'을 범하게 되기 때문이다. 진화심리학이 개인중심성에 집착하기보다는 공공성을 추구하는 것이 오히려 자기의 생존력을 높이는 길이기 때문에 공공성 지향의 본성이 진화적으로 체화되어 있다고 지적했다는 사실이 얼마나 과학적인 교훈인가! 이순신의 '필사즉생, 필생즉사(必死卽生, 必生卽死)'라는 말도 이런 의미일 것이다.

■ 사적논리 집착을 넘어 있는 그대로 바라보기

사욕과 사심 못지않게 해악스러운 것이 사적인 신념이다. 자기가 옳다고 생각하는 것을 고집부리고 자기 생각과 같지 않은 생각은 잘못되었다고 비난하고 심지어는 그런 타인을 죽이기까지 하는 것이다. 역사적으로 종교전쟁 같은 것이 대표적인 사례이고 조선에서의 붕당정치와 사화(士禍)가 전형적인 사례이다.

류성룡은 이런 사심과 도리의 문제를 매우 신중하게 인식하였고 이를 초월하기 위하여 노력한 사람이다. 가령, "사심(私心)을 없애지 못하기 때문에, 옳은 도리가 공정하다는 것을 공평하게 보지 못하고, 각자가 한쪽으로 기울

170) 제임스 헌터. 『서번트 리더십』, p.124.

어진 견해에 의거하여, 서로가 다투다 보니 한없는 좋지 못한 소식이 만들어져 나오게 되었던 것이다"[171]라고 말한 부분이다. 류성룡은 그의 인품과 리더십으로 인해 붕당의 영수의 위치에 있었지만 상대 당의 사람들을 포용하고 용서하고 대화한 사례가 기록으로 많이 남아있다.

오늘날 우리 사회에서 사상의 진영논리에서 벗어나지 못하여 갈등이 심화되고 있음을 절감한다. 자신의 생각과 다른 생각을 공감하여 수용하지 못한다. 송복 교수가 해석한 '중용'의 개념을 경청할만하다. 즉 사심과 사욕이 개입되지 않고, 자기중심적 판단 혹은 주관적 옳고 그름에 의존하지 않으며, 자기의 가치에 속박되지 않고, 당파성이나 계급성을 갖지 않는, 있는 그대로 바라보고 판단하는 것이 중용이라는 것이다. 내 위치, 내 입장, 내 처지에서 생각하기 쉬운데 그걸 떠나서 내 입장이 아닌, 나로부터 나를 분리시켜 저쪽 벽에다 붙여놓고 마치 거울 속의 나를 들여다보듯 나를 보는 것이다. 이것이 자기초월로서의 자기객관화이다. '있는 그대로 바라보기'와 같은 개념이다.[172] 인도의 현자 크리슈나무르티는 평가가 들어가지 않고 있는 그대로 관찰을 하는 것이 인간지성의 최고 형태라고 하였다.[173]

일본 학자 오구라 기조는 그의 『한국은 하나의 철학이다』에서 유교의 이기론(理氣論)의 관점으로 조선사회와 한국사회를 보면서 한국을 '리(理)의 사회'로 규정했다. 정형화된 이념을 만들어서 그 원칙을 벗어나는 사람들을 이단으로 몰고 적으로 몰아서 사화를 일으키고 파당을 일으키고 진영을 형성하여 서로 대화가 되지 않고 서로를 경멸하면서 갈등을 일으킨다고 보았다. 사욕은 범법적 차원이기 때문에 법으로 쉽게 처리가 되지만, 사적 논리는 신념이기 때문에 고질적이고 처벌하기도 어렵고 사회적인 여파가 너무도 크다. 있는 그대로 바라보고 경청하면서 상대의 눈으로 보고 상대의 귀로 듣

171) 류성룡. "조사경(퇴계의 문하 월천 조목)에게 회답하다", 『국역 書』, p.32.
172) 송복. 1999, 『동양적 가치란 무엇인가』, 지식마당, p.130.
173) 크리슈나무르띠. 1982, 『자기로부터의 혁명』, 범우사, p.274.

고 상대의 가슴으로 느끼는 그 옛날의 리더가 그립다.

류성룡으로부터 우리 사회 리더들이 되새겨야할 교훈은 바로 이것이다. 사심과 사욕을 제거하고 천리와 도리를 보존하라는 것이다. 그것이 자기도 살고 공동체도 사는 길이다. 자기를 초월할 때 공공성도 성장하고 자기도 성장하는 것이다.

참고문헌

강응천 외. 2014, 『16세기 성리학 유토피아』, 민음사.
권오영. 2008, "역사가 낳은 명재상(집담회)", 이성무 외, 『류성룡과 임진왜란』.
류성룡. 2001, 『국역 군문등록』, 서애선생기념사업회.
______. 2001, 『국역 근폭집』, 서애선생기념사업회.
______. 2001, 『국역 서書』, 서애선생기념사업회.
______. 2001, 『국역 잡저』, 서애선생기념사업회.
______. 2001, 『국역 징비록』, 서애선생기념사업회.
리차드 도킨스. 2010, 『이기적 유전자』, 을유문화사.
마이클 토마셀로. 2017, 『도덕의 기원』, 이데아.
마샬 골드스미스. 2008, 『일 잘하는 당신이 성공하지 못하는 20가지 비밀』, 리더스북.
박연수. 2010, 『양명학이란 무엇인가』, 한국학술정보.
박종인. "조선이 명을 섬길 때 일본은 세계를 만났다"(조선일보. 2019년 2월 27일자).
배병삼. 2012, 『우리에게 유교란 무엇인가』, 녹색평론사.
백승종 외. 2010, 『조선의 통치철학』, 푸른역사.
브루스 스카톤. 1999, 『동양적 가치란 무엇인가』, 지식마당.
______. 2007, 『위대한 만남』, 지식마당.
______. 2009, 『자아초월 심리학과 정신의식』, 학지사.
아들러. 2010, 『인간이해』, 일빛.
안상영. "서애 류성룡의 양명학관에 대한 재검토", 『유교사상연구』 38(2009. 12).
이이브러햄 매슬로우. 2009, 『동기와 성격』, 21세기북스.
오구라 기조. 2017, 『한국은 하나의 철학이다』, 도서출판 모시는 사람들.
왕양명. 2007, 『전습록』(정인재 역), 청계출판.
요시다 코헤이. 2004, 『일본 양명학』(정지욱 역), 청계.
이덕일. 2012, 『난세의 혁신 리더. 유성룡』, 역사의 아침.
______. "노비들의 분노-양반들이나 나가 싸워라", 『시사저널』, 2014년 10월 7일자.
이성무 외. 2008, 『류성룡과 임진왜란』, 태학사.

______. 2008, 『류성룡의 학술과 경륜』, 태학사.
이수건. 1995, "서애 류성룡 학문과 학맥", 『퇴계학과 한국문화』 23.
______. 2005, "서애 류성룡의 사회경제관", 『서애 류성룡의 경세사상과 구국정책』, 서애선생기념사업회.
장대익. 2017, 『울트라 소셜: 사피엔스에 새겨진 '초사회성'의 비밀』, 휴머니스트.
정민・박동욱. 2008, 『아버지의 편지』, 김영사.
정인재. 2014, 『양명학의 정신』, 세창출판사.
조원일. "육상산의 천인관계 연구", 『유학연구』 제37집(2016. 11).
제임스 쿠제스・배리 포스너. 2007, 『최고의 리더』(A Leader's Legacy), 비즈니스북스.
제임스 헌터. 2006, 『서번트 리더십』(김광수 역), 시대의 창.
정병석. 2016, 『조선은 왜 무너졌는가』, 시공사.
최재목. 2017, 『양명학의 새로운 지평』, 지식과 교양.
한명기. 1999, 『임진왜란과 한중관계』, 역사비평사.
Abraham Maslow. 1969, "Theory Z", *Journal of Transpersonal Psychology* 1, pp.31-47.

제 4 장

CEO로서 류성룡의 리더십

Ⅰ. 서론

Ⅱ. 류성룡의 성장 및 학습기

Ⅲ. 관료로서 류성룡 리더십 형성기 : 深思를 통한 깨달음

Ⅳ. 임진왜란 기간 동안 현장과 방법 지향 리더십

Ⅴ. 맺음말 : 류성룡 리더십이 주는 시사점

제 4 장
CEO로서 류성룡의 리더십

백 권 호 (영남대학교 경영대 교수)

Ⅰ. 서 론

왜 류성룡의 리더십에 관심을 가지는가? 광고회사 존스그룹의 창업자이자 최고경영자인 로리 B. 존스는 그의 저서 『최고경영자 예수(JESUS CEO)』에서 오늘날 21세기 세상이 가장 원하는 이상적인 최고경영자 상으로 예수의 리더십을 제안하면서, 예수의 신성과 도덕성, 지혜, 영감 등을 리더십에 적용하면서 일약 세계적인 베스트셀러 경영컨설턴트로 부상하였다.[1] 한편, 영

1) 존스그룹을 창업하여 최고경영자로 15년 동안 성공적으로 운영해오다, 영적인 원리들을

업사원으로 입사하여 사진용 필름산업이 급속히 퇴락하기 시작하던 2003년에 후지필름 최고경영자 지위에 올라 회사를 기적적으로 기사회생 시키면서 2015년 현재 역대 최대 영업실적을 이끌어 낸 고모리 시게다카 회장은 최고경영자로서 리더의 역량을 '혁신을 감수할 수 있는 진정한 용기'로 설파했다. "진짜 승부는 막다른 위기에 몰렸을 때 시작된다. 위기에 빠진 회사를 살리기 위해서 기업 리더는 어떠한 혁신이든 감수할 수 있는 용기가 필요하다"고 밝혔다.[2)] 그는 최고경영자의 임무를 다음과 같이 요약했다. 첫째, 기업이 처한 상황을 정확히 파악해야 하고, 둘째, 이를 바탕으로 어느 정도 속도와 규모로 개혁을 추진할 것인지를 결정해야 하며, 셋째, 그 개혁 내용을 구성원들과 정확히 소통하여 조직이 한 방향으로 움직이도록 해야 하고, 넷째, 계획한 바는 반드시 실행에 옮겨 성공시켜야 한다. 이어서 그는 당시 세계 필름산업에서 난공불락일 것 같던 글로벌 1등 기업 코닥의 몰락을 보면서, "시장을 독점하는 것을 신이 부여한 권리로 여겨선 안 된다"는 뼈아픈 충고를 남기기도 하였다.[3)]

이처럼 최고경영자로서 기업의 리더는 경쟁기업들과 끊임없이 경쟁하는 속에서 고객, 종업원, 주주 등 다양한 이해관계자들을 만족시키기 위해 창의적으로 생각하고 업의 본질을 잊지 않기 위하여 고뇌하는 숙명을 갖고 있다. 그리고 변화와 위기라는 기업환경의 불확실성(VUCA; Volatility, Uncertainty, Complexity, Ambiguity)에 직면하여 어려운 결단을 내려야한다. 일이 순조롭게 잘 풀릴 수도 있지만 그 반대일 수도 있다. 이러한 숙명은 일회적으로 끝나는 것이 아니라 끊임없이 반복된다는 특성을 가지고 있다. 따라서 종종 뼈아픈 좌절과 깊은 회의 그리고 막다른 절망감에 빠지기도 한다. 이럴 때 필

경영에 도입하는 것을 적극적으로 주창한 동 저서를 발표하면서 세계적인 주목을 받았다. 전 세계 12개국의 언어로 번역되어 수백만 부가 판매되었다(송경근 역. 2005, 『최고경영자 예수』, 서울: 한언).

2) 한국일보, 2019년 2월 9일자.

3) MK, "오피니언 [CEO 인사이트] 고모리 시게타카 후지필름 회장의 시선", 2019. 01. 24(https://opinion.mk.co.kr/view.php?sc=30500001&year=2019&no=49120).

요한 것이 깨달음이고 초심을 잃지 않는 심성을 갖추는 것이다.

최고경영자로서 기업의 리더가 깨달음의 초심을 계속 유지하는 것은 어쩌면 앞에 언급한 존스의 주장처럼 예수같은 성인의 경지에 오르는 것, 또는 다른 표현을 빌리면 '도道'의 경지를 이루는 것에 비유할 수도 있다, 대개의 사람들은 세월이 지나면 인간사에 매몰되어 대부분 초심을 잃게 마련이다. 수행이란 바로 초심을 잃지 않기 위한 것이다. 위기를 대하는 리더의 역할도 어쩌면 초심을 잃지 않기 위한 일종의 수행과정이라 할 수 있다.[4] 초심을 잃지 않는 마음가짐 하나가 그가 책임지고 있는 기업으로 하여금 불황을 극복하게 하는가 아니면 몰락하는가를 결정할 수 있다. 리더십의 대가 퀸(Quinn)은 "위대한 리더는 위기를 맞이할 때마다 자신이 보유한 근본적인 리더십 상태(Fundamental State of Leadership)를 점검한다"고 설파했다.[5] 기업 리더들에게 초심의 상태로 돌아가라는 화두를 던지는 말이다. 깨달음을 얻고자 수행에 들어간 불승처럼 '용맹정진(勇猛精進)'으로 초심을 지켜나갈 것을 권하고 있는 것이다.

서애 류성룡은 성리학적 깨달음을 추구하여 소위 '도통의 경지'에 도달하였으며, 그 초심을 잃지 않고 선공후사의 자세로 임하여 임진왜란이라는 국난 속에서 조선을 구해낸 명재상이다. 류성룡은 임진왜란 당시에 오너인 선조를 보필하면서 조선을 백척간두에서 구해내기 위하여 전시체제 하에서 국

---

4) 서애 류성룡의 리더십을 기업 리더인 최고경영자에 대비하여 연구해보는 발상은 2가지 아이디어에서 출발하였다. 첫째는, 류성룡이 당시 농업을 기반으로 하고 있던 조선의 사회경제 체제를 중상주의적 경제체제로 변혁시키고자 구체적인 방법론적 개혁을 시도하였다는 점이다. 당시로는 드물게 경제활동의 순환적 특성을 정확히 이해했던 관료로서 전란의 위기를 기회로 삼아 재정제도 개혁과 산업정책 추진을 시드하였다. 둘째는, 위대한 기업 리더일수록 탁월한 창의력과 시대를 앞서가는 통찰력 그리고 강인한 정신력의 소유자일 가능성이 크다. 본 연구도 류성룡이 전문성에 기반한 창의력과 통찰력 그리고 유연하면서도 강인한 정신력의 소유자였다는 점에 착안하였다(김현기. 2009, "되돌아보는 CEO 리더십의 기본", LG 경제연구원(http://www.lgeri. com/report/view. do?idx=15785) 참조).

5) Robert E. Quinn. 2005, "Moments of Greatness: Entering the Fundamental State of Leadership", *HBR*, July-August, pp.75-83.

정을 실질적으로 진두지휘한 조선의 '전문경영인'이었다는 것이 필자의 생각이다. 류성룡을 임진왜란이라는 극단적 위기 상황에서 조선을 구해낸 리더의 관점에서 연구해 보고자 하는 생각의 단초가 되었다.

기업의 최고경영자를 표현하는 용어인 CEO(Chief Executive Officer)는 원래 최고지휘관을 뜻하는 군사용어였다. 미국에서 기업의 최고 의사결정권자를 뜻하는 의미로 사용하면서 경제용어로 정착되었으며, 대표이사와 같은 뜻으로 쓰인다. 대외적으로 기업을 대표하고 대내적으로는 이사회의 의결을 집행하며, 회사 업무 전반에 관한 결정과 집행을 책임지는 지위와 권한을 갖는다. 따라서 기업의 성공한 최고경영자가 되기 위해서는 자신만의 독특한 경영철학과 경영이념, 그리고 리더십이 있어야 한다는 것이 일반적 견해이다. 바람직한 정책과 전략을 제시해 기업의 구체적인 행동 강령을 이끌어 내고, 필요한 순간에 과감히 결단을 내릴 수 있어야만 성공적인 기업 리더가 될 수 있다는 것이다. 전쟁터와 같은 치열한 무한경쟁으로 상징되는 오늘날의 글로벌경쟁 속에서 기업 리더의 역할은 더욱 중요해지고 있다.

기업 리더인 최고경영자의 관점에서 류성룡의 리더십을 규명하기 위해서는 우선 어떠한 패러다임에 기반하여 연구를 진행할 것인가를 먼저 고민해야 한다. 본 연구는 당시 조선이라는 나라가 당면한 임진왜란이라는 국가의 총체적으로 재난적인 위기 상황 속에서의 명재상 류성룡의 리더십 연구라는 점에서 상황적 제약조건과 리더십의 관계를 일목요연하게 규명할 수 있는 메커니즘적 시각에[6] 기반한 프레임워크로 접근하고자 한다.

메커니즘적 기반의 연구 틀은 일정한 환경적 제약(e: Environment)과 특성 속에서 가용한 자원을 여하히 동원하고, 필요한 자원(r: Resources)을 계발하고 개발하여, 조직 경쟁력을 창출할 수 있는 메커니즘(Mechanism)을 구축할 것인가를 설명하는 접근방법이다. 그리고 이를 실천할 수 있도록 하는 리더십(s: Subject)의 특징을 규명하고 설명하는 프레임이다(<그림 1> 참조).

6) 조동성. 2014, 『메커니즘 기반 관점』, 서울경제경영사.

그림 1 메커니즘 기반의 리더십 연구 틀

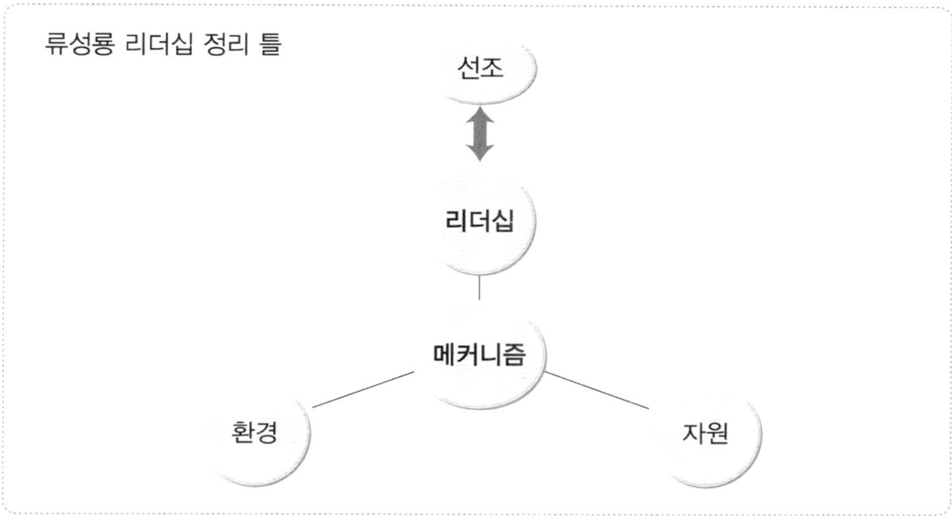

메커니즘적 연구 틀과 함께, 류성룡 리더십을 연구하기 위해서는 그의 리더십 특성에 대하여 여하히 접근할 것인가에 관련된 구체적인 이론적 배경이 필요하다. 기업 리더십 이론에 관한 기존 연구는 크게 전략적 리더십과 변혁적 리더십 2가지 방향으로 발전해 왔다.[7] 우선, 전략적 리더십은 조직의 생존과 발전을 위한 변화를 주도하기 위해, 미래에 대한 예측, 조직의 비전 제시, 유연성 관리, 전략적 사고, 타인과 협력을 할 수 있는 개인 역량으로 정의된다.[8] 기업 리더십에 대한 또 다른 하나의 중요한 연구 흐름은 변혁적 리더십이다. 변혁적 리더십은 현실 안주보다는 새로운 미래를 창조하기 위해 리더가 솔선수범하여 부하들의 열정과 몰입, 그리고 자발성을 이끌어 내기 위한 리더십 개념이다. Bass & Avolio(1995)는 변혁적 리더십의 특징을 카리스마, 영감, 개별적 배려, 지적 자극의 4가지 핵심요소로 제시하였다.[9]

7) 차동욱. 2005, "리더십 연구의 최근 동향: CEO 리더십을 중심으로", 『인사관리연구』, Vol.29 No.4 , pp.205-258.
8) Ireland & Hitt. 1999, "Strategic leadership for the 21 century", *Business Horizons*, 53(5), pp.437-444.

류성룡의 리더십 연구를 기업 리더의 관점에서 연구하면서 앞서 언급한 기존의 리더십 연구의 유형화된 연구 결과를 그대로 적용하는 방법은 본 연구에서는 지양하고자 한다. 시대적으로 적용대상이 16세기 당시의 조선이라는 국가체제이고, 당시 상황적 환경은 임진왜란이라는 극도의 불확실성과 혼란이 가중된 전란상황이었다. 따라서 기존 리더십 접근의 이론적 엄밀성 보다는, 변혁적 리더십이 필요하였고 전략적 리더십은 더 중요했던 즉, 통합적 통섭적 리더십 접근이 필요하던 시대이고 상황이었다. 뿐만 아니라 엄밀한 의미에서 당시 최고권력자는 조선의 오너인 선조이다. 따라서 류성룡을 최고경영자로 간주할 수 있는가에 대해서는 논란의 여지가 있을 수는 있다. 하지만, 이와 관련해서는 실제 업계에서도 대주주 오너와 전문경영인이 공동 대표이사 회장과 사장을 각각 분담하여 맡고 있는 거버넌스 체제의 기업들이 적지 않다. 따라서 '1인지하 만인지상(一人之下 萬人之上)' 영의정의 리더십을 이러한 공동 대표이사 체제에서 대주주 오너가 대표이사 '회장'을 맡고 있는 상황에서 전문경영인 대표이사 '사장'의 리더십 모델로 설명할 수 있을 것이다.[10] 본 연구에 고려된 변인들은 전략적 리더십에서 도출된 미래에 대한 예측, 조직의 비전제시, 유연성 관리, 전략적 사고, 협력적 개인 역량과 변혁적 리더십에서 제기된 카리스마, 영감, 개별적 배려, 지적 자극의 4가지 가운데 영감과 개별적 배려 그리고 지적 자극 등 3가지이다. 다만, 본 연구가 역사적 사실에 기반한 서술적 논리구조를 택하고 있어서 리더십에 관한 엄격한 연구모델을 수립하여 맥락적 접근을 시도하기 보다는 연구모델 구축

---

9) Avolio & Bass. 1995, "Individual consideration viewed at multiple levels of analysis: A multi-level framework for examining the diffusion of transformational leadership", *The Leadership Quarterly*, Vol. 6, Issue 2, pp.199-218.

10) 예컨대, ㈜ 삼진제약은 공동 설립자 대주주 2인이 대표이사 회장직을 맡고, 전문경영인 대표이사가 사장직을 맡아서 장기간에 걸쳐 경영 전반을 책임지고 있다. '맞다! 게보린'으로 유명한 삼진제약은 2001년 이후 6차례 연임에 성공한 전문경영인 이성우가 대표이사 사장으로서 경영 전반에 대한 책임을 지고 있으면서, 취임 당시 400억 원 대의 매출을 2017년 2,457억 원으로 끌어 올리면서 17년째 장기집권에 성공하고 있다.

을 위한 사전적 예비연구 차원에서 역사적 접근의 방식을 따르기로 한다. 이러한 전제 하에 본 연구 팀에서 도출한 류성룡의 리더십 가운데 비전과 深思, 信義와 謙虛, 現場과 方法의 3대 요소를 중심으로 전략적 리더십의 미래에 대한 예측, 조직의 비전제시, 유연성 관리, 전략적 사고, 협력적 개인역량 등의 4요소와 변혁적 리더십 가운데 영감과 개별적 배려 그리고 지적자극 등의 3요소를 아래 표와 같이 류성룡 리더십 유형으로 정리한 틀로 재분류하여 본 연구에서 집중적으로 규명하기로 한다(<표 1> 참조).

표 1 본 연구의 류성룡 리더십과 전략적/변혁적 리더십 요소간 대비

류성룡 리더십	전략적, 변혁적 리더십 요소
비전과 深思	영감, 미래에 대한 예측, 조직의 비전제시
信義와 謙虛	개별적 배려, 타인과 협력할 수 있는 개인 역량
現場과 方法	지적 자극, 전략적 사고, 유연성 관리

본 논문의 구성은 다음과 같다. 제1장 서론에 이어 제2장에서는 류성룡의 성장기 학습과정과 특색을 살펴보고 문과 급제 이전까지 성장과정과 내용에 대하여 정리하여 분석한다. 류성룡의 리더십을 설명할 수 있는 남다른 자질과 학습배경의 특색을 규명하고자 한다. 제3장에서는 급제 이후 출사하여 임진왜란이 발발하기 전까지 류성룡이 관료로서 성장하면서 특출하고 걸출한 리더십을 구축하는 과정의 특색을 분석한다. 특히 이 시기에 임진왜란을 극복할 수 있는 리더십이 어떻게 형성되었으며, 리더로서의 철학 및 중심적 가치가 무엇인가에 대하여 규명하고자 한다. 제4장에서는 류성룡의 리더십을 국가를 새롭게 리스럭처링하는 '再造山河'의 메커니즘적 관점에서 비전과 심사, 신의와 겸허, 현장과 방법을 중심으로 살펴보기로 한다.

Ⅱ. 류성룡의 성장 및 학습기

류성룡은 경상도 의성 땅 사촌에서 태어났으나, 어려서부터 아버지의 임지를 따라 다니며 글을 배우고 문물을 익히며 성장했다. 류성룡은 4세이던 1545년 공부를 시작하여 6세에 대학을 배웠다. 8세에 부친으로부터 맹자 등 문공편을 배웠는데 한글자도 틀리지 않자 '나가 놀라'고 했더니 글공부 능력이 부족하여 그러는 줄 알고 하루 종일 근심하여 밥도 먹지 않았다는 일화는 유명하다.[11] 류성룡은 대학, 논어, 맹자, 중용 등 사서를 13세 이전에 기본적으로 이미 상당히 깨우친 것으로 보인다. 13세에 동학에 나아가 대학과 중용 시험을 합격하여 입학허가를 받았다는 것이 이를 입증한다. 특히 시험관들은 그가 句讀, 義理의 의미를 정확히 맞추자, 류성룡이 大儒의 기질 타고났다고 인정하고 있다. 또한 그가 8세에 부친의 가르침으로 맹자 학습을 시작하고, 결혼 이후 19세에 관악산에 들어가 孟子를 홀로 학습하여 유가사상을 깨우친 것은, 당시 조선이 절대 왕권체제로 맹자 학습을 금기시 하던 사회분위기 하에서 오늘날로 치면 민주, 민의를 중시하는 그의 사상체계에 중요한 영향을 미쳤을 것으로 유추할 수 있다.[12] 관악산에서 맹자를 읽으며 수련하던 시절 류성룡이 도를 닦는다는 소문을 들은 한 승려가 그를 시험하고자 한밤에 찾아와 담벼락을 치며 겁을 주었다. 나중에 승려가 찾아와 '홀로 산에 사는데 도적이 두렵지 않은가' 하고 물으니, 류성룡이 웃으며 답하기를 '사람은 진실로 측량하기 어려운데 어찌 네가 도적이 아니라는 것을 알 수 있느냐'면서 계속 글을 읽었다 한다. 가벼운 에피소드처럼 들릴 수도 있으나, 당시 류성룡의 마음수련이 이미 흔들리지 않는 상당한 경지에 올랐을 것임을 가늠할 수 있는 일화이다. 성장기 류성룡의 학습내용과 과정을 정리

---

11) 이성무. 2008, "서애 류성룡의 생애와 사상", 『류성룡과 임진왜란』, 태학사, p.17.
12) 이성무. 위의 책. p.18.

하면 다음 <표 2>와 같다.

표 2 성장기 류성룡의 주요 학습 내용 연표

학습과정	학습 관련 내용	비 고
4세 (1545)	공부 시작	
6세 (1947)	大學 학습	
8세 (1549)	孟子 藤文公篇 학습	부친에게서 직접 사사
9세 (1550)	論語 학습, 부친 임지 維新 다녀감	부친 逆獄에 걸려 파면
13세 (1554)	東學에 나가 大學, 中庸 시험 합격 1년간 부친 부임지 義州 체류	句讀, 義理를 정확히 맞춰, 시험관들이 大儒 기질을 인정함
15세 (1556)	鄕試 합격	부친 임지 따라 다니며 세상물정, 국제정세 익혔을 것으로 추정
17세 (1558)	결혼	
19세 (1560)	관악산 입산 孟子 학습	맹자에서 유가사상의 핵심을 이해
20세 (1561)	고향에 돌아와 春秋를 읽음	부친 管押使로 명 출장
	이황에게 近思錄 등 성리학 배움	도산서원 수개월 체류
22세 (1563)	생원 진사시 초시 합격	
23세 (1564)	생원 1등, 진사 3등 합격	성균관 입소
25세 (1566)	문과 급제	부친 브임지 정주에서 돌아와 급제

자료: 이성무. 2008, 『류성룡의 학술과 경륜』, pp.17-20 내용을 발췌 정리하였음.

류성룡이 다양한 학문적 섭렵을 하게 된 것은 부친의 영향이 컸던 것으로 보인다. 부친 류중영은 25세 때인 1539년(중종 34)에 문과에 합격하여 1573년 59세로 사망할 때까지 30여 년을 주로 지방 관청의 현장업무에 종사한 정통관료였다. 따라서 그는 性理學的 담론보다는 實事에서 經綸의 적용과 실현에 주력했고, 이러한 행적은 부친의 부임지를 자주 따라다녔던 아들 류성룡이 탁월한 경세가로 성장하는데 일정한 작용을 하였을 것임을 쉽게 유추할 수 있다. 특히 류성룡이 양명학과 인연을 맺은 것은 부친과의 연이 주효했다. 부친 류중영은 아직 중초급 관료시절이던 1546년경부터 가족과 서울서 벼슬살이를 했는데, 이 시기에 우언겸(퇴계문하 禹性傳의 부친), 이해(퇴계 李滉의 형), 노수신 등과 교유하며 친분을 쌓게 된다. 특히 동갑이었던 노수신과는 어려서부터 서울에서 교유하여 막역했던 사이로, 그가 유배를 당하자 1553년(명종 8)에는 직접 유배지 진도로 그를 방문하여 위로하기도 했다. 이러한 두 사람의 관계는 아들 류성룡에게 대물림되었다. 노수신은 기본적으로 성리학자로, 1544년(중종 39)에 시강원 사서(司書)가 되었을 때는 서연(書筵)에서 퇴계 이황(李滉)과 함께 세자(世子: 명종)에게 강론하면서 서로 도학(道學)의 이론을 상호 인정하고 정중하게 대한 것으로 전해진다. 하지만, 노수신은 육구연의 양명학을 수용하여, 주자학의 이론 발전에 크게 기여하였다는 평도 받는 인물로 승려 휴정(休靜)·선수(善修) 등과도 교분이 두터워서, 불교의 영향을 받기도 하였다.[13] 이황이 그의 양명학적 성향을 비판했던 것을 고려한다면 학문적 성향에 있어서는 이황과 일정한 거리가 있었던 것으로 보인다. 그럼에도 불구하고 류성룡의 부친과 노수신의 친분관계가 매우 깊었던 것을 고려할 때 그의 양명학적 사유가 류성룡에게 영향을 미쳤을 개연성은 충분히 있어 보인다.

부친으로부터의 영향과 별도로 어렸을 때부터 신동으로 평가 받으면서 남다른 역량을 가지고 태어난 류성룡은 서울에서 공부하던 시절 성리학 관련 경서에만 얽매이지 않고 불교서적이나 육상산, 왕양명 등의 책이나 병서, 의서, 도가 서적 등에 대한 폭넓은 지식을 쌓았다는 것은 어쩌면 지적 호기심이 남달랐던 그의 진면목을 보여주는 장면이라고 할 수 있다. 실제로 류성룡은 청년기 이래 상산, 양명 등 유학의 다양한 계통을 학습하여 수용하였다.[14] 류성룡은 17살 때 아버지를 따라 의주에 갔다가 심통원이 의주에 두고 간 양명집(陽明集)을 구해 읽어서, 우연한 기회에 양명학에 대한 깊은 이

13) 이시기 불교 대승들과 교류는 임진왜란 시기 승병이 참전하는데 중요한 인연으로 작용한다.

14) 이 점에서는 형인 류운룡도 예외가 아니었던 것 같다. 이러한 경향은 류성룡의 전 생애를 통하여 지속적으로 이어졌으며, 그만의 통섭적 융합으로 나타난다.

해를 가질 수 있었다. 성장기 류성룡의 이러한 다양한 경험과 이에서 자극받은 지적 호기심은 그가 본질적으로 갖춘 본성과 어우러져 주자학적 성리학에 기반하면서도 그만의 독특한 세계관과 가치철학을 형성하는데 결정적인 작용을 했을 것으로 유추가 가능하다.

하지만, 류성룡의 부친 류중영은 경세가로서 사회적 교유망의 자유분방함 다양성에도 불구하고 중년 이후로 갈수록 이황과의 친교가 깊어졌던 것으로 보인다. 두 아들을 퇴계문하에서 수학하게 하는 한편, 1564년에 퇴계의 저서인 주자서절요를 간행하였고, 1571년에는 유정서원(莘巷書院)을 건립한 것이 그 단적인 근거이다. 특히 주자서절요의 간행과 보급은 이황에 대한 학문적 계승을 내포하는 것이고, 서원 건립은 이황과 사회적 행보를 함께하는 의미를 가진다. 이런 연류로 류중영은 퇴계학파까지는 아니지만 그에 준하는 존재로 인식되기도 하며 실제로 두 아들 운룡과 성룡이 퇴계문하의 핵심으로 성장하게 된다. 류중영의 이러한 노력은 자식인 류성룡 형제를 20세까지 학문적으로 자유분방하게 학습하고 세상살이를 경험하게 해주었으나, 이즈음에 이르러서는 조선시대의 주류인 성리학 쪽으로 학습방향을 집중시켜주고자 하는 의도와 의지를 가졌던 결과 때문으로 보는 것이 타당해 보인다. 자식들을 주류사회에 들어가도록 하기 위한 일종의 로드맵이 아니었을까?

류성룡이 안동의 도산(陶山)에 가서 퇴계문하에 들어간 것은 21세 때로 퇴계가 마침 임금의 만류도 뿌리치고 학문을 위해 낙향하여 사원을 열고 제자들을 기르고 있던 때였다. 당대 사림은 '도통'을 중시하고 있었으며, 안동 하회마을을 기반으로 한 류성룡에게 있어서 당대 사림의 태두인 이황을 찾아가 학문을 구하는 것은 당연한 일이었다. 이 당시에 조목, 김성일 등 이황의 제자들과도 교유하였다. 도산서원에서 수학하면서 류성룡이 주자의 근사록(近思錄)을 들고 이황에게 중요한 대목에 대하여 물어 나가자, 당시 62세의 노학자였던 이황은 "이 젊은이는 하늘이 낸 사람이다"라며 칭송했다는 일화는 유명하다. 이후 류성룡은 이황 문하에서 글을 읽고 벼슬길에 나섰다.

요즈음 표현으로 성리학자로서 코드가 세팅된 것과 같다.

성리학에 전념한 학자로 묘사되는 류성룡의 학문적 기호와 성향은 그리 단순하지 않았음을 유추할 수 있다. 예컨대, 퇴계문하의 동문 정돈, 조목 등이 함께 퇴계 밑에서 동문수학하던 류운룡, 성룡 형제를 陸九淵 형제에 비유하고, 김우석(金宇顒)이 류성룡의 학문을 도가의 선학(禪學)으로 경계한 것은 그의 학문 성향과 관련하여 많은 것을 시사하고 있다. 예컨대, 스승인 이황이 양명학을 사문난적으로 비판하며 이단으로 규정하자, 그도 양명학에 대한 관심을 끊고 이를 비판하는 입장을 취했다는 것은 사료에 나타나 있는 사실이다. 하지만 류성룡은 성리학 경서의 문맥에 얽매이지 않고 자력으로 이를 융합해 낼 수 있는 창의적 학문적 역량을 갖춘 인물로 보인다. 이는 그가 당시 사회적 패러다임을 뛰어넘는 쉽지 않은 기풍을 가지고 있었음을 의미한다. 양명학에 대해서도 이를 완전히 포기하거나 폐기하기 보다는 그 장점 및 수용 가능한 부분을 취하여 비판적으로 성리학에 융합했다고 봐야 할 것이다.[15)]

자신에게 도움이 된다면 어떤 학문이든 비판적으로 연구 검토하여 수용하고자 했던 그의 학문적 자세나 성향 또한 그의 학문적 지향에 집중할 필요가 있다. 실제로 류성룡은 상산, 양명학뿐만 아니라 도가, 의학, 병서 등에 대해서도 깊은 조예가 있었던 바, 이는 제 학문을 수렴코자 했던 오늘날 관점에서 보면 융합적이고 통섭적인 사고를 실천하고자 한 그의 기풍과 그에 따른 학문적 편력으로 이해하는 것이 타당하다.[16)]

15) 류성룡은 주자학과 양명학이 배치되는 가장 큰 요점은 格物致知에 대한 의견을 달리한 데서 비롯된다고 보았다. '만물의 이치란 오로지 내 마음에 있으므로 다른 곳에서 찾을 필요가 없다'고 한 왕수인의 주장을 주관(良知)적 지식으로 비판하고, 그 자신은 지식이 주관과 객관에 의하여 이루어져야 한다고 주장함으로써 양명학을 비판적으로 수용하고 있다(권오영. 2008, p.39).

16) 그럼에도 류성룡이 주자학적 가치를 독실하게 따르게 된 것이 이황의 사후이며 자신의 나이 30세를 전후한 때인 1571년~1573년경이란 점은 그의 학문 성향을 이해함에 있어 주목할 만한 사실이다.

이상에서 언급한 그의 학문적 취향 때문에 류성룡은 정치가, 경세가, 사상가, 군사전략가 등 매우 다층적인 면모를 보인다. 바로 이 이유 때문에 그를 단순한 경세가로 평가하는 오류가 나타난 것으로 보인다. 이것은 오히려 그의 학문과 삶을 한마디로 규정하기란 쉽지 않다는 것을 확인시켜 줄 뿐이다. 학문적인 경향에 있어서 갈래와 계통, 기호와 취향이 워낙 포괄적이고 광범위하여 그 가닥을 잡기가 쉽지 않다는 것이 그의 학풍이나 학문적 깊이를 과소평가할 이유가 되지는 않는다.

류성룡이 문과 급제하여 관료로 출사하기 이전까지의 성장기를 정리해 보면 다음과 같다. 20세 이전까지는 四書를 중심으로 유학을 학습하면서 그 밖에도 삼경의 하나인 春秋를 비롯하여 양명, 의서, 병서 등 다양한 학문을 섭렵하였다. 또한 부친의 임지를 따라다니며 겪었던 체험적 사회적 경험들은 그가 접한 다양한 학문들을 현실세계에 접목시키는 노력에 충분한 동기를 부여했을 것으로 보인다. 이러한 다양한 학문과 현실세계에 학습과 경험이 기반이 되어, 21세 이후 퇴계문하에 들어가 이를 융합 통섭함으로써 자신만의 독특한 성리학적 틀을 갖추게 된 것으로 파악할 수 있다. 그의 성리학적 특색은 '口耳之學'에 그치지 않고 자신만의 확고한 가치철학에 기반하고 있으며 현실문제 해결에 보다 개방적으로 접근하고자 하는 입장에 기반하고 있다는 점이다.

Ⅲ. 관료로서 류성룡 리더십 형성기: 深思를 통한 깨달음

1. 관료생활 초반(Doing by Learning): 선조와의 신뢰관계 구축

류성룡은 1564년 명종 때 사마시(司馬試)에 합격하여, 1566년 별시 문과를 거쳐 한림원(翰林院)을 거쳐 승문원 권지부정자가 되었다. 이듬해 예문관 검열과 춘추관 기사관을 겸하였고, 48세 이전까지는 대체로 언관직이나 승지직에 머물면서 국정을 지원하는 직책에 종사하였다. 첫 벼슬로 언관직을 수행할 때는 대개 상대를 공격하고 탄핵하는 일을 하는데, 류성룡의 경우는 경연에 참여하여 당시 10세 아래인 선조의 학문 수학을 돕고 정치적 역량을 키우도록 도움을 주는 역할을 주로 맡았다. 이러한 류성룡과 선조의 개인적 관계가 두 사람의 독특한 신뢰관계를 구축하는 기반이 되었다. 부제학 류희춘도 책난진선(責難陳善)[17]은 서애를 넘어 설 사람이 없다고 했다. 연보에 적기를, "선생이 오래 동안 옥당에 있으면서 개연히 임금의 마음을 격동시키는 것을 자기의 임무로 생각하고 입대할 때마다 반드시 마음을 정백하게 하고, 성의를 다해 아는 것을 말하지 않는 것이 없고, 말하면 간절하지 않은 것이 없었다. (중략) 임금이 매양 칭찬을 아끼지 않고, 일시의 사대부들이 모두(서애를) 강관으로서는 제일이라고 추켜올려 세웠다."[18]고 하였다. 이러한 류성룡에 대한 선조의 신뢰를 보여주는 일화 가운데 하나를 예로 들면, 선조 17년 10월 정여립 옥사가 발생하자 류성룡은 자신의 죄과를 해명하면서 귀양을 보내 줄 것을 상소한다. 그러나 선조는 '경의 심사는 밝은 태양에 맹서할 수가 있으므로, 내가 이일을 알고 있은 지가 오래되었으니 조금도 마음에 둘 필요가 없다'고 비답하고 있다.[19]

1569년(선조 2)에 류성룡은 성절사의 서장관이 되어 명나라에 다녀왔다. 이때 북경의 태학생들이 몰려와 학계추세를 문답하는 자리에서 류성룡이 설파한 내용을 들은 그들로부터 '서애 선생(西厓先生)'이라 불리며 존경을 받게 된다.[20] 이는 성리학자로서 류성룡의 학식과 덕망뿐만이 아니라 통찰력이 명에까지 알려지고 있음을 확인 할 수 있는 부분이다. 조선의 성리학자가 성리학의 발상지인 명나라에 가서 성리학 본류라고 자타가 공인하는 그들의 잘못된 시각과 생각을 바로 잡았다는 것은 그리고 그들이 이를 인정했다는 것

17) 어려운 일을 실행하도록 책망하고 권고하며, 선(善)한 것을 진술하는 것.
18) 이성무 외. 2008, 『류성룡과 임진왜란』, 태학사, p.22.
19) 서애선생기념사업회. 2005, 『서애 류성룡의 경세사상과 구국정책(상)』. pp.51-53 참조.
20) 명의 태학생들에게 당대 명의 저명한 유가사상가가 누구인가라고 물으니, 陳白沙와 王陽明이라는 답이 돌아왔다. 이에 류성룡은 '진사백과 왕양명은 학문이 순수하지 못하고, 오직 薛文淸 만이 학문이 순수하다'고 설파하자 그를 존중하여 '서애 선생'이라 불렀다.

은 이 시절 이미 류성룡의 성리학에 대한 이해와 성찰의 깊이를 가늠할 수 있는 부분이다. 류성룡의 성리학에 대한 이해수준과 깨달음이 명나라에서도 인정하는 수준과 깊이였다는 것은 간과할 수 없는 부분이다. 명에서 귀국하여 류성룡은 홍문관 부수찬·수찬이 되었고, 사가독서(賜暇讀書)도 명받았다. 당시 경연 검토관과 춘추관기사관을 겸했는데, 그의 강론은 선조를 감동하게 했다고 한다.[21]

류성룡은 정5품인 정랑으로 승진할 때부터 직언을 하고 있음이 확인된다. 이조 정랑시절 죽음을 앞두고 간언한 이준경(李浚慶)을 삭탈관직함이 옳지 않음을 주장한 것이 그 예이다. 그리고 인성(仁聖) 대비 사후에는 예조에서 기년설(朞年說)을 주장하였으나, 류성룡은 적손(嫡孫)의 예를 따라 3년 설이 타당함을 주장하였으며 그의 주장이 받아들여져 그대로 시행되었다. 그런가 하면 경연에서 선조가 자신을 전대의 어떤 제왕과 견줄 수 있는가 하고 묻자 혹자는 요순에 비유하였으나, 바른 말 잘하는 김성일은 요순이 되는 것은 어렵지 않으나 군주가 신하의 간언을 거절하는 병통이 있어 걸주와 같이 나라를 망하게 할 수도 있음을 지적하였다. 분위가 불편해지자 류성룡이 나서서 두 사람 다 일리가 있음을 전하고 요순과 같다는 말은 군주를 인도하는 말이고 걸주와 같다는 말은 군주를 경계하는 말이라고 주석을 달자 선조는 그제야 얼굴빛을 풀고 술을 내리고 있다. 류성룡은 이처럼 조정에서 신하들간의 상반된 의견을 화해 조정하는 역할을 하고 있다. 직언이든 화해와 조정이든 그가 하는 말과 논리는 名正言順의 이론적 특성을 갖는다. 그의 이러한 직언은 확고한 신념과 신의에 기반한 것이었고, 이후에도 그의 발언과 직언은 이러한 소신과 원칙을 벗어나지 않았다.

예조판서 겸 동지경연춘추관사홍문관대제학으로 승진했으나 사직하고자 했을 때도, 선조는 "옛날에 인군이 신하에 대해 신하로 대접하는 경우도 있

21) 賜暇讀書란 조선시대 조정에 출사한 걸출한 젊은 인재들에게 왕이 특별히 공부할 수 있는 휴가를 하사하는 것(이성무 외. 2008, 『류성룡과 임진왜란』, 태학사, p.22).

고, 친구로 대접하는 경우도 있고, 스승으로 대하는 경우도 있었다. 이 뜻은 비록 후세에 전해지지는 않았지만, 그러나 경이 10년 동안 경연에 있으면서 흠 잡을 데가 하나도 없었고 의리로는 임금과 신하이나 오히려 붕우와 같았으며, 학문으로 논하자면 꽉 막힌 장구章句나 하는 선비가 아니요, 그 재주로 말하면 족히 큰일을 감당할 만하다. 경을 나만큼 아는 사람도 없다"[22]고 최대한의 신뢰를 보내면서 극구 만류하고 있다. 이 시기에 선조는 10살 위인 류성룡의 학식과 사리사욕 없고 정의로운 성품에 호감을 갖고 멘토로서 그를 전적으로 신뢰하게 된다.[23] 그러기에 오랜 전란기간 류성룡을 영의정으로 삼아 지근거리에서 보필하게 한 것이라 할 수 있다. 류성룡이 '一人之下萬人之上'의 위치에서 임진왜란 기간 동안에 실질적으로 국정을 운영하면서 전란에 대응할 수 있었던 것은 선조와 류성룡 간의 독특한 신뢰관계가 없었다면 불가능한 일이었다. 조선이라는 국가의 오너(일종의 '대표이사 회장')로서 선조와 전문경영인으로서 영의정(일종의 '대표이사 사장') 류성룡의 이러한 관계는 이후 전개되는 임진왜란 기간동안의 전시 국가체제 복구에 있어서 류성룡의 리더십을 가능하게 하는 가장 중요한 신뢰 인프라를 형성하고 있다.

2. 붕당갈등 속에서 보인 信義와 深思

심의겸이 김효원의 이조전랑 천거를 반대하자 같은 이황의 제자였던 류성룡은 심의겸 편에 서지 않고 김효원을 변호하였다. 1575년 을해당론(乙亥黨論)으로 동인과 서인으로 분당되자 그는 서인에 가담하지 않고 동인에 가담하였다. 이후 응교(應敎) 등을 거쳐 경연 검토관(經筵檢討官), 직제학(直提學), 부제학(副提學), 도승지, 대사헌(1582년~1583년), 대제학 등의 요직을

22) 이성무 외. 2008, 위의 책. p.27.

23) 1583년 10월 경상도관찰사에 임명되었는데 어머니 때문에 부임하지 못한다고 하자 선조는 "류성룡은 10년간 경연에 있어서 내가 잘 안다. 이 사람은 진실로 賢士현사이고 재주가 있어 조신 중에 傑然걸연한 자이다"라고 했다(이성무 외. 2008, 위의 책, p.27).

맡으며 비교적 순조롭게 조정의 주요직책들을 거치며 승진한다. 상주(尙州) 목사로 나가서는 예절로 다스렸으며 고향에서 어머니의 병을 간호하던 중 함경도 관찰사(감사)·성균관 대사성 등에 연달아 임명되었으나 나가지 않았다. 예조판서 재직 중 의주 목사 서익(徐益)이 소를 올려 탄핵하니 물러나기를 청하고, 3년 동안 고향에 내려가 선조의 부름에도 복귀하지 않았다.

1588년 형조 판서로 부름을 받고 대제학을 겸했다. 1589년 정여립 모반(기축옥사)이 발생하자 류성룡은 사화를 최소화하고자 노력하였으나, 자신의 이름이 정여립이 이이에게 보낸 글에서 나타나자 자신을 둘러싸고 조정 여론이 흉흉해질 것을 염려하여 사퇴를 청하기도 하였다. 그러나 선조는 그를 위로하며 이조 판서로 옮겼다가 이어 우의정에 승진시키고 광국공신(光國功臣) 3등으로 풍원 부원군(豊原府院君)에 봉하였다.[24]

1590년에 이조 판서에 옮겼다가 이어 우의정에 승진하였으나, 서인 정철의 처리를 놓고 동인 내에서도 의견이 갈라지게 된다. 파직, 유배된 정철의 처벌을 놓고, 정승을 역임한 고관이라 차마 죽일 수는 없다며 선처를 주장한 류성룡, 우성전과 정여립의 난과 기축옥사로 동인을 무자비하게 숙청한 정철에게 사약을 내려야 한다고 주장한 이산해, 정인홍 간에 논쟁이 벌어졌고, 동인은 심한 내분에 휩싸였다.[25] 결국 임진왜란 발발 직전에 정철의 치죄 문제와 전랑 천거 문제 등을 놓고 동인 세력 내부에서도 대립이 극에 달하면서 다시 남인(온건파)과 북인(강경파)으로 갈라지게 된다.

류성룡은 1591년 좌의정과 이조판서를 겸하면서, 정철을 비롯한 서인의 처벌을 놓고 온건파인 남인에 속하여 정철을 처벌하는 데는 찬성하지만, 서

24) 서인 정철이 전라도 유생 정암수(丁巖壽)를 사주해 50여 명이 연명으로 '이산해, 류성룡, 나사침, 나덕준, 정인홍, 정개청이 정여립과 밀접한 사이였다'고 그들을 진퇴시킬 것을 요구하는 상소를 올렸다. 이 상소에 선조는 크게 노해 오히려 이산해, 류성룡을 위로하고, 정암수 이하 10여 명에게 죄를 줄 것을 명했다. 양사가 계사를 올려 죄주지 말 것을 청했으나 선조는 응하지 않았다.

25) 북인은 남인 측의 우성전이 축첩을 한 것과 부모의 상중에도 기생, 첩이 수시로 우성전의 집에 출입한 점 역시 지적하면서 개인적 非禮의 부도덕성을 들춰내며 압박을 가했다.

인 전체를 처벌하는 것은 반대한다며, 강경파인 북인의 일원인 이산해와 대립하였다. 또한 그가 좌의정에 재직 중 왜(倭)가 소위 '정명가도'를 명분으로 하는 국서를 보냈다. 영의정 이산해는 이를 묵살하자고 했으나 류성룡은 이 사실을 중국에 보고해야 한다고 주장하여 그대로 실행하였다. 이러한 조치는 뒷날 명나라가 조선이 왜와 결탁하지 않았나 하는 의구심을 푸는데 결정적인 역할을 하였다.

그는 비교적 순탄한 벼슬길에서 도승지·대제학·이조판서 같은 요직을 거쳐 1590년(선조 23) 우의정에 올랐다. 48세로 정승의 반열에 들어선 것이다. 그의 출세를 그의 능란한 처세로 평가하는 시각도 있지만, 이 보다는 자신의 가치와 철학에 대한 확고한 신념과 이를 실천하는데 있어서 유연하고 포용적인 접근 때문으로 보인다. 그리고 그의 신중한 몸가짐과 선조의 남다른 신임도 작용했던 것으로 보인다.

사색당파가 벌어지던 시절 소위 '당쟁'의 중심에 류성룡이 서있었던 것은 분명하다. 그러나 그가 당쟁을 주도한 것은 아니고 소위 유가의 도를 행함에 있어서 서로 패러다임이 다르고 따라서 입장이 달랐던 것이다. 류성룡은 학연이나 당파에 연연하기 보다는 자신의 가치와 소신 그리고 신념에 충실했던 모습을 확인할 수 있다. 우선 동서 양인으로 갈라질 때도 그는 당시 세계관으로는 퇴계 문하의 심의겸에 동조하여 서인이 되었어야 마땅하나, 동인인 김효원을 지지하는 입장을 선택하였다. 이어서 정치적 숙적이었던 서인의 정철에 대한 치죄를 놓고 동인이 강경파인 북인과 온건파인 남인으로 갈라질 때도 그는 정철에게 너무 과다한 처벌을 내리는 북인의 주장에 반대하고 있다. 시정에서는 전자의 사례를 퇴계문하의 배신으로 후자의 사례를 유약한 처신으로 폄하할 수 있으나, 상생의 정치, 배려의 정치, 원칙의 정치, 신념의 정치를 중요한 가치로 생각했다면 그의 이러한 결정과 행동은 일관되고 지속가능한 정치철학이 숨겨져 있다고 보아야 할 것이다. 류성룡의 정치는 정략적 당파성의 이해관계를 중심으로 하는 것이 아니라 공공성이라는 국가

통치의 근본이념에 충실하고 있음을 보여고 있다. 특히 이러한 류성룡의 정치적 리더십은 뒤에서 언급하는 그의 深思에 기반한 리더십 가치가 확고히 작동하고 있음을 보여주고 있다.

3. 1585~1588: 深思를 통한 깨달음

연구자는 특히 앞에서 간단히 서술한 이 기간에 류성룡의 내적 의식변화에 관심이 간다. 이 시기 3년간 류성룡은 예조판서 직을 버리고 낙향하여 남계(南溪)서당과 옥연(玉淵)서당을 세워 후학의 교학에 힘쓴다.[26] 병중인 노모의 봉양을 명분으로 함경도관찰사, 성균관대사성, 경상도관찰사 등의 배명을 모두 사퇴하였다. 대부분의 류성룡 연구에서는 이 시기를 노모를 봉양하면서 서원을 세워 후학들을 가르치는 활동정도로 비교적 간단하게 다루고 있다. 하지만 이것은 겉으로 드러난 활동일 뿐, 연구자의 시각에서는 류성룡이 이 시기에 자신의 내부에 깊이 침잠하여 그동안 공부하고 수련했던 지식체계와 조정에 출사하여 경험했던 체험적 학습을 집대성하여 자신만의 독특한 성리학적 깨달음을 구축하고자 치열한 정진 수련을 하여 일정한 경지를 이룩한 것으로 판단된다. 이러한 유추의 근거는 그가 젊은 시절부터 경학공부에 힘써 마음을 다스리고 본성을 기르는 묘법을 터득하였기 때문이다.[27] 그는 주자학이외에도 양명학, 심지어 도교, 불교, 의학서까지 섭렵하면서 청년기부터 다양한 독서를 통하여 자신만의 독특한 학습방법인 '思索'에 기반한 통섭을 시도한 것으로 보인다. 그는 경학에 대한 탐구가 시무時務를 알기위한 것이라는 확고한 신념을 갖고 '體用'을 중시하였다. 따라서 조정에 출사해서도 결코 자신을 수양하는 생활태도와 자세를 잃지 않았다. 예컨대, 1566년 급제하여 조정에 들어간 2년 후인 1568년에 류성룡은 靜觀齋春日有

26) 서애 류성룡기념사업회. 2005, 『서애 류성룡의 경세사상과 구국정책(하)』, 책보출판사, p.134.

27) 권오영. 2008, "서애 류성룡 경학사상의 심학적 성향", 이성무 외, 『서애 류성룡의 학술과 경륜』, 태학사, p.16.

感이라는 題下의 아래와 같은 시를 짓는다.

큰 도는 입과 귀로 전하기 어려우니　　大道難從口耳傳
이 마음 간 곳마다 저절로 편안하여라　　此心隨處自悠悠
헌함 밖에 실버들 고요히 바라보니　　靜觀軒外千條柳
가지마다 봄빛이 하나같이 찾아 드네　　春入絲絲不後先

이 시에 대한 비판적 평가(이유장, 1625~1701)도 있지만, 이는 성리학적 도그마에 기반한 것이다. '口耳傳'이라는 표현은 당시 성리학이 '口耳之學'에 그치고 있다는 뼈아픈 자성을 표현한 것이다. 시제에서도 나타나 있듯이 靜으로서 만물의 情을 본다는 것은 원래 易의 이치이니 바야흐로 春氣가 발육하는 날에 만물이 상생하는 理를 보면 義가 境에 따라 靜해지고 心이 理와 통하여 희열을 느끼는 소회를 표현한 것으로 보는 것이 타당하다.[28] 이러한 경지의 시는 류성룡의 성리학적 수련의 경지가 이미 깨달음을 자신의 생활 속에 체화시키는 단계에 들어가고 있음을 표현한 것으로 볼 수 있다.

그로부터 13년이 지나 홍문관 부제학에 임명된 1579년에도 휴가를 받아 안동의 노모를 뵈러가던 중 이덕홍과 함께 한강을 건너며 論學有感이라는 두 편의 시를 짓는다. 이들 시에서 류성룡은 心學을 노래하며 大道는 본래 유일한 法文이라 하였는데,[29] 이미 당시에 류성룡은 성리학을 기반으로 양명학에 대한 비판적 수용이 어느 정도 완성된 단계에 들어간 것으로 추정할 수 있다.

천성이 전한 심법에 도를 구할 수 있으나　　千聖傳心道可求
십년을 벼슬 길에서 벗어나지 못 하였네　　十年塵路未回頭
서로 만나 깊이 탄식하니 가을 강은 저문데　　相逢絕歎秋江晩
그대 따라 노를 저어 원류를 더듬고 싶네　　理棹從君欲泝流

28) 이성무 외. 2008, 『류성룡의 학술과 경륜』, 태학사, pp.55-56.
29) 권오영. 위의 책, p.36.

큰 도는 본디 두 갈래가 아니건만 大道由來不二門
말학이 빈말을 드러내는 것도 가련도 하여라 堪燐末學정空言
조용히 참 소식이 새어나오니 居然漏泄眞消息
뛰는 고기와 나는 솔개 다 같이 하나의 근원이네 魚躍鳶飛總一源

이러한 유추는 그의 배움學에 대한 생각에서 확인된다. '學은 以思爲主이고 心을 가진 인간은 心의 기능이 곧 思索하는 것이니 思索하지 않으면 얻음이 없다.'[30] 류성룡이 생각하는 배움은 곧 思索이다. 책을 읽고 지식을 습득하여 이해하는 데서 멈추지 않고 전심전념으로 思索하여 깨달음의 경지까지 다다르는 과정이 곧 배움(學)이라는 뜻이다. 양명학의 知行合一을 비판하는 이유도 양명학에서 말하는 知가 너무 하위수준의 개념이라는데 있다. 류성룡은 배움學이 곧 사색이라고 주장하듯이 사색이라는 배움을 통하여 얻는 知 또한 단순한 지식이 아니라 睿知적 차원의 깨달음의 경지임을 알 수 있다. 따라서 류성룡이 생각하고 주장하는 '知'란 知行合一에서 의미하는 知와 行보다 더 상위의 개념이다. 하늘의 이치를 깨달아서 이 세상의 도를 깨우칠 수 있는 경지에 도달하는 과정이 學則思索이고, 그러한 경지에 도달하여 만물의 이치를 터득한 경지를 '知'로 나타내고 있다.[31]

뿐만 아니라 그가 주장하는 知는 體用을 포함하는 것이다. 즉 단순히 형이상학적 깨달음에 머무르는 것이 아니라, 실천적 지혜와 구체적인 실천에 이르기까지 막힘없이 물 흐르듯이 이루어지는 경지를 의미하고 있다. 류성룡의 이러한 知는 그가 주장한 主宰說로 연결된다.[32] 류성룡이 주장하는 '主宰'란 몸과 마음을 다스리고 본성을 함양하는 묘법이다. 마음의 역할(功能)

30) 『서애 류성룡의 경세사상과 구국정책(상』), pp.4-5('聖賢之學 專以思爲主 非思則口耳之學 雖多奚爲').

31) 위의 책, p.7. '雖篤行 而行未知 則未免爲習不著行不察 謂之善人君子 則可也 終不足通微而詣極也(행실이 돈독해도 지가 예지에 이르지 못하면 학습을 하고 실천을 하더라도 이치에 도달하는 것은 아니니 선인군자는 되더라도 우주의 근원과 도의 근원에 대한 통찰과 깨달음에 도달하는 경지에는 이르지 못한다)'.

32) 권오영. 2008, 위의 책, p.43.

이자 몸을 적절하게 제어하고 본성을 충만하게 실현하기 위한 학습(또는 수련, 工夫)의 기초이자 핵심이며, 또한 그 결과로서 聖人의 최종 경지인 효능(또는 능력, 역량, 功效)을 의미한다. 류성룡이 강조하는 성리학은 도덕에 대한 형이상학적 정당화 이론 차원에 머무는 것이 아니라, 현실에서의 주체적 실천의지였으며, 도덕 본체의 自然的 實現이 아니라 人間의 有爲的 實踐이었다.[33] 류성룡이 주장하는 '主宰'란 성리학적 깨달음을 인간의 有爲的 實踐으로 이어주는 體와 用의 연결고리인 핵심개념으로 본 연구에서 규명하고자 하는 메커니즘으로 이어진다. 이러한 그의 성리학적 성향에 대하여 양명학적 심학에 기반하여 주관적 자아를 지나치게 강조하는 것이 아닌가 하는 비판도 있기는 하나, 유교의 기본적 입장인 인간의 有爲的 實踐意志를 강조한 것으로 해석하는 것이 논리적으로 더 적합하다. 이러한 류성룡의 주재설은 그가 思索이라는 학습과정을 통해서 임진왜란이라는 국가적 재난을 맞아서 추호의 흔들림도 없이 전시 국가운영 체제를 구축하고 왜군에 맞서 전시동원 체제를 작동시키기까지 주도적으로 나랏일을 처리해 나갈 수 있었던 리더십을 설명하는 중요한 연결고리이다.[34]

이와 관련하여 1585년~1588년 기간 동안 낙향해 있으면서 류성룡은 다음과 같은 3편의 시를 지었는데, 이들 시는 모두 이 시기에 류성룡이 자신만의 독특한 성리학적 철학 기반과 실천적 가치를 확립하는 과정과 그 스스로의 확신을 표현한 것으로 보인다.

---

33) 문석윤. 2014, "서애 류성룡의 主宰說에 대하여", 『퇴계학과 유교문화』, 第55호, p.127.

34) 물론 主宰說은 류성룡 만년에 집필한 짧은 글이다. 따라서 임진란 이전에 주재설이 어느 정도 확립되었는지는 분명치 않다. 다만 1574년경에 조목에게 보낸 편지에서 예부터 '學의 妙法'이 없어 (깨달음이 있어도) 일을 성사시키지 못함을 안타까워하는 마음을 적고 있다. 류성룡이 주재설에서 주재가 곧 몸을 다스리고 본성을 기르는 묘법 즉 '學의 妙法'이라고 정의하고 있다는 점을 근거로 적어도 1574년경부터 이미 '주재'의 필요성을 절실히 갈구하고 추구하고 있었음을 유추할 수 있다.

齋居有懷[35]

細雨孤村暮　저무는 외딴 마을에 가랑비 내리고
寒江落木秋　차가운 강물위로 가을 나뭇잎 떨어지네
壁重嵐翠積　첩첩 절벽에 푸른 기운 쌓여 가고
天遠鴈聲流　멀리 하늘에서 기러기 소리 들리네.
學道無全力　도를 깨우치려 전력을 다 하지는 못했으니
臨歧有晩愁　기로에 이르러야 때늦은 근심이네
都將經濟業　장차 경국제세의 업을 다하면
歸臥水雲陬　돌아와 자연과 함께 하리라.

齋居讀易(1587년 임진왜란 5년전)[36]

窮簷讀易歎吾迷　궁벽한 거처에서 주역을 공부하다 스스로 어리석음에 탄식하네
晨起硏劘至日西　새벽에 일어나 해질녘까지 수련을 게을리 하지 않으니
莫道羲文消息遠　복희와 주역을 깨칠 소식이 멀다고 하지 말게
隔窓春鳥數聲啼　창밖의 봄새는 지저귀는데...

주역을 공부하면서 관물觀物하고 느낀 바를 시로 적은 齋居讀易이라는 제하의 시는 이미 일정한 역리를 깨달았음을 밝히는 내용이다. 혹자는 易理가 春鳥의 울음소리 속에 있겠는가 하고 비판적으로 평하기도 하였으나(이동표, 1633~1700), 子思가 중용에서 '솔개가 날고 물고기가 뛰는 모습'을 취하여 物 속에서 理를 밝힌 예를 들어 경지에 도달했다고 해석하고 있는 류세명의 견해를 따른다.[37] 이러한 깨달음은 그 이후 1년이 지나 1588년에 지은 燕坐樓秋思라는 題下의 시에서는 더욱 확고한 경지에 도달하고 있음을 확인할 수 있다.

35) 齋居有懷는 詩作 년도가 분명치 않다. 다만 아래 2수의 시의 내용을 유추할 때 정진수련 과정에서 만들어진 시작으로 봐서 이보다 이른 시기에 만들어 진 것으로 판단된다.
36) 이 시는 도수련의 고생 끝에 깨달음의 경지가 가까운 듯한 희열을 노래한 것으로 보인다.
37) 권오영. 2014, 상게서, p.54.

燕坐樓秋思 (1588 임진왜란 4년전)

天澗歸雲盡 (천간귀운진) 하늘 사이 구름이 사라져가면서
林昏病鶴愁 (임혼병학수) 황혼 숲속 병든 학은 시름에 젖고
秋風吹洛水 (추풍취낙수) 가을 나뭇잎 바람에 물위로 떨어지는데
孤客倚江樓 (고객의강루) 외로운 나그네 되어 강루에 기대있네
伊人久不來 (이인구불래) 그대 오래도록 오지 않고
山景欲沈夕 (산경욕침석) 산 그림자는 석양에 깊어지는데
風雨捲汀蘭 (우풍권정난) 비바람 난간을 휘몰아치고(蘭＝欄)
烟波生晩碧 (연파생만벽) 만벽에는 파도가 일어나네
千古羲文學 (천고희문학) 천고의 복희 주역을
三年燕坐心 (삼년연좌심) 삼년간 앉아 마음에 담아 보니
意中蒼壁立 (의중창벽입) 마음속에 푸른 뜻이 우뚝 서고
吟外暮江深 (음외모강심) 밖으로는 지는 저녁 강심에 이르네

이 마지막 시는 류성룡의 思索을 통한 마음 수련이 확고한 깨달음의 경지에 이르렀음을 시사한다. 정여립과 연루되었다는 모함을 받자 스스로 사직하고 그 후 선조가 불러도 사양하다가, 3년 만에 5언 절구 3절의 이 시 한 수로 자신의 깨달음과 뜻을 확고히 세웠음을 이 시로 표현하고는 형조판서로 귀임한다. 동 시를 보면 3년간 치열하게 용맹정진 하였음을 시사하고 있는데, 그 결과 자신의 의지가 푸른 기둥절벽처럼 우뚝 서고 자신의 마음이 강 깊은 물속에 고요히 잠기는 경지(깊이 침잠하여 추호도 흔들림이 없는 경지)에 다다랐음을 밝히고 있다. 이는 자신의 깨달음이 확고하고 이를 실천할 마음 자세는 추호의 동요도 없는 경지에 도달했음을 의미하고 있다.[38] 이러한 의미에서 이 시기는 류성룡이 스스로 학습한 것과 조정에 나아가 경험한

38) 연구자는 류성룡이 임진왜란이라는 극단적 혼란 속에서 어떻게 자신을 버리고 냉철하게 자신이 가진 역량을 십분 발휘하여 상황을 반전시켰는지가 궁금하였다. 범인으로서는 상상할 수 없고 아무리 유능한 천재라도 흔들리지 않는 마음, 확고한 신념 그리고 실천할 수 있는 전문성 없이는 불가능한 그러면서도 사심 없는 진정성이 어디서 연유했는지가 매우 궁금하였다. 그 답을 여기서 찾은 것 같다.

다양한 경험 치들을 자기만의 철학과 가치로 융합적 통섭적으로 집대성시키는 매우 중요한 시기였다고 평가하고자 한다.

다음에 소개하는 시 또한 류성룡의 인식세계를 이해하는데 매우 중요한 의미를 갖는 것으로 보인다. 왕양명을 차운하여 지은 시로 스승 이황이 그렇게 비판하였음에도 류성룡은 이와 같은 悟道頌을 쓰고 있다. 이것은 무엇을 의미하는가?

次陽明韻 題玉淵壁上

幽居興味與時深	은거의 흥취가 세월과 더불어 깊어지나니
塵事寧容一點侵	어찌 조금이라도 세상사에 간여할 건가
竹塢秋聲聞戛玉	대숲강기슭 가을소리는 옥구슬 두들기는 소리같고
江臺月色見鎔金	강변석벽 달빛은 황금색을 띠는 구나
行藏[39]漏滴登樓眼	가다섰다 하며 눈물 머금고 누각에 올라보니
精一功[40]慚望道心	마음 수행의 경지가 부끄러우나 道心의 경지를 들여다 보네
浮世已知眞夢幻	세상살이가 한바탕 꿈인 것을 알기에
晩來長嘯白雲岑	해질녘 흰구름 두른 산봉우리에서 크게 외쳐보네

일명 心學과 '知行合一'로 잘 알려진 양명학은 현실세계를 살아가는 인간들의 마음을 수양하는데 그 가치의 중점을 두고 있다. 그의 내부에 자리하고 있는 이러한 가치가 정치가이면서도 현실정치 현장정치에 더 무게를 두는 명재상이 될 수밖에 없었다는 것을 역설적으로 입증하는 것이라 할 수 있다. 그가 남긴 사료 가운데는 양명학을 비판한 것들도 있지만 그의 경지는 양명학에 대한 '비판적 극복을 넘어서 초월'하여 이를 뛰어 넘는 깨달음에 도달했다는 의미에서 이해할 필요가 있다. 즉 무시하고 도외시 하는 것이 아니라 실천적으로 이를 극복하고 넘어서서 사유와 실천을 '精一功' 마음과 '主宰'를

39) 벼슬길에 나아가 우여곡절을 겪으며 진퇴를 거듭하는 모습을 그림.
40) '精一之功 知行合一'로 '人을 알고 道를 아는(知人知道)' 경지의 마음心에 도달하여 '精'하게 하고 '一'하게 하는 경지에 도달하기 위한 마음수련.

통하여 순리적으로 통합할 수 있는 경지에 도달했음의 의미한다. 이러한 관점에서 류성룡의 현실정치란 서로 다른 주장을 펼치는 정치그룹(파벌?)간의 정치적 역학관계에 몰입하는 명분과 명분간의 갈등과 조화라기보다는 백성들의 삶과 직접적인 연관이 있는 실천적 생존 문제에 대한 정치적 해결방안 제시라는 관점에 더 중점을 두었다. 본 연구는 이러한 관점에 초점을 맞추고 있다.

여기서 던지는 의문은 류성룡이 성리학의 대유인 것은 분명하지만, 그 이상으로 설명하기 쉽지 않은 경지에 도달한 인물이 아닌가라는 것이다. 연구자는 이 연구를 하면서 유비와 제갈량 같은 관계가 선조와 류성룡 사이에 존재하지 않았는가 하는 가정을 해 본다. 자신의 탁월한 역량을 자신의 이익을 버리고 오로지 주군과 나라를 위하여 헌신했으며, 주역과 의술에 통달한 것이며, 천문지리에 달관하여 군사전략을 설계하고 실천함에 거침이 없었고 마지막에 '실패'한 것까지도 유사하다. 당시의 성리학적 패러다임만으로는 천하의 이이나 이황이라도 위난을 극복하기는 쉽지 않았을 것이다. 류성룡이 임진왜란 발발을 우려하면서 사전에 이순신과 권율을 파격적으로 발탁한 것이나, 그가 실천한 전략적 전술적 전문성과 명과의 통찰력 있는 외교협상을 주도해 나간 부분들을 설명하기 어렵다. 뿐만 아니라 그보다 더 상위 거버넌스로 전시 국가비상체제의 구축 및 전시국방 체제의 정비 등에 이르기까지 이 모든 전시 국가체제의 새로운 건설 및 그 실행이 단순한 천재적 역량을 가진 인재라고 해서 또는 대담한 담력만 가진 중신이라고 해서 과연 가능했겠느냐 하는 부분이다.

류성룡의 리더십은 바로 이러한 思索을 통한 '深思'에서 비롯된다. 심사와 숙고는 리더의 기본 자질일 뿐만 아니라 이를 통하여 내일을 내다보는 리더의 통찰력과 의사결정 역량에도 영향을 미친다. 류성룡에게 있어서 深思의 리더십은 思索이라는 성리학적 학습과정이자 수련방법의 표현이기도 하다. 즉, 深思는 임진왜란 기간 동안에도 류성룡이 흔들림 없이 자신이 구상한

국가재건의 마스터플랜(메커니즘 구축)을 추구해 나가는 가장 중요한 리더십적 가치, 류성룡 특유의 가치기반 리더십이라 할 수 있다.

4. 임란왜란 전야 조선이 처한 사회경제적 여건

한편, 류성룡의 리더십 상황을 정확히 이해하고 평가하기 위해서는 먼저 그가 살았던 시대를 살펴 봐야한다.[41] 보다 구체적으로 16세기 중엽 이후 조선이라는 특정 공간, 그 가운데서도 임진란 전후의 특정 시간적 공간, 그리고 그 시간과 공간 속에 공존했던 사람들의 상호작용이 만들어 낸 특수한 상황에 대한 이해가 우선적으로 필요하다. CEO로서 류성룡을 파악하기 위해서는 전쟁을 치를 수 있는 경제력 여부와 전쟁을 치를 수 있는 최소한의 사회적 자원 및 역량과 시스템이 갖추어져 있었는지 여부에 대한 분석과 평가가 우선되어야 한다.

(1) 당시 시대상황: 전쟁을 수행할 수 없을 정도로 피폐한 경제적 환경

이 시기 조선사회를 한마디로 보여주는 것은 율곡 이이가 임진란 발발 18년 전인 1574년 선조(7년)에게 올린 만언소에 정확히 표현되어 있다. '1년을 버틸 식량비축이 없는 나라'라는 한마디로 집약된다.[42] 그리고 '오랫동안 고치고 수리하지 않아서 어떤 장인도 손댈 수 없을 정도로 썩을 대로 썩어서 붕괴할 날만 기다리는 萬間大廈'에 비유하고 있다. 조선조 초에는 재정개혁이 성과를 거두고 국가기강이 서서 재정이 호전되어 국가 비축미가 태종 때 390만 석, 세종 때는 400~500만 석까지 증가하였다. 그러던 것이 연산조에 심각한 낭비풍조로 재정적자가 만성화되었고, 이러한 재정부실 상황은 중종이후에도 개선되지 않은 채로 이어졌다. 그 결과 국가 예비비인 군자창 비축곡물이 16세기 초 100만 석 정도에서 임진란 발발 전야인 16세기 중엽

41) 송복. 2007, 『서애 류성룡 위대한 만남』, 지식마당, p.45.
42) 송복. 위의 책, p.38.

에는 20만 석 이하로 떨어졌다.[43] 당시 조선의 생산능력 기준의 경제력을 가늠할 수 있는 식량생산 능력 관련 자료를 살펴보아도, 그 시기 조선의 곡식 총생산능력은 500만 석이고,[44] 조정의 세입기준으로는 60만 석에 불과하였다.[45] 조선의 재정이 악화된 원인은 농민의 경제력 약화와 납세 공민 수의 감소가 가장 직접적인 원인이었다.[46] 그나마 60만석으로 조정(정부)을 운영하고 관리 녹봉을 지급하며 군대를 양성해야 한다. 임진란이 발발한 1592년에 처음 지원군으로 내려온 명군 1만 명에 대해 합의한 '1일 1인 3되' 지급기준으로 명 지원군에게 1년간 공급할 군량만 10만 8천 석이고, 1593년에 내려 온 이여송의 4만 5천명을 기준으로 하면 연간 필요한 군량이 48만 6천 석에 이른다. 60만 석이라는 세입규모가 얼마나 턱없는 규모인지가 극명하게 대비되는 부분이다. 실제로 턱없는 군량미 공급에 이여송은 계속 철군을 협박하기도 하였다. 임진란 발발 이듬해인 1593년에 전시 곡식 총동원령을 내리지만 1만 명 분에 지나지 않았고, 이것조차도 고작 5일에서 길어야 10일 분에 불과했다.[47] 이 장면은 만언소에 나타난 '나라가 나라가 아니라'는 이이의 절규와 함께 당시 조선의 경제력이 전쟁을 치를 만한 능력이 절대적으로 부족한 상황이었음을 보여준다.[48] 실제로 임진란 기간동안 류성룡의 가장 큰 관심이자 걱정거리는 여하히 전쟁을 치를 군량인 곡식을 조달하고 공

---

43) 이성무 외. 2008, 『류성룡의 학술과 경륜』, 태학사, p.121.
44) 위의 책, p.36.
45) 李洺励. 1966, 『韓國通史』(개정판), 乙酉文化社, p.286.
46) 노비수가 급격히 늘면서 16세기 초에는 총 인구의 40%를 차지하게 되어 절대 납세공민 수가 감소하였다. 뿐만 아니라, 왕실과 관청 등 권력기관의 불법적 토지지배와 공납을 연결고리로 하는 고리 대부인(오늘날 사채업자)들이 장리를 통해 그 지배하의 토지와 인민을 늘려간 결과 납세의무에서 제외된 자산의 보유자재산이 급증하였다(이성무 외. 2008, 『류성룡의 학술과 경륜』, pp.121-122).
47) 송복. 2014, 『류성룡, 나라를 다시 만들 때가 되었나이다』, 가디언, p.102.
48) 당시 선조와 류성룡이 이 문제를 해결하기 위하여 얼마나 고뇌하고 있는지, '아! 곡식 1만 석만 있다면', '적게나마 수천석이라도 있다면', '당면한 문제는 군사가 없는데 있지 않고 식량이 없는데 있다'라고 절규하는 류성룡의 당시 모습에 대한 자세한 내용은 '『서애 류성룡 위대한 만남』(2014)' pp.93-104을 참조바람.

급할 것인가 하는 것이었다. 명 지원군과의 철군을 둘러 싼 갈등의 가장 큰 명분도 식량 공급문제였다.

설상가상으로 마병을 중심으로 하는 명군의 전력을 고려할 때, 군마사료용 곡식의 부족도 심각한 상황이었다. 최선을 다해도 말 1만 필에 1개월분 사료를 공급하는 것이 고작이었다. 실제로 평양성을 탈환하고 얼마 되지 않은 1593년 1월 류성룡의 보고는 이미 사료가 떨어지기 시작하여 이미 길거리에 여기저기에 늘려있는 말의 시체를 적고 있다. 송복(2014)은 당시 상황을 하루에도 수백 필의 말들이 죽어나갔을 것으로 추산하고 있다.[49]

(2) 당시 시대상황: 무방비 체제나 다름없는 국방체제와 와해 된 국방 자원

국방력과 전투력을 가늠할 수 있는 조선군 조직체제와 병력규모 및 화력도 지금으로선 상상불가의 취약한 상황이었다. 군사력, 식량 등 물자보급 및 군기 등이 전혀 갖추어지지 않은 그야말로 '3無'한 '군대아닌 군대'였다. 전국규모의 전쟁을 치를 수 있는 특히 군사조직 체제가 갖추어져 있지 못했고, 개인화력 조차도 제대로 구비되지 못한 상황이었다. 세종이후 명과의 '尊明事大' 관계, 여진 소요에 대비한 4군 6진 설치 및 일본과의 계해조약 체결 등으로 동북아정세가 안정을 찾으면서 조선은 '崇文偃武'의 문치주의에 치중하여 외교에만 신경을 쓰고 국방은 소홀하게 되었다.[50] 군 지휘관도 문관이 맡고 무관은 천시하니 인재가 무관으로 출세하기를 꺼리는 사회적 분위기가 만연하였다. 이러한 시대가 200년이 지속되다 보니 국방이 약할 대로 약해진 상황이었다. 이이가 만언소에서 '옛 제도를 개량하고 새로운 법규를 제정' 하는 제안을 하면서, 군정개혁도 강력히 주장한 것은 이러한 문제점을 간파하고 있었기 때문이다.

당시 군사전략체제는 제승방략이라 하였다. 각 지역별로 군사를 조직하고

49) 송복. 2014, 위의 책, p.106.
50) 이성무 외. 2008, 『류성룡과 임진왜란』, p.87.

전란이 발생하면 중앙에서 장수를 파견하여 지역별로 모집된 군사를 인솔하고 전쟁을 이끄는 방식이다. 이러한 방식은 북방의 여진족 소요나 남해안의 왜구의 출몰과 같은 지역 소요형태의 소규모 전투에서는 일정한 정도 효과가 있으나, 임진왜란과 같은 전국적인 규모의 전쟁이 발생할 경우에는 매우 취약한 국방체제이다. 실제로 이 체제 하에서 임진왜란이 발발하자 이일과 신립이 중앙에서 다급하게 졸속으로 모집한 불과 수백명의 군사를 이끌고 제승방략 전략에 따라서 현지에서 조직된 군사들을 규합하기 위하여 출병한다. 하지만, 훈련 등 준비시간 자체가 없었던 황당한 상황에서 현지 병력의 효과적인 동원 및 전술병력 자원화에 실패할 수밖에 없었다. 게다가 왜군의 화력에 대한 정보수집의 중요성조차도 인지하지 못했던 리더십의 한계와 이에 따른 미흡한 전술적 대응으로 힘도 써보지 못하고 패전하고 말았다. 실제로 류성룡의 보고서에 자주 나오는 내용은 다음과 같다. "장수들은 군율에 따라 군사들을 많이 베어 죽이는 데도 병졸들은 더욱 명령을 따르지 않으니, 장수의 도리가 오직 엄격하고 가혹하다고 하는 데만 있지 않음을 알겠나이다." 이러한 보고는 왜란이 완전히 끝나는 1598년 무술년까지 계속되고 있다.[51] 군편제가 불분명하고 지휘명령 체계가 일사분란하지 못한 관계로 장수가 수하의 부하군졸들에게 동기부여를 위하여 위무해 줄 상황도 겨를도 방법도 없는 황당한 상황이 당시 조선군의 제승방략이라는 체제였다.

병력규모도 마찬가지였다. 조선의 등록된 군인 수와 실제 복무하고 있는 군인 수가 전혀 다른 상황이었다. 1594년 4월 류성룡이 선조에게 올린 陳時務箚에 따르면, 평시에 복무 가능한 병력규모를 기병 2만 3,700명, 보병 1만 6,200명 약 4만 명 규모로 보고하고 있다. 하지만 이 가운데 실제로 복무중인 군인병력 규모는 8천명에 불과했다. 중앙을 지키는 군사력(義興五衛) 현역 군인 4,640명과 변방을 지키는 군사력(定虜衛) 2,161명에 별시위(別侍衛; 장교로 구성) 1,119명 등이 고작이었다. 여기에 유사시 동원 가능한 일종의

51) 송복. 2007, 위의 책, p.158.

예비병력(reserve forces)인 소위 奉足이 있다. 이들은 군역을 면제하는 대신 삼베직물을 납부하는 소위 放軍收布 인력이다. 기병 1인당 3인, 보병 1인당 1인 기준으로 봉족을 운영하였는데, 기병과 보병 봉족을 합치면 이론적으로 봉족 형태의 군사규모는 총 8만 6,200명이라야 한다. 따라서 유사시에 동원할 수 있는 병력규모는 봉족을 포함하여 장부상의 규모로는 12만 명이 넘는다. 이 가운데 실제로 보병으로 동원될 병력규모 만도 이론적으로는 4만 명이 되어야 했으나, 실제로는 턱없이 부족했다. 예컨대, 선조가 있던 의주와 평양 사이에서 당시 가장 전략적으로 요충지였던 順安 총대장 산하 군사가 수천명에 불과하였다. 그것도 과반수는 쓸모없는 병사들이고, 도원수가 머물고 있는 곳에는 민병 1,2백명에 불과하였다. 임진란이 발발하고 4년이 지난 1596년 2월 수원을 보면 기록된 군사 수효는 1만 7천명인데, '지금은 1천명도 되지 않는다'고 기록하고 있다. 같은 해 4월 평안도의 군사 수효도 기록상으로는 1만 명에 봉족까지 2만 명이 되어야 하나, '실제 모든 병력 자원을 다 뽑아내도 500명 수준이라니 까닭을 알 수 없다'고 류성룡이 평안도 순찰사에게 내린 공문에 쓰고 있다.[52] 결국 조선에서 정규군으로 동원할 수 있는 병력규모는 기록된 군사 수효의 10%에도 못 칠 것으로 유추되어 최대 1만 2천 명에서 최소 8천명에 불과할 것으로 추정할 수 있다.

실제로 전쟁을 치르는 단위 전투조직 체제도 역 피라미드 형식을 취하고 있었다. 장수는 많은데 정작 전투할 군사병력은 턱없이 부족한 소위 '十羊九牧'[53]의 상황이었다. 총사령관의 역할을 수행하는 도원수, 순변사, 순찰사가 있는데 각기 서로 다른 최고사령관이 되어 각기 다른 명령을 내린다. "요즘 각도의 군사들이 각기 다르게 나누어져 소속되어 있다. 순찰사 군사가 따로 있고, 병사, 수사의 군사가 따로 있고 방어사, 조방장, 수령의 군사가 모두

52) 송복. 2014, 위의 책, pp.165-166.

53) 류성룡은 경지좌방어사에게 내린 1596년 1월 공문에서 군인은 적고 장수가 많은 상황을 '양 10마리에 목동이 9명'이라고 비유하며 질책하고 있다(.... 軍人則數少 隊總數多 比如十羊九牧事 何由來說). 송복. 2014, 위의 책, p.144.

각각 따로 있다. 이들이 각기 군사를 많이 차지하려고 다투어 군정이 문란해지고 있다. 병력을 징발할 때마다 공문이 각기 어지럽게 나와서 어디를 따라야 할지 알 수 없다. 이것이 가장 큰 폐단이다." 류성룡이 임진란 끝나기 2년 전에 각도 수령과 장수들에게 내린 공문 내용의 일부다.[54)]

뿐만 아니라 개인화기 공급체제가 부재인 상태였다. 조선은 지방에 배속된 군사들의 개인화기를 공급하는 체제가 없었다. 따라서 싸움에 나가는 병졸 개개인이 마련할 수밖에 없고 결국 몽둥이, 대나무 창 아니면 곡괭이 쇠스랑 등 농기구가 고작 개인화기였다. '너희 나라군대는 병기가 전혀 없다(朝鮮軍全無器械)'는 명군 장수의 말이 나오는 상황이 그랬다.[55)] 병기가 없으니 싸울 수가 없고 싸우면 죽을 수밖에 없으니 '善遁' 즉 도망가는 수밖에 없다. 전문군대가 아닌 개인화기조차 없는 미숙련 농사꾼 병사 체제였다.

물론 정규군이 없었던 것은 아니었다. 정규군은 당연히 개인화기에 해당하는 기본병기를 갖추고 있기 마련이다. 당시 조선 정규군의 개인화기는 활과 화살이었다. 문제는 활과 화살의 유효 사거리가 수 백보에 못 미쳐서 일본 개인화기인 오백보 밖에서 조준하여 사격하는 일본군 개인화기인 조총의 탄환을 막기에는 역부족인 절대적 열세의 개인화기였다. 게다가 불과 몇 발자국 내에서 벌이는 단병접전에서 활과 화살은 제대로 쓸 수가 없기 때문에 왜군의 일본도에 적수가 되지 못했다. 싸웠다하면 쉽게 패전해서 도주하는 것이 병기의 화력 즉 개인화력에서 적군인 일본군에 훨씬 미치지 못하기 때문이었다.[56)]

---

54) 송복. 2014, 위의 책, pp.141-142.

55) "우리 군사는 평소에 훈련해서 길러낸 병사가 아닙니다. 자기 식량도 매번 스스로 장만해서 항상 싸가지고 다니게 합니다. 병기 또한 스스로 마련해서 늘 지니도록 합니다. 그러나 병기는 모두가 무뎌서 쓸 수가 없습니다. 아무리 용감하게 싸우는 군인도 식량을 싸가지고 다니는 그만큼 굶주리고 피곤하고 근심에 차고, 무딘 병기를 지니고 다니는 만큼 재주도 능력도 힘껏 발휘해 싸울 수가 없습니다."(송복. 2014, 위의 책, p.159에서 재인용)

56) 송복. 2014, 위의 책, p.160.

Ⅳ. 임진왜란 기간 동안 현장과 방법 지향 리더십

1. 전시 군비확보를 위한 재정개혁, 산업정책 추진을 통해 개혁적 비전 추진

(1) 自强·富國 비전의 추진

힘든 결단을 요구하는 개혁은 평상시에는 시행되기 어려우나 백척간두의 위기 상황에서는 오히려 시행하기가 용이할 수 있다. '비상한 변란을 당했을 때는 비상한 조치를 강구해서 정세를 변통시켜 시국을 구출해 내도록 힘써야 할 것인데도, 구습을 변경시킬 수 없다. 중지(衆情)를 거스를 수 없다고 하는 것은 좋은 밥과 고기를 먹으면서 병을 고치고 나막신을 신고 강을 건너려는 것과 다를 바가 없다.'[57] 류성룡의 정책론이 평상시와 전쟁시로 나누어지는 것을 시사한다. 평상시 정책적 판단 기준은 혁신적이기보다는 실천가능성을 고려하여 개선하는 수준에서 다소 신중했다면, 전시의 정책은 상당히 파격적이고 혁신적이다.

임진왜란이 발발하기 11년 전인 1581년 이이가 '나라가 필시 망할 지경이니 앉아서 망하는 것보다 차라리 개혁(更張)을 하는 편이 낫다'고 주장하면서 貢案(오늘날의 재정제도) 개정 및 經濟司 설치 등 당시로서 상당히 파격적인 개혁을 주장하였으나, 류성룡은 시의적절하지 않다는 의견과 함께 그 실현 가능성에 회의를 제기한다.[58]

하지만 임진란이 발발하자 류성룡은 보다 단호하고 혁신적인 입장으로 변모하고 있다. 임진왜란 발발 2년 후인 1594년에 당시 영의정으로서 그가 올린 진시무차 첫머리에 이러한 입장이 잘 나타나있다. 요지를 정리하면 다음과 같다. "화평시대가 길어지면 해이해지고 느슨해져서 국운이 땅에 떨어지는 위기가 닥칠 수 있다. 이럴 때 인심을 두렵게 여겨 앞날을 위한 계책을

57) 서애 문집 8권, 啓辭, 『서애 류성룡의 경세사상과 구국정책(상)』, p.144에서 재인용.
58) 이성무 외. 2008, 『류성룡의 학술과 경륜』, 태학사, p.112.

잘 도모하여 '천명을 다시 잇고 국맥을 견고히' 하여 백년 천년 안정을 이어 간 옛 사례도 있다. 이처럼 위기가 곧 기회가 될 수 있으니, '깊은 근심과 많은 어려움이 있는 (지금의) 상황이야 말로 나라를 일으키고 성명을 계발할' 절호의 기회가 될 수 있으니, 국왕이(선조) 뜻을 잘 가다듬어 현명한 판단을 내려야 한다"는 취지였다.[59]

이에 따라서 임진란 동안 군국정무를 맡은 류성룡은 군사력을 강화하고 전쟁을 치를 재원마련 대책들을 신속하고 폭넓게 추진하였다. 임진왜란 시기에 류성룡이 채택한 정책적 개혁 조치들은 평화 시기에 앞서 이이가 주장했던 개혁안을 훨씬 더 초월하고 포괄적이었다. 오히려 그는 자칫 패전으로 나라가 망할 수도 있는 위기 상황에서 절대 절명의 위기를 기회로 돌려 국가를 개조하려는 비전을 제시하고 있다. 몇가지 예를 들면, 이이는 貢案 개정을 요구했으나, 류성룡은 이보다 더 개혁적인 조치로 재정개혁 즉 수미법(收米法)을 시행했다.[60] 그리고 이이는 기존의 부병제 하에서 군대양성을 주장했지만, 류성룡은 직업군인제를 기반으로 국방체제를 완전히 새롭게 구축하는 방안을 추진하고 있다. 뿐만 아니라, 이이로서는 상상하기 힘든 변경무역 형식의 국제무역을 포함한 당시로서는 매우 개혁적인 상업 육성정책을 추진하고 있다. 전통적 농업 사회이던 조선에서 국제무역의 이점을 인지하고 국경무역을 추진했다는 점에서 중상주의적 혁신 시도도 추진한 것으로 볼 수 있다.[61]

전시대응 체제 구축과 관련하여 류성룡이 실시한 전시 군사인력 동원체제는 당시 엄격한 신분사회의 계층을 뛰어 넘는 혁신 그 자체였다. 우선, 중앙의 훈련도감과 지방 속오군(束伍軍) 양병체제를 창설해 양반 자제들에게도 병역의 의무를 모두 지게 하는 등 오늘날의 전시 계병제를 도입했다. 이에

59) 위의 책, p.114.
60) 수미법은 임진왜란이 끝난 1599년 폐지되지만, 후일 대동법으로 이어진다.
61) 이성무. 위의 책, p.159.

그치지 않고 군역 대상에서 제외되어 있던 노비와 승려 등 천민들도 군대에 복무하게 하고 그 대신 免賤 특히 전공을 세우는 자에게는 벼슬까지 약속하는 제도적 혁신을 실시했다. 하층민들에게 면천뿐단 아니라 사회적 신분상승이라는 동기부여를 제공하여 자발적으로 참전하도록 독려함으로써 평민 장정으로 국한되어 있던 당시 평상시 군사인력 동원 풀을 양반자제와 천민으로까지 전시인력자원 동원체제로 개편 확대한 것이다. 류성룡은 임진왜란이라는 국난의 위기를 기회 삼아서 이이가 '서까래가 다 내려앉은 집처럼, 나라가 나라가 아닌' 상태의 조선을 백년 천년을 가는 정상국가로 만들기 위하여 이 모든 개혁조치들이 단단한 국력 즉 경제력에 기반해야 한다는 확신에 기초하여 경제정책 기조의 비전을 제시하고 있다.

류성룡의 전시 대책을 기업 리더십의 관점에서 접근해 볼 수 있는 것은 그의 전시 군국기무 정책이 경제정책을 그 기조로 하고 있기 때문이다. 경제가 돌아가도록 함으로써 백성들의 생존문제를 해결하고 이를 통해 민심을 수습하고 세원을 확보함으로써 전쟁을 효과적으로 수행할 수 있는 재원을 마련하는 선순환을 형성한다는 것이었다. 즉 위기를 기회삼아서 自强, 富國의 비전을 추진하고자 한 것이다.[62] 이러한 류성룡의 혁신적 비전정책은 3가지 특징을 가지고 있다. 첫째는 경제정책 기조를 유지하고 있다는 것이다. 둘째는 개혁적이기는 하지만 그 방향성은 평화 시기에 그가 주장하던 것과 일관성을 유지하였다는 것이다. 셋째는 그렇다 하더라도 추진방법에 있어서 상당히 혁신적이라는 것이다.

16세기 조선의 성리학자들은 경제정책의 개발에는 별로 기여하지 못하였다. 하지만 정치적으로는 애민=위민의 왕도정치 철학이념을 되돌릴 수 없는 신념체계로 수립 정착시키는데 집중하고 기여하였다. 그러나 理財와 효율을 추구하는 공리관념은 부족하여 여하히 부국을 만들 것인지에 대해서는 해답을 찾지 못하고 있었다. 이것이 류성룡에 이르러서 비로소 기본적으로

62) 위의 책, p.108.

그 형체와 내실을 갖출 수 있게 되었는데,[63] 뒤에서 류성룡이 추진한 경제정책을 크게 나누어 재정수지 확대를 위한 조치와 산업·기술·상업정책으로 나누어 분석하기로 한다.

(2) 재정수지 확대를 위한 개혁조치들: 방법론적 개혁

재정수지 확대를 위한 개혁은 우선 그가 추진한 세제개혁에 있다. 貢物을 토지세로 전환하고 戸稅를 토지세로 전환하여 양민에 편중된 조세부담 폐해를 완화시켜 백성의 조세부담을 덜어주고 민생과 민심을 안정시키면서 재정 충실화로 군비를 조달할 수 있고, 안민과 부국을 동시에 추진할 수 있다는 판단에 기초하고 있다. 재정수지 확대 정책은 이미 앞에서 언급하던 수미법의 실시 이외에도 직업군인제 도입에 따른 군역의 현물세 전환 그리고 국영 수익 사업의 추진으로 집약된다. 수미법은 납세를 현물이 아닌 쌀이나 곡식으로 대체하도록 하는 것과 공물(일종의 사업세 소득세), 토지세(일종의 재산세), 戸稅(일종의 주민세)를 모두 쌀이나 곡식으로 납부하도록 하는 조치로서 세원을 혁신적으로 확대한 조치였다. 군역의 현물세 전환도 출신, 양반, 양민, 천민 등 모든 장정을 군역대상으로 하는 전시 계병제를 도입하고, 군역 대상 목록을 정리 작성한 이후, 군역 면제를 희망하는 경우 현물세로 납부토록 함으로써 역시 세원을 확보하는 조치였다.[64]

여기서 보다 자세히 살펴볼 것은 다양한 국영 수익사업 특히 상업활동을 통한 재원 확보의 다양화 조치들이다. 류성룡이 국영 수익사업을 생각한 것은 세원의 절대적인 부족을 타개하기 위한 방안마련이었다. 재원이 토지세와 호세에 집중되어 있어서 기반이 협소하고 상공세나 간접세 등의 세원 기반

63) 하지만 당시는 전란시기로 국가재정 충실화에 절대적인 중심이 두어졌고, 민부 축적까지 이어지기에는 한계가 있었다(이헌창. 2008, p.155).

64) 이 조치는 기존의 대립제도의 폐습과 절대적인 식량조달의 한계 등으로 시행착오를 거치고 있다. 하지만 군역의 조세화와 직업군인제도를 정립하는데 일정하게 기여를 하고 있으며 선조도 이 방안이 전시 임시방책이 아니라는 인식을 가지고 있었던 것이 확인된다(이헌창. 2008, p.129).

이 전무하다시피 하였고 국영사업도 '與民不爭利(백성과 이익을 다투지 않는다)'의 조선사회 이념으로 국영 수익사업을 금기시 하는 것이 당시 조선사회의 경제활동을 쳐다보는 시각이었다. 류성룡은 상업세 등 토지세 이외의 세원 확충에 관심을 가졌다. 우선, 류성룡은 징비록 2권에서 이순신이 선박의 통행안전을 보장하면서 그 통행세를 받아서 인민들의 호응도 얻으면서 군량 1만석을 확보하는 상황을 상술하고 있다. 즉 직접적으로 국가가 상업경영 활동에 참여하지 않고도 상업활동을 촉진시켜주고 상거래를 안정적으로 보호해 주는 기능만으로도 재정을 확보할 수 있는 방법이 보였기 때문이다. 현대적 시장 메커니즘으로 보면 시장실패를 보완해주고 거래비용을 줄여줌으로써 세수를 확보할 수 있다는 판단이 섰던 것으로 보인다. 둘째로 명 지원군 지휘부가 군비마련책으로 은광이 개발을 요구하자, 류성룡도 대중국 무역수단으로서 은광개발의 가능성을 보고 이에 동조하였다. 그러나 개발에 드는 비용 대비 채산성이 맞지 않자 경제성 있는 철광개발로 방향을 바꾸고 있다. 철광을 개발하여 중강 무역시장에서 중국 곡물과 교환하면 이익이 많을 것으로 판단하고 있다. 류성룡이 주목한 것은 국제무역과 연계한 자원개발이고 소금생산이었다. 비교우위 차이에 따른 국가간 상품가격 차이 때문에 무역을 통한 상품교환의 수익성이 크다는 것을 잘 파악하고 있었다.

같은 맥락에서 국영 수익사업으로 류성룡이 가장 중시한 것은 둔전과 염업이었다. 둔전 경영은 군량마련을 위하여 군영가까이에서 군사들이 농사를 짓는 소극적 성격의 사업임에 비하여 국영 염업은 궁극적으로 부강을 도모하기 위하여 적극적 사업의 성격이었다. 실제로 류성룡은 염업을 국가 '理財의 要務'로 보고 1593년 염업의 국가 관리를 요청하였고 그 결과 염업을 담당하는 관리인 鹽鐵使가 임용되고 있다. 하지만, 국가 염업 독점으로 손해를 보게 된 권세가와 지방관리 불만을 가져 1594년에 염철사가 폐지되고 류성룡의 끈질긴 주장과 기득권 세력의 주장을 조정하는 차원에서 1595년에는 지방 수령이 염업의 생산과 판매를 관장하는 방식으로 바뀌었으나, 2년 후 폐지되고 있다.[65] 류성룡의 국영 염업에 대한 열의는 역사적으로 소금이 인간의 생명과 삶에 매우 중요한 자원임을 잘 알고 있었고, 그 공공재적인 특성 때문에 이를 사적인 업자에게 독점적으로 맡기는 것이 사회적 비용이 크다는 것을 인식하고 있었음을 의미한다. 그리고 이를 이용하여 육지 산물과의 교역을 추진하고 중강개시에 따른 국경무역의 교역수단으로도 활용할 수 있다는 점을 중시하였기 때문이기도 하다. 특히 주목할 만한 것은 류성룡이 시장문제에 각별한 관심을 가졌다는 부분이다. 해안의 소금과 내륙의 곡물간의 교역을 촉진하여 상호 가격차이를 활용한 거래를 촉진시키고 국가는 염업을 독점하는 시장 참여자로서 적정가격 결정자로서 정부와 민간이 상생하는 시장 메커니즘을 구축할 수 있을 것으로 확신하고 있다. 뿐만 아니라 염업 생산환경의 열악함으로 고려하여 이들의 안정적 생산을 보장하는 배려책도 준비하고 있다.

하지만, 결국은 거래비용 및 에이전시 비용 문제를 지속적으로 제기하는 국영 염업 반대론자들인 기득권 세력의 방해로 정유재란 이후 폐지되기에 이른다. 이는 류성룡의 현실적 상황판단 부족이라기보다는 조선이라는 국가가 경영적 관점에서 볼 때 효율적 관리에 소홀하고 기업가적 관리 역량이 부족했기 때문이다(이헌창, 2008). 류성룡이 1594년 당시에 제시한 인재상을 보면 신분에 구애받지 않고 당색을 초월하여 능력본위에 입각하여 등용하고자 하고 있다. "인재란 大小, 長短의 차이가 있으나, 재질에 따라 활용한다면 모두가 쓸모 있으니, 걱정스러운 것은 인재를 널리 구하지 아니하고 적절하게 쓰지 못하는 것이다." 실재로 류성룡은 재정운용 관련 인재상을 다음과 같이 세밀하게 제시하고 있다.[66]

> 농사일을 잘 알아 백성들에게 농업을 잘 권장하고, 개간하는 방법을 분별하

65) 그러나 류성룡은 염업이 안민책이자 궁극적으로 국가 부국책이라 주장하면서 국영 염업의 재개를 계속 요구하고 있다(이헌창. 2008, pp.131-133).

66) 이헌창. 2008, 위의 책, p.138.

여 둔전을 마련하는 자. 理財를 잘 하여 제염업, 광업, 교역 등을 통해 이익을 많이 내고, 재용을 넉넉히 하는 자. 계산에 밝고 회계를 잘 하여, 군량의 출납에서 조그만 잘못도 없는 자.

정리하면, 류성룡은 부국론에 입각하여 재정개혁을 추진하고 있는데, ① 공물의 토지세화와 군역의 현물세화를 추진하고, ② 상업세 등 간접세제 확충에도 노력하였으며, ③ 국가 수익사업을 통한 국가 이재활동도 적극적으로 추진하였다.

(3) 산업 · 상업 · 기술 육성정책 추진: 현장 지향 개혁

유교에서 제시하는 국내 생산을 증대하는 유일한 방법은 농업노동력과 개간지 증가였다. 즉, 중농주의였다. 류성룡은 이에 3가지를 추가했는데, 첫째는 국영 수익사업으로 염업, 광업 등 가공산업을 적극 개발하는 것이었고, 둘째는 상업 활성화를 통해 생산 증대를 촉진하는 효과를 고려한 것이었으며, 셋째 효율과 혁신을 추구하는 기업가적 관리 능력을 중시하는 것 등이었다.[67] 이는 전통적인 중농주의 경제사회에 산업적 상업적 요소를 추가함으로써 경제적 유동성을 촉진하여 경제성장을 유도함으로써[68] 부국을 달성하고자 하는 것이었다. 그렇게 함으로써 안민 → 부민 → 부국 → 안민 · 부민의 선순환을 추구할 수 있다고 보았다.

우선 류성룡은 임진란 전쟁 초기부터 전쟁수행의 근본 대책을 군량확보에 있다고 보고, 공물 등 백성들의 부담을 쌀로 받고 군역 면제 등 각종 혜택을 쌀로 납부하는 것을 장려하였다. 아울러 소금 생산을 장려하고 국경무역을 통하여 중국 쌀을 수입하는 등 유효한 대책들을 다양하게 추진하였다.

---

67) 이헌창. 2008, "류성룡의 경제정책론", 이성무 외, 『류성룡의 학술과 경륜』, pp.152-153.

68) 경제성장에 대한 개념까지 정확히 인지하고 확립할 수는 없었겠지만, 부국을 추구한다는 것은 결국 경제규모의 확대가 전제가 될 수밖에 없고 그가 정확히 인지하고 있지는 않았더라도 경제활동을 촉진함으로써 (경제성장을 이룩하여) 부국을 달성할 수 있다고 파악한 것으로 보인다.

가장 주된 식량 증산책으로 둔전을 통하여 황무지를 개간하는 것과 곡물과 소금의 교역을 촉진하여 곡물생산 및 공급증대를 유도하는 조치도 실시하였다.

류성룡은 광산개발에도 관심을 가졌는데, 군비조달 차원에서 명의 지원군이 요구한 은광개발보다는 철강개발이 수익성이 많을 것으로 판단하여 철강개발을 추진하였는데, 후에는 철강보다는 제염업이 수익성이 클 것으로 보아 제염업을 장려하고 있다. 또한, 류성룡이 산업육성론에서 가장 주목한 것은 국내상업과 외국무역의 장려이다. 앞서도 언급하였지만, 류성룡의 부국정책에서는 시장 활성화가 핵심적 의미를 갖는다. 전통적으로 조선은 단순히 생산을 장려하는 방책을 사용하였는데 류성룡은 시장 활성화를 통한 산업발전의 유도를 시도하고 있다.[69] 왜란으로 기근이 극에 달하자 식량조달책으로 의주 건너편 중강에서 무역을 추진하였다. 중강개시는 1593년 12월에 시작되고 있는데 양국간 면포와 곡물의 상대가격 차이가 커서 무역의 이익이 많다는데 착안하고 있다. 류성룡은 국영 수익사업으로 확보한 소금, 철, 은으로 중국으로부터 식량과 군수물자를 수입하자고 건의하여 교역이 이루어지고 있다. 류성룡의 건의로 시작된 중강개시는 명과의 항구적인 국경무역의 선구가 되었다. 임진왜란으로 피폐해진 경제를 회복시키기 위한 방책으로 상업중시론이 대두되었다. 이는 류성룡이 선구적으로 제안하였으며 그는 국제무역을 비롯한 시장발전이 산업생산을 활성화하고 궁극적으로 안민과 부국에 기여한다는 사실을 명확히 인지하고 있었던 것으로 보인다.

한편, 류성룡은 당시 선진국이던 중국의 제도와 기술은 물론 적국이던 일본의 기술도 적극적으로 도입하는 소위 선진국 기술도입 및 학습에도 관심을 가졌다. 예컨대, 류성룡은 명의 지원군이 평양성 탈환에서 채택한 핵심전

69) 이는 조선이 '반상'의 독특한 사회구조를 가졌고, 상민계급으로 분류된 공인, 상인계층을 사회구조 상 하층계급으로 멸시하던 당시 사회계층 구조나 규범을 고려할 때 매우 혁신적인, 심지어 혁명적일 수 있는 시도라 할 수 있다.

법이 척계광의 기효신서에 기록된 절강병법임을 간파하고 이를 구하여 보급시키고 있다. 류성룡은 고려 최무선이 송나라 상인으로부터 화약제조법을 배운 고사를 익히 알고 있던 터라, 명나라 사람들을 후대하여 군사기술을 습득할 것을 요청하기도 하였다. 또한 훈련도감을 창설하면서 포수가 사용할 무기 제조기술을 습득하는 데도 각별한 관심을 기울였다. 특히 명나라의 火箭, 字母砲, 虎蹲砲의 효능과 제조법도 상세히 기술하고 있다. 적국인 일본의 조총 제조기술도 도입하고 있는데, 그 강력한 화력의 중요성을 간파하여 이를 실전에 도입할 정도로 빠르게 기술을 도입하고 있고, 그밖에 일본의 전술, 전투력, 수성법, 진을 치는 방법에 대해서도 상세히 기록하고 있다.[70)]

2. 국가 거버넌스 및 군국기무의 자주국방체제 구축

(1) 선조 왕위 유지, 세자 지명을 통한 국가 거버넌스 유지

일본의 침략이 현실화되자 류성룡이 제일 먼저 착수한 것은 왕권의 유지 승계 즉 거버넌스의 구축이었다. 난이 터지기 전에 류성룡은 선조에게 광해군을 왕세자로 책봉하도록 간청했다. 아울러 왕자들을 각 도에 파견하여 임금을 지키는 근왕병을 소집해야 한다고 종용했지만, 임금은 이런 류성룡의 말에 귀를 기울이지 않았다. 마침내 1592년 임진년에 이르러 왜군의 침략이 현실화되자 선조는 광해군을 급히 세자로 책봉하고 만일을 위하여 구성한 별도 조정인 분조를 이끌게 했다. 그러자 광해군은 평안도, 황해도, 강원도 등지를 돌며 민관군을 위로하고 의병 활동을 독려했다. 이를 본 명나라 제독 이여송은 “조선의 부흥은 세자에게 달려 있다”고 말할 정도였다. 사실 임란이 발발하자 명나라에서는 사신 사헌을 보내 선조를 퇴위시키고 조선을 직접 다스리겠다는 국서를 보내왔다. 류성룡은 인내심을 가지고 침착하게 사헌을 달래면서 그 부당함을 역설했다. 그러자 사헌은 ‘류성룡이 나라를 다시

70) 이헌창. 2008, 위의 책, pp.146-147.

일으킨 공이 있다' 라며 칭찬을 아끼지 않았다. 이렇듯 류성룡은 조선이라는 나라가 패망할지도 모르는 위기에 닥쳐서 무엇보다도 우선 당시 국가체제인 조선왕조의 거버넌스 메커니즘을 확고히 유지하는데 최선을 다했다. 이는 조선이라는 나라가 국가 최대의 전란을 맞았다 하더라도 국가의 체제가 유지되고 있다는 확실한 신호를 조정 신하와 지방 관리 및 백성들에게 전해야 언젠가는 전세를 가다듬어 상황을 전환시키는데 결정적인 역할을 할 것이라는 확신에 기반하고 있다. 그는 선조가 중국 요동이나 함경도로 처소를 옮기려 할 때, 의주에 머물러 있으면서 관군과 의병에게 반격의 기세를 격려해야 한다고 주장하고 이를 관철시켰다. "대가(大駕, 임금이 타는 수레)가 우리 땅 밖으로 한 걸음이라도 나가면 조선 땅은 우리 것이 되지 않습니다"라고 절체절명의 순간에 강력한 주장을 제시하여 이를 관찰시켰다. 선조는 류성룡의 강경한 요구를 내심 불편해했지만 그의 주장의 통찰력 있는 논리와 엄정한 명철함으로 인하여 받아들이지 않을 수 없었다. 요동 땅으로 내부를 생각하던 선조를 설득하고 함경도로의 피신을 제안하는 다른 중신들의 의견을 모두 막아내고 의주에서 자리를 잡고 전세를 되돌리기 위한 최선의 노력을 다하는 그의 확고함과 이를 관철시키는 리더십은 위기의 상황에서도 정확하고 통찰력 있는 판단과 그에 기반하여 과감한 의사결정을 내리는 CEO의 모습 그대로이다.

1592년 임진왜란이 발발하자 선조는 허겁지겁 몽진에 나서 서울을 떠나 개성에 이르러서야 류성룡을 영의정에 임명하고 난의 수습을 그에게 맡기려고 했다. 그러나 반대파은 "화의를 주장하여 나라를 그르쳤다"고 비난하고, 통신사의 파견을 주장하고 왜의 국서 내용을 명나라에 알려야 한다고 한 주장도 매도하면서 사직압박을 가했다. 결국 서울이 함락되던 시기에 그는 파직되었다. 그러나 그는 정승이 맡는 임시직인 도체찰사(都體察使)의 소임을 띠고, 군량미를 거두어들이고 의병봉기를 격려하는 한편 명나라와의 파병 교섭을 추진했다.

류성룡은 4도 도체찰사(四道都體察使)로서 당쟁과 전란 속에서도 조선의 조정을 실질적으로 총지휘하게 된다. 평양에서 소동을 일으킨 난민들을 진정시킴으로써 전세를 반전시켜 응전을 준비하기 위한 분위기 조성을 시도한다. 특히 조정안에서 요동으로 내부하거나 함경도로 피신하는 주장을 막아내어 의주에 자리 잡도록 함으로써 뒷날 명나라 구원병의 참전 길을 열게 하였다. 이러한 그의 강력한 의지는 극심한 혼란과 불확실성 속에서 미래를 내다 볼 수 있는 그의 통찰력과 확고한 판단력에 기반하는 것이었다. 위기상황에서 판단력을 잃은 선조와 자신의 안위를 먼저 생각하는 조정대신 사이에서 류성룡은 파직에도 불구하고 끝까지 호종하면서 그에게 주어진 소명을 흔들림 없이 다하고 있다. 류성룡이 선조와 광해군 세자 책봉으로 이어지는 거버넌스의 구축을 확실히 하고, 전시 조정을 의주에 자리 잡도록 하여 명군의 원병지원을 이끌어내지 않았다면, 조선은 16세기 말에 이미 한반도에 사라졌을지도 모르는 일이다.

조선의 거버넌스 메커니즘을 유지하는데 결정적인 의사결정자의 역할을 하고 있는 것과 함께 류성룡의 역할 가운데 중요한 것은 인재 발탁 및 배치이다. 이 부분은 조선이 임진란에서 기사회생하는데 가장 중요한 요인을 제공하는 '신의 한 수' 같은 포석이라고 할 수 있다. 도요토미 히데요시(豊臣秀吉)는 일본을 통일하고, 그동안 중단되었던 통신사를 수차례 파견해 조선의 통신사 파견을 요구하며 압박을 가해왔다. 조선 조정은 이를 놓고 여하히 대처할 것인지 의견이 분분한 어수선한 분위기가 형성되었다. 일본의 내부변화에 대한 정보가 부족했고, 식민지 개척에 혈안이 된 제국의 부상이라는 중상주의 시대의 개막이라는 세계사적 변화에 대해서도 무지하리만치 정보가 부족한 상황에서 판단의 기준과 준거가 없었기 때문이다. 류성룡은 일본의 요구에 대응하여 전향적으로 통신사를 파견함으로써 그들의 속셈을 알아봐야 한다고 주장했다. 특히 통신사 파견 요구가 만일 그들이 침략하기 위한 명분쌓기의 의도를 숨긴 것이라면, 침략을 정당화하기 쉽지 않은 명분과 조건을 내세워 침략을 포기하게 만들거나 최소한 그 시기를 늦추고 그에 대한 대비책을 세워야 한다고 건의했다.

그의 주장에 따라서 온순하고 침착한 황윤길, 곧고 기개가 넘치는 김성일, 이들을 조화시킬 수 있는 허성의 3인을 통신사로 하여 일본에 파견했다. 통신사 일행이 귀국하면서 가져온 일본의 국서에 담겨 있는 '一招直入大明國'('군사를 거느리고 명나라에 들어갈 터이다')의 진정한 의미를 놓고 조정은 또다시 의견이 분분했다. 동인과 서인의 정파에 따라서 의견이 팽팽히 맞설 때 류성룡은 커다란 회의에 빠졌다. 류성룡 "왜적이 쳐들어오지 않는다"는 말을 믿을 수 없었다. 나라가 어려운 지경이라 왜가 침략하지 않을 것이라는 김성일의 주장에 심정적으로 조정의 의견이 기울고 있었으나, 선조를 비롯한 조정의 대신들은 내심 많은 의구심을 가졌고 고심했다. 그 결과 선조는 정승 박순에게 만일 왜구가 쳐들어온다면 도원수 감으로 누가 적당한지 인재를 구하라고 명하였다. 박순은 비록 신분이 미천하지만 지략이 뛰어난 정개청을 기용해 보라고 권고했다.[71] 이에 류성룡은 이순신을 천거했고 권율을 기용하도록 제안하였다. 선조는 류성룡의 제안을 받아들여 정읍현감 자리에 있는 낮은 벼슬아치인 이순신을 7등급이나 발탁하여 일약 전라좌수사로 삼아 바다를 맡기고, 형조정랑인 권율을 의주목사로 삼아 육지의 방비를 맡게 하였다.

결과적으로 이순신과 권율은 임진왜란 3대 대첩가운데 2대 대첩인 한산대첩(1592년 7월)과 행주대첩(1593년 2월)을 승리로 이끌었다.[72] 이순신의 한산대첩은 왜군의 북진을 평양에 묶어 두어 전세를 전환시키는 결정적인 기회를 마련해 주었고, 권율의 행주대첩은 왜군에게 결정적인 타격을 줌으로써 한양 도성을 수복하는데 결정적 계기를 마련하였다.

---

71) 『연려실기술』 "선조조 고사본말".

72) 진주대첩은 1592년 10월 5일~11일로, 한산대첩(1592년 7월)과 함께 왜군의 보급로를 차단함으로써 소서행장을 평양성에 묶어두는데 결정적인 역할을 했다.

(2) 민심수습과 전세 전환을 위한 바닥 민심과의 소통

전란 중에 우선 조선 왕조의 거버넌스를 확고히 하는 한편, 류성룡이 또한 가장 역점을 둔 사업은 백성들과의 소통을 통한 민심수습이었다. 나라가 꺼지고 땅이 꺼질 지경에 이른 상황에서 명연자실해진 민심을 수습하여 조직화하기 위하여, 왕과 세자가 굳건히 지키고 있음을 알리도록 선조로 하여금 '罪己敎書' 내지 '曉諭敎書'를 전국에 발송함으로써 백성들로 하여금 힘을 합쳐 적을 섬멸하고 조선 왕조를 일으켜 세우는데 나서도록 촉구하게 한 것은[73] 임진년 5월의 일이다. 그런가 하면 선조가 평양성을 버리고 의주로 출발하려 하자 동요를 보이면서 험악한 상황을 조성하기 시작하는 평양주민들 앞에 직접 나서서 류성룡은 진정성 있는 소통으로 폭동이 일어날 수도 있는 일촉즉발의 상태에서 이들을 진정시키고 있다. 이어서 정주·안주에 이르러 곡식을 조달하고 명군을 접대하는 임무를 맡아 활약할 때도, 곡식 창고를 약탈하는 난민의 단속과 이산된 민심수습에 앞장서고 있다. 임진년(1592) 9월 평안도 도체찰사로 있을 때도 사방 고을에 방을 보내어 인심을 무마하고, 마음을 합쳐 왜적을 토벌할 것을 촉구하고 있다. 특히, 백성들과의 소통을 통해서 의병과 승병을 조직하여 왜적에 대항할 것을 호소하고 있다. 이미 정규군이 극도로 취약한 육지전 상황에서 '레지스탕스' 전략을 전개한 것이다. 그 결과 당시 금강산 표훈사에 있던 사명대사가 승병을 일으켜 왜군에 대항하는 상황을 징비록은 적고 있다. 류성룡은 이러한 격문 발송은 지속적으로 이루어지고 있다. 같은 해 12월에도 다음과 같은 격문을 내리고 있다.

> "내가 안주에 머물면서 사방에 격문을 보내어 의병을 일으켜 전장에 나서라 하였는데, 그 격문이 산중에 도달하자 유정(사명당대사)이 격문을 불상 앞 탁자 앞에 펴놓고 여러 승을 모아 읽어 들려준 뒤 통곡을 하고 드디어 승군을 일으켜 근왕군으로서 서쪽으로 출정하게 되었다. 평양에 다다른 때는 승군 병력이 천여

73) 『서애 류성룡의 경제사상과 구국정책(상)』, p.149.

명이나 되었다."[74]

"격문을 사방에 띄워서 각자가 다 같이 의병을 일으켜 국난극복에 나서라고 하였다. 격문을 읽은 사람들은 모두 감격해서 눈물을 뿌리며 서로 다투어 싸움터로 나갔다."

그후 영의정에 복귀한 이후에도 류성룡은 임진란을 극복하기 위한 사회경제 시책에서 (백성과의 진정성 있는 소통을 위해서는) 민심수습에 가장 큰 역점을 두어야 한다고 강조하고 있다. 관련 기록들은 아래와 같다.

"나라 형편이 위태로움에 이르렀는데 만에 하나라도 희망을 걸 수 있는 근거가 있다면 그것은 백성의 마음일 따름입니다. 백성이 마음이 흩어져 버리면 더 이상 어떻게 해 볼 방도가 없습니다."[75] "난세를 수습하고 올바른 세상으로 돌아가게 하는 길은 비록 군비와 식량을 넉넉하게 하는데 있으나, 그것을 이룩하는 요결이란 무엇보다도 우선하여 민심을 규합하는데 있습니다."[76] "국가의 명맥을 유지해 나가는 힘은 인심뿐입니다. 비록 위태롭고 곤란한 처지에 놓여있다 하더라도 인심이 굳게 뭉쳐 있으면 나라가 안온하고, 인심이 이산하면 나라가 위태롭습니다."[77]

그리고 백성과의 소통을 통해서 민심을 수습하고 그들 스스로 나라를 지키기 위하여 전쟁에 나서게 하는 방안으로 다음 5가지를 제시하였다. ① 모든 방안을 총동원 하여 백성들에게 실제 혜택이 있게 해야 하고(便民之方),

---

74) 류성룡은 왜군이 너무 빨리 북상했고, 이순신 수군에게 연이어 패전을 당하여 서해 보급로가 끊어져 취약해진 것을 간파하였다. 그리고 이때가 전세를 반전시킬 기회로 보고 의병과 승병의 자발적 궐기를 독려하고 있다. 류성룡은 전국적인 대규모 전투에서는 조선군이 경험이 부족하고 체제상의 준비가 안 되었지만, 북방 여진족이나 동남해안 왜구와의 소규모 전투경험이 있고 지세와 지리 등 지형지물에 익숙한 백성들이 소규모 유격전에서는 유리하다는 점을 인지하고, 백성과의 소통회복과 민심수습을 통하여 세계 최초로 '레지스탕스'를 조직하도록 독려하고 있는 것이다. 『징비록』 1권. 임진년 9월(상게서, p.151에서 재인용).

75) 시무차자, 서애문집 5권, 임진년. 11월(『서애 류성룡의 경제사상과 구국정책(상)』, p.151 재인용).

76) 시무차자, 서애문집 5권, 갑오년. 4월(상게서).

77) 『징비록』 4권, 병신년 4월(상게서, p.151).

② 파격적인 포상제를 신분에 맞게 도입(관리임용부터 면천·면역까지)해야 하며, ③ 관리들의 민폐유발 및 적폐를 적극 방지해야 하는 한편, ④ 국가는 국방, 군사비 이외에는 지출을 최대한 억제하고, 공물 진상 등도 경감하는 한편, 시급하지 않은 부역도 중지하고, ⑤ 신분이나 지역에 구애받지 않고 인재를 등용하여 능력위주로 적재적소에 배치하는 인력동원 체제를 구축하는 것 등이다. 이를 통하여 민심을 수습하고 나라가 왜적을 격퇴할 것이라는 확신을 갖게 한 다음, 한편으로는 생업(농업)에 종사하면서 전쟁을 준비하는(且耕且戰) 태세를 확립해야 하고, 이를 위해서 군량(糧餉: 전시식량) 확보가 전제가 되어야 한다는 것이 류성룡의 구상이었다. 이것이 임진왜란 당시 피폐한 경제력과 무너진 국방체제 하에서 류성룡이 생각한 나라를 다시 일으켜 세울 수 있는 가장 효과적인 전시경제시스템의 작동 메커니즘, 즉 '방법론'의 핵심이었다.

(3) 군국기무와 기무십조의 국방체제 개혁 주도

류성룡은 임진란을 겪으면서 자위의 중요성을 절실히 깨닫게 되었다.[78] 따라서 임진란이 발발하자 군방이 국가정책의 근본이라는 '군국기무' 정책을 주장한다. 그리고 이에 근거하여 기무십조라는 군사체제 구축 그랜드 플랜을 발표하였다. 류성룡의 군국기무는 ① 忘戰必危라는 확신에서 비롯된 안보해이, 안보불감에 대한 경고조치이고, ② 精兵制 정병주의의 실현이며, ③ 砲 개발과 砲臺 설치의 절실성과 긴요성 그리고 ④ 장래 여진족(후일 병자호란

78) 류성룡의 부친은 비록 병무 부담이 큰 지역은 아니나 병마절도사와 수군절도사를 겸하는 황해도 관찰사를 지낸바 있고, 평안도 감군어사로 국경지방 방어태세를 순찰한 바도 있으며, 군시 부정을 지낸 뒤 전라도에 경차관으로 파견되어 군적을 검열한 바도 있다. 을묘왜변 때는 경상도 순변사 조광원의 종사관으로 실질적으로 변란을 처리하기도 하였다. 이러한 사실들은 가문이 병학에 일정한 정통이 있음을 시사하는 방증이다. 또한 류성룡 자신도 병무와 관련하여 병조좌랑(1570~71), 상주목사(1580), 병조판서(1589) 등을 역임하였다. 한편, 임진왜란 기간 동안 도체찰사로서 군사업무를 총괄하면서 남긴 군문등록을 보면, 그가 통찰력 있는 안목으로 정밀하게 일을 처리하고 있음을 확인할 수 있다(이성무 외. 2008, 위의 책, pp.187-188).

예견)의 발호에 대한 대비의 필요에서 비롯되었다.[79]

軍國機務 차원에서 류성룡이 우선 실시한 것은 새로운 군제의 실시다. 즉, ① 훈련도감의 설치, ② 속오군 도입, ③ 정병 1만명제 및 정병양성, ④ 선봉제(오늘날의 특전대) 도입으로 대표되는 군제개혁을 단행하였다.[80] 훈련도감은 임진란 발발 2년 후인 1594년 봄에 만들어졌는데 도성수비를 위하여 만들어진 만큼 중앙인 한양에 설치되었는데, 오늘날 수방사에 해당한다. 훈련도감이 중앙 도성수비를 위한 조직이라면, 속오군은 지방수비를 위해 만든 군 조직이다. 속오군은 계병제로 모든 남자는 일정 연령이 되면 군복무의 의무를 갖도록 하였다. 특히 병력자원의 동원에서 출신,[81] 양반, 서얼, 향리(고을 아전계층), 公賤, 私賤 가릴 것 없이 장정으로 전투병력이 될 만한 사람은 모두 뽑아서 지방 사목 단위로 대오(營長-把總-哨官-旗總-隊總-사병)를 편성하고 지방행정 단위 산하에 두어 병농일치제로 운영하였다.[82] 그 대신 哨官을 중심으로 산하의 旗와 隊의 장인 旗總과 隊總은 상비군 역할을 하게 했다. 원래 전통 조선 사회에서는 양반이나 과거에 급제한 사람은 물론이고 公私賤民도 병역의 의무가 없었던 것과 비교하면 엄청난 파격적 개혁조치였다.[83]

精兵一萬名制는 소수정예주의 부대 운영을 위한 조치로 한양 도성 수비군인 훈련도감 군사들이 대상이다. 수비군이라 하는 것은 수비가 우선이고 그 다음이 응전이라는 뜻이다. 훈련도감의 병력자원도 양반, 사족, 서얼, 공사천의 신분을 가리지 않고 신체 건장하면 계병제로 모병하는 방식을 택하

---

79) 송복. 2014, 위의 책, pp.184-185.

80) 위의 책, pp.227-239.

81) 문무과나 잡과에 합격하였으나 아직 벼슬길에 나가지 못한 사람들을 가리킴.

82) 평상 사에는 농사일에 전념하면서 정기적으로 군사훈련에 참여하고, 전란이 발생할 경우 군역에 참여하는 제도이다.

83) 다만 조선이 농업국가의 생산방식에 의존해 명맥을 유지하던 농업사회 체제의 특성을 지니고 있는 만큼, 1년 12개월 병역의무를 수행할 수는 없었다. 따라서 평시에는 軍布만 내고 집에서 농사를 짓게 하고 정해진 훈련기간 및 사변이 있을 때만 군역을 치르게 하였다.

였다. 그리고 이들 군사 1만 명을 운용할 식량조달(자원조달 방안)까지 고려하여 병역의무가 있는 양반, 사족, 향리 가운데 실제 병역의무에 들지 않는 이들에게 그만큼 쌀, 보리, 콩, 조 등 곡식으로 바치게 하여 조달하는 방식을 도입하고 있다.[84)]

한편, 전투력을 확보하기 위한 훈련시스템도 구축하고 있다. 이때까지 조선에는 군사를 훈련시키는 훈련교본 같은 규범은 존재하지도 않았다. 다행히 명군이 남겨주고 간 훈련교본이 있어서 병조로 하여금 이 교본에 따라 훈련시키도록 조치하고 있다.[85)] 정병1만 명을 5營으로 나누어 1영에 2천 명씩 배치하고 매 2천 명 단위로 매일 정해진 규정에 따라서 훈련시키도록 조치하고 있다. 그리고 대규모 군사를 도성에 배치할 수 없는 상황에서 전투의 승리를 보장하는 방안으로 선봉제를 채택하고 있다. 선봉제에 대한 언급은 정유재란이 발발하기 전해인 1596년 1월 류성룡이 황해도에 있는 종사관에게 보낸 공문에 처음 언급된다. '선봉이 없으면 반드시 패한다'로 시작되는 공문은 전투에 선봉에 서기도 하고 매복에서 복병역할도 하고 적진지를 함락시키기 위한 공격조 부대 등 일종의 특수전부대 같은 개념의 군사조직 훈련을 언급하고 있다.[86)] 임진란 발발 이듬해인 1593년에는 아직 선봉이란 말은 쓰고 있지 않지만 이미 경상, 전라, 충청 등 각 도 兵使들에게 지시해서 이때부터 선봉 부대를 만들도록 지시하고 있다. 이러한 지시는 관념적인 상상의 부대가 아니라 현장에서 직접 목도한 적과 용감히 싸우는 조선병사가 적지 않음을 확인하고 내리는 지시였다. 선조에게 올린 글에 그러한 정황이 잘 나타나 있다.

"신은 오랫동안 軍中에 있으면서 경기의 여러 고을 군대들이 싸우는 것을 보

84) 훈련도감은 그 후에도 조선의 정병을 길러내는 근간이 되었으며, 1881년 별기군이라는 새로운 군제로 바뀌기까지 지속되었다.
85) 송복. 2007, 위의 책, 전게서, p.234.
86) 위의 책, p.236.

> 았습니다. 그들은 왜군과 싸워 무찌른 경험이 있어서 심지와 담력이 이미 견고해져 적병을 보면 겁내지 않고 싸울 때마다 앞장을 섭니다. 그동안 적병의 목을 베어 軍功을 진중에 드날린 사람도 많습니다. 한강이남 고을의 관군과 의병 중에도 날쌔고 건장하여 싸움을 잘 하는 백성이 없지 않았습니다. 그중에서도 우수하고 날쌘 병사들을 찾는다면 10명 중에 1명은 추려낼 수 있을 것입니다. 이같이 흩어진 병졸들을 한 곳에 모은다면 경기 고을 안에서만도 1천명은 얻을 수 있을 것입니다."[87)]

이러한 조치는 피비린내 나는 전쟁터 현장에 대한 충분한 경험과 완벽한 이해 없이는 불가능하다. 류성룡은 임진란이 발발한 이듬해부터 정병과 선봉 만들기에 혼신의 힘을 다하고 있다. 영의정으로서 경기, 황해, 평안, 함경 4도 도체찰사에 훈련도감 도제조까지 맡아서 전쟁수행의 모든 책임이 그에게 집중되었다. 그는 직접 전장 현장에 나가서 몸소 체득한 현장 감각으로 실천 가능한 방책을 세우고 지시하고 있다. 현장에서 쌓은 경험과 그렇게 익힌 통찰력으로 전쟁터 현장의 병사들과 장수들을 통솔하고 있다. 정병·선봉을 조직 운영하는 것과 관련하여 류성룡이 지시한 3가지 특기할 만한 기준이 있다. 첫째는 勇怯不混 둘째는 國家優恤 셋째는 連坐法이다. 勇怯不混은 용맹한 자와 비겁한 자를 단위부대에 섞어 놓지 말라는 것이다. 용맹한자의 전투력이 방해받을 수 있음을 간파한 기준이다. 國家優恤은 선봉에 서는 군사들에게는 가족생계 걱정이 없게 보상해주라는 것이다. 가족걱정 없도록 넉넉히 보상하여 과감히 앞장 설수 있게 하라는 것이다. 連坐法은 패전에 대한 연대책임제이다. 그래야만 배수진을 치고 최고의 전투 팀워크 시너지가 발생한다는 것이다. 이러한 기준은 선봉대라는 특수전부대가 실전에서 제대로 작동할 수 있도록 동기부여와 책임감을 비롯하여 시스템을 완벽하게 구현하고 있다. 이러한 아이디어 나올 수 있는 것은 전투현장에 대한 깊은 이해와 통찰이 없이 더구나 문관 출신인 그가 탁상에 앉아서는 도저히 나오기가 불가

87) 위의 책, pp.237-238.

능한 것이다.

기무십조는 군국기무 정책을 실천하기 위하여 선조에게 올린 時務策, 즉 액션 프로그램이다. 류성룡의 방법 지향적이면서 현장 지향적인 리더십이 빛나는 부분 가운데 하나가 바로 이 機務十條이다. 문인 정치가가 만들었을까 의문이 들 정도로 軍事를 꿰뚫고 무인이라고 하더라도 산전수전 다 겪고 승전경험이 풍부한 최고의 대장군이 아니면 내놓기 쉽지 않을 정도로 총체적으로 광범위하고 포괄적이며 디테일하기까지 하다.

표 3 機務十條 내용 요약

	機務十條	내 용
1	척후 斥候	이일과 신립의 패전은 척후 실패 절감. 적군과 거리 200보까지 정보수집, 전투 5일전에 동정 파악. 지피지기. 척후에 대한 후한 포상제도.
2	장단 長短	피아간 장단점 파악. 아군 장점으로 적의 단점 공격, 아군 단점공격 회피. 활과 조총의 전투에서 지형지물 활용 중요성 강조.
3	속오 束伍	군의 조직체제. 대오를 약속하여 대오는 묶는다. 전투조직 체제화.
4	명령엄수	속오의 조직체제에 기반 한 일사분란 엄중한 명령체제 강조
5	중호 重壕	겹 垓字 설치. 바깥 해자는 평사시 해자처럼 깊고 넓게 파고, 안 해자는 너비는 바깥의 절반, 깊이는 1장 정도로 바닥에 마름쇠 배치
6	설책 設柵	군영의 보루가 되는 欎柵 설치.
7	수탄 水灘	얕은 여울에 마름쇠를 설치하여 방어하는 방법
8	수성 守成	성을 잘 지키는 것. 전쟁에서 방비가 허술한 성 구축의 개선. 아군이 수비하기는 유리하고 적군이 넘어 들어오기 어렵게 옹성을 설계, 구축
9	질사 迭射	화살공격이 끊임없이 파상적으로 이루어지도록 번갈아 쏘는 사격방법
10	통론형세	형세를 총체적으로 통괄하는 전략본부 기능. 적에 대한 정확한 이해와 파악. 不可浪戰

자료: 송복. 2014, 『류성룡, 나라를 다시 만들 때가 되었나이다』, pp.210-226의 내용 정리.

機務十條는 조선군을 명실공히 '군다운 군'으로 만드는 그랜드 프로젝트이었으며, 실전에 응용된 실천적 방책이기도 하였다. 이 가운데 제10조 統論

形勢를 보면 류성룡은 왜적을 맞아 싸우면서 역대 왕조에 걸쳐서 역사상 가장 강력한 적군이라는 사실을 명확히 인지하고 파악하고 있었다. 그들이 조선의 약점을 완벽히 파악하고 있었으며, 조선의 지리 정보도 완벽히 파악하여 험준한 요해지를 택해 진을 치고 있음을 확인하고 있다. 따라서 '不可浪戰'을 가장 중요한 응전원칙으로 강조한다. '함부로 싸우는 것은 금물'이라는 것이다. 결국 시간을 끌면서 지구전 장기전으로 갈 수 밖에 없음을 간파하고 있었고, 이를 위해서는 적의 보급을 저지해야 한다는 정곡을 파악하고 있었다. 첫째는 산성을 재정비함으로써 지구전 방어전에 대비하고 관민이 저축한 곡식을 산성 내로 모아서 적의 식량탈취를 최대한 방지하도록 하고 있다. 둘째는 焦土作戰, 淸野策으로 왜군이 들판의 곡식을 이용하지 못하도록 하는 것이다. 셋째는 수군으로 하여금 그들의 곡식운반 통로를 공격하여 그들의 보급로를 원천적으로 차단시키는 것이다.[88] 첫째와 둘째는 류성룡이 육상전에서 책임져야 전략 부분이었고, 셋째는 바로 이순신의 수군이 담당해야 하는 해전전략 부분이었다. 코니시 유키니가가 파죽지세로 평양성을 함락시키고도(1592. 6. 13.) 더 이상 북진하지 않고 주저한 것은 바로 이러한 보급로의 차단전략이 효과를 보였기 때문이다. 특히 이순신의 같은 해 5월에 있은 옥포, 당포해전 승전에 이은 한산대첩(1592. 7. 8.)으로 왜군 입장에서는 식량을 비롯한 군수물자 보급로가 차단되어 전쟁수행에 치명적인 제약을 맞게 되는 결과를 초래하였다.[89]

류성룡의 군국기무와 기무십조는 국방 및 군사체제가 전시에도 제대로 작동하게 하기 위한 국가 차원의 군사적 메커니즘 구축이라는 특징에 주목할 필요가 있다. 혁신적인 군 병력 자원 동원 체제를 구축하고, 일국의 군대

88) 위의 책, p.226.

89) 임진왜란이 발발한 1592년 5월의 옥포해전(5. 6.)과 당포해전(5. 29.), 7월의 한산대첩에 이어 9월의 부산포해전(9. 1.)까지 이순신의 전라좌수영 수군의 4차례 해전에서의 승전으로 왜군은 남해안에서 서해안으로 이동하는 수로를 통한 군수물자이동이 완전히 막혔다. 뒤이어 10월에는 육로를 통한 보급로 개척시도도 김시민의 진주대첩(1592. 10. 5.~11.)으로 막히면서 왜군의 군수물자 보급로가 거의 차단되다시피 하였다.

로서 효과적인 통솔이 가능한 군사조직 체제로 개혁하는 한편, 조직적이고 전술적으로 작동하여 단위 군대 조직별로 실전에 임할 수 있도록 기무십조라는 구체적인 전술교본까지 제시하고 있다(<표 3> 참조).

3. 병법에 탁월한 멘토로서 이순신과의 소통

천신만고 끝에 왜군을 몰아내게 되기까지 임진왜란이라는 국난을 극복하는 과정은 류성룡과 이순신 두 사람의 역량과 이들의 관계를 빼놓고는 설명할 수가 없다.[90] 난중일기를 보면 류성룡과 서신 교환을 했다는 기록들이 많다. 이순신의 꿈에서까지 류성룡이 자주 나타날 정도로 두 사람은 각별한 사이였던 듯하다. 이를 증명하는 난중일기의 기록이 있다. 류성룡이 사망했다는 오보가 전해진 일이 있다. 이때 이순신은 당황하여 잘못된 소문일 것이라고 확신하면서도 한편으로는 정말 류성룡이 사망했을 상황을 우려하며 늦게까지 잠을 이루지 못하다가, 급기야 점까지 쳐보며 류성룡의 안위를 걱정한다. 또한 왜란 직전에 류성룡이 이순신에게 '증손전수방략'이라는 병법서를 보내주는데, 그 책을 읽고 이순신이 책을 높이 평가하는 장면도 있다. 난중일기는 1592년 1월 1일부터 시작되는 데, 이순신이 부임한 지 1년도 안 된 시점에서 유비무환의 자세로 쉴 틈 없이 관할지역의 현장을 점검하고 무기와 전선을 살피던 시기였다. 류성룡에 대한 이야기는 그해 3월 5일 일기에 처음 등장한다. 문무를 겸비하고 북방의 함경도에서 여진족과 실전을 치렀고 남방에서 수군으로도 복무한 이순신이 류성룡이 보내온 병법서 '증손전수방략'을 보고 다음과 같이 감탄하고 있다.

> 좌의정(左台・류성룡)이 편지와 '증손전수방략(增損戰守方略)'이라는 책을 보내왔다. 읽어보니, 수전(水戰)・육전(陸戰)・화공(火攻) 등에 관한 일을 하나하나 논의해 놓았다. 진실로 세상 그 무엇에도 비교할 수 없을 만큼 탁월한 이

90) 송복(2007)은 그의 저서 『서애 류성룡 위대한 만남』(지식마당)에서 류성룡과 이순신의 만남을 위대한 만남으로 저술하고 있다.

론이었다.[91)]

'증손전수방략'은 1591년 여름, 선조가 비변사에 명하여 편집한 '전수도(戰守圖)'를 류성룡이 정리하고 증보한 병법서다. 류성룡이 병법서를 편집·저술할 수 있었던 것은 '조선의 장자방'이라는 표현처럼 그가 병법에 탁월했기 때문이다. 류성룡이 임진왜란 때 오늘날의 국방부 장관과 같은 도체찰사(都體察使), 국무총리와 같은 영의정으로 활약하면서 고대 중국의 병법은 물론 당시의 최신 병법인 척계광의 병법(기효신서)까지 받아들여 훈련도감(訓練都監)을 설치하고, 속오법(束伍法)을 실시한 것에서도 그의 역량을 확인할 수 있다.

게다가 그는 전시(戰時) 행정가로도 탁월하고 창의적인 역량을 발휘했다. 이순신이 서남해에서 실시한 둔전(屯田), 섬을 활용한 염전(鹽田) 개발 노력도 부국강병을 위한 조치였는데, 그 과정에서 류성룡과 이순신은 군사전략은 물론 전시경제의 경영 노하우까지 공유하며 서로에게 싱크탱크가 됐다.

知己知彼와 知彼知己. 류성룡이 이순신에게 전한 병법은 난중일기에서 확인할 수 있는데, 난중일기에는 '손자병법'을 상징하는 유명한 문장 '지피지기(知彼知己)'가 두 번 나온다.[92)] 자세히 살펴보면 난중일기와 손자병법의 논리에 차이가 있다. 전자는 '지기지피(知己知彼)'라고 했는데, 후자는 '지피지기(知彼知己)'라고 했다. 즉 지피와 지기의 논리적 순서가 서로 다른 것이다. 잘 못 적은 것은 아닐까. 그럴 가능성은 적다. 난중일기에서 두 번씩이나 잘못 기억했을 리가 없다. 그 배경엔 류성룡이 있다. 류성룡은 병법에 무지해 패전하는 장수들을 위해 자신이 과거에 쓴 '증손전수방략'을 복기하여

91) 『난중일기』, 1592년 3월 5일.

92) 나를 알고 적을 알아야 백번 싸워도 위태롭지 않다(知己知彼, 百戰不殆)(난중일기, 1594년 9월 3일). 나를 알고 적을 알면 백번 싸워 백번 이기고(知己知彼, 百戰百勝), 나를 알고 적을 모르면 한번 이기고 한번 질 것이다(知己不知彼, 一勝一負). 나를 모르고 적도 모르면 매번 싸울 때마다 반드시 패할 것이다(不知己不知彼, 每戰必敗)(1594년 11월 28일 일기 뒤의 메모).

다시 정리해 1594년 6월 선조에게 '전수기의십조(戰守機宜十條)'라는 이름의 병법 요약집을 올려 장수들에게 배포하도록 한다. 바로 그 '전수기의십조'에 손자병법과는 다른 이순신의 '지기지피(知己知彼)'가 나온다.

> 병법에 이르기를, '나를 알고, 적을 알면 백 번 싸워서 백 번 이기고, 나를 알지 못하고 적을 알지 못하면 백 번 싸워서 백 번 진다(知己知彼, 百戰百勝. 不知己不知彼, 百戰百敗)'고 했다. 이른바 나를 알고 적을 안다는 것은 적과 나의 장단점을 비교해 헤아린다는 뜻이다(所謂知己知彼者, 較量彼己長短). ('전수기의십조')

류성룡은 손자병법의 '지피지기(知彼知己)'를 '지기지피(知己知彼)'라 바꾸어 쓰고 있다. 오늘날 경영학에서도 (해외)인수합병을 추진하려면 우선 전략을 수립하여 인수합병 목표를 명확히 하는 것이 중요하다. 이 과정의 첫 번째 단계가 인수대상 기업(피인수기업)에 대한 분석이 아니라, 자기 기업이이 무엇이 부족하고 필요한 자원은 무엇이며, 자기가 가지고 있는 핵심역량 무엇인지에 대한 분석이다. 즉, 인수하고자 하는 기업 자신의 전략적 필요성에 대한 분석(知己)이다. '지기지피(知己知彼)'는 이순신이 난중일기에 쓴 것과 일치한다. 난중일기의 날짜와 메모의 순서로 보면 이순신이 '전수기의십조'를 읽고 메모했다고 추정할 수 있다. 이순신이 류성룡의 표현을 따른 것은 '나를 아는 것'을 우선시하는 류성룡의 시각에 동의했음을 보여준다.

난중일기에 적은 것 말고도 이순신이 류성룡의 지혜를 활용한 증거는 많다. 두 사람은 수시로 편지를 교환하고 정보를 공유했음을 짐작할 수 있다. 그 단적인 사례의 하나가 현충사에 있는 1594년 4월에 제작된 약 2m 길이의 장검 두 자루에 쓰인 검명(劍銘)이다. 보물 326호로 지정된 이 칼에는 이순신의 호연지기(浩然之氣)와 결의가 담긴 검명이 새겨져 있다.[93]

---

93) 소설 '칼의 노래'를 쓴 김훈이 소설을 쓰기 전에 매일 찾아가 보았다는 그 칼이다.

三尺誓天, 山河動色
(석 자 칼로 하늘에 맹세하니 산과 바다가 떤다.)
一揮掃蕩, 血染山河
(한 번 휘둘러 쓸어버리니 피가 산과 바다를 물들인다.)

그런데 이보다 이전인 593년 9월 15일 일기 다음에는 다음과 같은 메모가 있다.

兵鋒以至, 勢如風雨, 兇孼餘魂, 逃遁不暇.
(군대의 날카로운 기세가 가는 곳마다 태풍 같아서, 흉악한 무리들은 넋이 나가 숨을 틈이 없었다.)
尺劍誓天, 山河動色.
(한 자 칼로 하늘에 맹세하니 산과 바다가 떤다.)
出萬死不顧, 一生之計憤憤不已.
(출전하여 만 번 죽을 일을 당해도, 물러서지 않았다. 분노하고 분노하는 마음 끝이 없다.)

현충사 장검의 검명은 난중일기의 '三尺誓天, 山河動色'에서 한 글자만 바꾸어 '尺劍誓天, 山河動色'이라고 새겨져 있다. 난중일기의 이 메모들은 이순신의 승전 경험과 각오, 자세를 보여주는 것으로 보인다. 그런데 이 메모는 류성룡이 먼저 쓴 글이다. 1585년, 선조의 명으로 중국 송나라 명장 악비의 전기 '정충록(精忠錄)'을 편찬할 때 류성룡이 발문을 썼는데, 발문은 책 끝에 내용 요약 혹은 간행 관련 사항을 기록하는 것으로, 그 발문에 이순신의 난중일기에 적은 메모와 동일한 내용이 나온다. 이순신에게도 악비는 나라와 시대를 떠나 존경스러운 선배 장수였다. 악비는 지금 우리의 관점에서 보면 '중국의 이순신'이라 불러도 손색이 없다. 이순신과 악비의 삶도 거의 유사하다. 그런 삶 때문인지 시호도 둘다 '충무(忠武)'다. 이순신은 류성룡이 직·간접적으로 관여한 '정충록'을 읽고 싸움의 기술과 리더십을 공부했고, 멘토 류성룡의 글을 읽으며 각오를 다졌고, 이를 자신의 검명으로 삼았다고 볼 수 있다.

류성룡의 단점으로 '재상으로써의 줏대가 없었으며 옳지 못한 일을 간하는 것이 없었다'는 등 조선실록의 다소 부정적인 평이 있기는 하였다. 그 예로서 가장 많이 거론하는 것이 이순신이 탄핵될 때 류성룡은 당시 분위기 때문에 이순신을 제대로 구원하지 못했다는 사실이다. 당시 조정 신하들 가운데서 정탁과 이원익 두 사람만이 이순신의 변호를 했고, 결국 이순신은 백의종군 처벌로 끝났다. 하지만 이순신에 대한 처벌이 류성룡의 적극적인 변호가 없어서라기보다는 근본적으로 원균이 이순신에 대하여 잘못된 판단에 기초한 보고를 올렸기 때문이라고 보아야 한다.[94] 한 가지 역사적 가설은 당시 류성룡이 이순신을 극구 두둔하려고 했다면 오히려 선조가 두 사람의 결탁 가능성을 의심할 용렬함이 살아날 것을 걱정한 때문일 수도 있지 않았을까 하는 것이다. 당시 조선에서 선조의 마음을 가장 꿰뚫어 보고 있는 사람이 류성룡이었고, 이순신과 그를 천거한 류성룡과의 관계를 누구보다도 선조가 잘 알고 있었다면, 이런 정도의 판단이 어렵지 않은 상황들이 전개되고 있었을 가능성이 없지 않다. 어느 쪽이 진실이든지 류성룡이 임진왜란을 극복하기 위하여 지휘와 수습에 혁혁한 공을 세웠던 사실이 달라지거나 그 공이 훼손될 이유는 없다.

V. 맺음말: 류성룡 리더십이 주는 시사점

1. 류성룡의 리더십 특성

류성룡의 리더십을 정리하면, 우선 '비전과 深思'의 리더십을 들 수 있다.

94) 원균에 대한 역사적 기록과 평가를 근거로 하면 이순신을 모함했다기보다 실제로 그의 눈에는 그렇게 보였고 판단했을 수 있다. 따라서 이순신과 원균 두 사람의 전황을 파악하고 상황을 인지하는 눈과 통찰력의 수준 차이로 보는 것이 타당할 수 있다. 우월한 상대방에 대한 무리한 경쟁심과 역량에 보다 과욕을 부려 상황을 제대로 파악하는 우를 범한 것으로 파악할 수 있다.

深思는 말 그대로 심사, 숙고 그리고 이를 통한 미래를 내다보는 통찰력 그리고 다른 사람들과 숙의하는 설득력까지는 포함하는 의미하기도 하다. 하지만, 류성룡에게 '深思'는 그 이상의 더 특별한 의미가 있다. 그에게 있어서 심사는 단순한 어의적 의미를 넘어서서 고도의 경지에 이른 수양 및 수련을 위한 학습방법이자 학습과정이다. 그의 이러한 학습방법은 개인의 정신적 수양과 수련을 넘어서서 구체적인 실천 및 방법에까지 이어지고 있다. 이러한 심사에서 自强을 통한 富國의 국가비전이 나오게 된다. 아무리 조선이 성리학적 도를 실천하려는 이상을 펼치는 나라라 하더라도 물리적인 국력 즉 힘이 없으면 허상에 불과하다는 중상주의적 현실의 약육강식 세계관을 당시대 조선의 조정에서는 그가 가장 먼저 터득하고 있었다. 류성룡이 평소에 역사에도 깊은 관심과 많은 독서량을 가지고 있었다는 사실과 일치하는 부분이기도 하다.

서론에서 언급하였듯이 극단적인 불확실성(VUCA)에 부딪치게 되면 유능한 기업 리더도 때때로 깊은 좌절과 회의 그리고 절망감에 빠질 수 있다. 이럴 때 필요한 것이 초심을 잃지 않고 마치 수행하듯이 초심의 깨달음을 계속 유지하는 것이다. 위대한 리더일수록 위기를 직면하면 자신이 갖고 있는 근본적인 리더십 상태를 확인하고 점검한다. 초심을 잃지 않기 위한 일종의 수행과정이라 할 수 있다. 문제는 류성룡이 전문경영인에 대비되는 영의정으로서 당면한 위기가 1~2년 혹은 2~3년에 끝나는 중단기적 위기가 아니라 무려 7년이라는 장기간에 걸쳐 그것도 임진왜란과 정유재란이라는 두 번에 걸친 전국적인 전란이라는 것이다. 그것도 전쟁을 치를 수 있는 경제적 국력이나 물리적 국방력도 전무하다시피 한 환경적 상황과 자원적 여건 하에서 당시 조정 대신들은 거의 무 방책이거나 무 전략인 상태로 목숨을 부지하기 위하여 피난하기에만 급급하였던 상황이었다. 패망할 지도 모르는 절망감을 극복해야 하고, '무에서 유를 창조'하는 창의적 변혁을 유도하여 전란을 극복해야 하는 리더십은 과연 어떠한 심성과 역량을 필요로 하는 것인가? 류성룡에게 있어서 심사(深思)는 바로 이러한 심성과 역량을 만들어 가는 학습과정이자 끊임없는 수련과정이다. 이를 통해서 미래에 대한 영감을 얻고 누구도 넘볼 수 없는 탁월하고 통찰력 있는 예측을 하고 비전을 제시하고 있다.[95]

그리고 그의 深思는 주재(主宰)를 통해서 현장성 있는 실천으로 이어진다. 그것은 '現場과 方法'의 리더십이다. 흔히들 조선을 성리학의 시대라고 한다. 그 결과 형이상학적 관념론이 지배하는 사회였다. 전 인구의 40%가 노비이고, 55%가 평민이던 당시 조선사회는 전통적인 중농주의 사회이면서 실제 작동하는 정치사회 체제나 경제사회 제도 면에서는 5%도 안 되는 양반이 지배하고 그들을 중심으로 돌아가는 매우 폐쇄적이고 비효율적인 사회였다. 송복(2014)은 이러한 당시 조선을 '방법론'이 존재하지 않았던 사회라고 단언하고 있다. 류성룡은 이러한 조선 사회의 문제점을 명확히 파악하고 있었으며, 임진왜란이라는 국난의 시기야 말로 이러한 사회적 제도적 문제점들을 개혁할 최적의 기회라고 보았던 것 같다. 류성룡은 이러한 '방법론'이 없던 조선사회를 메커니즘적 관점에서 제도적으로 시스템적으로 작동하는 사회로 변혁시키고자 하였다. 우선, 앞서 살펴보았듯이 전란 중에 제일 먼저 왕조국가로서 조선의 거버넌스를 확고히 하고, 자강 부국을 국가비전으로 제시하면서, 가장 먼저 전시 군량확보을 위하여 재정세입체제 개혁을 추진하고, 군국기무와 기무십조로 전시 자원동원 및 군사대응 체제를 구축한다. 그리고 혼란스러운 사회환경을 진정시키는 방책으로 우선 제일 먼저 백성을 위무하여 민심을 수습하는 활동을 가장 중시하면서, 이를 위하여 시장경제 활동이 원활하게 돌아가도록 전시상황에서 막혀 버린 경제의 순환을 도모하는 조치들을 취하였다. 뿐만 아니라 혼비백산하다시피 한 백성들의 정신 상태를 되돌려 전세를 전환시키기 위하여 전시 대민위무 및 의병활동 거병을

95) 류성룡은 임진왜란 당시이던 1594년 선조에게 올린 병법 요약집 '전수기의십조(戰守機宜十條)'에서 '미리 보고 멀리 봐야 한다(先期遠布)'는 것을 施國의 길라잡이로 삼아야 한다고 주장하고 있다.

독려하는 홍보활동을 하였다. 이는 류성룡의 현장 지향적이고 방법 지향적 리더십이 돋보이는 부분이다. 현장성 있으면서 방법론적인 솔루션을 제공하는 리더십은 최고경영자 리더십 가운데 지적 자극 및 전략적 사고와 유연성 관리 같은 요소들과 관련이 있다. 류성룡은 성리학적으로도 큰 깨달음을 얻고 있었으나, 단순히 성리학의 형이상학적 관념 세계에 머물지 않고 백성들의 삶의 실존적 실체에 접근하는 정책을 계발하여 풀뿌리 생활문제 해결에까지 연계시키고 있다. 이러한 그의 철학적 가치와 의지는 지적 자극과 전략적 사고 없이는 불가능하다. 끊임없이 현장에서 벌어지는 문제들을 해결하고자 하는 의지는 곧 지적 자극과 닿아있고, 거버넌스 공고화－군국기무－재정개혁－기무십조로 이어지는 일련의 국가 차원의 개혁조치들은 전략적 사고에 대한 깊은 이해 없이는 불가능하다. 그리고 이러한 포괄적이고 강도 높은 개혁조치를 추진하면서도 실현 가능성이라는 관점에서 유연성을 놓치지 않고 있다. 예컨대, 속오군을 설치하면서 전쟁이 없을 때는 농사를 짓고 전쟁이 발발할 때만 전투에 참여하는 '차농차전(且農且戰)'의 유연성을 담보하고 있다. 또한 군적을 정리하여 개병제를 기본으로 하는 직업군인제를 도입하면서도, 군역 면제를 희망하는 백성들에게는 군량미로 공납을 하게 하여 군량을 확보하는 유연성을 보이고 있다. 또한 도망가서 숨어있던 군사들을 찾아서 규합하여 전열을 재정비할 때도 군적기록을 새로이 만들고 그들의 '탈영' 죄과에 대해서도 엄하게 꾸짖으면서도 책임감과 사명감, 애국심을 강조하면서 돌아온 탈영병들의 전투력을 되살리는 동기부여에 힘쓰는 유연함을 보이고 있다.

뿐만아니라, 사회적 자원의 동원 차원에서는 앞서 언급한 훈련도감과 속오군 설치 같은 직접적인 군사전력 자원의 동원 이외에도, 시장경제가 돌아갈 수 있는 물자의 생산을 위하여 산업, 상업을 육성하는 것이 필요했다. 류성룡은 이를 위하여 염업, 철강생산 등 국영 수익사업의 육성책을 추진하고 있다. 아울러 왜군의 개인화기인 조총의 위력을 실감하고 그 충격으로 선진

기술의 위력과 중요성에도 큰 관심을 기울여, 기술도입 및 개발을 통한 현대적 무기제조를 위하여 명과 왜의 첨단 제조기술을 배우고 도입하는 데도 적극적으로 힘을 쏟고 있다.

마지막으로 류성룡의 '信義와 謙虛'를 중시하는 리더십은 최고경영자 리더십 요소가운데 개별적 배려와 다른 사람들과 협력할 수 있는 개인 역량에 대비된다. 류성룡의 신의의 리더십은 선조와의 신뢰관계와 이순신과의 신뢰관계 그리고 백성들과의 신뢰구축에서 확인된다. 앞서서도 언급하였듯이 선조의 류성룡에 대한 신뢰는 거의 절대적이었다. 이런 신뢰가 없었다면 과연 류성룡이 아무리 영의정이라 하더라도 고립무원인 상태로 임진왜란이라는 전쟁을 치러내고 패전하여 망국으로 사라질 수도 있었던 조선을 구해낼 수 있었을 것인가. 이순신에 대한 류성룡의 절대적인 신뢰관계가 없었다면 이순신이 그런 혁혁한 승전보를 기록할 수 있었을까. 나아가 포기하지 않고 백성들에게 조정이 살아서 작동하고 있음을 전하면서 자발적인 의거 및 참전을 독려하고, 최소한의 전시 생산체제 및 경제체제가 돌아가도록 함으로써 나라가 작동하고 있음 그것도 혁신적으로 돌아가고 있음을 보여줌으로써 백성의 마음을 잡아 두고자 하는 노력이 없었다면 전세를 뒤집을 수 있었을까. 또한 그의 겸허의 리더십은 신뢰의 리더십과 동전의 앞뒷면 같다.

무엇보다 류성룡의 소통의 특성 가운데 가장 중요한 하나는 다른 사람들의 말을 경청하는 경청의 리더십이다. 경청이야 말로 겸허의 리더십의 핵심 요소이다. 위로는 선조와 소통으로, 모든 것을 내려놓는 사심 없는 소통으로 그의 신뢰를 얻게 된다. 선조와의 소통은 한 치의 오단이나 실수도 허용하지 않는 것이었다. 10년을 경연한 선조의 실질적인 가정교사였지만, 오만하지 않고 항상 겸허한 자세와 입장을 유지한 것이 류성룡의 겸허의 리더십이다. 선조의 계속되는 피신으로 평양성 백성들이 폭도로 변하기 일보 직전에 이른 상태에서 그들과 직접 소통에 나선 류성룡은 진정성 있는 겸허한 소통으로 이들의 마음을 돌렸다. 특히, 통찰력과 위험을 감수하는 외롭고 고독한 의사결정 능력 그리고 사회(구성원) 및 사회조직이 작동가능하게 하는 경제적 전문성에 기반한 메커니즘 구축 역량 등 류성룡이 보여준 리더십 역량은 지속 가능한 경영을 성공적으로 이끌어낸 위대한 최고경영자의 리더십과 맥락적으로 일치한다. 이를 정리하면 <그림 2>와 같다.

그림 2 류성룡 리더십의 특징 정리

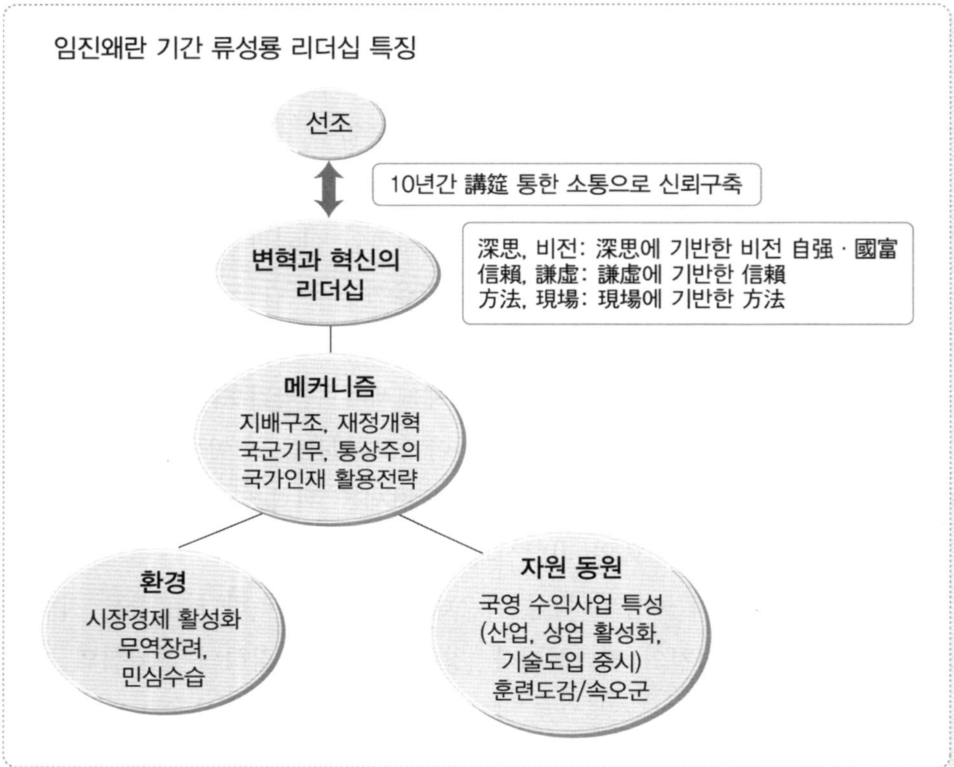

2. 역사적 평가

류성룡은 단순한 경세가인가? 류성룡에 관한 연구를 시작하게 된 것은 류성룡의 내면에 대한 관심에서 시작되었다. 그에 관한 소설을 집필한 적이 있는 작가들의 그에 대한 평을 통해서 살펴보자.

"임진왜란이 터지고 얼마 지나지 않은 5월 서애는 좌의정에서 파직당했다. 이후 서애는 보직 없이 선조를 따라 의주까지 왕을 호종(扈從)하게 된다. 호종해 봐야 아무런 이득이 없었다. 서애는 국가의 녹을 먹은 사람으로서 가문의 명예와 나라를 생각해 호종 대열에 선 것이다. 회의할 때도 서애는 그냥 서 있었다. 선조도 그런 서애를 그냥 못 본 척 대했다. 그렇게 무보직 상태에 있으면서 외교·군사·보급 그리고 유격전까지 다 관여했다. 서애가 영의정에 보임된 것은 정유재란 때인 1597년이었다."(이재운)

자신을 다 내려놓는 겸허의 리더십을 강조하고 있다. 영의정에서 파직당하고도 그는 끝까지 선조 곁을 지키며 자신의 소명을 다한다. 선조에 대한 신의와 선조의 서애에 대한 전폭적인 신뢰가 그리고 류성룡 스스로의 국가에 대한 소명 없이는 불가능한 일이다.

"그는 권력을 잡았지만 남용하지 않았고, 부를 보고도 청백리로 근신했으며, 언제나 학문과 교육에 대한 열정을 버리지 않았다."

"조선의 고결한 선비들을 말할 때 일반적으로 단아하다고 하는데, 류성룡은 그 경지를 넘어 전아하다는 평을 받는다. 평생 청빈하게 살면서 학문에 전념하려는 일념으로 살았다. 그에게 벼슬은 시대가 부과한 고통이었다. 그러나 일단 임무를 맡으면 자신의 몸을 돌보지 않고 철저하게 매진하여 강력한 지도력을 발휘했다."(이수광)

서애는 원래 정치를 하려고 하지 않았다. 그러나 일단 정치에 입문하고는 자신의 초심을 잃지 않고 사심 없는 정치, 정도의 정치를 추구하였으며, 겸허를 기반으로 하는 진정성 있는 리더십으로 국정을 이끌었다.

"서애는 당파(동인)에 속해 있었으나 당파를 초월했고, 임금의 신임에서 밀려나 있을 때에도, 높은 도덕성과 선견적 혜안으로 남들이 도저히 할 수 없는 일을 묵묵히 자청해서 감당해냈다. 그러면서도 자신의 경예나 사리에서는 초연했다. 외적으로는 온화·원만·침착했으나 내적으로는 주의가 확고하고 의지가 강했다."(이번영)

그는 당파를 초월하였고, 오히려 당파가 그를 이용한 부분이 보인다. 퇴계 문하라는 굴레와 정적에 대한 무자비한 보복 정치를 단호히 거절하고, 오로지 자신의 확고한 세계관 및 가치와 신념 그리고 소신에 따라서 결정하고 행동하였다. 성리학의 조선시대는 목숨을 걸고 자신의 주장을 내세우는데 이는 성리학적 정치체제가 갖는 근본적인 모순이라고 할 수 있다. 자신이 틀리지 않았고 자신의 주장이 옳다는 것을 입증하기 위해서는 목숨을 걸 수 있는 기개가 있어야 하고, 이것이 유가적 도통의 경지를 입증하는 방법이기도 하였다. 서애 류성룡은 그렇게 무모하지도 않았고 유연하였으며, 남의 주장을 경청하고 다른 이의 착오를 이용하여 자신의 권력을 확대시키려는 노력 자체를 거부하였다. 당파적 이해관계에 기반하여 정적에 대한 복수를 시도하는 것도 한사코 거절하였다. 그가 생각한 상생의 정치, 협력의 정치, 유연한 정치의 핵심이다.

> "'징비록'을 통해 류성룡을 접하게 되었을 때 왜 이런 인물이 과소평가되었을까 하는 생각이 들었습니다. 나 역시 제대로 알아보지 못한 점이 부끄러웠습니다."(박경남)

류성룡이 임진왜란 기간동안 계획하고 추진한 전략과 전술들을 살펴보면 거의 초인적이다. 조정 중신들의 불같은 반대에도 불구하고 이순신과 권율을 적재적소에 전략적으로 배치한 탁월한 의사결정과 그 과정에서 보여준 실행력은 말할 것도 없고, 명과의 굴욕적인 외교, 평양 탈환 이후 보여준 전시 대응체제 준비와 개별적인 전략 전술의 결정과 실행에 이르기까지 거의 초인적인 정신력과 개인적 역량이 없으면 불가능한 일들이었다. 상상이 가능한가? 이이가 이미 만언소에서 스스로 언급했듯이 조선이 이미 '나라가 나라가 아닌 지경'에 처한 것이 임진왜란 발발 10년 전이다. 경제는 바닥이 났고, 국방체제는 허물어질 대로 허물어진 상태였다. 서양의 무기인 조총 등을 도입한 왜군은 화력에서 막강하였고 조선은 그나마 있었던 대포류도 실전에서 사용된 경험이 없었고 동양에서 가장 강력한 활/화살도 상대의 화력에 대한 정보부족으로 제대로 전술적으로 활용할 수가 없었다. 이렇듯 환경과 자원에 모든 면에서 철저히 열악하고 무너진 상황에서 류성룡은 전열을 가다듬을 시점을 노린다. 이순신이 전라도 해역을 철통같이 틀어막고 육지에서도 한국판 레지스탕스인 의병(아마도 세계 최초 레지스탕스)들의 후방기습 등이 효과를 보이는 가운데 명군과의 협공으로 평양성 탈환에 성공하자 승전의 학습을 기반으로 민심수습과 함께 전세의 전환을 꾀한다.

그렇다면 류성룡 사후 그에 대한 조선사회의 평가는 어땠을까? 류성룡의 죽음에 대하는 당시 조선사회는 어떻게 반응하였으며, 그를 어떻게 평가하였는가?

> '류성룡(柳成龍, 1542~1607)이 고향 하회에서 죽었다는 소문이 도성에 퍼지자, 도성의 늙은 아전들과 종로의 장사치들 수천 명이 묵사동(墨寺洞, 오늘날의 남산 밑 언저리)으로 모여들었다. 이들은 주인이 살지도 않는 빈집에 몰려와 통곡을 했는데, 이 빈집이 바로 류성룡이 살던 집이었다. 당시 한양에 살던 조선 백성들은 류성룡의 살림이 가난하여 장례 치를 경비조차 없다는 말을 듣고 너도 나도 삼베를 가져오거나 한 푼 두 푼 거두어 장례 경비를 모았다.'[96]

당시 백성들의 류성룡의 죽음을 대하는 역사적 기록은 민심이 그를 얼마나 존경하였으며 백성들 스스로가 그에 대한 보은의 마음이 얼마나 우러나왔는지를 유추할 수 있게 한다. 또한 조선실록에서도 류성룡 사후 사관은 그를 다음과 같이 평함으로써 민심의 그에 대한 사후 평가가 틀리지 않았음을 유추하게 한다.

> '천자(天資)가 총명하고 기상이 단아했다. 학문을 열심히 익혀 종일 단정히 앉아 있으면서 몸을 비틀거나 기댄 적이 없으며, 남들을 대할 적에는 남의 말에 귀를 기울여 듣고 말수가 적었다.'

---

96) 이이화, 인물한국사.

특히 그가 실천한 경청의 리더십 대목이 확인되는 부분이며, 남산 밑에 살던 유생과 선비들의 '딸깍발이' 정신이 그에게서 유래하는 것이 아닌가 하는 생각에까지 미치게 한다. 하지만 사관들의 평가는 냉정하여 그의 한계를 지적한 부분도 남아있다. 이러한 기록은 그를 폄하하는 내용이라기보다는 시대상황적 평가로 받아들여야 할 내용이다. 도그마로 변질된 성리학적 패러다임에 따른 세태적 평가라는 해석이 더 타당하다. 오히려 이러한 한계가 그를 전시의 명재상으로서 조정내의 정치적 갈등을 봉합하고 환란과 역경을 헤쳐나갈 수 있게 해준 유연함의 리더십으로 볼 수 있는 부분이며, 후대에 길이 남을 업적을 남길 수 있게 만든 그가 가진 독특한 덕목이자 장점일 수도 있었다는 판단을 할 수 있게 한다.

> 이해(利害)관계의 갈등에 부딪치게 되면 동요를 보였기 때문에, 임금의 신임을 오래 얻었으나 곧은 말을 드린 적이 별로 없고, 정사를 오래 맡았으나 잘못된 풍습을 구해 내지 못했다.[97]

여하튼 이러한 평가는 후세에 그를 온건과 타협의 경세가로 알려지게 하였다. 임진왜란 이후 정조시대에 이르기까지 류성룡의 후손은 중앙에 진출하지 못하고 있다. 이 부분은 류성룡이 자신이 속한 정치집단의 정치적 주장과 명분에 집착하지 않고 임진왜란이라는 나라가 패망할 수도 있는 국가적 위기상황에서 '製造山河'는 아니더라도 당파적인 정치적 이해관계나 기득권을 고려하지 않고 오로지 국가를 리스트럭처링('再造山河')하기 위한 현실적인 문제해결을 위한 변혁적인 정치적 솔루션에 더 가치를 부여한 결과로 해석할 수 있다. 류성룡이 들어오고 나감에 있어서 거침이 없다는 점이 이를 확인시켜준다. 류성룡은 深思에 기반한 흔들리지 않는 확고한 철학적 가치를 구축하고, 전문경영인 못지않은 경험과 역량 및 통찰력을 갖추고 무에서 유를 창조하는 방법론으로 무너져가는 조선을 국가위난에서 구해내었다. 그렇

---

97) 『선조실록』 권211, 40년 5월조.

다면 여기서 하나의 질문이 떠오른다. 류성룡, 그는 알려진 대로 그저 탁월한 경세가인가, 아니면 조선을 패망에서 구한 하늘이 내린 귀인인가?

3. 현대적 시사점

류성룡의 리더십이 주는 현대적 시사점은 먼저 당시 시대 상황을 명확히 파악한 기반 위에 확고한 비전을 제시한 목표지향적인 통합적 리더십이다. 오늘날은 한편에서는 한반도를 둘러싼 국제정치·외교·국방의 복잡성이 급증하고 있고, 다른 한편에서는 4차 산업혁명으로 상징되는 디지털 트랜스포메이션 시대의 사회·경제·기술 환경의 불확실성이 확대되는 속에서 지속가능한 성장을 추구해야 하는 전환기적 상황에 처해있다. 이들 2가지 요소가 결합하여 발생하는 변동성과 모호성은 시대를 압도하고 있다. 이러한 초불확실성에 노출된 우리 사회는 분열과 대립을 계속하면서 사분오열되고 있으며, 그 결과 사회적 통합과 혁신을 위한 리더십 부재르 좌초의 위기를 향해 가고 있다. 극심한 빈부격차를 비롯한 정치적 이해관계와 이데올로기에 의하여 사분오열 분열되어 있는 우리 사회를 통합하기 위해서는 어느 때보다도 깊은 통찰력을 가지고 미래지향적 비전과 목표를 제시함으로써 우리 사회구성원들을 통합해 나갈 수 있는 리더십이 절실하다.

또한 류성룡의 리더십은 심사(深思)와 겸허(謙虛)를 바탕으로 하는 신뢰의 리더십과 현장의 필요와 수요에 구체적이고 효과적인 솔루션을 제시할 수 있는 방법론적 리더십 역량을 기반으로 하고 있다. 당시 조선 사회가 당면한 환경과 자원의 특성을 완벽히 이해하고 파악하여 상황적응적 개혁을 거시적 체제와 미시적 제도 측면에서 유연하게 제안할 수 있는 전문성을 보여주고 있다. 특히 류성룡의 리더십은 붕당적 당파성을 극복하고 반상이라는 사회신분제도를 초월하는 변혁을 시도하고 있다. '금수저' 출신에 정통 성리학자이며 엘리트 고급관료인 그가 국가적 위기에 직면하여 사회적 통합을 기반으로 하는 소통과 설득으로 국난을 벗어날 수 있는 전시 사회적 동원체제를 구축하고 국가가 작동할 수 있도록 메커니즘을 재조직하고 있다. 이러한 류성룡의 리더십은 그가 공공성에 기반한 확고한 리더십 가치를 세우고, 이를 엄정하게 실행하는데 필요한 확고한 신념 즉, '無私, 無慾의 深思'라는 강력한 실천의지를 리더십으로 발현할 수 있는 극기의 자기수련을 완성하였기에 가능했다.

참고문헌

구자원 · 이윤철. 2009, "주체, 환경, 자원, 메커니즘 요인이 기업 경영성과에 미치는 영향에 관한 연구-성과 및 업종의 조절효과를 중심으로", 『전략경영연구』 제12권 제2호, pp.105-133.

권기환. 2005, "ser-M 패러다임: 전략경영이론으로서의 의의와 향후 연구를 위한 제언", 『社會科學硏究』, 제20호, pp.1-24.

김학수. 2014, "17세기 서애 류성룡家의 학풍과 그 계승양상", 『퇴계학과 유교문화』 제55호, pp.59-98.

김현기. 2009, "되돌아보는 CEO 리더십의 기본", LG 경제연구원(http://www.lgeri.com/ report/view.do?idx=15785).

도현철. 2014, "서애 류성룡에 대한 一視線", 『퇴계학과 유교문화』 제55호, pp.99-126.

류명희 · 안유호 역. 2017, 『류성룡 시Ⅲ』, 서애 류성룡기념사업회.

문석윤. 2014, "서애 류성룡의 主宰說에 대하여", 『퇴계학과 유교문화』 제55호, pp.127-158.

서애 류성룡기념사업회. 2005, 『서애 류성룡의 경세사상과 구국정책(상)』, 책보출판사.

______. 2005, 『서애 류성룡의 경세사상과 구국정책(하)』, 책보출판사.

송 복. 2007, 『서애 류성룡 위대한 만남』, 지식마당.

______. 2014, 『류성룡, 나라를 다시 만들 때가 되었나이다』, 가디언.

송경근 역(Laurie B. 존스). 2005, 『최고경영자 예수(JESUS CEO)』, 서울: 한언.

이성무 외. 2008, 『류성룡과 임진왜란』, 태학사.

______. 2008, 『류성룡의 학술과 경륜』, 태학사.

이재호 역. 2007, 『징비록』, 역사의 아침.

이헌창. 2008, "서애 류성룡의 경제정책론", 『류성룡의 학술과 경륜』, 태학사.

조동성. 2014, 『메커니즘 기반 관점』, 서울경제경영사.

차동욱. 2005, "리더십 연구의 최근 동향: CEO 리더십을 중심으로", 『인사관리연구』, Vol.29 No.4, pp.205-258.

한국일보. "[글로벌 bIZ 리더] 후지필름 재건 샐러리맨 신화를 쓰다", 2019년 2월 9일자.

Avolio & Bass. 1995, "Individual consideration viewed at multiple levels of analysis: A multi-level framework for examining the diffusion of transformational leadership", *The Leadership Quarterly*, Vol. 6, Issue 2, pp.199-218.

Ireland & Hitt. 1999, "Strategic leadership for the 21 century", 『*Business Horizons*』, 53(5), pp.437-444.

제 5 장

언론인으로서 류성룡의 리더십
– 조선 언론 삼사 활동과 『징비록』에 대한 프레임 분석

제 5 장

언론인으로서 류성룡의 리더십
- 조선 언론 삼사 활동과 『징비록』에 대한 프레임 분석*

심 재 철 (고려대 미디어학부 교수)

Ⅰ. 서　　론

이 연구는 왜곡되고 뒤틀린 조선의 소통구조 속에서 서애 류성룡이 영웅

*이 글의 짜임새를 높여준 서재진 박사와 코멘트 주신 익경의 리뷰어들에게 감사한다.

적으로 소통의 프레임을 만들어 나갔던 과정을 분석한다. 그의 생애사적 전쟁 기록을 언론보도로 간주하고 프레임 분석을 시도한다. 서애의 경륜에 대한 학문적, 군사적, 경제적 분석과 고찰은 무수히 많았다. 이 연구는 류성룡에 대한 국내외 최초의 언론학적 분석으로 그 의의를 찾을 수 있다.

조선시대 중기에는 가짜뉴스가 판을 쳤다. 이러한 가짜뉴스는 사색당파의 싸움에서 경쟁자 제압을 위한 단골 메뉴로 사용되곤 했다. 상대방을 쳐내는 사화(士禍)에도 이용했다. 임진왜란 중에도 정확하지 못한 정보와 보고가 횡행했다. 예를 들면 육상 전투에서 임진왜란 첫 승전보를 올린 신각이 상관의 명령에 불복종했다는 보고로 처형됐다. 의병장이었던 이산겸과 김덕령이 누명을 쓰고 죽었다. 이순신은 두 번씩이나 삭탈관직 됐고, 옥에 갇히고 고문까지 당했다. 확인되지 않은 정보나 추측에 의한 집단사고는 전쟁 중에서 종종 발생한다.[1)] 임진왜란 중에도 잘못된 정보로 인해 전투의 패배로 이어졌고, 무고한 백성이 살상되는 대재난으로 이어졌다.

선조시대에 대표적인 집단사고로는 일본군의 침략이 없을 것이라는 통신사 김성일 보고의 채택, 임진강 전투의 첫 승리자인 신각의 처형, 이순신의 삭탈관직과 원균의 수군통제사 임명, 전쟁 말기 영의정 류성룡에 대한 탄핵을 꼽을 수 있다.

미국의 철학자 산타야냐는 "과거를 기억하지 못하는 자는 과거를 되풀이할 수밖에 없다"고 말한다. 그런데 헤겔은 "인간이 역사로부터 배운 유일한 것은, 역사로부터 아무것도 배우지 못했다는 사실"이라고 탄식한다.[2)] 역사에서 교훈을 얻기 위해서는 위기관리에 성공한 인물을 엄정히 평가해 역할 모델로 삼아야 한다. 마키아벨리가 "모방이 바로 미덕이다. 힘은 모방에 있다"

---

1) M. E. Turner and A. R. Pratkanis. 1998, Twenty-five years of groupthink theory and research: Lessons from the evaluation of a theory, *Organizational Behavior and Human Decision Processes*. 73(2-3): 105-113; Erving Janis. 1972. *Victims of groupthink: A psychologocial study of foreign-policy decisions and fiascoes.*

2) 강성학. 2004, 『새우와 고래싸움-한민족과 국제정치』, 박영사, p.19.

고 말한 이유이기도 하다.

이 연구는 조선의 역사적 실패를 반면교사로 삼고자 한다. 왜의 침략을 극복한 류성룡의 실용적인 리더십을 분석하기 위함이다. 이를 위해 류성룡의 언관으로서 활동과 임진왜란에 대한 기록물인 『징비록』을 프레임 분석하고자 한다.[3] 그가 징비록을 쓴 이유는 임진왜란의 초전 실패와 이를 극복하는 후반 과정을 살펴서 대재난으로 이어지는 외침을 경계하고자 함이었다. 즉 『징비록』은 일본의 침략으로 국가가 풍전등화의 위기에 놓였을 때 이를 성공적으로 극복한 과정을 묘사하고 있다.[4] 류성룡의 생애사적 기록에 근거해 류성룡이 어떠한 방식으로 임진왜란을 정의했으며, 전쟁의 실패와 성공의 원인을 어디에서 찾았고, 이에 대해 어떠한 해결책을 제시했는지를 살펴본다. 류성룡은 왜의 침략과 조선의 전쟁 대비에 어떠한 도덕적 평가를 내리고 있는가. 조선이란 나약한 국가의 군사와 사회경제 체질 개선을 위해 어떠한 해결책을 제시했는지를 살펴보고자 한다.

이 연구는 일본의 침략으로부터 조선을 수호해야 할 조정의 핵심 관리로 류성룡이 등장하는 과정을 살펴본다. 이어 류성룡의 『징비록』을 조선시대 대표적인 언관 출신이 자신의 생애사적 경험에 근거해 작성한 보도물로 간주하고 프레임 분석을 시도한다. 류성룡이 남긴 상소를 포함한 소통 문장에 대한 국내 최초의 프레임 분석이란 관점에서 의의를 찾을 수 있다.

류성룡은 조선이 기본적으로 "나라가 나라가 아니었던" 선조시기에 일본의 침략을 막아냈다.[5] 임진왜란이 시작되자 그는 영의정에 봉해졌다가 그날로 해임되었다. 하지만 그는 바로 삼도도체찰사로 활약했다. 평양과 한양을 수복한 이후인 그 다음해 10월에는 다시 영의정에 올라 4도 도체찰사로 군

3) 조선과 일본 그리고 명의 전쟁은 조선의 입장에서 보면 왜의 침입인 임진왜란이었다. 하지만 국제적인 시각에선 균형유지를 위한 세력 싸움이다. 여기서는 조선의 입장을 강조할 때는 임진왜란으로, 국제적인 시각에선 조일전쟁으로 사용한다.

4) 장준호. 2018년 6월, "류성룡의 『난후잡록』 저술과 사학사적 의의", 『한국사학사학보』, 37권, pp.44-78.

5) 송복. 2007, 『류성룡 위대한 만남』, 지식마당.

무 개혁에 나섰다. 일본에서는 류성룡이 전시재상이라 불렸다.[6] 7년이란 긴 세월동안 조선의 제2인자로 전쟁을 지휘했기 때문이다.

류성룡의 주요 공적을 살펴본다면, 일본의 침입에 앞서 이순신과 권율이란 불세출의 장수를 천거했으며, 명나라의 군사적 지원을 이끌어냈고, 허약해진 나라의 군사와 경제, 그리고 조세체제를 정비해 국난을 극복해 나갔다.

전쟁 초 민심은 국가적 리더십을 인정하지 않으려는 상황이었다. 일본군의 침략 징조가 있었음에도 조정은 전쟁 대비에 소홀했다. 임진왜란이 발발한지 20일 만에 한양을 점령당했다. 왕을 포함한 집권세력은 그 전에 야반도주했다. 류성룡은 일본과의 전쟁에서 명나라를 끌어들여 조선을 방어해 냈다. 이 연구는 류성룡이 임진왜란의 총지휘자이자 관리자로 부상하는 과정과 그가 남긴 공론장 기록에 근거해 그의 대화와 담론을 실증적으로 분석한다. 국난을 극복한 류성룡의 리더십은 주요 인물과의 만남을 통해 형성됐다는 전제에서 이 연구를 시작한다.[7]

첫 번째 연구문제는 류성룡이 어떻게 그렇게 빨리 재상의 반열에 오를 수 있었느냐는 질문이다. 이는 언관으로서의 류성룡의 역량을 보기 위한 것이다. 그는 임진왜란이 나기 두해 전인 49세에 우의정에 오르고, 한해 전에 좌의정이 됐다. 왜란이 시작되고는 곧바로 영의정에 제수된다. 왜란이 반발하기 4년 전에는 홍문관 대제학이었고 형조판서였다. 3년 전에는 사헌부 대사헌에 병조판서를 겸무했다. 그 이후 우의정과 좌의정으로 승진했으나 인사추천권을 가진 이조판서 직을 유지했다. 이로 인해 이순신이나 권율을 천거해 그들로 한산대첩과 행주대첩을 승리로 이끌게 했다. 또한 선조가 죄를 묻고자 했던 김성일을 구해내 곽재우와 사명대사와 같은 의병, 승병을 구국의 길에 나서게 했다.

두 번째 연구문제는 노론과 소론으로 갈리고, 동인과 서인에서 다시 북인

6) 이한 해설. 2015, “실록 돋보기”, 『조선왕조실톡』, 이마.
7) 송복, 위의 책.

과 남인으로 갈렸던 조선 중기 붕당 정치의 냉엄한 현실 속에서 어떻게 그렇게 지속적으로 살아남았냐는 점이다. 임진왜란 전에는 정권을 잡기 위한 당쟁으로 피바람 부는 사화가 연속적으로 일어났다. 광해군의 집권으로 정권을 잡은 북인은 다시 대북과 소북으로 나뉘었다. 관리들은 동인과 서인으로 갈렸고, 순식간에 귀양을 가거나 형장의 이슬로 사라지곤 했다. 류성룡은 정여립 사건으로 본인에게 닥쳤던 위기상황을 어떻게 극복할 수 있었을까.

세 번째 연구문제는 전쟁을 지휘했던 도체찰사로서 전쟁 보도의 압권이라 할 수 있는 『징비록』을 어떻게 남기게 됐냐는 점이다. 류성룡은 그가 남긴 기록에 직접 체험한 전쟁의 경험을 어떠한 방식으로 구조화했을까.

이 연구는 앞에서 언급한 세 가지 연구문제를 답하기 위해 조선시대 언론 삼사인 사헌부, 사간원, 홍문관의 초급관리부터 수장까지 지낸 류성룡의 언관으로서의 활동을 프레임 분석한다. 또한 『징비록』을 중심으로 『선조실록』과 『선조수정실록』에 나타난 조정 대신회의에서 류성룡이 포함된 대화와 그가 쓴 상소와 간언에 대한 프레임 분석을 시도한다. 그가 어떠한 담론으로 동인과 서인의 정쟁이 본격화되었던 조선 중기에 가장 실용적이면서도 당파간 갈등을 조정하는 재상으로 부상해 임진왜란을 극복했는지를 살펴본다.

Ⅱ. 류성룡의 언론 삼사 활동과 언론 사상에 대한 개념 정립

언론인의 관점에서 본다면 『징비록』은 류성룡이 직접 종군기자가 돼서 임진왜란의 실상을 전한 국보급(132호) 역사서이다. 류성룡이 직접 참여해, 눈으로 봤고, 귀로 듣고, 전시재상으로 보고받고, 명령한 내용을 모아 작성했다.[8] 류성룡의 이러한 기록에는 언론 삼사의 경험이 배어있다고 가정한다. 이 연구는 류성룡이 『징비록』을 작성함에 있어 저널리즘의 뉴스보도 평가

8) 이와 비슷한 기록으로는 미국에서 가장 신뢰받는 언론인이었던 월터 크롱카이트의 "Walter Cronkite Remembered"가 있다.

가치인 진실성과 비편견성, 중립성, 그리고 완전성을 유지하려 했다고 간주한다.[9] 류성룡의 상소문은 조선시대 소통 문학의 진수였다. 신두환에 따르면, 류성룡은 "탁월한 문장력과 시대를 간파하는 국량"을 갖췄다. 선조와 명의 황제에게 전해진 상소문은 "웅지의 설계와 경륜을 바탕으로 현실을 직시하는 시각"이 없으면 성공할 수 없었다.[10] 류성룡의 상소로 명의 군사가 조선에 왔다. 전쟁 중에 쓴 대다수 상소가 채택돼 나약한 조선의 체제 개선에 사용됐다.

류성룡은 왜란이 끝나기 직전 조정에서 물러나 『징비록』을 완성하는데 남은 생애를 보냈다. 이 기록물이 없었다면, 임진왜란의 실상이 후대에 제대로 알려지지 않았을 것이다. 예를 들면 이순신의 활약상은 『조선왕조실록』에는 소상하게 적혀있지 않다.[11] 이는 전쟁의 실상을 제대로 알려야 하는 언론보도의 완전성에 위배된다. 실록은 중요한 사건을 중요하게 보도하지 않았기에 언론보도로 여긴다면 일종오류에 속한다.[12] 류성룡은 『징비록』에서 이순신이 전쟁에 임하는 자세와 전법, 배와 대포의 종류, 심지어 어린 시절의 이야기까지 자세히 적고 있다. 이순신이 역사에서 올바르게 평가받는 근거가 됐다.[13]

그렇다면 류성룡은 누구였을까? 선조시대의 대표적인 언론인으로 분류할 수 있을까? 류성룡은 관직에 나아간 이후로 나라의 폐단과 임금과 임금의 친인척에 대해 간언했다. 선조에게까지도 마찬가지였다. 그가 명나라에 내부하

9) 심재철. 2003, "디지털 미디어시대의 뉴스가치에 관한 소론", 『방송연구』, 56: 33-60.
10) 신두환. 2015, "서애 유성룡의 상소문을 통해 본 소통의 미학: 임진왜란을 중심으로", 『동반한문학』 65권, pp.255-300.
11) 이한, 앞의 책.
12) 심재철. 2015, "메르스 재난보도-일종오류와 이종오류 사이에서", 『여기자』 24: 85-88.
13) 『선조실록』에는 원균이 이순신과 권율과 함께 선무공신 1등으로 기록돼 있다. 선조는 왕명을 무조건적으로 따르지 않았던 이순신보다 원균을 더 충신으로 여겼다. 그래서 공이 적음에도 불구하고 이순신과 권율과 동급인 선무공신 1등에 봉했다. 류성룡은 호성공신 2등으로 기록돼 있다.

려 할 때 류성룡은 이를 적극 막아냈다. 이항복까지도 선조에 동조해, 조선이란 나라가 한 순간에 없어질 뻔했다.

정유재란을 앞두고 이순신을 하옥한 것은 류성룡도 막지 못한 선조와 조정 대신에 의한 집단사고의 대재난이었다. 집단사고는 자신감이 충만하며, 촌음을 다투는 결정을 내릴 때 지휘부에서 종종 나타나는 사회심리학적인 현상이다.[14] 특별히 전투의 승패가 갈리는 위기순간에 발생해 대재난으로 이어지곤 했다. 여기서는 류성룡을 언관으로 고찰하기 위해 조선의 언론제도를 살펴보겠다.

1. 조선의 언론제도

조선은 건국 초부터 국가의 언론제도로 사헌부와 사간원에 대간이란 제도를 두었다.[15] 사헌부는 관료의 비행을 감찰하고 탄핵하는 역할을 했다. 사간원은 왕에게 끊임없이 충고하고 간언하는 임무를 수행한다. 정도전이 개국 직후 이성계에게 바친 <문덕곡>에서는 "작개언로(作開言路)"를 태조가 수행했던 네 가지 사업 중 으뜸으로 꼽았다. 즉 새르운 나라인 조선은 언로를 만들고 크게 열어서 민정을 살피는 유교이념의 구현을 통치철학으로 삼았다.

사헌부의 직제는 감찰(정6품)에서 시작해 지평(정5품), 장령(정4품), 집의(종3품), 대사헌(종2품)으로 관직이 높아진다. 감찰은 사헌부의 별청으로 간주된다. 언관으로 분류되는 대관은 지평 이상이다. 대간의 채용은 구임원의 여부를 논하지 않고, 언론이 강개한 자를 뽑아서 임명했다. 대간은 누구 앞에서나 떳떳하게 직무를 수행하도록 제도적으로 엄격하게 규정했다. 장령이었던 이덕열은 이순신이 조정의 명에도 불구하고 부산진으로 나아가 싸우지 않았다고 탄핵했다. 정유재란 직전에 일어난 일이다. 류성룡은 원균이 이끄는 조선 수군의 칠천량에서의 대패를 『징비록』과 『난후잡록』에 적고 있

14) Turner and Pratkanis, 앞의 논문.
15) 정대철. 1999, 위의 책.

다.[16)]

사간원은 정언(정6품)부터 시작해 헌납(정5품), 사간(종3품), 그리고 대사간(정3품 당상)의 직제를 두었다. 간관은 왕의 언행과 시세의 득실을 간쟁하며, 범국가사의 시비를 논박하고, 인물의 현부를 평가하는 역할을 했다. 자격은 사헌부의 대관처럼 윤리적으로 투철해야 했다. 간관은 대관이 누리는 법적 지위 말고도 다른 관리에 비해 업무량이 적었다. 원내의 상하관 간에도 존비의 예와 무관하게 최상의 대우를 받았다. 심지어는 공무 중에도 음주를 허락받은 특별대우 관원이었다.[17)] 간관에게 이러한 기개가 없다면 본인의 직위와 생명을 걸고 왕의 과실을 논쟁하기가 어렵다고 가정했기 때문이다.

홍문관은 조선시대 언론 삼사의 하나로, 집현전의 직제로부터 유래한다. 세종 20년 이후에는 집현전이 대간보다 강력한 언론기관이었다. 집현전의 이러한 역할이 홍문관에 의해 계승됐다.[18)] 홍문관은 궁중의 경서, 사적의 관리, 문헌의 처리와 왕의 자문에 대응했다. 내부의 경적을 다스리고, 왕에게 자문하며, 경영관의 임무를 맡는다. 즉 홍문관 관리는 왕과 직대해 국가 대소사에 관해 국왕과 논의할 수 있었다.

임금 중심의 경연이나 조정회의는 가장 효과적인 언론 정치의 현장이기도 했다. 홍문관의 직제는 정9품인 정자부터 시작해 저작(정8품), 박사(정7품), 부수찬(종6품), 수찬(정6품), 부교리(종5품), 교리(정5품), 부응교(종4품), 응교(정4품), 전한(종3품), 부제학(정3품), 제학(종2품), 대제학(정2품), 영사(정1품)의 체계이다.

2. 류성룡의 언론삼사 활동

류성룡은 25세에 문과에 급제해 승문원 권지부정자로 관리생활을 시작한

---

16) 장준호. 2018, 위의 책.

17) 관리라면 누구나 선호하는 부서였다. 간관에 대한 이러한 풍습은 지금의 언론계와 법조계에도 남아있어 일과 중에도 기자와 검사들은 “폭탄주”를 마시곤 했다.

18) 정대철. 1999, 위의 책.

다. 3년이 지난 28세에는 사헌부 초급관리였던 감찰이 됐다가 29세부터 38세까지 10년간 홍문관 부수찬, 수찬, 교리, 부응교, 부제학으로 활동했다. 그 다음해 상주목사로 잠시 외도를 했다가 40세에 다시 홍문관의 실질적인 운영자인 부제학이 된다. 이어서 사간원 대사간, 사헌부 대사헌, 홍문관 제학과 대제학을 지내다 다시 사헌부 대사헌으로 활동한다. 그 사이에 예조, 형조, 병조, 이조판서를 두루 겸직했다.

류성룡은 초급관리였던 사헌부 감찰로부터 시작해 홍문관 부수찬, 수찬, 부제학, 제학, 대제학의 업무를 수행했다. 나아가 사간원의 대사간과 사헌부의 대사헌을 지냈다. 조선시대에 그와 같이 고속 승진한 관리도 드물다. 류성룡과 비교해 선조의 총애를 받았던 관리로 율곡을 꼽을 수 있다. 율곡이 선조 옆에서 적극적으로 활동한 시기는 이조판서로 제수된 선조 15년 7월부터 일년 남짓이다. 율곡은 선조 17년인 1584년 1월에 졸한다.

언론 삼사에서 활동을 현대적으로 해석한다면 발로 뛰는 평기자로부터 정치, 사회, 경제, 국제부 부장과 편집국장 그리고 발행인의 역할까지 수행했다. 조선과 현대의 언론체제를 일대일로 비교할 수 없다. 하지만 류성룡은 홍문관 활동을 통해 임진왜란을 효과적으로 대비할 수 있는 지력과 세계관을 갖추었다. 그곳에서 쌓은 실력과 경험을 바탕으로 임진왜란의 실상을 『징비록』과 징비록의 초고에 해당하는 『난후잡록』에 남겼다. 연구문제에서 우선적으로 제기했던 류성룡이 관리로서 고속 승진한 배경에는 언론 삼사의 활동에 근거했으리라 여겨진다. 류성룡은 조선 중기의 언관으로 어떠한 언론사상을 가졌을까.

3. 류성룡의 언론사상과 동양의 언론시스템

류성룡의 언론사상은 다음의 말에서 유추해 볼 수 있다. 예를 들면 그는 1) 언로가 막히는 풍조를 바로 잡고, 2) 간쟁한 일 때문에 언관을 벌주면 안되며, 3) 신의 속마음까지 공박하니 억울하다고 말한다. 홍문관 관리로 그는 공론의 자유를 주창했다. 표현과 사상의 자유는 보호받아야 한다는 입장이다. 또한 조정의 공론과 민심을 존중했다. 그래서 "공론을 멸시하고 조정에 들 수 없다"고 했으며, "옳고 그름을 가리는 일보다 더 큰 이치는 없다"고 했다. 그래서인지 조정의 대세에 따라 이순신의 삭탈관직을 막지 못하기도 했다. 류성룡은 그를 잘못 추천한 죄를 들어 사직 상소를 냈었다.

류성룡은 임진왜란이 반발하기 3년 전까지는 사헌부 대사헌이란 관직을 유지했다. 하지만 이조판서가 되고 정승의 반열에 오르고 전쟁이 시작되면서 그도 언론 삼사의 시비 대상이 됐다. 왜란이 일어나기 전 류성룡이 언론 삼사에서 주로 한 일은 "시시비비"를 가리는 일이었다. 동아일보 사시에서 보듯이 "시시비비"를 가리는 일은 주필이나 논설위원이 사설을 통해 주로 신문에서 해왔다. 조선시대의 언론관이 정신적 유산으로 한국의 근현대 언론에 이어지고 있다.

류성룡은 조선을 둘러싼 국내외 정세를 살폈다. 당파간 싸움을 중재해 국론을 모으려고 노력했다. 또한 그가 지휘했고, 보고 들은 국난 경험을 『징비록』으로 남겼다. 그가 한 일은 바로 주위환경을 감시하고, 사회 제 세력을 연결하며, 정치, 경제, 외교를 포함한 문화적 유산을 후대에 전승하는 현대 언론의 세 가지 주요 기능과 맥을 같이 한다.

류성룡은 현장에서 시시비비를 가렸다. 류성룡은 직분을 수행한 "언관의 죄는 가벼운데, 처벌이 무거우면 언로가 막힌다"는 부작용을 지적했다. 나아가 언관이 지켜야 할 염결성(廉潔性)의 원칙, 즉 타인이나 사물의 시시비비를 제대로 가리기 위해 청렴하고 깨끗하며 정의로운 태도로 일관했다. 어려운 상황에서도 전해야 할 상황은 기록으로 남겼다. 전쟁이 반발한 임진년에는 "경상우병사 김성일을 사면하도록 주청"했다. 김성일은 그 후 경상도에서 곽재우 등 의병활동을 이끌어낸다. 상황판단을 잘못해 역사의 죄인으로 남을 수밖에 없었던 김성일을 구해내 명예회복의 기회가 마련됐다. 선조가 조정회의에서 황윤길보다는 김성일의 주장을 받아들인 것도 일종의 집단사고의 재난이었다.

류성룡 만큼 선조의 총애를 받은 인물은 없다. 겸양의 미덕을 갖추었고 논리적이었으며 온화하면서도 시시비비를 가릴 줄 알았기 때문이다. 물론 류성룡의 판단이 항상 옳았던 것은 아니다. 그럼에도 중용을 지켰으며 대세를 따랐고, 물러설 때 물러설 줄 알았다. 선조를 포함해 상대가 누구이든 완곡한 표현이지만 할 말은 반드시 했다.

여기서 류성룡의 언관으로서 활동을 이해하기 위해서는 우선적으로 동양의 언론시스템을 살펴봐야 한다. 특별히 파워 엘리트 모델로는 일본의 언론시스템이다.[19] 한국의 언론체제도 일종의 파워 엘리트 모델로 해석된다. 동아시아에서 언론의 역할은 서구와 달리 주위환경에 대한 감시보다는 국가와 구성원의 발전을 부추기는 역할을 강조했다. 이를 언론의 부스터리즘 (boosterism) 이라 한다. 그러한 전통이 현재도 남아 수많은 언론인이 국회의원이 되거나 행정부에 들어가 일을 해왔다.[20]

조선이란 나라는 정도전이 설계한 민본주의에 입각해 유교사상의 터전위에서 세워진 나라이다. 백성이 하늘이지만, 온 백성의 아버지는 군왕이다.

---

19) Roya Akhanvan-Majid. 1990 Winter, The Press as an Elite Power Group in Japan. *Journalism Quarterly*, 67: 1006-1014.

20) 그 대표적인 인물로는 박정희 집권 시에 부총리를 지냈고, 조선일보 사장이었으며, 한국일보를 창간한 장기영을 꼽을 수 있다. 동아일보 설립자인 김성수는 부통령까지 지냈다. 동아일보 사장을 지낸 권오기는 통일부 장관을 겸한 부총리를 지냈다. 문화일보 사장이었던 김진현은 과학기술처 장관을 지냈다. 제5공화국의 신군부 개혁 설계자 중 한명이었던 허문도는 조선일보 출신으로 문화공보부 차관과 국트통일원 장관을 지냈다. 지금의 국무총리인 이낙연도 언론인 출신이다. 이낙연은 동아일브에서 40세까지 근무하다가 국회의원이 됐고, 전남지사로 활동했다. 최영철은 한국일보 사회부 기자로 시작해 동아일보 정치부장과 외신부장을 거쳐 통일주체국민회의에서 선발된 제9대 유정회 의원을 지냈다. 제11대와 12대에 목포 무안 신안의 국회의원이었으며 국회부의장를 지냈다. 그 이후 체신부 장관과 노동부 장관을 거쳐 통일원 장관 겸한 부총리였다. 대통령 후보였던 정동영은 문화방송 기자 출신이며, 일인 저널리스트인 유시민은 보건복지부 장관을 지냈다. 언론인 출신 중에는 관련 부서인 공보처나 문화부 장관, 혹은 부총리를 겸한 통일원 장관이 많았다. 최근 중소벤처기업부 장관에 지명된 박영선도 MBC 기자 출신이다. 한국만큼 언론인 출신이 대거 국무위원이 된 나라를 찾기 어렵다.

조선은 왕권을 강화하고 경계하기 위해 사헌부, 사간원, 홍문관이란 언론 삼사 제도를 갖추었다. 하지만 군주인 왕은 "구중궁월에서 태어나고, 그 궁궐의 울타리 안에서" 성장했다.[21] 송복에 따르면, "왕이 된 후에는 경연에서 지식을 습득하는 것이 고작"이었다. 세상사에 대한 이해는 "신하들의 진언과 차자, 계사 등 상소문과 서장" 등을 통해 이루어졌다. 따라서 국왕 정치의 공론장인 경연과 이에 참여하는 당상관이 국가의 지도이념과 경영 전략을 관리하며 조정했다. 더불어 사헌부, 사간원, 홍문관이란 언론 삼사가 조선의 국내외 주위환경을 감시하며 왕에게 자문하는 역할을 담당했다. 이러한 언론 삼사의 수장은 당상관으로 임금의 경연에 고정적으로 참석했다.

4. 임진왜란의 전쟁 기록물인 『징비록』 작성

정치인으로서 또한 조선군의 총사령관으로서 류성룡이 임진왜란에서 일본을 물리치고 국난을 극복하는데 성공했다. 하지만 조선이 새로운 나라가 되는 정부 개혁 시스템을 만들어내지는 못했다. 역사적으로 전쟁 후에는 나라가 급격히 발전할 수 있는 여러 여건을 갖추곤 한다. 미국이 남북전쟁 이후 세계의 강대국으로 등장했고, 일본과 독일이 경제대국이 됐다. 과거 시스템의 나쁜 제도를 없앨 수 있으며, 새로운 나라를 건설할 수 있는 기회가 찾아오기 때문이다. 그런 관점에서 한국도 미국처럼 한국전쟁 이후 세계 10대 강국으로 부상했다.

그런데 조선은 당시 조총 보유고에선 세계 최강이란 군사력을 가진 일본을 물리친 후 38년이 지나서는 인조가 삼전도에서 머리를 조아리는 병자호란까지 겪게 된다. 일본에 침략당하고 다시 후금에 의해 국토가 유린되는 국가적 대참사를 겪는다. 류성룡 사후 광해군으로 대표되는 혁신세력이 무너졌기 때문이다. 언론의 관점에서 본다면 국내외 정세를 감시하며, 시대의 흐름을 읽을 수 있는 제대로 된 주위환경 체계가 작동하지 않았기 때문이다. 인

21) 송복, 앞의 책, p.42.

조의 경연과 유림의 공론장에서 국가위기를 극복할 수 있는 현명한 국가전략이 부재했기 때문이다. 결국 조선은 세계사의 대전환 시기에 국난을 극복하는데 실패했으며 결국에는 망국의 길로 치닫게 된다.[22] 모두에서 헤겔이 언급했듯이, 조선은 임진왜란의 국난위기 사례에서 제대로 배운 것이 없었다고 간주할 수 있다. 영·정조 시대에 들어서야 『징비록』이 역사서로 조명을 받기 시작했기 때문이다.

여기서 반면교사로 삼아야 할 것은 언론인이라면 정치권과 불가근불가원의 원칙을 지켜야 한다는 것이다. 류성룡은 조정에서 물러난 후 더 이상 현실정치에 참여하지 않았다. 그 이후 류성룡은 인생의 말년에 조선이 어떻게 전쟁을 치렀으며, 왜 그리고 어떻게 일본의 침략을 받았는지를 소상하게 기록하는 『징비록』이란 대작을 남겼다. 류성룡은 홍문관 10년 생활을 통해 현실정치에 적극 참여할 수 있는 여건을 마련했다. 임진왜란 동안에는 전시재상으로 활약했고, 전쟁 후에는 『징비록』을 썼다. 류성룡이 임진왜란이 끝나는 시점에서 탄핵을 받고 낙향했기에 『징비록』이란 대작을 쓸 수 있었다. 현실정치에서의 실패가 오히려 후세에 성공으로 평가받는 근거가 됐다.

그런 관점에서 그는 제 1, 2차 세계대전의 미국 언론인으로 세계적 여론지도자였던 월터 리프만이나 베트남전과 한국전을 취재 보도했던 데이비드 핼버스탬과 같은 대 언론인의 족적을 남겼다고 평가할 수 있다. 세계적인 종군기자였던 핼버스탬은 그의 인생의 마무리 시기에 그가 젊었을 때 종군기자로 활동했던 한국전쟁을 『세계에서 가장 추었던 겨울: 미국과 한국전쟁』(The Coldest Winter: America and the Korean War)으로 저술했다[23] 비슷하게 류성룡도 그가 참여했던 임진왜란 중에 직접 관찰한 내용과 선조에게 보낸 상소문과 류성룡의 잡문 그리고 도체찰사로서 각 도에 하달한 공문을 모

22) 전상인, 이 책의 제2장, "류성룡 주도 국가개혁의 역사사회학" 참조.

23) David Halberstam. 2007, *The Colest War: America and the Korean War*(NY: Hyperion).

아서 『징비록』를 집필했다.

Ⅲ. 프레임 분석 방법

프레임 분석이란 언론학에서 20세기 후반부에 개발된 질적 혹은 양적으로 실시하는 텍스트 분석이다.[24] 프레임 분석의 원조는 어빙 고프만에서 찾을 수 있다.[25] 고프만은 개인이 특별한 상황에 대한 정의(definition of situation)를 어떻게 내리는지를 이해하기 위해 프레임 분석이란 슬로건을 붙였다. 언론학에서 사용하는 프레임 분석은 여러 학문 분야에서 다차원적으로 개발됐기에 "계속되는 개념상의 혼란"과 함께 "이론적 방법론적 엄밀성과 통일성이 결여"됐다는 비판이 있어왔다.[26] 엔트만은 이러한 사례를 들어 프레임 연구를 "파편화된 패러다임(fractured paradigm)"으로 분류하기도 했다.[27] 하지만 개인의 사회심리학적 경험을 구조화(organization of experiences)하는 방식의 프레임 분석은 유용하다.

이 연구에서는 주로 팬과 코시키의 질적 프레이밍 분석을 차용한다.[28] 임진왜란을 극복하는 과정에서 당시의 경연과 조정회의 그리고 사림이라는 공론장에서 일어났던 대화와 논쟁 과정에서 어떠한 프레임이 사용됐는지를 살펴본다. 또한 언관으로서 류성룡의 담론 활동이 당시 조정의 상황모델을 어떠한 방식으로 담아냈는지 살펴본다.[29]

---

24) 송용회. 2005, "미디어, 프레임, 현실구성: 미디어 프레임 연구의 과제와 발전 방향모색을 위한 연구", 『프로그램/텍스트』 13호: 125-157.

25) Erving Goffman. 1974. *Frame Analysis*(Boston, MA: Northeastern University Press).

26) 송용회. 위 논문, p.126.

27) Robert M. Entman. 1993, Framing: Toward clarification of a fractured paradigm. *Journal of Communication*, 43(4): 51-58.

28) Zhongdang Pan and Gerald M. Kosicki. 1993, Framing Analysis: An Approach to News Discourse, *Political Communication*, 10(1): 55-76.

29) 상황모델 개념 참조; 심재철. 2009, "박종철 사건보도 이후의 국민적 정서구조와 한국 민주화 의제 형성의 상황모델", 『사회과학연구』, 35(2): 137-150.

팬과 코시키는 뉴스의 프레이밍 기제로 통사론적 구성, 대본구조, 주제 중심적 구조, 수사학적 구조의 네 차원으로 분류한다.30) 여기서 통사론적 구성(syntactical structure)이란 사건의 중요한 순서부터 나열하는 역피라미드형의 보도방식과 헤드라인, 리드, 에피소드, 배경 그리고 기사 마무리 방식을 포함한다. 이러한 통사구조는 기사의 리드와 전체 글의 흐름, 그리고 끝맺음이 중요하다. 이를 통해 보도된 기사의 진실성과 비편파성, 그리고 균형성과 완전성을 평가할 수 있다.31) 기사는 당연히 사건의 진상을 확인해야 하며, 진실에 대한 타당성이 있어야 한다. 정보의 출처를 삼각 확인해서 제시해야 한다. 사건의 본질을 흐리는 주변 단서는 하찮게 여겨야 한다. 작성한 기사의 전체 흐름을 신뢰할 수 없다면 진실에 대한 타당성도 없다.

대본구조(script structure)로는 누가 언제 어디서 무엇을 왜 어떻게 라는 5W1H의 기본 정보를 가져야 한다. 서론과 본론, 클라이맥스와 독자가 왜 이 기사를 읽어야 하는 이유와 결론을 제공해야 한다. 즉 언론인은 여기서 이야기꾼(storyteller)으로 독자를 사건 현장으로 안내해야 한다. 징비록에 나타난 이순신의 삶과 죽음은 그의 성공과 실패에도 불구하고 임진왜란의 대역전극을 이끌어내는 스토리텔링의 드라마와 클라이맥스, 그리고 조선인이라면 누구나 눈물을 흘릴 수밖에 없는 끝맺음을 갖고 있다. 류성룡은 본인을 전시재상의 영웅으로 부각시키기 보다는 스토리메이커(storymaker)로서 그가 천거한 이순신의 스토리를 국난극복의 "성웅적 프레임"으로 제공했다. 물론 이러한 스토리는 사실에 기반 했을 것이다.

주제 중심적 구조(Thematic Structure)는 임진왜란 초기 조선군의 연이은 패배와 평양과 함경도까지 왜군의 파죽지세 북상 그리고 허약한 조선의 정치 경제 그리고 군사 체제라는 주제와 싸우면 패배하는 개별 전투의 소주제 그리고 주제와 소주제를 뒷받침하는 사실적 증거로 구성된다. 임진왜란이

30) Pan & Kosicki, op. cit.
31) 심재철. 2003, 앞의 논문.

1592년부터 1598년까지 7년 전쟁이었다. 하지만 실질적인 전투는 왜란 발생 첫해인 임진년과 그 다음해인 계사년에 주로 발생했다.[32] 일본군의 침략이후 조선군은 연이어 전투에 패하고 급격히 몰락한다. 선조는 급히 의주로 피신갔다. 명군의 참전이후 평양과 한양 수복까지 일진일퇴하며 긴박하게 진행됐다. 계사년 한양수복 이후에는 명나라와 일본 사이에 강화협상에 들어가면서 소강상태에 빠졌고 소규모 전투만이 있었다. 강화협상이 깨지면서 정유재란이 일어난 1597년에 다시 전투가 시작됐으며 마지막 해상전인 1598년 노량해전으로 이어진다.

수사학적 구조(Rhetorical Structure)는 은유와 직유, 사례, 캐치프레이즈, 묘사와 영상 이미지를 포함한다. 『징비록』을 읽다보면 사실에 대한 부풀림이나 과장이 거의 없다. 사실 중심의 묘사를 하고 있다는 증거이다. 다만 류성룡은 신하로서 선조에 대해 자신을 최대한 낮추는 각별한 자세를 취했다. 출처가 분명하게 드러나지 않은 부분을 발견할 수 있으며, 류성룡의 주관적 의견이 포함되기도 했다.

언론 보도를 평가하는 기준은 보도된 기사가 얼마나 진실에 가까운 사실이며, 기사를 읽은 독자가 얼마나 설득될 수 있느냐에 있다. 탐사보도에는 출판성(publicity), 설명성(accountability), 그리고 연대성(solidarity)이란 세 가지 뉴스가치가 있다.[33] 징비록이 지금까지 전해져 후세에 읽힌다는 점에서 출판성은 분명하다. 임진왜란의 실상을 제대로 알렸다는 점에서 설명성이 높다고 평가한다. 이를 읽고 미래의 국난과 전쟁까지 대비할 수 있다면 연대성까지 높다고 평가할 수 있다. 하지만 출판 당시에는 북인이란 집권세력에 의해 류성룡의 집대성한 『징비록』이 주변화됐다. 그 후 정조에 의해 그 가치가 재발견된다.[34]

---

32) 류성룡은 임진년과 계사년의 기록을 모아 『진사록』이란 책자를 만들었다.
33) 심재철. 2003, 앞의 논문.
34) 신두환. 2015, 앞의 논문.

조선은 외침을 경계하는 『징비록』이 출간되었지만 병자호란을 또다시 겪는다. 영·정조 시대를 거친 후에는 국력이 급격히 쇠약해져 조선은 다시 “나라가 나라가 아닌” 임진왜란 전의 상태로 퇴보한다. 일본에 의해 다시 국치를 당했고, 또 소련이 배후에서 조종하고 중국이 개입한 한국전쟁을 겪는다. 외적의 침입에 대해 『징비록』에서 배운 것이 없기 때문이다. 제2차 세계대전 일본의 패전으로 조선인은 해방을 맞는다. 그 이후 한반도에선 해양세력과 대륙세력의 대결 속에서 동족상쟁의 전쟁이 일어났고, 여전히 남과 북으로 갈려있다.

로버트 엔트만에 따르면, 기사의 프레임은 문제에 대한 정의, 원인에 대한 귀인, 도덕적 평가 그리고 해결책 제시란 4가지 요소로 구성된다.[35] 언론인이 작성한 개별 기사에는 이러한 4가지 요소가 전부 혹은 일부가 나타난다. 기사에 나타난 이러한 구성요소를 가지고 언론인 개인이나 그가 몸담은 언론사 조직 혹은 그러한 기사가 나온 사회나 문화 체계가 갖는 공통된 세계관이나 이데올로그를 찾아낼 수 있다. 즉 프레임 분석을 통해 기사를 작성한 언론인 개인의 상황에 대한 인식구조 뿐만 아니라 그들이 속한 기관이나 단체, 나아가 공동체의 문화나 이데올로그의 인지적 구조(cognitive structure)를 끄집어 낼 수 있다.

이 연구는 고프만의 개인적 경험의 구조화라는 프레임 정의로부터 시작했다. 팬과 코시키의 네 가지 프레이밍 구조와 엔트만의 네 가지 프레임 분석 방식을 가지고, 류성룡이 『징비록』에서 전시재상으로 그가 보고 듣고 겪은 경험을 어떠한 방식으로 구조화 했는지를 살펴볼 것이다.

이 글은 본격적인 프레임 분석에 앞서 <연구문제 1>에 답하기 위해 먼저 류성룡의 언론 삼사 활동을 개괄적으로 살펴볼 것이다. 그리고 서인과 동인 간의 당쟁이 심화되는 과정에서 <연구문제 2>에 답하기 위해 기축옥사에서 류성룡이 어떠한 방식으로 위기관리를 했는지를 살펴본다. 나아가

35) Entman. op. cit., p.52.

<연구문제 3>에서 제기한 전시재상으로서 류성룡의 활약상을 살펴보기 위해 『서애연보』를 기준으로 『징비록』의 기록에 프레임 분석을 시도한다.

류성룡은 젊은 언관으로 언론 삼사 활동을 통해 조정의 공론장에서 두각을 나타낸다. 류성룡은 율곡의 사망 이후 조정의 핵심보직을 거치며 임진왜란 당시에 전쟁을 지휘할 수 있는 위치에 오른다. 이 글은 『서애연보』와 『선조실록』에 근거해 류성룡과 율곡, 류성룡과 이순신, 그리고 류성룡과 선조가 직접적으로 만나는 부분을 분석의 장면으로 삼았다. 이들 사이에 오고 간 대화나 관계 맺기, 그리고 류성룡이 남긴 기록에 어떠한 프레이밍 기제가 사용돼 류성룡이 어떻게 조정과 유림의 공론장에서 두각을 나타냈는지 살펴본다. 관계 맺기 분석은 사회심리학에서 사용하는 대화분석(conversational analysis)의 일부를 차용했다. 이들은 임진왜란이 반발하기 전에 상대방의 존재를 서로 잘 알았으며 직접 대면해 대화를 나눴다.

프레임 분석을 통해 왜란에서 효과적으로 작동한 류성룡의 리더십 원리를 이해할 수 있을 것이다. 예를 들면 류성룡의 탁월한 프레임 운영 능력을 그의 기록에서 엿볼 수 있다.

가령, 류성룡은 『징비록』의 마지막 장면으로 노량해전에서 최후 승리를 앞두고 적의 총을 맞은 후인 이순신의 "나의 죽음을 알리자마라"는 장면을 수사학적 프레임으로 묘사하고 있다. 이러한 레토릭은 임진왜란이 종료되고 4백년을 뛰어넘어 시계열적 충격파로 한국인의 인식구조에 깊숙이 자리 잡았다. 지금도 충무공 하면 떠오르는 집단적 기억이다. 이순신의 장렬한 최후 모습이 『징비록』에 기록되지 않았다면, 이순신에 대한 사후 평가나 충무공 하면 현재도 떠올리는 한국인의 정서구조가 형성되지 못했을 것이다.[36]

---

36) 이 같은 수사학적 표현은 현대 언론인이 기사의 핵심이나 사건을 표상하기 위해 자주 사용하는 인용 기법으로 1987년 민주화 항쟁으로 이어진 박종철 사건에서 "딱하고 쳤더니 억하고 죽었다"와 같은 기사 헤드라인을 꼽을 수 있다. 심재철. 앞의 논문, 참조.

Ⅳ. 류성룡의 언론 삼사 활동에 대한 프레임 분석

이 연구는 언관으로서의 류성룡을 바라본다는 관점에서 시작했다. 우선적으로 그가 언관으로서 어떠한 활동을 했으며 임진왜란 이전에 일어난 사건에 대한 촌철살인 정론직필로서 중앙무대에서 어떻게 명성을 쌓았고, 고위관료로 급성장하는 과정을 살펴보고자 한다.

1. 공론장에서 부상한 젊은 언관 류성룡

(1) 정1품 영의정을 이긴 정6품 류성룡

류성룡이 조정에서 주목을 받게 되는 최초의 사건이 인종의 신주를 모시는 문제였다. 당시에 류성룡이 젊은 언관으로 두각을 나타낼 수 있었던 배경에는 인종의 신주 봉안 문제에 의견이 나누어졌기 때문이다. 류성룡은 인종의 신주를 봉안하는 문제에서 당시 영의정 이준경과 맞서 이김으로 관심을 받기 시작했다. 영의정 이준경이 "조종에서 정한 좌향을 쉽게 변경할 수 없다"며 인종의 신주를 연은전에서 문소전으로 옮기는 것을 거부했다. 정6품 사헌부 감찰이자 성균관 전적이었던 류성룡이 상소를 올려 인종도 문소전에 모셔야 한다는 논리를 펼친다. 그러자 영의정 이준경도 류성룡의 견해가 타당하다고 인정했다. 결국 인종의 신주가 문소전으로 옮겨지게 됐다.[37] 이때 류성룡의 나이는 약관 28세로 관직에 나아간 지 3년 밖에 지나지 않았다. 그가 사헌부 감찰이었기에 가능한 일이었다.

이 사례는 선조의 경연과 유림이란 공론장에서 "정6품 류성룡이 정1품 영의정 이준경의 뜻을 꺾었다"고 틀 짓기 즉 프레이밍 된다. 류성룡이라는 신진학자가 정연한 논리로 펼쳤기 때문이다. 류성룡은 이 일로 조정과 사림의 주목을 받으며 전국적 인물로 등장한다. 인종의 문소전 봉사가 사림의 숙

---

37) 이덕일. 2012, 『난세의 혁신리더, 류성룡』, 고양: 위즈덤 하우스.

원사업이기 때문이었다.

젊은 류성룡은 이어서 국제적으로 관심 받게 되는 기회를 갖게 된다. 이조참판 이후백의 천거로 중국 사신인 서장관의 일행이 됐다. 서장관은 "조선시대 외국에 보내는 사행 직으로 정사, 부사와 함께 삼사"라 불렸다. 서장관은 "사신 일행을 감찰하고, 사건을 기록하여 임금께 보고" 업무를 담당한다. 중국에 파견돼 서장관의 한 일에 대해 기록해 조정에 보고했다는 점에서 언론사의 특파원 역할이다.[38]

류성룡은 선조 2년 10월에 28세의 나이로 사헌부 감찰(정6품)에서 성절사의 서장관으로 뽑혀 명나라 연경(북경)에 갔다. 이때 설문청이 정통 유학의 종주임을 주장해 명의 태학생으로부터 주목을 받는다. 먼저 류성룡이 다음과 같이 태학생에게 묻는다.

> "요즘 중국에서는 누구를 도학의 종주로 삼소?" 수백명의 태학생은 왕양명을 꼽았다. 류성룡은 "왕양명의 학문은 오로지 선학에서 나왔다"며 도학의 종주로 설문총을 꼽았다.[39]

그 때 오경이란 신안 사람이 학문하는 방법이 잘못돼 태학생이 그렇게 꼽았다고 지적하며, 류성룡의 정당한 논리에 감탄했다고 한다. 즉 류성룡은 초급관리로 명나라를 방문해 명나라 수제들의 잘못을 지적했다는 데서 명성을 얻는다. 북경 태학생과 문답 중에 류성룡은 학계 추향에 대해 다음과 같이 설파한다.

> 진백사는 견도가 정밀하지 못하고, 왕양명의 학문은 오로지 선학에서 온 것이요. 설문청을 종주로 함이 옳을 것입니다.[40]

38) 유영하. 2014, 『서애 류성룡 선생 소전-하늘이 낸 위인, 산하를 제조한 재승』, 서울 풍산 류씨 대종회.
39) 이덕일, 앞의 책, p.9.
40) 이덕일, 앞의 책, p.28.

이러한 에피소드는 사림에 퍼졌다. 명나라 태학상과 벌인 대화에서 류성룡이 조선의 동량이 될 재목임을 인정받았다고 틀 짓기 된다. 이렇게 논리가 정연함을 인정받아 고속승진의 길로 접어든다. 사헌부란 언론 삼사에서 활동했기에 가능한 일이었다. 이어서 문관 인사권을 가진 이조좌랑과 무관 인사권을 가진 병조좌랑을 역임한다.

(2) 류성룡의 촌철살인과 정론직필

선조 시대에 활동한 조선의 체제 개혁가로는 이이와 류성룡을 꼽을 수 있다. 이이가 류성룡보다 여섯 살 위이지만 둘은 조정에서 함께 일한 적이 있다. 류성룡은 선조 3년 29세의 나이로 홍문관 부수찬으로 승진하면서 이이와 함께 일할 기회를 갖는다. 류성룡은 "경연에 입시할 때마다 그의 응대함이 명백, 개절하고 의리의 분별이 정세했던 까닭에 당시의 제일 가는 강관"으로 평가받았다.[41] 이로 인해 사가독서의 연구년을 받는다. 사가독서로 선발된 학자는 국왕의 총애를 한 몸에 받았다. 국왕이 어주를 내주며 술 마시는 것을 경험하기도 했다. 류성룡은 사가독서의 은전을 받은 이후 병조좌랑 겸 홍문관 수찬이란 핵심보직을 거친다. 병조좌랑은 무관인사권을 다루는 보직으로 훗날 이순신의 천거로 이어진다.

류성룡은 선조 5년 31세의 나이로 홍문관 수찬(정6품)이었다. 그는 영의정 이준경이 죽음을 앞두고 선조에게 올린 유차로 드다시 이준경과 인연을 맺게 된다. 이준경의 유차는 다음과 같이 "붕당의 사론을 없애야 한다"는 내용이다.

> "지금 사람들은 과실이 없고 또 법에 어긋난 일이 없더라도 자기와 한마디만 서로 맞지 않으면 배척하여 용납하지 않습니다. 이 일은 바로 전하께서 공평하고 듣고 보신 바로써 이런 폐단을 제거하는데 힘쓰셔야 할 때입니다."[42]

---

41) 이재호. 2015, 『국역 징비록』(번역 감수, 서울: 류성룡선생 기념사업회), p.13.
42) 이덕일. 앞의 책, p.35(선조실록, 5년 7월 7일, 재인용)

> "붕당의 사론이 없어야 하옵니다. 사람들은 잘못한 과실이 없고, 또 법에 어긋나는 일이 없더라도 자기와 한마디만 맞지 않으면 배척하고 용납하질 않습니다."[43)]

홍문관 부교리(종5품)이자 춘추기사관이었던 율곡 이이는 이에 대해 다음과 같이 상소한다.

> "조정이 맑고 밝은데 어찌 붕당이 있겠습니까? 이는 임금과 신하를 갈라놓으려는 것이옵니다. 사람이 죽음에 임해서는 말이 착한 법인데 이준경은 죽음에 이르러 그 말이 악하옵니다."

사림에선 붕당의 결성을 "반역 예비음모"로 여겼다. 조광조가 화를 입은 것도 "붕당의 혐의 때문"으로 간주했다. 율곡의 지지자는 이준경의 벼슬 추탈을 주장했다. 엔트만의 프레임 차원으로 분석하면, 이준경의 유차는 없는 붕당을 있다고 하니 반역 예비음모로 여겨야 한다는 논리이다. 따라서 이를 막기 위해 이준경을 탄핵해야 한다는 논리로 이어진다. 율곡보다 직위가 한 단계 아래였던 홍문관 수찬(정6품) 류성룡은 "신하의 충언에 죄를 물리지 마소서"라는 주제 중심 프레임으로 다음과 같이 반대한다.

> "대신이 죽음에 임박하여 임금에게 올린 말이 부당하다면 물리치는 것이 옳지만 죄를 주기까지 한다면 너무 심한 것이 아닙니까."[44)]

류성룡은 이제 곧 죽음을 앞둔 공신이 나라의 앞날의 재앙을 막고자 한 제안을 죄로 다스림은 과하다는 정론으로 맞선다. 좌상 홍섬도 류성룡의 촌철살인에 동의한다. 이건창의 『당의 통략』에는 "이준경은 살아있을 때 공덕이 있습니다. 죄를 주는 것은 옳지 못합니다."라고 적혀있다.[45)]

---

43) 박시백. 2015, 『조선왕조실록, 10 선조실록』, 서울: 휴머니스트, p.35.
44) 류성룡. 2015, 『류성룡의 말』(강현규 엮음, 박승원 옮김), 서울: 소울 메이트, p.23.
45) 이건일. 앞의 책, p.36.

이를 정리하면, 붕당의 징후를 경고한 영의정 이준경의 유차를 문제 삼아 이이는 "관작을 추탈하자"는 공론을 일으킨다. 류성룡은 이러한 주장이 부당하다는 논리로 이를 저지한다. 이로부터 류성룡의 명성이 다시 조정에 떨쳤다 한다. 당대의 천재로 인정받던 홍문관의 부교리이자 춘추기사관 율곡과의 논쟁에서 류성룡이 바른 주장을 폈다. 류성룡의 논리가 더 정연했다고 평가된다. 류성룡이 이이와의 논쟁에서 보다 합당한 해결책을 제시했다고 여겨진다.

하지만 곧 이어 율곡의 반격이 전해진다. 율곡은 "상대방이 잘못하면 이를 지적해야 직성이 풀리는 성격"이었다고 한다. 국제통인 류성룡이 중국 사신을 접대했다. 이때 율곡이 앞에 나서 "절차가 잘못됐다"며 "고래고래 소리를 질렀다"고 한다. 이 일이 있은 후 둘 사이에는 "싸웠다"는 소문이 돌았다. 류성룡은 그 이후 부친상을 당해 시묘살이를 하러 떠난다. 관직에 나간 이후 첫 번째 낙향이다. 율곡은 류성룡에 대해 다음과 같이 말했다.

> 류성룡 같이 뛰어난 사람이 왜 자신과 함께 일하려 하지 않을까 탄식하며 몹시 아쉬워했다.[46)]

류성룡은 율곡에 대해 "학문이 깊고 인품도 훌륭하나 지나치게 고치려 들어서 문제"라고 평가했다는 기록이 남아있다.[47)]

율곡과 류성룡 사이에 일어난 초기 갈등을 보면 유교국가였던 조선의 공론장에서 벌어지는 정치 싸움의 양상을 유추할 수 있다. 이는 마치 고프만이 프레임 분석에서 언급한 수달의 "싸움 놀이(the play of fighting)"의 복사판과 같다.[48)] 국방이나 민생과는 별로 관계가 없어 보이는 예식을 가지고 편을 갈라서 수달과 비슷하게 반복적으로 싸움을 하고 있다. 그런데 이러한 싸움

46) 연준혁. 2015, 『조선왕조실톡』, 고양: 이마, pp.151-152.
47) 박시백. 앞의 책, p.45.
48) Goffman. 앞의 책, p.40, See also William F. Fly. 1968, *Sweet Madness: A Study of Humor*(Palo Alto, CA: Pacific Books). p.123.

놀이는 점점 심각해져 나중에는 상대방의 약점을 발견하면 비수를 꼽는 사화로 발전하기도 했다. 마치 현대 한국정치에서 집권당과 야당이 서로 같은 이슈를 다른 편에 서서는 비슷한 논리와 방식으로 공격하고 수비하는 모양새와 비슷하다.[49)]

(3) 류성룡의 개방적 언론관

류성룡은 3년간 시묘살이 이후 선조 9년 35세에 사간원 헌납(정5품)으로 복귀했다가 홍문관 부응교(정4품)로 승진했다. 선조 9년 4월에 사간원 헌납으로, 척리에 대해 논계한 대관들을 한직으로 쫓으려 하자 이에 반발하여, “언로가 막히는 풍조를 바로 잡아야한다”고 다음과 같이 말한다. 류성룡의 “할 말은 해야 한다”는 자유주의 언론관을 엿볼 수 있다.

> 소매 속에 있는 탄핵문은 이조에 대한 것이네. 대관들이 한번 입을 열어 척리(임금의 내척과 외척)에 대해 논박했는데 이조에서 갑자기 쫓아내려 하네. 이러한 풍조가 한번 열리게 되면 언론가 막히고 척리는 횡포를 부릴 것이니, 그대들의 처사는 어찌 이와 같이 어그러졌는가?[50)]

류성룡은 선조 12년 38세의 나이에 홍문관 직제학(정3품), 승정원 동부승지(정3품, 당상관)가 됐다. 이어 그가 성장한 홍문관의 실질적인 운영자인 부제학으로 승진한다. 승정원에서는 구입종이가 너무 두꺼워 비용이 많이 들었다. 류성룡은 승정원 한 달 종이 사용량을 측정하여 지질도 얇게 바꾸었다. 관청의 종이 납품비용이 싸졌으며, 관리로서 낭비를 없애는 실용주의를 엿볼 수 있다. 선조 14년 40세에는 선조의 명을 받아 홍문관 부제학으로 『대학연의』

49) 예를 들면 나경원이 문재인 대통령은 더 이상 “김정일의 수석대변인” 역할을 그만 하라는 요지의 야당 원내 대표 국회발언을 했다. 이에 대해 이해찬 더불어 민주당 대표는 나경원의 발언이 “국가원수 모독죄에 해당한다”고 반박했다. 국가원수 모독죄는 권위주의 시대에 재야인사에게 추가됐던 죄명으로 그로 인해 수감됐던 이해찬 대표가 이런 발언을 한 것이 아이러니이다.

50) 류성룡. 『류성룡의 말』, 서울: 소울메이트, p.31.

를 저술했다. 선조 15년 41세에는 사간원 대사간이 되며 우부승지에서 도승지로 특진된다. 사헌부 대사헌으로는 왕명에 따라 『황화집』 서문을 작성한다.

율곡은 1584년 임진왜란을 8년 앞두고, 선조 17년 49세의 나이로 사망한다. 류성룡은 선조 16년 42세에 희재 이언적의 구경연의의 발문을 썼다. 이어서 경상도 관찰사가 됐다. 이순신은 동시에 훈련원 참군(정7품)으로 다시 복직하게 된다. 선조가 적극 성원했던 율곡에 의한 조선사회 체제 개혁은 미완성으로 남았다. 류성룡은 선조 18년 44세에 송나라 악비가 포함된 『정충록』 발문을 썼다. 또한 포은 정몽주 문집의 발문을 썼다.[51] 율곡의 죽음으로 류성룡은 선조가 가장 신망하는 신하가 됐다. 선조는 류성룡을 조정 정치에 적극 활용한다. 류성룡의 충성심이 『정충록』 발문에 나타났기 때문이다. 류성룡은 1584년 선조 17년, 예조판서 겸 홍문관 제학에 임명됐다. 이 때 이순신을 천거해 조산 만호(종4품)로 4계급 승진시킨 적이 있다. 다음은 선조에게 이순신을 추천하는 상소문이다.

> 신이 이순신과 같은 동네에 살아서 이순신의 사람됨을 깊이 알고 있습니다. 성종 때 사람인 이거의 자손인데, 신은 이순신이 직무를 감당할 수 있다고 생각해서 당초에는 조산 만호로 천거했었습니다. 쉽게 굽히지 않는 성품이라 제법 취할 만해서 이 사람이 어느 곳의 수령으로 있을 때 신이 수사로 천거했습니다.[52]

이후 이순신은 녹둔도 둔전관으로 임명됐으나 이일에 의해 직위를 삭탈당하고 첫 번째 백의종군하게 된다.

2. 기축옥사에서 빛난 류성룡의 위기극복 프레임

류성룡은 선조 21년 47세의 나이로 형조판서 겸 대제학, 예문관 대제학, 지경연 춘추관사, 성균관사가 된다. 세 살 어린 이순신은 44세에 조산 만호

51) 유영하. 앞의 책, p.89.
52) 류성룡. 앞의 책, p.205.

직에서 해임돼 첫 번째로 삭탈관직 됐다. 류성룡은 이순신과는 달리 이 기간에도 승승장구 한다. 류성룡은 선조 22년 48세의 나이로 사헌부 대사헌에 병조판서를 겸무한다. 사간원 대사간과 홍문관 대제학에 이어 사헌부 대사헌으로 선조시대 언론 삼사의 수장 자리에 올랐다. 바로 이때 실체가 뚜렷하지 않은 정여립 모반사건이 일어나 기축옥사가 일어났다. 류성룡에게 첫 번째 위기가 닥쳤다.

조정 관리 사이에 인기가 높았던 정여립은 본래 서인이었다. 그러나 동인 진영으로 옮겼다. 그러자 서인의 모사 송익필이 정여립에 대한 고변을 접수시켰다. 임진왜란을 삼년 앞두고 기축옥사가 일어나 사건 종료까지 2년 이상 끌었다. 서인의 수장이었던 정철이 사건의 진상을 파악했으며, 상당수 동인들이 수사대상에 올랐다. 류성룡도 예외가 아니었다. 부제학 백유양이 정여립에 보낸 편지가 문제가 됐다. 이 편지에 백유양이 류성룡을 다시 관직에 나가도록 종용하는 내용이 있었다. 류성룡은 곧바로 선조에게 다음과 같이 상소한다.

> 신이 10여 년 전에 호남에 정여립이란 자가 독서와 학문에 부지런하다 하여 자못 이름이 났다는 말을 들었으나 그가 어떠한 사람인지를 알지 못했습니다. (중략) 그 뒤 명성이 점차 성대해지고 전하는 자가 더욱 많아지자, 모두 요로에 천거하려 했으나 (중략) 오직 죽은 집의 이경중 만이 그를 극히 극력 배척하였습니다. (중략) 이로부터 외정이 왁자지껄하게 떠들면서 모두 이경중이 선사(아름다운 선비)를 시기하고 미워한다고 했습니다. (중략) 만일 환난을 미연에 말한 공을 논한다면 이경중이 거기에 해당되고, 나머지 사람은 취한 듯 바보인 듯 전후 사류가 일체 그의 술책에 떨어져서 그럭저럭 날짜를 보냈을 뿐 명백하게 들어서 거론하지 못했습니다. (중략) 신이 역적에게는 전에 10년 동안 취하지 않은 마음이 있었고 뒤에 은미함을 살피고 드러난 것을 알 기회가 있었습니다. 그런데도 조정에 벼슬할 적에 도도히 뒤섞인 채 일찍이 한마디 말로 그의 간사함을 피력하지 못했습니다. (중략) 이로써 나라를 저버린 죄는 피할 길이 없습니다 (중략).[53]

임진왜란을 2년여 앞두고 『선조실록』 22년 12월 1일의 이 상소 내용을 엔트만에 따라 프레임 분석해 보았다. 류성룡이 정여립과의 관계가 드러나면서 곤란한 지경에 놓였다고 문제에 대한 정의를 내렸다. 하지만 이러한 교분관계는 류성룡 혼자만은 아니며 대다수 조정 관리가 정여립과 친분관계를 유지했다며 문제의 원인에 대한 귀인 해석을 확대한다. 그럼에도 정여립과의 만남의 실상을 알면서도 본인이 올바로 대처하지 못한 것에 도덕적 평가로 죄를 청한다. 역설적으로 사실에 대한 진상이 밝혀졌다. 선조는 더이상 류성룡과 정여립과의 지난 관계를 문제 삼지 않는다. 류성룡이 정여립과의 관계를 있는 그래도 낱낱이 밝혔기에 위기관리가 됐다. 위기관리의 기본 원칙은 "전부를 빠르게 말하다"(tell it all and tell it fast)이다.

류성룡은 정여립과의 관계의 진상을 다 밝혔고, 선조는 대다수 조정의 관리가 그러한 관계를 맺고 있는 문맥을 알고 있을 것이다. 나아가 류성룡은 정여립이 선조에게 불충한 부분이 있었음에도 이를 미리 말하지 못했다고 고백하면서 죄를 청한다. 정여립 사건으로 류성룡의 정직성이 더 드러났고, 선조의 신뢰를 더 받게 되는 계기가 됐다. 류성룡의 위기관리 능력과 함께, 시시비비를 가리고 사실을 있는 그대로 밝히는 류성룡의 정직한 모습을 볼 수 있다. 이러한 위기관리는 임진왜란 직전 명나라를 침략하기 위해 조선의 통로를 열어달라는 도요토미 히데요시의 문서를 접하고 이를 명나라에 알려야 하느냐는 조정 논쟁에서도 일어났다. 사실 그대로를 알려 명나라로부터 불필요한 오해를 불식해야 한다는 논리와 일맥상통한다. 이 같은 사례에서 류성룡이 사실을 밝히는 전략적 관례(strategic ritual)로 상소문을 작성했음을 엿볼 수 있다. 과연 객관주의적 보도가 가능할지에 대한 현대 언론의 논쟁에서 게이 터그만은 객관주의적 보도가 언론인의 전략적 관례라고 여긴다.[54]

---

53) 이덕일. 앞의 책, pp.43-44.

54) Gaye Tuchman. 1978, *Making news: A study in the construction of reality*(New York: Free Press).

기축옥사는 임진왜란 직전에 일어났고, 서인과 동인의 갈등이 심해졌음을 보여주는 사건이었다. 한편 기축옥사의 원인 제공자로 몰려 자살한 정여립에 대해 신채호는 조선 중기의 "혁명적인 사상가"로 오히려 도덕적으로 높이 평가한다. 정황상 정여립이 실질적인 모반행위를 했다는 증거보다는 조정에서 그의 인기가 높아지고, 군주의 권위를 인정하지 않고, 군주에 대한 불만을 전파하다가, 선조의 눈 밖에 났다고 보는 견해가 있다. 정여립 사건은 고프만에 따르면 일종의 "메이크 빌리브(make-believe)"로 "실질적인 모반이 아니었으며 상상 속의 모반"이란 프레이밍 기제가 작동했다.[55] 선조가 신하간의 분당을 이용해 눈 밖에 난 신하를 축출하기 위한 "일종의 계략"으로 사전 단속의 성격이 짙었다.

실제로 이러한 모반 프레임에 걸려들어 죽은 신하는 선조의 실정에 대해 비판적인 사람이 다수였다. 예를 들면 거세된 이발은 "선조 아래에서는 아무런 일도 할 수 없다. 임금이 시기심이 많고, 모질며, 고집이 세다"라고 평가했다. 정여립은 "천하는 공공의 물건이고, 임금도 마찬가지"라며 앞서나가는 급진적 주장을 펼쳤다.[56]

류성룡은 동인이 동조한 정여립의 모반에 대해 이경중 한 명만이 정여립을 배척했을 뿐이라고 고백한다. 그는 나머지 대다수 관리가 정여립과 인간관계가 있었다는 사실을 밝혀 이슈를 확장했다. 동인 류성룡, 서인 이항복이 정여립 모반사건의 확대 해석에 제동을 걸면서 기축옥사는 진정됐다. 정인홍은 정여립 모반사건에서 누명을 써서 죄를 얻었고, 이 일로 류성룡과 틈이 벌어졌다. 그리고 후에 정철의 단죄 문제를 두고 남인과 북인으로 갈렸다.[57] 정철을 포함한 서인에 대한 강경처벌을 주장한 집단은 이산해를 포함해 북인이 됐다. 류성룡을 포함해 서인에 대한 온건한 처분 입장을 취하면 동인으

55) Goffman. 앞의 책, p.48.

56) 박찬영. 2014, 『조선왕조실록을 보다 2』, 서울: 리베르스쿨, pp.92-94. 신채호가 정여립을 "혁명적인 사상가"로 평가한 이유다.

57) 이덕일. 앞의 책, p.44(선조실록, 22년 12월 1일).

로 분류됐다. 선조 시대의 사색 당쟁은 붕당의 정치적 "싸움의 놀이(the play of fighting)"를 넘어섰다. 조정의 공론장은 죽거나 죽이는 싸움터로 변질됐다. 기회가 온다면 상대방을 숙청하려 했다.

여기까지 <연구문제 1>에서 제시한 류성룡의 입신양명 과정을 살펴봤으며 <연구문제 2>에서 제기한 류성룡의 위기관리 모형을 살펴봤다. 사헌부와 사간원, 홍문관이란 언론 삼사 활동으로 류성룡은 신하를 믿지 못하는 선조의 마음을 얻었고, 임진왜란의 전시재상이 됐다.

V. 류성룡의 『징비록』에 대한 프레임 분석

이 장에서는 류성룡이 작성한 『징비록』과 기타 관련 기록물을 가지고 본격적으로 질적 프레임 분석을 실시하고자 한다. 이에 앞서 조선의 공론장에서 임진왜란의 참상으로 이어지는 집단사고가 어떻게 발생했는지를 먼저 살펴본다.

1. 조선 조정의 집단사고 프레임

정여립 사건에서 위기를 잘 관리한 류성룡은 임진왜란 2년을 앞두고 우의정이 됐다. 종계변무의 공으로 1590년에는 풍원 부원군에 봉해졌다. 임진왜란을 일 년을 앞둔 선조 24년에는 좌의정으로 승진했다. 일본의 "솔병입명" 내용을 명나라에 솔직히 밝혀 "조선이 일본과 힘을 합쳐서 공격할 수 있다"는 명나라의 오해를 불식시켰다. 동시에 일본이 병력을 일으킬 기미를 엿보고, 형조정랑 권율을 의주 목사로, 정읍 현감 이순신을 전라 좌수사로 추천한다. 이 때 조선은 조정 관리의 집단사고에 의한 대재난으로 일본의 침략을 보다 철저히 대비하지 못했다.

류성룡이 작성한 『징비록』에 따르면, 김성일은 평소에 명석하고, 대담하고, 자긍심이 강한 인물로 프레임 된다. 김성일은 황윤길과 달리 도요토미 히데요시를 만나서도 통신사로서 체통을 지켰다고 기록됐다. 이와는 달리 정사인 황윤길은 일본의 전시체제를 보고 주눅이 들었다고 『징비록』은 기록한다. 김성일과 황윤길의 평가에서 부사인 김성일은 조선을 대표하는 당당한 외교관이었다. 하지만 정사인 황윤길은 나라의 체통을 지키지 못할 정도의 소인배로 묘사된다. 그런데 김성일을 제외한 통신사 전원은 일본의 침략을 예측했다. 김성일은 민심의 동요를 고려해 그렇게 보고하지 않았다고 한다. 어찌하였든 조정은 김성일의 의견이 더 합당하다고 받아들였다. 이는 임진왜란 대비를 철저히 하지 못하는 프레임 기제로 작동한다. 조정이 김성일이 주창한 시폐 10조를 상당 부분 받아들였기 때문이다. 한국전쟁인 6.25 동란처럼 리더십의 부재에 따른 전형적인 집단사고의 폐해이다.

황윤길과 김성일이 통신사로 일본을 방문한 후 조선 조정에서 전쟁 한 해 전인 선조 24년 3월에 나눈 대화를 살펴보자.

황윤길: 저들은 틀림없이 공격해 올 것으로 신은 보옵니다.
김성일: 그런 낌새를 발견하지 못하였나이다. 윤길의 말은 사리에 어긋날 뿐 아니라 인심을 동요시킬 우려가 있사옵니다.
선 조: 수길이란 인상은 어땠소?
황윤길: 눈빛이 반짝이고 풍부한 사람으로 보였나이다.
김성일: 제 눈엔 쥐같이 생긴 몰골로 두려워 할 인물이 못돼 보였사옵니다.

(어전회의가 끝나고)

류성룡: 학봉! 윤길의 말과 고의로 다르게 말하는데, 만일 병화가 있게 되면 어쩌려고 그러요?
김학봉: 나라고 어찌 왜적이 쳐들어오지 않는다고 단정하겠소? 다만 온 나라가 의혹될까 두려워 그것을 풀어주려는 것이오.[58]

---

58) 박시백. 2015, 『박시백의 조선왕조실록 10, 선조실록』, 서울: 휴매니스트, pp.110-113. 이 부분에선 김성일의 인물을 알아보는 눈을 평가 절하할 수밖에 없다. 일본 역사에서 일본인이 상당수가 가장 좋아하고 존경하는 인물을 외모만 보고 평가 절하했다. 김성일과 류성룡의 대화는 신두환, 앞의 논문 참조.

그리고 도요토미 히데요시의 답서가 도착한다. 그 답서의 제목이 "일본국 관백은 조선 국왕 합하께 바칩니다"이다.

> 사람의 한평생이 백 년을 넘지 못하는데 어찌 답답하게 이곳에만 오래도록 있을 수 있겠습니까? 국가가 멀고 산하가 막혀있긴 하나 한번 뛰어 곧바로 대명국에 들어가 우리나라의 풍속으로 400주를 바꿔놓고 제도의 정화를 억만년토록 시행코자 하는 것이 나의 마음입니다. 귀국이 선구가 되어 입조한다면 원려가 있음으로 하여 근우가 없어지는 것입니다. 내가 대명국에 들어가는 날 사졸을 거느리고 군영에 임한다면 이웃으로서 맹약을 더욱 굳게 할 것입니다. 나의 소원은 삼국에 아름다운 이름을 떨치고자 하는 것뿐입니다.[59)]

조헌은 "왜 사신의 목을 베고, 격문을 보내 적의 수도를 공격하겠다고 선포하소서. 그러면 적이 함부로 바다를 건너지 못할 것"이라는 지부상소를 올린다.[60)] 이에 대해 김성일은 시폐 10조에서 다음과 같이 반론을 편다.

> 섬나라 왜놈보다 무서운 것은 민심의 이반이옵니다. 축성 등으로 백성의 원성이 날로 높습니다. 이순신의 지나친 발탁 등용도 문제이옵니다. 체직하소서.[61)]

김성일은 일관되게 민심이반이란 논리를 펼쳤다. 침략의 전조가 뚜렷함에도 불구하고, 설마 전쟁이야 일어날까라고 "마음의 문"(mindguards)을 닫고, 왜가 침략할 수 있다는 의심을 민심이반 논리로 "합리화"(rationalization)했다. 또한 설사 전쟁이 일어난다 해도 이를 쉽게 물리쳐 상처를 입지 않을 것이라는 환상(illusion of invulnerability)에 사로잡혔을 것이다. 그는 동시에 조정 관리의 다수가 자기 의견에 동조했다는 "만장일치의 환상"(illusion of unanimity)에 빠졌을 것이다. 하지만 조정은 만약의 사태를 대비해 이순신과

59) 박시백. 2015, 『박시백의 조선왕조실록 10, 선조실록』, 서울: 휴매니스트, p.113.
60) 박시백. 앞의 책, p.113. 지부상소란 "자신의 말이 틀리면 목을 쳐 달라"란 의미로 도끼를 메고 올리는 비장한 상소이다.
61) 박시백. 앞의 책, p.116. 김성일은 민심의 이반을 경계했다. 류성룡도 임진왜란 중에 민심이반을 경계했다.

송상현 등을 남쪽 최전방에 배치했다. 그리고 전국에 축성, 성곽 보수 등을 명했다.

2. 송상현의 장렬한 죽음과 조선군의 연전연패 프레임

송상현은 동래 전투에서 열심히 싸우다 장렬하게 전사했다. 역사에서 가정은 통하지 않지만, 만약 이순신이 당시 부산 쪽에 배치됐다면 어떠했을까. 전투 준비가 충분치 못해 송상현처럼 장렬하게 전사했을 것이다.

황윤길과 김성일의 엇갈린 어전회의 보고 이후 일 년이 채 지나기도 전에 일본군은 대대적인 침략을 개시했다. 단군 이래 해양세력으론 한반도에서 최대 규모였다. 도요토미 히데요시는 1592년 1월 5일, 조선 침략을 결정하고 일본군의 총동원령을 내렸다. 이에 따라 15만 8천 7백 명의 대군이 나고야로 집결한다. 이 소식은 조선에도 전달됐다. 하지만 조선에서는 한국전쟁에서처럼 "점심은 평양에서 저녁은 신의주에서"라는 호연지기만 있었을 뿐이다. 조선의 군사적 대비는 미약하기 짝이 없었다. 『징비록』에 따르면, 임진년 봄 왜관은 텅 비어 있었다. 그곳에 있던 일본인은 전쟁을 대비해 모두 철수했다. 이순신 홀로 3월 말에 완성된 거북선으로 포격훈련을 했을 뿐이다. 조선군은 일본의 침략을 대비조차 하지 못했다.

고니시 유키나가가 이끄는 1만 8,700명의 침략군 선봉대가 선조 25년, 1592년 4월 13일 부산 앞바다에 나타났다. 부산진 첨사 정발은 사냥 중이다가 긴급히 맞섰지만 대패한다. 『징비록』은 일본군의 대규모 공격에 조선군이 연전연패했다는 프레임으로 기록한다. 고니시군 선봉대는 부산진성에 남아 있던 조선인 삼천 명을 무참하게 살육했다. 이어 14일 동래읍성으로 진격한다. 동래부사 송상현과 동래성 군민도 반나절 만에 함락되고 고니시군은 여기서도 수천의 군민을 도륙한다. 수비를 제대로 하지 못한 조선군의 패배는 무고한 군민의 살상으로 이어지는 프레임이다. 송상현은 장렬하게 전사했다. 고니시는 그를 조선의 충신으로 여겨 성 밖에 묻어주었다. 다음은 『징비록』에 나타난 송상현의 죽음에 관한 묘사이다.

> 15일에 왜병이 동래에 몰려오므로 송상현이 성의 남문에 올라가서 반나절 동안이나 싸움을 독려하였으나, 성이 함락되자 상현은 꿋꿋하게 버티고 앉아서 적의 칼날을 받고 죽으니, 왜인들도 그의 목숨을 걸고 성을 지킴을 가상하게 여겨, 시체를 관에 넣어 성 밖에 매장하고 말뚝을 세워서 표지하였다.[62)]

경상좌병사 이각은 동래성 전투가 시작되자 도주했다. 경상좌수사 박홍은 성과 무기를 버리고 도망갔다. 경상우수사 원균은 무기와 배를 바다 속에 밀어 넣고 도망갔다. 『징비록』에 남아있는 기록이다. 이때까지 고니시군의 피해는 전사 100여명, 부상 400명이 전부였다.

가토 키요마사가 제2군 2만 2,800명을 지휘해 4월 18일 부산진에 상륙한다. 구로다 나가마사가 제3군 1만 1,000명으로 4월 19일 연이어 상륙했다. 따라서 조선에 상륙한 실제적 일본군은 5만 2,500명이다. 조선 조정은 전쟁이 시작된 후 나흘이 지난 4월 17일에야 일본의 침략 사실을 알게 된다. 선조는 류성룡을 도체찰사, 김명원을 도원수로 삼는다. 고니시군은 신립을 탄금대에서 격파하고 한양으로 향한다. 신립의 패배 소식을 접한 선조는 일본군이 침입한지 17일 만에 새벽을 틈타 도성을 버리고 피난에 나선다. 5월 1일에 개성에 도착한다.

류성룡은 개성에서 한 첫 어전회의에서 명나라에 내부하자는 조정의 중론을 다음과 같은 논리로 반박했다.

> 명나라에 내부한다는 말은 안 될 말입니다. 임금께서 우리 땅을 단지 한걸음이라도 떠나신다면 조선 땅은 우리 소유가 안 될 것입니다 ― ― ― 지금 동북의 여러 도는 그 전과 변함없고, 호남 지방의 충신 의사들이 며칠 안에 벌떼처럼 일어날 것 이온데, 어찌 경솔히 나라를 버리고 압록강을 건너간다는 일을 의논해야 하겠습니까?"[63)]

62) 이재호. 앞의 책, p.31.

일본의 침략이 4월 13일에 시작해 한양이 함락되고 개성으로 피난해 5월 1일 조정에서 있었던 논쟁이다. 이러한 언급에서 류성룡이 동북과 호남이 건재하다는 프레임을 내세워 내부해서는 안된다는 공론을 주도했다. 조선이 아직도 건재하다는 프레임이다.

3. 류성룡의 진시무차에 나타난 '통사구성' 프레임

선조 25년 11월 류성룡은 전쟁을 치루는 방책에 대한 진시무차를 선조에게 올렸다. 이 차자의 프레임은 "전쟁에 이기기 위해서는 민심을 먼저 얻어야 한다"는 해결책 제시이다. 이 진시무차는 『류성룡집』 연보에 다음과 같이 실렸다.

> 나라 일이 위급한 상황에 힘입을 것은 인심뿐이옵니다. 인심이 만약 해이해지면 더 이상 어찌할 도리가 없습니다. 무릇 군사의 공로와 작위와 상을 즉시 시행하여, 고인이 상을 시행하는 데 때를 넘지 않는다는 뜻에 응하시고, 또 군민들이 적을 잡고 노획한 것은 곧 그 사람에게 주어 그들로 하여금 적을 죽이는 일이 자신에게 이로운 것임을 알게 하면 너도나도 일어나 적을 토멸할 것이오니, 그러면 적세는 거의 쇠퇴해질 것입니다.
>
> 강원도 산속에서 사냥으로 생계를 삼는 자가 적지 않으니 만약 그들을 후한 상으로 불러 수풀 사이에 매복시켰다가 출몰해서 적을 죽이게 하면 적의 부로의 수미가 끊어지게 되어 동남의 형세가 서로 통할 수 이을 것이옵니다.
>
> 경성을 수복하는 계책은 마땅히 경기 일원으로써 삼도로 나누어 서로 힘을 보태고 의지하게 해서 앞뒤가 되게 하며, 적이 적으면 병사를 나누어 매복하게 하고 적이 많으면 병사를 합치어 공격하도록 하시옵소서.
>
> 또 호서 호남 관동 삼로의 군대를 서로 합세하여 앞에서 유인하기도 하고, 혹 뒤에서 추격하기도 하여 일심전력하여 사방에서 구름같이 모여들면 적은 그물 가운데 토끼와 같을 것이옵고, 경성에서도 반드시 내응해서 서로 죽이는 자가 있을 것입니다. 지금 영남 사람의 마음이 자못 분격하여 적을 토벌하려는 뜻을 갖고 있으나 군량과 백성들의 먹을 것이 떨어지고 없사옵니다. 만약 영남의

---

63) 이재호. 앞의 책, p.15.

좌도가 무너지면 우도도 지탱하지 못할 것이온즉 호남과 호서가 차례로 병화를 받게 되어 팔방에 한 곳도 조용하지 않을 것이옵니다. 지금 들으니 호남의 금년 농사가 대체로 풍년이 들었다고 합니다. 호남의 곡식을 차츰차츰 영남으로 운반께 하시옵소서.

또 별도로 곡식을 모으는 관리를 두어 급급히 변동하여 구렁에 떨어진 근심을 구한 뒤에야 남방이 보전될 수 있사옵니다. 사방의 변보에 일각을 기다지게 하지 말고 처리하도록 하시옵소서. 옛날 진나라 때, "일을 아뢰고 결과를 기리는 사람이 사마의 문에서 사흘간 머물러 있었으되 통보를 얻지 못했다고 하는데 당시의 식자들은 진 나라가 장차 망할 것을 알았다"고 하옵니다. 신은 바라옵건대 금일 변보에 대해서는 일체 즉시에 시행하여 밤낮을 계속해야 할 것이라고 생각하옵니다.

또 적은 살기등등해져 생명을 가볍게 여기고 돌격 쟁투를 거침없이 하는데 우리나라의 병사를 주관하는 모든 장수들은 형세를 이롭도록 유도하지 못하고 오합지졸로서 날짜를 약속하여 가기로 하는데도 천천히 하며 요망도 자세히 하지 않고 척후도 멀리까지 보내지 않습니다. 그러나 적의 간첩은 매우 많아서 우리의 동정을 저들이 먼저 알게 될 것이옵니다.

신의 생각으로선 날랜 군사들을 엄밀하게 추려서 복색을 달리하여 멀고 가까운 지방에 흩어놓아 적을 만날 때마다 공격하게 하고, 또 일정한 거처 없이 움직이도록 하면 적은 우리 군사들의 많고 적음을 측량하지 못할 것이며, 또 성안에 기계를 설치하여 불을 지르고 겁탈하면 적은 반드시 당황해져서 쉴 사이를 얻지 못해 세력이 크게 피곤해질 것이니, 이러한 일을 틀림없이 잘 생각해 처리하시어 기회를 잃지 않으셔야 옳을 줄 아옵니다.[64)]

위의 진시무차를 프레임 분석해 보면, 통사구성으로는 인심을 얻어서 구국을 해야 한다고 리드로 뽑고 있다. 즉 "인심을 잃으면 나라님도 어쩔 수 없다"며 임진왜란 상황에 대한 정의를 내리고 있다. 류성룡은 한양을 버리고 도망감으로써 잃어버린 민심을 다시 얻어야 한다고 강조한다. 이를 위해 공과에 대한 포상을 신속하게 하며, 적을 잡으면 노획한 것을 바로 갖도록 해서 적을 죽이는 일이 본인에게 이로움을 깨우치도록 했다. 나아가 강원도 사

64) 민족문화추진회(편). 1997, 『국역 류성룡집』(유성룡 저서), 서울: 솔, pp.231-232.

냥꾼으로 적의 왕래 길을 끊어서 동남의 형세가 통해야 함을 강조했다. 양민으로 하여금 게릴라전을 전개하도록 유도하기 위해서이다. 호남의 남은 곡식을 영남으로, 옮겨 남과 북, 동과 서에서 한양을 공격하는 지휘체계를 세웠다. 또한 신속하게 적재적소에 변보를 배치할 것을 강조했다. 즉 류성룡은 민심과 정보 그리고 첩보의 중요성을 강조했는데 이는 그가 언론 삼사에서 하던 일이었다.

진시무차의 대본구조는 리드-방책 열거-다시 묶어서 빠져나가는 초점 연결형이다. 주제 구조로는 민심, 사냥꾼을 이용한 의병전, 영호남을 연결한 식량보급, 변보의 중요성, 첩보전, 게릴라를 이용한 장기전과 산발전을 꼽을 수 있다. 수사학적 구조로는 보고와 명령체계가 더디게 이루어져 망국의 길을 예측했던 진나라 사마의 사례를 들었다.

진시무차의 상소이후 류성룡은 평안도 도체찰사에 임명된다. 그리고 명군과 합세해 평양 탈환에 나선다. 류성룡은 왜란이 발발하자 선조에 의해 영의정에 제수됐다가 곧바로 파직된다. 그 다음해 계사년 10월에 다시 영의정으로 복귀하며 임진왜란이 끝나는 1598년까지 삼도도체찰사와 사도도체찰사를 겸무한다. 이 기간에 군국의 정무를 지고 외교, 군무, 민정 등 정치적 역량을 발휘한다.

4. 조선군의 첫 승리와 신각의 억울한 죽음에 대한 프레임

이순신은 임진년 5월 8일 첫 출전한 옥포해전에서 적선 26척 파괴했다. 이어 합포에서 5척 파괴, 적진포에서 11척 파괴한다. 옥포해전 대파는 왜란 발발히후 조선군이 올린 첫 승전보이다. 이순신은 곧바로 종2품 가선대부에 제수됐다. 이순신은 거북선을 앞세워 해상권을 장악해 나갔다.

부원수 신각도 임진왜란 발발이후 최초로 5월 30일 양주 해유령 전투에서 왜군을 격파했다. 조선의 육지전투 첫 승리다. 그런데 신각은 도원수 김명원의 명령에 불복종했다는 이유로 오히려 처형된다. 류성룡은 신각의 육상

전투 첫 승리와 그가 선조가 보낸 선전관에 의해 처형된 비보를 다음과 같이 『징비록』은 기록한다.

> 부원수 신각은 양주에서 적과 싸워 이겨서 적병 60여 명이 머리를 베었다. 그럼에도 불구하고 조정에서는 선전관을 보내어 신각을 죽였다. 처음에 신각은 김명원의 부장으로 있었다. 그러나 한강 싸움에서 김명원을 따라가지 않고 양주로 이양원을 따라갔던 것이다. 이때 함경우도 병사 이혼의 군사가 마침 왔다. 신각은 이와 합세하여, 도성으로부터 나와 민가를 약탈하는 적을 격파했다. 그것은 왜병이 우리나라에 온 뒤로 우리 군사가 처음 이긴 싸움이었다. 백성들은 모두 좋아라고 날뛰었다. 그러나 김명원은 임진강에서 장계를 올렸다. "신각이 제 마음대로 일을 하고 명령에 복종하지 않았습니다." 이것을 보고 우상 유홍은 그대로 임금께 아뢰었다. 임금은 그를 죽이라고 선전관을 내려 보냈다. 그때 마침 신각의 첩보가 올라왔다. 조정에서는 급히 사람을 뒤쫓아 보냈으나 따르지 못했다. 먼저 간 선전관의 손에 신각은 그만 죽고 말았다. 신각은 비록 무인이나 본래 맑고 신중한 사람이었다. 전에 연안 부사로 있을 때는 성을 쌓고 도랑을 파며, 군기를 많이 장만한 일도 있었다. 그 뒤에 이정암이 연안성을 지킬 적에 사람들이 모두 이는 신각의 공로라고 말한 일이 있었다. 그런 사람이 아무런 죄도 없이 죽었다. 그뿐만 아니라, 그에게는 90이 넘은 늙은 어머니가 있다 하니 듣는 사람 중에는 이를 애석해하지 않는 자가 없었다.[65)]

이 기록으로 신각의 처형 사례를 프레임 분석했다. 먼저 통사구조에선 임진왜란에서 첫 승전을 올린 조선군 장수가 어처구니없게도 명령을 복종하지 않은 죄로 임금이 보낸 선전관에 의해 죽게 되는 모습이다. 이 기사의 끝맺음은 90이 넘은 어머니를 두고 홀로 죽게 된 신각의 집안 상황을 그려 독자로 하여금 연민의 정을 불러일으킨다. 도덕적 평가로는 조선군의 군사체계가 엉성했으며 상황 판단을 못하는 지휘관과 사실 확인조차 제때에 할 수 없었던 조정의 결정으로 신각이 억울하게 죽었다는 내용이다. 신각의 억울한 죽음은 조정의 무능력이란 도덕적 평가 프레임에 기인한다. 나아가 마지막에

65) 류성룡. 2014, 『징비록』(이민수 역), 서울: 을유문화사, pp.104-105.

90세 노모에 대한 언급은 조선이란 나라가 "부모에 대한 효"를 중요시하는 문화가 있음을 보여준다. 또한 인물평에서 "신각은 비록 무인이나 맑고 신중한 사람"란 표현에서 조선사회가 무인의 인간성을 낮게 평가하는 문인 중심 이데올로기가 전쟁 중에도 내재해 있음을 발견할 수 있다. 신각의 죽음에 대한 책임자는 없었다. 전투에서 잘못된 정보에 의한 일종의 프랜들리 파이어(friendly fire)였다.

이순신은 선조 25년 5월 29일부터 6월 10일까지 제2차 출정에 나선다. 사천포에서 적선 13척을 불태웠다. 이순신은 이 싸움에서 어깨에 총탄을 맞아 임진왜란 내내 고생한다. 이어 당포에서 20척 전선을 격파하고, 당항포에서 26척, 율표에서 3척을 파괴했다. 이 기간에 와키사카 야스하루는 용인전투에서 일본군 1,600명으로 조선 관군 5만명을 격파한다.

이순신은 7월 7일 한산도에서 학인진으로 적선 59척을 격파한다. 이어 안골포에서 적선 20척을 격파했다. 이를 한산대첩이라 부른다. 이때부터 조선 수군은 바다의 제공권을 장악한다. 이순신은 정2품 정헌대부, 원균과 이억기에겐 종2품 가선대부에 가자됐다. 조선 수군은 50여일 뒤인 9월에 다시 부산포 공격 적선 100여척을 격파했다. 이때부터 도요토미 히데요시는 일본 수군은 연안에 왜성을 쌓고, 이순신과의 해전은 절대로 하지 말란 명령을 하달한다. 이순신이 선조 26년 2월 9일부터 22일까지 웅천의 왜 수군을 4차례 공격했다. 해상의 제공권을 완전히 장악한 8월에는 수군통제사가 됐다. 이때부터 해상 전투는 정유재란이 일어나기 전까지 소강상태에 빠진다.

5. 류성룡의 군사와 사회경제 체제개혁안 프레임

조명 연합군은 임진왜란이 일어난 후 한 해를 넘긴 계사년 4월 20일에 한양을 수복했다. 그 이후 정유재란 직전까지 4년간은 심유경의 중재에 따른 명나라와 일본의 강화협상으로 소규모 전투를 제외하면 휴전상태였다. 이 기간 류성룡은 훈련도감을 설치했으며, 병사 확보와 조세를 포함한 조선사회의 군사와 경제 제도의 혁신을 이루어냈다. 임진왜란 중 강화협상 중에 이루어진 종합적인 사회제도 개혁에 대해서도 『징비록』은 서술하고 있다.[66] 각 지역에서 일어난 개별 전투와 명군사의 식량 확보와 보급문제, 그리고 군사 충원과 모집, 조세, 압록강에서의 중계 무역 등이 각 기사의 주제중심 구조를 이룬다.[67]

류성룡의 이러한 개혁정책은 나중에 실학으로 이어진다는 시각도 있다. 이헌창에 따르면, 류성룡은 “임진왜란 동안 군국 정무를 맡아 민심을 수습하고 군사력을 강화하고 군사력을 뒷받침할 재원을 마련하기 위한 대책을 신속하고 폭넓게 수립”해서 추진했다.[68] 따라서 이헌창은 류성룡의 광범위한 조선체제 개혁이 실학사상과 연결되는 “교량적 역할”을 하는 데에만 그치지 않았다고 해석한다. 류성룡이 전시재상으로 “나라가 나라가 아닐 정도로 망가진 조선”에 종합적인 체제개혁안을 제시했기 때문이다. 이헌창은 류성룡을 “실학의 선구자”라고 주장한다. 류성룡이 실학의 시조이자 영조가 국정개혁의 지표로 삼았던 반계수록의 유형원이나 정조의 총애를 받은 정약용보다 앞서서 조선의 전면적인 체제개혁안을 제시했기 때문이다.[69]

6. 원균의 이순신 험담과 선조의 동조에 관한 프레임

명과 일본 사이에서 강화협상이 진행되면서 전쟁은 소강상태에 빠졌다. 이 기간에 원균은 직속상관이 된 이순신을 통제사로 여기지 않고, 험담을 하고 다녔다. 이에 조정은 원균을 경상우수사에서 해임하고 충청병사로 옮겼다. 육지로 올라온 원균은 조정의 대신과 적극적으로 소통하며, 이순신을 더욱 험담해 댔다. 선조는 1596년 원균에 동조하며 이순신을 다음과 같이 의심한다. 선조는 1596년 6월 26일 “이순신이 처음엔 힘껏 싸웠으나 그 뒤에

66) 백권호. 이 책의 첿터.
67) 백권호. 이 책의 첿터.
68) 이헌창. “류성룡의 경제정책론”, 『류성룡의 학술과 경륜』, p.116.
69) 이헌창. 앞의 논문, p.109.

작은 적이라도 잡는데 성실하지 않았고, 적을 토벌하는 일도 없어 내가 늘 이를 의심"했다. 선조는 그해 10월 21일 원균에 대해선 "국사를 위하는 일에 매우 정성을 다하며 죽음을 두려워하지 않는 이라고 들었다"고 말한다. 이어서 선조가 조종 회의에서 원균이 어떤 사람이냐고 물었다.

이원익: 원균은 전공이 있기 때문에 인정하는 것이지 그렇지 않다면 결코 기용해선 안 될 자입니다.
선 조: 원균은 지극히 청렴한데 탐오하다는 소리가 나오는 까닭은 무엇인가?
이원익: 그가 어찌 청렴하기야 하겠나이까.

선조가 다시 조정대신에게 11월 7일에 원균이 어떤 사람인지 다시 묻는다.

류성룡: 용감히 싸우는 것은 장점이지만 지친 군졸을 어루만질 줄 모릅니다. 영남수군 중에 원망하고 배반하는 자가 많다고 합니다. 신이 만나보니 이순신은 스스로 변명하는 말이 없었으나 원균은 기색이 늘 발끈했습니다. 이순신을 한산도에서 옮긴다면 일마다 글러질 것입니다.
윤두수: 이순신이 후진인데 지위가 원균 위에 있으므로 노여움을 품었을 것입니다.
선 조: 당초 군사를 청한 것은 원균이 한 일인데 조정에서 원균을 이순신보다 못하다고 생각하므로 원균이 노하게 됐다 한다. 공은 실로 원균에게서 비롯된 것 아닌가?
이덕열(장령, 사간, 형조참의): 이순신은 열다섯 번 부르기를 기다린 뒤에야 비로소 나서서 배 60척을 잡고는 자기의 공으로 삼았다 하옵니다.
류성룡: 호남에 있던 적의 배가 공격해 오면 적이 충만해질 우려가 있어서 어쩔 수 없이 뒤에 간 것입니다. 원균은 당초 크게 패하였으나 이순신은 패하지 않고 공이 있나이다.

류성룡은 1597년 2월 26일 정유재란의 발발을 앞두고 "통제사는 이순신이어야 한다"며 다음과 같이 말한다.

> 통제사는 이순신이 아니면 안됩니다. 지금은 사태가 의급하기도 하고, 장수를 바꿨다가 한산도를 지키지 못한다면 호남도 보전할 수 없습니다.[70]

충청병사 원균이 이순신이 명령을 받고도 그대로 머물러 있었다는 내용의 거짓 상소를 올렸다. 이에 선조가 이순신을 파직시키려 했기 때문이다. 이순신은 류성룡의 반대로 통제사 자리를 정유재란 직전까지 지켰지만 결국 파직되고 백의종군하게 된다.

원균이 삼도수군 삼도수군통제사로 부임하면서 조선 수군에 위기가 닥쳤다. 류성룡은 『징비록』에서 이순신과 원균을 비교해서 다음과 같이 적었다.

> 이순신은 한산도에 있을 때 "운주"라는 이름의 당을 짓고 밤낮으로 그 안에 거처하면서 여러 장수들과 군사에 관한 일을 함께 의논했다. 비록 하급 군졸일지라도 군사에 관한 일을 말하고 싶은 사람은 찾아와 말하도록 해서 군중의 사정에 통달했다. 이순신은 작전을 개시할 때마다 부하 장수들을 모두 불러 계책을 묻고 전략을 세운 후 나가서 싸웠기 때문에 패하는 일이 없었다.[71]
>
> 원균은 애첩을 데려와 운주당에서 함께 살았으며 무거운 울타리로 안팎을 막아 여러 장수들이 그의 얼굴을 볼 수 없었다. 또 술을 즐겼는데 날마다 주정을 부렸으며 형벌을 쓰는 데 법도가 없으니 군중들이 수군거리기를, "만일 적병을 만나면 우리는 오직 달아나는 수밖에 없다"라고 했다. 여러 장수들도 서로 원균을 비난하고 비웃으면서 경외하지 않아서 명령이 제대로 시행되지 않았다.[72]

류성룡은 연전연승 프레임으로 이순신을 평가했다. 반면 원균은 장수로서 절제되지 못했으며 제대로 부하를 통솔하지 못하는 무능하며 패륜적인 장수로 기록됐다. 류성룡이 도덕 프레임을 사용해 이순신과 원균을 대비해 기록했다. 원균이 수군통제사 감이 아님을 『징비록』은 적시하고 있다. 칠전량 전투의 패배는 원균의 무능함으로 사필귀정처럼 여겨지게 기록됐다.

---

70) 류성룡, 2015, 『류성룡의 말』(강현규 엮음, 박승원 옮김), 서울: 소울 메이트, p.206.
71) 류성룡. 위의 책, p.208.
72) 류성룡, 위의 책, p.208.

그런데 선조는 임진왜란 이후 이순신의 연전연승에 대해 경계하는 모습을 보였다. 통제사로는 원균을 더 선호했다. 고니시 유키나가(소서행장)와 가토 키요마사(가등청정)는 서로의 불화를 조선에 알려서 속임수로 이순신 제거에 성공한다. 고니시와 가토는 도요토미의 조선침공의 1군과 2군의 수장이다. 서로 공을 다투어 실제적으로 사이가 좋지 않았다.[73)]

고니시는 강화협상을 주도하면서 알고 지낸 김응서에게 장계를 올리게 한다. 강화가 되지 않는 것은 가토 때문이니 그를 제거하면 고니시의 한도 풀리고 조선의 근심도 사라질 것이라는 논리였다. 모월 모일 "가토가 가덕도에 정박할 것이니 잠복했다 기습하시오"라는 가짜뉴스를 흘렸다.

선조는 이순신에게 명령해 가덕도로 나아가 가토를 잡도록 명한다. 하지만 이순신은 이를 적들의 흉계로 간주했다. 선조의 명령을 따르지 않았다. 그는 다음과 같이 선조에게 보고한다.

> 바닷길이 험하고 왜적이 필시 복병을 설치해 기다릴 것입니다. 전함을 많이 출동시키면 적들이 알게 돼 소용이 없을 것이고, 적게 출동시키면 습격을 받게 될 것입니다.[74)]

이순신이 출동 명령에 머뭇거리자 정여립의 기축옥사에서처럼 선조는 이순신의 충성심을 의심했다. 드디어는 선조 30년 1월 27일 다음과 같이 말했다.

> 선　조: 이순신이 어떤 사람인지 모르겠다. 이제는 비록 그가 청정의 목을 베어온다 해도 결코 그 죄를 용서할 수 없다.
>
> 류성룡: 신은 한 동네 사람이어서 어려서부터 그를 아는데 직무를 잘 수행하는 자라 여겼습니다. 성품이 강의하고 뜻을 굽힐 줄 모릅니다. 무릇

73) 가토는 고니시의 평양패배를 과장해 떠들었다. 도요토미 사후 가토는 도쿠가와 진영에 합류해 고니시와의 일전을 겨룬다. 가톨릭 신도였던 고니시는 패전 후 할복을 하지 않았으나, 목이 잘렸다.

74) 박시백. 2017, 『조선왕조실록 10-선조실록』, 서울: 휴머니스트, 개정판, p.210.

장수는 뜻이 차고 기가 펴지면 반드시 교간해지기 마련입니다. (류성룡도 이순신이 임금의 명령에 따르지 않음을 탓했다.)

선 조: 이순신은 용서할 수 없다. 무장으로서 어찌 조정을 경멸하는 마음을 갖는단 말인가?

김응남(병조판서, 좌의정 역임): 수군으로서 원균만한 사람이 없으니 이제 써야합니다.

류성룡: 나라를 위하는 마음이 깊습니다.

이산해: 임진년에 원균과 이순신이 천천히 장계를 올리기로 약속했다가 이순신이 몰래 혼자 올려서 자기의 공으로 삼았기 때문에 원균이 원망을 품었다고 합니다.

윤두수: 이순신을 체직해야 합니다.

정 탁: 위급할 때 장수를 바꿀 순 없습니다.

정탁은 정유재란 반발 이후 72세의 노령으로 스스로 전장에 나아가 군사의 사기를 돋구려했으나 선조가 만류했다. 특히 3월 옥중의 이순신을 극력 신구하여 겨우 죽음을 면하게 했다. 그리고 수륙병진 협공책을 건의했다.

선 조: 이순신의 사람됨은 모르지만 지혜는 적은 듯하오. 임진년 이후엔 한 번도 거사하지 않았고, 이번에도 하늘이 준 기회를 취하지 않았으니 어찌 매번 용서만 하겠소?[75]

류성룡: 신이 순신을 천거했나이다. 임진년에 순신이 정헌대부가 되고 원균이 가선대부가 됐다는 말을 듣고 작상이 지나치다고 여겼습니다. 무장은 지기가 교만해 지면 쓸모없게 됩니다. 거제에 들어가 지켰다면 영등, 김해의 적은 필시 두려워했을 것인데 오랫동안 한산도에 머물며 별로 하는 일이 없었고, 이번 바닷길로 역시 나서지 않았으니 어찌 죄가 없다고 하겠나이까?[76]

75) 선조의 이 말을 팩크 체킹하면 과장됐다. 임진년 다음해인 계사년(1593) 2월에 왜 수군을 웅천에서 4번 공격했다. 또 갑오년(1594) 3월 5일에 이순신이 진해와 고성에 있는 왜 수군을 공격했다. 그 이후에는 정유재란이 발발하기 전까지는 큰 해전이 없었다. 이순신의 해전 승리는 대다수가 임진년에 이루어졌다.

76) 류성룡이 조정회의에서 이순신이 선조의 명령을 따르지 않은 것에 대한 동의를 했다. 그 후에는 이순신을 잘못 천거한 죄를 들어 사직 상소를 낸다.

선　조: 이순신은 조금도 용서할 수 없다. 무신이 조정을 가볍게 여기는 습성은 다스리지 않을 수 없노라!

사헌부가 적극 가세하면서 이순신은 율에 따라 삭탈관직하게 된다.

정　탁: 순신은 명장이니 죽여선 아니 됩니다. 군사상 문제는 판단하기 어려운 부분이 있사옵니다. 그 또한 짐작하는 바가 있어 나가 싸우지 않은 것이라 생각되옵니다. 바라건대 너그러이 용서하시어 훗날에 대비하소서.[77)]

다음 선조 30년 4월 19일자 『난중일기』에 나온 내용이다.

이순신: 맑음. 일찍 길을 떠나며, 어머님 영 앞에 하직을 고하고 울며 부르짖었다. 어찌하랴. 어찌하랴. 천지간에 나 같은 사정이 또 어디 있을 것이랴. 어서 죽는 것만 같지 못하구나.[78)]

선　조: 왕은 이르노라. 지난번에 그대의 직책을 갈고 그대로 하여 죄를 지고서 백의종군케 한 것은 나의 모책이 좋지 못해서 그리된 것이다. 이제 패전의 욕됨을 만났으니 더 무슨 말을 하겠는가? 무슨 말을 하겠는가? 이제 그대를 다시 3도 수군통제사로 임명하노라. 하지만 수군이 무너졌기에 육군에서 활동하라고 제안한다.

이순신: 저 임진년으로부터 5~6년 동안 적이 감히 충청, 전라도를 바로 찌르지 못한 것은 우리 수군이 그 길목을 누르고 있었기 때문입니다. 지금 신에게는 아직도 전선 12척이 있나이다. 나아가 죽기로 싸운다면 해볼만 합니다. 이제 만일 수군을 전폐한다면 이는 적이 만 번 다행으로 여기는 일일뿐더러 충청도를 거쳐 한강까지 갈 터인데 신은 그것을 걱정하는 것이옵니다. 전선의 수는 비록 적지만 적은 감히 우리를 업신여기지 못할 것이옵니다.

이순신은 어떤 조건에서도 "자기 주도로 싸움을 이끈다"는 철칙을 가지고

77) 이 대화에 따르면, 이순신에 대한 고문불가를 주장한 대신은 정탁이었다.
78) 이순신. 2014, 『난중일기』(이은상 옮김, 큰 글씨책), 서울: 지식공작소, p.641.

있었다. 임진왜란 발발이후 정유재란 전까지는 절대로 질 싸움은 하지 않았다. 하지만 조선 수군이 괴멸된 상태에서는 모험을 할 수밖에 없었다. 이순신은 벽파진에 정박해 적을 기다렸다. 이순신은 선즈 30년 9월 16일에 벌어진 명량해전에서 13척으로 적선 100여척을 격파한다. 일본 적선 300척이 이순신의 13척을 당해내지 못했다.

선조 31년인 1598년 말에 임진왜란은 종결된다. 이순신은 선조 31년 3월 고금도에서 왜의 수군을 격파한다. 7월 16일 다시 왜의 수군을 크게 격파했다. 8월 도요토미가 사망한다. 울산, 사천, 순천에 있던 왜군이 11월에 철수한다. 이순신이 11월 10일 순천에 있던 고니시 수군의 퇴로를 차단했다. 이순신은 11월 18일 노량해전에서 왜의 수군을 크게 격파했다. 하지만 적의 총탄을 가슴에 맞고 "나의 죽음을 알리지 말라"는 말을 남기고 전사한다. 류성룡은 선조 32년인 1599년 초에 탄핵을 당하고 하회로 귀향한다.

7. 선조의 임진왜란에 대한 평가 프레임

선조는 1601년에 임진왜란에 대해 다음과 같은 평가를 내렸다.

> 이번 왜란에 적을 평정한 것은 오직 중국 군대의 힘이었다. 우리 장수들은 중국 군대의 뒤를 따르거나 혹은 요행히 패잔병의 머리를 얻었을 뿐 일찍이 제 힘으론 한 명의 적병을 베거나 하나의 적진도 함락하지 못했다. 그 중에서 이순신과 원균 두 장수는 바다에서 적도를 섬멸했고, 권율은 행주에서 승첩을 거두어 약간은 나은 편이다. 그리고 중국 군대가 나오게 된 연유는 호종한 여러 신하가 위험을 무릅쓰고 의주에 가서 중국에 호소했기 때문이다. 그 덕에 왜적을 토벌하게 됐고, 강토를 회복하게 된 것이다.

선조의 원균 사랑은 지속된다. 그는 선조 36년인 1603년 6월에 다음과 같이 원균에 대해 평가한다.

> 적변 발생 초기에 원균이 이순신에게 구원해 주기를 청해서 이순신이 싸우러

간 것이지 자진해서 간 것이 아니다. 왜적을 토벌할 적엔 죽기를 결심하고 항상 선봉이 돼 용맹을 떨쳤다. 통제사가 되어서 원균이 재삼 장계를 올려 부산 앞바다에 들어가 토벌할 수 없는 상황임을 극력 진달했으나 비변사와 권율이 윽박질러 패전할 것을 알면서도 할 수 없이 출전해 패배했다. 원균은 용기만 으뜸이 아니라 지혜 또한 지극했다.

그리고 임진왜란에 참여한 공신과 장수에 대해 다음과 같이 논공행상을 했다.

<선무공신(전투 참여)>
1등: 이순신, 권율, 원균
2등: 신점,[79] 권응수, 김시민, 이정암, 이억기
3등: 정기원, 권협, 유사원, 고언백, 이광악, 조경, 권준, 이순신, 기효근, 이운용 (18명)

<호성공신(선조 호종)>
1등: 이항복, 정곤수
2등: 신성군, 정원군, 이원익, 윤두수, 윤근수, 류성룡, 김응남 등 31명
3등: 정탁, 이헌국, 허준 등 53인 총 86인 (내시 24명 포함 조관이 아닌 34명이 이 숫자에 포함됨)

선조는 류성룡에 대해서도 아래와 같이 평가가 바뀌었다.

선 조: 나는 늘 외침을 걱정했는데, 류성룡이 날 비웃으며 걱정이 없다고 했다.
선 조: 나는 류성룡 경만을 믿소.
선 조: 류성룡은 제대로 하는 게 없소.

하지만 선조는 원균에게만은 일관된 신의를 보여주었다. 원균에 대한 옹

79) 신점은 전쟁이 났을 때 북경에 있었는데 밥을 안 먹고 울면서 명에 구원을 청한 공로로 선무공신 2등이 됐다.

호는 이순신의 존재 때문이었을 것이다. 왕은 끝까지 이순신이 마음에 들지 않았던 모양이다.[80]

8. 류성룡과 이순신의 위대한 만남에 대한 프레임

이 장에서는 류성룡과 이순신의 만남에 대해 다룬다. 먼저 류성룡이 어떻게 이순신을 천거하게 됐는지를 프레임 분석했다. 류성룡은 언론 삼사 관리로서 승승장구했다. 반면 이순신은 류성룡과는 극명하게 대비되는 무관생활을 했다. 주위의 모함으로 능력을 인정받지 못하며 오지 전투의 최전방에 배치됐다. 이순신은 첫 번째 삭탈관직당한 후 전라순찰사 이광의 요청으로 순찰사 조방장(종4품)으로 복직했다. 순신이 감사 이광의 군관이 됐었다. 이광이 순신의 재주를 기이히 여겨 본도의 조방장으로 삼았다. 류성룡은 일찍이 순신과 이웃에 살면서 그의 행검을 알고 빈우로 대우했다. 이로 말미암아 이순신의 이름도 알려졌다. 선조는 류성룡의 천거에 의해 이순신을 정읍현감으로 삼았다.

류성룡은 49세의 나이로 왜란이 발생하기 두해 전인 선조 23년인 1590년에 우의정에 오르고 이조판서를 겸직했다. 조정은 황윤길 김성일 허성을 통신사로 보내 일본의 정세를 살폈다. 류성룡은 명나라에 그릇되게 기재된 조선왕조 종계를 바로 잡아 선조가 광국공신, 풍원 부원군으로 서훈했다. 류성룡은 승승장구해 50세에 좌의정에 오르고 이조판서를 겸무했다. 조정의 많은 반대를 물리치고 왜국이 침공할 조짐을 명나라에 통고하도록 했다. 왜란에 대비해서 장재를 천거하여 정읍현감 이순신을 전라도 좌수사로, 형조정랑 권율을 의주목사로 임명했다. 또한 조선의 국방체제를 제승방략체제에서 진관체제로 바꾸도록 건의했으나 실현되지 않았다.

---

80) 류성룡은 선조 40년 1697년 6월 6일에 향년 66세로 사망하다. 선조는 40년 8개월간 왕위를 지켰다. 그 때까지 조선 임금 중에서는 선조가 가장 길게 왕위를 지켰다. 중종이 38년 2개월, 세종이 31년 6개월을 지켰다.

이순신은 앞에서 언급했듯이 류성룡과 대조되는 파란만장한 인생을 살았다. 순신은 선조 9년인 1576년 32세에 식년 무과에 응시해 필기시험에서 만점을 받고 병과에 급제했다. 그 이전 선조 5년인 그의 나이 28세에 훈련원 별과 시에 응시했으나 말에서 떨어져 실패했다. 백두산 밑 동구비보의 전관(종9품) 첫 보직 2년간 근무한다. 그러다가 선조 12년인 1579년 훈련원 봉사(종8품)로 전보돼 서울에서 근무한다. 훈련원 근무 8개월 만에 충청병사의 군관으로 좌천됐다. 그러다가 선조 13년인 1580년 전라 좌수군 산하 발포 만호(종4품)로 승진한다. 일년 만에 종8품에서 종4품으로 8단계 진급이다. 서울에 근무하는 동안에 같은 동네 선배였던 류성룡을 만났을 것이다. 하지만 강직한 성품의 이순신이 류성룡에게 관직을 올려달란 청탁을 했을 리가 만무하다.

류성룡은 1579년 선조 12년에 홍문관 직제학과 승정원 동부승지를 지냈다. 류성룡은 1980년에 상주목사로 잠시 나갔다가 다시 홍문관 부제학으로 복귀한다. 경연 참잔관으로 매일 임금과 얼굴을 맞 되며 국사를 논의했다. 이순신은 선조 15년인 1582년에 병조정랑 서익에 의해 파직 당했다.

율곡 이이 선생이 이조판서로 있을 적에 류성룡을 통하여 공을 만나기를 청했다. 공은 만나려고 하지 않았다. 실제로는 류성룡이 사간원 대사간으로 혹은 도승지로 이조판서 이이를 만나 파직당한 이순신을 구명했다고 여겨진다. 하지만 당시 류성룡과 이이는 그렇게 사이가 좋아 보이지 않았다.

이순신은 발포 만호에서 파직당한지 4개월 만에 1582년 5월 훈련원 봉사(종8품)로 발령받는다. 함경도 남병사 이용이 군관으로 발탁하나 다시 건원보 권관(종9품)으로 내쳐졌다. 1983년 훈련원 참군(정7품)으로 승진한다. 이순신은 선조 19년(1586) 1월 종6품 사복시 주부로 복직, 다시 함경도 조산만호(종4품)로 승진한다.

류성룡은 선조 23년 7월 이순신을 고사리 첨사로 옮겼으나 대간에서 논박해 이순신은 부임하지 못했다. 다시 만포 첨사로 옮겼으나 대간에서 다시

"너무 갑자기 승진했다"며 논박하는 바람에 다시 취소되고 정읍현감으로 되돌아갔다. 만포 첨사는 당상관으로 류성룡이 힘껏 천거했으나 무위로 돌아갔다.

이순신은 선조 24년 2월 진도 군수(종4품)로 승진했다가 곧바로 종3품 가리포(전남 완도) 첨사로 자리를 옮겼다. 그리고 다시 전라 좌수사로 승진했다. 전라 좌수사는 정3품 당상관이다. 사간원 대간은 이순신의 출세에 대해 아래와 같이 논박했다.

> "전라 좌수사 이순신은 현감으로 아직 군수에 부임하지도 않았는데, 좌수사에 초수하시니 그것이 인재가 모자란 탓이긴 하지만 관작의 남용이 이보다 심할 수 없습니다. 체차시키소서."

류성룡 왈 "이 때 왜가 침범하리라는 소리가 날로 급해졌으므로 임금은 비변사에 명령해서 각기 장수가 될 만한 인재를 천거하라고 하셨다. 내가 순신을 천거했다. 순신은 드디어 정읍현감을 뛰어넘어 수사로 임명됐다"고 『징비록』에 기록됐다. 선조 24년 2월 16일, 임진왜란이 일어나기 1년 2개월 전에 일어난 일이다.

> 순찰사 정언신이 이순신으로 하여금 녹둔도의 둔전을 지키도록 하였는데 (중략) 순신이 성채 문을 열고 혼자서 크게 고함치며 뒤쫓으니, 오랑캐가 놀라서 도망쳤다. (중략) 그러나 조정에서 그를 추천해 주는 사람이 없어서 무과에 오른지 10여년이 되도록 벼슬이 승진되지 않았다가 비로소 정읍현감이 되었다. 이 때 왜적이 동병한다는 소식이 날로 급하게 전하니, 임금께서 비변사에 명하여 제각기 장수될 만한 인재를 천거하라 하였으므로, 내가 순신을 천거하였더니 정읍 현감에서 수사로, 차례를 뛰어 넘어 임명되어서, 사람들은 혹시 그가 갑작스레 승진된 것을 의심하기도 했다.[81]

진주 부사나 가리포 첨사, 그리고 여수에 수영이 있었던 전라 좌수사는

81) 이재호. 앞의 책, pp.22-23.

모두 일본이 침략할 경우 최전선 지역이다. 이곳이 무너지면 곡창지대 호남이 위태롭다. 이순신을 일본에 가까운 부산에 배치하지 않은 이유가 될 수도 있다. 류성룡은 한산대첩의 의의를 『징비록』에 다음과 같이 기록했다.

> 왜적의 장수 고니시 유키나가(소서행장)는 평양까지 뒤따라 와서 우리 조정에 글을 보내 "일본 수군 10여만명이 서쪽 바다로 오는 중이니 대왕의 행차가 어디로 갈 것입니까"라고 위협했다. 적군은 본시 수군과 육군이 합세하여 서쪽으로 쳐오려 했던 것인데, 이순신의 이 한산도 한번 싸움에 힘입어 마침내 적군의 한쪽 세력을 꺾었기 때문에 고니시가 비록 평양을 점거했지만, 형세가 후원이 없어 더 전진하지 못하였고, 우리나라에서는 전라도·충청도와 황해도·평안도 연해 지역의 전부를 보전하여, 군량을 보급시키고 조정의 명령을 지방에 전달하여, 나라의 중흥을 이루게 된 것이다. 또 중국에서도 요동의 여러 지방이 동요하지 않았기 때문에 명나라 군대가 육로로 나와서 적군을 물리치게 된 것이다. 이 모두가 한산도 싸움에서 이겼기 때문이다.[82)]

이 기록에 따르면, 일본군이 선조의 추적을 멈추고 평양에서 한동안 머물렀던 이유로 류성룡은 이순신의 한산대첩을 꼽았다. 조선군의 연전연패 속에서도 이순신의 한산대첩으로 일본군을 평양에 묶어둘 수 있었던 원인으로 해석하는 프레임이다. 이순신과 진린이 처음으로 만나는 장면을 『징비록』은 다음과 같이 기록하고 있다.

> 순신은 진린이 온다는 소식을 듣고, 군인들에게 대대적인 사냥과 고기잡이를 시켜서 사슴 돼지 해산물 등을 많이 잡아 왔으며, 성대하게 술 잔치의 준비를 갖추고 그를 기다리고 있었다. 진린의 배가 바다에서 들어오니 순신은 군대의 의식을 갖추고 멀리 나가서 영접했다. 제장 이하의 군사들이 흠뻑 취하지 않은 자가 없었다. 사졸들이 서로 전하여 말하기를 "과연 훌륭한 장수이다." 잠시 후에 적군의 배가 근방의 섬을 침범했는데 순신이 군사를 보내어 적군의 머리 40개를 베어서 모두 진린에게 주어 그의 공으로 하도록 했다. 이로부터 진린은 모

82) 이재호. 앞의 책, p.8.

> 든 일을 순신에게 물었으며, 나갈 때에 순신과 교자를 나란히 타고 다녔다. 순신은 명과 우리 군사 사이에 아무 차이가 없을 것을 진린에게 약속시켰으며, 백성의 조그마한 물건이라도 빼앗는 군사가 있으면 모두 잡아서 매를 치니, 감히 군령을 어기는 사람이 없었고, 섬 안이 삼가고 두려워하였다. 진린이 임금께 글을 올려 말하기를 "통제사는 경천위지의 재주와 보전욕일의 공이 있습니다"라고 했으니 대개 마음속으로 감복한 것이었다.[83]

이순신이 조정에 퍼져있는 이미지와는 달리 앞뒤가 꽉 막힌 융통성 없는 지휘관이 아니었다. 무뢰하다는 명성을 가진 명의 장수를 다루는데 능수능란했음을 보여주는 프레임이다. 이순신은 조선군의 군율을 진린이 지휘한 수군에게도 적용시키는 지휘능력을 보여주고 있다.

9. 조명 수군의 연합 공격과 이순신 최후에 대한 프레임

노량해전에서 조명 연합수군의 일본군에 대한 최후 공격과 "나의 죽음을 알리지 말라"는 이순신의 최후의 말을 다음과 같이 『징비록』에 남겼다.

> 이순신은 명나라 장수 진린과 함께 바다의 후미진 어귀를 제압하고 바싹 근접해 들어갔다. 행장은 사천에 있는 심안돈오에게 구원을 청하니 심안돈오가 수로로 구원하였는데, 순신이 나아가 왜적 배 2백여 척을 불살랐으며, 적병을 죽인 것이 이루 헤아릴 수 없을 만큼 많았다. 적병을 뒤쫓아 남해와의 접경까지 이르렀다. 순신은 시석을 무릅쓰고 몸소 힘껏 싸웠는데 날아오는 탄환이 그의 가슴을 뚫고 등 뒤로 나갔다. 곁에 있던 부하들이 부축하여 장막 안으로 옮겼는데, 순신은 "싸움이 한창 급하니 절대로 내가 죽었다는 말을 내지 말라"고 말한 후 숨을 거두었다. 이순신의 조카 완은 담력과 국량이 있는 인물로서, 순신의 죽음을 숨긴 채 순신의 명령이라 하여 싸움을 급히 독려하니, 군중에서는 그의 죽음을 알지 못했다.
>
> 진린이 탄 배가 적병에게 포위된 것을 보자, 이완은 군사를 지휘하여 구원하니 적선이 흩어져 물러갔다. 진린은 순신에게 사람을 보내어 구원해 준 것을 사

83) 이재호. 앞의 책, p.209.

> 례했는데, 그때 비로소 순신이 죽었다는 말을 듣고, 의자에서 땅 위로 몸을 던지면서 "나는 노야께서 생시에 오셔서 나를 구원할 줄 알았는데, 어찌하여 돌아가셨습니까!" 하고 가슴을 치며 통곡했다. 온 군대가 모두 통곡하여 곡성이 바다를 진동시켰다. 우리와 명 군대는 순신이 죽었다는 소식을 듣고, 이어져 있는 각 진영이 통곡하여 마치 제 어버이의 죽음을 통곡하는 것과 같았으며, 영구가 지나는 곳마다 백성들이 곳곳에 제를 차리고서 상여를 붙잡고 통곡하기를, "공께서 진실로 우리를 살리셨는데, 지금 공은 우리를 버리고 어디로 가십니까?" 하고 길을 막으니, 상여가 가지 못하게 됐으며, 길가는 사람들도 눈물을 흘리지 않는 이가 없었다.[84)]

이 기사의 프레임은 충무공의 애국적 최후를 다루는 주제구조로 "나의 죽음을 알리지 마라"는 주제중심 구조로 충무공의 최후를 사실적으로 보도하고 있다. 하지만 이 사실적 프레임의 시계열 충격파는 4백년을 뛰어 넘어 지금도 충무공하면 떠오르는 대다수 한국인의 인지적 기억이다. 또한 진린의 애도는 수사학적 구조로 드라마적인 요소를 갖고 있다. 나아가 이 기록은 진심으로 애도하는 백성의 모습을 담아내고 있다. 그의 죽음에 대해 진린과 명의 수군이 슬퍼했다. 백성은 이순신의 죽음을 어버이의 죽음으로 받아들였다고 기록하고 있다. 이러한 표현방식은 과장이나 선정적이지 않으며 사실적이며 중립적이며 정확하게 묘사하고 있다.

임진왜란은 충무공의 "나의 죽음을 알리지 말라"는 수사적 프레임으로 대단원의 막을 내렸다. 류성룡이 충무공의 최후 장면을 『징비록』에 남기지 않았다면 누가 과연 임진왜란 중에 충무공의 멸사봉공의 분투를 기억할까. 왜란 중에는 수많은 장수가 최후의 순간까지 분연히 싸우다가 죽었다. 신각은 왜군에 첫 승리를 거두었음에도 오히려 선전관의 칼에 처형됐다. 동래부사 송상현은 "반나절이나 힘껏 전투를 지휘"하다가 동래성이 함락하자 조복을 입고 "앉은 채로 꿋꿋이 버티면서 왜병의 칼에 맞아" 죽었다. 왜장 고니시가

---

84) 이재호. 앞의 책, pp.215-217.

"그의 사수를 장하게 여겨 성 밖에 묻고 말뚝을 세워" 조의까지 표했다.[85] 진주목사 김시민은 왜군 2만 명의 공격을 조선군과 성내 백성 3,800명으로 진주성 전투에서 승리했다. 진주대첩에서 김시민은 그의 이마에 총상을 입고 최후를 맞는다. 하지만 김시민의 죽음은 충무공만큼이나 일반인의 인지적 구조에는 자리잡지 못했다. 어쩌면 칠전량 전투의 패장인 원균의 죽음마저도 선조에겐 장렬하게 보였음이 틀림없다. 하지만 원균의 죽음은 『징비록』에 상황판단 오류와 지휘의 실책으로 처음부터 쫓기다 쫓겨 최후를 맞는 통사 구조로 구성돼 있다.

이순신의 성웅적 최후가 우리 한국인의 기억 속에 남아 있는 것은 "나의 죽음을 알리지 말라"라는 애국적 수사 프레임이 『징비록』에 사실적이며 중립적으로 기록됐기 때문일 것이다. 아래는 이순신 사후의 묘사이다.

> 조정에서는 순신에게 의정부 우의정을 증직했다. 형 군문은 바닷가에 사당을 세워 그의 충혼을 제자 지내야 마땅하다고 했으나, 이 일은 마침내 시행되지 못했다. 이에 해변 사람들이 서로 모여 사당을 짓고 이를 민충사라 하여 사시로 제사 지냈으며, 상고와 어선들도 왕래하면서, 그 곳을 지나는 사람마다 제사 지냈다.[86]

이 부분의 수사적 프레임을 보면 조선의 조정은 형식적으로 이순신의 죽음을 애도했다. 조선의 조정에선 이순신은 왜란 중에 죽은 여러 장수 중 하나에 지나지 않았다. 그러나 남도의 백성은 이순신의 전사를 진심으로 애도해 그의 사당을 자발적으로 지었다. 수시로 충무공의 멸사봉공과 구국애민 정신을 기리는 제사를 드렸다고 적혀있다.

---

85) 류성룡. 2014, 『징비록-부끄러운 역사를 이겨 낸 위대한 기록』(이민수 번역), pp.53-54.

86) 이재호. 앞의 책, p.217.

Ⅵ. 맺음말

모두에서 조선시대 중기에는 허위 정보와 가짜 논리가 판을 쳤다고 언급했었다. 다양한 논리가 경쟁하며 탁상공론의 유교사회 특징이기도 하다. 가짜 뉴스와 거짓 논리에 의한 당쟁은 고프만이 비유한 공론장의 "싸움의 놀이"에서 종종 이용되곤 했다. 기본적으로 류성룡은 조선 건국의 이데올로그였던 유교사상에 입각한 자유주의 언론관을 가졌다. 하지만 그도 임진왜란 종전을 앞두고 허위 논리에 의해 탄핵을 당했다. 그리고 낙향한다. 전쟁 중에도 조선 삼사에는 언로는 열려있었다. 하지만 사실을 삼각 확인하는 책임지는 언론 삼사는 아니었다. 국가가 백척간두의 위기에 빠졌음에도 소문과 상상, 풍문, 그리고 거짓 정보로 상소했다.

이러한 허위 정보는 군주와 조정 대신의 집단사고로 연결됐다. 임진왜란 직전에 여러 통로에서 일본의 대규모 침략을 예측할 수 있는 단서가 있었다. 하지만 철저히 대비하지 못했다. 왜란이 시작된 이후로 조선군은 연전연패했다. 그나마 육상전의 첫 승리 장수인 신각은 잘못된 장계로 선조의 의해 처형당했다. 정유재란을 앞두고 이순신을 삭탈관직 당했고, 원균의 수군통제사 임명은 선조와 조정 대신에 의한 집단사고의 발로였다. 나아가 조선 사회의 체제개혁을 이끌어 내려했던 전시재상 류성룡에 대한 탄핵도 마찬가지였다. 집단사고는 전쟁에서 종종 발생하며 대재난으로 이어졌다. 케네디가 대통령에 당선된 후 미국의 첫 번째 무력행사였던 쿠바의 피그만 공격 후 미국의 패배가 바로 그런 대표적 사례였다. 챌린저호의 폭발도 그러한 집단사고의 결과로 분류된다.

이 연구의 연구문제와 관련해, 류성룡은 조선의 언론 삼사인 사헌부, 사간원, 홍문관을 거쳐서 조정의 중신으로 거듭났다. 당쟁의 와중에도 객관적이며 중립적인 시각을 지속적으로 유지해 조정의 실세로 부상했다. 또한 이 당시의 훈련과 경험에 근거해, 민심과 인심의 중요성을 강조해 나갔다. 전쟁의 상황을 시시각각으로 알리는 변보의 활용을 적극적으로 활용했다. 군 인사에서 권율과 이순신의 천거를 포함해 조일 전쟁을 관리했다. 명나라를 끌어들여 왜적을 퇴치하는 공적을 쌓았다.

류성룡은 왜란 중에도 사실에 근거해 편견이 없이 공정하고 완전한 리더십을 발휘했다. 중용에 입각한 온정적이며 실용적인 리더십으로 개인과 국가가 처한 위기를 극복해 나갔다. 전쟁이 끝나고 탄핵을 당해 낙향한 후에는 다시는 조정에 나가지 않았다. 그리고는 임진년에 일어난 왜란의 실상을 기록한 『징비록』이란 대작을 남겼다.

징비록은 전반부에 왜란이 왜 일어났으며, 일본군의 파격지세의 북진과 선조의 의주로의 몽진까지는 전쟁이 실패요인을 연전연패 프레임으로 기록했다. 군사 명령 체계가 엉망이었고, 척후활동도 없었으며, 신립의 탄금대 전투에서 무모한 배수진에 의한 패배이후, 임금은 백성을 남겨두고 서울에서 야반도주했고, 임진강에서 첫 승전고를 올린 신각을 처형할 정도로 보고체계가 난잡한 모양새를 그리고 있다. 크게 보면 "나라가 나라가 아니었다"라는 프레임이다.

이후 선조는 명에 내부하겠다고 토로했으나 류성룡은 "우리 땅에서 한발자국이라도 떠나신다면 그때부터 조선은 우리 소유가 아니니다"라는 내부 불가론 프레임을 내세운다. 이 프레임으로 나약했던 선조와 동조했던 조정대신의 집단사고에 의한 대재난을 막아냈다. 이후 명군을 끌어들여 평양성을 회복하고, 한양을 회복했다. 일본군은 남해안 끝에서 수성에 들어간다. 전쟁의 승리는 이순신의 수군에 의해 시작됐다. 조선군은 한산대첩에 이어 행주대첩과 진주대첩을 거둔다. 이후 임진왜란은 장기전에 돌입한다. 이때부터 징비록은 "왜군을 격파할 수 있는 방책"의 프레임으로 바뀐다. 또 나라를 바로 세우는 조선 개조의 프레임이다. 즉 징비록의 기록은 임진왜란 7년의 패배과 성공을 그린 성패지적(成敗之跡)의 프레임으로 구성됐다.

이러한 프레임 분석에서 분명히 드러난 모습은 류성룡의 언론 삼사 활동과 위기관리 부분이 주로 류성룡의 개인적 명철함에 근거한 에피소딕한 프레임으로 기록됐다는 사실이다. 조선이란 나라는 나라라고 불리기 어려울 정도로 전쟁 대비에 소홀해 임진왜란 초기에 연전연패를 당했지만 이순신과 같은 성웅이 나타나 나라를 구한다는 서사구조를 가지고 있다. 보다 본격적인 류성룡의 사회체제 개혁안은 에피소딕한 프레임을 넘어서 주제 중심적 프레임으로 그려졌을 것이다. 이에 대한 확인 작업은 이 연구의 한계와 제한점으로 남겨둔다. 이 부분에 대한 주제 중심적 구조 분석은 이 책자의 다른 논문에 의존한다. 이 연구의 주요 내용분석이 주로 인물에 초점에 맞추었기 때문에 나타나는 제한점이다. 류성룡의 사회체제 개혁안과 류성룡의 경제 사상이 영·정조 시대에 나타난 실학과 연결 되는 부분은 사회 경제 분야의 체제 개혁에 대한 기록을 중심으로 프레임 분석을 시도할 것을 제안한다.

류성룡의 생애를 이순신과 비교해 본다면 같은 점과 다른 점이 분명하다. 같은 점은 선조의 중신이었으며 임진왜란에서 활약했다. 다른 점은 장수로서 이순신은 파란만장한 생을 살았다. 하지만 류성룡은 선조의 총애 속에서 순조롭게 승진해 조선의 제2인자로 임진왜란 7년을 관리했다. 임진왜란이 끝나면서 이순신은 적의 총탄에 맞아 삶을 마무리 한다. 류성룡은 낙향해서 『징비록』을 남겼다.

류성룡이 없었다면 이순신도 없다. 류성룡이 『징비록』을 남기지 않았다면 이순신의 성웅적인 행적도 역사의 뒤안길에 묻혔을 것이다. 류성룡과 이순신은 조선의 가장 뛰어난 문신과 무신으로 서로 극명하게 대비되는 생애를 보냈다. 하지만 그들이 함께 힘을 모으고 이끌어주지 못했다면, 임진왜란 패배로 조선은 지구상에서 일찌감치 없어졌을 것이다. 그렇지 않아도 임진왜란이후 3백년이 지나서 동족상쟁의 한국전쟁이 일어났다. 한반도는 분단됐다. 류성룡이 남긴 『징비록』의 교훈을 잊었기 때문이다.

이순신과 같은 성웅의 죽음은 “신에겐 12척이 남아 있습니다”, “나의 죽음을 알리지 말라"라는 『징비록』의 기록과 함께 조선의 전쟁 뉴스로 영원히 한국인의 인지구조 속에 남아있을 것이다. 하지만 임진왜란을 통해 사라진 수천, 수만, 수십만 명의 죽음은 단지 통계 숫자로만 남아있다. 임진왜란 중에 억울하게 죽은 장수와 병사, 그리고 민간인은 셀 수 없다. 하지만 그들의 스토리는 통계 숫자로 역사 속에 묻혔을 뿐이다. 설사 기록으로 남아있어도 일반인의 장기 기억 속에 남기 어려운 서사구조이다. 그렇게 역사적 사실로 서술할 프레임 기제가 작동하지 않기 때문이다. 21세기 통일시대를 앞두고 류성룡의 리더십을 에피소딕한 프레임보다는 주제 중심적 프레임에 입각해 지속적으로 규명해야 하는 이유이다.

참고문헌

강성학. 2004, 『새우와 고래싸움-한민족과 국제정치』, 서울: 박영사.

류성룡. 2015, 『류성룡의 말』(강현규 엮음, 박승원 옮김), 서울: 소울메이트.

민족문화추진회 편. 1997, 『국역 류성룡집』 고전국역총서 123, 유성룡 저, 서울: 솔.

박시백. 2015, 『조선왕조실록, 10 선조실록』, 서울: 휴머니스트.

송 복. 2007, 『류성룡 류성룡 위대한 만남』, 서울: 지식마당.

송용회. 2005, "한국 종합일간지 기사의 사실성 입증기제에 관한 연구 연구: 조선일보와 한겨레 신문 사회면을 중심으로", 『한국언론학보』, 49권 3호, pp.80-104.

송용회. 2005, "미디어, 프레임, 현실구성: 미디어 프레임 연구의 과제와 발전방향 모색을 위한 연구", 『프로그램/텍스트』, 13호, pp.125-157.

신두환. 2015, "서애 유성룡의 상소문을 통해 본 소통의 미학: 임진왜란을 중심으로", 『동반한문학』 65권, pp.255-300.

심재철. 2003, "디지털 미디어시대의 뉴스가치에 관한 소론", 『방송연구』 통권 제56호, pp.33-60.

______. 2009, "박종철 사건보도 이후의 국민적 정서구조와 한국 민주화 의제형성의 상황모델", 『사회과학연구』, 35권 2호, pp.137-160.

______. 2015, "메르스 재난보도-일종오류와 이종오류 사이에서", 『여기자』 제24호, pp.85-88.

이재호. 2001, 번역 감수, 『국역 진사록』, 서울: 류성룡선생 기념회.

연준혁 편. 2015, 『조선왕조실록』, 이한 해설, 고양: 이마.

유영하. 2014, 『서애 류성룡 선생 소전-하늘이 낸 위인, 산하를 재조한 재승』, 서울: 풍산 류씨 대종회.

이덕일. 2012, 『난세의 혁신리더 유성룡』, 고양: 위즈덤 하우스.

이재호 번역 · 감수, 2015, 『국역 징비록』, 서울: 류성룡선생기념회.

이헌창. 2008, "류성룡의 경제정책론", 이성무 · 이태진 · 정만조 · 이헌창 엮음, 『류성룡의 학술과 경륜』, 파주: 태학사, pp.107-182.

장준호. 2018, "류성룡의 『난후잡록』 저술과 사학사적 의의", 『한국사학사학보』, 37권, pp.44-78.

정대철. 1999, "삼봉 정도전의 언론관에 관한 연구", 『커뮤니케이션과 현대문화』, 서

울: 나남, pp.91-131.

Akhavan-Majid, R. 1990, The press as an elite power group in Japan, *Journalism Quarterly*, 67, pp.1006-1014.

Halberstam, D. 2007, *The coldest winter: America and the Korean War*, New York: Hyperion.

Janis, E. 1972, *Victims of groupthink: A psychologocial study of foreign-policy decisions and fiascoes*.

Pan, Z., & Kosicki, G. M. 1993, Framing analysis: An approach to news discourse, *Political Communication*, 101, pp.55-76.

Tuchman, G. 1978, *Making news: A study in the construction of reality*, New York: Free Press.

Turner, M. E., & Pratkanis, A. R. 1998, Twenty-five years of groupthink theory and research: Lessons from the evaluation of a theory, *Organizational Behavior and Human Decision Processes*, 732/3, pp.105-115.

Winfield, B. H., Mizuno, T., & Beaudon, C. E. 2000. Confucianism, collectivism, and constitutions: Press systems in China and Japan. *Communication Law and Policy*, *5*, pp.323-347.

제 6 장

협상가로서 류성룡의 리더십
– 류성룡과 사헌의 7일간의 협상 사례

제 6 장

협상가로서 류성룡의 리더십
– 류성룡과 사헌의 7일간의 협상 사례

조 백 상 (국립외교원 명예교수)

Ⅰ. 서 론

일본의 조선 침공으로 시작된 임진왜란과 1597년 2월 일본의 재침인 정유재란 등 7년간의 왜와의 전쟁에서 조선은 나라를 지켜내었고 일본은 침략 목적 달성에 실패하였다. 전시 7년의 재상과 도체찰사로서 전쟁을 총괄한 류성룡, 왜와의 해상전투에서 전승한 이순신 장군, 육군과 수군을 보내 지원한 명나라가 대일 항전의 3대 주역(Key Player)이라 할 수 있겠다. 류성룡의 발탁과 천거가 없었다면 이순신 장군의 활약은 애초부터 불가 했을 것이다.[1)]류성룡의 지혜와 경륜의 보필이 없었다면, 선조의 왕위 유지도 어려웠을 것이고 조선의 대일항쟁도 무위에 그칠 뻔 하였다.[2] 류성룡의 명군에 대한 효율적인 군수 지원과 함께 명의 무리한 요구, 즉 선조를 퇴위시키고 조선을 직접 통치하려는 명의 칙령을 제어하지 못했다면, 명군의 조선 지원은 조선의 명에 대한 종속화로 끝날 수도 있었을 것이다.[3]

명은 왜와 '조선분할'을 강화 테이블에 올려놓고 협상을 할 즈음 다른 한편으로는 '조선직할통치'를 획책하고 있었는데, '분할역치'의 시행 여부를 결정하는 사신 사헌(司憲)이 1593년 윤11월 12일 한양에 당도한다. 조선을 2, 3 지역으로 나누어서 분할통치하고, 임금 역시 바꾸겠다는 명의 조선 처리안은 적을 눈앞에 둔 조선으로서는 엄청난 사건이고 충격이 아닐 수 없었을 것이다. 설혹 적과 싸우고 있지 않다고 해도 조선으로서는 분할, 역치 그 어느 것도 감당해 낼 수 없을 위기였을 것이다.[4]

그리고 사신 사헌은 7일만인 윤11월 19일 한양을 떠났는데, 그 7일은 위란 중의 조선이 몇 번이나 곤두박질치고도 남을 긴 시간이었을 것이다. 장년에 들어서서 국가통치의 경험을 쌓은 재위 26년의 41세의 선조가 물러나고, 그 자리에 경험이라곤 전혀 없는 18세의 어린 광해가 왕이 된다면, 난세가 더 난세가 되고 재앙이 더 재앙으로 중첩될 수 있는 그런 위기의 순간이었던 것이다. 그 위기가 류성룡의 빠르고 정확한 판단력과 두려움 없는 강한 결단력으로 모면되었다. 그 위기의 7일은 임진왜란 7년의 전쟁기간 중에서도 정점이었고, 류성룡 자신의 오랜 정치생애 내에서도 극점이었다 할 수 있다. 그 정점과 극점에서 류성룡은 유능제강(柔能制剛)의 정치력을 최고의 정치 리더(영의정)로서 손색없이 발휘하였다.[5]

명사신 사헌은 선조에게 보낸 자문에서 류성룡에 대해 '의정 류성룡은 굳

1) 이재호. 2007, 『국역정본 징비록』, 역사의 아침, p.44.
2) 송복. 2007, 『서애 류성룡 위대한 만남』, 지식마당, p.71.
3) 이덕일. 2012, 『난세의 혁신리더 류성룡』, 역사의 아침, p.243.
4) 송복. 위의 책, p.338.
5) 송복. 위의 책, p.351.

세고 정도를 잡아 모든 신하의 으뜸이 되고 있다는 말을 오래 전부터 들어왔으니 왕은 참으로 모든 국정을 그에게 전임시키면, 그는 반드시 왕을 위하여 근심을 나누고 일을 맡아서 어려움을 물리치고 어지러움을 진정하여 사직을 안정시킬 것이며 산하(山河)를 재조(再造)할 것입니다'[6]라고 높이 평가하였다.

여기서 선조를 퇴위시키고 직할통치(분할역치)를 기도했던 명사신 사헌이 조선에 체재한 7일간 어떻게 하여 그 시도를 단념하고 떠나게 되었는지 의아함을 갖게 된다. 사헌은 칙사로 조선에 와서 달성하려고 했던 목적을 전혀 달성하지 못하고 빈손으로 귀국하게 되었던 것인지, 아니면 조선과의 협상에서 일정한 성취를 획득하였기에 7일간 짧은 체류 후 귀국할 수 있게 되었는지 살펴볼 필요가 있다. 또한, 당시 영의정으로서 국정을 총괄해온 류성룡이 명사신 사헌에 대해 어떻게 설득하고 이해시키면서 협상(negotiate)하여 명의 조선 분할역치 기도를 단념케 하고 조선조정을 온전히 보존케 할 수 있었는지가 관심을 끈다. 류성룡의 협상 성공사례로서 심층분석이 필요한 부분이다.

Ⅱ. 협상가의 자질

1. 협상가의 일반적 자질

협상학(negotiation science)이란, 타결 의사를 가진 둘 또는 그 이상의 당사자 간에 양방향 의사소통(communication)을 통해 상호 만족할 만한 수준으로 합의(agreement)에 이르는 과정, 즉 협상(negotiation)을 연구하는 학문이다.[7]

협상은 다음과 같이 이해할 수 있다.[8] 첫째, 협상이란 혼자서 하는 것이

6) 『선조실록』 45권, 선조 26년 윤11월 16일 병신 8번째 기사 1593년 명 만력 21년.
7) 이종수. 2009, 『행정학사전』, 대영문화사.
8) 김기홍. 2017, 『전략적 협상』, 법문사, p.94.

아니고 반드시 상대방의 동의가 있어야 한다. 그래서 협상에서는 상대방이 어떻게 반응할지, 상대방이 어떻게 나올지 예측하는 것이 매우 중요하다. 이를 상호의존성이라 하는데 이것이 협상의 본질을 가장 잘 나타내는 것이다. 내가 상대방에게 할말, 행동, 태도, 입장을 결정하기 전에 나의 이런 자세에 상대방이 어떻게 반응할지 미리 살펴보는 것이 바로 협상의 핵심이다. 역지사지(易地思之), 혹은 '상대방의 신발에 내 발을 미리 넣어보는 것'이 이런 태도를 일컫는 것이다. 이런 상호의존성을 가진다는 점에서 협상은 게임이론과 밀접한 관련을 갖는다.

둘째, 협상에서 자신의 입장과 견해를 밝히는 것은 주로 말을 통해서다. 다시 말해, 상대방에게 어떤 형태로 나의 말을 전달할 것인가 하는 점이 매우 중요하다. 그런 점에서 말하는 기술은 협상에서 매우 중요한 부분을 차지한다.

셋째, 협상이 타결되기 위해서는 협상에 참여한 사람들이 협상의 결과에 만족해야 한다. 즉, 협상의 대상을 나누는 방식(협상 대상에 대한 기대)이 협상 당사자가 모두 의견을 같이한다는 것을 의미한다. 따라서, 협상력이란 이 기대를 자기에게 유리한 방향으로 바꾸는 것을 의미한다. 협상에는 이 기대라는 요소가 중요하기 때문에 협상전략과 전술은 사람의 심리적인 면에 많이 의존하게 된다.

넷째, 그러면 협상에서 가장 중요한 것은 무엇일까? 그것은 타결된 협상결과를 놓고 당사자 모두 만족할 수 있어야 한다는 것이다. 협상의 결과 윈-루스(win-lose)의 경우가 없는 것은 아니지만, 가능한 윈-윈(win-win) 형태로 협상을 끝내는 것이 바람직하다는 점이다.

협상에 대한 이러한 관점에서 류성룡과 명사신 사헌과의 협상을 고찰해보고 유사 사례로 고려시대 서희와 거란의 소손녕과의 협상을 대비해보고자 한다.

좋은 협상가란 다음과 같은 요건을 갖춘 사람이라고 할 수 있다. 첫째,

진정한 협상력의 원천이 자기 자신임을 이해하는 사람이다. 이런 사람일수록 협상을 할 때 협상 상대방으로부터 존경을 받을 수 있는 능력을 갖추게 된다. 협상이란 결국 상대방의 마음을 움직여 협상에 대한 기대를 자기에게 유리하게 바꾸는 과정이기 때문이다. 둘째, 좋은 협상가란 상대방의 입장에서 생각을 하고 대처할 수 있는 능력을 갖춘 사람이다. 협상의 기본 핵심은 상대방의 입장에서 문제를 이해하는 것, 즉, 역지사지의 태도가 그것이다. 그래서 자신의 입장이나 태도를 결정하기 전에 그 입장이나 태도에 대해서 상대방이 어떤 반응을 보일지를 예상하고 거기에 맞추어 자신의 입장과 태도를 재조정하는 것이 매우 중요하다. 셋째, 좋은 협상가란 의사소통력을 갖춘 사람을 의미한다. 자신의 견해를 상대방이 오해하지 않게 정확하게 전달 할 수 있는 능력이 좋은 협상가가 되기 위한 필수 요건이다. 넷째, 창의력이 풍부한 사람이다. 협상은 협상에 참여하는 두 당사자 혹은 당사자 그룹이 서로 상반된 의견을 서로가 만족 할 수 있는 상태로 유도하는 것으로 이해할 수 있다. 그리고 그 과정에서 창의력을 통해 두 당사자가 서로 만족할 수 있는 제 3의 영역을 발견할 수 있는 것이다. 다섯째, 좋은 협상가란 협상결과에 관계없이 협상 파트너를 동료로 만들 수 있는 능력을 갖춘 사람을 의미한다. 이것은 협상력의 원천은 결국 자기 자신이라는 말의 연장선상에서 이해할 수 있다. 협상은 결국 사람 관계의 문제이고 그 관계를 어떻게 유지하고 형성하는 것이 협상의 진행에 중요한 위치를 차지하게 된다. 여섯째, 이런 논리의 연장선상에서 좋은 협상가란 협상 후 협력관계를 지속적으로 관리할 능력이 있는 사람을 의미한다. 협상이란 좋은 결과를 이끌어 내는 것도 중요하지만 그 결과가 이행되는 것도 그 이상으로 중요하기 때문이다. 즉, 진정한 협상의 종결이란, 그 결과가 이행되는 것이고, 그런 의미에서 협상 후 협력관계를 지속적으로 관리할 능력은 매우 중요하게 된다.

2. 외교 협상가의 자질

류성룡의 협상가로서의 자질과 덕목을 보다 잘 이해하기 위해 고려시대 서희의 협상 성공사례를 고찰해볼 필요가 있다.[9)]

첫째는, 내부협상 능력이다. 서희의 경우, 고려와 거란의 협상과 관련된 내부협상은 '거란의 침입에 대한 고려의 국논을 결정하는 과정'으로 이해할 수 있다. 물론, 외부협상은 '서희와 소손녕 사이에 이루어진 협상'으로 이해할 수 있을 것이다. 외부협상에서의 성공은 서희의 종합적인 협상능력에 기인하였다 볼 수 있는데, 내부 협상력은 고려의 국론을 결정하는 데 있어 서희의 설득능력과 서희에 대한 성종의 신뢰를 들 수 있다.[10)]

당시에 투항론과 할지론이 난무하였고, 서희는 이러한 논리를 일목요연하게 반박하였는데 결국 난상토론을 통해서 서희의 주장이 받아들여지는 형태로 고려조정의 내부협상이 진행되었다. 하지만 회의 과정에서 이지백을 제외하고는 누구도 서희를 지지하지 않았으나, 서희를 신뢰한 성종이 있었기에 국론이 모여질 수 있었다. 또 한가지 내부협상의 역할을 한 요소로 당시 고려사회의 분위기와 대외정책이라 할 수 있다. 서희가 소손녕과의 협상에서 피력한 고려의 고구려 계승의식이라든지, 거란과 송과의 관계에 대한 해석 등은 서희가 성장해 온 고려사회의 잠재력 혹은 분위기를 대변한다고 할 수 있다. 즉 당시의 고려 사회가 서희처럼 생각하고 행동하는 인물을 키울 수 있었기에 거란과의 협상에서 승리할 수 있었다고 볼 수 있다.

둘째로 대화능력이다. 서희가 협상 중에 자신의 의견을 소손녕에게 효과적으로 전달할 수 있었던 것은 서희가 제대로 말을 할 줄 알았기 때문이고, 오늘날의 표현으로는 대화의 능력 혹은 커뮤니케이션의 능력이 뛰어났기 때문이라고 할 수 있다. 자신이 아무리 뛰어난 생각과 지식을 가지고 있다 하

9) 김기홍. 2004, 『서희 협상을 말하다』, 새로운 제안, p.236.
10) 김기홍. 앞의 책, p.69.

더라도, 그것을 상대방에게 제대로 전달 할 수 없다면 그 지식과 아이디어는 사실상 없는 것이나 마찬가지이기 때문이다.

자신의 견해나 의견을 조리 있게 말할 수 있고, 상대방의 기분이나 자존심을 상하게 하지 않으면서, 자신의 견해를 납득시키는 능력은 협상력의 커다란 원천이라 할 수 있다. 이런 점에서 서희는 말을 잘하는 사람, 현대적으로 말하면 커뮤니케이션(communication) 능력이 뛰어난 사람이었다고 할 수 있다. 이 같은 서희의 특징은 고려조정에서의 공방(할지론과 투항론을 반대하는 것)과, 소손녕과의 협상에서 두드러지게 드러남을 보았다. 또 서희는 명분을 주장할 때와 실리를 챙겨야 할 때를 분명히 알았으며 상대방 논리의 허점을 어떻게 공략해야 하는지도 분명히 알고 있었다. 명분을 주장한 대표적인 경우는 예비협상에서 소손녕과 동등한 위치에서 인사를 나누어야 한다고 주장한 것이고, 실리를 챙긴 대표적인 경우는 후속협상의 과정에서 못이기는 체하며 소손녕의 연회에 참석한 것이다. 상대방 논리의 허점을 공략한 것은 고구려의 후손은 거란이 아니라 고려라는 것, 고려가 거란과 왕래하지 못하는 것은 두 나라 사이를 가로막고 있는 여진 때문이라는 것 등을 주장할 때 가장 분명히 드러난다.

셋째는 상황 통찰력과 국제감각이다. 통찰력은 사건과 사물의 이면에 숨어있는 본질을 파악하는 능력이다. 서희는 소손녕과의 협상에서 국제정세, 소손녕의 주장, 송의 위치, 여진의 위치, 안융진에서의 전투 경험 등 다양한 정보와 지식을 가지고 거란의 진정한 의도가 전쟁 그 자체가 아니란 것을 파악해 내었다. 서희가 거란의 진정한 의도를 파악할 수 있었던 것은 국제감각이나 지적 능력뿐만 아니라 그것들을 종합하여 사건의 본질을 꿰뚫어 보는 통찰력이었다고 할 수 있다.

통찰력은 지적 능력에서도 나온다. 서희는 19세되던 960년에 과거에 급제하여 광평성 원외랑에 임명되고, 31세에는 내의성 시랑으로 송에 사신으로 다녀왔으며, 42세에는 좌승을 거쳐 병관어사가 되었고, 거란의 고려 침입

때는 당시 52세로 중군사로서 국경방어에 책임을 다하게 된다. 타고난 인식과 이해의 능력에 경험과 수련으로 축적된 지적 능력이 있으므로 세상이 어떻게 돌아가는지 이해할 수 있고, 또 자신과 국가의 운명을 결정해야 할 경우에 제대로 된 결정을 내릴 수 있는 것이다. 서희가 내린 결정(무조건 거란에 항복하는 것이 아니라 협상을 통해 문제를 해결할 수 있고, 항복을 하더라도 거란과 한번 싸운 이후에 생각해야 한다)은 그 당시의 국제적 상황에 대한 축적된 인식과 소손녕의 행동(싸우지 않고 항복만 요구하는 점)에 대한 의미를 심사숙고한 뒤에 내린 것이기 때문이다. 이런 지적인 힘의 축적이 없이는 단순한 사실 뒤에 숨어있는 의미들을 이해할 수 있는 능력을 갖추기는 힘들 것이다.

통찰력은 사물을 있는 그대로 보는 능력이다. 자신의 고정관념이나 사적 신념, 개인적 감정으로 사물을 보는 것이 아니라 자신의 관점과 감정을 초월하여 객관적으로 사물을 보는 능력이 '있는 그대로 보는 능력'이다. 자신을 초월하는 수련을 한 사람만이 도달할 수 있는 경지이다. 서희는 거란이 강대국이라는 사실을 익히 알고 있었음에도 불구하고 그 사실에 주눅 들지 않았다. 서희는 고려조정에서의 논쟁에서 80만 대군이라는 숫자에 위축되지 않고 당당히 일전을 불사할 것을 주장하였다. 이런 사실은 그 숫자에 겁먹고 항복하자고 주장한 사람들이나 평양 이북을 거란에 주어버리자고 주장한 사람들, 그래서 평양에 남아있는 식량을 대동강에 버리자고 주장한 사람들과 선명한 대비를 이룬다. 즉 거란의 침략 의도와 관련하여 다음과 같은 판단을 할 수 있었다. "거란이 강대국인 것은 분명하다. 그러나 첫째 그 침략 의도가 고려의 영토를 복속시키려는 것인지 단순히 위협을 하려는 것인지 확실하지 않고, 둘째 거란의 침략 의도가 고려를 정복하는 것이라 하더라도 국가의 자존심을 지키고 앞으로의 국가 운영을 순조롭게 하기 위해서는 일전을 불사하는 것이 바람직하며, 셋째 항복을 하더라도 일전을 불사한 다음에 하는 것이 현명하다. 나아가 거란이 남진을 계속하지 않고 말로만 '항복하라'고

외치는 것은 고려와 싸울 경우 거란에 돌아올 피해가 적지 않다고 판단했거나, 싸움 자체가 목적이 아니기 때문이다.”

국제외교에서의 통찰력은 곧 국제감각이다. 서희의 뛰어난 점은 그 당시의 국제정세에 대해 탁월한 감각을 가지고 있었다는 점이다. 사실 당시의 국제 정세는 거란과 송이 대치하는 상태에서 고려가 양 국가의 균형을 유지하는 역할을 하고 있었다. 그래서 고려를 자기편으로 끌어들이면 이 균형을 자기에게 유리한 방향으로 변화시킬 수 있었다. 서희는 이러한 상황을 충분히 파악하고, 이런 점을 십분 활용하였다.

전쟁이 아닌 협상으로 거란의 침입 문제를 해결할 수 있다고 판단할 수 있었던 것은 동북아 국제정세에 대한 탁월한 인식 덕분이었다 할 수 있다. 서희는 먼저 거란의 일차적 관심이 송과의 중국 대륙에 대한 주도권 다툼에서 이기는 것에 있다고 생각했다. 그래서 거란이 고려를 침략한 실제 이유가 송과 본격적으로 주도권 다툼을 벌이기 전에 고려로부터 불가침을 확약 받기 위한 것이라고 판단한 것이다. 이러한 현실인식은 사실로 드러났고, 서희가 소손녕과 협상을 유리하게 진행하는 데 큰 도움이 되었던 것이다.

넷째는 실익과 명분을 구별하는 능력이다. 서희의 뛰어난 점은 협상의 관점에서 자신이 유리한 위치에 있을 경우에도 무리하지 않았다는 점이다. 이것은 현재의 협상 관점에서 보면 윈－윈(win-win) 전략을 추구했다고 평가할 수 있다. 그 결과 고려는 전쟁을 하지 않고도 오히려 영토를 더 얻었으며, 거란은 고려로 하여금 송과의 관계를 단절하게 하고, 자신을 섬기게 할 수 있었다. 이러한 상호이득의 결과는 서희의 ‘실제와 명분을 구분하는 능력’ 덕분 이라고 볼 수 있다.

다섯째, 빼어난 인격과 인품을 들 수 있다. 서희가 대화 능력이 뛰어나다는 것, 탁월한 국제 감각을 가졌다는 것, 사물을 있는 그대로 보는 능력을 가졌다는 것, 명분과 실리를 구분하는 능력을 가졌다는 것은 그 자신의 인격과 인품을 반영하는 것에 다름 아니다. 인격과 인품이 뒷받침 된 상태에서 말을 잘하는 것과, 그렇지 않은 상태에서 말을 잘하는 것과는 전혀 다르기 때문이다. 전자의 경우 훌륭한 협상가가 될 수 있지만, 후자의 경우에는 머리 회전이 빠른, 약삭빠른 이기주의자 이상이 될 수 없기 때문이다.

3. 외교 협상가의 자질에 대한 분석 틀

위에서 살펴본 대로 서희의 거란과의 협상에서 사용된 외교 협상가의 자질을 통해서 볼 때 이것을 일반화하여 다음과 같은 분석틀을 구성할 수 있다. 첫째, 내부협상력이다. 거란과의 싸움을 앞두고 고려의 국론을 결정하는데 있어 서희의 설득능력과 서희에 대한 고려왕 성종의 신뢰가 그 사례이다. 외교 협상가는 내부에서 상대를 설득할 수 있어야 대외적 협상에서도 성공할 수 있다. 그런 점에서 내부협상력이 외교 협상가의 중요한 자질이다.

둘째, 대화능력이다. 자신의 견해를 조리 있게 말할 수 있고 상대방의 기분이나 자존심을 상하게 하지 않으면서 자신의 견해를 납득시키는 능력은 협상력의 커다란 원천이다. 서희는 현대적으로 말하면 커뮤니케이션(소통) 능력이 뛰어난 사람이라 할 수 있는데, 이 같은 서희의 특징은 고려 조정에서의 공방(할지론과 투항론을 반대하는 것)과 소손녕과의 협상에서 두드러지게 드러남을 보았다. 대외적 협상에서 상대가 원하는 것을 주고 우리가 원하는 것을 받는 윈-윈(win-win)의 논리를 통찰하여 설득할 수 있는 대화 능력이야말로 외교협상의 꽃이라 말할 수 있을 것이다.

셋째, 탁월한 상황 통찰력과 국제감각이다. 외교는 국가간의 이해관계를 협상하는 과정이다. 국제정세에 대한 통찰과 국제감각은 외교 협상가로서의 기본적 역량이다. 서희의 경우 당시의 국제정세는 거란과 송이 대치하는 상태에서 고려가 양 국가의 균형을 유지하는 역할을 하고 있었고 고려를 자기편으로 끌어들이면 이 균형을 자기에게 유리한 방향으로 변화시킬 수 있었기 때문에 서희는 이러한 상황을 충분히 파악하고 이런 점을 십분 활용하였다.

넷째, 실익과 명분을 구분하는 능력이다. 외교가 명분보다는 실익을 얻는 것이 성공하는 외교인데 자칫 실익은 놓치고 명분에만 집착하는 우를 범해서는 안된다. 서희의 뛰어난 점은 협상의 관점에서 자신이 유리한 위치에 있을 경우에도 무리하지 않았다는 점인데 이것은 현재의 협상 관점에서 보면 윈–윈(win-win)전략을 추구했다고 평가할 수 있다. 그 결과 고려는 전쟁을 하지 않고도 오히려 영토를 더 얻었으며 거란은 고려로 하여금 송과의 관계를 단절하게 하고 자신을 섬기게 할 수 있었다. 이러한 상호이득의 결과는 서희의 실제와 명분을 구별하는 능력 덕분이라고 볼 수 있다.

다섯째는 빼어난 인격과 인품을 들 수 있다. 외교는 사람과 사람의 상호작용이다. 상대하는 사람이 인간적으로 감동을 주는 사람이라면 상대를 설득하기가 쉽다. 서희가 대화 능력이 뛰어나다는 것, 탁월한 국제감각을 가졌다는 것, 명분과 실제를 구별하는 능력을 가졌다는 것은 그 자신의 인격과 인품을 반영하는 것에 다름 아니다. 인품과 인격이 뒷받침된 상태에서 말을 잘하는 경우 훌륭한 협상가가 될 수 있지만 그렇지 않은 경우 약삭빠른 이기주의자 이상이 될 수 없기 때문이다.

위에서 서희의 협상 사례 분석에서 적용한 다섯 가지의 외교 협상가의 자질은 외교적 협상을 분석하는 보편적인 틀로서 사용할 수 있을 것으로 본다. 이 분석 틀을 류성룡과 사헌의 협상에 적용함으로써 류성룡의 협상이 성공할 수 있었던 원인을 밝히고 설명할 수 있을 것이다.

Ⅲ. 류성룡 – 사헌 협상의 시말(始末)

1. 협상 전야의 조선

사헌이 칙사로 조선에 파견되기 전, 명에서는 경략 송응창이 조선의 하3도 경리안을 요구해 왔다. 선조 26년(1593년) 8월 16일 경략은 조선에 자문을 보내 광해군에게 하3도 지역의 군무를 맡기라고 요구한다. 이른바 하3도 경리안이다. 선조는 명이 세자 광해군에게 하3도를 맡기라는 요구를 자신의 왕위를 빼앗으려는(무력화) 시도라고 여겨 역으로 광해군에게 왕위를 선위하겠다는 의사를 밝힘으로써 광해군과 조정 대신이 선위의 명을 거두어달라고 통사정을 하게 만들었고 결국 9월 8일 선조는 선위 명령을 거두겠다고 선언하게 된다(이덕일, 2012: 239). 경략 송응창은 계속 세자의 하3도 경리안을 요구하여, 결국 명나라 조정을 움직여 하3도 경리안을 국서에도 명시시켰다. 이러자 선조는 세자를 대신하여 자신이 남쪽에 내려가 전주지방에 머물며 제반 일을 책응하고, 일대의 형편을 보아 호남 백성들을 진무하다가 사세를 보아 돌아오고 싶다는 뜻을 밝힌다.[11] 자칫 세자를 내려보냈다가 왕위를 빼앗길까 염려한 것이다. 이에 류성룡은 선조도 세자도 내려가지 않는 방안을 제시하였다.[12] "송경략에게는 세자가 병이 있지만 병을 무릅쓰고 해주에서 내려오고 있다고 답하고, 세자께서는 될 수 있는 대로 빨리 서울로 돌아와 사세를 보아가면서 점차 내려가도록 도모하는 것이 합당할 듯합니다"라고 류성룡이 보고하자 선조는 이에 따랐다고 한다. 자신은 물론 세자도 내려보내고 싶지 않은 속내와 같기 때문이다.[13]

또한 명의 급사중 위학증의 주본(명 황제에게 올리는 글)이 조선에 알려졌는데, 분할 역치를 주장하고 조선을 그 같이 처분해서 강토를 나눔과 아울러 국왕을 갈아야 한다는 말까지 그 주본 속에 들어 있었다.[14] "조선이 왜적을 막지 못해서 벌써부터 중국에 근심을 끼치고 있습니다. 그러니 마땅히 조선을 2, 3개 지역으로 만들고 왜적을 능히 막아낼 수 있는 사람에게 이를 맡겨야 합니다. 그리고 그들의 조치 하에서 조선을 중국의 울타리가 되게 해야 합니다."[15] 이를 병부에 내려 논의하게 하였는데, 병부상서 석성은 불가하다고 주장하였다. 경략 송응창은 요동에 있을 때 그 주본을 베껴서 그 군문에

11) 『선조실록』 선조 26년 10월 30일.
12) 이덕일. 앞의 책, p.242.
13) 이덕일. 앞의 책, p.242.
14) 송복. 앞의 책, p.339.
15) 『징비록』, 임진왜란 관련기사 전서권 1. p.315.

배신으로 파견 가 있던 윤근수에게 보이면서 말하기를 “이 일은 내가 이미 힘껏 보호하였다. 그러나 그대는 돌아가 국왕에게 고하여 스스로 잘 도모하게 하라” 하였다. 윤근수가 처음에는 감히 고하지 못하다가 명나라 사신 사헌이 조선에 이를 무렵 조선에 비로소 위학증의 주본과 경략이 말한 내용을 선조에게 내밀히 아뢰었다.[16] 선조가 류성룡을 불러 이를 보이며 선위의 뜻을 비추자 류성룡은 “이것이야 말로 이치에도 당치 않은 망언입니다. 황상(명의 황제)이 어찌 이런 논의에 흔들리겠습니까? 원컨대 상(임금)께서는 의심치 마시고, 오직 나 자신이 마땅히 할 바를 다하여 중국의 걱정을 풀어야 할 것입니다”[17]라고 하며 선조를 안심시켰다.

2. 특사 사헌의 조선에서의 7일

(1) 명 황제 칙서

명사신 사헌이 조선에 와서 7일간 있으면서 칙서 선유 및 언행과 문서를 통한 조선에 대한 요구에 대해 류성룡과 선조는 어떻게 대응하여 이 위기를 극복해 나갈 수 있었을까? 선조는 윤11월 12일 오전 모화관에 나가서 중국 사신을 맞았고 이어 칙서를 맞이하였는데 칙서의 요지는 아래와 같다.[18]

> “황제는 조선 국왕에게 칙유한다. …… 이 나라를 회복한 중대한 일을 생각하면 상례로 회답할 수 없으므로, 이제 특별히 사신을 노내어 회유하고 …… 짐이 간절히 왕을 위하여 멀리서 위로하는 뜻을 보인다. 근자에 왜노가 한번 들어오자 왕성을 지키지 못하여 …… 종묘와 사직이 폐허가 되고 말았다. 그 상패의 원인을 추적해 생각하건대 어찌 다 우연한 운수라 하랴. 어떤 사람은 말하기를 임금이 오락을 좋아하고, 소인들을 신임하여 백성을 구휼하지 않고 군비를 소홀히 하여 남의 업신여김을 초래하고 도적을 부른 것이 이미 하루아침의 일이 아니건마는, 신하들은 일찍이 말하는 이가 없었으니, 앞 수레의 뒤집힘이 어찌 뒷

16) 『선조수정실록』 선조 26년 계사 윤11월 1일 신사 2번째 기사.
17) 『선조수정실록』 27권, 선조 26년 윤11월 1일 1593년 2번째 기사.
18) 『선조실록』 선조 26년 윤11월 12일 임진 3번째 기사.

수레의 경계가 아니리오? 모르겠지만 임금은 파천한 나머지 돌아와서 잡초가 우거진 궁궐과 타다 남은 무덤과 소복으로 길에 나와 영접하는 백성들을 보고서 후회하고 골머리를 앓아 어떻게 마음을 가누겠는가?

옛 정치를 고치고 새 정치를 하는데 어떻게 계획을 세우겠는가? 짐이 임금을 보기를 비록 속국이라고 하였지만 조빙하는 예문 외에는 원래 임금 군사 한 명이나 부역 한가지도 폐를 끼치지 않았다. 오늘의 일은 다만 대의로 분심을 일으켜 망한 나라를 불쌍히 여기는 것이요 진실로 임금이 짐에게 은덕을 요구해야 할 바가 아니로다. 대병이 이미 철수하였으니, 이제부터 임금은 돌아가 나라를 다스릴 터인데, 척촌의 땅도 짐은 상관하지 않을 것이다. 다시 국경을 넘어서 구원해주기를 보통 일로 여겨서야 되겠는가? 가령 그대의 나라가 우리나라를 믿고 대를 세우지 않는다면, 제비가 당에 있고 섶에 불을 둔 것 같아서 장차 화가 미칠 것이니 설사 다른 변이 있더라도, 짐은 다시는 임금을 위하여 계책을 세울 수 없다.

이 때문에 미리 거듭 일러두니, 옛사람의 와신상담 하던 뜻으로 힘쓸지어다. 지금에 있어서는 외적의 업신여김을 벗어나서 나라의 모습을 다시 정돈할 시기이니 전쟁의 상처를 어루만지며, 흩어진 백성을 부르고, 척후병을 멀리 배치하고, 성을 수리하며, 무기를 연마하고, 창고를 충실하게 할 것이며, 주색에 빠지지 말고, 노는데 빠지지 말 것이며, 한쪽 말만 편벽되게 믿고 좋아하는 사람에게만 홀로 맡겨서 백성들의 마음을 막지 말고 모진 형벌과 괴로운 역사로 백성들의 원망을 사지 아니하면, 선대의 기업을 부흥시킬 수 있으며 큰 원수를 갚을 수 있을 것이다. 이제부터는 존망과 치란의 기틀이 임금에게 있고 짐에게는 있지 않으니, 경계하고 삼갈지어다."

임금이 칙서를 받은 다음 사헌을 만나보고 밤에 대궐로 돌아와서 곧 류성룡을 불러서 "벌써 이런 일이 있을 줄 알았으면서도 일찍 자리를 피하지 못한 것이 한스럽다. 내가 칙사를 보고 선위 할 것을 청할 터이니 경과 만나는 것도 이날뿐이다. 그러므로 밤이 비록 깊었으나 대면하여 영결하려고 불렀노라"하니, 류성룡이 "중국이 우리나라를 매우 걱정하고 있으니, 칙서의 뜻은 그저 권면하고 독려하는 것뿐인데 어찌 갑자기 이런 말씀을 하시나이까" 하였다. 임금이 술을 권하면서 "이것으로 영결하노라"하니, 류성룡이 일

어나 절하고 "내일 하시려는 일은 천만부당한 일이오니 신이 감히 죽음으로써 청하나이다" 하였다.[19]

이튿날인 윤11월 13일 임금이 칙사와 만나서 소매 속에서 한 통의 문서를 꺼내 놓았는데 "병이 들어 국사를 맡을 수 없으므로 세자에게 왕위를 전하고자 하오니 주장하여 주기를 바란다"고 지극히 진달하는 내용이었다. 칙사가 직접 써서 답하기를 "왕위를 전하는 일은 당나라 숙종의 옛일이 있으니, 임금이 이미 이런 마음을 갖고 계신다면 문서를 갖추어 황제께 올려서 청하십시오. 일개 행인인 제가 어찌 감히 주장할 수 있겠습니까?" 하였다.[20]

선조실록 윤11월 14일자 기사에는 선조가 승정원에 내린 한 통의 봉서가 기록되어 있는데, 이는 명사신 사헌의 칙서 선포 다음날인 윤11월 13일 선조와 사헌이 대담했던 기록이다.

> 봉서는 다음과 같다. "전일 장도사에게 바치려던 것을 연중에서 내가 친히 바쳤더니, 천사가 대답하기를 불녕 헌(憲)이 국왕을 한번 만나보니 풍채가 빼어나고 법도가 온화하여 속으로 매우 경하하였습니다. 왜적이 온 것으로 말하면 또한 그런 기운을 만났기 때문입니다. 천병이 경내에서 몰아냈다고는 하나, 이는 필경 왕의 복이 융성하여 아직 다하지 않았기 때문입니다. 근일의 일이 이러하니 옛일에 비교할 수 있습니다. 옛날에 오나라가 월왕 구천을 침략, 능멸하였는데, 구천이 와신상담하여 스스로 매우 징계하였습니다. 이 때문에 신하 중에 대부종, 범여 같은 마땅한 사람이 있어 병졸을 훈련하고, 백성을 길러 몇 해 뒤에 마침내 오나라를 멸하여 치욕을 씻었는데, 모두 오자가 헤아린 바와 같았습니다. 월 왕은 긴 목에 까마귀 주둥이여서 환란을 함께 할 수는 있어도 안락을 함께 할 수는 없다 하나, 이것이야 어찌 말할 것이 있겠습니까? 국왕의 기상은 참으로 임금의 풍도가 있어서 본디 월왕 구천과는 같지 않습니다.
>
> 류성룡 같은 의정은 충성스럽고 남달리 곧으며 인의롭고 독실히 도를 믿으므로 천조의 문관, 무장이 모두 국왕이 제일 좋은 상신을 얻은 것을 경하합니다. 참으로 국정을 들어 이 신하에게 맡긴다면 어찌 국위를 떨치지 못하고 병기를

19)『연려실기술』 제17권 선조조 고사본말.
20)『연려실기술』 제17권 선조조 고사본말.

> 드날리지 못할 것을 걱정하겠습니까? 이제 영윤 광해군을 보니 용안이 특이하였고 또 신민이 다 추대한다 하니, 국왕을 위하여 훌륭한 아들이 있는 것을 경하하고 또한 국왕의 선대를 위하여 경하합니다.
>
> 예전에 당의 황제가 안록산의 난을 당하여 거가가 촉으로 거동한 것도 파천이라 하는데, 먼저 천하의 병마에 관한 일을 그 아들에게 맡겼더니, 그 아들 숙종이 마침내 아버지의 일을 성사시켜 양 경을 회복한 것도 현상, 양장에게 위임하였기 때문으로, 지금까지도 사람들 입에 회자되고 있습니다. 영윤의 현명함이 당 숙종보다 훨씬 더 하니, 국왕은 반드시 전위하여 당 고조가 진왕에게 전위한 고사를 본받고 또 당 명황이 숙종에게 전위한 고사를 본받으실 것입니다. 글을 갖추어 천조에 아뢰어 황제의 분부가 내려지면 집정과 가부를 상의해야 할 것입니다. 나는 행인일 뿐이니 큰 의논을 감히 주장할 수 없고, 왕의 심사에 대해 듣기를 바랄 뿐입니다. 연중(임금과 신하가 모여 자문 주달하던 자리)에서 쓰느라 초조하니, 왕은 이해하소서" 하기에 내가 곧 손수 써서 답하기를 "이렇게 가르쳐 주시니 못내 감격합니다. 과인은 병이 깊어서 결코 감당할 수 없습니다. 사연을 갖추어 주문하겠으니 양해하시기 바랍니다" 하니 사헌이 답하기를 "당우 때에는 요가 늙어서 순이 섭정하였으나, 왕은 바야흐로 장년인데 어찌 안일하게 계시겠습니까? 왕이 행여 그 까닭을 말씀하시면 내가 왕을 위하여 판단하겠습니다" 함으로 내가 또 손수 써서 다시 답하기를 "다시 분부를 내리시니 못내 은혜를 느낍니다. 과인의 심사는 다름이 아니라, 다만 병이 깊기 때문일 뿐입니다" 하였다. 경은 대신으로서 몰라서는 안되거니와, 내일 만일에 말이 여기에 미치거든 내가 말한 것에 따라서 답해야 한다는 뜻으로 영상(류성룡)에게 말한다."

같은 날 윤11월 13일 사헌은 류성룡과 만나 명군의 실태에 대해 물었는 바, 명군이 왜군을 얼마나 죽였는지에 대해 류성룡은 1만여명이라 답하고, 벽제전투의 승패에 대해 류성룡은 사총병이 불리하여 물러났다고 사실을 말하였다. 이어 이여송 제독이 낙마한 적이 있는가와 명군이 조선 백성을 괴롭히는지도 물었는데 류성룡은 이 제독이 낙마한 적이 있었고, 과거에는 다소 있었으나 유정과 척금의 지휘 아래 이제는 그런 폐단이 없다고 답하였다. 사헌은 선조와 조선 중신들에게 자신이 조선에 온 목적이 칙서를 통해 조선왕에 선유하는 것만이 아니라 광해군과 3세조의 판서가 내려가는 일들을 의논

처리하고자 함이라는 점을 밝혔다. 이에 대해 류성룡 등 중신들이 사헌에게 올린 진정서에는 '광해군이 변이 일어난 이후로 산을 넘고 내를 건너면서 무로를 무릅쓴 탓으로 혈기를 상하여 오랫동안 낫지 않으므로 해주에 머물러 있으면서 치료중인 데 성지가 있었다는 말을 듣고는 황공하고 감격하여 감히 앓는다고 말하지 못하고, 이미 병을 무릅쓰고 도성에 왔으니, 곧 남으로 내려갈 것이라'고 해명하였다.

다음날 윤11월 14일 류성룡은 심수경, 윤근수와 함께 사헌을 면대하고 이를 선조에게 보고하였다.[21)]

> 사헌이 말하기를 "왜노에게 봉작하고 조공을 허가하여 기미 하는 일은 명 조정 내 병부와 경략은 이를 주장하고, 예부와 대성은 극론 다투고 있는 상황으로, 천병을 청하더라도 성지의 윤허 여부는 알 수 없다 하며 설령 허락한다 해도 여러 지방(선부, 대동, 보정)에서 징발한 군사가 미처 오기 전에 왜가 쳐 올라올 것인데, 귀국은 어떻게 대처할 것인가?" 라고 물었다. 이에 대해 류성룡은 "천병이 만약 일찍 나오지 않는다면 소방에는 다른 방책이 없으니, 살아남은 자를 모아서 죽을 각오로 힘써 싸워야 할 뿐이다"고 답하였다. 사헌은 광해군이 언제 떠나게 되는지를 물었고 류성룡은 19일쯤으로 날을 가렸다고 답하였다. 사헌은 류성룡은 수상이므로 내가 류성룡을 시켜 모든 국가 업무를 전담하게 하려 한다고 하자 윤근수는 중국의 각로 가운데서도 수상이 모든 일을 담당하고 있으나 소방도 천조에 따라 수상을 시켜 일을 맡게 하는 것이 본디 마땅하다고 답하였다. 이에 대해 사헌은 그것은 그렇다고 하며 자신이 자문을 지어 국왕에게 보내고 한 통은 세자(광해군)에게 보내겠다고 하며, 배신들에게도 문서가 보내질 것이니 문서를 보낸 뒤에 다시 와서 나를 보고 내 말을 들으라고 하였다. 류성룡 등 3배신은 면담 끝 무렵에 사헌에게 문서로 조선왕의 다음과 같은 뜻을 전하였다. '국왕은 변을 당한 이래로 아픈 마음이 뼈에 사무쳐서 자고 먹는 것을 다 폐지하고 적을 쳐서 원수를 갚으려는 생각을 잠시도 잊은 적이 없다. 노야는 명을 받들어 여기에 왔으니, 소방에 사정을 천정에게 전달하여 소방으로 하여금 죄와 눈물을 면할 수 있게 하라. 이것이 조선의 신민들이 모두 바라는 것이다.'

---

21) 『선조실록』 선조 26년 윤11월 15일.

이에 대해 사헌은 '내가 여기 왔는데 그걸 모르겠는가? 알았다'라고 답하였다.

한편, 그 전날 윤11월 13일 밤 명나라 유격장군 척금이 류성룡을 만나자고 하여 만나보니 좌우의 사람을 물리치고 6, 7조목을 써서 보이는데 그 중 한 조목에 '국왕은 전위를 일찍 하는 것이 마땅하다'라는 것이었다. 성룡이 깜짝 놀라며 "이것은 배신이 차마 들을 수 있는 바가 아닙니다. 우리나라 형세가 위급한데 만약 또 군신 부자간에 있어서 처리함이 알맞지 못하면, 이것은 그 망함을 재촉하는 것입니다" 하니 척금이 "옳은 말이요" 하면서 곧 그 종이를 촛불에 태워버렸다.[22)]

한편 선조실록 윤11월 16일자에는 류성룡과 척총병과의 대화가 다음과 같이 되어있고 류성룡은 이를 선조에게 보고하였다.

> 어제 윤11월 14일 척총병이 신을 불러 전일 국왕이 전위하는 일을 천사에게 고하였는데 이런 때에 어찌하여 이런 말이 있는가 하고 은밀히 물었다. 성룡은 대답하길 '이것은 배신으로서 차마 들을 수 없는 것이다. 국왕이 파천한 이후로 스스로 종사에 죄를 지었다 하여 여러 번 전위하려 하셨다. 대저 우리 임금은 즉위하신 이래로 날마다 서연을 일삼고 연회 오락에 나아가지 않은지가 이미 20여년이니, 그 거듭한 정성은 옛 사람에게도 부끄러울 것이 없다. 이번 적변에도 일에 앞서 예비하였으나, 뭇 신하가 봉행하지 못해 이렇게까지 되었다'라고 하니 척총병은 '천사도 귀 국왕을 극찬하거니와, 성지가 엄절한 것은 경계 하는데 지나지 않을 뿐이니, 결코 다른 걱정은 하지 말라' 하였다. 이어서 본국의 사정을 적은 것을 보여주었는데 그 가운데 한 조항에 '조선은 반드시 구제해야 할 나라이다. 예전에 …… 산동, 조선을 왼팔로 삼아 해구를 막았으니, 만일 조선을 구제하지 않으면 제경이 불안하다'고 하였고, 이어서 손수 우리나라와 산동이 바다를 끼고 서로 바라보는 형상의 그림을 그려 손가락으로 짚어 보이면서 말하기를 '형세가 이러하다'고 하기에 성룡이 답하길 '그림이 매우 좋다'고 하며, '이전에 금릉으로 조공 갈 때는 황해도 풍천에서 배를 띄워 며칠이면 금릉에 닿았으니 바닷길이 이처럼 가깝다'고 대답하자, 척총병이 '내가 이를 잘 안다'라고 하였다.

22) 『연려실기술』 제17권 선조조 고사본말.

성룡이 평하기를 '대략 척총병이 우리나라를 위하여 보호하는 뜻이 많았는데, 국가적으로 어려운 때에 다행히 이 사람을 만난 것은 관계되는 바가 가볍지 않으므로(所關不經) 감히 이런 말을 아뢴다'고 하였다.

같은 날 윤11월 14일 류성룡은 사헌과 면대하고 이를 선조에게 보고하였다.[23)]

사헌이 어제 선조가 자신에게 보인 소첩을 신에게 보이고 도로 봉하고 묻기를 '국왕의 이 뜻은 무엇을 말하는가' 하기에 신이 답하기를 '우리 임금이 변이 일어나 파천한 이후로 스스로 번병의 임무를 다하지 못하였고, 또 종사에 죄를 지었다고 생각하여 늘 이 생각을 가졌었는데, 뭇 신하들이 말려서 하지 못하고 있다가, 이제 또 사신에게 고한 것이라. 우리 임금이 정신을 가다듬어 다스림을 꾀하시는 정성은 옛사람에게 부끄러울 것이 없다. 이번 적변도 미리 염려하여 삼가 변방의 방비를 경계하여 극진하게 하지 않은 것이 없었으나, 뭇 신하들이 봉행하지 못하여 이렇게 된 것이라. 지금도 음식의 단맛을 모르고 베개를 편히 베고 자지 못하면서 나라의 치욕을 씻을 것을 생각하고 있는데 어찌 잠시라도 연안할 마음이 있겠는가' 하였습니다. 사헌이 명 예부의 차부를 꺼내 '연안'(宴安) 따위의 말이 있기에, 신들이 머리를 땅바닥에 조아리며 '절대 그렇지 않다'고 말하였습니다. 그 외에도 변방 왜군의 동향, 벽제 전투 결과, 이여송이 말에서 떨어진 것, 명 장군의 우열 비교, 왜에게 조공을 허락하지 않으면 왜적이 다시 올 것이고, 다시 오면 1만 6천명의 현수준으로 당할 수 없을 텐데 얼마나 군사를 늘려야 하는지를 문의하였고, 명군 철수 시 왜군에 대항할 수 있는지를 묻자 '머물러 지키는 천병은 결코 철수해서는 안 된다'고 답하였습니다.

(2) 특사 사헌의 자문

윤11월 14일 사헌이 류성룡 등과 면대하였을 때 자신이 자문을 지어 국왕, 세자, 대신들에게 보내겠다고 한 자문이 선조 26년 윤11월 16일 선조실록에 수록되어 있다.

---

23) 『선조실록』 선조 26년 윤11월 17일.

흠사일품복색행인사(欽賜一品服色行人司)가 보낸, 왜적들이 도망하여 돌아가고 속국은 이미 회복되었으므로 선후사의를 헤아려 처리하는 일로 성명께 간절히 청하여 엄중히 성취를 요구하고, 닦아 지키게 하여 영구한 안전을 꾀하며, 동방에 대한 염려를 해소시키는 일에 관한 자문은 다음과 같다.

"…… 본부가 받아 보낸 경략 송의 자문에 이르기를, 먼저 본직이 연유를 갖추어 제주한 전의 일입니다. 군사를 머물러 조선을 지키다가 그 나라의 설비가 다 자리 잡히기를 기다려서 점차로 철수할 것과, 아울러 천어(天語)로 국왕을 책망하여 지난 일을 매우 징계하여 뜻을 분발하여 도모하게 하도록 청할 것과, 이어서 빨리 광해군 이휘를 재촉하여 전라도, 경상도에 나가 협수하고 경리하게 할 것을 건의한 것은, 이미 이를 받들어 지난번 받든 성지에 '칙서를 써서 조선왕에 주어, 스스로 경비하여 후일의 근심을 끼치지 말게 하라' 하셨거니와, 또 … 조선은 동해의 외번인데 이제 회복되기는 하였으나 그 나라의 손상이 극심하여 감당하지 못할 것이므로 잠시 우리 군사를 머물려 지키며 그들을 시켜 빨리 설비하게 하였습니다.

그러나 국왕은 본디 평소 연안을 즐기던 임금으로서 요즈음에 궁박을 당하기는 하였으나 본부가 그 거동을 찬찬히 살펴보니, 아직도 근심스레 생각하고 조심스레 살피는 것이 보이지 않습니다. 그 보상하는 배신으로는 윤두수, 최흥원, 류성룡이 다 국정을 겸총하고 있으나, 그 가운데서도 왕에게 신임받아 용사하는 자는 윤두수, 윤근수 두 사람뿐입니다. …… 접때 본직이 국왕에게 자문을 보내어, 빨리 광해군에게 명하여 전라도, 경상도에 나가 있게 하고 … 호, 병, 공, 세조의 판서가 나누어 맡아 가서 부총병 유정과 회합하여 왜적이 물러간 이 겨울철에 매우 바삐 수거하여 기한을 정하여 완성하도록 재촉하고, 다시 연유를 갖추어서 각 배신에게 자문을 보내고 … 줄곧 재촉하였으나, 국왕에게서는 아직 회자가 오는 것을 보지 못하였고 여러 배신도 바라보기만 하므로 성취를 독책하기가 어렵고, 또 외국의 관원이므로 법으로 다스리기도 어렵습니다.

이름을 적어 엄하게 독촉하는 분부를 받들지 않으면 저들은 반드시 서로 미룰 것이니, 어떻게 일을 완성하겠습니까? 이 때문에 자문을 보내어 본부는 제청하여 국왕에게 선유하는 칙서에 오로지 윤두수, 윤근수를 독려하여 광해군을 도와 전라도, 경상도에 나가 총관하게 하고, 호, 병, 공조의 세 판서 한준, 이항복, 김명원과 전에 국왕이 차출한 최량관(催糧官) 이조판서 이산보는 다 직무를 나누어 맡아서 바삐 양추를 나르게 하고, 군병을 가려 조련하고, 무기를 제조하여 설치하며 요새지를 수축하되 겨울철 안으로 기한을 정하여 완성 하도록 힘쓰게 한다. 윤두수, 윤근수와 세 판서는 극진히 나라를 위할 자이니 일이 완성되면 본직이 그 연유를 갖추어 제주하여 정장(표창)할 것이며, 만일 각 배신이 이완, 태만하여 닦고 지키는 일을 그르치면 본직의 추궁을 받는다는 말을 아울러 넣도록 하소서 하였다 합니다.

이 공문이 본부에 와서 본사에 보냈더니, 올해 9월에 경략 송시랑이 전의 일을 제주하였을 때에 본부가 복의(이를 받아) '왜인의 성질이 추위를 두려워하므로 겨울이 깊어지면 반드시 물러갈 것이고 다시 침범하려면 봄이 오기를 기다릴 것이니, 이제부터 계산하여 몇 달 동안에 일체의 방어를 더욱 완전하게 할 수 있는데, 그 나라의 군신이 여전히 게을리 하거나 서로 견제하거든 유정이 사실대로 연유를 갖추어 신보(보고)하여 독무가 탄핵하게 하고 천병은 일찍 철수하여 다시는 처리하지 말라'는 분부를 받아 알렸으니, 이제 위의 사항을 살펴 안정(건의)한 것이 본부에 왔습니다. 살피건대, 경략시랑 송이 자문에 청한 '조선국왕에게 선유하는 칙서에 오로지 배신 윤두수, 윤근수를 독려하여 광해군 이휘를 도와 전라도, 경상도에 나가 총관하고, 호, 병, 공조의 세 판서와 최량관 이조판서가 다 각각 직무를 나누어 맡아서, 바삐 양추를 나누고 군병을 조련하고 무기를 만들고 요새지를 수축하여 기한 내에 완성하도록 힘쓰게 하되 만일 각 배신이 게을리하면 경략의 추궁을 받게 한다는 말을 아울러 넣도록 하소서'라고 한 일에 관하여서는 다음과 같이 생각합니다.

… 지난번에 경략시랑 송이 군사를 머물려 두기를 건의한 것은 오히려 그 나라의 군신이 자립하여 각 도를 규합하여 양식을 저축하고 무리를 정돈하여 전의 일을 징계하여 뒷일을 염려하게 하려는 계려로서, 우리가 도와 지켜준 의리에 유종의 미가 있기를 바란 것입니다. 이제 자문에 말한 것에 의거하면, 그 나라의 왕은 오히려 옛 관습에 안일하여 징계할 줄 모르고 각 배신은 서로 바라보기만 하고 조금도 대비에 힘쓰지 않으니, 이는 왜적이 오면 천조에 그 손해를 떠밀고 왜적이 가면 화를 잊고 즐기면서 조석으로 편안하기 만을 바라는 것으로, 천조는 구원하는 체모만 잃을 뿐만 아니라 속국은 들보아주는 은혜를 요행으로 여길 것입니다. 이렇게 하면 장차 무엇을 믿겠습니까? 이제라도 애써 도모하면 혹 성취가 있을 수 있을 것으로 경략이 자문으로 건의한 사리에 따라 제청하여 특별히 엄한 분부를 내려, 조선 국왕으로 하여금 배신 윤두수, 윤근수를 엄히 감독하고 한 사람을 가려서 광해군 이휘를 협조하여 전라도, 경상도에 나가 총

관하게 하고 호, 병, 공조의 세 판서와 이조판서도 각각 직무에 따라 장차 추량을 운반하고, 병마를 조련하고 무기를 제작하고 요새지를 수선하는 일들을 유수장 유정등과 함께 제때에 할 수 있도록 정돈하게 하는 것 이 마땅하겠습니다.

본부가 행인사에 다시 공문을 보내어 행인사가 받아 가져가서 면대하여 은위(임금)를 선유하되, 공문이 이르는 날에 과연 낱낱이 준행하면 우선 전의 의논대로 머물려 둔 병마가 잠시 함께 도와 지키게 하고, 흐릿하게 게을리하거든 전에 머물려 둔 장병을 곧 요동으로 철수하여 연강일대에 주차하여, 내지를 방어하게 하고, 그 나라는 스스로 싸워 지키게 해야 하거니와, 천은을 다시 바라기는 어려워지게 될 것이며 신들도 다시 청하기가 어려울 것입니다. 이어서 경략과 요동 도독 순무아문에도 함께 알려서 시행하게 해야 하겠습니다.

위와 같이 만력 21년 11월 30일에 병부상서 석성이 연유를 갖추어 제주 하였는데, 8일에 성지를 받드니 '그리하라. 전에 군사를 적당히 머무르게 하여 조선을 지키라고 분부한 것은 본래 한 때의 방편이다. 그 나라는 본 조의 군현이 아닌데 오랫동안 지키는 것도 명목 없는 일이며, 또 노천 아래서 소요를 겪고 있으니 피차가 다 불편하다. 이제 의논한 바 차출하여 보낸 행인을 시켜 조선 국왕을 면대하여 선유하여 성취하도록 요구하기를 청한 제주 안에 왕자, 배신이 전라도 등을 감독하여 크게 전쟁 도구를 닦고 다스려서 왜적의 재 도발을 막게 하자 하였으나, 혹 마땅하지 않은 사람에게 맡겨 게을리하고 늦추어서 방비를 소홀히 하다가 우리 군사가 철수한 뒤에 다른 우환이 있게 되면 다시 청하여도 들어주지 않을 것이니, 너희 부(병부)에서도 명백히 계책을 정하여 고식을 일삼지 말아야 한다' 하셨다. 망할 이유가 있는 자는 밀어서 망하게 하고, 존속할 이유가 있는 자는 도와서 굳게 하며 전도하고 위태한 것을 붙들어 주는 것은 천조가 작은 나라를 돌보는 인애이니, 이미 거의 성공할 단계의 공이 있습니다. 이제 엄히 이르신 성지를 받들었으니, 대저 성심을 드러내고 와신상담하여, 창을 베고 자고, 피눈물을 흘리며 경비하고, 수성하여 망하려는 종사를 보전하는 것은 국왕과 세자 및 문무 신하들에게 달려있을 뿐입니다.

왕은 빨리 광해군에게 명하여 전라도, 경상도에 달려가 본국의 문무관원을 독려하여 군량을 대고 군병을 조련하고, 요새지를 수축하게 하여 분부를 저버리지 마소서. 늦추고 머뭇거려서 혹 경략이 다시 말을 하게 된다면, 본사가 면대하여 선유한 것이 무슨 소용이 있겠으며, 무슨 말로 성황께 복명하겠습니까? 본사는 이제 광해군이 어느 날에 남으로 떠나며, 나는 또한 어느 날에 북으로 돌아갈지를 기다릴 뿐입니다. ... 왕은 어진 사람을 쓰고 간사한 자를 물리치는 일을 망설이지 마소서. 그리하고서도 중흥하지 못한 사람은 없습니다.

또 듣건대 본국에는 쓸데 없는 관원이 너무 많고 입법이 너무 가혹하고 부세가 너무 무겁다 합니다. … 왕은 이제라도 도태할 관원은 도태하고, 줄일만 한 형벌은 줄이며, 가볍게 할 만한 부세는 가볍게 하소서. 이 세가지는 다 백성을 위하는 것입니다.

의정 류성룡은 굳세고 정도를 잡아 모든 신하의 으뜸이 되고 있다는 말을 오래전부터 들어왔으니, 왕은 참으로 모든 국정을 그에게 전임시키면, 그는 반드시 왕을 위하여 근심을 나누고, 일을 맡아서 어려움을 물리치고, 어지러움을 진정하여 사직을 안정시킬 것이며, 산하를 재조(再造山河)할 것입니다. 윤득수, 윤근수로 말하면 왕이 평소에 가까이하고 믿는 사람이고 판서 한준 등은 평소에 명성이 있었으니, 왕은 그들이 마음을 같이하고 힘을 다하여 국가의 급무를 돕게 하고, 바라보기만 하고 게을리하여 패망의 길을 다시 밟지 못하도록 책망하소서. 위와 같이 이자 하니, 살펴서 시행하고 빨리 자문으로 회보하시기 바랍니다. 위와 같이 조선 국왕에게 알립니다."

연려실기술 선조조 고사본말에는 선조가 사헌에게 전위의 뜻을 밝힌 윤11월 13일의 다음날인 윤11월 14일에 대신(류성룡)이 백관을 거느리고 글을 칙사에게 올려, 본국이 변란을 만난 이후의 사정은 모두 왜적의 중국을 범하려는 계획을 따라주지 않는 데에 기인하여 낭패를 당했지만 후회하지 않는다는 것과, 이 임금이 즉위한 이후로 대국을 지성으로 섬겨 걱정하고 부지런히 하고 정신을 가다듬었다는 것을 일일이 진술하여 수천 자나 되었고, 칙사는 자못 그 말을 믿고 받아들였다고 기록하고 있다. 『선조수정실록』 선조 26년 윤11월 1일 기사에는 '이튿날 대신(류성룡)이 백관을 거느리고 명나라 사신에게 정문 하여, 본국의 사정을 차례로 진술하면서, 왕이 의리를 지키다가 침략을 당하게 된 것이고 잘못한 점이 있지 않다는 것을 말하였다'고 기록하고 있다.

한편 이 시기에 조선 조정은 선조가 선위 하겠다는 뜻을 거듭 내 비치고 류성룡을 비롯한 조신들은 이를 막느라 긴박한 시간을 보내게 된다. 명 특사 사헌이 칙서를 선포하고 익일 윤11월 13일 사헌에게 전위하겠다는 서첩을 전달한 이후, 선위에 관한 일을 류성룡에게 전교하였다.[24] 선조는 류성룡에게 "선위에 관한 일은 전일에 이미 말하였고, 일각이 급하다는 뜻은 지난번에 면대하면서도 다 개진하였으니, 이 일은 조금도 늦출 수 없다. 근일 상한하여 옛 병이 한층 더 심하여졌기에 병을 무릅쓰고 글로 적어 이르니 세자가 남으로 내려가기 전에 빨리 거행하고, 한편으로 빨리 주문하라"고 하였다. 이에 류성룡이 선조를 면대하고 보고하고자 했으나, 선조는 건강상 '기가 편치 못해 만날 수 없다'고 답하였다.

다시 윤11월 16일 류성룡은 선조에게 선위 하는 일이 시기가 아니라고 비밀히 아뢰게 된다. 류성룡은 '전위하는 일은 참으로 그 시기가 아니며 성의가 굳게 정해졌다 하더라도, 먼저 주문하여 천자에게 명을 받은 뒤에야 일의 체모가 온당한 것인데, 어찌 며칠 안에 이런 큰일을 거행할 수 있겠습니까? 신은 부득이 민망하고 절박한 뜻을 죽음을 무릅쓰고 아룁니다'고 하자 선조는 '경은 아직도 이런 말을 하는가? 며칠 안에 빨리 거행하라. 그렇게 하지 않으면 차라리 스스로 자결하겠다. 차마 종사에 거듭 죄 지을 수 없다'고 하였다.

다음날 류성룡은 심수경, 윤근수와 함께 재차 선위의 불가함을 선조에게 아뢴다. 재차 아뢰기를 '칙서상 성지의 듯은 세자로 하여금 전라도, 경상도에 바삐 보내어 책응하게 하라 하였고, 중국사신도 이것 때문에 지키고 앉아서 계속 독촉하고 있는데, 만약에 다시 늦춘다면 사신이 먼저 떠나가서 천자에게 '비록 성지로 재촉하였어도 여러 가지로 늦추고 떠날 뜻이 없었다'고 아뢸 것입니다. 그러면 장차 어떻게 처리하겠습니까? 나라의 안위가 이 한가지에 달려있는데, 성상께서 선위 하시기에 바쁘시더라도 어찌 이처럼 총총하게 하십니까? 이제 또 중국 사신이 세자에게 이자 한 것을 보건대 '떠나는 날짜를 물었으니, 조금도 늦출 수 없는 것은 분명합니다. 19일에 떠나고 한편으

24) 『선조실록』 선조 26년 윤11월 16일.

로 명 조정에 주문하면 사세(임금과 세자) 양측이 다 온전하여 후회가 없을 것이니 사직을 위한 계책을 깊이 생각 바랍니다. 뭇내 간절히 빕니다'고 하였다. 선조는 답하기를 '곧 거행(선위)할 뿐이다. 이 밖에는 말할 것이 없다. 중국 사신에게 고하고 거행(선위)하고 난 후 세자가 남으로 내려가면, 사체 또한 밝고 바르다. 선위가 이미 늦었는데, 어찌하여 총총히 서둔다고 말하는가?'라고 하였다.

이후 류성룡과 심수경, 윤근수는 세 번째로 선조에게 아뢴다(『선조실록』 윤11월 16일, 3번째 기사).

> "성지가 한번 내려지면 다른 일 때문에 늦출 수 없으니, 설사 지극히 긴급한 일이 있더라도, 성지를 먼저 시행하고 나서 다음에 그일(선위)을 거행해야 할 것입니다. 성지에는 다만 동궁에게 남으로 내려가서 책응하게 하였을 뿐인데, 다시 전선(선위)하는 일 때문에 곧 봉행하지 않는다면, 이것이 성의에서 나왔다 하더라도 천자의 명을 어기는 것이 되기는 마찬가지 입니다. 신들에게 또 한가지 생각(우려)이 있는데, 대개 황제의 칙서 중의 허다한 말들이 비록 엄절하더라도 다 경계하고 신칙하여 온전하게 하려는 뜻에서 나왔는 바, 이제 마땅히 진사하고 살펴서 따라가야 할 때인데 손피(해서는 안 되는 일)하는 일(선위)을 거행하신다면, 사리에 있어서 혹 그르지 않겠습니까? 그 사이에 깊이 생각하여야 할 중요한 일들이 한두 가지가 아니니, 찬찬히 강구하고 선처해서, 나라의 일이 더욱 구제될 수 없는 지경에 이르지 않도록 하시기 바랍니다. 황공하게 감히 아룁니다"라고 하였다. 이에 선조는 "그러한 곡절은 다 서세한 일이다. 감히 죽도록 청하노니, 선위를 신속히 거행하기 바란다"고 하였다.

익일 윤11월 17일 류성룡, 심수경, 윤두수는 네 번째 선위의 불가함에 대해 아뢴다. "신(臣)들이 여러 가지로 생각하여도 지금 급한 것은 오직 성지를 봉행하는 것인데, 이미 19일 떠난다고 중국 사신의 자문에 답하였으니, 어쩔 수 없이 내일은 사신에게 떠난다는 것을 고하야 합니다. 이 기회를 잃어서 천조에서 만약에 명을 어긴 죄로 다스린다면, 신들은 만 번 죽는다 해도 장차 나라의 일이 어떤 처지에 놓이게 되겠습니까? 신 들이 굳이 청하는 것도 이 거조(선위)를 중히 여기지 않기 때문만이 아니니, 한번 살펴주기만을 빕니다"라고 아뢰었다. 이에 대해 선조는 "이 계사(임금에게 올리는 글)는 보았으나, 경들이 어찌 이것으로 나를 늦출 수 있겠는가? 거행한 뒤에도 분부를 따를 수 있거니와, 거행하지 않으면 갈 수 없을 것이니 다만 빨리 거행할 따름이라"고 하였다. 같은 날 류성룡 일행은 다섯 번째 선위의 불가함에 대해 아뢴다.[25)]

"신 들의 말이 뜻을 전달하지 못하여 이러한 분부가 있게 하였으니 그 죄 만번 죽어 마땅합니다. 이것이 어떠한 일인데 신들이 감히 거짓말로 늦추겠습니까? 이 일은 비록 성의가 평소에 정해진 것일지라도 사신이 어떻게 알았겠습니까? 황제의 칙서가 한번 내려진 뒤에 갑자기 이런 거조(선조의 선위)가 있게 되면, 마치 칙서 때문에 이런 거조를 한 것처럼 되고, 또 이로 인하여 황제의 명을 즉각 봉행하지 않은 것이 되어 일마다 모두 온당치 못하게 되니, 잠시 사신이 돌아가기를 기다렸다가 처리한 들 무엇이 있겠습니까? 오늘은 이미 저물었고 내일은 상마연(떠나가는 사신을 위해 태평관에서 베푸는 잔치)이 있을 것인데, 동궁이 남으로 내려가는 일은 지금까지도 정해지지 않았으니, 몹시 답답하고 절박함을 어떻게 이루 말할 수 있겠습니까? 다시 깊이 생각하시어 큰일을 성취하소서"라고 하였다. 선조는 이에 대해 "동궁이 남으로 내려가고 사신이 돌아간 뒤에 즉시 대신을 보내어 보새(옥새)를 받들어 전위하겠는가? 그렇게 한다면 이제 따르겠다"라고 하였다.

세자인 광해군도 국왕의 선위에 대해 불가함을 아뢴다.[26)]

동궁이 아뢰었다. "신이 듣건대, 망극하고 미안한 분부(국왕의 선위)를 내리셨다 하니, 놀랍고 몹시 민망하여 어찌할 바를 모르겠습니다. 미신(본인)의 못난 점과 나랏일의 망극함을 다시 거론하여 성청(임금의 귀)을 더럽히지 않겠습니다. 다만 근자에 성지가 엄준하여 신을 남쪽으로 내려가게 하셨는데, 신은 본디 결코 감당할 수 없는 줄 압니다. 그러나 황제의 명이 이미 내려져서 피할 길이 없

25) 선조 26년 윤11월 17일, 정유 5번째 기사.
26) 『선조실록』 선조 26년 윤11월 17일, 정유 9번째 기사.

> 으니, 하루 바삐 달려 내려가야 할 것입니다. 그런데 마침 병에 걸려 이토록 지체하고 있으므로 두렵고 떨려서 밤낮으로 근심하는 데다가, 더구나 이 막대한 명(명 황제의 요구)이 어려움이 많은 때에 내려졌으니, 두루 돌아보아도 떨어져 죽을 것만 같아 몸 둘 곳이 없습니다. 바라건대 성자(임금)께서는 위로 종사의 큰 계책을 생각하시고 몹시 절박한 미신(세자)을 굽어살피어 다시 성은을 내리시어 하루속히 성명(선조의 전위)을 거두소서. 그러면 신의 어리석은 분수가 잠시나마 편안할 수 있을뿐더러, 국가와 백성 모두가 더없이 다행할 것입니다. 못내 하늘을 바라보고 피눈물을 흘리며 간절히 축원하는 바입니다. 삼가 엎드려 아룁니다."

익일 윤11월 18일 류성룡 등은 작일 선조가 말한 조치에 대해 확인하고 이행하기 위해 선조와 협의를 갖는다.[27)]

> 영의정 류성룡 등이 아뢰기를 "어제 성교(임금의 교지)를 받고는 못내 감격하고 황공하였으며, 오늘도 몹시 고통스럽고 지극히 박절하나, 조금도 늦출 수 없는 것은 오직 사신이 돌아가기 전에 성지를 받드는 것인데, 이것은 국가의 안위와 관계되는 것이어서, 신들이 이토록 피눈물을 흘리며 누누이 간절하게 아뢰는 것입니다. 동궁이 먼저 남으로 내려가고 사신이 돌아간 뒤에 다시 의논하여 조치하여도 늦지 않습니다."라고 하였다. 선조는 "어제 너가 말한 것과 같이 한다면 이제라도 참작하여 광해군을 보내겠으나, 이제 계사를 보니 다시 의논한다는 말이 있는데, 이것이 무슨 말인지 회계(임금의 물음에 대하여 신하들이 심의하여 대답하는 일)하라"고 하였다. 류성룡 등이 다시 아뢰기를 "신들은 모두 어리석은 자로서 몹시 민망 절박하고 난처한 일을 당하여 여러 번 성지를 받았으나 처치할 바를 모르겠습니다. 다만 황제의 명이 엄절한지라 서둘러 봉행해야 큰 후회가 없을 것이므로, 동궁의 행차를 반드시 내일 떠나게 하려는 것입니다. 대신을 명에 보내어 보새를 전하는 일로 말하면 의논하여 처리해야 할 것인데, 어찌 감히 쉽사리 받들겠습니까? 오늘의 일은 전과 아주 다르므로 반드시 조리 있게 처치해야 낭패할 걱정이 없을 것이니, 살피시기 바랍니다."라고 하였다. 이에 대해 선조는 "이것은 어려운 일이 아니고 처리하기도 매우 쉬운 일인데, 경들은 어찌하여 빨리 거행하지 않는가? 주문이라는 것은 거행한 뒤에 연유를 갖

27) 선조 26년 윤11월 18일, 무술 1번째 기사.

추어 아뢰는 것 일 뿐인데, 이제 아주 다르다느니, 의논하여 처리한다느니 하는 것은 이해할 수 없다. 죽을지언정 전위를 거행하기 전에는 결코 세자가 남으로 내려가서는 안 된다"라고 하였다.

(3) 특사 사헌의 메시지

이렇게 마지막까지도 전위의 뜻을 굽히지 않고 세자의 남행에 대해서 속 시원하게 답을 주지 않았던 선조는 명사신 사헌으로부터 선조에 대한 긍정적 평가와 광해군 남행에 대한 확고한 조치 필요성을 전해 듣고는 안심을 하고 세자의 남행을 지시하게 된다. 척총병은 자신의 의견을 써서 조선측에 보였는데, 이것은 천사의 말이다라고 전하였다.[28)]

척총병이 세 쪽지에 써서 보였는데, 하나는 "천사군(사헌)이 날마다 극구 칭찬하기를 국군(조선국왕)은 젊으나 노성(老成)하니 나라를 중흥할 만한 임금이라, 복명한 뒤에는 반드시 황제의 칙서로 장려함이 있을 것이라고 하였다. 병사(兵事)를 맡은 자는 공(公)적 책임을 홀로 맡아서, 힘을 다해 임무를 다해야 할 것이며, 천사군의 천거를 저버리지 말 것이다"라고 하였다. 또 하나는 천사가 말하길 "광해군은 나이가 젊으니 일찍 전라도에 가서 두루 조도(調度, 사물을 정도에 맞게 처리함)를 훈련하게 하여, 성유에 보답해야 한다" 하였는데 '이것은 일찍 거행해야 하며, 결코 어겨서는 안 된다'고 하였고, 또 하나는 "귀국의 임금은 42세이니, 나와 동년 생이다. 혹 가혹한 정사가 있으면 제거하여 백성을 소생시켜야 한다. 이것은 천사의 말이다"고 하였다.

윤11월 18일에는 선조가 중국사신 사헌을 위한 연회(상마연)를 연다. 선조와 사헌의 문답이 이렇게 실려있다.[29)]

사헌이 선조에게 '동궁이 언제 남으로 내려가는지?' 묻자 선조는 '성지가 이미 내려졌고, 하루도 지체할 수 없으니 내일(윤11월 19일)은 반드시 떠나야 하겠습

28) 선조 26년 윤11월 17일, 정유 12번째 기사.
29) 『선조실록』 선조 26년 윤11월 18일, 무술 네 번째 기사.

니다만 병이 쾌차하지 못하여 이 때문에 답답합니다'라고 답했다. 사헌은 '내가 있을 때 세자가 빨리 떠나야 합니다. 내일 세자가 떠나지 않으면 나도 내일 떠나지 않겠습니다. … 세자는 빨리 남으로 내려가야 합니다. 나도 돌아갈 시기가 매우 급박한데, 세자가 남으로 내려간 뒤에 복명할 것입니다. 국왕과 세자에게 이자(문서통보) 했는데 보셨는지요?'라고 말했다. 선조는 '세자는 병이 있더라도 내일 떠날 것입니다. 자문은 이미 보았으나 회지(답신)는 아직 다 만들지 못 하였으므로 바치지 못하고 있다 하고, 도승지 심희수에게 전교하기를 '세자가 내일 남으로 내려갈 것이니 모든 일을 예비하라'고 하였다.

사헌은 '나의 이번 조선행차에는 칙서를 선유하는 일과 광해군, 배신, 3조판서 등을 남으로 내려가게 하는 일 들이 가장 긴급한 것이므로 빨리 돌아가 복명하지 않으면 안됩니다'라고 하며 선조가 사신의 출발을 늦추는 제의에 대해 답하였다. 선조가 '천조의 대신(사헌)이 소방(조선)의 일 때문에 풍찬 노숙하며 한 해가 지나도록 노고 하셨는데, 이것이 어떠한 일이며 이것이 뉘 집의 일이기에 미열한 내자식 광해군이 감히 지체하겠습니까? 다만 병이 오래되어 해주에 머무르고 과인과 함께 오지 못하여, 성지를 받들고도 대인(사헌)이 여러 번 분부하게 하였으니, 지극히 황공합니다'라고 하였다. 사헌은 '전에는 사고가 있어서, 남으로 내려가지 못했다 하더라도 이제는 빨리 떠나야 한다'고 말하고 '귀국(조선)으로서는 군사를 조련하지 않아서는 안되고, 험애를 지키지 않아서는 안되며, 천병도 철수해 돌아가서는 안되겠습니다. 적이 물러나지 않는다면, 귀국이 다시 군대의 증파를 주청하여야 할 것입니다'라고 말했다. 선조는 '대인의 말씀이 이러하니 망극합니다'라고 답했다. 사헌은 '다만 왜적을 막게 하려면 그 정상을 진실되게 알아야 하니, 왕은 상세하게 직접 알려야 하고, 다른 사람에게 전하여 보일 필요는 없습니다. 혹 배신과 통사가 천조에 오게 되면 사이관(四夷館) 안에서 봉함하여 관부에 주어 나에게 보내야 합니다. 나에게 좋은 계책이 있습니다'라고 말하였다. 선조는 '이제 존교를 받고 감읍해 마지 않습니다. 이는 소방이 다시 살아나는 기회인데, 감히 명대로 따르지 않겠습니까?'라고 답하였다.

선조는 동 윤11월 18일에 중국 사신에 대한 대책을 전교하였다.[30)]

"중국 사신이 잔치 자리에서 손수 이첩(서신)을 써서 나에게 주기에, 내가 손

30) 선조 26년 윤11월 18일, 무술 8번째 기사.

수 써서 답하기를 '이제 존교를 받드니 감읍할 뿐이며, 이는 소방이 다시 살아날 기회인데 감히 명대로 따르지 않겠는가'하였다. 이 첩은 참으로 우연한 것이 아니니, 그 환심을 얻은 듯하다. …… 내 생각으로는, 내일 사신을 전별하고 교자를 탄 뒤에 금군 이하가 다 꿇어앉아 일제히 소리 맞추어 호소하기를 '소방의 멸망이 조석 사이에 임박해 있으므로 천병이 흉적을 격멸하지 않으면 소방에는 남는 무리가 없을 것입니다. 원컨대 대인은 구제해 주소서'하고 이어서 울부짖기도 하고 눈물을 흘리기도 하며 모두 손을 모아 빌 것을 미리 의논하여 정해놓고 약속하여 대처하도록 해야 한다"라고 말하였다. 류성룡은 회계하기를 "사신이 근일 적의 정세를 상세히 진술한 글을 잇달아 보았으므로, 적이 변방 고을에 둔거한 정상은 이미 알고 있을 것입니다. 다만 요동을 지나간 뒤에 진정 그 실정을 천조에 아뢸지는 모르는 일이니, 매우 염려스럽습니다. 소첩에 쓴 것을 보면 성의에서 나온 것 같기도 하여 매우 위안이 됩니다. 떠나갈 때에 성안의 백성과 군사를 시켜 소리를 높여 호소하게 하는 일은 위에서 분부하신 대로 미리 약속해 두는 것이 마땅하겠습니다. 또 개성부 이하의 연도 각처에 사는 백성을 시켜 있는 곳에 따라 곳곳에서 호소하게 하는 일도 빨리 비밀리에 미리 유시하시는 것이 마땅하겠습니다. 또 전별연 때에는 위에서 모든 이런 사정을 곧 사신을 보내어 달려가 주문하겠다고 다시 고하셔야 하겠습니다. 그렇게 하면 천사가 비록 실정을 그대로 아뢰지 않으려 하다가도 뒷날 주문하는 일이 있을까 염려되어 감히 아뢰지 않을 수 없을 것입니다. 또 백관이 정문을 한번은 하였으나, 내일 다시 정문 하여 적의 정세를 힘껏 개진하는 것도 온당하겠습니다"라고 답하였다. 이에 선조는 "아뢴 대로 하라. 사신이 내일 떠나지 않으면 정문을 다시 내일 하되, 흉적(왜구)이 짐짓 뭇사람의 마음을 해이하게 하고, 간교한 술책으로 반간(反間)하고 있다는 뜻으로 말을 만들어 정문 하라"고 하였다.

(4) 조선의 회신 자문

마침내 중국사신 사헌의 자문에 대해 조선의 입장을 밝히는 정식문서가 완성되어 사헌에게 보내졌다.[31)]

---

31) 선조 26년 윤11월 18일 무술 9번째 기사.

중국 사신에게 회자하였다. "조선 국왕은 온 자문에 의거하건대, 자문에는 왜적의 무리가 달아나 돌아가고 속국이 이미 회복되었으므로 뒷일을 수습할 것을 헤아려 처리하라는 등의 말이 있었습니다. 이에 의거하여 살피건대, 당직(조선왕)이 번병의 임무를 잘 봉행하지 못하여 선대의 왕업을 실추하게 되었는데, 다행히 성천자의 위령에 힘입어 병화를 당한 나머지를 보전하였으나, 쇠약하고 좌절되어 스스로 떨치지 못하더니, 귀사(사헌)가 황제의 명을 받들어 덕의를 선포하고, 소방의 사정을 깊이 살피고는 면대하여 일러주고 거듭 이자 하여 가르치신 말씀의 뜻이 간곡하고 정성스러운지라, 받들어 읽은 끝에 감사함과 부끄러움을 아울러 느꼈습니다. 더구나 양식을 운반하고 험애를 설비하며 군사를 훈련하고 무기를 제조하는 일 들은 전부 오늘의 급선무입니다. 당직이 심히 어리석기는 하나 자신의 절박한 이해를 아니, 존망이 결판나는 바인데 이것이 어떠한 일이라고 감히 스스로 힘을 쓰지 않을 수 있겠습니까?

당초 대군(명군)이 평양을 회복한 뒤로 곧 호조판서 이성중을 차출하여 낭료(정오품 이하의 당하관)를 데리고 군량과 마초를 감독하여 나르게 하였고, 이어서 검찰사 이산보, 김찬 등을 차출하여 함께 감독하여 운반하게 하였으며, 또 호조 참의 정관적을 보내어 유총병의 영문으로 달려가서 군량을 조정, 지급하는 일을 지휘하게 하였고, 또 공조판서 이노를 시켜 좌랑 최흡을 데리고 경상도 지방으로 가서 재료를 모으고 기한을 정하여 공사를 일으키게 하였습니다. 그 가운데서도 조련하는 일은 더욱 긴요하므로 이미 제도도순찰사 권율을 시켜 모든 기무를 전관하고 제 장을 통제하면서 3도(호남, 경상, 충청)의 정예하고 용맹한 군정을 뽑아 거느리고 함께 유총병의 영문으로 가서 고습을 받게 하였습니다. 10월30일 경략의 분부에 따라 좌의정 윤두수를 보내어 달려가서 모든 일을 총독 하게 하였습니다.

다만 미열한 아들 광해군은 지난해 험난한 산천을 오르고 건너며 무로(안개와 이슬)를 무릅써서 여름, 가을 이래로 병세가 매우 깊어 경성에 따라오지 못하고 해주에 머물러 있던 차에 경략의 재촉하는 이자를 받았습니다. 그러나 본디 받든 성지가 매우 엄절하므로 감히 병을 말하지 못하고 이달 8일에 한성에 돌아왔으나, 결단코 19일에는 병을 무릅쓰고 전라도, 경상도 지방에 가서 진수하며 호령할 것입니다. 3조의 판서 한준, 이항복, 김명원 등 세 사람도 모두 이날 떠나 달려가서 임무를 나누어 맡게 하겠습니다. 그 밖에 쓸데없는 관원을 도태하고 어진 사람을 임용하여 형벌을 덜고 부세를 줄이는 등의 일은 소방이 오늘날 급히 해야 할 일이니, 당직이 감히 낱낱이 명심하지 않겠습니까? 마음을 고쳐먹고 스스로 경계하여 성상께서 소방을 돌보시는 인애를 저버리지 않으며 대인이 따뜻하게 격려하는 성의를 저버리지 않겠습니다. 그러나 다만 적의 세력은 오히려 버티고 있는데 백성의 힘은 이미 다하여 아마도 붙들어 세우고 지탱하여 번병의 직무를 다할 수 없을 듯하니, 귀사가 곡진히 살펴 가엽게 여기시면 다행이겠습니다. 위와 같이 회자하니, 살펴서 시행하소서. 반드시 이 자문을 받아보시기 바랍니다. 위와 같이 흠사일품복색행인사행인에게 자 합니다."

윤11월 19일 왕세자 광해군은 남으로 떠나 저녁에 과천 현에 머물렀다.[32] 같은 날 신시에는 선조가 남 별궁에서 사헌의 전별연을 베푼다.[33]

신시에 상이 남 별궁에 가서 전연을 베풀었다, 상과 중국 사신이 배례를 행한 뒤에 자리에 나아가 앉았다. 사신이 종이와 붓을 요구하여 손수 책상에서 소첩을 써서 가정(남자일꾼)을 시켜 밖에 나가 정서하게 하여 그 첩을 상에게 보였는데, 그 첩에 이르기를 "며칠 동안 자주 만났는데, 왕의 용모와 사기(문장에 나타난 기품)는 참으로 임금다운 기상입니다. 이는 마음에 뿌리를 두어 용모에 빛나는 것입니다. 안에 있으면 겉으로 나타나는 것이 이와 같으니, 중흥의 사업을 내가 장차 눈을 씻고 보겠습니다.

세자가 어질기는 하나, 아직 몇 해 동안 익혀서 몸이 굳세고 의지가 정해지고 도가 밝아지고 덕이 서서 인정과 권도에 통달한 뒤에야 중대한 위임을 받을 수 있을 것입니다. 왕은 평소에 덕을 잃은 것이 없었는데, 다만 태평한 세월이 오래 이어져서 군사의 힘이 유지되지 않았기 때문에 드디어 왜노의 변이 있었으니, 왕은 이제부터 더욱 덕을 닦고 인을 행하며 군려(전쟁터에 나와 있는 군대)를 정돈하고 격려하면서, 두세 현인 군자와 함께 회복을 꾀하여야 하고, 문득 세자에게 전위한다는 것을 말하여서는 안되겠습니다. 지극히 축원합니다"하였다.

상도 친필로 답사하여 사신에게 보내니, 사신이 보고 나서 가정에게 주었다. 상이 말하기를, "황제의 은혜가 그지 없습니다"하니 사신이 말하기를 "오늘 서로 작별하고, 내일은 교외에 배웅하러 나오실 것 없습니다"하자 상이 말하기를 "대인이 빨리 돌아가서 섭섭한데 교외의 전연을 어찌 감히 안 베풀겠습니까?"하니

32) 선조 26년 윤11월 19일 기해 1번째 기사.
33) 선조 26년 윤11월 19일 기해 6번째 기사.

사신이 말하기를 “복명한 뒤에 할 일이 있으므로 빨리 가는 것입니다” 하였다. 상이 말하기를 “소방이 조석 사이에 망하게 되었으니 대인이 구제하소서” 하니 사신이 말하기를 “민간의 고통과 왜노의 정세를 내가 죄다 알았으니, 마땅히 이를 성천자에게 아뢰고 아울러 본병사마(병부)와 전부상공(재상)에게 고하겠습니다” 하자 상이 말하기를 “대인께서 나왔다는 말을 듣고는 소방의 백성이 모두 이제는 살았다 하고 오직 대인에게 기대하고 있을 뿐입니다” 하니 사신이 말하기를 “작별한 뒤에도 국왕이 중흥의 복을 편안히 누리시면 다행하겠습니다” 하였다. 상과 사신이 서로 읍하고 파하였다.

영의정 류성룡은 같은 날 윤11월 19일 사헌과 면대한 것을 선조에게 보고하였다.[34] 영의정 류성룡이 아뢰기를 “즉시 백관이 정문하였더니, 중국 사신이 신을 불러 보고는 정문 가운데에서 유총병과 힘을 합하여 적을 격멸하는 일을 손으로 가리키면서, 유총병과 이미 이렇게 의논하여 정하였으니 또 다른 의논이 있을지 모른다 하고, 이내 써서 보이기를 ‘경략과 제독이 평양에서 이긴 것은 기뻐하나, 벽제에서 진 것을 매우 숨기니, 마치 귀를 가리고 방울을 훔치는 것과 같다. 유장은 충용하고 장렬하여 일을 하려 하지만 견제되어 그 뜻대로 시행하지 못한다 하고, 또 쪽지에 써서 주었으므로 감히 아룁니다” 하니 알았다고 답하였다.

다음날 윤11월 20일 아침 선조는 모화관에 나가서 사헌을 전별하였다. 선조와 사헌이 나눈 대화는 다음과 같다.[35]

첫 새벽에 상이 모화관에 나아가 막차로 들어갔다. 중국 사신이 이어서 이르니, 상이 막차에서 나가 맞아들여 배례를 청하니, 사신이 말하기를 “읍만 하기를 청합니다” 하였다. 상이 말하기를 “대인이 만리 길을 돌아가니 잠시 전연을 베풀겠습니다” 하니 사신이 말하기를 “자리에 앉은 뒤에 다례를 행하면 매우 좋겠습니다” 하였다. 상이 주례를 행하기를 청하고 풍악을 울리려 하는데, 사신이 말하기를 “귀국의 노유가 울부짖으므로 차마 들을 수 없는 심사이니, 풍악을 울리

34) 선조 26년 윤11월 19일 기해 12번째 기사.
35) 선조 26년 윤11월 20일 경자 2번째 기사.

지 마소서" 하였다. 상이 말하기를 "대인의 은덕이 그지없습니다" 하니 사신이 말하기를 "원컨대 국왕은 반드시 어진 사대부와 함께 병무를 연습하고, 또 부지런히 군사를 청하시기 바랍니다. 하늘이 굽어살피시는 바이니 반드시 중흥할 것이고 저도 경사(수도)에 돌아가면 이 사정을 아뢰겠습니다" 하였다. 상이 말하기를 "대인이 이를 언급하시니, 감읍할 뿐입니다" 하고는 이내 눈물을 흘리니, 시신도 모두 낯을 가리고 울었다. 상이 말하기를 "대인이 구제하지 않으시면 백성이 살지 못할 것입니다" 하니 사신이 말하기를 "눈으로 본 일은 죄다 아뢰겠습니다" 하였다. 사신이 작별을 고하자, 상이 배려하려 하니, 사신이 말하기를 "어제 이미 행하였으니 다시 할 것 없습니다" 하고 드디어 읍하고 나갔다. 상이 환궁 하였다.

영의정 류성룡은 같은 날 벽제에서 귀로 중인 사헌을 기다렸다 맞으며 면대하고 이를 보고하였다.[36)]

영의정 류성룡이 아뢰기를 "어제 신초에 중국 사신이 벽제에 도착하였기에 신들이 관문 밖에서 맞이하였습니다. 사신이 먼저 예물단자를 받고 신들을 재촉하여 편복으로 들어오게 하였습니다. 자리를 마련하여 서로 마주 앉아 있는 동안에 사신이 쪽지에 써서 보이기를 '조선 사람들이 말하기를 왜놈은 참빗이고, 중국 군사는 얼레빗'이라 한다더니, 이와 같이 군사들을 단속하지 않는 장관의 이름을 알려주면 엄중히 추궁하겠다" 하기에, 신이 써서 답하기를, "어찌 그런 일이 있겠는가? 천병은 모두 소방을 구원하러 왔으니 소요하는 폐단이 조금 있더라도 대단하지 않다. 더구나 천장(명의 군관)은 법도가 매우 엄하니 어찌 그러한 말이 있겠는가?" 하였으나, 사신이 그래도 믿지 않고 여러 번 말하므로, 심희수가 다시 해명하니, 사신이 말하기를 '이 나라는 충후하여 제 장(명의 군관)의 일을 분명하게 말하지 않는다' 하였습니다. 또 말하기를 '도성의 백성이 서로 울부짖으니 내 마음이 슬퍼서 차마 들을 수 없다'고 하기에, 신들이 답하기를 "백성이 적에게 다 죽게 되었는데 마침 노야(사헌)의 행차를 만났으므로 자연히 울부짖게 된 것이니 노야는 끝까지 가엽게 여기시기를 바란다. 지금의 기회를 잃고 도모하지 않으면 뒤에는 할 수 없을 것이다"하고 또 이런 뜻으로 써서 보이니 사신이 알았다고 말하였습니다.

---

36) 선조 26년 윤11월 21일 신축 7번째 기사.

선조수정실록에는 사헌의 칙서 선포와 7일간의 체류 후 귀국에 대해 다음과 같이 기록되어 있다.[37)]

명사헌은 경성에 머문 지 7일 만에 돌아갔다. 사헌은 성품이 광려(황급하고 맹렬함)하고 말 달리기를 좋아하였는데, 오르내리는 가파른 길을 질주하여 하루에 이틀 길을 갔으므로 반사(동반하는 신하)가 겨우 뒤따라 갈 수 있었다. 사헌이 올 때에는 국내의 정세도 아울러 기찰하여 변치(왕위를 바꾸어 놓음)하려는 마음도 갖고 있었다. 그런데 상이 진정으로 왕위를 내 놓으려고 하면서 먼저 사피(사양하고 거절하여 피함)할 의사를 보이고, 대신들이 또 그 사이에 미봉(빈구석이나 잘못된 것을 임시변통으로 이리저리 주선해서 꾸며댐)을 하였으며 사헌 역시 상을 보고 마음이 흡족하였으므로 칙명만 선포하고 돌아갔다. 이 때부터 상은 전위하겠다는 전지를 매일같이 내렸다.

3. 류성룡–사헌 협상 그 이후

류성룡이 유정 총병과 면담하고 선조에게 보고한 내용 중 사헌의 행적에 대해 다음과 같이 기록되어 있다.[38)]

영의정 류성룡, 좌의정 윤두수, 병조참판 심충경이 아뢰기를 "신들이 말하기를 노야가 천사와 서로 이야기하였는데, 천사의 뜻은 어떠하던가" 하니, 총병이 말하기를 "이번 천사는 단지 선유만 하러 온 것이 아니고, 송경략, 이제독이 전에 국왕(선조)을 논한 적이 있었으므로 조정에서 특별히 이 행인을 보내어, 국왕이 백성을 얼마나 사랑하는가와, 세자의 현부 및 대신들의 소행 등을 알아보게 하는 것인데, 행인이 여기에 와서 국왕이 나이가 젊고 현명하여 뭇 신하들이 정성스럽게 직분을 다하는 것을 보고 마음으로 기뻐하였다. 또 귀국의 위급함과 적의 형세가 창궐 하다는 뜻을 내가 역력하고도 상세히 말하였고, 경략의 아문에 보낸 품첩 중에서 긴요한 것을 다 베껴주었다. 섣달 20일에 북경에 이를 것이고, 정월 그믐께는 큰 소식이 있을 것이니 그 처리를 기다릴 뿐이다"고 하였

37) 『선조수정실록』 27권, 선조 26년 윤11월 1일.
38) 『선조실록』 선조 26년 윤11월 22일 임인 4번째 기사.

습니다.

한편 평안감사 이원익은 귀로의 중국사신 사헌을 면대하여 그 결과를 보고 하였다.[39)]

평안도 관찰사 이원익이 치계하였다. "윤11월 26일 새벽에 중국 사신이 숙천에서 안주에 도착하였으므로 전연을 거행하고 밤이 깊도록 마시면서 환담하였습니다. 신은 반송사(수행사신)와 함께 왜노들의 사정과 중국 장수가 군대를 출동시킬 것을 주야로 바라고 있다는 내용으로 극력 개진하였더니, 사신이 "내가 바쁘게 돌아가는 것은 바로 그대 나라를 위해서이다"라고 하였습니다. 연회를 파하고 동헌에 앉아 있을 적에는 신이 화어(중국어)를 이해한다는 말을 듣고는 통사(역관)를 시켜 말을 전하지 않고, 신을 자기 앞으로 가까이 오게 하여 무릎을 마주하고 앉아서 은밀히 '황제가 그대 나라를 위해 특별히 중신을 파견하여 왜적을 섬멸하게 하였다. 그런데 경략과 제독이 여기에 와서 이미 일을 제대로 주관하여 해내지 못하고서, 도리어 국왕(선조)이 좋지 않다고 말하였으니, 이것이 무슨 도리란 말인가? 내가 본국에서 허다한 말들을 들었었다. 그런데 이제 국왕을 만나보니 언어와 동지(행동거지)로 미루어 보아 속에 든 마음을 알 수가 있었다. 따라서 본국에서의 말들은 모두가 허탄한 것이었음을 알게 되었다. 또 본국 조정에서는 경략과 제독의 보고를 받고 왜노가 이미 바다를 건너 돌아간 것으로 여기고 있었다. 그런데 이제 유총병을 만나보니 바다를 건너가지 않았음은 물론 설령 바다를 건너 갔다고 하더라도, 부산에서 대마도까지는 해도가 멀지 않아서 왕래가 자유로우니, 바다를 건너 갔다고 해서 무사하게 여기는 것도 또한 잘못된 계책인 것이다'고 하였습니다. 신이 약간 화어를 이해는 합니다만 허다한 곡절을 상세히 알아들을 수는 없었습니다. 그러나 대의(대강의 큰 뜻)는 이러 하였습니다."

새해가 되자 선조는 전위의 뜻을 다시 밝히며 류성룡의 역할을 높게 평가한다.[40)]

39) 선조 26년 12월 12일 신유 4번째 기사.
40) 선조 27년 1월 4일 계미년 4번째 기사.

빈청에게 전교하였다. "나의 죄가 커서 국가를 이 지경이 되게 하였다. 비변사의 제경들이 주야로 몸바쳐 노고하는데 이제 또 해가 바뀌어 3년이 되었으니 생각하면 죽고 싶은 심정이다. 만일 경들이 충성을 다하여 규획하지 않았다면 어떻게 오늘이 있을 수 있었겠는가? 고마움과 부끄러움이 아울러 일어날 뿐 보답할 길이 없다. 영상은 안으로는 군대를 훈련시키고 밖으로는 책응을 조처하여, 좌우로 수작함에 있어 주도면밀 하지 않음이 없었다. 거기다 뛰어난 식견을 지녀 힘써 특론을 주장하여 우리의 사정이 기필코 중국 조정에 알려지도록 상주하였다.[41] 우리의 사정이 알려지고 나면 중국에서 군대를 내보내지 않더라도 전혀 한스러울 것이 없다. 영상의 정견이 아니었다면 아다 틀림없이 송응창의 모함을 당하였을 것이다. 너무도 감격스러워 마음을 억제할 바를 모르겠다. 앞으로 국사가 점점 위급해질 것이니, 바라건대 경들은 우선 나의 죄를 용서하고, 조종을 생각하여 시종 마음을 다하여 구제해 주기를 바란다. 그러나 반드시 혁신을 단행하여 정화를 크게 편 다음에라야 사람들이 모두 쾌하게 여겨 왜적을 평정할 수 있고, 지치를 이룩할 수 있을 것이다. 옛 것을 혁신하는 방법에는 혼매하고 용렬한 구군을 물러나게 하는 것보다 먼저 할 것이 없으니, 이렇게 하지 않으면 비록 양상(좋은 재상)과 현신이 있다고 하더라도 뜻을 시행할 수가 없게 된다. 이는 나의 망언이 아니라 이치가 진실로 그러한 것이다. 나처럼 죄를 진 병든 사람이 어찌하여 지금까지도 그대로 머물러 있어 다시 국가를 낭패시켜 생령에게 해를 끼치고 종사에 수모를 끼치게 하겠는가? 하루를 지나는 것이 바늘방석 위에 앉아 있는 것만 같으니, 속히 내가 전부터 말해왔던 뜻을 이루게 하여주는 것이 새해의 지극한 소원이다."

이에 류성룡은 사직을 청하며 선조가 전위의 뜻을 거두도록 한다.[42]

상이 편전으로 나아가 류성룡을 인견하였다. 상이 이르기를, "나에게 민망하고 절박한 뜻이 있는데, 영상이 따르려 하지 않고 도리어 미안한 말을 하면서 사퇴하기를 요구하니, 내가 매우 민망스럽다. 국사가 이 지경에 이르렀으니 시종 힘을 다해 주기를 바란다"하니 성룡이 아뢰기를 "신은 지혜도 남만 못하고 기백

41) 『선조실록』 46권 선조 26년 12월 25일 갑술 1번째 기사(영의정 류성룡이 우리나라와 왜적의 상황을 급히 중국에 알릴 것을 건의하다).

42) 선조 27년 1월 6일 을유 3번째 기사.

> 도 허약한 데다가 난리를 만난 뒤로는 심병이 날로 더하여 술취한 사람처럼 정신이 흐릿합니다. 신하는 죽는 날까지 충성을 바치는 것이니, 일신은 족히 걱정할 것이 없으나, 국사에 대해서는 어찌하겠습니까? 신이 매양 민망하고 박절한 생각을 진달하려 하였었으나, 황공스러워 하지 못하고 있었습니다"하였다. 상이 이르기를 "중국군의 철병을 나는 괴이하게 여기지 않는다. 당초 5천 명만을 요청하였고, 그 뒤 다시 청병을 하지 않은 탓으로 중국조정에서는 이곳의 위급한 상황을 모르고 있기때문에, 이제 이렇게 철병하는 것이다"하니 성룡이 아뢰기를 "이제 기대할 수 있는 것은 사 천사(사헌)가 중국조정에 돌아가서 이곳의 사정을 주달하면 다시 군대를 조발하여 구원하러 오리라는 것입니다"하였다.

한편 이 무렵 송경략과 이제독의 탄핵과 거취에 대한 소식이 조선에 알려지기 시작한다. (선조 26년 12월 11일 경신 3번째 기사) 접반사 김수는 서장에 '수 일전에 석상서의 차관인 주성공이 적세를 탐청하기 위한 일로 대구로 가려 하면서 두 장군이 임금을 속이고 나라를 그르친 정상에 대해 말하고 나서, 적세를 상세히 물었습니다. 그래서 신이 적세가 더욱 치열해진다는 것과, 유총병의 군사 수백 명이 전사한 이유를 들어 답했더니, 주성공이 '조정에서는 단지 왜적이 거의 다 바다를 건너갔으므로 오래지 않아 평정될 것으로 여기고 있다'고 하고서, 이어 경략과 제독을 욕하면서 '이여송제독 부자의 권세가 중하기 때문에 사람들이 감히 말은 못하고 있지만 반드시 공론이 있게 될 것이다' 하였습니다.

이어 사은사 황진이 송응창과 이여송에 대한 중국조정의 움직임에 대해 보고한다.[43] 사은사 황진이 치계하였다.

> "신이 요동에 도착하여 탐청하여 보니 요동순안어사 주유한과 광녕 총병 양소훈이 서로 잇따라 주본을 올려, 경략이 왜구의 토벌을 완만히 하여, 재물만 허비한 정상을 논하였다고 합니다. 이 때문에 경략은 파면되고, 제독은 현임에서 체직 되었다고 합니다만, 분명히 알 수는 없었습니다."

---

43) 선조 26년 12월 11일 경신 4번째 기사.

선조 27년 1월 20일에는 더 구체적인 내용이 확인된다.[44] 선조가 영상 류성룡에게 전교하기를 "이 황진의 서장을 보건대, 송응창이 야불수를 시켜 황진을 축출하여 도로 압록강을 건너게 하였다고 하였다. 아, 송응창의 기탄없는 간사함이 이처럼 극도에 이르렀다. 황진의 입장에서는 마땅히 순안아문에 울면서 호소해야 할 것인데, 머리를 수그린 채 한마디 말도 못하고, 그에게 쫓겨 나왔으니, 직무를 제대로 수행하지 못함이 너무 심하다. 전일에 영상의 말이 증험되었다" 하였다.

이에 류성룡이 회계하기를 "송경략의 행동이 이러한 극에 이르렀으니, 황진도 어떻게 할 수가 없는 것입니다. 이는 필시 권세가 너무 성대한 것 같습니다. 지금 경략이 직임에서 체직되었으나, 중국 조정으로 돌아간 다음에도 병부에 있게 될 것이니 우리나라의 일이 매우 급합니다"고 하였다.

선조 27년 2월 21일 우부승지 이광정은 명의 장수로부터 전해들은 명조정의 내부 동향을 선조에게 보고한다.[45] 우부승지 이광정이 아뢰었다.

> "신이 모화관에 이르러 참장 호택과 경력 심사현을 전위하니, 호참장이 말하기를 '어제 경보(명조정의 관보)를 보니 과도(감찰어사)의 상본에 송경략과 이제독을 탄핵하기를 왜적이 아직 조선지방에 웅거하여 일이 끝나지도 않았는데 지레 돌아왔으며, 적이 아직 바다를 건너지도 않았는데 모두 건너갔다고 거짓 보고하였다' 했고, 송과 이도 상본하여 스스로 변명하기를 '평양의 왜적을 공격해 격파하고 또 왜적을 왕경(한성)에서 내쫓아 드디어 부산에 이르러 조선 7도를 회복하였다' 했는데, 성지에는 '호부, 병부에서 소상히 조사하여 아뢰라' 하였다. 형과급사중 양동명이 상본 하기를 '공과 죄를 분명히 해야 한다. 당초 평양을 격파하고 적을 쫓아 개성, 벽제에 이른 것은 공이요, 적이 왕경에서 물러났는데도 조정에 보고하지 않았고, 왜적이 많이 주둔하고 있는데도 많은 것을 적다고 하였으며, 바다를 건너가지 않았는데도 모두 떠났다고 한 것은 죄로서, 공과 죄가 서로 비슷하니 그 공을 기록하여 그 죄를 용서해야 한다'고 했는데, 성지에 이르

44) 선조 27년 1월 20일 기해 2번째 기사.
45) 선조 27년 2월 21일 경오 4번째 기사.

기를 '공과 죄를 짐이 이미 알았으니 해당 부서에서 잘 살펴 아뢰라' 하였다. 또 호참장이 말하기를 사행인이 돌아갈 때 밤에 광녕에 이르니, 한순무가 하정(술과 음식)을 보내며 말하기를 '오늘은 밤이 깊었으니 내일 일찍 뵙겠다' 하였는데, 사행인이 이 말을 듣고 노하여 말하기를 '나는 객이고 순무는 주인인데, 어찌하여 나에게 거만하게 하는가? 내가 연경에 가면 이 일을 참주하겠다' 하고 순무가 미처 오기도 전에 다음날 새벽 일찍 출발하였다. 순무가 말하기를 '그렇다면 차라리 내가 먼저 손을 쓰겠다'하고 사행인이 조선에 나와서 예물을 많이 받은 형상을 참주했는데, 성지가 뭐라 이를 지는 모르겠다. 또 어떤 사람이 일찍이 말하기를 '사천사가 연경에 돌아가 상본하여 송경략과 이제독을 참수하였다' 하나 이것은 그렇지 않다. 이 상본에는 다만 '왜적은 떠나질 않고 대부분 조선의 변방에 있다' 하였을 뿐이다. 또 유총병이 이 품첩을 고문군에게 보내어 유격의 파발군을 철수시키지 말도록 청했는데 회답한 패문은 아직 오지 않았다' 하였습니다."

사은사 김수는 명조정의 동향을 이어서 보고 하였는데 사헌에 대한 동향도 포함되어 있다. (선조 27년 3월 1일) 사은사 김수, 최입이 치계하였다. "중국조정에 도착하여 듣고 본 것에 의하면, 중국 사신 사헌이 조선지방을 요해(소동을 일으켜 해를 끼침)하였다고 어사 한취선(한순무)이 상본하였고, 총병 유정과 유격 오유충은 진주를 구하지 아니하여 병마를 손상시켰다고 병부에서 상본 하였다고 하였습니다."

병조판서 이덕형이 왜에 대한 봉공을 둘러싼 중국 조정의 논의를 선조에게 보고하는데 송경략의 근황이 확인되고 있다. (선조 27년 4월 23일 신미 5번째 기사) 병조판서 이덕형이 아뢰기를 "신이 어제 팽수비가 고총독에게 영기, 영패를 받아가지고 왔다는 말을 듣고 맞아들여 차를 나누었는데, …… 지금 조정 논의는 어떻게 돌아가고 있느냐고 물었더니, 그의 말이 이제독은 문닫고 들어 앉아 바깥 일을 간섭하지 않고 있고, 송시랑은 병이 있다고 글을 올렸으며……"라고 하였다. 이어 해평부원군 윤근수가 선조에 보고한 내용에 송경략과 이제독의 처분에 대해 나와 있다.[46]

> "수비 이대간이 어제 서울에 왔는데, 신과는 일찍부터 아는 사이여서 성영과 함께 가보았더니, 대간이 고총독이 올린 제본과 계첩을 꺼내 보이면서 '당초 제독은 왜노들이 이미 다 물러가 버렸고, 다만 서생포와 부산 두 곳에 많지 않은 수가 남아있을 뿐이며 노략질도 하지 않고, 오직 봉공에 관한 처분만을 기다리고 있다고 했는데, 배신 김기수 등의 정문에는 왜적이 현재 전라, 경상 등지에서 노략질을 일삼고 있다고 하였으니, 왜적들이 아직 곳곳에 남아있다면, 이는 제독이 거짓말을 한 것이고, 한두 곳에만 있을 뿐이라면 이는 김 배신이 죄를 받아야 할 것이다. 이번에 과1명, 도1명으로 조사 두 명이 나오게 되는데, 그들이 직접 부산에 가서 조사할 것이다. 5월 14~15일 사이에 압록강을 건널 것이다. 지금 송시랑은 탄핵을 당하여 3월에 자신의 집으로 돌아갔고, 이 제독도 탄핵을 당하여 문닫고 들어앉았다. 호참장과 내가 직접 왜영에 가서 왜노들을 달래어 전원 바다를 건너 돌아가서 봉공을 받아들이도록 하겠다. 저들이 만약 돌아가지 않을 경우에는 총독이 군대를 이끌고 가 소탕하려고 남북병이 현재 조련 중에 있다' 하였습니다.

선조수정실록에는 이에 대해 간략히 언급되어 있다.[47] 경략 송응창이 탄핵을 입고 원적지로 돌아갔다. 병부시랑 고양겸이 그를 대신 했는데, 그는 요동에 이르러서 압록강을 건너지 않고 사람을 차견하여 왕래시키기만 하였다.

Ⅳ. 류성룡의 협상력

위에서 본 바와 같이 류성룡이 사헌과의 협상에서 성공한 이유를 협상학의 관점에서 외교 협상가의 5가지 자질, 즉 내부 협상력, 대화능력, 상황 통찰력과 국제감각, 인격과 인품의 측면에서 분석적으로 설명하는 것이 이 장의 목적이다.

---

46) 선조 27년 4월 26일 갑술 1번째 기사.
47) 『선조수정실록』 27권, 선조 26년 윤11월 1일 신사 1번째 기사.

1. 내부 협상력

명의 특사 사헌으로 대표되는 명의 조선에 대한 요구에 대해 류성룡을 중심으로 조선측이 설명하고 대응하는 것이 외부협상으로 볼 때, 조선 내부에서 국론을 결정하는 과정에 있어 류성룡의 설득력과 선조의 류성룡에 대한 신뢰를 내부 협상력으로 들 수 있다. 이러한 내부 협상력은 외부협상력의 근간이 된다.[48] 류성룡의 내부 협상력을 보여주는 사례는 여럿 있다.

첫 번째 사례는 다음과 같다. 선조 26년(1593년) 8월 16일 경략 송응창은 조선에 자문을 보내 광해군에게 하3도(충청, 전라, 경상) 지역의 군무를 맡기라는 요구를 한다. 이른바 하3도 경리안이다. 선조는 명이 세자 광해군에게 하3도를 맡기라는 요구를 자신의 왕위를 빼앗으려는(무력화) 시도라고 여겨, 역으로 광해군에게 왕위를 선위 하겠다는 의사를 밝힘으로써, 광해군과 조정대신이 선위의 명을 거둬 달라고 통사정을 하게 만들었고 결국 선조는 9월8일 선위 명령을 거두겠다고 선언하게 된다.[49] 이후에 경략 송응창은 계속 세자의 하3도 경리안을 요구하여, 결국 명나라 조정을 움직여 하3도 경리안을 국서에도 명기 시키게 된다. 이러자 선조는 세자를 대신해서 자신이 남쪽에 내려가 전주 지방에 머물러 제반 일을 책응하고, 일대의 형편을 보아 호남 백성들을 진무하다가 사세를 보아 돌아오고 싶다는 뜻을 밝힌다. (『선조실록』 선조 26년 10월 30일) 자칫 세자를 내려 보냈다가 왕위를 빼앗길까 염려한 것이다. 이에 류성룡은 선조도 세자도 남으로 내려가지 않는 방안을 제시하였다.[50] "송경략 에게는 '세자가 병이 있지만, 병을 무릅쓰고 해주에서 내려오고 있다'고 답하고, 세자께서는 될 수 있는 대로 빨리 돌아와 사세를 보아가면서 점차 내려가도록 도모하는 것이 합당할 듯 합니다."(『선조실록』 선조 26년 11월 2일)라고 류성룡이 보고하자, 선조는 이에 따랐다고 한다. 자신은

48) 김기홍. 2017, 『전략적 협상』, 법문사.
49) 이덕일. 앞의 책, p.239.
50) 이덕일. 앞의 책, p.242.

물론 세자도 내려 보내고 싶지 않은 속내와 같기 때문이다.[51] 선조의 전위 의사에 대해, 류성룡과 조정 신료들이 불가함을 적극 개진하고, 이를 통해 자신에 대한 충심을 재확인한 선조는 류성룡이 제안한 자신도 광해군도 남으로 가지 않는 방안을 지지하게 되며, 류성룡에 대한 신뢰를 더 굳히게 된다. 이러한 선조의 류성룡에 대한 신뢰는, 류성룡의 내부 협상력을 강화 시키게 됨으로써, 류성룡의 대외 협상에도 힘을 실어즈게 된다.

두 번째 사례는 명의 조선에 대한 분할역치를 획책하려는 명의 급사중 위학증의 주본에 대한 대응이다.[52] "조선이 왜적을 각지 못해서 벌써부터 중국에 근심을 끼치고 있습니다. 그러니 마땅히 조선을 2~3개 지역으로 나누고, 왜적을 능히 막을 수 있는 사람에게 이를 맡겨야 합니다. 그리고 그들의 조치하에 조선을 중국의 울타리가 되게 해야 합니다"라고 위학증이 주본을 올려, 이를 병부에서 논의하게 하였던 바, 병부상서 석성은 불가하다고 주장하였으나, 송응창은 그 주본을 베껴 반신 윤근수에게 전해주며 "이 일은 내가 이미 힘껏 보호하였다. 그러나 그대는 돌아가 국왕에게 고하여 스스로 잘 도모하게 하라"고 하였다. 윤근수가 처음에는 감히 고하지 못하다가 명나라 사신이 이를 무렵 비로서 위학증의 주본과 경략이 말한 내용을 선조에게 보고 하게 된다. 선조가 류성룡을 불러 이를 보이며 선위의 뜻을 비추자 류성룡은 "이것이야말로 이치에도 당치 않는 망언입니다. 황상(명 황제)이 어찌 이런 논의에 흔들리겠습니까? 원컨대 상(선조)께서는 의심치 마시고 오직 나 자신이 마땅히 할 바를 다하여 중국의 걱정을 풀어야 할 것입니다"라고 하며 선조를 안심시켰다. 류성룡의 확신에 찬 발언과 태도는 흔들리는 선조에게 용기를 북돋우고, 류성룡에 대한 신임을 더욱 두텁게 하는 계기가 되어, 이후 류성룡과 사헌과의 대외협상에서 류성룡에게 힘을 실어주게 된다.

세 번째 사례는 광해군의 남방 행과 선조의 전위에 관한 문제에 있어, 류

51) 이덕일. 앞의 책, p.242.

52) 『선조수정실록』 27권, 선조 26년 11월 1일, 2번째 기사.

성룡이 선조를 납득시켜 선조가 전위하지 않고 광해군이 남행할 수 있도록 함으로써 명 특사 사헌 파견의 주요 목적을 달성할 수 있도록 한 일이다. 사헌이 조선에 당도하여 칙서를 선포한 다음날 윤11월 13일 사헌은 선조와 면대 시 자신이 조선에 온 목적이 칙서를 통해 조선 왕에 선유하는 것 만이 아니라 광해군과 3조의 판서가 내려가는 일을 의논, 처리하고자 함이란 점을 밝혔다.[53] 다음날 윤11월 14일 류성룡이 심수경, 윤근수와 함께 사헌을 면대하였을 때, 사헌은 광해군이 언제 떠나게 되는지를 물었고, 류성룡은 19일쯤으로 날을 정하였다고 답한다. 사헌 자신이 작성하여 국왕, 세자 및 조선의 중신들에게 보낸 자문[54]에 '… 본부는 제청하여 국왕에게 선유하는 칙서에, 오로지 윤두수, 윤근수를 독려하여 광해군을 도와 전라도, 경상도에 나가 총관하게 하고, 호, 병, 공조의 세 판서 한준, 이항복, 김명원과 최량관 이조판서 이산보는 다 직무를 나누어 맡아서, … 이제 엄히 이르신 성지를 받들었으니, 대저 성심을 드러내고 와신상담하여, 창을 베고 자고, 피눈물을 흘리며 경비하고, 수성하여 망하려는 종사를 보전하는 것은 국왕과 세자 및 문무신하 들에게 달려있을 뿐입니다. 왕은 빨리 광해군에게 명하여 전라도, 경상도에 달려가 본국의 문무관원을 독려하여 군량을 대고, 군병을 조련하고, 요새를 수축하게 하여 분부를 저버리지 마소서. 늦추고 머뭇거려서 혹 경략이 다시 말을 하게 된다면, 본사가 면대하여 선유한 것이 무슨 소용이 있겠으며, 무슨 말로 성황께 복명 하겠습니까? 본사는 이제 광해군이 어느 날에 남으로 떠나며, 나는 또한 어느 날에 북으로 돌아갈 지를 기다릴 뿐입니다' 라고 구체적으로 나와 있다.

그런데 선조는 명 특사 사헌에게 전위하겠다는 서첩을 전달한 윤11월 13일 이후 전위에 관한 일을 류성룡에게 전교한다.[55] …… 병을 무릅쓰고 글

53) 『선조실록』, 선조 26년 윤11월 15일.

54) 선조 26년 윤11월 16일, 『선조실록』에 흠사일품복색행인사가 보낸 자문이 기록되어 있다.

55) 『선조실록』, 선조 26년 윤11월 16일.

로 적어 이르니 '세자가 남으로 내려가기 전에 빨리 거행하고, 한편으로 빨리 주문하라.' 이에 대해 류성룡은 선조에게 선위 하는 일이 시기가 아니라고 비밀리에 아뢴다. 또 다음날 류성룡은 심수경, 윤근수와 함께 재차 선위의 불가함을 선조에게 아뢴다.[56] 재차 아뢰기를 '칙서상 성지의 뜻은 세자로 하여금 전라도, 경상도에 바삐 내려 보내어 책응하게 하라'하였고, 중국사신도 이 것 때문에 지키고 앉아서 계속 독촉하고 있는데, 만약에 다시 늦춘다면 사신이 먼저 떠나가서 천자에게 '비록 성지로 재촉하였어도 여러 가지로 늦추고 떠날 뜻이 없었다'고 아뢸 것입니다. 그러면 장차 어떻게 처리하겠습니까? 나라의 안위가 이 한가지 일에 달려있는데, 성상께서 선위 하시기에 바쁘시더라도 어찌 이처럼 총총하게 하십니까? 이제 드 중국 사신이 세자에게 이자 한 것을 보건대 '떠나는 날짜를 물었더니 조금도 늦출 수 없는 것은 분명합니다. 19일 떠나고 한편으로 주문하면, 사세(임금과 세자) 양측이 다 온전하여 후회가 없을 것이니, 사직을 위한 계책을 깊이 생각 바랍니다. 못내 간절히 빕니다'고 하였다. 그러나 곧 거행할 뿐이라 하며 중국 사신에게 고하고, 거행하고 난 후 세자가 남으로 내려가면 사체가 또한 밝고 바르다고 고집한다. 이에 류성룡 등은 세 번째 선조에게 아뢴다.[57]

> "성지가 한번 내려지면 다른 일 때문에 늦출 수 없으니, 설사 지극히 긴급한 일이 있더라도 성지를 먼저 시행하고 나서 다음에 그 일을 거행해야 할 것입니다. 성지에는 다만 동궁에게 남으로 내려가서 책응하게 하였을 뿐인데, 다시 전선(선위)하는 일 때문에 곧 봉행하지 않는다면, 이것이 성의에서 나왔다 하더라도 천자의 명을 어기는 것이 되기는 마찬가지 입니다." 그러나 선조는 물러서지 않고 선위를 신속히 거행하기 바란다고 하였다.

이에 류성룡 등은 네 번째 선위 불가를 아뢴다.[58]

---

56) 『선조실록』, 선조 26년 윤11월 17일 정유 2번째 기사.
57) 『선조실록』, 선조 26년 윤11월 16일 3번째 기사.
58) 선조 26년 윤11월 17일, 정유 4번째 기사.

> "신들이 여러 가지로 생각하여도 지금 급한 것은 오직 성지를 봉행하는 것인데, 이미 19일 떠난다고 중국 사신의 자문에 답하였으니, 어쩔 수 없이 내일은 사신에게 떠나는 것을 고해야 합니다. 이 기회를 잃어서 천조에서 만약에 명을 어긴 죄로 다스린다면, 신들은 만 번 죽는다해도 장차 나라의 일이 어떤 처지에 놓이게 되겠습니까? 신들이 굳이 청하는 것도 이 거조를 중히 여기지 않아서가 아니니, 한번 살펴주기만을 빕니다"라고 아뢰었다. 이에 대해 선조는 "경들이 어찌 이것으로 나를 늦출 수 있겠는가? 거행한 뒤에도 분부를 따를 수 있거니와 거행하지 않으면 세자가 갈 수 없을 것이니, 다만 빨리 거행할 따름이다"라고 하였다.

같은 날 류성룡은 다섯 번째 선위의 불가함을 아뢴다.[59] "……이 일은 비록 성의가 평소에 정해진 것 일지라도, 갑자기 이런 거조(선위)가 있게 되면, 마치 칙서 때문에 이런 거조를 한 것처럼 되고, 또 이로 인하여 황제의 명을 즉각 봉행하지 않은 것이 되어, 일마다 모두 온당치 못하게 되니, 잠시 사신이 돌아가기를 기다렸다가 처리한들 무엇이 있겠습니까? 오늘은 이미 저물었고 내일은 상마연이 있을 것인데, 동궁이 남으로 내려가는 일은 지금까지도 정해지지 않았으니, 몹시 답답하고 절박함을 어떻게 이루 말할 수 있겠습니까?" 하였다. 선조는 이에 대해 "동궁이 남으로 내려가고 사신이 돌아간 뒤에 즉시 대신을 보내어 보새를 받들어 전위하겠는가? 그렇게 한다면 이제 따르겠다"라고 하였다.

세자인 광해군도 국왕의 선위에 대해 불가함을 아뢰었다.[60] 익일 윤11월 18일 류성룡은 작일 선조가 말한 조치에 대해 확인하고 이행하기 위해 선조와 협의를 갖는다.[61]

> 영의정 류성룡 등이 아뢰기를 "어제 성교를 받고는 못내 감격하고 황공하였으며 오늘도 몹시 고통스럽고 지극히 박절하나, 조금도 늦출 수 없는 것은 오직

59) 선조 26년 윤11월 17일 정유 5번째 기사.
60) 『선조실록』 선조 26년 윤11월 17일 정유 9번째 기사.
61) 선조 26년 윤11월 18일, 무술 1번째 기사.

> 사신이 돌아가기 전에 성지를 받드는 것인데, 이것은 국가의 안위와 관계되는 것이어서, 신들이 이토록 피눈물을 흘리며 누누이 간절하게 아뢰는 것입니다. 동궁이 먼저 남으로 내려가고, 사신이 돌아간 뒤에 다시 의논하여 조치하여도 늦지 않습니다"라고 하였다.－－－ 이에 대해 선조는 "이것은 어려운 일이 아니고 처리하기도 매우 쉬운 일 인데 경들은 어찌하여 빨리 거행하지 않는가? 주문이라는 것은 거행한 뒤에 연유를 갖추어 아뢰는 것일 뿐인데, 이제 아주 다르다느니 의논하여 처리한다느니 하는 것은 이해할 수 없다. 죽을지언정 거행하기 전에는 결코 남으로 내려가서는 안 된다"라고 하였다.
>
> 이렇게 마지막까지도 전위의 뜻을 굽히지 않고 세자의 남행에 대해서 속 시원하게 답을 주지 않았던 선조는 명사신 사헌으로부터 선조에 대한 긍정적 평가와 광해군 남행에 대한 확고한 조치 필요성을 전해 듣고는 안심을 하고 세자의 남행을 지시하게 된다. 척총병은 자신의 의견을 써서 조선측에 보였는데, 이것은 천사의 말이라고 전하였다.[62]

척총병이 세 쪽지에 써서 보였는데, 하나는 '천사군(사헌)이 날마다 극구 칭찬하기를 국군(조선 왕)은 젊으나 노성하니 나라를 중흥할 만한 임금이라, 복명한 뒤에는 반드시 황제의 칙서로 장려함이 있을 것이라'고 하였다. '병사를 맡은 자는 공적 책임을 홀로 맡아서, 힘을 다해 임무를 다해야 할 것이며, 천사군의 천거를 저버리지 말 것이다'라고 하였다. 또 하나는 천사가 말하길 '광해군은 나이가 젊으니 일찍 전라도에 가서 두루 조도(調度)를 훈련하게 하여, 성유에 보답해야 한다'하였는데 '이것은 일찍 거행해야 하며, 결코 어겨서는 안 된다'고 하였고, 또 하나는 '귀국의 임금은 42세이니 나와 동년 생이다. 혹 가혹한 정사가 있으면 제거하여 백성을 소생시켜야 한다. 이것은 천사의 말이다'라고 하였다.

윤11월 18일 선조가 중국 사신 사헌을 위한 연회(상마연)를 여는데, 선조와 사헌의 대화가 선조실록에 실려있다.[63]

사헌이 선조에게 '동궁이 언제 남으로 내려가는지' 묻자 선조는 '성지가

62) 선조 26년 윤11월 17일, 정유 12번째 기사.
63) 『선조실록』 선조 26년 윤11월 18일 무술 4번째 기사.

이미 내려졌고, 하루도 지체할 수 없으니 내일(윤11월 19일)은 반드시 떠나야 하겠습니다만(이는 류성룡이 이미 중국측에 알려준 일자와 동일), 병이 쾌차하지 못하여 이 때문에 답답합니다'라고 답했다. 사헌은 '내가 있을 때 세자가 빨리 떠나야 합니다. 내일 세자가 떠나지 않으면 나도 내일 떠나지 않겠습니다. 세자는 빨리 남으로 내려가야 합니다. 나도 돌아갈 시기가 매우 급박한데, 세자기 남으로 내려간 뒤에 복명할 것입니다.' 이에 선조는 '세자가 병이 있더라도 내일 떠날 것입니다'하고, 도승지 심희수에게 전교하기를 '세자가 내일 남으로 내려갈 것이니 모든 일을 예비하라'고 하였다. 사헌은 '나의 이번 행차에는 선유하는 일과 광해군, 배신, 3조판서 등을 남으로 내려가게 하는 일 들이 가장 긴급한 것이므로 빨리 돌아가 복명하지 않으면 안됩니다'라고 하였다.

2. 대화 능력

류성룡은 영의정으로서 명의 칙사 사헌과 여러 차례 면대하였고, 사헌을 가깝게 보좌하는 척총병과도 중요한 대화를 나누었다. 류성룡의 대화능력, 상대방을 설득하고 이해시키는 능력, 상대방이 신뢰하고 내밀한 사항도 터놓고 밝힐 수 있게 만드는 능력이 명사신 사헌을 움직여 조선을 분할역치 하려는 의도를 접고 선조의 왕위가 보전되는 결과를 가져오게 된다. 사헌은 한양에 도착하여 윤11월 12일 칙서를 선포한 후 선조와 면대하고 이어 다음날 영의정 류성룡과 면담을 갖는다.[64)]

류성룡이 아뢰기를 "중국 사신이 좌우를 물리치고 써서 보이기를 '내가 성실하고 정직하게 물을 것이니, 묻는 일에 숨기지 말아야 한다' 하기에 답하기를 '노야가 묻는데 소생이 감히 성실하게 고하지 않을 수 없거니와 만약 성실하게 하지 않으면 이는 곧 하늘을 속이는 것이다' 하였습니다. 사신이 '천병이 왜를 얼마나 죽였는가?' 하기에 신이 답하기를 '소생이 안주에 있을

64) 『선조실록』 선조 26년 윤11월 14일.

때 들으니 천병이 적 1만여를 베었다 한다' 하였습니다. 사신이 '벽제 싸움의 승패는 어떠하였는가?' 하기에, 신이 답하기를 '소생은 파주의 진중에 있었으므로 잘 알지는 못하나, 사(대수) 총병이 불리하여 물러났다고 한다' 하였습니다. 사신이 '이 제독이 말에서 떨어졌다고 하는데 정말인가?' 하기에 신이 '그렇다'고 답하였습니다. 우리나라의 조신과 천장의 시비도 물었으나 신이 답하지 않았습니다. 또 천조의 병마가 백성들을 괴롭히고 해쳤다고 하는데, 그러한가?' 하기에, 신이 답하기를 '군대가 있는 곳에는 토지가 황폐한다 하는데 어찌 그런 일이 없겠는가? 그러나 유정, 척금이 여기에 있으므로 이제는 그런 폐단이 없다' 하였습니다. 대개 그는 조정의 사정을 잘 알고자 하였습니다."

그다음 날(윤11월 14일) 사헌은 류성룡 등과 면대하여 명의 추가파병, 광해군의 남행, 영의정의 위상, 조선의 상황에 대해 논의한다.[65]

사신이 종이와 붓을 내어 써서 보이기를 '왜노에게 봉작하고 조공을 허가하여 기미 하는 일을 병부, 경략은 이를 주장하고, 예부와 대성은 극력 다투고 있는 터이라, 이제 천병을 청하더라도 성지의 윤허 여부는 알 수 없다. 가령 윤허한다 하더라도 선부, 대동, 보정 등에서 징발한 군사가 미처 오기 전에 왜적이 쳐 올라올 것인데, 귀국은 어떻게 대처할 것인가?'라고 묻자 류성룡은 써서 답하기를 '천병이 만약 일찍 나오지 않는다면 소방에는 다시 다른 방책이 없으니, 살아 남은자를 모아서 죽을 각오로 힘껏 싸워야 할 뿐이다'라고 답하자 사헌은 별다른 말이 없이 이를 받아 들였다. 또 사헌은 광해군이 언제 떠나는지를 묻자, 류성룡은 19일쯤으로 날을 가렸다고 답한다.

사신은 또 윤근수에게 '최흥원, 류성룡, 윤두수는 다 명망이 중한 사람인데 그 가운데서 어느 재상의 명망이 더욱 중한가?' 하고 묻고, 윤근수가 '배신 반열에 같이 있는데 어찌 감히 어느 사람이 더욱 명망이 중하다고 말하겠느냐?'고 반문하자, '류성룡은 수상이므로 내가 류성룡을 시켜 모든 국사를

65) 선조 26년 윤11월 15일 을미 2번째 기사.

전관하게 하려 한다'고 말했다. 윤근수가 '천조의 각로 가운데서도 수상이 모든 일을 담당하고 있으니, 소방도 천조에 따라 수상을 시켜 일을 맡게 하는 것이 본디 마땅하다'고 하자 사신이 '그것은 그렇다' 하며 자신이 자문을 지어 국왕과 세자에게 보내고, 배신들에게도 보낼 것이니 문서를 보낸 뒤에 다시 와서 자신을 보고 자신의 말을 들으라고 하였다.

류성룡은 정문의 사연으로 사헌에게 다시 고하기를 '국왕은 변을 당한 이래로 아픈 마음이 뼈에 사무쳐서, 자고 먹는 것을 다 폐지하고 적을 쳐서 원수를 갚으려는 생각을 잠시도 잊은 적이 없다. 노야는 명을 받들어 여기에 왔으니, 소방의 사정을 천청에 전달하여 소방으로 하여금 죄를 면할 수 있게 하라. 이것이 일국의 신민들이 모두 바라는 것이다'라고 하자 사신은 '내가 여기 왔는데 무슨 일을 모르겠는가?'라고 답하였다.

류성룡은 사헌의 측근으로 사헌을 보좌하는 척총병과도 대담을 갖는데 사헌의 판단과 결정에 영향을 주는 면담이 된다. 선조가 명 사신에게 양위하겠다고 손수 쓴 글을 내놓던 윤11월 13일 저녁 류성룡은 척금의 처소에서 그와 면대한다.[66]

척금이 "국왕은 마땅히 전위를 빨리 해야 한다"고 류성룡에게 하자, 류성룡은 정색을 하고 붓을 들어 "조선 신하로서 차마 들을 수 없는 일이다. 그대도 만권의 책을 읽었을 터인데, 어찌 고금의 일을 듣지 못하였는가? 지금 우리나라는 지극히 위태로운 상태에 있다. 나라를 위기에서 구하는데 전위를 해서 군신간, 부자간 잘못이라도 생긴다면, 이야말로 재앙을 가중시키는 것이다"라고 했다. 글을 읽고 난 척금은 오랫동안 류성룡을 응시한 후 류성룡이 쓴 글 밑에 '옳다, 옳습니다(是是)'를 연속해 쓰고 적극 동의를 표시한 후 필담을 나눈 종이를 모두 모아 불태웠다.[67]

다음날 척총병은 다시 류성룡을 불러 면담을 하는데 류성룡의 대화, 설득

---

66) 송복. 앞의 책, p.348.
67) 『연려실기술』 제17권 선조조 고사본말.

능력이 두드러지게 나타난다.[68)]

류성룡이 선조에게 아뢰기를 "어제(윤11월 14일) 척총병이 신을 불러서 좌우를 물리치고 묻기를 '전일(윤11월 13일) 국왕이 전위하는 일을 천사에게 고하였는데, 이런 때에 어찌하여 이런 말이 있는가?' 하기에 신이 말하기를 '이것은 배신으로서 차마 들을 수 없는 것이다. 국왕이 파천한 이후로 스스로 종사에 죄를 졌다 하여 여러 번 전위하려 하셨다. 대저 우리 임금은 즉위하신 이래로 날마다 서연을 일삼고, 연락(연회와 오락)에 나아가지 않은 지가 이미 20여년이니, 그 거듭한 정성은 옛사람에게도 부끄러울 것이 없다. 이번 적변에도 일에 앞서 예비하였으나, 뭇 신하가 봉행하지 못하여 이렇게까지 되었다' 하니 총병이 말하기를 '천사도 귀 국왕을 극찬하거니와, 성지가 엄절한 것은 경계하는데 지나지 않을 뿐이니, 결코 다른 걱정은 하지 말라' 하고 이어서 본국의 사의(事宜)를 적은 것을 보여 주었는데, 그 가운데 한 조항에 '조선은 반드시 구제해야 할 나라이다. 예전에 성조 문 황제가 연경에 도읍을 정하고 선부, 거용 등의 관(관문)을 등으로 삼아 북호(북쪽 오랑캐)를 막고, 산동, 조선을 왼팔로 삼아 해구(왜구)를 막았으니, 만일 조선을 구제하지 안으면 제경(帝京)이 불안하다' 하였고 이어서 손수 우리나라와 산동이 바다를 끼고 서로 바라보는 형상의 그림을 그려 손가락으로 짚어 보이며 말하기를 '형세가 이러하다' 하기에, 신이 말하기를 '이 그림은 매우 좋다. 전에 금릉으로 조공할 때는 황해도 풍천에서 배를 띄워 며칠이면 금릉에 닿았으니 바닷길이 이처럼 가깝다'하니 총병이 말하기를 '내가 잘 안다' 하였습니다. 그리고 척금에 대해 '대개 총병이 우리나라를 위하여 보호하는 뜻이 많았는데, 어려울 때에 다행히 이 사람을 만난 것은 관계되는 바가 가볍지 않으므로(중대하므로) 감히 아울러 아뢴다'고 하였다.

같은 날 윤11월 14일 류성룡은 사헌과도 중대한 면대를 하고 이를 선조에게 보고한다.[69)] 영의정 류성룡이 아뢰기를,

"신이 어제(윤11월 14일) 중국 사신의 부름에 따라 윤근수, 김명원 등과 함께 갔더니 신과 김명원을 가까이 앉게 하고, 손수 쪽지에 써서 물은 것이 매우

68) 『선조실록』 선조 26년 윤11월 16일 병신 3번째 기사.
69) 『선조실록』 선조 26년 윤11월 17일 정유 11번째 기사.

많았습니다. 이내 전일(윤11월 13일)에 위(선조)께서 써서 보이신 소첩을 내어 신에게 보이고 도로 봉하고는 써서 묻기를 '국왕의 이 뜻은 무엇을 말하는가?' 하기에, 신이 써서 답하기를 '우리 임금이 변이 일어나 파천한 이후로 스스로 번병의 임무를 다하지 못하였고, 또 종사에 죄를 지었다고 생각하여, 늘 이 생각을 가졌었는데, 뭇 신하들이 말려서 하지 못하고 있다가 이제 또 사신에게 고한 것이다. 우리 임금이 정신을 가다듬어 다스림을 꾀하시는 정성은 옛사람에게 부끄러울 것이 없다. 이번 적변도 미리 염려하여 삼가 변방의 방비를 경계하여 극진하게 하지 않은 것이 없었으나, 뭇 신하들이 봉행하지 못하여 이렇게 된 것이다. 지금도 음식의 단맛을 모르고 베개를 편히 베고 자지 못하면서, 나라의 치욕을 씻을 것을 생각하고 있는데, 어찌 잠시라도 연안(宴安)할 마음이 있겠는가' 하였습니다.

사신이 이어서 예부의 차부를 꺼냈는데 '연안' 따위의 말이 있기에 신들이 머리를 땅바닥에 조아리며 그렇지 않다고 말하였습니다. 말할 즈음에 저절로 눈물이 흘렀는데, 사신이 탁자 밖에 일어서서 도로 앉도록 권하였습니다. 또 사헌이 윤두수에게 묻기를 '조공을 허락하지 않으면 왜적이 물러가지 않고 그대로 변경에 있을 것이라 하나, 천병은 오래 머무르기가 어려우므로 장차 철수할 것인데, 그러면 귀국의 군사만으로 이 적을 막을 수 있을지 모르겠다' 하기에, 윤근수는 써서 대답하기를 '천조의 은혜를 2백년 동안 입어 와서 백성이 전쟁을 모르다가 흉적을 만났으므로 장졸이 다 취약하여 싸우는 자는 패하여 죽고 소문을 들은 자는 달아나서 여지없이 패하여 삼도를 지키지 못하였으니, 천병에 의지하지 않았으면 이 적이 어찌 바닷가로 물러갈 리가 있었겠는가? 머물러 지키는 천병은 결코 철수하여서는 안 된다 하였습니다' 하니, 선조는 알았다고 하였다.[70]

사헌은 측근인 척총병을 통해 자신의 의견을 조선 측에 알려 왔는데, 이는 특사가 조선에 대해 취할 조치의 핵심 요소가 된다.[71]

척총병이 세 쪽지에 써서 보였는데, 하나는 '천사군이 날마다 극구 칭찬하기를 국군(조선왕)은 젊으나 노성하니, 나라를 중흥할 만한 임금이라, 복명한 뒤에는 반드시 황제의 칙서로 장려함이 있을 것이라'고 하였다. '병사는 공한 사람만

70) 『연려실기술』 제17권 선조조 고사본말.
71) 『선조실록』 선조 26년 윤11월 17일 정유 12번째 기사.

을 책성할 따름이니 힘을 다하여 맡아서 천사군의 천거를 저버리지 말 것이다' 고 하였고, 하나는 '천사가 말하기를 광해군은 나이가 젊으니 일찍 전라도에 가서 두루 조도를 훈련하게 하여 성유에 보답해야 한다' 하였는데 이것은 '일찍 거행해야 하며 결코 어겨서는 안 된다'고 하였고 하나는 '귀국의 임금은 42세이니 나와 동년이다. 혹 가혹한 정사가 있으면 제거하여 백성을 소생시켜야 한다. 이것은 천사의 말이다'고 하였다.

사헌은 한양을 떠나기 전 류성룡과 또한 차례의 면담을 한다.[72] 영의정 류성룡이 아뢰기를,

"… 즉시 백관이 정문 하였더니, 중국 사신이 신을 불러 보고는 '유총병과 힘을 합하여 적을 격멸한다'는 일을 손으로 가리키면서 유총병과 이미 이렇게 의논하여 정하였으니 또 다른 의논이 있을지 모른다고 하고, 이내 써서 보이기를, '경략과 제독이 평양에서 이긴 것은 기뻐하나, 벽제에서 진 것을 매우 숨기니 마치 귀를 가리고 방울을 훔치는 것과 같다. 유장군은 충용하고 장렬하여 일을 하려 하지만 견제되어 그 뜻대로 시행하지 못한다' 하고 또 쪽지에 써서 주었으므로 감히 아뢴다"고 하였다.

류성룡은 한양을 출발한 사헌을 윤11월 20일 벽제에서 기다려 맞으며 사헌과 한번 더 대담을 갖는다.[73] 영의정 류성룡이 아뢰기를,

"어제 신초(申初)에 중국 사신이 벽제에 도착하였기에 신들이 관문 밖에서 맞이하였습니다. 자리를 마련하여 서로 마주 앉아 있는 동안에 사신이 쪽지를 써서 보이기를 '조선 사람이 말하기를 왜놈은 참빗이고, 중국 군사는 얼레빗이라 한다'하니 '이와 같이 군사들을 단속하지 않는 장관의 이름을 알려주면 엄중히 추궁하겠다' 하기에 신이 서서 답하기를 '어찌 그런 일이 있겠는가? 천병은 모두 소방을 구원하러 왔으니 소요하는 폐단이 조금 있더라도 대단하지 않다. 더구나 천장은 법도가 매우 엄하니 어찌 그런 말이 있겠는가?' 하였으나, 사신이 그래도 믿지 않고 여러 번 말하므로, 심희수가 다시 해명하니, 사신이 말하기를 '이 나

72) 『선조실록』 선조 26년 11월 19일.
73) 『선조실록』 선조 26년 윤11월 21일 신축 7번째 기사.

라는 충후하여 제 장의 일을 분명하게 말하지 않는다' 하였습니다. 또 말하기를 '도성의 백성이 서로 울부짖으니 내 마음이 슬퍼서 차마 들을 수 없다'고 하기에 신들이 답하기를 '백성이 적에게 다 죽게 되었는데 마침 노야의 행차를 만났으므로 자연히 울부짖게 된 것이니 노야는 끝까지 가엽게 여기시기를 바란다. 지금의 기회를 잃고 도모하지 않으면 뒤에는 할 수 없을 것이다'하고 또 이런 뜻으로 써서 보이니, 사신이 알았다고 말하였습니다."

3. 상황 통찰력과 국제 감각

상황통찰력과 국제 감각은 상황에 대한 전략적 판단능력과 맥이 통하는 역량이라 할 수 있다. 조선이 명과 책봉과 조공으로 대표되는 사대외교를 통해 명과 외교, 안보적 협력을 해 오는 중 발생한 왜의 조선 침략으로 국가 존망의 위기에 처한 조선으로서는 생존과 국가 정체성 존속을 위해 명의 지원과 지지 확보가 가장 긴요한 과제가 되었다. 류성룡의 국제 감각과 전략적 판단능력이 잘 나타난 사례를 살펴보겠다.

첫째, 신묘년(선조 24년, 1591년) 봄에 통신사 황윤길, 김성일이 일본에서 돌아올 때 받아온 왜의 국서에 '군사를 거느리고 명나라에 뛰어들어 가겠다' 라는 말이 있어, 류성룡은 "마땅히 사유를 갖추어 곧바로 명나라 조정에 보고해야 될 것입니다"라고 건의를 하는데, 당시 영의정 이산해는 "명나라 조정에서 우리가 왜국과 사사로이 통했다고 책망할까 하오니, 알리는 것이 숨겨두는 것만 못한 것 같습니다"라고 반대한다.[74] 이에 류성룡은 이렇게 답한다. "어떤 일도 이웃나라와 왕래하는 것은 국가로서 면할 수 없는 일입니다. 일찍이 성화 무렵에 일본이 우리나라를 통해 중국에 조공하기를 청하므로 우리나라에서는 곧바로 사실대로 명나라에 보고하니 명나라에서는 조칙을 내려 회유했습니다. 전날 일도 이미 그러하였으니 다만 오늘에만 있는 것이 아닙니다. 지금 사실을 숨기고 알리지 않는다면 대의에도 옳지 않을 뿐만 아

74) 이재호. 앞의 책, p.32.

니라, 더구나 만약 적이 실제로 침범할 계획이 있는데도, 이 사실이 다른 곳을 통해 알려지게 된다면, 명나라에서는 도리어 우리나라가 왜국과 공모하여 숨긴다고 의심할 것이며, 그리되면 그 죄는 통신했다는 것만으로 그치지 않을 것입니다."

조정에서 류성룡의 의견에 찬동하는 사람이 많아, 김응남 등을 명에 보내 사실을 서둘러 알리도록 했다. 당시 명의 복건성 사람 허의후, 진신 등이 왜국에 잡혀 있었는데, 이미 왜국의 이런 정세를 비밀리에 명 본국에 보고했으며 유구왕국의 세자 상년도 잇달아 사신을 명나라에 보내 이 소식을 보고했는데도, 유독 우리나라 사신만 명나라에 가지 않았으므로 명나라 조정에서는 우리가 왜국과 내통하고 있지 않은가 의심하여 의론이 떠들석 했다. 명의 각로 허국이 그전에 사신으로 우리나라를 다녀간 일이 있어 홀로 두둔하여 "조선은 성심으로 우리나라를 섬기고 있으니 반드시 왜국과 함께 배반하지는 않을 것입니다. 잠깐 동안 기다려 봅시다"라고 했다. 얼마 후에 김응남 등이 주문을 가지고 도착하니, 허공이 크게 기뻐했고, 명나라 조정의 의심도 그제야 풀어졌다고 한다.[75)]

둘째, 임진년(선조 25년 1592년) 4월 왜군의 대거 침입으로 한양 도성을 떠난 선조 일행이 5월 1일 임진 나루터 동파에서 이산해, 류성룡, 윤두수, 이항복 등 중신들을 불러 놓고 난국타개 방안 즉, '장차 어떻게 할 것인가?' '도대체 어디로 갈 것인가?'를 물었을 때, 류성룡의 국제감각과 전략적 판단에 따른 대책이 이후 조선의 명운을 지켜준 결정적 건의가 된다.[76)] 당시 도승지인 이항복은 '의주로 가서 머물고 계시다가 만약 팔도가 다 함락이 되면 명나라로 가서 명조에 내부를 호소하는 것이 가할 줄 아옵니다'라고 건의한다.

이에 대해 윤두수는 함경도 행을 주장한다. '함경도는 군사와 마필이 날래고 강합니다. 함흥과 경성은 모두 천험의 땅으로 믿을 만한 곳입니다. 그

75) 이재호. 앞의 책, p.33.
76) 송복, 앞의 책, p.58.

러니 철령을 넘어 북방으로 가야 할 것 입니다.' 선조는 이항복의 의견이 어떠냐고 류성룡에게 묻는데, 류성룡은 "불가합니다. 임금께서 우리 땅에서 한 발자국이라도 떠나신다면, 그때부터 조선은 우리 소유가 아닙니다"라고 답한다. 이에 대해 선조는 다시 이항복의 의견과 다름없이, '명나라에 내부하는 것이 내 본래의 뜻이다'라고 했다.

이러한 선조의 '내부(內附)'주장에 대해 류성룡은 왕에게 희망을 주면서 다른 한편으로 단호히 말한다. 지금 동북의 여러 도는 예전과 같이 건재합니다. 그리고 호남도 건재합니다. 이 지방의 충의지사들이 며칠 안으로 벌 떼처럼 크게 일어날 것입니다. 어찌 경솔히 나라를 버리고 압록강을 건넌다는 말을 하십니까?[77] 선조는 류성룡의 의견을 따라 명에 내부하려는 뜻을 접고 의주로 파천하여 왜와의 항전을 계속하게 되는데, 만약 이때 선조 일행이 명으로 갔으면 어떤 결과를 초래 하였을까? 당시 막강한 왜군의 군사력과 전투력을 감안할 때 조선이 왜의 영토가 될 가능성이 매우 높았을 것이다. 또 다른 상황(명의 지원군이 와서 왜와 군사적으로 대치할 수 있는 경우)이 벌어진다 해도, 그것은 기껏 명과의 영토 분할일 텐데 한강을 경계로 해서 북쪽은 명의 영토가 되고, 남은 왜의 영토가 되는 분할이 될 수도 있었다.[78] 또한 민심이 완전히 궤멸되고 이반된 상태에서 더 이상의 조선왕조는 이전의 그 조선왕조일 수는 없어, 새 왕조가 들어서든 아니면 새 왕조가 들어서기 전의 갈가리 찢긴 분열, 투쟁, 각축의 장이 되든지 할 것이고 류성룡의 말대로 조선은 곧 이씨왕조의 소유가 아닌 것이 되었을 것이다.[79]

류성룡은 왕 일행의 함경도 행에 대해서도 철저히 불가론을 펴서 그것을 관철시키는데 "함경도로 깊이 들어가면 적병이 차단해서 격리되어 버립니다. 그러면 명나라와도 연락이 끊어져 버립니다. 더 큰 불행은 그러고 난 뒤 적

77) 『선조수정실록』 26권, 선조 25년 5월 삭조.
78) 송복, 앞의 책, p.73.
79) 송복. 앞의 책, p.74.

병이 북으로 침범해 오면 그 때의 위태로움은 누구도 감당할 수 없는 너무 큰 것이 되어 버립니다"라고 하였다.[80] 만약 선조 일행이 함경도로 가게 되었다면 그 결과는 어떻게 되었을까? 그 결과는 선조 역시 왜의 제2군 지휘관인 카토오 키요마사(加藤淸正)에게 두 왕자(임해군과 순화군)처럼 생포되었을 것 임에 틀림없고, 조정의 중신 또한 모두 생포되었을 것임은 의문의 여지가 없다. 왕과 중신들이 포로가 되었으면, 조선조의 명맥은 그로써 끝나게 되었을 것이다. 명의 지원군이 왔다 하더라도 포로가 된 조선 왕을 구하고, 왕조를 회복시키려 계속 전쟁에 가담할 가능성은 매우 희박했을 것이다.[81]

셋째, 명과 왜가 조선을 사이에 두고 강화하려는 시도를 초기에 간파하여, 이에 따르는 문제점을 내다보고 이를 극복하기 위한 대책을 세우며 부심하였는데, 이 역시 류성룡의 상황통찰력과 전략적 판단력이 돋보인 사례다. 명과 왜가 강화를 시작한 것은 1592년 9월 1일인데, 제1차 원군으로 나온 조승훈이 1592년 7월 7일 평양전투에서 패한 후 9월 1일 평양 강복산에서 1차 회담이 열렸다. 1593년 2일 벽제관에서 명이 패한 후 1593년 4월 8일 용산에서 2차 회담이 개최되었는데, 1·2차 회담에서 심유경과 고니시유키나가(小西行長) 사이에 무슨 밀약이 있었는지 조선측에서 아는 사람은 그 후 상당기간 한 사람도 없었다. 그러나 류성룡은 누구보다도 일찍이 그 낌새를 알아차리고 이를 선조에게 보고하여 대책 강구를 촉구하게 된다. 1592년 11월 류성룡이 선조에게 올린 보고서 형식의 서장, '안주에 도착하여 들은 바를 시급히 알리는 서장'은 심유경이 9월 10일 1차 회담 후 북경으로 들어갔다가 11월 14일 평양으로 다시 나와 고니시 유키나가를 만난 직후에 나온 것이라 할 수 있다.[82]

"신이 심 유격의 행동거지를 살펴보건대 오로지 강화하려는 계책뿐입니다. 이

80) 송복. 앞의 책, p.60.
81) 송복. 앞의 책, p.63.
82) 송복. 앞의 책, p.283.

것이 어찌 심 유격 제 스스로 하는 일이겠습니까? 반드시 명 조정에서 지시한 것이 의심의 여지가 없습니다. 중국에서는 왜적을 두려워하여, 요행으로라도 전쟁을 그치게 하는 일만 힘쓰고, 그 밖의 다른 일은 헤아릴 여유가 없습니다. 그러나 우리나라 측에선 만약 이 강화가 이루어지면 이루 말할 수 없이 처치하기 어려운 일이 일어날 것입니다. 더더욱 수습하기 어렵고, 그 단서가 만 가지나 될 낭패스러운 일이 앞으로 닥쳐오게 될 것입니다. 지금 백번 천번 거듭 다짐해서 아주 상세하고, 아주 치밀하게 대책을 강구하고, 좋은 계책을 짜내서 일이 발생하기 전에 잘 도모해야 할 것입니다."[83)]

같은 달 류성룡은 선조에게 또 하나의 서장을 올리는데, '명이 왜와의 전쟁을 하려는 것도, 그 왜와 전쟁을 중지하려는 것도 모두 그들 자신을 위해서이고, 조선을 구원하며 원병을 보내려 하지만, 결코 조선을 위해서가 아니라, 구원하는 쪽의 입장에서 결정한다'고 보고한 것에서 국제, 전략적 통찰력이 두드러진다.[84)]

"예로부터 남을 구원하는 측과 남에게 구원을 받는 측은 그 뜻하는 바가 서로 같지 않습니다. 중국이 왜적을 토벌 하려는 것은 중국을 위해서 입니다. 전쟁을 중지 하려는 것도 중국을 위해서 중지하려는데 불과할 뿐입니다. 중국이 어찌 우리 절박한 사정을 이해할 수 있겠습니까?"[85)]

류성룡은 있는 힘을 다해 명군의 후퇴를 막고, 왜와 싸우도록 부심한다. 벽제관 전투(1593. 2)에서 패한 이여송이 평양으로 돌아가면서, 우리측 조선군도 모두 임진강 이북으로 철수하라고 명령하는데, 류성룡은 이여송에게 절대로 물러나지 말고 여기서 진치고 싸워야 한다고 주장하면서 '군사를 절대로 물러서게 해서는 안되는 5가지 이유'를 명백히 밝힌다.[86)] 첫째는 '선왕의 분묘를 지키는 일'인데, 선왕의 분묘가 모두 경기도에 있어 모두 왜에 점령

83) 진사록. 송복. 2007에서 재인용.
84) 송복. 앞의 책, P.28.
85) 송복. 앞의 책, P.28.
86) 송복. 앞의 책, p.295.

당해 있는 상태를 회복해야 되기 때문이라는 유교적, 명분적 당위성에 따른 이유이다. 둘째는 '경기 남쪽에 남아있는 백성들은 명군이 갑자기 물러갔다는 말을 듣게 된다면, 나라를 다시 굳게 지킬 생각이 없어져 적군에게로 귀의하게 될 것이다.' 셋째는 '우리 강토의 땅은 한자 한치도 적에게 쉽게 넘겨줄 수 없다.' 넷째는 '우리 장수와 군사들은 명군에 의지하여 함께 진격할 계획을 세우고 있는데 이제 명군이 물러나 버리면 원통하고 분개해서 모두 흩어져 버릴 것이다.' 다섯째 '대군이 물러가면 후방은 모두 비게 되는데 그 빈 틈을 적이 쳐들어오면 임진강 이북 지역도 보전하지 못한다.' 임진강 이북을 지켜내지 못하면 요동의 울타리 조선 자체가 명의 울타리 기능을 할 수가 없고, 그래서 조선이 울타리 기능을 하지 못하면 요동이 곧 위태로워지고, 북경도 코 앞에서 위협을 받게 됨을 간파한 류성룡이기에 명군이 절대로 물러나지 말고 임진강 남쪽의 파주, 동파 그리고 개성을 지켜야 한다고 목메어 호소하고 설득한 것이다.[87]

이여송 자신은 왜와의 직접적 전투를 기피하고 강화 추진에 열을 올리고 있었다 해도, 자기 수하의 대들보 중의 한 사람인 왕필적(중국 절강성 남방계의 3장군, 낙상지, 오유충, 왕필적 중의 1인)으로 하여금 임진강 이남을 지키게 하고, 거기에 조선군의 임진강 이북 철수를 계속 독촉하지 않은 것은 류성룡의 이 강력한 5가지 불가론을 자기 나름대로 받아들이고, 자기 지위 수준과 한계 안에서 적절히 수용한 것이라 하겠다.[88]

4. 실익과 명분을 구분하는 능력

경략 송응창이 조선에 대해 요구한 하3도 경리안(광해군에게 하3도 지역의 군무를 맡도록 하는 것)과 명의 급사중 위학증의 분할역치 주본(조선의 강토를 나누어 다스리고 아울러 국왕을 교체해야 한다는 것)의 요구를 내포하는 칙서를

---

87) 송복. 앞의 책, p.303.
88) 송복. 앞의 책, p.305.

가지고 조선에 파견된 특사 사헌은 우리의 국정을 살피고, 명나라가 왜군을 물리쳐 주기만을 바라는 선조를 퇴위하도록 하고, 우리 국토의 직접 통치를 강요하려는 목적을 가지고 왔다. 결국 류성룡을 위요한 조선의 극력반대에 부딪쳐 사헌은 이를 관철하지 못하고 돌아가게 되지만, 명분상으로는 조선에 온 특사의 목적을 달성했고, 조선으로서는 실익을 확보한 명과 조선이 상호 윈-윈(win-win)하는 결과를 가져오게 되었다. 이는 류성룡이 조선으로서 반드시 확보해야 할 실익(역치를 막고 선조의 왕위를 보전하는 일)과 명분(명이 요구하는 광해군의 남행)을 구분하여 이 두 가지를 달성시키는 통찰력이 있기 때문에 가능했다고 할 수 있다. 류성룡은 특사 사헌의 파견 목적이 칙서를 통해 조선 왕에게 선유하는 것과 광해군과 3조 판서가 남쪽으로 내려가는 일을 처리하는 것임을 파악하고,[89] 파견 목적을 관철시키는 모양새(명분)를 갖추기 위해 광해군의 남행이 관철되도록 광해군의 남도 행에 민감해 하고 이를 반대해온 선조를 설득하고 사헌에게 진전 사항을 계속 알려서 노력하는 모습을 보여주게 된다. 먼저 류성룡은 정철, 심수경 등 배신과 함께 사헌에게 올린 진정서에 광해군에 대한 사항을 설득력 있게 개진한다.[90]

“다만 광해군은 지난번 변이 일어난 이후로 산을 넘고 내를 건너면서 무로를 무릅쓴 탓으로 혈기를 상하여 오랫동안 낫지 않으므로 잠시 해주에 머물러 있으면서 의원을 찾아 약을 쓰지 않을 수 없었습니다. 이어서 성지가 있었다는 말을 듣고는 황공하고 감격하여, 감히 앓는다고 말하지 못하고, 이미 병을 무릅쓰고 도성에 왔으니 곧 남으로 내려갈 것입니다.” 다음날 사헌과 면담한 류성룡 등은 광해군이 언제 남행을 위해 떠나게 되는지를 사헌이 묻자 19일쯤으로 날을 가렸다고 답하는데, 이에 대해 사헌은 “류성룡은 수상이므로 내가 류성룡을 시켜 모든 국가업무를 전담하게 하려 한다”고 밝히게 된다.[91]

89) 『선조실록』 45권, 선조 26년 윤11월 14일 갑오 2번째 기사.
90) 『선조실록』 선조 26년 윤11월 14일 갑오 2번째 기사.

구체적으로 19일을 사헌에게 알릴 수 있게 되기 위해서는 당연히 선조와 긴밀한 협의를 가졌고, 광해군의 남행에 대해 매우 부정적인 선조를 납득시키기 위해 매우 힘든 과정을 겪었다. 선조가 명 특사 사헌에게 전위하겠다는 서첩을 전달한 윤11월 13일 이후 전위에 관한 일을 류성룡에게 전교하고 윤11월 18일까지 5차례에 걸쳐 광해군의 남행 이전에 먼저 선위 하겠다는 선조에 대해 류성룡은 광해군의 남행은 칙서상의 성지이고, 특사 사헌도 이것 때문에 지키고 앉아서 계속 독촉하고 있어, 나라의 안위가 여기에 달려있다는 점을 반복하게 된다. 결국 타협안으로 '동궁이 남으로 내려가고, 사신이 돌아간 뒤에 즉시 대신을 명에 보내 보새를 받들어 전위 하는 것'으로 했다가[92] 다시 마음을 바꾼 선조 때문에 결국 광해군의 남행을 확정 짓지 못하였다.[93] 그러나 윤11월 18일 선조가 중국 사신 사헌을 위한 연회에서 사헌의 문의에 대해 선조는 이렇게 답하는데 류성룡이 선조에게 고한 내용과 그대로 일치한다.[94]

사헌이 선조에게 '동궁이 언제 남으로 내려가는지' 묻자 선조는 '성지가 이미 내려졌고, 하루도 지체할 수 없으니 내일(윤11월 19일, 이는 류성룡이 이미 사헌에 알려준 일자와 동일)은 반드시 떠나야 하겠습니다만, 병이 쾌차하지 못하여 이 때문에 답답합니다'라고 답했다. 사헌은 '내가 있을 때 세자가 빨리 떠나야 합니다. 내일 세자가 떠나지 않으면 나도 내일 떠나지 않겠습니다. 세자는 빨리 남으로 내려가야 합니다. 나도 돌아갈 시기가 매우 급박한데, 세자가 남으로 내려간 뒤에 복명할 것입니다.' 이에 선조는 '세자가 병이 있더라도 내일 떠날 것입니다'하고, 도승지 심희수에게 전교하기를 '세자가 내일 남으로 내려갈 것이니 모든 일을 예비하라'고 하였다. 사헌은 '나의 이번 행차에는 선유하는 일과 광해군, 배신, 3조판서 등을 남으로 내려가게 하

91) 『선조실록』 선조 26년 윤11월 15일 을미 2번째 기사.
92) 『선조실록』 선조 26년 윤11월 17일 정유 5번째 기사.
93) 『선조실록』 선조 26년 윤11월 18일 무술 1번째 기사.
94) 『선조실록』 선조 26년 윤11월 18일 무술 4번째 기사

는 일들이 가장 긴급한 것이므로 빨리 돌아가 복명하지 않으면 안됩니다'라고 그 중요성을 강조하면서 자신의 특사 목적이 달성된 데에 안도하게 된다.

또 한가지 특사파견의 중요한 목적은 명 황제의 칙서를 조선 왕에 선유하는 일인데, 우리의 국정을 살피고 왜와 강화하려는 명에 반대하고 명나라가 왜군을 물리쳐 주기 만을 바라는 선조에 대해 선조를 퇴위 시키고, 우리 국토에 대한 직접 통치를 강요하려는 포괄적인 목적을 내포하는 개념이라 할 수 있다.[95] 사헌이 조선에 와서 윤11월 12일 칙서를 공포하고 다음날 선조는 전위하겠다는 의사를 사헌에게 밝힌다. 류성룡은 전날 선조의 선위 하려는 의향에 대해 '중국이 우리나라를 매우 걱정하고 있으니, 칙서의 뜻은 그저 권면하고 독려하려는 것일 뿐'이라고 하면서 선조에게 절대 선위 의사를 표명하지 말 것을 간청한 바 있다.[96] 한편 류성룡은 사헌 및 척총관과의 면대와 백관을 대동하고 정문으로 고하는 등 선조에 대한 옹호를 적극적으로 펼친다. 윤11월 14일 류성룡은 사헌과 면대 시 조선 왕의 뜻을 전하면서 사헌을 설득한다.[97]

"국왕은 변을 당한 이래로 아픈 마음이 뼈에 사무쳐서 자고 먹는 것을 다 폐지하고 적을 쳐서 원수를 갚으려는 생각을 잠시도 잊은 적이 없다. 노야는 명을 받들어 여기에 왔으니, 소방의 사정을 천정에 전달하여 소방으로 하여금 죄와 눈물을 면할 수 있게 하라. 이것이 조선의 신민들이 모두 바라는 것이다." 이에 대해 사헌은 "내가 여기 왔는데 그걸 모르겠는가? 알았다"고 답하였다.

동일 류성룡은 사헌과 또 한차례 면담을 갖는다.[98]

"사헌이 어제 선조가 자신에게 보인 소첩을 신에게 보이고 도로 봉하고 묻기

95) 송복. 앞의 책, p.341.
96) 『연려실기술』 제17권 선조조 고사본말.
97) 『선조실록』 선조 26년 윤11월 15일.
98) 『선조실록』 선조 26년 윤11월 17일 정유 11번째 기사.

> 를 '국왕의 이 뜻은 무엇을 말하는가?' 하기에 신이 답하기를 '우리 임금이 변이 일어나 파천한 이후로 스스로 번병의 임무를 다하지 못하였고, 또 종사에 죄를 지었다고 생각하여, 늘 이 생각을 가졌었는데, 뭇 신하들이 말려서 하지 못하고 있다가, 이제 또 사신에게 고한 것이라. 우리 임금이 정신을 가다듬어 다스림을 꾀하시는 정성은 옛사람에게 부끄러울 것이 없다. 이번 적변도 미리 염려하여 삼가 변방의 방비를 경계하여 극진하게 하지 않은 것이 없었으나, 뭇 신하들이 봉행하지 못하여 이렇게 된 것이라. 지금도 음식의 단맛을 모르고 베개를 편히 베고 자지 못하면서 나라의 치욕을 씻을 것을 생각하고 있는데, 어찌 잠시라도 연안 할 마음이 있겠는가?' 하였습니다. 사헌이 명 예부의 차부를 꺼내 '연안' 따위의 말이 있기에, 신들은 머리를 땅바닥에 조아리며 '그렇지 않다'고 말하였습니다."

선조 수정실록 선조 26년 윤11월 1일 기사에는 '이튿날 대신이 백관을 거느리고 명나라 사신에게 정문 하여 본국의 사정을 차례로 진술하면서, 왕이 의리를 지키다가 침략 당하게 된 것이고 잘못한 점이 있지 않다는 것을 말하였다'고 기록되어 있다. 같은 날 밤 사헌의 측근인 척총병과 면대 시 류성룡은 선조에 대해 적극 옹호한다.99)

> 척총병이 신을 불러 전일 국왕의 전위하는 일을 천사에게 고하였는데 '이런 때에 어찌하여 이런 말이 있는가?' 하고 은밀히 묻자 성룡은 대답하길 '이것은 배신으로서 차마 들을 수 없는 것이다. 국왕이 파천한 이후로 스스로 종사에 죄를 지었다 하여 여러 번 전위하려 하셨다. 대저 우리 임금은 즉위하신 이래로 날마다 서연을 일삼고, 연회 오락에 나아가지 않은 지가 이미 20여년이니, 그 거듭한 정성은 옛사람에게도 부끄러울 것이 없다. 이번 적변도 일에 앞서 예비하였으나, 뭇 신하가 봉행하지 못해 이렇게까지 되었다'라고 하니 척총병은 '천사도 귀 국왕을 극찬하거니와, 성지가 엄절한 것은 경계하는데 지나지 않을 뿐이니, 결코 다른 걱정은 하지 말라' 하였다.

광해군의 남행을 확정 짓고, 조선 왕을 선유하였으며 선조를 적극 옹호하

99) 『선조실록』 윤11월 16일.

는 류성룡의 충심에 감복한 사헌은 척총병을 통해 자신의 의견을 조선측에 전하였는데, 이는 조선에서의 칙사로서의 활동을 종결하는 방향을 보여준다.[100)]

> '척총병이 세 쪽지에 써서 보였는데 하나는, 천사군이 날마다 극구 칭찬하기를 국군(조선왕)은 젊으나 노성하니 나라를 중흥할 만한 임금이라, 복명한 뒤에는 반드시 황제의 칙서로 장려함이 있을 것이라 하였다. 병사를 맡은 자는 공적 책임을 홀로 맡아서, 힘을 다해 임무를 다해야 할 것이며, 천사군의 천거를 저버리지 말 것이다'라고 하였다. 또 하나는, '천사가 말하길 광해군은 나이가 젊으니 일찍 전라도에 가서 두루 조도를 훈련하게 하여 성유에 보답해야 한다' 하였는데, '이것은 일찍 거행해야 하며 결코 어겨서는 안 된다'고 하였다. 또 하나는 '귀국의 임금은 42세이니, 나와 동년 생이다. 혹 가혹한 정사가 있으면 제거하여 백성을 소생시켜야 한다. 이것은 천사의 말이다'고 하였다.

사헌은 조선을 떠나기 전 전별연에서 앞서 전달한 3가지 메시지와 유사한 조선에서 특사 활동을 총괄하는 언급을 선조에게 한다(선조 26년 윤11월 19일 기해 6번째 기사). 첫째 선조의 왕의 지위 인정(선조의 왕위를 위협하는 역치는 하지 않는다)이다. '왕의 용모와 사기는 참으로 임금다운 기상입니다. 이는 마음에 뿌리를 두어 용모에 빛나는 것입니다. 안에 있으면 겉으로 나타나는 것이 이와 같으니 중흥의 사업을 내가 장차 눈을 씻고 보겠습니다'라고 하였다. 둘째 세자의 분발 촉구이다. 윤11월 19일 세자의 남행이 결정되었으나, 그간 세자가 병약하여 이러한 남행 조치가 늦어졌다고 인식하게 된 사헌은 '세자는 어질기는 하나, 아직 몇 해 동안 익혀서 몸이 굳세고 의지가 정해지고 도가 밝아지고, 덕이 서서 인정과 권도에 통달한 뒤에야 중대한 위임을 받을 수 있을 것입니다'라고 언급한다. 셋째는 왕의 정진 촉구이다. '왕은 평소에 덕을 잃은 것이 없었는데, 다만 태평한 세월이 오래 이어져서 군사의 힘이 유지 되지 않았기 때문에 드디어 왜노의 변이 있었으니, 왕은 이제부터

100) 선조 26년 윤11월 17일 정유 12번째 기사.

더욱 덕을 닦고 인을 행하여 군려(전쟁터에 나와있는 군대)를 정돈하고 격려하면서, 두세 현인 군자와 함께 회복을 꾀하여야 하고, 문득 세자에게 전위한다는 것을 말하여서는 안되겠습니다'라고 하였다.

선조수정실록에는 이에 대해 다음과 같이 기록하고 있다.[101]

> 사헌은 경성에 머문 지 7일 만에 돌아갔다 …… 사헌이 올 때에는 국내의 정세도 아울러 기찰하여 변치하려는 마음도 갖고 있었다. 그런데 상이 진정으로 왕위를 내놓으려 하면서 먼저 사피(사양하고 거절하여 피함)할 의사를 보이고, 대신들이 또 그 사이에 미봉(빈 구석이나 잘못된 것을 임시변통으로 이리저리 주선해서 꾸며댐)을 하였으며, 사헌 역시 상을 보고 마음이 흡족하였으므로 칙명만 선포하고 돌아갔다.

또한 류성룡이 유총병과 면담 후 선조에게 보고한 내용에 이를 뒷받침하는 부분이 있다.[102]

> 영의정 류성룡, 좌의정 윤두수, 병조참판 심충겸이 아뢰기를 '신들이 말하기를 노야가 천사와 서로 이야기 하였는데, 천사의 뜻은 어떠하던가?' 하니 총병이 말하기를 '이번 천사는 단지 선유만 하러 온 것이 아니고 경략, 제독이 전에 조선 국왕을 논한 적이 있었으므로 조정에서 특별히 이 형인을 보내어 국왕이 백성을 얼마나 사랑하는가와 세자의 현부 및 대신의 소행 등을 알아보게 하는 것인데 행인이 여기에 와서 국왕이 나이가 젊고 현명하여 뭇 신하들이 정성스럽게 직분을 다하는 것을 보고 마음으로 기뻐하였다. 또 귀국의 위급함과 적의 형세가 창궐하다는 뜻을 내가 역력하고도 상세히 말하였고….'

그 후 명으로 귀국하는 사헌이 안주에 도착하였을 때 영접한 평안도 관찰사 이원익은 사헌이 내밀하게 알려준 내용을 보고하는데 이 역시 사헌의 특사파견 배경과 성과에 대해 재확인시켜주는 내용이다.[103]

---

101) 『선조수정실록』 27권 선조26년 윤11월1일
102) 『선조실록』 선조 26년 윤11월 22일 임인 4번째 기사.
103) 선조 26년 12월 12일 신유 4번째 기사.

> 평안도 관찰사 이원익이 치계하였다. … 신이 화어(중국어)를 이해한다는 말을 듣고는 통사(역관)를 시켜 말을 전하지 않고 신을 자기 앞으로 가까이 오게 하여 무릎을 마주하고 앉아서 은밀히 '황제가 그대 나라를 위해 특별히 중신을 파견하여 왜적을 섬멸하게 하였다. 그런데 경략과 제독이 여기에 와서 이미 일을 제대로 주관하여 해내지 못하고서 도리어 국왕이 좋지 않다고 말하였으니 이것이 무슨 도리란 말인가? 내가 본국에서 허다한 말들을 들었었다. 그런데 이제 국왕을 만나보니 언어와 동지(행동거지)로 미루어 보아 속에든 마음을 알 수가 있었다. 따라서 본국에서의 말들은 모두가 허탄한 것이었음을 알게 되었다. 또 본국 조정에서는 경략과 제독의 보고를 받고 왜노가 이미 바다를 건너 돌아간 것으로 여기고 있었다. 그런데 이제 유총병을 만나보니 바다를 건너가지 않았음은 물론 설령 바다를 건너갔다고 하더라도 부산에서 대마도까지는 해도가 멀지 않아서 왕래가 자유로우니 바다를 건너갔다고 해서 무사하게 여기는 것도 또한 잘못된 계책인 것 이다'고 하였습니다. … 대의는 이러하였습니다.

5. 인격과 인품

좋은 협상가의 요건 중에 하나로 꼽히는 인격과 인품은 어떠한 기능과 작용을 할 수 있을까?[104] 진정한 협상력의 원천이 자기 자신임을 이해하는 사람이 좋은 협상가인데, 이런 사람일수록 협상을 할 때 협상 상대방으로부터 존경을 받을 수 있는 능력을 갖추었기 때문이다. 협상이란 결국 상대방의 마음을 움직여 협상에 대한 기대를 자기에게 유리하게 바꾸는 과정이기 때문에 더욱 그러하다.

명의 특사 사헌에 대해 조선측을 대표해서 수차례 대면하게 되는 류성룡은 당시 영의정으로서 재상중의 으뜸이고, 국왕 선조의 신임을 받는 위치에 있어 협상에 적임자였음은 분명하다. 그러나, 뛰어난 대화능력, 국제감각과 전략적 판단력, 실익과 명분을 구분하는 통찰력을 두루 갖춘 류성룡이라 하더라도 왕을 교체하고 세자 광해군을 앞세워 명의 직접 통치를 실현 시키려

104) 김기홍. 2017, 『전략적 협상』, 법문사, p.167.

는 의중을 갖고 조선에 특사로서 파견된 사헌[105]에 맞서 조선의 국익(왕권의 안정과 명으로부터 군사 안보적 지원 확보)을 지켜내는 결과를 가져오게 된 데에는 사헌이 류성룡에게서 느끼는 호감, 신뢰, 인품이 중요한 작용을 하였다 할 수 있다. 사헌이 조선에 와서 칙사를 선포한 다음날 선조와 면대하여 대담한 내용에 류성룡에 대한 평가가 나온다.[106] "류성룡같은 의정은 충성스럽고 남달리 곧으며, 인의롭고 독실히 도를 믿으므로 천조의 문관, 무장이 모두 국왕이 제일 좋은 상신을 얻은 것을 경하합니다. 참으로 국정을 들어 이 신하에게 맡긴다면 어찌 국위를 떨치지 못하고 병기를 드날리지 못할 것을 걱정 하겠습니까?" 이는 사헌이 조선에 오기 전부터 류성룡에 관한 좋은 평판을 듣고 있음을 보여준다.

사헌은 다음날 윤11월 14일 류성룡, 심수경, 윤근수를 면대하여 2가지 긴요한 사항을 논의하는데, 여기에 류성룡이 답하는 것을 보고 류성룡에 대한 신뢰를 나타낸다.[107]

> 사헌이 말하기를 … 천병을 청하더라도 성지의 윤허 여부는 알 수 없다 하며 설령 허락한다 해도 여러 지방(선부, 대동, 보정)에서 징발한 군사가 미처 오기 전에 (왜군이) 쳐 올라올 것인데 귀국은 어떻게 대처할 것인가? 하고 물었다. 이에 대해 류성룡은 '천병이 만약 일찍 나오지 않는다면 소방에는 다른 방책이 없으니 살아남은 자로 모아서 죽을 각오로 힘써 싸워야 할 뿐이다'고 답하였다. 사헌은 광해군이 언제 떠나게 되는지를 물었고 류성룡은 19일쯤으로 날을 가렸다고 답하였다. 사헌은 류성룡은 수상이므로 내가 류성룡을 시켜 모든 국가 업무를 전담하게 하려고 한다고 하자 윤근수는 중국의 각로 가운데서도 수상이 모든 일을 담당하고 있으니 소방도 천조에 따라 수상을 시켜 일을 맡게 하는 것이 본디 마땅하다고 답하였다.

류성룡은 사헌의 측근으로 사헌을 보좌하는 척금과도 중요한 대담을 갖

105) 송복. 앞의 책, p.344.
106) 『선조실록』 윤11월 14일.
107) 『선조실록』 선조 26년 윤11월 15일.

는데 연려실기술에 기록된 바는 다음과 같다.[108)]

> 이날 밤(선조가 사헌에게 전위의 뜻을 밝힌 윤11월 13일) 명나라 유격장군 척금이 성룡을 만나자고 하여 만나보니 좌우에 사람을 물리치고 6, 7조목을 써서 보이는데 그 중 한 조목에 '국왕은 전위를 일찍하는것이 마땅하다'라는 것이었다. 성룡이 깜짝 놀라며 '이것은 배신이 차마 들을 수 있는 바가 아닙니다. 우리나라 형세가 위급한데 만약 또 군신부자간에 있어서 처리함이 알맞지 못하면 이것은 그 망함을 재촉하는 것입니다' 하니 척금이 '옳은 말이요' 하면서 곧 그 종이를 촛불에 태워버렸다. 그 다음날 저녁에 척금이 또 성룡에게 '칙사가 의향을 이미 크게 돌렸으니 다른 염려는 없을 것이요' 하였다.

『선조수정실록』 27권 선조 26년 11월 1일 신사 두 번째 기사에는 류성룡이 또 유격 척금을 통하여 전위하는 일은 매우 불가하다는 점을 은밀히 말하였다. 사헌 사신이 이때부터 상을 대하면서 예의가 상당히 깍듯해졌다고 기술되어있다.

사헌이 그간의 경과와 향후 조선이 취할 조치에 대해 문서로 선조와 대신과 광해군에게 보낸 자문에 류성룡에 대한 존경과 높은 평가가 나온다.[109)]

> "영의정 류성룡은 굳세고 정도를 잡아 모든 신하의 으뜸이 되고 있다는 말을 오래 전부터 들어왔으니 왕은 참으로 모든 국정을 그에게 전임시키면 그는 반드시 왕을 위하여 근심을 나누고 일을 맡아서 어려움을 물리치고 어지러움을 진정하여 사직을 안정시킬 것이며 산하(山河)를 재조(再造)할 것입니다."

류성룡에 대한 선조의 신임과 높은 평가는 류성룡의 내부 협상력을 강화시켜주고 이는 또한 대외 협상력에 있어서도 긍정적 영향을 가져다 주었다. 선조가 해가 바뀌어 계미년 정월 4일이 세자에게 전위할 뜻을 밝히는 가운데 류성룡이 수행한 일에 대해 높이 평가하는 언급이 나온다.[110)]

---

108) 『연려실기술』 제17권 선조조 고사본말.

109) 『선조실록』 선조 26년 윤11월 16일.

110) 『선조실록』 47권, 선조 27년 1월 4일 계미 4번째 기사.

“영상은 안으로는 군대를 훈련시키고 밖으로는 책응을 조처하여 좌우로 수직함에 있어 주도 면밀하지 않음이 없었다. 거기다 뛰어난 식견을 지녀 힘써 특론을 주장하여 우리의 사정이 기필코 중국조정에 알려지드록 상주하였다. 우리 사정이 알려지고 나면 중국에서 군대를 내보내지 않더라도 전혀 한스러울 것이 없다. 영상의 정견이 아니었다면 아마 틀림없이 송응창의 모함을 당하였을 것이다. 너무도 감격스러워 마음을 억제할 바를 모르겠다.”

Ⅴ. 맺음말

1. 결과 요약

임진왜란이 발발한 1592년 4월부터 1년반이 경과한 시점인 1593년 윤11월에 명으로부터 파견된 특사 사헌은 선조를 퇴위시키고 조선을 직접 통치까지 하려는 의도를 가지고 왔다. 그러나 조선에서 7일간 체류하고 한양을 떠나는 사헌은 이 계획을 단념하고 선조의 분발을 당부하며 류성룡을 재조산하(再造山河)할 것이라고 높게 평가한다. 당시 영의정으로서 국정을 총괄해온 류성룡이 명사신 사헌에 대해 이해시키고 협상하여 명의 조선분할 역치 의도를 단념케 하고 조선 조정을 온전하게 보전케 한 공로를 명 측이 인정한 사례이다.

오히려 7일간 머무르면서 류성룡과 조정 신료들과의 대화 후 그간의 경과와 향후 조선이 취할 조치에 대해 문서로 선조와 대신 및 광해군에 보낸 자문에는 류성룡에 대한 존경과 높은 평가가 나온다. “영의정 류성룡은 굳세고 정도를 잡아, 모든 신하의 으뜸이 되고 있다는 말을 오래전부터 들어왔으니 왕은 참으로 모든 국정을 그에게 전임시키면 그는 반드시 왕을 위하여 근심을 나누고 일을 맡아서 어려움을 물리치고 어지러움을 진정하여 사직을 안정시킬 것이며 산하(山河)를 재조(再造)할 것입니다”[111]라고 하였다.

111) 『선조실록』 45권, 선조26년 윤11월 16일 변신 8번째 기사.

류성룡에 대한 선조의 신임과 높은 평가는 류성룡의 내부협상력을 강화시켜주고 이는 또한 대외 협상력에 있어서도 긍정적 영향을 가져다 주었다. 선조가 해가 바뀌어 계미년 정월 4일에 세자에게 전위할 뜻을 밝히는 가운데 류성룡이 수행해온 일에 대해 높이 평가하는 언급이 나온다.

"영상은 안으로는 군대를 훈련시키고 밖으로는 책응을 조처하여 좌우로 수직함에 있어 주도면밀하지 않음이 없었다. 거기다 뛰어난 식견을 지녀 힘써 특론을 주장하여 우리의 사정이 기필코 중국조정에 알려지도록 상주하였다. 우리의 사정이 알려지고 나면 중국에서 군대를 내보내지 않더라도 전혀 한스러울 것이 없다. 영상의 정견이 아니었다면 아마 틀림없이 송응창의 모함을 당하였을 것이다. 너무도 감격스러워 마음을 억제할 바를 모르겠다."[112]

류성룡이 수행한 외교협상의 성과에 대하여 명 사신도 조선의 군주도 감동을 받고 감사하는 마음을 표현한 것이다.

2. 연구 의의

류성룡은 조선 선조 때 재상으로 임진 왜란 당시 영의정으로, 도제찰사로서 해상의 이순신 장군과 더불어 조선의 대일 항전을 주도한 임란 극복의 영웅으로 알려졌다. 또한 류성룡은 군사전략가, 정치외교가, 자강경세가[113]로서 경륜과 기여가 잘 분석되어 있고 '난세의 혁신 리더'[114]로서 실용적 사상으로 무장된 개혁. 경세가로서 업적이 잘 정리되어 있다.

본 연구는 명의 특사 사헌이 조선에 체류한 7일(1593년 윤11월 12일부터 윤11월 19일 까지)을 중심으로 조선 왕 선조의 교체(변치)까지도 염두에 두었던 특사 사헌이 어찌하여 조선 왕에 선유만하고 귀국할 수가 있었을까 하는 의문에서 출발하여 7일간을 시간의 흐름에 따라 분석하면서 류성룡이 사헌과의 면대(교섭 또는 협상)라는 대외협상과 류성룡이 선조와의 긴밀한 면대

112) 『선조실록』 45권, 선조26년 윤11월 16일 변신 8번째 기사.
113) 송복. 앞의 책.
114) 이덕일. 앞의 책.

(보고 또는 접견)라는 대내 협상에서 탁월한 협상력을 보여준 것을 확인하게 된 것이 성과라 할 수 있다. 이를 뒷받침하는 자료로서 선조실록과 선조수정실록을 추적하는 가운데 선조를 중심으로 하는 실록에서 류성룡의 발언과 취한 조치를 찾아내어 류성룡의 역량과 기여에 대해 더 객관적인 자료로 확인한 점에 의의가 있다고 하겠다.

류성룡의 7일간의 행적을 집중 추적하면서 고려시대 서희가 거란의 소손녕과의 7일간의 담판이 연상되는 시간 흐름의 긴박함이 느껴졌으며, 서희 협상을 분석하며 도입한 내부협상[115]이란 개념이 류성룡과 선조 간의 긴밀하면서도 긴장된 특별한 관계를 이해하는데 매우 적절한 개념이 되었다고 생각한다. 또 하나 흔히 고려시대 서희가 거란의 소손녕과 협상에서 싸우지 않고 강동 6주를 획득하게 된 것만으로 인식하며 우리 역사상 가장 위대한 외교 협상 사례로 알려져 있는데, 실제로는 고려와 거란이 상호 원하는 것을 얻은 윈－윈(win-win) 협상이었다는 점을 재인식하게 되었다. 즉 고려는 전쟁하지 않고 평화적으로 강동 6주를 차지하여 영토의 확장이란 실리를 얻었고, 거란은 고려로 하여금 송과의 관계를 단절케 하고 거란에 충성(조공)을 하기로 하여 명분을 얻은 상호 만족한 결과로 종결되었다는 점이다.

한편 사헌이 특사로 7일간 조선에서의 활동에 대해서는 황제의 칙서를 선유하고 가시적 성과 없이 귀국하게 된 것으로 인식되는 부분도 있었다. 그러나 조선으로서는 선조에 대한 교체(變置)를 포함한 조선 왕위에 대한 위협으로부터 선조의 왕위를 확인받는 실리를 얻은 반면, 특사의 파견 주목적의 하나인 광해군의 남행에 대해 확실한 이행을 조선으로부터 확약 받아 특사 파견의 명분을 확보하게 되어 결과적으로 조선과 명이 상호 윈－윈(win-win)하는 이익의 균형을 가져와 상호 만족한 결과로 종결된 점에서 서희－소손녕의 협상 사례와 매우 유사하다 하겠다. 거란의 소손녕에 대해 서희가 이를 가능케 했듯이 명 특사 사헌에 대해서는 류성룡이 이를 가능케

115) 김기홍. 2004, 『서희, 협상을 말하다』, 새로운 제안, p.69.

했다는 점에서 7일간이란 묘한 일치감과 함께 두 사례가 훌륭한 협상 사례로서 공통점을 가지고 있다.

이 글이 결론으로서 제안하는 것은 서희와 류성룡이 공통적으로 활용한 외교협상가의 다섯가지 전문적 자질이다. 내부 협상력, 탁월한 대화능력, 상황 통찰력과 국제감각, 실익과 명분을 구분하는 능력, 그리고 상대에게 감동을 주는 인격과 인품이다. 사실 이러한 여러 가지 협상가 자질은 별개로 분리된 것이 아니라 기본적인 성품의 깊은 도야가 없이는 불가능한 것이다. 류성룡의 이러한 외교 협상 역량은 오랜 기간 동안 많은 학문 분야를 두루 섭렵하면서 천리와 도리를 깨닫고 사심없이 있는 그대로를 바라보고 실천할 수 있는 품성을 도야하였기 때문이다.

이러한 사람과의 관계 능력과 감성적인 협상가의 자질을 학습하고 훈련하는 일이 후세의 외교협상가들이 따라 배워야 할 교훈이다. 동시에 외교협상 뿐만 아니라 일반 지도자와 개인들의 사람간의 상호작용도 외교적 협상과 다르지 않다는 점을 감안한다면 류성룡이 주는 교훈은 참으로 보편적으로 가치있는 것이라 볼 수 있다.

참고문헌

『선조실록』.
『선조수정실록』.
『연려실기술』.
김기홍. 2004, 『서희, 협상을 말하다』, (주)새로운 제안.
______. 2017, 『전략적 협상 – 한국과 한국인의 협상을 의한 조언 –』, 법문사.
송 복. 2007, 『위대한 만남 서애 류성룡』, 지식마당.
이덕일. 2012, 『난세의 혁신 리더 유성룡』, 역사의 아침.
이재호. 2007, 『국역정본 징비록』, 역사의 아침.
이종수. 2009, 『행정학사전』, 대영문화사.
코헨, 허브. 2003, 『협상의 법칙II』, 안진환역, 청년정신.

제 7 장

류성룡의 전략적 리더십

Ⅰ. 서론

Ⅱ. 전략적 리더십

Ⅲ. 류성룡의 전략적 리더십

Ⅳ. 맺음말

제 7 장
류성룡의 전략적 리더십

박 희 태 (동아대학교 경영학과 조교수)

Ⅰ. 서 론

류성룡이 조선시대 임진왜란 시기에 초기 도체찰사로서 이후에 영의정으로서 보여준 국난극복의 리더십은 전략적 리더십의 전형적인 사례로 볼 수 있다. 본 논문은 류성룡의 전략적 리더십 분석을 통해 현재 우리에게 주는 교훈을 도출하고자 한다.

전략적 리더십(strategic leadership)이란 글로벌, 지역, 국가적 관점에서 국가나 해당 조직에 대하여 책임을 지며, 조직구조 변경, 자원할당, 전략적 비전의 전파 등의 활동을 통해 조직의 현재와 미래를 결정하는 역할을 수행한다. 따라서 전략적 리더의 결정은 다른 리더들보다 더 많은 사람들에게 영향을 미치고, 더 많은 자원을 사용하여 그 영향력이 공간적, 시간적, 정치적으로 훨씬 더 광범위하다. 류성룡의 리더십을 전략적 리더십 관점으로 분석한 이유를 구체적으로 정리하면 다음과 같다.

첫째, 류성룡이 발휘한 리더십의 직책상 특징이다. 전략적 리더십은 조직의 생존에 결정적인 영향을 미치기 때문에 최상위층에 있는 리더들에게 가장 핵심적인 요소이다. 류성룡은 임진왜란이 치러지고 있던 대부분의 기간 동안 군사업무나 국정을 책임지는 최고위 지위와 직책에 있었던 것으로 볼 수 있다. <표 1>에서 보는 바와 같이 임진왜란이 발발하기 10년 전 부터 승정원의 승지와 도승지를 시작으로, 경상도 관찰사, 사헌부 대사헌 겸 병조 판서, 우의정, 좌의정, 영의정을 두루 역임하였다. 또한 도체찰사와 도제조 등 전시 임시기관을 맡아 최고위 직책을 수행하였다. 특히, 선조 27년(1594) 10월에는 경기, 황해, 평안, 함경 4도의 도체찰사가 되어 북방의 국방을 총괄하는 중책을 맡았고, 임진왜란이 끝날 때까지 영의정으로서 비변사를 관할하면서 군사와 외교를 포함하여 국정 전반을 주도하였다. 이러한 류성룡의 역할[1]을 고려할 때 류성룡의 전략적 리더십은 반드시 연구되어야 할 대상이라고 할 수 있다.

표 1 류성룡의 군사 관련 관직 경력[2]

연월	임명 관직
선조 15년(1582)	승정원 우부승지, 도승지[3]
선조 16년(1583) 10월	경상도 관찰사[4]
선조 22년(1589) 정월	사헌부 대사헌[5] 겸 병조 판서[6]
선조 23년(1590) 5월	의정부 우의정[7]
선조 24년(1591) 2월	의정부 좌의정
선조 25년(1592) 4월	의정부 좌의정으로서 병조 판서 겸임, 도체찰사[8]

1) 선조(宣祖)는 류성룡을 "나라가 다시 일어나려면 마땅히 경에 의뢰할 수밖에 없다"고 하였고, 이원익(李元翼)은 아무도 류성룡을 대신할 수 없다고 하였다.

2) 이성무 · 이태진 · 정만조 · 이헌창, 「류성룡의 학술과 경륜」, 오종록(편), 2008. 『서애 류성룡의 군사정책과 사상』, 태학사. p.188.

3) 승지(承旨), 도승지(都承旨): 승정원의 승지 또는 도승지는 조선초기에는 국왕이 정치와

선조 25년(1592) 5월	의정부 영의정, 곧 파직
선조 25년(1592) 12월	평안도 도체찰사
선조 26년(1593) 3월	충청전라경상3도 도체찰사
선조 26년(1593) 10월	의정부 영의정, 훈련도감 도제조[9]
선조 27년(1594) 3월	안집도감 도제조
선조 27년(1594) 10월	경기황해평안함경4도 도체찰사

둘째, 류성룡의 리더십을 발휘한 시기의 환경적 특수성 때문이다. 조선중기 선조 25년(1592년)에 일어난 임진왜란은 조선건국 이후 가장 큰 국란이었으며, 조선, 중국, 일본 3국이 전 국력을 동원한 동아시아 역사에 있어 가장 큰 전환점이 된 중요한 사건이었다. 모든 것이 불확실하고 모호한 극도의 혼란기인 전시에 류성룡은 국가의 중요한 정책을 결정해야 하는 중책을 맡아 리더십을 발휘하였다.[10] 이러한 환경은 류성룡의 리더십 분석에 중요한

군사의 기밀 사항을 항시 의논하는 중요한 직책이었다. 승정원은 조선 초기는 물론이고 당시에도 여전히 국가의 최고급 정보가 모이는 곳이었다. 또 도승지 경력은 정3품 당상관으로부터 2품 관원 즉 재상의 반열에 오르는 경로로서 자리 잡았고 그 양상은 조선후기에도 지속되었다는 점에서 상당한 중요성을 유지하고 있었음을 알 수 있다.

4) 관찰사(觀察使): 관찰사는 한 도의 군사와 국방을 총괄 지휘 감독하는 직책으로 경상도 관찰사의 경우 경상도 병마절도사와 수군절도사를 통해 도내의 육군과 수군을 지휘 감독하는 직책이었다.

5) 대사헌(大司憲): 대헌이라고도 하는데 품계는 종2품이다. 시정에 대한 탄핵, 백관에 대한 규찰, 풍속을 바로 잡고, 원억을 펴며, 참람허위의 금지 등의 임무를 맡았다. 즉 관리들의 비행에 대한 탄핵검찰권과 일반 범죄에 대한 검찰권, 인사와 법률 개편에 대한 동의권, 거부권을 행사할 수 있는 서경권까지 가지고 있는 직책이다.

6) 병조판서(兵曹判書): 국가의 군사 업무를 총괄 지휘하는 직책이다.

7) 의정(右議政): 의정 곧 정승의 직책은 모든 문무 관원을 총괄하여 지휘하는 직책이다. 품계는 정1품으로 최고행정기관의 의정부를 이끌었고, 삼의정(영의정, 좌의정, 우의정)이 있었다.

8) 도체찰사(都體察使): 의정이 맡은 임시관직으로 왕의 명을 받아 할당된 지역의 군정과 민정을 총괄하였다.

9) 도제조(都提調): 현직이나 퇴직한 의정이 겸직한 직책으로 품계는 정1품이었다. 임진왜란 당시 임시기관이었던 훈련도감과 안집도감의 자문 역할을 하였다.

10) 중봉 조헌은 "이 어지러운 세상을 바로잡아 나갈 사람은 오로지 류성룡 한 사람 뿐이야."라고 했다(창석 이준의 수기 중에서). 또한 조정의 늙은 중신이나 숙장 또는 오래된 관리에 이르기까지 모두 "선생의 충성과 갈력(竭力)과 주선(周旋)이 아니었다면 위험에

요소이다. 중간관리자들이 발휘하는 리더십이나 전통적인 리더십과는 달리 전략적 리더십은 무엇보다도 환경과 깊은 관련성이 있다. 전략적 리더십은 환경의 VUCA(Volatility, Uncertainty, Complexity, Ambiguity)의 특수성 즉, 가변성, 불확실성, 복잡성, 그리고 애매모호한 환경 속에서 전개되는 정치, 경제, 사회, 문화, 심리 등 외부환경에 어떻게 대응하느냐에 대한 것이기 때문이다.[11] 따라서 류성룡의 리더십을 분석함에 있어 전략적 리더십 분석은 필수적이라 하겠다.

셋째, 류성룡은 전략을 중요시 한 인물이었기 때문이다. 류성룡은 증손전수방략(增損戰守方略), 군국기무10조(軍國機務10條)(전수기의십조,戰守機宜十條),[12] 북변헌책의(北邊獻策議) 등의 전략 관련 서적들을 저술하였다. 임진 5월초 5일, 충무공 이순신 제독의 난중일기를 보면, '동헌에 나가 공무를 보았다. 군관들은 활을 쏘았다. 해질 무렵에 진무가 서울에서 돌아왔는데 그 편에 좌의정(류성룡)께서 서찰과 함께 증손전수방략이란 서적을 보내왔었다. 책자의 내용은 해전, 육전 그리고 화공에 관한 전술 등을 낱낱이 설명해 놓았는데 참으로 만고에 특이한 저술이라 하겠다.'라고 기술한바 있다. 또한 류성룡은 전쟁에 대비해서 2개의「거대설계」즉 군국기무10조[13]와 북변헌책의를 저술하였다. 군국기무10조는 임진왜란이 발발 1년 전에, 북변헌책의는 정묘호란과 병자호란을 예측하여 저술한 것이다.[14] 송복(2007)[15]은 군국기무10

처해 쓰러져가는 국운(國運)을 다시 일으키지 못했을 것이며, 나아가서 선조조의 중흥을 이룩하고서 부자 형제 등 국민들이 서로 삶을 유지하며 호의호식하고 안처락업(安處樂業)하는 바가 진실로 선생의 힘이 아니고서 그 누구의 힘이겠는가."라고 하였다(미수 허목 찬의 서애유사 중에서).

11) National Defence University. 2006, *Strategic Leadership and Decision Making*, NDU, pp.2-3.

12) 서애전서 1권에는 제목이 전수기의십조로 나와 있고, 류성룡 종가 문적인 근폭집(보물 제160호)에는 군국기무10조라는 표현으로 전문이 나와 있다. 따라서 군구기무10조와 전수기의십조는 같은 병법서로 판단된다.

13) 류성룡이 저술한 증손전수방략은 현재까지 전해지지 않고 있으며, 이후 군국기무10조가 증손전수방략을 복귀하여 작성한 책으로 평가된다.

14) 송복. 2007,『서애 류성룡 위대한 만남』, 지식마당, pp.210-227.

조가 장점과 단점을 역으로 이용하는 대설계 즉 전략을 그 핵심으로 하고 있다고 하였다. 오종록(2007)[16] 또한 류성룡의 군사정책을 평가하면서 군국기무10조를 소개하고 있는데 군국기무10조가 첫 번째로 강조하는 것이 척후와 요망을 통해 적의 정보를 미리 알아내는 것으로, 류성룡이 '적군을 알고 아군을 알면 백번 싸워 백번 이긴다.'는 손자병법의 오랜 가르침과 관련지어 강조하였다고 주장한 바 있다. 따라서 류성룡의 리더십을 분석함에 있어 전략적 리더십 분석은 핵심적인 내용이라고 할 수 있다.

마지막으로, 류성룡의 전략적 리더십은 현재 우리에게, 그리고 불확실성 속에서 미래를 설계해야 하는 리더들에게 중요한 함의를 제공할 수 있을 것으로 판단된다. 현재 우리나라는 어떤 시기보다도 최고층 리더들의 전략적 리더십이 요구되는 상황이다. 주변 강대국 간의 갈등과 세계경제의 불확실성, 미래안보환경의 가변성과 역동성 등 진퇴양란의 상황에서 최고위층의 전략적 판단은 국가의 존망과 번영, 안녕에 결정적인 영향을 미칠 수 있다. 따라서 우리가 처한 현실을 고려할 때 류성룡의 전략적 리더십을 연구하는 것은 필수 불가결한 일이라고 하겠다.

이상과 같은 류성룡의 전략적 리더십에 대한 연구의 타당성과 필요성에도 불구하고, 현재까지 전략적 리더십 관점에서 류성룡을 분석한 연구는 거의 없다.[17] 따라서 본 논문은 류성룡의 전략적 리더십을 분석하여 현재 우리에게 주는 교훈을 도출하고자 한다. 이를 위하여 먼저 전략적 리더십의 개념에 대해서 살펴보고, 류성룡의 전략적 리더십을 분석하기 위한 분석틀을 도출하였다. 그리고 도출된 분석틀을 기준으로 류성룡의 전략적 리더십이 어떻게 발휘되었는지를 살펴볼 것이다. 본 연구는 류성룡의 전략적 리더십 발휘를 위해 어떠한 사전경험을 하였는지, 그리고 그러한 경험을 바탕으로 어떠

15) 송복. 위의 책, p.210.
16) 이성무 · 이태진 · 정만조 · 이헌창, 앞의 책.
17) 오완석 · 김덕수(2017)는 서애 류성룡의 전략적 리더십을 분석하였으나, 전략적 이론가에 대한 연구가 미흡하여 추가적인 연구가 필요하다.

한 전략적 리더십을 발휘하였는지를 살펴보는 것이 주목적이다. 결론에서는 본 연구의 연구결과와 시사점을 제시하였다.

Ⅱ. 전략적 리더십

1. 전략적 리더십 개념

전략적 리더십은 많은 학자들에 의해서 연구가 되었다. 전략적 리더십은 급변하는 환경 속에서 단기적인 조직성과뿐만 아니라 장기적인 조직의 성과와 생존 및 발전을 위해 반드시 필요한 리더십으로 간주되고 있다. 본 연구에서는 전략적 리더십의 개념을 이해하기 위해 리더십의 구성 요소인 발휘 주체와 객체, 목표, 수단/방법에 따라 각각 살펴보고자 한다.

첫째, 전략적 리더십의 발휘 주체와 객체이다. 전통적인 리더십 연구가 주로 중간 또는 하위관리자가 그 이하의 구성원들을 대상으로 한 것이라면, 전략적 리더십은 최상위층에 있는 리더들이 그 하부의 구성원들을 대상으로 발휘하는 리더십이라고 할 수 있다. 민간에서의 전략적 리더십은 기업의 최고경영자에 대한 연구(예, Mintzberg, 1973)[18]에서 시작되었다. 그리고 조직상층부이론(upper echelon theory)[19]을 바탕으로 전략적 리더십의 개념을 제시한 Hambrick & Mason(1984)[20] 이후 <표 2>와 같이 조직의 최고경영자(CEO)뿐만 아니라 TMT(top management team)에 대한 연구가 같이 이루어지고 있다(예, Murray, 1989; Finkelstein & Hambrick, 1990; 박철순 & 유진

---

18) Mintzberg, H. 1973, *The nature of managerial work*, Harpercollins College Div.

19) 조직상층부이론은 객관적인 상황(내 · 외부)하에서 기업의 최고경영자나 TMT 구성원들이 갖는 특성(나이, 근무경험, 교육, 사회 경제적 배경, 재무적인 지위, 그룹 특징)이 전략적 선택(생산혁신, 관련/비관련 다각화, 합병, 자본집중 등)에 영향을 주고 결국 이윤과 성장과 같은 성과에 영향을 준다고 주장한다. 즉, 조직의 성과에 있어 최고경영층 특성과 전략적 선택의 중요성을 강조하였다고 볼 수 있다.

20) Hambrick, D. C. & Mason. P. 1984, “Upper echelons: The organizations as a reflection of its top managers”, *Academy of Management Review*, 9, pp.193-206.

탁, 1999[21]; 백윤정, 1998[22] 등).

군의 경우에도 마찬가지이다. 미 육군 교범에서는 하위 또는 중간관리자들이 발휘하는 직접적·조직적 리더십과 구분하여 주요 사령부급(중부사령부, 한미연합사 등) 이상의 제대에 근무하는 최상위 리더들이 그 하위 또는 중간관리자들 및 모든 구성원에게 발휘하는 리더십을 전략적 리더십이라고 하였다.[23] 한국군의 경우도 미육군과 거의 동일하게 초급, 중급제대에서 발휘하는 직접적·조직적 리더십과 구분하여 고급제대 즉, 장성들이 발휘하는 리더십을 전략적 리더십이라고 하였다.[24] 따라서 이상과 같은 내용을 종합해 볼 때 전략적 리더십의 발휘주체는 조직 또는 국가의 최고위층 리더들이라고 할 수 있다.

표 2 전략적 리더십 발휘 주체

발휘주체	연구자
CEO	Murray(1989), Finkelstein(1992), Boeker & Goodstein(1993), 박철순, 유진탁(1999) 등
TMT	Finkelstein & Hambrick(1990), Keck & Tushman(1993), Magnan & St-Onge(1997), 백윤정(1998) 등
CEO, TMT	Colbert, Barrick, & Bradley(2014) 등

자료: 정형철·임성준(2000, p.186),[25] <표 2>를 참조하여 저자가 재작성.

다음으로 전략적 리더십의 발휘 객체이다. <표 3>과 같이 전략적 리더십은 전통적 리더십과는 분명히 구분된다. 특히, 전통적 리더십이 조직내부

21) 박철순·유진탁. 1999, "전략결정요인으로서의 최고경영자: Upper Echelons 이론 및 자유재량이론의 통합 모형", 『전략경영연구』, 2, pp.147-167.

22) 백윤정. 1998, "경영진의 대외연결능력이 조직성과에 미치는 영향", 『인사조직연구』, 6, pp.167-220.

23) Department of The Army. 2006, *Military Leadership(FM 6-22)*.

24) 최병순. 2011, 『군 리더십 이론과 사례를 중심으로』, 서울: 북코리아, pp.71-73.

25) 정형철·임성준. 2000, "전략적 리더십에 관한 통합적인 연구", 『한국경영학보』, 8, pp.171-207.

의 인적자원관리나 리더가 속한 조직에서의 리더십 발휘에 초점이 맞추어져 있다면, 전략적 리더십은 조직 내부뿐만 아니라 외부의 환경에 관심을 가지고, 조직 내부와 외부의 인적자원과 물적 자원을 다 같이 활용하는 것을 의미한다. 따라서 전통적 리더십의 발휘객체가 조직 내 구성원에 한정된다면, 전략적 리더십의 발휘객체는 조직 내·외 구성원들을 모두 포괄한다고 할 수 있다.

표 3 전통적 리더십과 전략적 리더십의 특성

전통적 리더십	전략적 리더십
-조직내부의 인적자원관리에 관심 -명확하고 타당성 높은 정보로 의사결정 -책임범위내의 과업만을 효율적으로 처리 -조직차원 리더의 노력으로 과업수행 가능	-조직 내·외부의 환경에 관심 -VUCA특성이 큰 정보를 근거로 의사결정 -다기능성격의 복합적 과업을 통섭 -자신능력과 타인·타 조직자원과 역량활용

자료: 강용배(2008, p.166),[26] <표 1>.

둘째, 전략적 리더십의 목표이다. 전략적 리더십의 목표는 전략적 리더십을 연구한 연구자들의 정의에서 살펴볼 수 있다. 먼저 Ireland & Hitt[27]는 전략적 리더십을 "조직의 생존과 발전을 위한 변화를 주도하기 위해 미래 예측, 조직 비전제시, 유연성 관리, 전략적 사고, 타인과 협력을 할 수 있는 개인의 능력"이라고 정의하였다. 따라서 전략적 리더십의 목표는 "조직의 생존과 발전을 위한 변화를 주도하는 것"이라고 볼 수 있다.

Rowe[28]는 기업조직에서의 전략적 리더십을 연구하면서 전략적 리더십을

26) 강용배. 2008, "전략적 리더십 연구동향에 관한 비판적 고찰", 『군사논단』, 56, pp.156-181.

27) Ireland, R.D. and Hitt, M.A. 2005, "Achieving and Maintaining Strategic Competitiveness in the 21st Century: The Role of Strategic Leadership", *Academy of Management Executive*, 19, pp.63-77.

28) Rowe, W. G. 2001, "Creating wealth in organizations: The role of strategic leadership", *The Academy of Management Executive*, 15(1). pp.81-94.

장기적인 방향에 초점을 맞추고 있는 비전형 리더십이나 단기적인 성과 달성만을 강조하는 관리형 리더십과는 달리 "단기적인 재무적 안정성을 유지할 수 있을 뿐만 아니라, 조직의 장기적인 생존 가능성을 개선시키는데 영향을 미치는 일상적인 의사결정을 자발적으로 수행하도록 하여 타인들에게 영향력을 행사하는 능력"이라고 정의하였다. 여기에서 나타난 전략적 리더십의 목표는 "단기적인 재무성과와 장기적인 생존 가능성 개선"이라고 할 수 있다.

강용배는 기존 전략적 리더십 연구 성향에 관한 비판적 고찰에서 기존 연구들을 종합하여 전략적 리더십의 개념을 제시하였는데, "조직의 임무를 달성하기 위해 내·외부 전략환경을 고려하여 비전을 제시하고, 수립된 전략을 실행하는데 요구되는 미래지향, 조화지향의 통섭 리더십"이라고 정의하였다.[29] 따라서 여기에 나타난 전략적 리더십의 목표는 "조직의 임무 달성"이라고 할 수 있다.

군의 경우, 미육군대학원의 전략적 리더십의 정의는 "기회와 위기로 특징지어지는 가변적이며 불확실하고 복잡하며 모호한 글로벌한 환경 속에서 문화와 자원배분과 법규를 통한 지시, 그리고 합의구축에 영향을 미침으로서 바람직하고 확실하게 공언된 비전을 달성하기 위하여 리더가 사용하는 과정"이라고 하였다. 따라서 목표는 "바람직하고 확실하게 공언된 비전을 달성"이라고 할 수 있다.

한국군의 경우에도 이와 비슷한데, 최병운과 조성룡(2012)[30]이 정의한 한국군 전략적 리더십의 개념은 "군대의 가장 높은 수준의 리더십으로서 복잡성, 불확실성, 가변성, 모호성으로 특징지어지는 환경의 위기와 기회 속에서 발휘되며, 조직의 비전을 달성하기 위하여 국가전략과 군사전략 차원에서 정책과 전략을 주도하고, 협상과 합의를 이루며, 자원을 확보할당하고, 문화와

29) 강용배. 2008, "전략적 리더십 연구동향에 관한 비판적 고찰", 『군사논단』, 56, pp.156-181.
30) 최병운·조성룡. 2011, 『한국군 전략적 리더십 입문』, 2011리더십연구(국방대학교 국방정신전력 리더십 개발원).

법규를 통해서 조직을 이끄는 과정이다. 또한 전략적 리더는 유효한 조직을 만들기 위하여 솔선수범으로 이끌고, 다음 세대의 리더를 기르며, 부하들의 동기를 부여하고, 조직목적을 달성할 수 있는 기회를 모색하는 동시에 구성원의 개인적 요구와 직업적 요구의 균형을 도모하는 것"이고, 목표는 "조직의 비전을 달성하기 위하여, 유효한 조직을 만들기 위하여"라고 할 수 있다. 따라서 이상과 같은 내용을 종합해 볼 때, 전략적 리더십의 목표는 "조직의 비전(생존과 발전 등)을 달성하는 것"이라고 할 수 있다.

셋째, 전략적 리더십의 발휘 수단/방법이다. 전략적 리더십의 발휘 수단/방법은 전략적 리더십 발휘주체인 최고위층 리더들이 전략적 리더십의 목표인 조직의 비전(생존과 발전 등)을 달성하기 위하여 사용하는 모든 수단과 방법을 의미하는 것으로서 주로 전략적 리더의 행동에 초점을 맞추고 있다. 앞서 살펴본 전략적 리더십 연구자들뿐만 아니라 다른 연구자들이 제시한 전략적 리더십 행동들을 정리하면 <표 4>와 같다.

표 4 전략적 리더십 수단/방법

구 분	전략적 리더십 수단/방법
Ireland & Hitt (1999)	– 전략적 방향제시, 핵심역량 개발 및 유지, 인적자본개발, 효과적인 기업문화 유지, 윤리경영, 전략적 통제역량
Rowe(2001)	– 자발적인 의사결정 수행 독려
Boal & Hooijberg (2000)[31]	– 흡수력(학습능력), 적응력(변화 주도능력), 관리적 지혜(통찰력, 대외협력)
최병운 & 조성룡 (2012)	– 개념적 역량: 준거의 틀 개발, 문제관리, 미래구상 – 전문적 역량: 체계의 이해, 연합 및 합동 구축, 정치·사회적 역량 – 대인적 역량: 합의도출, 협상, 의사소통
미육군대학원 (2010)	– 문화와 자원배분, 법규를 통한 지시, 합의구축
김영춘 & 백유성 (2011)[32]	– 자질요소 · 인격 및 품성: 윤리/도덕성, 용기/소신, 원칙준수/공정성 · 지식 및 역량: 다양한 지식 및 전문성, 전략적 판단 및 결단력, 전

	략적 비전 및 목표제시, 전략적 통찰 및 사고력 -실천 및 행동요소 · 전략적 조직운영: 조직/부하사랑, 존중, 배려, 의사소통, 자기헌신 및 봉사 인재양성 및 활용 · 변화관리: 변화와 혁신, 도전주도

Ireland & Hitt는 전략적 리더십 목표를 달성하기 위한 수단으로서 전략적 방향제시, 핵심역량 개발 및 유지, 인적자본개발, 효과적인 기업문화 유지, 윤리경영, 전략적 통제역량 등을 제시하였으며, Rowe는 구성원들의 자발적인 의사결정 수행 독려를 중요한 행동요소로 강조하였다. 추가적으로 Boal & Hooijberg는 흡수력(학습능력), 적응력(변화 주도능력), 관리적 지혜(통찰력, 대외협력)를 전략적 행동으로 제시하였는데, 이 요소에는 외부로 드러난 행동(예, 대외협력)과 더불어 개인 내적인 역량(예, 학습능력, 변화주도능력, 통찰력 등)도 함께 포함하고 있다.

군의 경우도 미육군대학원에서는 주로 행동적인 요소(문화와 자원배분, 법규를 통한지시, 합의구축)에 초점을 맞추고 있지만, 한국군의 경우에는 개념적, 전문적, 대인적 역량으로 구분하여 내적인 자질(역량)(예, 체계의 이해, 정치·사회적 역량 등)과 행동적인 요소(예, 협상, 의사소통 등)들을 함께 포함하고 있다. 특히, 김영춘과 백유성은 한국군 고급제대 장교들을 대상으로 한 전략적 리더십 행동요소에서 자질요소와 실천 및 행동요소로 구분하여 설명하고 있다. 따라서 이상과 같은 내용을 종합해 볼 때, 전략적 리더십의 발휘 수단/방법은 "전략적 리더의 자질(역량)요소와 전략적 행동요소"라고 할 수 있다.

기존 전략적 리더십 개념들을 발휘 주체와 객체, 목표, 수단/방법으로 구분하여 살펴본 결과 전략적 리더십의 개념은 "조직의 최고위층 리더들이 불

31) Boal, K. B., & Hooijberg, R. 2000, "Strategic leadership research: Moving on", *The Leadership Quarterly*, 11(4), pp.515-549.
32) 김영춘·백유성. 2011, "전략적 리더십 구성요인 탐색-군 고급제대를 중심으로", 『한국인적자원관리연구』, 18(3), pp.219-241.

확실한 환경(VUCA) 속에서 조직의 비전(생존과 발전 등)을 달성하기 위해 전략적 리더의 자질(역량)요소와 전략적 행동요소를 바탕으로 조직 내·외 구성원들에게 영향력을 행사하는 과정"이라고 정의할 수 있다.

2. 전략적 리더의 사전경험과 전략적 행동

본 연구에서는 류성룡의 전략적 리더십을 분석함에 있어 무엇보다도 중요한 것은 절체절명의 위기 속에서 발휘된 전략적 리더로서의 자질(역량)요소와 전략적 행동요소에 초점을 맞추고자 한다. 백기복과 김용민은 전략적 리더십 통합모델에서 전략적 리더의 행동은 전략적 리더의 자질(역량)과 환경(불확실성) 및 조직의 특성의 상호작용에 의한 결과물로 설명하였다.[33] 즉, 리더의 어떤 자질(역량)이 특정한 환경과 조직에서 발현되는 것이 전략적인 행동이라는 것이다. 또한 리더십 프로세스 모델[34]에서도 리더의 행동은 리더 특성의 발현이라고 하였다. 본 연구에서는 전략적 리더로서의 자질(역량) 요소를 전략적 리더의 사전경험요소로 접근하였고, 전략적 행동요소는 실제 전략을 수립하고, 수립된 전략을 실천하며, 그 과정에서 발생하는 대내·외 구성원들에게 영향력을 미치는 과정을 모두 살펴보고자 한다.

(1) 전략적 리더의 사전경험

McCall, Lombardo, & Morrison은 성공적인 전략적 리더가 되기 위해 반드시 경험해야 될 사전경험에 대한 내용들을 제시하면서 전략적 리더로서 필요한 사전경험을 갖춘 리더들의 전략적 행동은 성공에 직결되는 요소라고 주장하였다.[35] McCall 등은 최고경영자들(전략적 리더들)이 성공하기 위해서

33) 백기복 & 김용민, 「전략적 리더십」, 백종현(편), 『기업 시장 그리고 정치적 시각』, 국민대학교 출판부, 1999.

34) Antonakis J., Day, D. V., & Schyns, B. 2012. Leadership and Individual differences: At the Cusp of a Renaissnace, The Leadership Quarterly, 24(1), pp.643-650.

35) McCall, M. W., Jr., Lombardo, M. M., & Morrison, A. 1988. The Lessons of

갖춰야 할 사전경험들을 정리하여 <표 5>와 같이 제시하였다. 그들은 성공적인 전략적 리더가 되기 위해서는 생소하고 어려운 직무를 수행한 경험과 더불어, 변화를 주도하고 고차원적인 책임을 수행하거나 비공식 권한을 행사한 경험을 중요하게 언급하였다. 뿐만 아니라 어려운 여건의 직무수행에서 장애를 극복해한 경험을 함께 포함하여 설명하고 있다.

표 5 전략적 리더의 사전경험들

구 분		전략적 리더의 사전경험들
다양한 직무 수행	생소한 직무수행	1. 예전보다 새롭고 색다르며 광범위한 직무를 수행했던 경험
	튀는 직무수행	2. 다른 사람들에게 리더가 하낼 수 있다는 것을 입증해야 하기 때문에 가중된 스트레스를 받았던 직무수행 경험
고차원적인 직무수행	변화주도	3. 새로운 방향 개발: 전략적 변화나 환경변화에 시급히 대응해야 하는 책임의 수행 경험
		4. 물려받은 문제해결: 전임자가 다른 사람으로부터 떠넘겨진 난제를 해결했던 경험
		5. 구조조정 결정: 사업부 폐쇄나 인력 구조조정을 다뤄본 경험
		6. 문제조직원 관리: 능력 없든가 경험이 없는 또는 저항적인 문제조직원을 다뤄본 경험
	고차원 책임수행	7. 중책수행: 최고경영자가 주시하고 성패에 따른 책임이 걸려있으며 데드라인이 급박한 중책수행 경험
		8. 다양성 관리: 직무의 영역이 넓어서 여러 기능, 집단, 제품, 고객 또는 시장을 동시에 관리한 경험
		9. 직무과중: 과중한 시간과 에너지를 요구하는 직무수행 경험
		10. 외부압력 대처: 정부, 노조, 해외 또는 지역사회와 관련된 문제들을 다뤄본 경험
	비공식 권한행사	11. 동료, 최고경영층, 외부 집단 또는 직접 영향을 미칠 수 있는 권한이 없는 사람들을 이끌어 일을 해냈던 경험

Experience, Lexington, MA: Lexington Books.

장애 극복	어려운 사업여건	12. 단위 사업부나 제품이 재정적 문제나 경제적으로 어려운 상황에 놓여 있을 때를 다뤄본 경험
	최고경영층지원 부재	13. 최고경영층이 내가 하는 일이나 프로젝트에 대해서 방향, 지원, 자문 등을 제공하지 않는 경우의 경험
	개인적 지원부재	14. 핵심 네트워크로부터 배제되고 다른 사람들로부터 지원이나 격려를 못 받으면서 일을 해내야 했던 경험
	어려운 보스	15. 상사가 결정적 결함을 갖고 있어 자주 충돌했던 상황을 극복했던 경험

자료: 백기복(2016, p.385),[36] <표 12-2>.

(2) 전략적 행동

백기복과 김용민(1999)은 성과 달성을 위한 전략적 행동을 전략수립과 전략실천으로 구분하였다.[37] 즉, 전략적인 목표를 달성하기 위한 전략적 행동을 전략을 수립하고 수립한 전략을 실천하는 것으로 구분한 것이다. 이와 마찬가지로 미육군대학원에서도 전략적 리더십의 전략적 행동을 전략을 수립하는 전략적 이론가(ST: strategic theorist)와 수립한 전략을 실천하는 전략적 실천가(SP: strategic practitioner)로 구분하였고, 여기에 전략을 실천하는 과정에서 발휘되는 리더십과 관련하여 전략적 리더(SL: strategic leader)의 역할을 추가하여 설명하였다.[38]

좀 더 구체적으로 설명하면, 전략적 이론가(ST)는 전략을 수립하는 사람으로서 전쟁을 연구하고 전략 개념 및 이론을 개발하여 국력의 재수단과 국가안보의 구성요소를 통합하는 역할을 수행한다고 하였고, 전략적 실천가(SP)는 전략적 계획을 개발하고 실행하며, 대외적인 힘을 사용하고, 지휘와 동료 리더십 기술, 목표, 수단, 방법들을 적용하여 군사적·비군사적 활동을 통일시키는 역할을 수행한다고 하였다.[39] 마지막으로 전략적 리더(SL)는 대

36) 백기복. 2016, 『리더십이론 리뷰』, 창민사.
37) 백기복·김용민, 앞의 책.
38) U.S. Army War College. 2010, *Stategic Leadership Primer 3rd*, p.6.
39) 최병운·조성룡, 앞의 책.

내적인 구성원들에게 전략적 비전과 초점을 제공하고, 지휘와 동료 리더십 기술을 숙달하며, 다른 사람으로 하여금 생각하고 행동하도록 동기를 부여하는 동기 부여자의 역할을 수행한다고 하였다.

이를 정리하면 <표 6>과 같으며, 전략적 이론가가 전략을 수립하는데 초점을 맞춘다면, 전략적 실천가는 수립된 전략을 실천하는 사람이고, 전략적 리더(동기 부여자)는 전략을 실천하는 과정에서 필요한 대인관계적인 리더십 스킬을 발휘하는 것을 의미한다고 볼 수 있다.

표 6 전략적 이론가, 실천가, 리더(동기부여자)의 주요 역할

구 분	주요 역할(skills)
전략적 이론가 (ST: strategic theorist)	– 전략적 개념과 이론 개발
	– 힘의 재요소들을 통합
	– 전쟁 역사 연구
	– 전략 교육
	– 목표와 방법, 수단을 제시
전략적 실천가 (SP: strategic practitioner)	– 전략적 계획을 개발 및 집행
	– 세력과 다른 힘의 요소들을 사용
	– 지휘와 리더십 기술을 통해 활동들을 통합
	– 전쟁과 전략의 모든 영역을 파악하고 장악
	– 목표, 방법, 수단을 적용
전략적 리더 (동기부여자) (SL: strategic leader)	– 비전과 방향 제시
	– 지휘와 동료 리더십 기술 발휘
	– 다른 사람들이 생각하고 행동하도록 동기부여
	– 목표, 방법, 수단을 조정

앞서 살펴본 <표 4>에 나타난 기존 연구에서의 전략적 행동요소들을 <표 6>의 요소들과 연계하여 살펴보면, 먼저 기존 연구에서는 대부분 전략적 이론가에 대한 요소는 거의 찾아볼 수가 없다. 다만 대부분의 연구에서

다룬 전략적 행동의 요소는 전략적 실천가 또는 전략적 리더로서의 역할에 초점을 맞추고 있었다.

예를 들어, Ireland & Hitt이 제시한 조직비전제시, 미래예측, 유연성 관리는 전략적 리더로서의 행동이고, 타인과 협력하는 것은 전략적 실천가로서의 행동으로 구분할 수 있다. 또한, Rowe의 자발적인 의사결정 수행 독려는 전략적 리더로서의 행동에 포함되며, Boal & Hooijberg의 변화주도와 관리적 지혜 등은 전략적 리더 또는 실천가에 해당되는 행동이라고 할 수 있다. 한국군의 경우에도 마찬가지로 최병운과 조성룡이 제시한 전략적 행동요소들(예, 전략주도, 동기부여, 자원 확보할당, 솔선수범 등)은 대부분 전략적 리더로서의 행동이고, 정치·사회적 역량, 협상과 합의는 전략적 실천가로서의 행동에 포함된다고 할 수 있다.

결과적으로 본 연구에서 적용한 전략적 리더십의 개념은 "**조직의 최고위층 리더들이 불확실한 환경(VUCA) 속에서 조직의 비전(생존과 발전 등)을 달성하기 위해 사전경험을 바탕으로 전략적 행동(전략적 이론가, 실천가, 동기부여자)을 통해 조직 내·외 구성원들에게 영향력을 행사하는 과정**"이라고 정의할 수 있다.

(3) 분석틀

그림 1 분석틀

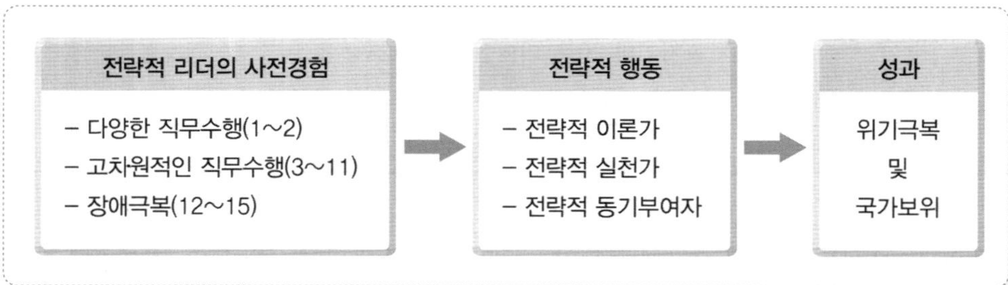

류성룡의 전략적 리더십을 분석하기 위한 분석틀은 <그림 1>과 같다.

앞서 이론적 배경에서 언급한 내용을 바탕으로 류성룡의 전략적 리더로서의 사전경험과 전략적 행동, 그리고 그 결과로 나타난 국가의 위기극복과 국가보위에 미친 영향까지 분석하고자 한다. 전략적 행동 중 전략적 리더는 동기부여자로서의 역할에 초점을 맞추기 때문에 본 연구에서는 전략적 동기부여자로 표시하였다. 전략적 리더로서의 사전경험은 앞서 <표 5>에 제시된 15가지 사전경험들이며, 전략적 행동은 <표 6>이 제시된 14가지 전략적 행동들이다.

본 연구는 류성룡에 대한 기존 연구 자료들 중 주로 2차 자료를 참고하여 류성룡의 어록과 류성룡이 발휘한 행동, 이후 역사가들이 평가한 류성룡에 대한 다양한 평가 자료들을 활용하고자 한다. 특히 전략적 리더로서의 사전경험에 대한 분석 시에는 <표 5>에 나타난 3가지(다양한 직무수행, 고차원적인 직무수행, 장애극복)에 대하여 실제 사례와 연계하여 설명함으로서 류성룡이 전략적 리더로서 얼마나 많은 사전경험들을 하게 되었는지를 설명하고자 한다. 그리고 그러한 사전경험이 실제 전략적 리더로서 전략적 행동을 할 때 어떻게 발휘되었는지를 3가지 전략적 행동(전략적 이론가, 실천가, 리더)의 관점에서 사례를 분석하고자 한다.

시기적으로는 사전경험에 대한 사례분석은 1566년 대과에 급제(25세) 이후 승문원 권지부정자[40]에 선발되어 보직을 맡아 일을 하기 시작한 시기부터 1591년 임진왜란 발발 1년 전까지로 하고, 전략적 행동에 대한 분석은 임진왜란 발발 1년 전인 1591년부터 임진왜란이 종료되는 1598년까지로 하였다.

40) 승문원은 외교관계의 문서를 관장하던 관청으로서 부정자는 종9품 관직이다.

Ⅲ. 류성룡의 전략적 리더십

1. 전략적 리더의 사전경험

류성룡은 1566년 대과에 급제하여 승문원 권지부정자(25세)에서 업무를 시작한 이후 28세(1569년)에 성절사 서장관(공조좌랑),[41] 29세(1570년)에 홍문관 부수찬·수찬[42]을 거쳐 사간원정언,[43] 이조좌랑[44]에 올랐다. 30세(1571년) 병조좌랑[45]을 거쳐, 31세(1572년)에는 원접사 종사관[46]의 임무도 수행하였다. 34세(1575년)에는 홍문관 부교리,[47] 이조정랑[48]에 올랐고, 35세(1576년)에 홍문관 교리[49]를 하였으며, 사간원 헌납,[50] 의정부 검상,[51] 홍문관 전한,[52] 사헌부 장령,[53] 홍문관 부응교[54] 등을 역임하였다. 36세(1577년)에는

---

41) 성절사는 조선시대 명나라 또는 청나라의 황제·황후의 생일을 축하하기 위해 보내던 사절단을 말하는데 사절단의 구성은 정사, 부사, 서장관 각 1명과 대통관 3명, 호공관 24명으로 구성되었다. 이때 서장관의 임무는 기록관으로 외교문서에 관한 직무를 수행하였다. 공조좌랑은 정6품의 관직이다.

42) 홍문관은 궁중의 경서와 사적을 관리하며, 문서를 처리하고 왕의 자문에 응하기도 한다. 때로는 경연관, 지제교를 겸임하였다. 부수찬은 종5품 관직이며, 수찬은 정5품 관직이다.

43) 사간원은 국왕에 대한 간쟁, 시료에 대한 탄핵, 당대의 정치, 인사문제 등에 대한 언론 등을 담당하는 기관으로 정언은 정6품의 관직이다.

44) 이조좌랑은 관리의 임명, 공훈, 봉작, 관원들의 성적고사 등에 대한 직무를 맡은 이조에 속한 벼슬로서 정6품의 관직이다.

45) 병조좌랑은 군사에 관한 일과 무관 선발을 맡은 병조에 속한 벼슬로서 정6품 관직이다.

46) 원접사는 명나라와 청나라의 사신을 맞아들이던 관직으로서 종사관은 임시문관직(5~6품) 매일의 기록이나 귀국후 국왕에게 견문한 바를 보고하는 관직이었다.

47) 홍문관의 종5품 관직으로 주로 경서와 사적을 제찬, 검토하는 역할을 수행하였다.

48) 이조에 속한 정5품 관직으로 특히 인사를 담당하는 중요 관직이었다.

49) 홍문관의 정5품 관직으로 문헌에 관한 일을 맡았고 경연에 참석하였으며 주된 임무는 왕의 교서를 만드는 역할이었다.

50) 사간원의 정5품 관직으로 국왕에 대한 간쟁과 봉박을 담당하는 책임자였다.

51) 의정부는 임금을 보좌하여 정무를 총괄하던 국가 최고 행정기관으로서 검상은 정5품 관직이었다.

52) 홍문관의 종3품 관직으로 경연관과 지제교(교서를 짓는 관직)를 겸하였다.

53) 사헌부는 관리들의 비행과 불법행위를 살피고, 감찰기능을 하는 기관으로서 장령은 정4품의 관직이었다.

54) 홍문관의 종4품 관직으로 경연관, 사관, 지제교를 당연직으로 겸직하였다.

의정부 검상·사인[55]과 홍문관 응교[56]를 거쳐, 38세(1579년)에는 홍무관 직제학,[57] 승정원 동부승지,[58] 이조참의,[59] 홍문관 부제학[60] 등을 역임했고, 39세(1580년)에는 상주 목사[61]의 임무를 수행하였다.

40세(1581년)에는 사간원 대사간[62]과 승정원의 우부승지,[63] 도승지,[64] 사헌부 대사헌[65]을 역임하였다. 42세(1583년)에는 함경도 관찰사,[66] 성균관 대사성,[67] 경상도 관찰사를 역임하였고, 43세(1584년)에는 예조판서[68]하였다. 47세(1588년)에는 형조판서,[69] 홍문관·성균관 대제학[70]을 역임하였고, 48세(1589년)에는 병조판서[71]와 지중추부사[72]가 되었다. 49세(1590년)에는 의정부 우의정[73]의 임무를 수행하였고, 임진왜란이 발발하기 1년전인 50세(1591

55) 사인은 의정부의 정4품 관직으로 검상과 사록을 지휘하면서 실무를 총괄하였다.
56) 홍문관의 정4품 관직으로 홍문관의 한 분장인 공방(산림, 토목, 영선 등의 공정을 담당)을 관장하였으며, 부제학 이하 부수찬에 이르기까지의 관원과 함께 옥당(홍문관의 부제학이하 교리, 부교리, 수찬, 부수찬 등 실무를 담당하는 관원을 총칭하는 말)이라고 불리었고 지제교를 겸하였다.
57) 홍문관의 정3품 관직으로 지제교를 겸직하였다.
58) 승정원은 왕명의 출납을 담당한 임금의 비서기관으로 동부승지는 정3품의 관직이었다.
59) 이조의 정3품 관직으로 이조판서와 참판을 도와 이조의 업무관장에 참여하였다.
60) 홍문관의 정3품 관직으로 제학과 직제학 사이의 관직이며 궁중의 경서 및 사적을 관리하는 임무를 수행하였다.
61) 목사는 관찰사 밑에서 목을 맡아 다스린 정3품 관직이다.
62) 사간원의 정3품 관직으로 사간원을 총괄 책임자였다.
63) 승정원의 정3품 관직으로 좌부승지(병방, 군사방)와 함께 형방을 관장하였다.
64) 승정원의 정3품 관직으로 그 밑으로 좌승지, 우승지, 좌부승지, 우부승지, 동부승지 등 5명을 총괄 지휘하였다.
65) 사헌부의 종2품 관직으로 도헌이라고도 하며, 사헌부를 총괄 지휘하였다.
66) 조선시대 8도 중 함경도의 장관으로 종2품의 관직이었다.
67) 성균관은 유학의 교육에 관한 일을 관장하는 기관으로서 대사성은 정3품 관직이다. 문과출신의 학문이 뛰어난 자를 보임하였다.
68) 예조는 예악, 제사, 연향, 외교, 학교, 과거 등의 업무를 관장하는 기관으로 판서는 정3품 관직이었다.
69) 형조는 법률, 소송, 형옥 등의 일을 관장하는 기관으로 판서는 정2품 관직이었다.
70) 대제학은 정2품 관직으로 각 기관의 최고의 직위였다.
71) 병조는 군사 관계 업무를 총괄하던 기관으로 정2품 관직이었다.
72) 지중추부는 일정한 직무가 없는 당상관들을 우대하기 위하여 설치한 관청인 중추부의 정2품 관직이었고 본사 군사관계 일을 맡았던 관청이었다.
73) 의정부의 정1품 관직으로 의정부의 좌의정, 영의정과 함께 3의정 중 하나였다. 우의정은 좌의정, 영의정과 함께 국왕을 보좌하면서 백관을 통솔하고 서정을 감독하는 역할을 수

년)에는 이조판서[74]를 겸임하였고, 곧 좌의정[75]으로 승진하였다.

이상과 같이 류성룡은 임진왜란이 발발하기 이전까지 승문원 권지부정자에서 시작하여 좌의정까지 수많은 업무를 수행하며 많은 경험들을 축적하였는데, 이러한 경험들 중에서 전략적 리더로서의 사전경험들을 살펴보면 다음과 같다.

(1) 다양한 직무수행

직무이동과 관련된 사전경험은 두 가지로 살펴볼 수 있는데 첫째, 새로운 직무수행으로 예전에 경험해보지 못한 새롭고 색다르며 광범위한 직무를 수행했던 경험(①)[76]과 둘째, 리더로서 자신의 능력을 입증해야 하는 스트레스 상황에서의 직무수행 경험(②)이다.

류성룡이 수행한 여러 직책들을 살펴보면, 익숙한 업무를 수행했다기 보다는 새로운 업무를 광범위하게 수행했다는 것을 알 수 있다. 외교관계의 문서를 관장하는 승문원에서 시작하여 사절단의 임무도 수행하였고, 3사(홍문관, 사간원, 사헌부), 의정부(이조, 병조, 예조, 형조), 승정원등 다양한 관직을 수행하였다.

특히, 이러한 중앙관직뿐만 아니라 생소한 지방관직도 성공적으로 수행하였는데, 39세(1580년) 홍문관 부제학으로 직책을 수행하다 특명으로 상주목사로 부임하게 되었다. 목사는 지방고을의 수장으로서 백성들과의 직접적인 소통을 해야 하는 다소 생소한 직책이었고, 뿐만 아니라 당시 선조가 다른 고을 목사들이 류성룡을 본받도록 하기 위하여 한 임명이라고 하였기 때문에[77] 상주목사로서 임무를 성공적으로 수행해야만 하는 스트레스 상황이었

행하였다.

74) 이조의 정2품 관직이다.

75) 영의정, 우의정과 함께 3의정 중 하나였다. 서열순서는 영의정-좌의정-우의정 순으로 우의정의 위였으며 일반 정무와 함께 외교관계 등의 일을 감독하였다.

76) 401페이지 <표 5>의 사전경험 관련 일련번호를 나타냄.

77) 류성룡이 간청하여 상주목사가 되었으나, 당시 상은 류성룡의 간청에 못이겨 특명으로

다. 류성룡은 이런 생소한 상황에서 상주목사의 직책을 훌륭하게 수행하였다.[78] 불필요한 경비를 줄이고 검소한 생활을 통하여 본을 보였으며, 교육에도 힘을 쏟아 백성들로부터 칭송을 받았다. 이와 같이 류성룡은 스트레스 상황에서 새로운 직무를 통해 다양한 사전경험들을 축적하였다고 볼 수 있다.

(2) 고차원적인 직무수행

고차원적인 직무수행 관련 사전경험은 크게 변화주도(③~⑥), 고차원 책임수행(⑦~⑩), 비공식권한행사(⑪)로 나누어 살펴볼 수 있다. 먼저 변화주도와 관련하여 류성룡은 전략적 변화나 환경변화에 시급히 대응해야 하는 상황에서 책임감 있게 방향을 제시하고 주어진 직무를 잘 수행하였다고 볼 수 있다(③).

42세(1583년) 홍문관 부제학으로 직무를 수행할 때 북쪽 오랑캐 이탕합의 국경 침범으로 갑작스럽게 조정에 부름을 받았다. 그 문제를 어떻게 해결할 것인지에 대한 논쟁에서 대부분의 공론이 비밀리에 군대를 투입하여 소탕해야 된다는 방향이었다. 그러나 류성룡은 잘못된 군사행동보다 회유책이라는 새로운 방향을 제시하여 문제의 확대를 막고 원만하지 문제를 해결하는데

상주목사를 지명하게 되었다. 당시 기록에 의하면 "할 수 없이 지방 고을을 맡게 해달라는 요청에 따르게 되었노라"라고 하였다. 그리고 "그대에게 상주목사를 시킨 것은 이웃 고을 관리들이 본받도록 한 것이다."라고 하였다.(서애집 2권, pp.195-196)

78) 류성룡은 상주목사로 부임하여 직무를 수행하였다. 지방고을이라고는 하지만 상주는 영남에서도 큰 고을이어서 경비가 많이 나서 1년 지출이 만섬 정도나 되었다. 선생은 낭비를 줄이고, 자신은 검소한 생활을 하여 1년 지출이 몇 백섬에 지나지 않았다고 하였다. 또한 서애는 행정을 함에 예의와 사양으로 기본을 삼아 매월 1일과 15일마다 여러 학생들을 인솔하고 공자의 사당에 참배하고, 물러나와서는 명륜당에 모여 여러학생들이 공부한 글을 강론하였다. 은미한 말과 깊은 뜻은 비유를 해가면서 반복하여 설득시키고, 능력에 따라 공부를 시키는데 각각 조리가 있었다. 마음마다 동몽사장과 향약유사를 선출하여 글로써 효유하였는데, 대략 오륜을 철저하게 하는 것으로 먼저 할 일을 삼았다. 그리고 부지런히 공부하도록 성의를 다하여 관곡하게 이끌어가면서 모든 처사를 옛 법대로 따라하니, 1년 동안에 학풍이 새로워져서 교화가 크게 퍼졌다. 이임할 때에는 그 고을 사람이 비석을 세워서 선생의 공덕을 칭송하고 또 생사당을 세우려 했는데 선생이 친한 이에게 글을 보내어 하지 못하도록 제지하였다.(서애집 2권, pp.195-196)

크게 기여하였다.[79)]

그리고 류성룡은 전임자나 다른 사람으로부터 떠넘겨진 난제를 잘 해결한 경험(④)이 있다. 38세(1579년) 승정원 동부승지로 있을 때 이전까지 승정원에서 쓰는 종이가 너무 넓고 두꺼워서 비용이 많이 들었던 문제를 해결하였던 것이다. 류성룡은 한 달 분의 종이의 양을 규정하여 남용하지 못하게 하고 또 지질을 넓지 않게 사용하도록 하여 이 문제를 해결하였다고 한다.[80)] 또한, 42세(1583년)에 경상도 관찰사로 부임하여 전임자가 제대로 처리하지 못하고 남기고 간 다양하고 복잡한 일들과 이전에 행했던 불공정한 판결, 헤이해진 기강 등 다양한 폐단들을 해결한 경험도 있다.[81)]

류성룡은 현대 조직에서 주로 사용되는 구조조정과 관련하여 조직의 폐쇄나 인력구조조정과 같은 조직혁신 사례를 직접적으로 확인하기는 어려우나, 잘못된 조직의 관행을 바로 잡고 효율적인 조직운영을 위한 폐단을 없애려는 노력들을 통해 간접적인 변화관리 경험(⑤)을 확인할 수 있다.

류성룡은 40세(1581년)에 홍문관 부제학으로 있을 당시에도 수군의 잘못된 폐단을 바로 잡기도 하였다. 이전에는 수군을 열 사람씩 당번을 세우고,

79) 42세 계미년 2월 홍문관 부제학에 제수되었다, 북녘 오랑케 족속인 이탕합이 국경을 침범하였다. 부름을 받고 조정에 돌아와 봉사(밀봉하여 임금에게 올리는 글)를 올렸다. 왕명으로 국경방위책 5조항을 올렸다. 1. 화의 근원을 막을 것. 2. 싸우고 지키는 규정을 정할 것. 3. 오랑캐의 정세를 조사할 것. 4. 군대에 보급품을 충분히 줄 것. 5. 잘못된 정치를 바로잡을 것. 등이었다. 이때 조정의 공론이 "비밀리에 군대를 오랑캐 지역에 투입시켜 그들의 소굴을 소탕하자."하였으나, 선생은 말하기를, "오랑캐들이 도리에 어긋난 짓을 한 것은 진실로 그들의 잘못이지마는, 당당한 우리 조정으로서 그들의 죄상을 성토하지 못하고 비밀리에 군대를 투입시켜 그들을 덮쳐 늙은이와 어린이들을 모조리 죽이려고 하니 이것이 어찌 만물을 사랑하는 왕자(王者)의 도리이겠는가?"라고 하여 그 의논이 끝내 잠잠해지고 말았다. (서애집 2권, p.199.)

80) 서애집 2권, p.194.

81) 42세 계미년 10월 경상도 관찰사로 새로 부임하였을 때 영남은 지역이 넓고 인구가 많아서 일이 많고 복잡하였다. 선생이 부임하고서는 좌우로 수용하여 판결을 물이 흘러 내리 듯 하였다. 일을 공정하게 처리하고, 아랫사람을 신의 있게 대하며 잔민들을 살리고 폐단을 혁신시켰다. 마음을 다해 정치한 지 몇 달이 안가서 기강이 바로 잡히고 교화가 널리 퍼져서 관리들과 백성들이 서로 조심하여 감히 규칙을 어기지 못하였다.(서애집 2권, p.201.)

한 사람으로 대장을 삼아 배 한 척을 통솔하도록 하였다. 윤번제로 대오를 편성하여, 3일마다 교대 시키면서 각각 그 대장에게 모든 책임을 맡겼는데, 대장이 그 밑에 있는 사람들에게 너무 많은 것을 요구하여 괴롭히는 폐단이 자주 발생하였다. 류성룡은 이러한 폐단을 고쳐 많은 사람들로부터 칭송을 듣기도 하였다.[82] 42세(1583년) 경상도 관찰사로 있을 당시에도 백성들을 괴롭히는 여러 가지 폐단을 혁신하는 노력들을 하였다.[83]

류성룡은 문제 조직원을 관리한 경험(⑥)도 있다. 35세(1576년)에 사간원 헌납으로 직무를 수행하고 있을 때 대간 정언신 등이 척리(戚里)[84]에 대하여 논계하였다고 하여 이조에서 이를 문제 삼고 척리를 논계한 대신들에게 불이익을 주려고 한 사건이 발생하였다. 이때, 류성룡은 이조의 이러한 잘못된 관행이 소통을 가로막고 척리의 횡포를 더욱 부추긴다고 하여 이조의 전관들을 모두 탄핵하는 상소문을 올려 해당 전관들이 모두 해임되도록 하였다.[85] 이상과 같이 류성룡은 변화를 주도하는 다양한 경험들을 하였다고 볼 수 있다.

다음으로 고차원 책임수행과 관련하여 류성룡은 여러 가지 중책을 수행(⑦)하였다. 앞서 살펴본 상주목사, 관찰사 등과 같은 중책 외에도 선조의 지근에서 임금의 질문에 올바르고 정확하게 대답하는 직무를 훌륭하게 잘 수행하였다. 29세(1590년)때 류성룡이 홍문관 부수찬으로 직무를 수행할 때 임금의 마음을 바로잡는 것으로 자신의 임무를 삼겠다고 결심하고, 입대(임금의 물음에 답함)할 때마다 마음가짐을 가다듬어 성의를 다하여 올바른 도리만을 진술하고, 이치를 하나씩 분석하여 아주 간곡하게 고금을 인용하면서 납득이 가도록 설명하였다. 그럴 때마다 선조가 항상 칭찬하였고, 한때 사대부들이 추대하여 강관의 제일로 삼았다고 기록되어 있다. 부제학 유희춘이

82) 서애집 2권, p.197.
83) 서애집 2권, p.201.
84) 임금의 내척과 외척.
85) 서애집 2권, p.191.

는 감탄하면서 "유수찬(류성룡)같이 어려운 일을 실행하도록 권고하고 착한 도리를 말해주는 이가 또 다시 있을까?"라고 극찬하였다.[86)]

또한, 류성룡은 다양한 직무에 대한 박식한 지식을 가지고 있었다(⑧). 류성룡이 40세(1581년) 홍문관 부제학으로 임무를 수행하던 중에 '대학연의'를 지어 올려, 선조에게서 큰 칭찬을 받았는데, 그 내용을 보면 정치, 경제, 사회, 인사, 예법 등 다양한 분야를 총망라하여 언급하고 있다.[87)] 다양한 직무능력이 있다 보니 자연스럽게 다양한 직무를 수행하게 되고, 이에 따라 직무에 과중한 시간과 에너지를 쏟을 수밖에 없는 상황도 많이 경험하였다(⑨).

류성룡은 41세(1582년) 여름에 승정원 우부승지에 임명되었지만, 그해 겨울에 다시 특명으로 도승지에 승진되었다. 갑작스러운 승진의 이유는 왕(王)・황(黃)라는 두 명나라 사신이 와서 사신관련 직무수행을 시키기 위한 조치였다. 이런 와중에 류성룡이 바쁜 사무를 계획성 있게 처리하되 모든 것을 도리에 맞게 하며, 의식 절차와 언어 행동에 대해서도 법도에 맞게 하여 당시 명나라 사신이 크게 존경하고 감탄하였다고 한다. 당시 사신들은 말할 때 마다 꼭 선생이라 부르고 벼슬 명칭을 부르지 않았으며, 일반적인 연회 때 주고받는 절차도 반드시 문의하여 시행하였다고 한다. 명나라 사신이 돌

---

86) 서애집 2권, p.187.

87) 40세 신사년 1월 서애는 대학연의를 지어 올렸다. 동료들과 10조항의 차자를 올렸다.

1. 실재의 덕을 닦아 천심에 보답할 것
2. 대궐의 안과 밖을 엄격히 구분하여 궁중 출입을 엄숙히 할 것
3. 정치 체제를 가다듬어 규모를 수립할 것
4. 공론을 중하게 여겨 조정의 기강을 정비할 것
5. 명분과 실재를 밝혀서 인재를 등용할 것
6. 공정한 길은 넓히고 오행을 찾는 문은 막을 것
7. 예의와 염치를 배양하여 흐려진 풍속을 맑게 할 것
8. 정치체제와 법률 제도를 밝혀서 간사한 것을 막을 것
9. 쌓인 폐단을 제거하고 국민 생활을 높여 줄 것
10. 학문을 숭상하여 선비들의 기풍을 바로 잡을 것 등이었다.

상이 특별한 비답을 내리고 묻기를, "이 소는 누가 지은 것인가?"라고 묻자, 동료들이 선생이 지었다고 대답하니, 상이 이르기를 "그렇지! 부제학이 아니면 이렇게 하지 못하였을 것이다"하였다.(서애집 2권, p.197)

아간 뒤에 선조가 류성룡에게 금포를 하사하여 포상하였고, 사헌부 대사헌으로 승진시켰다.[88)]

류성룡은 기축사화(1589년)[89)] 당시 서인들의 압력에 당당하게 맞서는 모습을 보여주었다(⑩).[90)] 류성룡이 48세(1589년) 때, 서인이었던 정철이 영남 선비들을 역적으로 몰아 조사하려고 할 때 부당함을 역설하여 영남지역에 대한 어사 파견을 없었던 것으로 하였지만, 그러한 논쟁이 있고나서 바로 그 다음 날 정철이 자신의 의견을 고집하면서 어사를 파견하기로 주청하였다. 이때 류성룡이 마침 이조 판서가 되어, 직접 어사를 파견하였는데, 오억령이란 사람이 신중하고 성실하다고 판단하고 왕명을 받아 보내어 영남이 무사할 수 있도록 하였다.[91)] 이는 외부의 압력을 지혜롭게 잘 대처한 사례이기도

---

88) 서애집 2권, p.198.

89) 기축년(1589년)에 정여립이 반란을 꾀하고 있다는 고변에서 시작되어 1591년까지 수 많은 동인의 인물들이 연루되어 희생되었다. 이를 통해 등인과 서인의 대립과 갈등의 골이 크게 깊어지는 계기가 되었다.

90) 정승 정철이 영남 선비들이 역적을 두둔하였다 하여 어사를 파견하여 조사하고 심문하려 하였다. 영의정 이산해가 정철에게 말하기를, "그대가 영남 선비들을 조사하고 심문하려 한다는데, 영남 출신이 예조 판서(서애)에게는 왜 실정을 묻지 않소?" 하였다. 정철이 큰 소리로 선생에게 말하기를, "듣자니까 영남 선비들이, 역적을 억울하다 하여 구호하려 한다고 하니, 그대로 두고 불문에 붙일 수는 없소." 하였다. 선생이 말하기를, "영남 선비들이 그 수가 한이 없는데, 집집마다 호별 방문해서 심문한단 말이오? 아니면 누구누구를 지적하여 심문하겠단 말이오? 그대가 이 일을 꼭 성취시키려한다면 온 나라 사람에게 큰 실망을 줄 것이오." 하였다. 회의를 끝내고는 정철이 길가 어떤 집에 들어가서, 사람을 보내어 선생을 초청하였다. 선생이 가니 정철이 일어나 맞으면서 하는 말이, "여기는 나의 매부인 계림군의 집이오." 하면서 곧 주인을 불러내어 인사를 시키고 말하기를, "이 사람들은 을사사화 때 수레에 실려 형을 당할 뻔하다가 다행히 화를 모면한 사람들이오." 하였다. 선생이 말하기를, "만약 그렇다면, 그대는 옥사를 더욱 신중하게 다스려야 할 것이오." 하고, 곧 이어 말하기를, "영남 선비들을 조사하고 심문한다는 것은 참으로 나는 뜻밖이었오." 하니, 정철은 말하기를, "선비들은 공론이 잇는 바인데, 역적이 역적인지를 모르겠기에 사람을 보내어 설득시키려고 한 것이오." 하였다. 선생은, "그대라 만약 공정하게 옥사를 처리하였다면, 사람들이 설득을 받지 않더라도 자연심복할 것이요, 그렇지 않으면 비록 집집마다 한 사람씩 보내어 말해 준들 무슨 소용이 있겠오? 그대가 대신의 지위에 있으면서 무엇 때문에 한 도의 사람들을 휘몰아다가 예측할 수 없는 곤경에 빠뜨리기를 동한(東漢) 때 당고(黨錮) 같이 할 작정이오?" 하였다. 정철의 말이. "그대의 말이 그러하니 그만두어야겠소." 하였다. (서애집 2권, pp.211-212).

91) 서애집 2권, pp.211-212.

하지만, 오억령이라는 제3자를 통해 문제를 지혜롭게 해결하였기 때문에 비공식 권한행사(⑪)의 사례라고도 할 수도 있다. 이상과 같이 류성룡은 고차원적인 직무수행을 통해 전략적 리더로서의 사전경험을 쌓았다고 할 수 있다.

(3) 장애극복

장애극복의 사전경험은 어려운 여건(경제적 어려움, 지원 부재, 상사와의 갈등 등) 속에서 직무를 수행했던 사례를 통해 살펴보고자 한다. 앞서 살펴본 바와 같이 류성룡이 상주목사를 할 때 상주의 경제적인 어려움을 검소한 생활을 통하여 극복하였던 경험(⑫)을 가지고 있다.

최고경영층 지원부재와 관련된 경험은 임금이었던 선조의 지원과 관련하여 살펴볼 필요가 있다. 당시 유교적인 문화에서 류성룡에게 부모를 봉양하는 일은 그 어떤 일보다 중요한 일이었다. 그러나 선조는 류성룡의 부모 봉양과 관련한 여러 번의 간곡한 부탁과 상소에도 류성룡의 요구를 거의 들어주지 않았다(⑬).[92] 이러한 상황에도 불구하고 류성룡은 시간이 날 때 마다 고향을 찾아 어머니를 봉양하는 모습을 보여주었다. 상주목사의 임명은 이러한 류성룡의 효심과 깊이 관련성이 있는데, 당시 선조는 "류성룡이 늙은 어머니가 있는 관계로 여러 번 봉양하기를 요청하였는데 이 고을을 맡게 하라!"라고 윤허하여 상주목사가 될 수 있었다.

92) 43세 갑신년 8월 임금이 선생을 종백(예조판서)에 임명하려고 할 때 선생이 상소를 올려 사양하려 하였다. 임금이 비답하기를 "내가 그대를 발탁한 것은 사적으로 그대를 총애하는 것이 아니고, 국가를 위한 것이다. 임금이 사람을 등용하는 것이 참으로 한가지 방법만은 아니었다. 옛 사람에 농어촌 출신으로 등용되어 조정에 높은 지위에 앉은 이가 있었는데, 그는 본디부터 그러한 위치에 있은 듯 여겼지, 물러가겠노라는 말을 듣지 못하였다. 그러면 이런 사람은 과연 나아가고 물러나는 도리에 밝지 못하여, 이토록 수치시미도 없이 벼슬만 탐하는 사람이긴 이란 말인가? 옛 임금이 그 신하에 대하여 그를 신하로 여긴 이도 있고, 벗으로 여긴 이도 있으며, 또 스승으로 여긴 이도 있었다. 그대는 10년동안 경연에 있으면서 한결같은 덕으로 아무런 하자도 없었으며 의리상 임금과 신하라고는 하지만 정의는 친구와 다름이 없다. 학문으로 말하면, 글귀나 따지는 천박한 선비가 아니며, 재능으로 말하면 충분히 큰 일을 감당할 만하도다. 그대를 나만큼 아는 이가 없으니, 종백의 장에는 그대만이 적격자이다. 부디 직무에 충실하고 다시는 사양하지 말라. 나는 두 번 다시 말하지 않겠노라!"하였다.(서애집 2권, pp.202-203)

임금의 지원 부재이 외에도 당시 기축사화와 같은 사건을 통해 함께 일을 했던 동인들(예, 이발, 이길, 김우옹, 백유양, 정언신 등)을 잃게 되어 실제 류성룡은 직무를 수행하는데 많은 애로사항(⑭)을 겪게 되었다. 마지막으로 상사와의 충돌 상황에 대한 경험과 관련하여 42서(1583년)에 경상도 관찰사로 임명되었을 때 서인이었던 영의정 박순에게 하직 인사차 찾아간 사례를 볼 수 있다. 그때 동인이었던 허봉의 처벌과 관련하여 서로 논쟁하여 갈등하였는데,[93] 앞서 언급되었던 정철과의 갈등 해결에 못지않게 박순과의 갈등상황도 지혜롭게 잘 극복하는 모습을 보였다. 이상과 같은 사례들을 볼 때 류성룡은 여러 가지 어려운 장애를 잘 극복하여 전략적 리더로서의 사전경험을 축적했다고 볼 수 있다. 앞선 내용들을 종합하면 <표 7>과 같이 정리할 수 있다.

표 7 류성룡의 전략적 리더로서의 사전경험

구 분		류성룡의 전략적 리더로서의 사전 경험들
다양한 직무수행	① 생소한 직무수행	–다양한 직무수행 (승문원, 사절단, 3사, 의정부, 승정원 등)
	② 튀는 직무수행	–39세(1580년) 상주목사: 지방고을 직무
고차원적인 직무수행	③ 새로운 방향개발	–42세(1583년) 홍문관 부제학: 오랑캐 침입시 새로운 방향제시
	④ 물려받은 문제해결	–38세(1579년) 승정원 동부승지: 비용 절감 –42세(1583년) 경상도 관찰사: 기강 세움

93) 42세 계미년 10월 경상도 관찰사로 제수되었다. 선생은 영의정 박순에게 하직 인사차 찾아갔었다. 박순이 현실 문제에 대해 말하기를, "허미숙(허봉) 등이 죄를 당한 것은 운명이지, 사람의 잘못은 아니지 않소?" 하자, 선생은 말하기를, "ㅇ 필의 말이 '임금과 재상은 운명을 말하지 않는다.'라고 하였는데, 지금 대감은 생살의 운명을 만드는 지위에 있으면서 어찌 운명에다 맡기고 사람 잘못은 따지지 않습니까?" 하였다. 박순은 아무 말 없이 한참 있다가, 하고 싶은 말이 무엇이냐고 물었다. 선생이 말하기를, "우리나라가 일찍이 간쟁한 일 때문에 간관을 처벌한 일은 없었소. 지금 허봉 등 세 사람이 죄는 가벼운데 처벌은 중하여 온 나라가 불안을 느끼고 있으니, 대감께서는 해결책을 잘 생각하십시오." 하니, 박순은 말하기를, "내가 바야흐로 숙헌(이이)과 밤낮으로 의논하는게 바로 그 문제요." 하였다.(서애집 2권, pp.200-201)

	⑤ 구조조정 결정	−40세(1581년)에 홍문관 부제학: 수군 문제 해결 −42세(1583년) 경상도 관찰사: 폐단 혁신
	⑥ 문제조직원 관리	−35세(1576년) 사간원 헌납: 이조의 불합리한 관행 해결
	⑦ 중책수행	−39세(1580년) 상주목사: 타 목사의 본이 됨 −42세(1583년) 경상도 관찰사: 기강 세움 −29세(1570년) 홍문관 부수찬: 탁월한 입대
	⑧ 다양성 관리	−40세(1581년) 홍문관 부제학: 대학연의 작성
	⑨ 직무과중	−41세(1582년) 승정원 우부승지, 도승지
	⑩ 외부압력 대처 ⑪ 비공식 권한행사	−48세(1589년) 이조판서: 기축사화시 영남세력 보호
장애 극복	⑫ 어려운 사업여건 ⑬ 최고경영층지원부재	−39세(1580년) 상주목사: 경제적 어려움 극복, 어머님 봉양 문제 극복
장애 극복	⑭ 개인적 지원부재	−인적네트워크 부재 문제 극복
장애 극복	⑮ 어려운 보스	−42세(1583년) 경상도 관찰사: 영의정(서인)과의 갈등 극복

2. 전략적 행동

이태진(2008)은 류성룡의 역할에 대해 임진왜란이 발발하기 1년 2개월 전인 1591년 2월에 좌의정에 임명되면서 이미 군주의 지시에 따라 왜의 침입에 대비하는 일에 착수하였다고 하였다. 그리고 1598년 10월 영의정의 자리에서 물러나면서 비로소 종료되었다고 하면서 실제의 전쟁기간 6년 7개월보다 1년 3개월이 더 긴 7년 10개월이라고 하였다.[94)]

특히, 전란 기간 류성룡은 도체찰사로서 그리고 좌의정과 영의정으로서 야전을 누비며 전략의 제시하고 실천하며 리더로서 영향력을 발휘하였다. 따라서 류성룡의 전략적 행동(전략적 이론가, 전략적 실천가, 전략적 동기부여자)은 7년 10개월간 도체찰사로서, 그리고 좌의정과 영의정로서의 역할 속에서

94) 이성무 · 이태진 · 정만조 · 이헌창. 2008, 『류성룡과 임진왜란』, 태학사.

그 사례를 살펴보고자 한다.

(1) 전략적 이론가

전략적 이론가는 전쟁 역사를 연구하고 이를 바탕으로 전략적 이론을 개발하는 것이 가장 주된 역할이다. 전략적 이론가에 있어 역사와 전쟁사의 연구는 매우 중요하다. 역사는 반복된다. 그리고 전쟁의 역사도 마찬가지이다. 따라서 역사 속 전쟁을 통한 전략적 교훈은 전쟁의 승패의 결정적인 영향을 미칠 수 있다.

역사적으로 훌륭한 전략가로 평가받고 있는 위인들은 하나같이 역사 공부를 강조하였다. 프로이센의 프리드리히 2세의 예화는 유명하다. 어느 대위가 프리드리히 2세에게 "폐하처럼 훌륭한 전략가가 되기 위해서는 어떻게 해야 합니까?"라고 물었다. 왕은 전쟁사를 열심히 공부하라고 말했다. 대위는 고개를 갸우뚱하더니 자신은 그런 이론보다는 실전 경험이 더 중요하다고 생각한다고 대답했다. 그러자 그는 "우리 부대에 전투를 60회나 치른 노새가 두 마리 있다. 하지만 그들은 아직도 노새다."[95]라고 대답하면서 자신과 같은 전략가가 되기 위해서는 전쟁사 공부의 중요성을 역설적으로 강조하였다. 나폴레옹도 똑같은 질문을 받고 "전쟁사를 공부하는 것 외에는 방법이 없다."고 말했고, 제2차 세계대전의 영웅 몽고메리 원수도 젊은 장교로부터 동일한 질문을 받고 같은 대답을 하였다고 한다.

그렇다면 류성룡은 어떠한가? 류성룡은 손자병법(孫子兵法),[96] 육도병법(六韜兵法),[97] 사기(史記)[98] 등 중요한 병법서와 역사서를 학습하였을 뿐만

---

95) 임용한. 2012, 『세상의 모든 전략은 전쟁에서 탄생했다』, 교보문고, p.57.
96) 중국 춘추시대 오나라 출신의 병법가이자 전략가인 손무가 지은 병법서.
97) 중국의 대표적인 병법서 중 하나로 고서중에 하나로 전국시대에 저작되었다는 설이 있지만 저자와 저작 시기는 명확하지 않다. 단, 내용을 보면 중국 은나라 시대 강태공이 주 문왕, 무왕에 병법을 전수하는 내용으로 구성되어 있다.
98) 중국 전한의 사마천이 상고시대의 중국과 그 주변 민족의 역사를 포괄하여 저술한 역사서.

아니라 그러한 병법서와 역사서를 바탕으로 전략을 개발하였다. 1591년 여름에 전수기의십조를 작성한 내용을 보면, 이를 잘 알 수 있다. 사기의 내용을 바탕으로 전단(田單),[99] 한신(漢臣)[100] 등의 장수들이 전략을 잘 채택하여 전승을 거둔 점을 강조하였고, 육도병법의 예를 들어 척후와 요망의 중요성을 강조하기도 하였다. 뿐만 아니라 손자병법에서 강조한 "자기를 알고 남을 알면 백 번 싸워서 백번 이기는 길이고, 자기를 알지 못하고 남을 알지 못하면 백 번 싸워서 백 번 진다."라는 구절을 인용하여 아군과 적군의 장·단점을 잘 파악할 것을 강조하였다.[101] 그리고 전한시대의 조조의 예를 들면서 구체적으로 장·단점 파악이 왜 중요한지를 역설하기도 하였다.

중국의 병법서뿐 만 아니라 우리나라 전쟁사에 대해서도 잘 알고 있었다. 전수기의십조의 수성 부분에서 류성룡은 "옛 사람들이 우리나라가 성을 잘 지킨다고 하는데, 안시성에서 당 나라 병사를 물리치고, 원주성에서 거란 군사를 막아내고, 귀주성, 자주성에서 몽고 군사를 막아낸 것 등이 모두 뛰어나게 일컫는 일들이다."라고 하였다. 그리고 56세(1597년) 겨울에는 산성설을 주장하였는데, 그 내용을 보면 당과 고구려간의 전쟁사를 통해 당의 고구려 정벌이 어려운 이유를 산성에서 찾아 산성의 중요성을 역설하기도 하였다.[102] 류성룡은 "장수가 병법을 알지 못하면 그 나라를 적에게 넘겨주는 것"이라 하여 병법의 중요성을 강조하였고, 그 만큼 역사를 통한 병법 학습

---

99) 중국 전국시대 제나라의 장수로서 기묘한 계책으로 제나라를 구하고 연나라를 압박했던 전략가.

100) 중국 한나라 초의무장으로서 한왕 유방의 대장군.

101) 서애집 2권, pp.16-38.

102) 옛날 당 태종이 고구려를 정벌하고자 여러 신하에게 계책을 물으니, 모두 말하기를 "고구려는 산에 의지하여 성을 만들어 끝내 함락하기 어렵다." 하였으며, 그 뒤 글안이 고려를 치려할 때, 그 신하가 간하기를, "고구려는 산성에 까마귀가 깃들어 있는 듯하니 대군으로 정벌하여도 공이 없을 뿐만 아니라, 스스로 돌아오지도 못할까 두렵습니다." 하였다. 이로 본다면, 우리나라가 예부터 국경을 보존하여 적을 막은 것은 모두 산성을 이롭게 이용한 때문이며, 상대의 적이 꺼린 것도 오직 산성에 있는 것이다. 병법에는 먼저 고지를 점령한 자가 이긴다 하였고, 손자도 말하기를 "적이 고지에 있으면 피하고 공격하지 말라." 하였으니, 그 뜻을 알만 한다.(서애집 2권, p.76)

에 누구보다도 열심이었다.

류성룡은 52세(1593년) 임진왜란이 한창일 때에도 역사 연구를 게을리 하지 않았는데, 1593년 12월 송유진 등이 군중을 모아 노략질을 하여 서울로 향할 때 선조는 병조판서 이덕형과 함께 류성룡을 대궐 안에서 숙직하도록 지시하였다. 이때 저녁에 매우 추웠는데 선조가 내시를 시켜 엿보라고 하니 내시가 돌아와 아뢰기를 "영상이 촛불을 켜 놓고 홀로 앉아 예전 역사를 보고 있습니다."하니 선조가 곧 명하여 술을 데워다 주었다라고 기록하고 있다.

류성룡은 53세(1594년) 겨울에 군국기무10조를 올렸는데, 이 내용[103)]을 보면 전수기의십조와 거의 동일하다. 이때 군국기무 10조에 대해서 비변사에서 언급한 내용을 보면 "영상이 올린 10가지의 책자는 가장 병가에 절실한 것이오니 전교에 따라 등사하여 들일 것이오며, 본사에서 다수를 전사하여 병조, 훈련도감, 도원수, 각 도의 감사, 병사 등에게 나누어 보내는 것이 어떻겠습니까?"라고 하여 그대로 되었다.

류성룡은 56세(1597년) 겨울에 중요한 병법서인 산성설(山城設)을 작성하였다. 이 이론서에서는 산성의 중요성을 손자병법이나 기효신서(紀效新書)[104)]와 같은 병법서와 삼국시대부터 고구려, 고려사, 조선시대까지 역사를 망라하며 산성의 중요성을 설파하고 있다.[105)] 따라서 류성룡은 역사와 전쟁사에 능통하였을 뿐만 아니라 이를 통해 전략을 개발한 전략적 이론가로 평가할 수 있다.

---

103) 겨울에 군국기무 10가지를 올렸다. 첫째는 척후, 둘째는 장단, 셋째는 속오군, 넷째는 약속, 다섯째는 중호, 여섯째는 설책, 일곱째는 수탄, 여덟째는 수성, 아홉째는 질사, 열째는 형세를 총론하였다.

104) 중국 명나라 장군 척계광이 지은 병서로서 1560년 절아현 참장으로 있을 때 왜구를 소탕하기 위하여 편찬한 병법서.

105) 서애집 2권, pp.76－82.

(2) 전략적 실천가

류성룡은 전략적 이론을 바탕으로 전략을 실천하기 위한 세부계획들을 수립하고 집행하며, 그 과정에서 주요 세력들을 통합하는 등의 전략적 실천가로서의 면모도 갖추고 있다. 즉 류성룡은 전략을 실천으로 옮길 수 있는 구체적인 계획의 중요성을 매우 강조[106]한 인물로서, 도체찰사로서 임진왜란 기간 중 전략을 실천하기 위한 구체적인 지침이나 계획 등을 수립하여 실제 행동으로 옮김으로서 위기를 극복하는데 결정적인 역할을 수행하였다.

류성룡은 51세(1592년) 선조가 의주에 도착하였을 때 전략을 바탕으로 한 구체적인 계획을 계사를 통해 올렸다. 그 내용들을 보면, 황해, 강원의 남은 세력을 규합하여 다시 적들을 압력하고, 황해, 경기, 삼남 등의 세력을 일깨워 복병을 활용하여 적을 무찌르는 것을 계획하였다. 척후병을 활용하여 평양의 적세를 초탐 할 것과 명나라 군사와 함께 군사들을 구체적으로 어떤 방향으로 어떻게 운영하는 것이 필요한지를 구체적으로 계획하였다. 뿐만 아니라 민생의 안전을 도모하기 위하여 모든 폐단을 없애야 할 것과 재정과 곡식에 대한 대비책을 미리 세울 것도 함께 언급하였다. 군대의 규율을 세워야 하는 것과 군의 공적 등급을 공정하게 하여 군사들을 격려해야 하는 것, 화포를 만들 줄 아는 사람으로 하여금 제조 하게 하고, 적의 간첩을 잘 관찰하여 정보의 우월성을 확보해야 하는 것 등에 대하여 구체적으로 실천할 수 있는 계획들을 세우는 전략적 실천가로서 면모를 보여주었다.[107]

---

106) 왜적과 우리는 만세 뒤에라도 반드시 보복할 원수입니다. 지금은 비록 시기에 따라 변천하는 것을 면하지 못하오나, 와신상담하며 반드시 보복할 생각은 잠시라도 해이해서는 안되옵니다, 그러나 원수를 보복하는 데는 빈말이나 하는 일 없이 될 수 있는 것은 아니옵니다. 반드시 안으로는 굳게 참는 의지가 있어야 하며 밖으로는 유구한 정책이 있어서 월나라와 같이 10년을 생산해 저축하고 10년을 교육시켜서 20년 동안을 한 생각으로, 하담라다 하는 일이 없이 하여 시기를 기다려 움직이어야 합니다. 만일 뜻이 굳게 서지 못하고 계획을 먼저 정하지 않으면 아침에는 갑이라는 자의 말을 들어 한가지 일을 행하고, 저녁에는 을이라는 자의 말에 따라 그 일을 폐지하게 될 것이니, 비록 해가 다 가도록 하더라도 한가지 일도 성공을 볼 수 없습니다.(서애집 2권, p.263)

또한, 류성룡은 지형과 형세가 전략에 있어 아주 중요하다는 전략적 판단[108]에 따라 실천 가능한 계획수립과 정보를 제공하였는데, 51세(1592년) 평안도 도체찰사로 임명된 이후 명장 제독 이여송이 4만 군사를 거느리고 안주에 왔을 때 이여송에게 평양지도를 보이며 지형과 형세를 가르쳐 군사들의 진입로를 설명하였다. 이여송은 크게 기뻐하며 "적이 내 눈에 환하게 보인다."라고 하였다.[109] 그리고 52세(1593년) 호서, 호남, 영남 삼도 도체찰사로 임명되고 나서도 유격장군 왕필적에게도 계책을 구체적으로 설명하여 왕필적은 류성룡의 적에 대한 공격 계획을 듣고 무릎을 치며 기이한 계책이라고 칭찬하기도 하였다.

류성룡은 전략적 실천에 있어 무엇보다도 군사훈련을 강조하였는데[110] 그 내용을 보면 전략적 이론을 실제 어떻게 실천할 수 있는지에 대한 구체적인 계획을 담고 있다.[111] 류성룡은 53세(1594년) 1월 군사를 교련하는 것뿐만 아니라 근면하고 게으름을 참고하여 상벌체계를 분명하게 하였다.[112] 또한 54세(1595년) 10월 경기·황해·평안·함경도 도체찰사가 되었을 때는 순찰사에게 군병을 훈련시키도록 지시하였는데, 이때 특히 부하장수들을 잘 통솔하도록 독려하였으며, 부하들의 마음과 힘을 잘 수습하는 것이 위급한 상황에서 나라를 구할 수 있는 가장 중요한 요소임을 강조하기도 하였다.[113]

107) 서애집 2권, pp.227-228.
108) 류성룡은 병법은 통해 지형의 중요성을 특히 강조하였다. 56세(1597년) 산성설에 보면 병법에는 먼저 고지를 점령한 자가 이긴다 하였고, 손자도 말하기를, "적이 고지에 있으면 피하고 공격하지 말라."하였으니, 대개 지형의 득실은 병가의 승패의 운수로 가장 중요한 것이라고 하였다. 지형을 잃고서도 구제할 수 있는 일은 없다고 하였으며, 지형을 얻고 패배당하는 일도 없다고 강조하였다.(서애집 2권, p.76.)
109) 제독이 선생을 맞을 때 의자에 비스듬히 기댄채로 있다가, 선생이 소매 속에서 평양 지도를 꺼내어 지형과 적의 형세를 가리켜 보이며 군사들의 진입료를 말하자, 제독이 크게 기뻐하며 관심을 기울여 듣고 그 곳마다 붉은 붓으로 표시를 하며 말하기를, "적이 내 눈에 환하게 보인다."하였다.(서애집 2권, p.233)
110) 서애집 2권, p.266.
111) 서애집 2권, pp.266-267.
112) 서애집 2권, p.252.
113) 감사는 수령과 병사·수사를 잘 통솔하고 곤수(閫帥)(병마절도사와 수군절도사)는 변방의

특히, 류성룡의 군사훈련 지침은 제대로 실천되었는데, 53세(1594년) 4월 선조가 군사훈련을 사열하는 곳에서 그 동안 연습한 진법을 시연하였다. 선조는 진법을 보고나서 류성룡에게 칭찬하며 상을 내렸으며, 56세(1597년)에는 선조가 순찰 중에 군사들의 모습을 보고 군사들의 모습이 이토록 씩씩한 것은 모두 류성룡의 힘이라고 칭찬하기도 하였다.[114] 따라서 류성룡은 전략적 이론을 실제 실천하는 실천가로서의 면모도 갖추고 있다고 평가할 수 있다.

(3) 전략적 동기부여자

류성룡은 전략적 동기부여자로서 전략을 실천하는 과정에서 부하들을 동기부여하고 게으르지 않도록 규율을 엄격히 하였다. 특히, 임란의 위기를 리더들의 리더십 부재로 진단하고 리더십을 잘 발휘할 수 있도록 간접적인 실천계획 및 지침을 시달했을 뿐만 아니라 직접 조직체계를 정비하고 지휘계통을 엄격히 하였다.[115]

류성룡은 직접 전략적 동기부여자로서 영향력을 성공적으로 행사하였는데, 정유재란시 군대를 지휘하여 서울을 사수하였다. 56세(1597년) 경기·황해·평안·함경 등의 4도의 군사들을 징발하여 서울을 호위하였다. 각 도의 군사들을 나누어 지형에 따라 배치하여 서울을 사수하도록 하였고, 군사들을 조련시켜 일사분란한 군대로 면모를 갖추고 군법은 엄격하게 하여 한 사람도 뒤처지거나 도망하는 자가 없이 하여 서울을 사수하는데 결정적인 역할

장수를 타일러서 그 마음과 힘을 다하여 수습하고 보완하게 할 것 같으면 나라의 형편이 비록 위급해도 오히려 구제할 만한 희망이 있는 것이다.(서애집 2권, p.265)

114) 서애집 2권, p.275.

115) 오늘날의 폐단은 기강이 서지 않고 체통이 무너져서 이 지경에 이르렀다. ――중략―― 모든 군정을 조종조께서 법을 마련한 그 의도에 의하여 반듯이 진관으로 하여금 소속된 고을을 통솔케 하고 소속된 고을 또한 진관의 명령을 받들어 감히 어김없이 할 것이며, 감사와 변방의 장수도 또 체찰사의 명령을 받들어서 체통을 대강 세우고 기강도 대략 경장하여 호령을 통하여 위급한 형세를 구제하도록 할 것이다. 이같이 하는데도 수령 이하가 오히려 생각을 내지 않고 게으르기가 전과 같으면 국법이 존재한 이상 체찰사가 사사로이 할 바가 아니다.(서애집 2권, p.265)

을 수행하였다.[116]

엄격한 군기확립과 군대 지휘뿐만 아니라 수고한 백성과 부하들에게 대한 공정한 보상에도 철저하였다. 류성룡은 임진왜란 발발 이후 황해도와 평안도, 함경도에서 적극적으로 지원하여 국토를 수복하는데 기여한 공로를 인재의 등용과 같은 방법으로 반드시 보상해야 함을 강조하여, 관철시키기도 하였습니다.[117] 류성룡은 공정한 리더십의 발휘로 한 사람도 억울하게 죄에 걸리니 사람이 없도록 하여 모든 사람들이 류성룡의 리더십의 감복하기도 하였다.[118]

전략적 동기부여자로서의 면모 중에 성공적인 전략 수행을 위하여 인재를 적재적소에 배치하는 것도 중요한 요소일 것이다. 류성룡은 전략적 상황을 고려하여 가장 적합한 인재가 선발되고 배치되도록 최선을 다하였다. 류성룡은 53세(1594년) 1월 충주의 전략적 중요성을 감안하여 한강 상류를 튼튼하게 하기 위하여 조령에 관문과 둔전을 마련할 것을 계청하여 그대로 되었다. 이때 그 업무를 잘 담당할 수 있는 신충원을 추천하여 신충원으로 하여금 그 일을 추진하도록 하였는데, 신충원은 류성룡의 말대로 지형을 살펴서 성채를 마련하고 문루도 세우고 유민을 불러 모아 농사를 짓게 하고 도

116) 서애집 2권, p.274.

117) "지금 이 시대에 사람을 등용할 때는 반드시 문벌을 는하는데 문벌이나 비천함을 논하지 말고 오직 재주만 있으면 등용해야 하옵니다. 또 우리나타는 남방의 선비를 많이 쓰고 서·북에서는 전혀 없었다가 겨우 몇이 있게 되었습니다만 실은 서북에서 재사가 없는 것이 아니옵니다. 변란이 있은 이래 7도가 산산히 흩어지고 거가가 서쪽으로 거둥하셨을 때에 관서(황해도, 평안도) 사람은 그 마음과 힘을 다하여 접대하기에 바빴고, 군사를 차출하여 군량을 운반하고 명병을 향도하였습니다. 이렇게 하여 국토를 수복하였으나 그들의 공로는 매우 많으나 지금 조정에 등용된 사람은 한 사람도 없습니다. 대저 이와 같이 하고 무엇으로 그 방면의 인심을 위로하며 장래를 위하여 권고하겠습니까? 이조로 하여금 널리 더 찾아서 영북(함경도) 사람과 더불어 간간이 기용하여서 인재들이 다투어 권고하게 하시고 남과 북에 차이가 없게 하시기 바랍니다. ――중략――" 하니 비답하기를, "경은 병중에 있으면서도 충성하는 말과 지당한 논리가 이와 같으니 깊이 감동하는 바이며, 끝으로 말한 사람을 쓰는 법 몇 가지는 더욱 지당하다. 서쪽의 인사에 대한 일은 곧 나의 의사이다. 특별히 이조에 명하여 시행하겠노라." 하였다.(서애집 2권, pp.262－263)

118) 서애집 2권, p.271.

로를 개통하는 등 정유재란(1597년)시 왜적이 조령을 공격하지 못하도록 사전에 철저하게 준비하였다고 전해진다.[119] 따라서 류성룡은 전략을 성공적으로 실천하기 위하여 군사들을 동기부여하고, 신상필벌을 통해 군대의 사기와 군기를 엄격히 하였다. 또한 전략 실천을 위하여 인재를 적재적소에 배치할 수 있는 영향력을 발휘하는 동기부여자라고 평가할 수 있다.

표 8 전략적 이론가, 실천가, 동기부여자로서의 류성룡

구 분	내 용
전략적 이론가	–50세(1591년): 진수기의 10조 작성 –52세(1593년): 대궐안에서 당직 중 역사 공부 –53세(1594년): 군구기무10조 작성 –56세(1597년): 산성설을 작성
전략적 실천가	–51세(1592년): 의주에 있는 선조에게 구체적인 전략 실천방안 보고, 명장 제독 이여송에게 지도를 통해 지형과 적의 형세 설명 –52세(1593년): 유격장군 왕필적에게 계책을 알려줌 –53세(1594년): 군사훈련 계획 및 지침을 사도 순찰사에게 지시 –54세(1595년): 군병의 훈련과 군사훈련의 중요성을 강조
전략적 동기부여자	–53세(1594년): 충주 신충원을 적재적소에 기용 –56세(1597년): 경기・황해・평안・함경 등의 4도의 군사를 직접 지휘하여 서울을 사수함.

119) "충주는 상류에 위치하여 국가의 문호가 되오니 충주를 지키지 않으면 강 연안의 수백리가 왜적을 받아들이는 지역이 될 것이며, 충주를 보호하려면 당연히 조령을 파수하는 일부터 시작해야 합니다. 수문장으로 있던 신충원이란 자가 말하기를, '새재 위에서 동쪽으로 내려간 10여리의 양쪽 언덕이 뚝 떨어지고 가운데 시냇물이 굽이쳐 흐르는 곳을 이름하여 응암이라 하는데, 만일 이 곳에 성을 쌓아 파수하면 백여 명에 불과한 굳센 군사로서도 고갯길의 파수가 견고해질 것이며, 연풍 읍내와 서면 수회 마을은 땅이 지극히 비옥하여 파수하는 군사로써 둔전하여 씨앗을 뿌리게 하면 군량도 할 수 있다.' 하였습니다. 대저 오늘의 할 일은 사람마다 군사가 되고 곳곳에서 농사를 지어야만 만에 일분이라도 효과가 있을 것으로 기대하오니, 신충원과 같은 사람을 이 시각에 내려 보내서 그로 하여금 그가 말한 바에 의하여 목을 지키게 하고 둔전을 마련할 계책을 세우게 하소서." 하니 "이 계에서 더욱 경의 국가를 위하여 마음을 다하는 의도를 보겠으니 계에 따른 것이 마땅하다."하였다.

류성룡의 전략적 행동을 요약하면 <표 8>과 같다. 즉, 류성룡은 전략적 이론가로서 역사와 전쟁사 연구를 통해 전략적 이론을 개발하였으며, 전략을 구체적으로 실천하기 위한 계획을 수립하고 군사훈련을 통해 군사력을 결집하여 성공적인 전략 실천을 도모하는 실천가로서의 면모도 갖추고 있다. 또한, 전략을 실천하는 과정에서 전략에 부합된 인재를 선발 및 배치하고, 동기부여를 통해 직접 군을 지휘하여 영향력을 행사하는 전략적 동기부여자라고도 평가할 수 있다.

Ⅳ. 맺음말

1. 요 약

본 연구는 류성룡의 전략적 리더십 분석을 위한 연구배경, 분석틀 제시, 전략적 리더로서의 사전경험 사례 분석, 전략적 행동 순으로 이루어졌다. 연구배경에서 본 연구는 류성룡의 리더십을 전략적 리더십으로 분석해야 하는 당위성을 직책, 환경, 전략사상, 현대 우리에게 주는 시사점의 측면에서 제시하였다.

분석틀은 기존 전략적 리더십 연구를 리더십 발휘주체와 객체, 목표, 수단/방법에 따라 분류하여 본 연구에서 다루게 될 전략적 리더십 정의를 제시하였다. 그리고 전략적 리더십을 발휘하기 위한 사전경험에 대한 내용을 도출하였다. 이를 바탕으로 류성룡의 전략적 리더로서의 사전경험을 분석하였고, 마지막으로 류성룡의 전략적 행동을 분석하였다,

분석결과 먼저 전략적 리더로서의 사전경험에 대한 분석결과를 살펴보면, 류성룡은 전략적 리더가 되는 과정에서 다양한 직무를 수행하였는데, 그 과정에서 새로운 직무를 맡아 성공적으로 수행하였고, 다른 사람들에게 리더로서 본이 되어야 한다는 스트레스 상황에서 직무를 훌륭하게 수행하였다.

또한, 류성룡은 도전적이고 고차원적인 직무수행 경험을 가지고 있는데,

전략적 변화나 환경변화에 시급히 대응해야 하는 상황에서 맡은 바 책임을 잘 완수하였으며, 전임자가 남겨 놓은 여러 가지 난제들을 잘 수행하여 문제들을 해결한 경험도 가지고 있었다. 그리고 조직혁신을 위한 다양한 폐단을 고치고 혁신하는 직무들도 수행하였다. 다른 동료들과의 관계에 있어서도 동료들의 난처한 상황을 도와주며 위기를 극복했던 경험들도 가지고 있었다. 류성룡은 고차원적인 책임을 수행한 경험들도 있었는데, 신하로서 임금을 잘 보좌하고 임금에 질문에 잘 대답하였을 뿐만 아니라 다양한 직무에 대한 전문성을 바탕으로 직무를 성공적으로 수행하였다. 또한 과중한 직무상황에서도 효율적으로 잘 수행했던 경험을 가지고 있었다.

뿐만 아니라 여러 가지 외부적인 압력에도 잘 대처하였다. 류성룡은 여러 가지 어려운 상황에서도 경제적인 어려움과 임금의 지원이나 주위 사람들의 지원이 부재한 상황에서도 상사와의 갈등 상황에서도 문제를 잘 해결한 경험을 가지고 있었다. 따라서 본 연구를 통해 류성룡은 전략적 리더로서의 사전경험을 충분히 축적하였다고 볼 수 있다.

다음으로 류성룡의 전략적 행동 분석결과를 보면, 류성룡은 역사와 전쟁사 연구를 통해 전략적 이론을 개발한 전략적 이론가이면서, 전략 실천 계획을 구체적으로 수립하고 군사훈련을 통해 군사력을 결집하여 성공적인 전략 실천을 도모하는 실천가의 모습을 보여주었다. 또한 전략을 실천하는 과정에서 전략에 부합된 인재를 선발 및 배치하고, 동기부여를 통해 직접 군을 지휘하여 영향력을 행사하는 전략적 동기부여자로서도 평가할 수 있다.

2. 류성룡 리더십의 시사점

본 연구의 시사점은 첫째, 류성룡의 전략적 리더십을 분석하기 위한 당위성을 제시하였다는 점이다. 류성룡이 수행했던 직책상 특성을 보면 임진왜란 이전까지 다양한 중책들을 맡았을 뿐만 아니라 임진왜란 당시에는 좌의정과 우의정, 함경 4도 도체찰사 및 영의정 등 국가 전반에 대한 국정을 운영하고 군사외교를 통합한 직책을 수행하였기 때문에 류성룡의 리더십을 전략적 리더십으로 분석하는 것이 당연한 것임을 확인하였다. 또한 국난의 환경적 특수상과 류성룡이 전략을 중시하며 증손전수방략과 군국기무10조, 북변헌책의와 같은 중요한 전략서적들을 작성하였고 나아가 그러한 전략을 실천하고 리더로서의 역할을 수행했다는 점을 제시하여 류성룡의 전략적 리더십의 연구의 필요성을 강조하였다.

둘째, 본 연구는 류성룡의 전략적 리더십을 분석함에 있어 기존 연구를 바탕으로 이론적 분석틀을 제시하였다는 점에서 의의가 있다. 즉 기존 전략적 리더십의 개념을 발휘주체, 객체, 목표, 수단/방법으로 구분하고 전략적 리더십을 "조직의 최고위층 리더들이 불확실한 환경(VUCA) 속에서 조직의 비전(생존과 발전 등)을 달성하기 위해 사전경험을 바탕으로 전략적 행동(전략적 이론가, 실천가, 동기부여자)을 통해 조직 내·외 구성원들에게 영향력을 행사하는 과정"이라고 정의하였다.

셋째, 본 연구는 류성룡의 전략적 행동과 사전경험들을 모두 확인하였다. 이는 류성룡의 전략적 리더십이 한 순간에 발현된 행동이 아니라 다양한 직무 경험을 통해 형성된 것이라는 것을 보여주는 것으로, 이후 류성룡과 같은 전략적 리더가 되기를 바라는 후학들에게 중요한 지침을 제공하고 있다. 다양한 직무수행을 꺼려하기보다 더욱 적극적으로 주어진 직무에 임할 필요가 있으며, 리더로서 새롭고 도전적인 직무능력을 입증해야 하는 스트레스 상황을 피하기보다 능동적으로 임하여 자신의 능력을 검증받는 기회를 가지는 것이 필요하다.

또한, 도전적이고 고차원적인 직무수행에 보다 열정적으로 임할 필요가 있다. 변화하는 전략적 환경을 정확하게 이해하여 적절히 대응하는 능력을 갖추어야 하며, 자신이 맡은 난제에 대하여 전임자나 환경을 탓하기보다 자신의 다양한 직무 지식과 전문성을 바탕으로 문제를 해결해 보는 경험은 전략적 리더가 될 수 있는 좋은 자양분이 될 것이다.

조직의 다양한 폐습과 폐단들을 개선하고 혁신을 주도하는 리더로서의 자질을 잘 함양하여야 할 것이다. 조직내 다른 구성원들의 어려움을 공감하고, 그들이 스스로 어려움들과 위기들을 잘 극복할 수 있도록 도와주는 리더로서의 면모도 갖출 필요가 있다. 그리고 현재 자신의 상사를 잘 보좌하고, 때로는 과중한 직무상황에서도 다양한 외부압력을 극복하며 업무를 수행하는 경험들을 성공적으로 쌓아나가야 할 것이다. 이와 더불어 어려운 경제적 상황과 제한된 인적네트워크 속에서도 장애물을 극복하며 주어진 문제를 해결할 수 있는 리더가 된다면 류성룡과 같은 전략적 리더의 자질을 갖추게 될 것이다.

넷째, 이상과 같은 전략적 리더로서의 사전경험에 대한 지침을 바탕으로 사전경험이 있는 인재를 발굴하여 전략적 리더십을 발휘할 수 있도록 하는 인력관리시스템 구축의 시급한 필요를 인식시킨 점이다. 나아가 사전경험을 축적할 수 있는 경력개발 프로그램이나 교육 프로그램을 개발 및 운영하여, 전략적 리더십을 발휘할 수 있는 전략적 리더를 양성할 필요성을 제시하였다는 점에서 큰 의미가 있다.

다섯째, 류성룡이 현대 조직에서 말하는 전략적 리더십의 전형적인 표본이라는 것을 확인하였다는 점이다. 류성룡은 역사와 전쟁사 연구를 통해 전략적 이론을 개발한 전략적 이론가이면서, 전략 실천 계획을 구체적으로 수립하고 군사훈련을 통해 군사력을 결집하여 성공적인 전략 실천을 도모하는 전략적 실천가이기도 하다. 또한 전략을 실천하는 과정에서 전략에 부합된 인재를 선발 및 배치하고, 동기부여를 통해 직접 군을 지휘하여 영향력을 행사하는 전략적 동기부여자이다. 역사적인 인물 중에 류성룡과 같은 전략적 리더로서의 면모를 갖춘 리더를 찾아보기는 쉽지 않을 것이다. 따라서 향후 류성룡의 전략적 리더십에 대한 보다 많은 연구가 필요하다고 할 수 있다.

마지막으로, 21세기 통섭의 시대, 류성룡의 전략적 리더십은 우리에게 중요한 시사점을 제공한다. 통섭은 "서로 다른 것을 한데 묶어 새로운 것을 잡는다."라는 의미이다. 즉 서로 다른 것들을 융합하여 새로운 것을 만들어 내는 것이다. 통섭에서 중요한 것은 서로 다른 요소들의 조화를 통해 새로운 것을 만드는 것이다. 류성룡은 수많은 전략적 리더로서의 사전경험과 역사적인 지식을 융합하여 우리나라 상황에 적합한 전략적 이론들을 창출하였다. 통섭은 류성룡의 전략적 리더십을 관통하는 개념이라고 볼 수 있다.

또한 통섭에서 중요한 것은 이론뿐만 아니라 실천의 조화이다. 류성룡은 조화를 중시한 인물이다. 류성룡은 1595년(54세) 도체찰사로 임무를 수행하면서 유조인(柳祖認)이 올린 상소에 반대 의견을 내면서 상소를 올렸다. 그 내용을 보면 류성룡은 체와 용을 함께 겸비하는 것이 중요하다는 것을 강조하였다.[120] 그는 심신과 성정이 정미한 데에서부터 밖으로는 정사를 시행하는 데까지 순서에 따라 조리에 맞게 하는 것이 중요함을 강조하였고, 정조거세(精粗巨細) 즉 정밀하고 거친 사물과 크고 작은 사물들을 모두 꿰뚫어 크게는 천하를 경륜하고 작게는 아주 작고 정밀한 것 같이 정확하게 하는 것이 중요하다고 하였다. 이를 위해 체를 밝히고 용에 적합한 학문이 되어서 체는 있어도 용이 없다는 조소를 받게 되지 않도록 해야 한다는 것이다. 조선 중기 학자인 장현광(張顯光)은 류성룡을 재능에 있어 체와 용을 갖춘 이로서 나라를 다스리고 백성을 잘 살게 하는 달통한 선비라고 평가하기도 하였다.[121]

삼성경제연구소 윤순봉 부사장은 "20세기는 분할된 전문지식의 시대였지만 21세기는 통합된 거대 지식의 시대"라고 하였다. 21세기 통합과 통섭의 시대, 성공적인 전략적 리더가 되기를 갈망하는 리더들이 류성룡의 전략적

120) 대저 제왕의 학문은 경륜에 소중함을 두어서 반드시 본말이 아울러 이루어지고 체(體)와 용(用)이 겸비하여 안으로는 심신과 성정이 정미한 데어서부터 밖으로는 정사를 시행하는 데까지 순서에 따라 조리에 맞게, 정조거세(精粗巨細: 정밀하고 거친 사물과 크고 작은 사물)에 하나도 꿰뚫지 않은 것이 없어서 크게는 천하를 경륜하고 작게는 아주 작은 것까지 정밀한 뒤에야 바야흐로 체를 밝히고 용에 적합한 학문이 되어서 체는 있어도 용이 없다는 조소를 받게 되지 않을 것이옵니다.(서애집 2권, pp.266－267)

121) 서애집 2집, p.310.

리더십에서 시사점을 많이 얻을 수 있다.

미국의 철학자 Santayana(1905~1906)는 “역사를 기억하지 못하는 자는 그 역사를 다시 살게 된다”고 하였다. 역사는 반복된다. 우리가 1592년의 역사를 다시 살지 않기 위해서는 류성룡의 전략적 리더십에서 그 해답을 찾을 수 있다.

참고문헌

강용배. 2008, “전략적 리더십 연구동향에 관한 비판적 고찰”, 『군사논단』, 56, pp.156-181.

김영춘 · 백유성. 2011, “전략적 리더십 구성요인 탐색-군 고급제대를 중심으로”, 『한국인적자원관리연구』, 18(3), pp.219-241.

민족문화추진회. 1977, 『서애집 1권, 2권』.

박철순 · 유진탁. 1999, “전략결정요인으로서의 최고경영자: Upper Echelons 이론 및 자유재량이론의 통합 모형”, 『전략경영연구』, 2, pp.147-167.

백기복. 2016, 『리더십이론 리뷰』, 창민사.

백기복 · 김용민, 「전략적 리더십」, 백종현(편), 1999, 『기업 시장 그리고 정치적 시각』, 국민대학교 출판부.

서애선생기념사업회. 2005, 『서애 류성룡의 경제사상과 구국정책(상, 하)』, 책보출판사.

백윤정. 1998, “경영진의 대외연결능력이 조직성과에 미치는 영향”, 『인사조직연구』, 6, pp.167-220.

오완석 · 김덕수. 2017, “서애 유성룡의 전략적 리더십과 그 시사점”, 『교육연구』, 31(2), pp.1-30.

이성무 · 이태진 · 정만조 · 이헌창. 「류성룡의 학술과 경륜」, 오종록(편), 2008, 『서애 류성룡의 군사정책과 사상』, 태학사.

송복, 2007, 『서애 류성룡 위대한 만남』, 지식마당, pp 210-227.

정형철 · 임성준. 2000, “전략적 리더십에 관한 통합적인 연구”, 『한국경영학보』, 8, pp.171-207.

최병운 · 조성룡. 2011, 『한국군 전략적 리더십 입문』, 2011리더십연구(국방대학교 국방정신전력 리더십 개발원.

최병순. 2011, 『군 리더십 이론과 사례를 중심으로』, 서울: 북코리아, pp.71-73.

Antonakis J., Day, D. V., & Schyns, B. 2012, “Leadership and Individual differences: At the Cusp of a Renaissnace”, *The Leadership Quarterly*, 24(1), pp.643-650.

Boal, K. B., & Hooijberg, R. 2000, "Strategic leadership research: Moving on", *The Leadership Quarterly*, 11(4), pp.515-549.

Department of The Army. 2006, *Military Leadership(FM 6-22).*

Hambrick, D. C. & Mason. P. 1984, "Upper echelons: The organizations as a reflection of its top managers", *Academy of Management Review*, 9, pp.193-206.

Ireland, R.D. and Hitt, M.A. 2005, "Achieving and Maintaining Strategic Competitiveness in the 21st Century: The Role of Strategic Leadership", *Academy of Management Executive*, 19, pp.63-77.

McCall, M. W., Jr., Lombardo, M. M., & Morrison, A. 1988, *The Lessons of Experience*, Lexington, MA: Lexington Books.

Mintzberg, H. 1973, *The nature of managerial work.* Harpercollins College Div.

National Defence University, 2006, *Strategic Leadership and Decision Making*, NDU.

Rowe, W. G. 2001, "Creating wealth in organizations: The role of strategic leadership", *The Academy of Management Executive*, 15(1). pp.81-94.

U.S. Army War College. 2010, *Stategic Leadership Primer 3rd.*

제 8 장

류성룡의 전략적 통찰

제 8 장
류성룡의 전략적 통찰

노 명 화(국방대학교 국방관리학과 부교수)

Ⅰ. 서 론

본 연구는 조직을 책임지는 리더의 역량 중 전략적 통찰에 관하여 살펴보고자 한다. 전략적 통찰은 고위 리더들이 갖추어야 할 핵심역량으로 조직의 생존과 번영, 그리고 승리를 위해 반드시 필요한 요소이다.

그럼에도 전략적 수준의 리더에게 중요한 역량인 전략적 통찰에 대한 연구는 매우 부족한 실정이다. 특히나 통찰과 직관의 영역에 대한 문제, 전략의 개념과 리더십과의 관계에 대한 설정[1] 등 다양한 부문에서 학술적 접근이 요구된다. 비록 학술적으로 혼동의 가장자리에 있는 이 논의가 현장에서는 고위급 리더의 전략적 통찰에 대한 개념적 공감대가 형성되어 있으며

1) 전략과 리더십의 관계에 대해서는 다양한 논의가 있지만 리더가 전략을 수립하고 수행하는 관점에서 볼 때 전략을 리더가 발휘하는 리더십 능력의 결정체로 볼 수 있다.

이러한 능력을 확인하고 개발하려는 고민들이 있다.

본 연구는 전략적 리더십에서 출발한다. 하지만 전략적 리더십 연구는 그리 많지 않다. 왜냐하면 조직의 최고 경영자에 대한 많은 연구가 쉽지 않고, 또 고위 리더에 대한 접촉 또한 여의치 않다. 이러한 특징으로 고위급 리더에 대한 통계적 실증 연구의 한계가 존재한다. 무엇보다 고위급 리더들의 리더십을 발휘한 후에 그 결과에 대한 공과도 쉽게 판단하기 어렵기 때문이다.

그렇기에 전략적 리더십에 대한 연구는 몇몇 특정 리더에 국한된 사례 연구로 진행되는 상황이다. 그러나 우리나라 여건상 현시대의 리더에 대한 평가는 엇갈리고 있고, 또한 지나치게 찬양일색의 전기를 집필하는데 그치고 있는 상황이며, 정확히는 연구를 진행하는데 적합한 인물을 찾기도 쉽지 않은 상황이다.

학술적 연구의 생소함, 샘플의 문제 등에도 불구하고 본 연구는 선험적 차원에서 연구를 진행한다. 즉, 리더십 연구 분야에서 다소 주목하지 않았던 전략적 리더의 통찰에 대한 개념적이고, 추상적인 접근과 더불어 역사적 사례를 중심으로 탐색적인 연구를 수행하고자 한다.

본 연구는 이러한 절차와 방식으로 개념을 정리한 후, 류성룡에 적용하여 그의 전략적 통찰에 관해 분석한다. 국가의 위기 상황에서 최선을 다해 리더십을 발휘하여 국난을 극복한 류성룡의 사례는 전략적 리더십 연구의 대상으로 선정하는데 어느 누구도 이의를 제기할 수 없을 것이다. 더욱이 류성룡의 경우 전시 재상으로서 국가의 안위와 미래를 결정하는 위치에 있었다. 그의 전략적 통찰과 그에 따른 행동이 적절하지 않았다면, 조선의 생명은 선조를 마지막으로 막을 내렸을 가능성이 높다.

본 연구는 먼저 학제적 접근을 통해 전략적 통찰의 개념을 정립하고, 이를 기초로 전략적 통찰에 필요한 몇몇 역량들을 도출해 볼 것이다. 아울러 류성룡을 통하여 그 역량들을 점검하는 형태로 논지를 제시하고자 한다.

이에 본 연구는 임진왜란 중에 조선의 생존을 위해 투쟁했던 류성룡의 사례를 통해 전략적 통찰에 필요한 역량들을 살펴보고자 한다.

Ⅱ. 전략과 전략적 통찰

먼저 전략적 통찰이라는 개념을 어떻게 정의할 것인가에 대한 고민을 정리할 필요가 있다. 왜냐하면 전략적 통찰이라는 개념이 학술적으로 명확히 정의되어 있지 않기 때문이다. 그럼에도 현장에서는 많이 언급되어 왔으며, 통상적 수준에서 이에 대한 이해를 공유하는 부분이 상당하다. 본 연구는 전략적 통찰이라는 단어가 갖는 속성에 기초해서 분석해보고자 한다. 즉 단어 구조상 전략이란 단어와 통찰이란 단어의 결합이다. 따라서 전략이라는 개념과 통찰이라는 개념으로 분리해서 접근할 것이다. 전략이란 다양한 정의에서도 보듯이 특정 상황에서 추구하는 목적을 달성하기 위해 수단과 방법을 선택하는 것이다. 통찰은 일반적인 생각의 흐름 속에서 대상과 현상의 본질과 그 관계를 꿰뚫어 보는 시각을 의미한다. 그러기 위해서는 합리적, 논리적 분석적, 창의적 사고 등이 결부되어 진다. 본 연구도 이러한 관점에 따라 논지를 전개하고자 한다.

1. 전략의 이해

이른바 장군의 도라고 알려진 전략이란 용어는 손자병법에서 그 모습을 보였으나 개념적 정의는 클라우제비츠에 이르러서야 소개된다. 클라우제비츠는 전략을 전쟁목적 달성을 위한 수단으로서의 전투운용에 관한 술로 정의했고, 앙드레보프로는 국가정책 목적을 달성하는데 가장 효과저적으로 기여하는 힘의 작용술이라 했으며, 에드워드 얼은 현재 또는 잠재적인 적에 대해 중대한 이익을 효과적으로 증진시키고 확보하기 위해 국가의 모든 자원을 통제하는 기술이라 하였다. 또한 콜린스는 전평시를 막론하고 국가이익과 국

가목표를 달성하기 위하여 국가의 모든 힘을 결합시키는 기술이라 정의하였다.[2)]

전략이란 원래 군사용어에서 출발했다. 그러나 근래에는 그 개념이 국가전략과 군사전략으로 확대되고 있는 상황이다. 국가전략이 국가의 목표를 구현하기 위해 정치, 경제, 외교 및 군사적 제 역량을 종합운영하는 방안이라면, 군사전략은 국가목표를 달성하기 위해 군사력을 건설하고 운용하는 방책이라고 할 수 있다.[3)]

이처럼 전략에 대해 다양한 분야의 학자들과 군사전문가들이 그 정의를 내리고 있지만 승리를 책략 등을 중심으로 한 표면적인 연구에 머무른 반면, 최근의 연구자들은 전략의 본질적이고 역동적인 면에 초점을 두고 이해하려 한다. 그 중에서도 노나카는 경영학 교수로서 전략에 대한 이해를 새로운 시각으로 접근하고 있다. 그는 전략을 변증법적 과정이라 주장한다(노나카, 2011). 그는 헤겔을 인용하면서 전략은 끊임없이 '정반합'의 프로세스로 생성・발전한다고 역설하면서 이를 실천한 대표적인 사람으로 마오쩌둥을 지목했다. 마오쩌둥은 게릴라전의 개념을 창출하여 자원의 질과 양 모두 압도적으로 격차가 있었음에도 불구하고 장제스가 지휘하는 국민정부군에 승리했다. 게릴라전의 본질은 결코 지지 않지만 또한 결코 이길 수도 없다는 모순에 있다. 정규전과 게릴라전의 이항대립, 즉 '정'과 '반'을 지양하는 '전략적으로 조직화된 게릴라전'이 합인 것이다.

노나카(2011)의 변증법적 접근은 전략을 시간, 공간, 힘의 장을 창조하는 과정이라고 이해한다. 즉 전략이란 상황에 따라 장을 창조하는 것이라고 한다. 모든 전략은 시간과 공간의 제약 속에서 힘을 효율적이고도 효과적으로 발휘하는 역동적인 관계로 구체화 된다. 노나카는 시간, 공간, 힘의 관계성

---

2) 육군사관학교 군사학처. 1991, 『전략개론』, 서울: 한원추출판사.

3) 이민웅. 2004, "임진왜란 해전을 통해 본 朝・明・日 삼국의 전략전술 비교", 『軍史』, (51), pp.79-108.

을 context라고 하였다. 힘은 하드파워(군사력, 경제력 등의 물리적 자원)와 조지프 나이가 말하는 소프트파워(문화, 가치관, 정책, 제도 등의 지식자원)가 합성된 잠재능력이다. 전략은 이러한 컨텍스트를 역동적으로 변환 혹은 창조하여 아군과 적의 관계를 역전시키는 프로세스인 것이다.[4)]

그의 논의를 정리하면 다른 전략가들의 2차원적 정의와 다르게 그는 다른 차원으로 전략을 이해했다. 그는 전략의 본질에 집중했다. 전략을 실행하는 인간의 생각과 행동에 집중했다. 즉, 전략을 통찰하는 것도 실행하는 것도 인간이라고 보았다. 계산과 분석을 통한 전략은 냉정하며, 방관자적이라고 지적한다. 그러나 전쟁을 수행하는 리더는 누구를 쓰고, 누구를 배제하고, 누구를 제거할 것인가 등의 판단을 동반하는 인간으로서의 번뇌를 동반하는 인사가 포함된다. 전시 국가지도자의 수완은 컨텍스트를 판단할 수 있는 능력뿐 아니라 유능한 장군이나 부하의 성격을 판단할 수 있는 능력도 필요하다. 결국 사람에 대한 감성과 직관이 작동된다.

한편으로 전략이 수행되는 과정 역시 전략수립 못지않게 중요하다. 그러기 위해서는 전략을 고민할 때 전략의 구조와 메커니즘을 이해할 필요가 있다. 루트왁은 특히나 국가간 전쟁이 벌어지는 경우 전략은 다음과 같이 몇 가지 단계로 전개된다고 주장하였다. 먼저 전쟁수행을 위해서는 국가 지도부 차원의 대전략이 설정되어야 한다. 이는 국가이익을 고려하여 전쟁의 이유와 목적을 설정하는 단계이다. 군사전략은 대전략을 군사적 차원에서 어떻게 연결할 것인가의 문제이다. 이는 국가가 보유한 전쟁수행능력 중 군사능력을 고려하여야 한다. 군사전략은 작전전략으로 구체화되어야 한다. 러셀은 군사전략은 특정한 전역을 계획, 조직, 지시함, 전투의 전술적 영역과 최고단계의 전략적 영역을 절충하는 역할을 한다고 한다. 작전전략은 작전계획과 전술적 행동으로 보완된다. 이러한 일련의 위계와 상호간 긴밀한 관계없이 전쟁에 임하면 본말이 전도되고 전투에서는 이겨도 전쟁에서는 지게 되는 경

4) 노나카 이꾸지로. 2005, 『전략의 본질』(임해성 옮김), 라이프맵.

우를 종종 접하게 된다.[5)]

특히나 대전략 수립과 그 수행단계에서 중요과제는 전쟁 혹은 국가안전 보장을 위하여 군사력, 외교, 동맹관계, 경제력, 기타 국가자원을 동원하는 것이다. 이는 최종적인 의미를 부여하는 것으로 국가목표와 국익 그 자체는 정치적 프로세스에 형성되며 결국 이를 해결할 수 있는 자는 정치적 리더 뿐이다. 정치적 리더는 명쾌한 국가목표 제시, 국민에게 국익을 설명하며 지지와 협력을 이끌어내고, 기술개발 지원, 전술단계에서 역시 관심을 보이고, 유능한 군사지도자 지원 및 위임, 국가경영자원을 동원해야 한다.[6)]

따라서 전략이란 국가의 최고 정치리더십에서부터 전쟁 수행의 하부 단계까지를 고려하여 국가이익과 전쟁의 목적, 군사적 역량의 배분과 활용 등에서 리더십을 발휘하는 것을 말한다. 이런 관점에서 류성룡은 선조가 발휘해야 할 역량과 책임을 대신 떠맡으며 전시 재상으로서 명과의 관계, 국가의 이익과 전쟁의 목적, 군사적 역량의 배분과 활용 등에서 전략적 수준에서의 리더십을 십분 발휘했다.

표 1 전략의 위계

구 분	개 념	과 제	구성요소
대전략	국가의지에 기초하여 군사력을 포함한 모든 국력을 발휘하는 경합의 장	국가지원의 동원/목적 의미의 부여	국가이념(가치, 목표)/국익/정치적 리더십
군사 전략	국가가 보유하는 군사력 전체에 관련하는 전생수행의 차원이며 군사력과 국가의지를 연결시킨 경영의 경합	전쟁수행능력(군사적 자원배분)/군사적 합리성의 추구	정치우위/전역 및 군종의 특성
작전 전략	전체로서의 전투를 총괄하는 지휘 및 운용주체의 경합	복수의 전술단위 배치/지휘운용능력/작전계획의 타당성	정면공격과 책략적 기동

5) Luttwak E. N. 2003, *Strategy The Logic of War and Peace*, 2nd press, The Belknap press of Harvard University Press, London England.

6) 노나카, 위의 책.

전술	전투능력을 어떻게 발휘할 것인가에 대한 전투수행능력의 경합	전투수행능력의 발휘 / 병기시스템의 운용	사기 / 기능 / 훈련 정도 / 집단 응집성
기술	무기 시스템의 성능을 둘러싼 경합이며, 개발에 관계하는 과학자와 기술자의 세계	무기 및 무기시스템의 질적 극대화	공격력과 방어력 / 질과 양의 Tradeoff

자료: 노나카(2011)에서 수정인용.

2. 전략적 통찰

인간의 마음은 오랫동안 지정의(知情意) 즉, Logos, Pathos, Ethos의 세 축으로 탐구되어왔다. 그러나 사실 이 세 관점은 아리스토텔레스의 수사학에서 출발하였다. 어떻게 하면 사람의 마음을 얻을 수 있는 언변을 갖추느냐는 모든 리더들의 고민이었다. 그러나 이러한 접근은 의사소통의 기술 뿐 아니라 본질적으로 인간의 마음에 대한 분석이다. 따라서 최근에는 인간의 마음에 대한 연구와 판단과 결정에 대한 연구에서도 이 세 가지 큰 축을 중심으로 접근하고 있다.[7] 즉, 인간의 마음은 이성과 감정 그리고 가치관 등이 함께 결부되어 형성된다. 통찰이라는 것 역시 마음의 작동 과정에서 나타나는 결과이므로 이성 또는 가치관 등 어느 한 부분의 활용만으로는 얻어지는 산물이라기에는 설명이 부족할 수밖에 없다. 통찰은 사전적 정의로 깊이 꿰뚫어 보는 것이며, 일반적인 사유의 과정 속에서 대상과 현상의 본질과 그 관계를 꿰뚫어보는 깊이 있는 사고이라 정의[8]한다면 전략적 통찰은 전략적인 과정을 고민하는 사고과정일 것이다. 이러한 시각으로 전략적 사고에 대한 학자들의 정의를 살펴보면 다음과 같다.[9]

7) Hoefer, R. L. And Green, S. E. 2016, “A rhetorical model of institutional decision making: The role of rhetoric in the formation and change of legitimacy judgments”, *Academy Of Management Review*, 41(1), pp.130-150.

8) 통찰은 한자로는 洞察로 쓰고, 꿰뚫어 살피는 것, 즉 본질에 집중하려는 마음의 작용이며 영어로는 insight를 주로 활용한다. 이 역시 안을 들여다 본는 것, 즉 본질에 집중하려는 뜻이다. 한편 intuition은 주로 직관으로 해석하고 분석과 대비되는 생각의 방식으로 활용된다.

9) 노명화 · 손승연 · 이지영. 2016, 『국방 창의적 리더십 함양 프로그램 개발 연구』, 국방

스튜어트는 전략적 사고를 앞으로 무슨 일이 일어날 것인가, 우리 앞에 어떤 가능성들이 있는가, 우리는 무엇을 해야 하는가에 관하여 변화하는 상황을 정확히 파악하고 다양한 방법으로 사고하고 결정을 내릴 수 있는 능력이라고 정의했다. 또한 일본의 가세와마고트는 전략적 사고를 우뇌의 창조력과 좌뇌의 논리력을 최적의 상태로 조화시켜서 최선의 해결책을 만들어내는 사고 방법이라고 정의 했다. 또한 전략적 사고란 현재의 성과보다는 조직의 미래의 성과를, 자신의 능력보다는 경쟁자의 잠재적 경쟁을, 그리고 작은 것에 대한 선택보다는 더 큰 것을 위해 무엇을 선택해야 할 것인지를 아는 태도라고 정의했으며, 전략에 대한 이해를 바탕으로 변화하는 미래의 환경에서 생존, 성장, 발전을 위해 오늘 해야만 하는 일을 찾아내고 준비하는 것이라고 제시하고 있다.[10)]

이러한 정의들을 보면 학자들 간 통일된 개념이 없고 학자들의 선호와 필요에 의해 다양하게 제시되고 있다. 그럼에도 이들 학자들의 견해를 종합해 보면 전략적 사고는 전략에 대한 이해를 바탕으로 목적달성을 위한 수단과 방법을 선택하기 위한 다양한 생각으로 이해할 수 있겠다.

노나카는 전략의 본질은 통찰이라고 보았다. 현실은 '눈에 보이는 것'이지만 전략은 '눈에 보이지 않는 것'이다. 데이터는 사실이지만 전략적 사고에는 그 배후에 있는 참된 의미나 메커니즘을 읽는 통찰력이 요구된다. 세계는 경험적 사실, 사상적 사실, 실재적 현실로 구성된다. 전략현상은 그야말로 주체간의 상호작용의 인과관계이며 본질적으로 역동적인 것이다. 눈에 보이는 전투의 배후에 어떠한 논리가 작용하고 있는 것인가? 혹은 작용이 안되고 있는가? 역설적 현상의 배후에 있는 실재한 어떠한 것인가? 직접관찰 할 수 있는 사상이나 사태를 통해 이러한 실재의 형성, 재형성, 쇠퇴를 명확하게 하는 것이야말로 전략의 논리를 밝히는 것이고 이 프로세스야말로 전략적 리

대학교 산학협력단.

10) 박남규. 2007, 『전략적 사고』, 트라이얼러앤컴퍼니.

더십의 방법론일 것이다. 엘리어트 코엔의 의한 정・군관계의 리더십 연구에 따르면 뛰어난 리더는 '상황 하나하나의 독자성과 구체적인 차이를 있는 그대로 인식하는 능력'이 있는 한편, 보다 커다란 주제 속에서 세부를 종합하는 능력이 있다고 한다.[11]

사실 리더의 통찰은 일찍이 군사 분야의 주요관심사였다. 클라우제비츠는 그의 전쟁론에서 전쟁을 책상 위에서 군사이론을 통한 전쟁과 현실세계에서의 전쟁의 본질적 속성에 관한 관계를 변증법적으로 제시하고, 전쟁의 본질을 폭력과 증오, 우연성과 불확실성, 그리고 이를 합리적 이성으로 통제하는 합리성이 국민, 정부, 그리 군사지휘관의 역량과 결합되고 충돌하는 복잡한 상황으로 묘사하였다(허남성, 2005).[12] 특히 전쟁은 본질적으로 위험하고 불확실하며 우연이라는 요소가 개입되는 영역이고 육체적 긴장과 고통이 수반되는 현실이라는 점을 강조하였다. 따라서 이러한 전장에서 훌륭한 지휘관은 전장을 꿰뚫어 볼 수 있는 사고능력이 필요하고 그것이 바로 통찰력, 즉 '꾸데이(coup d'oeil)'이라는 점을 제시하고 있다. 이 통찰력은 전쟁에 '마찰'을 일으키는 여러 요인들을 극복하는 능력이다. 다시 말해 불확실하고 우연이 지배하는 전장에서 지휘관은 기존의 역사적 사례와 군사지식, 예기치 못한 것을 예상하고 적절한 사례를 활용할지를 판단할 수 있는 냉철함, 올바른 사례를 선택하고 결합하는 통찰력, 불확실한 장애물이 있음에도 불구하고 앞으로 나 아가는 결단력과 용기들을 가져한다고 주장하면서 통찰을 전장지휘관의 중요한 능력으로 간주하였다.[13]

군사전략가인 조미니는 전략이란 '책상 위에서 전쟁계획을 수립하고 이를 전투현장에서 실행하는 것'으로 정의하였고(Jomini, 1837) 그에 따라 지휘관의 전쟁 수립 능력을 체계화하는데 역점을 두었다. 하지만 통찰은 책상에

11) 노나카. 2011, 상게서.
12) 허남성. 2005, "클라우제비츠 전쟁론의 3위일체론 소고", 『군사』 제57호, pp.305-339.
13) William Duggan. 2007, "Strategic Intuition: The Creative Spark in Human Achievement", 윤미나 역, 2008, 『제7의 감각-전략적 직관』, 비즈니스맵.

서의 분석만으로는 한계가 있으며 치열한 격전의 현장에서 발휘되어야 할 현실적인 역량이다. 그래서 클라우제비츠는 전쟁지휘관이 꾸데이(통찰력)를 가지고 마찰적 요소들을 얼마나 잘 극복하는가에 따라 전쟁의 승리 혹은 패배가 결정된다고 강조하였다(Handel 2001). 그러한 능력을 가진 자가 바로 '전쟁의 신'이다. 전쟁의 신은 '마음에서 작동되는 다양한 힘의 조화로운 합일'을 이룬 자로서 '지성'과 '용기'가 '마음의 여러 힘'을 구성하는 핵심적인 개념임을 강조하였다. 즉, 전쟁에서 예기치 못한 방해요소를 극복하기 위해서는 불확실한 상황 속에서도 진실을 꿰뚫어 볼 수 있는 '지성'과, 그 지성에 따라 행동할 수 있는 '용기'가 반드시 필요하다고 보았다.[14]

본 연구는 전략적 통찰의 개념을 제시하고 역사적 인물을 통해 그가 발휘한 전략적 통찰의 모습을 발견하는 연구이다. 앞서 전략과 전략적 통찰에 대한 간략한 이해를 통해 전략적 통찰은 전략가가 지니는 철학, 그의 품성, 그리고 그의 지적 역량 등이 내포되어 있음을 확인하였다. 그러면 이를 구체적으로 살펴보고자 한다.

(1) 전략적 가치와 철학

먼저 전략적 통찰은 그의 철학적 가치가 반영된다. 이렇게 반영된 전략가의 철학을 본 연구에서는 이를 전략적 철학이라고 정의한다. 왜냐하면 전략가의 결정과 정책적 행동은 조직의 전략적 고민을 통해 구현된 것이기 때문이다. 박남규는 전략적 사고라는 그의 책에서 전략적 고민은 전체적, 장기적 관점을 포함한다고 하였는바, 본 연구에서는 여러 제 연구들을 종합하여 전략적 고민을 다음 세 가지 요소가 포함된 것으로 제시한다.

첫째가 어떠한 상황에서도 조직을 살려야 하며, 또 다른 조직과의 경쟁에서 이겨야 한다는 점이다. 전략가고 조직을 위해 고민하는 문제 중 그 무엇

14) 노명화. 2010, "책상과 전쟁터: 전쟁기획자와 야전지휘관", 『국방리더십저널』, vol. 47(ISSN 2005-5234), pp.42-46.

보다도 중요한 문제는 조직의 생존과 영속이다. 도킨스가 이기적 유전자를 통해 설파했듯이 모든 유기체들의 궁극적 목적은 생존과 번영이다.[15] 조직도 유기체이며 탄생, 성장 사멸의 길을 걷는다. 유기체처럼 투입－변환－산출(IOP 모델)의 대사작용을 한다. 다만 다른 점은 유기체는 수명이 있지만 조직은 잘 하면 수천 년 이상을 지탱할 수 있다.[16] 이런 관점에서는 모든 조직의 궁극적 목적은 지속 가능한 생존과 발전이다. 조직을 책임져야 할 전략가라면 이 점을 늘 고민해야 한다. 조직을 둘러싼 제반 환경 속에서 경쟁자의 도전에 승리해야 하며, 치열한 환경 속에서 살아남는 방책을 모색해야 한다. 이 고민은 그 어떤 것보다도 사활적이며, 전략가들이 반드시 떠맡아야 할 본질적 문제이다.

둘째는 조직을 전체적 관점에서 조망하여야 한다.[17] 전략가는 조직의 일부분의 문제를 전체의 것으로 확대 해석해서는 안 되며 조직 전체의 입장에서 판단하고 결정해야 한다. 반드시 전체적 관점을 견지해야 한다. 특히나 최고의 리더십은 개인적 야망보다도 조직을 생각하는 마인드를 지녀야한다고 짐콜린스는 주장하고 있다.

셋째는 조직의 미래를 보는 장기적 관점을 유지해야 한다.[18] 전략가는 시급한 생존의 문제와 더불어 조직의 미래를 결정하는 데 관심을 가져야 한다. 조직의 비전을 설정하고 전략과제를 결정하는 문제가 이에 해당한다. 조직의 비전은 조직이 가진 핵심가치와 장차 조직이 추구해야 할 높은 목표를 함께 고려해야 한다.[19] 이 두 가지는 상반된 것이라 볼 수 있지만 조직의 핵심가

---

15) Dokins, R. 1976, *The Selfish Gene*; 홍영남 역, 2006, 『이기적 유전자』, 을유문화사.

16) 세계에서 제일 오래된 기업은 곤고우구미(金剛)란 사찰 전문 건축회사로 백제의 후손이 설립하여 지금에 이르기까지 무려 1400년을 이어왔다. 한편 전 세계 종교조직도 적게는 수백년 많게는 수천년의 역사를 지니고 있다. 반면 같은 일, 유사한 형태를 가진 조직이라도 제대로 운영을 못해 수년을 버티지 못하고 사멸의 길을 걷는 조직도 있다. 그래서 최근에는 지속가능한 성장이 화두이다.

17) Collins J. 2011, *Good to Great; Why Some Companies Make the Leap and Others Don't*, HarperBusiness.

18) 박남규. 2007, 『전략적 사고』, 트라일러앤컴퍼니.

치를 고려하지 않는 경우는 조직의 사명과 조직이 나아가야 할 방향성을 잃는 것이며, 담대한 목표가 없다는 조직의 발전은 정체될 수밖에 없다. 따라서 조직을 책임지는 최고 경영자는 이 둘을 동시에 고려해야 한다.

지금까지 언급한 이 세 가지 요소가 전략가가 조직의 문제를 해결하고자 할 때 반드시 고민 속에 포함하여야 할 전략가의 철학적 문제이다. 그러나 전략적 관점은 항상 각 요소 간 갈등을 수반한다. 옳고 그름을 떠나 전략적 사고가 필요한 상황이다. 전략적 관점은 특히나 딜레마적 상황 속에서 빛을 발휘하게 된다.

(2) 전략적 품성

클라우제비츠는 '전쟁의 신'이 가지는 성격으로 격렬함에 굴복하지 않는 의지, 뜻하는 바를 굽히지 않는 내적 자신감, 마음의 평정과 냉철함을 유지하는 침착함을 제시하였다. 의사결정 연구에 있어 전략적 리더의 성격이 의사결정의 효과성에 직접적인 영향을 준다고 많은 연구자들은 강조하고 있다. 전략가는 특별한 품성을 통해 그 역량이 발휘된다. 아무리 뛰어난 지적능력을 지녔어도 그의 품성이 뒷받침되지 못하면 그는 실패한 인물이 될 수밖에 없다. 전략적 마인드 또는 전략가의 품성은 그들의 지성과 전략적 혜안을 더욱 빛나게 해주는 원동력이다. 전략가는 사명감과 충성, 강한 의지, 그리고 균형 감각이 필요하다.

그중 첫째는 사명감과 충성심이다. 백의종군을 하면서도 나라를 걱정한 이순신과 이토오 히로부미를 사살한 안중근 장군의 영웅담은 국가에 대한 충성심에 바탕을 둔다. 또한 전 세계 모든 나라의 영웅들의 기본적 성품은 충성심과 사명감이다. 이것이 기적을 만들었고 그들을 영웅의 반열에 올려놓게 된 근간이다. 이들의 충성심과 책임감은 부하들의 자발적 충성을 연쇄적

---

19) Collins J and Porras. 1996, "Building your company vision", *Harvard Business Review*, september-october, pp.65-77.

으로 불러일으키는 횃불과도 같다.

다음으로 강한 실행의지다. 나라에 대한 충성심과 사명감이 있더라도 강한 의지가 없으면 이루어 질 수 없다. 강한 정신과 의지만이 이러한 장애를 극복해 낼 수 있다.

Banadura(1986)와 Berry & West(1993)는 자기효능감과 성과 간의 관계에 대한 연구에서 자기효능감이 자발적 동기를 유발함으로써 궁극적으로 성과에 긍정적인 중개 작용을 한다는 것을 발견하였다. 또한 잘 하려는 의지 역시, 그들만이 가지는 특별한 특징으로 찾을 수 있는 바, 의지는 동기와 하게 결합되어 있다. 이 때문에 의지가 강할수록 동기도 강하며, 궁극적으로 성과 지향적 행동을 추구하게 된다.[20] 모름지기 강한 정신이 전쟁의 장애를 극복할 수 있다 하였으며, 더욱이 아비귀환의 전쟁터에서 부하들이 공포, 불안, 탈진 등으로 의지를 상실하고 용기를 잃을 때 이들에게 다시 전투의지와 충성심을 불러일으키게 하는 것은 지휘관의 강한 의지만이 할 수 있는 일이라고 클라우제비츠는 설파하고 있다.[21]

충무공은 백의종군의 상황에서도, 수적으로 불리한 전투에서도, 또 수군을 폐하고 육군과 함께 싸우라는 군왕의 명령에도 자신의 신념과 의지를 포기하지 않았다. 많은 희생과 주변의 도움이 없어도 그것이 옳은 것이라면 강한 의지로 돌파하는 정신이 필요하다.

구데리안은 독일의 전격전을 개발한 사람이다. 그는 전차만으로 구성된 기갑사단의 필요성을 역설하였으나 시기상조라는 육군의 반대에 부딪히게 된다. 그는 여기서 포기하지 않고 국방 장관에 다시 자신의 의견을 피력한다. 그러나 역시 그의 의견은 묵살된다. 하지만 그는 끝까지 포기하지 않고 히틀러에게 자신의 생각을 주장했고 결국 히틀러의 후원으로 탱크만으로 구

---

20) 김정한. 2011, "지휘관의 의사결정에 영향을 미치는 요인에 관한 탐색적 연구", 국방대학교 석사학위 논문.

21) 노명화. 2010, "책상과 전쟁터: 전쟁기획자와 야전지후관", 『국방리더십저널』, vol. 47(ISSN 2005-5234). pp.42-46.

성된 부대를 창설하게 된다. 하고자 하는 일이 옳은 것이라면 자리를 내걸고 자신의 신념을 주장하는 의지도 필요하다. 그것이 정신적 용기라고 클라우제비츠는 강조하고 있다.

다음은 균형감각이다. 고위급 리더에게 몇 가지 주의할 점이 있는바 그중 하나가 자신들의 성공을 과신한 나머지 다른 면을 보지 않고 한쪽으로 지나치게 경도되는 것이다. 높은 사람일수록 그에게 직언하는 사람은 많지 않기 때문에 더욱 그렇다. 이 고정관념도 균형감각을 갖추면 완화될 수 있다. 높은 직급의 사람일수록 중용의 미덕을 갖추어야 한다. 대부분 실패한 리더는 균형감각의 결여나 상실에 그 원인이 있다. 정책에는 다양한 이해관계자들이 참여하고, 이들의 갈등을 적절히 조정하는 것이 정책의 성패에 영향을 미치기도 한다. 전략가에게는 반드시 필요한 역량이다.

Shirley & Langan－Fox(1996)는 의사결정자가 자신에 대한 확신을 가지고 결정할 경우 그렇지 않은 사람에 비해 더 효과적인 의사결정을 한다는 것을 실증적으로 연구하였고, Matzler et. al.(2007)은 광범위한 분야의 경영자들을 대상으로 한 조사연구에서 환경적인 혹은 정치적인 압박 상황에도 불구하고 자신의 신념을 일관성 있게 추진하는 의지력을 가진 사람들이 훌륭한 성과를 낸다고 하였다.[22] 그러나 한편으로는 이러한 특징들 때문에 전략가들이 고정관념과 지난친 확신으로 일을 그르치는 경우를 우리는 종종 보아왔다. 그러기에 동양의 여러 고전에서 우리는 최고경영자들의 이러한 맹점을 지적하고, 자기절제와 균형감각을 갖는 중용의 미를 일찍이 강조해 왔

22) Matzler, Bailom, & Mooradian. 2004; 많은 연구들은 의사결정자가 불확실하고 복잡한 문제 상황에 접했을 때 결정하는 방식을 정리하고 있는데, 의사결정자들이 어떤 문제에 대하여 '흥미(enjoyment: 확장된 의식영역 속에서 느끼는 내적 동기부여)', '호의(love: 훈련과 연습을 통한 자신감으로 문제 상황을 긍정적으로 받아들이는 감정)', '조화(harmoney: 현 직위와 입지, 책임과 권한에 적절한 문제 상황이 주어질 때 느끼는 내적 수용감 또는 내적 동기) 등의 감정을 느끼는 상황에서는 직관에 의한 결정을 한다고 한다. 반면에 신체적・정신적 긴장과 피로, 병 등에 의한 스트레스를 느낀다면 보다 분석적이고 절차적인 결정에 의존한다고 한다(Dane & Pratt, 2007; Tiedens & Linton, 2001; Shirley & Langan-Fox, 1996; Simon, 1987; Agor, 1985).

다. Agor(1990) 역시 우수한 성과를 내는 최고경영자들의 공통적인 특징으로 고요함과 침착함이 중요함을 제시하였고, Pretz(2004)도 우수한 성과를 내는 학생들은 문제해결 상황을 접했을 때 침착함을 유지하는 공통적인 특징이 있다는 것을 밝혔다.[23)]

3. 전략적 지성

앞서 우리는 클라우제비츠는 전쟁의 신 또는 군사적 천재의 개념을 제시하면서 그가 갖추어야 할 역량으로 지성과 용기를 제시하였다고 하였다. 이처럼 지성은 모든 전략가가 지녀야할 필수적 자질이다. 특히나 전쟁을 지도하는 국가지도자에게 있어 지성은 사활적 역량이다. 이들이 국가의 안위를 고민하는 지성은 국가가 처한 상황 속에서 이를 극복하고 국가이익을 극대화하는데 활용되어야 한다. 따라서 전략구상에 필요한 기본적 역량은 상황분석과 전략을 수립하는 능력에 달려있다고 할 것이다.

먼저 전략가는 상황에 대한 이해가 정확해야 한다. 상황이해에는 자료와 데이터에 근거한 분석 능력과 함께, 그 상황 속에 배태된 다양한 요소들의 관계와 그로 인한 결과까지도 예측할 수 있어야 한다. 분석과 함께 직관적 영역의 활용이 필요한 부분이다.[24)] 즉, 클라우제비츠가 설파했듯이 군사적 천재에게 필요한 상상력에 기반한 이해와 전략구상이 필수적이다. 데이터는 우리가 현 상황을 객관적으로 이해하는데 기초적인 자료로 활용된다. 그러나 데이터는 기본적 데이터와 함께 각종 분석 내용들을 포함한 보고서 등으로 변환된다. 보고서는 또한 연구자의 성향과 연구기관의 정책에 따라 다양한 방법으로 해석되어 제시된다. 또한 우리가 상황을 이해하고 이를 통해 결정에 이르는 일련의 메커니즘을 살펴보면 다음과 같다. 먼저 관찰이다.[25)] 우리

23) 김정한. 2011, 상게서.
24) Klein, G. A. 1998, *Sources of power: How people make decisions. Cambridge*, MA: MIT Press, 1998.
25) Chipchase J. & Steinhardt S. Hidden In Plain Sight. 2013, 『관찰의 힘 평범한 일상

는 뉴스나 제반 주변 환경변화를 통해 상황에 대한 기본적인 데이터들을 축적한다. 이를 통해 징후를 발견하고 발견된 징후를 통해 이러한 문제에 대처하기 위해 영역을 한정하거나 특정 이슈에 집중한다. 이를 구조화 필터링이라 하는데 이러한 문제를 해결하기 위해서는 관련분야에 대한 상호 연결문제를 찾는 것이 중요하다. 이를 상호연결성 즉 네트워크라 한다. 상호연결성은 문제의 상호연결성과 함께 해결방안 및 주체의 상호 연결성도 포함 한다 그리고 이를 통해 미래를 예측한다. 다가올 위험, 그리고 그 속에서 발견할 기회요소 등을 시나리오를 통해 구체화 할 수 있다. 이러한 과정을 통해 우리는 상황을 이해하고 최적의 결론에 이르게 된다.

그러나 이러한 이상적인 접근과는 별도로 실제는 우리가 데이터를 통해 현상을 이해하는 것에는 한계가 있을 수밖에 없다. 자료의 제한으로 우리는 사건과 문제 상황 전반을 살펴 볼 수가 없다. 그것이 바로 빙하의 구조와 마찬가지이다. 보이는 것이 전부가 아니라는 것을 반드시 기억해야 할 것이다.

미래를 예측할 때 고위급 리더들은 낙관적 기대 하에 미래를 설계하는 경향을 지닌다. 그들의 성공이 긍정적 사고에 뿌리를 둔 경우가 많기 때문이다. 그러나 대부분의 문제는 우리의 기대와는 반대로 보답한다. 최악의 상황으로 전개되는 경우가 허다하다. 따라서 우리는 긍정적 상황일 때 보다는 부정적 상황이 전개될 것을 염두에 두어야 한다. 반드시 최악의 상황을 가정하고 상황분석 및 문제해결에 임하여야 한다. 최악의 상황이 이미 벌어질 일이라고 상상만 하더라도 원인이 무엇이며 그 문제를 해결하는 필요한 자원과 방법들이 떠오를 것이다. 이를 예기적 사후가정, 정신적 시간 예행이라고 한다. 즉 미래를 타임머신을 타고 가본다고 생각하고 그림을 그리면 훨씬 상황분석과 이해에 도움이 될 것이다

상황에 대한 분석이 끝났으면 다음으로 전략가는 전략을 수립하여야 한다. 즉 상황에 대한 유형을 확인하고 이를 통해 해결방안을 제시할 수 있어

속에서 미래를 보다』(야나마키에이라 역), 위너스북.

야 한다. 물론 여기에는 다양한 분석기법과 전략가의 통찰이 반영된다.[26] 이러한 것이 전략을 수립하는 절차이다. 그런데 전략을 수립하는데 반드시 알아야할 전략의 원칙이 있다. 즉, 전략적 통찰의 발휘는 탁월한 지성에 있으며, 이는 전략에 대한 이해가 전제가 된다. 전략은 승리를 위한 수단과 방법을 선택하는 사고과정이다. 여기에는 다양한 생각들이 동원된다. 그러나 전략의 핵심은 전쟁의 목적을 달성하기 위해 주도권을 잡을 수 있는 방법을 선택하고, 적에 비해 강점을 갖는 수단을 선택하는 게 본질이다. 그러므로 전략가가 통찰력을 발휘하려면 전략에 대한 이해 그 자체가 선행되어야 한다. 구체적으로 살펴보면 다음과 같다.

첫째, 전략의 기본은 적에 불리하고 내게 유리한 환경을 조성하는데 있다. 전략적 사고는 이를 구현하기 위해 상황을 동적으로 변화하고 창조하여 아군과 적의 관계를 역전시키는 데 있다.[27] 일찍이 손자와 군사전문가인 리델하트 그리고 노나카 교수 등 많은 전략가들이 이를 지적하고 있다. 이것은 다른 말로 판 바꾸기라고 한다. 판을 바꾸려면 내게 유리한 시간과 장소에서 나의 강한 힘을 적의 취약한 부분에 집중시키는 것이다. 전략은 시간과 공간의 제약 속에서 힘을 효과적이고 효율적으로 발휘하는 역동적 관계 속에서 구체화된다. 그는 제4차 중동전 사례를 제시하면서 이집트의 사다트의 전략적 통찰을 주목했다. 이 전쟁은 이집트와 시리아 등 중동국가들이 이스라엘에 대항하여 일으킨 전쟁이다. 불리한 여건 속에서 이집트의 사다트 대통령은 이를 극복하는 탁월한 전략적 혜안을 발휘하였다. 먼저 시간의 선택이다. 내게 유리한 시간이란 적이 전쟁하는데 불리한 시간이고 그것을 찾는 것이 먼저이고 없다면 만드는데 있다. 사다트는 전쟁 개시일을 이스라엘의 속죄절로 선택했으며, 실제 전쟁과 같은 연습을 계속함으로써 이스라엘이 전쟁 당

26) Simon. 1987, "Making management decisions: The role of intuition and emotion", *Academy of Management Excutive*, Vol. 1. No 1, pp.57-64.
27) 노나카. 2011, 상게서.

일까지도 이집트 군의 움직임을 통상적인 군사훈련이라고 여길 정도로 시간을 유리하게 조성하였다. 다음은 내게 유리한 공간의 선택이다. 어차피 이스라엘 종심 깊숙이 진격하는 것은 무모한 도박이고 제한전이라는 전제하여 특정 지역에서 힘의 우세를 확보하는 방안을 마련했다. 즉 이집트에 가까운 지역 수에즈운하 동쪽에 킬체인을 만들어 이 지역에서의 힘의 우세를 확보하였다. 다음은 수단의 선택이다. 이집트 군은 이스라엘의 전투기와 폭격기에 대응하기 위한 전력을 대공포로, 이스라엘 탱크를 공격할 전력으로 휴대용 대전차미사일을, 수에즈운하의 제방을 무너뜨리기 위해 고압의 방수펌프를 사용하는 창의성을 발휘하였다. 이 모두 내게 유리한 상황을 조성하는 전략적 사고의 완벽한 구현이었다.

둘째, 다음은 차별화이다. 차별화는 경영학에서는 VRIN이라는 용어로 제시되고 있는데 가치있고, 희귀하며, 모방과 대체가 불가능한 역량이어야 한다고 한다.[28] 이는 통상적인 비대칭 대응이다. 동일한 대응이 아닌 적의 예측을 벗어난 대응이다. 예측을 벗어난 반격일 때 상대방은 이에 대한 대비하기가 쉽지 않다. 리델하트는 적의 최소 예상선과 최소 저항선을 지향하라고 간접접근 전략으로 이를 설명하고 있다.[29] 전사를 보면 불리한 여건임에도 불구하고 승리를 가져온 국가나 군대가 구사한 전략이 이 차별화에 있다. 이는 리델하트가 제시한 간접접근전략이며, 손자의 병법의 핵심적 내용이다. 차별화는 내가 잘하는 것부터 시작한다. 그러나 내가 잘하는 것만으로는 한계가 있다. 나 말고 경쟁자도 잘하는 것이라면 내가 별로 두각을 나타내기가 쉽지 않다. 내 경쟁자가 못하는 분야에서 내가 잘해야 내가 잘난 점이 부각된다. 차별화는 약자들만의 전략이 아니다. 강자들에게도 절대적으로 필요한

---

28) Barney, J. Wright M. Ketchen, D. J. 2001, "The resource-based view of the firm: Ten years after 1991", *Journal of Management*, Vol: 27, pp.625-641.

29) 리델하트는 이를 the line of least expectation and the line of least resistance(최소방어선과 최소예측선)으로 적이 예측하지 않는 곳을 지향하라 표현 했는데 사실 이는 손자병법의 시계편에서 제시된 出其不意 攻其無備출기불의 공기무비; 의도하지 않는 곳으로 나아가고 대비하지 않는 곳을 공격하라)의 영어 해석에 불과하다.

전략이다. 피카소의 사례가 대표적인 경우이다. 20세 입체파를 창시한 그는 어릴 적부터 미술의 신동이었다. 그래서인지 자신의 미술 실력을 자신하여 학업을 중도에 포기하고 일찍이 전문 화가로서의 길을 시작했다. 그러나 미술 시장에는 그처럼 그림을 잘 그리는 사람이 너무도 많았다. 그제야 피카소는 그 많은 화가들과 자신이 별 차이가 없다는 것을 알았다. 아니 그들보다 자신이 뛰어나다고 말할 수 있는 특별한 것이 하나도 없어 보였다. 그래서 그는 남이 가지 않은 새로운 길을 가기로 했고 수많은 고민과 시도 끝에 20세기의 대표적 예술 사조인 큐비즘을 만들 수 있었다. 피카소의 성공은 남들과 다른 차별화 전략의 구현이었다.[30)]

셋째, 나만의 강점으로 승부하는 것이다. 이순신 장군의 23전 23승의 신화는 미스터리라고 하지만 사실은 충무공과 조선 수군은 그들의 강점을 극대화 하여 싸웠다. 전통적으로 해전의 기본적인 전술은 세 가지이다. 즉 승선해서 싸우기(boarding), 다음으로 배끼리 부딪히기(beating), 마지막으로 포격(shooting)이 그것이다. 일본은 조총으로 무장했으나 사거리와 파괴력에 있어서 조선수군의 화포에 미치지 못했고 일본의 전함은 속도는 빠르지만 튼튼하지 못한 반면 조선 수군의 판옥선은 조수간만에 적용할 수 있도록 평저선에 느리지만 튼튼했기에 충돌에 강했다. 또한 일본은 전통적으로 근접전인 칼 사용에 능했으나 거북선에 철갑을 씌우고 못을 박아 애초부터 근접전을 허용하지 않음으로써 이길 수 있는 완벽한 조건을 갖추었다. 이렇게 조선 수군은 일본수군에 대항하여 일본이 가지지는 못했고 조선수군 자신들만이 가지고 있는 장점을 극대화하여 임진왜란을 승리로 이끌었다.

Ⅲ. 류성룡의 전략적 통찰

류성룡(1542-1607)은 임진왜란을 극복한 명재상이다. 그는 조선왕조 최대

30) 노명화. 2011, 상게서.

위기 상황에도 차분하게 국난을 극복해 나간 학자이자 관료였다. 그는 반대파의 탄핵으로 파직을 당하는 순간까지도 책임을 다했던 인물이다. 국가 최대의 난국에서 외교, 내치, 그리고 전쟁수행 및 동원 등에서도 탁월한 역량을 발휘하였다.

본 논문은 조선조 최대 국난위기 임진왜란과정에서 전시 재상으로서 국가를 경영한 류성룡의 전략가로서 보여준 그의 능력을 살펴보고자 한다. 임진왜란 중에 왜를 물리친 업적, 명과의 외교 군사협력을 통한 연합작전 등 류성룡의 업적은 좀 더 군사, 안보, 외교적 정책 결정과정 중심의 전략－전술－대비책 중심의 종합적 관점에서 재조명의 필요성이 있다고 본다.

그는 임진왜란 극복을 위해 하늘이 내린 사람처럼 전란을 전후로 하여 국난극복을 위한 탁월한 방책들을 제시하였고, 이를 실행하였다. 그가 제시한 방책을 보면 제승방략을 진관제로 환원하였고, 군제를 개편하여 중앙군에 훈련도감을 설치하여 체계적인 군사지도를 하였으며, 지방군은 속오군을 편성하여 반상의 구별 없이 군내에 관병편오책을 시행하였다. 또한 국난극복을 위해 면천법과 대동법을 시행하여 조선의 모든 백성들의 참여를 유도하였다. 류성룡은 특히나 군정에 정통하여 증손전수방략을 지어 이순신이 참고하도록 하였고, 왜군의 전법에 대응하여 척계광의 기효신서를 바탕으로 하여 조선군의 진법 개발을 진두지휘하였다. 또한 청야책, 화포를 중심으로 한 전투방식 등에도 관심을 가졌으며, 새로운 전투방식에 적응할 자들을 선발하기 위하여 무과의 과목과 체제도 혁신하였다.

앞서 제시한 전략적 통찰과 이를 발휘하기 위한 구비 역량을 중심으로 류성룡의 전략적 통찰과 전시 재상으로 보여준 제반 역량을 살펴보고자 한다. 특히나 본 연구에서 제시한 전략적 철학, 전략적 품성, 그리고 전략적 지성을 중심으로 살펴보고자 한다.

1. 전략적 가치와 철학

이론적 고찰을 통해 본 연구에서는 전략적 가치와 철학을 세 가지 관점의 합으로 이해했다. 즉, 생존과 승리의 관점, 조직의 전체적 관점, 그리고 장기적 관점을 갖는 것이다.

첫째, 조선의 생존과 승리를 위한 류성룡의 시각을 보고자 한다. 영의정 이산해는 왕이 평양으로 몽진할 것을 주장하였고, 도승지 이항복도 중국 쪽으로 피란해야 한다고 했을 때, 류성룡은 다음과 같이 굳게 반대하였다.

> "왕의 행렬이 우리나라를 한 걸음이라도 벗어난다면 조선은 우리의 것이 될 수 없습니다. 지금 동북지방의 여러 도는 아직 그대로 남아있고 호남지방의 충의 열사들이 곧 봉기할 것인데 어찌 이와 같은 논의를 할 수 있습니까."라고 하면서 물러나서는 이항복에게 그 부당성을 책망하였다.[31)]

그는 우리나라에 침입한 외적은 끝까지 우리 국토 안에 머물면서 우리의 힘으로 살아남아 적을 격퇴할 것을 주장하였다.

둘째, 류성룡의 국가 전체를 생각하는 관점을 살펴보자면 대표적인 것이 군제개편일 것이다. 특히나 전란 중에 조선의 군 편제를 중앙군에 훈련도감을 설치하고 지방군에 속오군을 설치한 점이다. 더욱이 전란 극복을 위해 기존의 신분제에서 과감히 탈피하여 반상이나 신분의 구별 없이 군 복무와 편제를 구성한 관병편오책 등은 국가 전체를 고려한 모책이었다.

셋째는 장기적 관점이다. 전란이 발발하자 류성룡이 제일 먼저 고민한 점은 세자책봉이었다. 광해군을 세자로 책봉하여 조선의 미래를 보장한 점은 풍전등화 속에서 장기적 관점을 가진 서애의 통찰이라 할 수 있을 것이다. 또한 서애는 전란을 극복할 다양한 인재 발굴에 심혈을 기울였다. 그의 인재등용 10원칙은 이러한 그의 철학을 그대로 담고 있다. 인재등용 10개조의

31) 宣祖修正實錄 卷26, 25年 5月朔 庚申條.

핵심은 장사, 수령, 사신, 의인, 관병, 문장가, 용병, 농관, 경제가, 회계사, 군수물자보급, 유통에 능통한 자 등 각 방면에 걸쳐 난국을 수습할 수 있는 자질과 특기를 구비한 자를 선발하여 효과적으로 이들을 활용할 수 있게 정리한 내용이다. 이를 기초로 류성룡은 임진왜란 전 이순신을 천거하여 정읍현감에서 수사(水使)로 초배하였을 뿐만 아니라 광주목사 권율, 소막관, 조호익 이외에 배결, 신충원 등 임진왜란 극복을 담당한 주역들의 대부분은 유성용이 천거 발탁한 인물들이었다.32)

2. 전략적 품성

본 연구에서는 전략가가 가져야 할 품성으로 사명감, 충성심, 실행의지, 그리고 균형감각을 제시하였다. 이에 따라 류성룡의 품성을 살펴보면 다음과 같다.

첫째, 사명감과 충성심이다. 서애는 절체절명의 위기 속에서도 흔들리지 않고 조선의 안위와 생존을 모색하였다. 탄핵과 파직의 순간까지 국난 극복과 수습에 전념한 모습은 모든 전략가들의 귀감이다.

둘째로 전략가가 지녀야할 품성으로 실행의지를 고려하지 않을 수 없다. 특히나 실행의지는 전략가의 지성과 전략적 혜안을 더욱 빛나게 해주는 원동력이다. 대동법의 시행은 기존의 기득권자들의 반대가 극심하였다. 그럼에도 서애는 이들의 반대에도 불구하고 이를 시행에 옮기었다. 왜란 후에 이 제도가 다시 유명무실하게 되었을 정도로 반대에 부딪혔지만 서애는 이를 전란을 극복하는 핵심과제로 보았고 이를 시행하였다. 의지는 목숨을 내놓고 추진하는 일이다. 특히나 이순신을 지켜내는 일은 서애에게도 무척이나 어려운 일이었다. 선조의 시기심과 분노에도 불구하고 서애는 끝까지 이순신을 지켜내었다.

32) 서양중 · 이지경. 2016, "西厓 柳成龍의 國防安保觀", 『한국동양정치사상사연구』, 15(2), pp.93-125.

셋째로 균형감각은 서애의 자질 중에서도 탁월한 능력이었다. 전란 중임에도 불구하고 당파적 이해를 중심으로 조정의 대신들이 움직일 때 서애는 밀어붙이지 않고 그들의 이해관계를 조율하였다. 또한 명군이 참전하여 무리한 요구를 제시하였음에도 조선의 위신과 실리를 동시에 챙기는 협상력도 발휘하였다.

3. 전략적 지성

전략적 지성은 상황판단능력과 전쟁수행을 위한 전략의 기본원칙에 대한 이해가 필수적이다. 서애 역시 이 점에서 탁월한 능력을 발휘하였다.

(1) 상황판단능력

먼저 상황분석력을 살펴보면 다음과 같다. 이는 두 가지 요소가 반드시 고려되어야 하는데 첫째가 상황에 대한 이해력이고 둘째가 그러면서도 최악의 상황을 가정하는 것이다.

먼저 류성룡의 전시 상황파악 능력을 보고자 한다. 서애는 왜구의 침입을 단순한 노략질 수준이 아니고 전쟁 수준의 능력을 가진 군대로 보았다. 따라서 조선의 전시 편제를 제승방략체제로는 대응할 수 없음을 간파하였다. 진관제로의 신속한 전환이 필요했다. 또한 그는 1994년 군국기무10조를 건의하여 군대를 지휘할 때 반드시 필요한 요소들을 제시하였다. 이는 척후병 운영, 군대의 장단점 파악과 이에 대한 대응, 편제, 군령의 중요성, 참호, 목책 설치, 행군과 매복, 성을 지키는 방법, 연속사격방식, 그리고 형세를 보는 능력 등 지휘관이라면 반드시 알아야 할 내용들을 선조에서 건의하여 전군에 전파하였다. 그가 이러한 것을 10년 전에 이미 변경방비책 즉 비변오책에서 고민할 정도로 최고 전쟁지휘관으로서의 자질을 발휘하였다. 이러한 그의 능력은 수륙전, 화공 등을 망라한 증손전수방략을 지어 이순신의 해전에 참고할 교재로 시달한 점도 주목할 일이다.

그는 이렇듯 군사운영과 전략에 능통하였고 그에 대한 대비를 하였음에도 그는 최악의 상황을 고려하였다. 신립을 파견할 때 류성룡은 신립에게 왜구의 능력을 조심하라 다음과 같이 당부하였다.

> 류성룡은 신립과 군무를 논하는 자리에서 '오늘날 적군의 세력을 상대하기가 어떠하겠는가' 하고 물으니 신립이 대수롭지 않게 여기면서 '두려워 할 게 없습니다.'라고 말하자 서애는 '그렇지 않소, 과거에는 왜적이 다만 단병만을 믿었는데 지금은 조총이란 장기를 가졌으니 경시할 수 없지 않소' 라고 하여 왜침에 대한 방위책도 없이 지나친 자신감을 갖고 있는 야전 지휘관의 태도에 대하여 의구심을 표시하였다. 그러나 신립은 '아무리 조총이 있다한들 어찌 다 맞힐 수 있겠습니까' 하니 서애는 '국가의 승평일구하여 사졸들이 취약한데 만약 유변시는 지탱하기 어려울 것이오, 나의 생각으로는 수년 후 습병해 지면 혹 수습이 가능하겠지만 처음에는 어렵다고 생각되오.' 하였는데 신립은 도무지 성찰하자 않고 가버렸다.[33)]

만일 신립이 서애의 당부를 조금이라도 고려하였다면 탄금대에서 그처럼 허망하게 패하지는 않았을 것이다.

(2) 전쟁수행을 위한 전략의 기본 원칙 이해

이미 류성룡의 전쟁 상황파악능력을 통해 그의 분석력을 살펴보았지만 전쟁수행을 위한 전략의 기본 원칙을 얼마나 이해하고 활용했는가를 살펴보고자 한다. 전략의 핵심은 유리한 상황을 조성하고, 자기만의 장점으로 싸우면서 적과 차별화된 방책을 구사하는데 있다.

첫째, 유리한 상황을 조성하는 것이다. 애초에 전쟁에 대한 대비가 소홀한 조선은 전쟁으로 단련된 왜군을 당해내기 힘든 상황이었다. 이러할 때 가장 중요한 것은 원군을 얻는 일이다. 명이 조선 개입을 주저하고 있을 때 명의 개입에 대한 명분을 주고 이에 따라 명의 참전을 유도한 일은 전쟁의 흐

33) 西厓先生文集, 西厓先生 年譜, 卷2 참조.

름을 바꾸는 일이었다. 또한 조정의 몽진으로 백성들에 대한 신뢰가 땅에 떨어져 있을 때 이를 일거에 뒤바꾼 것은 면천법의 시행이었다. 이는 조선의 하층민이 전쟁에 참여하게끔 하는 획기적인 제도였다. 이를 위해 지방의 속오군을 편성하여 전 조선반도의 백성들이 전란극복을 위한 일체감을 형성하여, 군으로 또는 의병으로 활동할 수 있는 기반을 마련하였다. 이는 불리한 여건을 유리한 상황으로 바꾸는 류성룡의 탁월한 지략으로 보여 진다.

둘째, 자기만의 장점으로 싸우는 것이다. 류성룡은 왜군의 신무기인 조총에 대하여 상당한 관심을 갖고 이에 대응하고자 했다. 그럼에도 그는 우리의 장점이 이에 대응할 수 있음을 찾았다. 나아가 서애는 왜군의 최신무기인 조총에 대응하는 길은 화자 등을 동원하여 적의 위세를 좌절시키는 한편 화전으로서 왜적을 혼란에 빠뜨려 집중 공격하면 우리 측이 이길 수 있다고 확신했다. 아울러 그는 조총의 우수성을 인정하고 그것을 우리 측도 수용하기 위하여 부단히 노력하였다.

또한 조선수군은 16세기 초부터 발생한 일련의 왜구의 변란으로 해전을 새롭게 고민하였다. 그 중에도 을묘왜변은 규모면에서도 전과 달리 중앙군의 직접 파견을 필요로 했지만, 당시 침범한 왜구의 선박의 규모가 커지고 화포를 장착했던 점에서 조선수군에 적지 않은 충격을 안겨주었다. 조선은 이에 대한 대응으로 소형 군선체제를 포기하고 그보다 대형의 판옥선을 준비하게 되었다. 1560년대 중반에 이르면 이미 판옥선의 전국적인 배치가 완료되었고, 척수 면에서도 상당히 많이 건조되었다. 이러한 조선의 장점을 이순신을 통해 발휘케 함으로써 제해권을 장악할 수 있었다(이민웅, 2004).[34)]

셋째, 적과 차별화된 전략을 구사하는 것이다. 임진왜란 초기에는 우리 측이 전쟁준비가 제대로 되어있지 못한데다가 제반 여건마저 불리하여 수세 위주의 전술을 구사할 수밖에 없어서, 성곽을 중심으로 청야(淸野) 전법이 크게 장려되었다.[35)] 그 결과 변경지방이나 군사적 비중이 높은 요새지 등에

34) 명종실록 권32, 명종 21년 3월 甲辰.

는 성곽을 많이 축조하게 되었고 이를 근거로 하는 새로운 전술이 요구되어 서애는 그 방법의 하나로 다음과 같은 것을 고안하여 보급하였다.

> "남북 변경지반의 성곽 위에는 반드시 가는 모래나 연한 재(裁)를 준비해 두어야합니다. 그래서 적들이 공격해 올 때 이것을 그들의 눈에 뿌려 어지럽힘으로써 성곽위로 오르지 못하게 해야 합니다. 이 방법은 장난에 가까울지 모르나 실은 크게 유익하니 꼭 준비해야 합니다."[36]

이는 많은 비용이나 노력은 소모하지 않으면서도, 그 효과는 매우 큰 전술이다. 또한 왜구와 단병으로 맞서기 보다는 척계광이 개발한 기효신서를 바탕으로 조선의 전투방식을 바꾸는데 진력하였다. 임진왜란 당시 서북지방에는 북쪽의 오랑캐들 조차 마구 날뛰어 조선정부를 이중으로 괴롭히고 있었다. 그래서 류성룡은 이들에 대한 방어전술도 모색하였다.

> "북쪽 오랑캐가 성곽을 공격하는 것은 왜적과 그 방법이 다릅니다. 그들은 말위에 탄 사람들이 모두 흙 한봉지 씩을 가지고 일시에 달려와 그것을 성 아래에 쌓은즉 잠깐사이에 성과 같은 높이가 되어, 사람과 말이 모두 넘어갈 수 있습니다. 동시에 그들 병사들은 모두 철갑을 하고 말 또한 갑옷으로 덮었으므로 화살로는 도저히 공격할 수 없습니다."[37]라고 하였다.

즉, 북쪽 오랑캐의 공격에 대한 방어책으로서 종래의 궁시(弓矢)로는 곤란하니, 새로운 전법으로 화포를 개방 보급함으로써 그들을 효과적으로 제압해야 한다는 것이다. 그리하여 그는 산성(山城)에 화포를 설치하기 위하여 포루(砲壘)를 각처에 축조하도록 조치하는[38] 한편 무기제조 부서인 군기시(軍器侍)의 주부 이자해(李自海) 등에게 화포를 제작시켜 이것을 보급 나갔으므로[39] 그것은 그 뒤 육전과 해전에서 큰 전과를 올릴 수 있는 배경이 되

35) 宣祖實錄 卷47, 27年 1月 丁酉條 및 같은 책 卷68, 28年 10月 丙寅條.
36) 宣祖實錄 卷68, 28年 10月 辛酉條.
37) 西厓先生遺稿, 乙未 11月 26日條 및 宣祖實錄 卷69, 28年 11月 庚寅條.
38) 西厓先生遺稿, 「軍門膽錄」, 丙申 1月 30日條.

었으며[40] 나아가 임진왜란을 극복하는데 중요한 구실을 했다고 이해되는 것이다. 이처럼 류성룡의 통찰력은 풍전등화에 놓인 조선을 구하는데 큰 기여를 하였다. 지금까지의 논의를 정리하면 다음과 표와 같다.

표 2 전략적 통찰과 류성룡의 사례

구분		사 례
전략적 철학	생존과 승리추구	선조의 명으로 귀부를 막음
	전체적 관점에서 조망	훈련도감설치, 속오군의 관병편오책
	장기적 관점 유지	광해군의 세자 책봉, 인재등용 10원칙
전략적 품성	사명감 / 충성심	탄핵과 파직의 순간에도 국난 극복과 수습에 전념
	실행의지	대동법(작미법) 시행, 이순신 지켜내기
	균형감각	서인의 의견을 정책에 반영, 명과 균형외교
전략적 지성	상황이해 / 분석	제승방략체제를 진관제로 전환, 군국기무10조, 증손전수탕략
	최악의 상황을 가정	신립의 자만심과 경솔함을 걱정함
	유리한 상황조성	명의 개입 유도, 면천법을 통한 하층민의 전쟁 참여 속오군 편성으로 전란극복을 위한 일체감 형성
	차별화 하라	청야법, 성곽축성 기효신서에 따라 전투방식 변화
	나만의 강점으로 승부	판옥선 건조, 화포의 적극 활용

Ⅳ. 맺음말

본 연구는 조직을 책임지는 리더의 역량 중 전략적 통찰에 관하여 류성룡의 임진왜란 극복 과정에서 나타난 그의 통찰력을 통해 살펴보았다. 전략적 통찰은 고위 리더들이 갖추어야 할 핵심역량으로 조직의 생존과 번영, 그리고 승리를 위해 반드시 필요한 요소이다. 본 연구는 먼저 학제적 접근을

39) 西厓集 雜著.
40) 西厓先生遺稿, 「軍門謄錄」, 丙申 4月 11日.

통해 전략적 통찰의 개념을 정립하고, 이를 기초로 전략적 통찰에 필요한 몇몇 역량들을 도출해 보았다.

본 연구를 통해 전략적 통찰은 전략적 리더의 철학, 품성, 그리고 전략적 지성이 결부되어 나타남을 제시하였다. 구체적으로 전략적 철학은 조직의 생존과 승리, 조직을 전체적이고, 장기적으로 보는 관점을 지녀야 하며, 전략가가 지녀야 할 품성은 사명감과 충성심, 의지, 그리고 균형감각이 필요함을 제시하였다. 그리고 마지막으로 전략가가 갖추어야 할 지성부분은 상황분석 능력과 전략적 원칙에 대한 이해 부분으로 정리하여 제시하였다.

그리고 이러한 전략적 통찰을 발휘한 대표적 인물로 류성룡을 통하여 이를 확인하였다. 류성룡은 풍전등화 같은 시기에 조선의 전시재상으로서 그 능력과 역할을 충실히 수행한 본보기이다. 전시 한 국가의 재상으로서 그가 보여준 전쟁지도 능력은 탁월한 전략가로서의 본보기였다. 우리는 본 연구를 통해 그의 전략적 철학을 이해할 수 있었으며, 전략적 성품에 대한 존경심을 갖게 되었다. 또한 그가 보여준 전쟁수행 전략은 군사지휘관을 지도할 수 있는 풍부한 군사지식을 갖추었음에 놀라지 않을 수 없었다.

비록 본 연구가 전략적 통찰 연구에 대한 학술적 연구의 제한, 연구자의 주관에 의한 사례 선정 등에서 논란이 있을 수 있음에도 부족하나마 전략적 리더의 통찰에 대한 개념적이고, 추상적인 접근을 시도하였고, 더불어 역사적 사례를 중심으로 탐색적인 연구를 수행하였다.

사례를 위한 연구대상으로 선정한 류성룡은 전략적 통찰을 위한 연구의 적절한 모델로 이상적이라고 여겨진다. 국가 위기상황에서 최선을 다해 리더십을 발휘하여 국난을 극복한 류성룡의 사례를 전략적 리더십 연구의 대상으로 선정하는데 그 어느 누구도 이의를 제기할 수 없을 것이다. 류성룡의 경우는 전시 재상으로서 국가의 안위와 미래를 결정하는 위치에 있었다. 그의 전략적 통찰과 그에 따른 행동이 적절하지 않았다면, 조선의 역사는 선조를 마지막으로 막을 내렸을 것임에 틀림없다.

분명히 그가 보여준 전략적 통찰은 시대가 한참을 지나서도 빛을 발하고 있음에도 그에 대한 연구가 많지 않음이 그저 안타까울 따름이다.

참고문헌

Chipchase J. & Steinhardt S. Hidden In Plain Sight. 2013, 『관찰의 힘 평범한 일상 속에서 미래를 보다』(야나마키에이라 역), 위너스북.

Dokins R. 1976, *The Selfish Gene*, 홍영남 역. 2006, 『이기적 유전자』, 을유문화사.

Handel M. I. 2001, 『클라우제비츠. 손자 & 조미니』(박창희 역), 평단.

Hrebiniak. 2005, *Making Strategy Work: Leading Effective Execution and Change (Leading Effective Execution And Change) Wharton School*; 이진원 역. 2006, 『실행이 최고의 전략이다』, 럭스미디어.

Jacobs, T. O. 2004, *The Strategic Leadership*, US Industrial College of Armes Forces; 김오현 역, 2005, 『전략적 리더십』, 국방대학교 안보문제 연구소.

Wells S. 1997, *Choosing the Future: The Power of Strategic Thinking*; 이순영 역, 2002, 『전략적 사고』, 현대미디어.

가외세 마고트. 2005, 『전략사고 컴플리트북』(현창혁 역), 일빛.

김대성. 2018, "인천상륙작전의 성공요인에 대한 군사전략적 분석: 기동전략과 소모전략을 중심으로", 『軍史』 제106호(2018년 3월), pp.207-252.

김성우. 2013, "임진왜란 초기 制勝方略戰法의 작동 방식과 상주북천전투", 『한국사연구』(163), pp.221-257.

김정한. 2011, "지휘관의 의사결정에 영향을 미치는 요인에 관한 탐색적 연구", 국방대학교 석사학위 논문.

김한신. 2017, "임진왜란기 유성룡의 경기 방어구상과 군비강화책", 『조선시대사학보』(82), pp.105-146.

노명화. 2009, "리더의 직관과 통찰에 관한 연구", 『에이스 리더십』 제3호, pp.11-31.

______. 2010, "책상과 전쟁터: 전쟁기획자와 야전지휘관", 『국방리더십저널』, vol. 47(ISSN 2005-5234), pp.42-46.

______. 2011, 『성공의 재발견』, 북코리아.

노명화 · 손승연 · 이지영. 2016, "국방 창의적 리더십 함양 프로그램 개발 연구", 국방대학교 산학협력단.

노영구. 2001, "임진왜란 이후 전법의 추이와 무예서의 간행", 『한국문화』, 27, pp.147-176.

노타카 이쿠지로 외. 2005, 『전략의 본질』(임해성 역), 라이프맵.

류영하. 2016, 『서애 류성룡선생 소전』, 풍산류씨대종회.

마쥔. 2009, 『손자병법 교양강의』(임홍빈 역), 돌베게.

박남규. 2007, 『전략적 사고』, 트라일러앤컴퍼니.

서양중·이지경. 2016, "西厓 柳成龍의 國防安保觀", 『한국동양정치사상사연구』, 15(2), pp.93-125.

송 복. 2007, 『서애 류성룡, 위대한 만남』, 지식마당.

울프 필칸. 2009, 『트렌드와 시나리오』(박여영 역), 리더스북.

육군사관학교 군사학처. 1991, 『전략개론』, 한원추출판사.

이민웅. 2004, "임진왜란 해전을 통해 본 朝·明·日 삼국의 전략전술 비교", 『軍史』, (51), pp.79-108.

이승주. 2005, 『전략적 리더십』, 시그마인사이트.

클라우제비츠. 1832, 『전쟁론』(김만수 역, 2005), 갈무리.

Barney, J., Wright M. and D. J. Ketchen. 2001, "The resource-based view of the firm: Ten years after 1991", *Journal of Management*, 27, pp.625-641.

Boal, K. B. 2000, "Strategic Leadership Research: Moving on", *Leadership Quarterly*, Vol. 11, Issue 4, pp.515-549.

Carl Von Clausewitz, *On War*.

Elenkov, D. S., Judge, W., and P. Wright. 2005, "Strategic Leadership and Executive innovation influence an international multi-cluster comparative study", *Strategic Management Journal*, 26(7), pp.665-682.

Hoefer, R. L. And Green, S. E. 2016, "A rhetorical model of institutional decision making: The role of rhetoric in the formation and change of legitimacy judgments", *Academy Of Management Review*, 41(1), pp.130-150.

Klein, G. A. 1988, *Sources of power: How people make decisions*, Cambridge, MA: MIT Press.

Leavy, B. 1996, "On studying leadership in the strategy field", *Leadership Quarterly*, 7(4), pp.435-454.

Liddell Hart, B. H. 1962, *Strategy*. Praeger.

Luttwak E. N. 2003, *Strategy The Logic of War and Peace*, 2nd press, The Belknap press of Harvard University Press.

Lykke A. F. 1989, "Towards an Understanding of Military Strategy", *Military Strategy: Theory and Application*, Carlisle Barracks, PA: Department of Military Strategy, Planning and Operation, U.S. Army War College.

Posen, B. R. 1984, *The Source of Military Doctrine: France, Britain, and the Germany between the World Wars*, Cornell University Press.

Ressell F. Weigley. 1973, *The American Way of War: A History of United States Military Strategy and Policy*, Collier Macmillan Publishers.

Simon H. A. 1987, "Making management decisions: The role of intuition and emotion", *Academy of Management Excutive* 1(1), pp.57-64.

Vera, D. and Crossan, M. 2004, "Strategic leadership and organizational learning", *Academy of Management Review*, 29(2), pp.222-240.

제 9 장

Ryu Seong-ryong and the Making of the Joseon State

제 9 장(Chapter 9)

Ryu Seong-ryong and the Making of the Joseon State

Jaeyoon Song(송재윤, McMaster University 역사학 교수)

Ryu Seong-ryong(1542-1607) made great contributions to the very survival of the Joseon dynasty(1392-1911) during the Imjin War(1592-1598). In order to substantiate this point, this paper focuses on Ryu Seong-ryong's activities of state-making: not that the Joseon state was non-existent before the Imjin War, but that Ryu overhauled, refurbished, and remade the Joseon state through his extraordinary wartime ministerial activism. The state-making strategies adopted by

Ryu Seong-ryong during the Imjin War enabled the Joseon dynasty to withstand the most destructive war in the whole history of pre-modern Korea. First of all, Ryu made the most significant geopolitical decision for the Joseon court to stay and resist within Pyongyang Province; second, he redefined Hideyoshi's invasion of Joseon as the international war between Ming China and Japan; third, he managed to muster military provisions and materiel in the failing wartime economy of a crippling Joseon; fourth, by remedying the wrecked institutions of the Joseon dynasty, he laid the foundation for the remaking of its state system; last, but not least, he was the first to recognize Yi Sun-sin's (1545-1598) merits and placed him in charge of the Joseon naval forces against the Japanese fleet. This paper will show that Ryu's ministerial leadership was one of the most important factors that enabled the country of Korea to remain as one polity and the Korean people to continue as one ethnicity.

Ⅰ. The Meanings of the Imjin War(1592–1598)

The Imjin War is arguably the most significant war in the last millennium of Korean history before the Korean War(1950-1953). The meanings of this war, however, seem not to have been explored in full. What does this war of more than four centuries ago mean to us today? How does this war compare to other great wars of history elsewhere? And how did this war influence the further course of East Asian history?

The results of this war helped to shape the fates of Ming

(1368-1644) China and Tokugawa(1603-1867) Japan. After the seven years of the costly protracted war, Ming China fell to the Manchus, and Tokugawa Japan adopted the policy of isolationism. For such reasons, scholars have recently renamed it as the great East Asian War.[1)]

In Korean history, the Imjin War is of great significance for three obvious reasons: First, the Imjin War is closely related to the making of the modern nation-state in Korea. The memories of this war lie at the heart of Korean nationalism in South as well as North Korea today. The images of the brutal Japanese troops swiftly occupying the Korean territory, chasing after the Joseon King on the run, capturing two princes in the northwest, massacring and enslaving a large number of Koreans have formed the emotional basis of Korean nationalism.

Second, the Imjin War had shown the extremely low level of statehood reached by Joseon at the time; we may say that the Imjin War forced Joseon to make its state institutions. Its fatal unpreparedness for war shows that Joseon as a country was at best in its early stage of state-making. As Charles Tilly has argued in his major works, "war makes the state and the state makes war."[2)] Likewise, the Imjin War led the Joseon court to rebuild its state institutions.

Third, the Imjin War presaged the division of the Korean

---

1) In her posthumous book, JaHyun Kim Haboush argues that it was the great East Asian war, which helped to construct Korean nationalism. JaHyun Kim Haboush, The Great East Asian War and the Birth of the Korean Nation, ed., William J. Haboush and Jisoo M. Kim, et al. (New York: Columbia University Press, 2006).

2) Charles Tilly, *Coercion, Capital and European States, A.D. 990-1992* (Basil *Blackwell*, 1990).

peninsula into two: during this war, Joseon Korea as a country had all but disappeared. It could have been annexed into the Japanese territory or be divided up and absorbed, the south into Japan and the north into Ming China. Caught between the two powerful empires, Korea had long since been destined to be divided. In this sense, the division of Korea in the aftermath of WWII had its origins in the Imjin War.

In this paper, I will attempt to interpret the meanings of this war in historical perspective. I will show how Ryu Seong-ryong's strategy of self-strengthening made possible the survival of Korea as a country and how Ryu's initial project of state-making would find its full expression in the making of the modern nation-state in South Korea since the liberation from Japanese colonial rule in 1945.

Ⅱ. Clash of Two Empires

In global history, the Imjin War(1592-1598) might be considered the first symptom of decay in the time-honored tributary system of the Sinocentric world-order.[3] Toyotomi Hideyoshi(1537-1598) who

---

3) Since the Han dynasty (206 BC-220AD) the international order of East Asia had been the tribute system, in which outlying states were tied to the universal empire, China, referred to as the Central Country (zhongguo, 中國). Pre-modern China's foreign relations had not been in strict accordance with the ideals of the tribute system. The Chinese could more flexible and practical in their approaches to their neighbors. For a class work on this issue in English, see J. K. Fairbank, 'Introduction: The Old Order, in the Cambridge History of China: X: Late Ch'ing, 1800-1911, Part 1 (Cambridge, 1978); for practical approaches of the Chinese vis-à-vis their neighbors, see China among Equals: The Middle Kingdom and Its Neighbors, 10th-14th Centuries, ed. M Rossabi (Berkeley, 1983).

unified Japan after the *Sengoku* 戰國(Warring States) Period(ca. 1467-1600) flouted Ming superiority with his revisionist attempt to undermine the Chinese tributary system of long-standing.[4)]

The Japanese challenge to the Sinocentric world order took place against the background of a newly emerging world-system. The Portuguese had conquered Malacca in the early sixteenth century and expanded trade with private merchants of costal China. They first reached Japan in 1542-3, and opened trade at various Japanese ports. By adopting the Western military technology, Oda Nobunaga (1534-1582) and Toyotomi Hideyoshi could build the formidable army of matchlock firearms and unify Japan in more than one hundred thirty years.[5)] During the period from the 1570s to the 1620s, Ming China benefitted greatly from its ties to global trade networks. Thanks to the establishment of peaceful and orderly conditions along the southeast and south coast, the Ming economy flourished.[6)] China had become the sink into which silver bullion from Japan, the New World via the Philippines, and India flowed.[7)] In short, when China was experiencing a commercial boom thanks to its ties to maritime trade, Japan had fundamentally transformed itself into a maritime empire.[8)]

---

4) Kenneth M. Swope, "Deceit, Disguise, and Dependence: China, Japan, and the Future of the Tributary System, 1592-1596," *The International History Review*, Vol. 24, No. 4 (Dec., 2002), pp.757-782.

5) Olof G.Lidin, *Tanegashima: The Arrival of Europe in Japan* (Copenhagen: NIAS Press, 2002), Chapter 1.

6) Souza, George Bryan. *The Survival of Empire: Portuguese Trade and Society in China and the South China Sea, 1630-1754*. Cambridge: Cambridge University Press, 1986.

7) For the influx of silver into Ming China, see Adre Gunder Frank, *ReOrient: Global Economy in the Asian Age* (University of California Press, 1998).

Against this background, Hideyoshi led a freshly unified Japan to challenge the Chinese empire: as is well-known, the Korean peninsula was for the Japanese no more than the gate of entry into China and beyond. Hideyoshi promised to distribute the territories of China to the daimyos; it was a pact amongst the belligerent militarists who had made temporary peace under Hideyoshi's leadership. Beyond the conquest of China, Hideyoshi even dreamed of invading India. Before the rise of Hideyoshi, Japan had participated in the tribute system as one of the vassal states throughout the Ming dynasty. Hideyoshi transformed Japan into a defiant outlier in East Asia. Although not explicit, he is generally known to have dreamed of constructing a new, bold, and defiant Pan-Asian empire, hitherto unprecedented.

Why did Hideyoshi invade Joseon? Some scholars have explained away this question by emphasizing his personal ambitions; some have argued that he had to open a military outlet for the heavily armed daimyo forces; yet others have explained it as the long-standing ambitions of the Japanese militarists, especially Oda Nobunaga, to create a vast maritime empire, perhaps to legitimate expanded *wakō* activities in the name of empire-building. Hideyoshi chose not to articulate the purposes of his war against Korea and China. He expressed neither civilizing missions nor liberation projects. Nor did he express the will of retribution as the newly emerging Manchu leader Nurhaci(1559-1626) did. He simply invaded the

---

8) George Bryan Souza, The Survival of Empire: Portuguese Trade and Society in China and the South China Sea, 1630-1754 (London: Cambridge University Press, 2004), Chapter 1.

Korean peninsula for the sake of conquering the whole continent of China and beyond. Because his war against the Chinese empire in the Korean peninsula was thwarted, the Tokugawa Shogunate chose to remain isolated within the Japanese archipelago. In this sense, the Imjin War had significantly shifted the direction of Japanese history as well.

Hideyoshi flouted the Sinocentric worldview. Immediately after the unification of Japan, Hideyoshi seriously considered, though not put into action, sending troops to subjugate the Spanish rulers of the Philippines.[9)] By invading Korea, he expressed his ambition to reorder Asia with the new spirit of maritime imperialism. The Ming court sensed the impending Japanese military threats to its territory and sent military expeditions to the Korean peninsula. Hideyoshi's imperial dream was foiled in the Korean peninsula.

In the 1930s, however, Japan would eventually pursue Hideyoshi's unrealized dreams of creating a Pan-Asian empire. Two and a half centuries later when the Japanese empire expanded into Manchuria and invaded China proper, the theoreticians of Pan-Asianism in Japan proposed the construction of the East Asian co-prosperity sphere to justify their war in China, Indo-China, the Philippines, and beyond. In the 1930s, the Japanese militarists promoted the thwarted imperial dreams of Hideyoshi for mobilization of the masses.[10)]

---

9) Between 1593 and 1637, the Japanese rulers who had grown increasingly suspicious of the Portuguese and Spanish missionaries in Japan seriously examined sending military expeditions against the Spanish rulers of the Philippines at least three times. For further information, see Stephen Turnbull, "Wars and Rumours of Wars: Japanese Plans to Invade the Philippines, 1593-1637," *Naval War College Review*, Vol. 69, No. 4 (Autumn 2016), pp.107-121.

The significance of the Imjin War can best be understood as the contestation between the two different conceptions of empire: the continental empire of the Sinocentric world-order and the maritime empire of the non-Sinocentric world-order. Before the outbreak of the Opium Wars(1838-1842, 1856-1860), Hideyoshi's invasion of the Korean peninsula was arguably the first attempt to undermine the Sinocentric world-order. Within less than half a century, the Manchus would conquer China; however, the Manchu conquest of China was far from aiming at the destruction of the Sinocentric world-order. Contrarily, the Manchu rulers brought the Sinocentric world-order to full fruition by integrating the vast territories of the steppe regions with China proper. The continental empire of the Sinocentric world-order was completed during the period from the mid-seventeenth to eighteenth centuries under Manchu rule.

Hideyoshi's attempt at conquest of Ming China as well as his ambitions to build an expansionist maritime empire completely failed because the Japanese troops had been mired in the Korean peninsula, and because Hideyoshi suddenly died in 1598. By invading Korea, Hideyoshi challenged the tributary system of Sino-centrism; although he failed to achieve his aim, he could secede from the Sinocentric tribute system. The Imjin war resulted in the period of isolation for Tokugawa Japan which lasted for two hundred fifty years until the gunboat diplomacy of the 1860s.

Japan had been committed to the Sino-centric worldview until

---

10) In the 1930s, the Japanese government restored Hideyoshi's former castle at Osaka to publicize Japan's glorious military past. Rintaro Kawamich, et al., "Military and Civil Uses of Osaka Castle in the Modern Age," *The Journal of Asian Architecture and Building Engineering*, 2:1, pp.199-205.

Hideyoshi put an end to the Warring States period. Once he defied the traditional Sinocentric worldview, he had to offer an alternative. His alternative was to create a new world order by conquering China and India. In other words, his ambitions called for the revision of the Sino-centric world order. To understand the Imjin War in this perspective helps explain the fundamental motivations of Hideyoshi's War. It was the clash of the two civilizations: Japan vs. China. Because Hideyoshi fought the war with Ming China, Japan had been left alone for over two hundred fifty years during the most powerful Qing empire. Tokugawa Japan could gradually enjoy a long peaceful period of political stability and economic growth, and lay the foundation of the unified modern nation-state in isolation from the rest of East Asia.

Ⅲ. War and State-Making

As many scholars would agree, the military is one of the most important factors in the making of any states throughout history, not to mention the modern state. As to the conducive role of war in the emergence of the state, Charles Tilly has famously argued that war and preparation for war enabled rulers to extract men, arms, supplies or money from reluctant elites and to impose centralized rule on the population. In his own words, "extraction and struggle over the means of war created the central organizational structures of states."[11] From this perspective, we may say that the organizational structures of the Joseon state at the

11) Charles Tilly, Coercion, Capital and European States, pp.15-16.

outbreak of the Imjin War had been at a premature level.

In Tilly's view, why Japan invaded Korea at this time can also be easily explained in comparison with the European experience: "Men who controlled concentrated means of coercion(armies, navies, police forces, weapons, and their equivalents) ordinarily tried to use them to extend the range of population and resources," and "when they encountered no one with comparable control of coercion, they conquered; when they met rivals they made war."[12] Simply put, the asymmetry in military power between Japan and Korea at the time led to the outbreak of the Imjin War. As to why this asymmetry in military power had to occur, a typical Tillyian answer would be: the Japanese state had been stoutly built through a long period of internecine wars whereas the Korean state had experienced an exceptionally long period of peace.

Compared to European states and Japan, the Joseon state during the sixteenth century had been exceptionally peaceful. According to the classic survey by Quincy Wright in the 1940s, during the sixteenth century major European states had constant been at war: the five neighboring states of Russia(78 years), Austria(75 years), Spain(73 years), France(60.5 years), and English(54 years) had fought on average sixty-eight years in the sixteenth century.[13] Contrarily, the Joseon during the sixteenth century had experienced war only for seven years. However destructive the war had been, it would be no exaggeration to say that the Joseon state during the sixteenth

---

12) Ibid., 14.

13) Quincy Wright, *A Study of War* (Chicago: The University of Chicago Press, 1941), p.653. See <Appendix> for further information.

century has been remarkably warless. Not only for the sixteenth century, since the Unified Silla period(668-935) the Korean peninsula had not experienced regional wars except for the brief period of division following the breakup of the Silla. The Mongol invasion of the Goryeo dynasty(918-1392) devastated the whole country, yet this war contributed little to the strengthening of the Goryeo military.

Unlike the Korean case, Japan may be considered to have followed the sixteenth-century European model of warring and state-making. When Hideyoshi put an end to the bloody *Senkoku* period, the Japan state, still maintaining its feudal system, had built perhaps the strongest military forces in the world at the time. As is generally known, the Japanese state had been made as the result of regional wars among daimyos. The Joseon state had, however, been without war for a long period of time, which explains, more than anything, why Joseon was woefully unprepared for war. It is a cliché among Koreans that the Joseon court had been unprepared simply because it was not properly informed of the impending war. This is only partially true. It would be more accurate to say that Joseon at the time was in lack of resources and manpower to engage in war with Japan. Joseon had previously suffered from the *wak*ō marauders for a long time. The Joseon court had been able to control them through various means of appeasement.

Hideyoshi openly expressed his ambitions to conquer China starting from 1586, and let the daimyo Sō clan of the Tsushima island know of his plan for military expedition. The Joseon court was informed of this news by the emissaries sent by the daimyo Sō clan of the Tsushima island. As is well-known, the Joseon court

Hwang Yun-gil 黃允吉(1536- ?) and Kim Seong-il 金誠一(1538-1593) as emissaries to Japan in 3/1590 in almost a century. In spite of Kim Seong-il's prognostication to the contrary, the Joseon court had indeed begun to prepare for war starting from 3/1591: the court ordered the walls in the predictable routes of Japanese invasion reconstructed, military provisions and weapons procured, talented officers deployed to strategic points to the south, etc.[14) Despite such preparation for war, the Joseon military forces were simply no match for the formidable Japanese troops.

Ⅳ. Limits of the Joseon State

One of the most dramatic narratives of the Imjin War is the lightening speed at which the Joseon government collapsed and Japanese occupied the Korean peninsula: the First Japanese Army led by Konish Yukinaga(小西行長, 1555-1600) landed on Korean soil 4/13/1592, took over the capital in twenty days, and advanced to occupy Pyongyang by 6/14/1592. The three most important cities of the Joseon dynasty, Hanyang(Seoul), Gaeseong, and Pyongyang, respectively, had fallen to the Japanese in about sixty days. The Joseon King fled north to the city of Uiju 義州 located near the Amnok(Yalu) river close to the border. Instead of pursuing north to capture the Joseon King, Konish Yukinaga decided to station his troops at Pyeongyang for another six months until 1/9/1593. At the

14) Kim Seong-wu, "임진왜란 시기 관군은 왜 약했는가?(Why were the Official Joseon troops so weak during the Imjin War?)," Yeoksawa Hyeonsil 역사와 현실 87 (2013).

second time, the Second Japanese Army quickly occupied Hamgyeong Province and crossed the border into Manchuria.

The second phase of the Imjin War continued for over four years without any major military conflicts between the Ming troops and the Japanese troops. During this period, Ming and Japan carried on their wearying negotiations while avoiding military conflict. The second phase of the war is particularly important as it concerned directly with the fate of the Korean people. Ming and Japan discussed the specifics of dividing Korea into two halves: Japan considered annexing the southern half of the Korean peninsula and put an end to the war. Ming was not opposed to the idea. It was Ryu Seong-ryong who was most adamantly opposed to this plan. The third phase of the Imjin War is better known as the Recurrent War of the Jeongyu year(1597). During this time, the Joseon people strongly resisted the Japanese invasion. We should heed the difference between the first and the third phases in terms of how the Joseon people were better prepared with a higher sense of mission to resist the Japanese. The Japanese became more ferocious and more hostile toward the Korean population. The comparison between the two phases shows the social, economic, psychological, and military changes Joseon had undergone during the seven years of the Imjin War. In other words, the Imjin War had laid bare the weaknesses of the Joseon administration, and the Joseon government under the leadership of Ryu Seong-ryong and King Seonjo 宣祖(r. 1567-1608) had to rebuild the institutions of their state from scratch once again.

The developments of the Imjin War show that the Joseon state was no match in military power to the Japanese forces. The Joseon troops were terribly undisciplined and disorganized: military officers were terribly understaffed and unprofessional, the chain of command disorderly, and weaponry blunt and rusted. The soldiers took to heels and dissipated at the sight of the approaching Japanese troops. Moreover, the Joseon state had no popular support: The Joseon people who had no allegiance toward their king set the royal palace ablaze and collaborated with the Japanese troops. The fiscal health of the Joseon state had already been impaired; it could neither muster military supplies nor feed the population. In short, the level of statehood reached in Joseon at the time was extremely low.

The Joseon literati themselves had acutely been aware of the weaknesses of their state. Not a few expressed concerns for the fiscal deprivation of the Joseon state. They called for a complete overhaul and reconstruction of its organizational structures; however, no significant reforms had been implemented to remedy the fundamental problems of the state. Nine to ten years before the outbreak of the Imjin War, Yi Yi(李珥, 1536-1584), one of the two most influential Joseon Neo-Confucian thinkers, brought to the King's attention the destitute conditions of state finance: "our country with two hundred years of history currently lacks even two years' provisions; this state is not really the [proper] state."; "what our state has in reserve, this state is insufficient for just one year; as the saying goes, the state is indeed not the [proper] state."[15] Yi

15) Song Bok, Ryu Seong-ryong: Narareul Dasi Seul Ttaega Doeeonnaida (류성룡, 나라를 다시 세울 때가 되었나이다) (Seoul: Siru, 2014), p.19.

Yi uttered these two poignant statements in his memorials.[16] Yi Yi's statements speak to the inability of the central government to make the sufficient income for the necessary activities of the state.

In order to evaluate how powerful any pre-modern states would have been, we should consider three things: the number of population, the overall economic resources, and the level of centralization achieved. In any political system, the level of centralization can be easily gauged by the central government's share in the overall economic resources of the whole country. Apart from the level of centralization, the Joseon's state power can also be measured by the number of population. By the end of the sixteenth century, the population of Japan is estimated to have been somewhere in the neighborhood of twenty-three million. Compared to Japan, the Joseon state by the end of the sixteenth century has a small population of no more than four to five million. The Korean people generally believe that the state's decision not to follow Yi Yi's alleged proposal to raise the army of one hundred thousand men strong. We do not have evidence for Yi Yi's proposal other than his funeral inscription. Moreover, to recruit one hundred thousand young men from the limited pool of less than five million seems totally unrealistic: given the most conservative statistics based the state census of 1657, the number of the male population in their twenties and thirties who were the central producers of the agricultural economy was estimated at one hundred eighty thousand.[17] The Joseon court could not have

16) Yi Yi, *Yulgok jeonseo* 栗谷全書: "今之國儲。不支一年。眞所謂國非其國者也。" Search "六條啓 癸未" in http://db.mkstudy.com/.

conscripted one hundred men even if it wanted to accept Yi Yi's alleged proposal.

One of the strongest indications is that Joseon Korea was a slave society. By the sixteenth century, more than 40 percent of the population were classified as the *nobi* 奴婢, generally translated into English as slaves. By endorsing the caste system, the Joseon court had in practice partnered for control of the enslaved population with powerful families who enrolled them in the state register as their chattel. Slaves could be bought, sold, given, disposed of, and inherited. One historical manuscript created in 1614 shows that the bartering of an eighteen-year male slave with a healthy horse was notarized immediately upon transaction by clerks at the local government seat.[18] Prominent Yangban families had a large number of slaves, sometimes close to seven hundred.[19] These families might well be considered rulers of small demesnes within the legitimate government of the Joseon state. Despite its ostentatious centralized administration, the Joseon court were unable to mobilize close to half of the whole population. Slave-owners collected dues and received various forms of service from their slaves. In return, slaves had no obligations toward the Joseon state.

We are currently devoid of an academic term with which to define the Joseon state in the late sixteenth century: at best, we

---

17) Ibid., pp.26-27.

18) Search for "1614年 寺奴 斗(伊＋叱)間 奴婢賣買明文" in kordocs.com.

19) The document of property distribution created by the Yi family in 1494 shows that the family owned 697 slaves who resided in all over Korea from the northernmost Hamgyeong province to the Jeju island. Search "1494년 이애(李璦) 남매 화회문기(和會文記)" in http://archive.aks.ac.kr/.

can say that it was a centralized bureaucratic state loosely organized and maintained in partnership with prominent Yangban families. Compared to China with diverse linguistic, cultural, ethnic groups, Korea during the sixteenth century had a remarkable ethnic and linguistic homogeneity. Unlike sixteenth century Japan, the Joseon state had experienced neither large-scale armed rebellions nor regional wars. For this reason, we might as well wonder which term to employ to define the nature of Joseon governance. It was neither tightly centralized nor feudalized; the central government was obviously weak yet strong enough to reassert symbolic rule over the peninsula. It was a national state in Tilly's definition, yet the level of state control was limited as exemplified by the increased proportion of the slave population.

Consequently, the Joseon state helplessly failed when the Japanese stormed its territory. The sudden and complete failure of the Joseon state had been caused most severely by the financial depravity of the central government. Without securing the sufficient amount of revenue, the Joseon state could not afford to raise the military forces for the impending East Asian war. The Imjin War pushed the Joseon state to the brink of total breakdown. In order for the Joseon state to survive, it had, first of all, to procure provisions for the Ming and Joseon troops.

V. Ryu Seong-ryong's Plans for State-making

As the prime minister of the Joseon state, Ryu Seong-ryong was placed in charge of saving the dynasty from collapse. In order to save the dynasty, he had to perform three most important tasks. The first task was to involve Ming in war against Japan on Korean soil through diplomacy. The second was to procure military provisions for the Ming troops. The third was to conduct war by deploying the Joseon forces, however feeble and underfed, to fight the Japanese, especially at sea; this task involved resolving factional struggles at the royal court and optimizing military operations. By performing these three missions, Ryu Seong-ryong sought to restructure the basic institutions of government.

1. The Strategy of Survival

In paper, the Imjin War was an East Asian war in which the three countries participated. In reality, Ryu Seong-ryong proactively redefined it through diplomatic means as the war between Ming and Japan. Only by convincing the reluctant Ming court of the necessity of fighting the Japanese, the Joseon dynasty had any chance of survival. Ryu Seong-ryong was successful in terms of involving the Ming court in war against Japan on Korean soil. As a result, Joseon could survive the Japanese onslaught. It was Ryu Seong-ryong who refined the Japanese invasion of Korea as the Ming-Wo(明倭) War.

In the first phase of the Imjin War, the Joseon government failed to function. The Japanese troops took the capital Hanyang(present-day Seoul) by 5/3/1592 in less than twenty days since it first landed on Korean soil on 4/13/1592. From Busan to Seoul, the Japanese troops advanced north on average some twenty-five kilometers per day, unimpeded by the Joseon defence forces in ambush. At this point, Ryu Seong-ryong made probably the greatest contribution by convincing the reluctant King and the high-ranking ministers of the court on the run to stay in Uiju: at the time, the court was bifurcated between those who insisted on fleeing to the remotest place in Hamgyeong Province and those who insisted on crossing the Amnok river to the Ming territory.

The former group thought that by escaping to a remote place in Hamgyeong Province the Joseon court could escape being literally crushed by the Japanese troops; by relying on the rugged mountains of the area, they argued that the court could stay aloof from the Japanese onslaught. In opposition to this strategy, Ryu Seong-ryong argued that by entering into Hamgeyong Province the court would be cut off by the enemies and lose contact with the Ming. Moreover, he was aware that the Japanese troops would move into Hamgyeong Province. In retrospect, we know that Ryu Seong-ryong was right: if the court fled to Hamgyeong Province, the Joseon king would have been captured by the Second Japanese Army led by Katō Kiyomasa(加藤淸正, 1562-1611) who were moving swiftly into the region.

The latter group reasoned that the best strategy of survival for the throne was to be literally merged into the Ming. The so-called strategy of *naebu* 內附, literally meaning one country being annexed into a larger country, entailed a complete abandonment of administrative autonomy. According to the long-standing tributary system, Joseon at the time was a vassal state to Ming and ruled the Korean peninsula with *de facto* independence. Like other tributary states, Joseon had acquiesced in the fiction of Ming suzerainty because it neither taxed nor controlled the Joseon government. The sycophant pro-Ming rhetoric of Joseon ministers at the time demonstrate the urgency of their need for Ming military aid; however, by crossing the Amnok river, the Joseon court would cease to be the actual ruling house of the Korean peninsula.

Ryu Seong-ryong criticized those defeatist strategists of the Joseon court. He warned that by crossing the Amnok river into the Ming territory the Joseon dynasty would cease to exist. He tried to convince the king that Joseon could still survive since the northeastern provinces as well as the Honam region were not yet occupied by the Japanese. Ryu Seong-ryong argued that the Joseon court should stay within its own territory no matter what.

Following Ryu Seong-ryong's advice, the Joseon king gave up on the idea of crossing the Amnok river and being annexed into the Ming court, and decided not to move east to Hamgyeong Province. Instead of the king, the two princes who fled to Hamgyeong Province would be held captive by the Japanese troops. What if the King was captured by the Japanese troops? the Joseon dynasty would have come to an end. Without the Joseon king, the Ming would not have been motivated in the first place to restore the Joseon dynasty that had already fallen. By sending troops over to the Korean peninsula, the Ming state had depleted its coffers. Without the Joseon king in power, the Ming might well have given up on the Korean peninsula once and for all.

Ryu Seong-ryong led the Joseon king to make the most significant decision in the first phase of the Imjin War: neither to cross the Amnok River nor to flee to Hamgyeong Province. By staying at Uiju, the Joseon court could maintain its symbolic presence within the traditional territory of Korea, communicate with the Ming government, and have access to sea lanes in the Yellow sea down to the Honam regions. In this sense, Ryu Seong-ryong made possible not only the perpetuation of the Joseon dynasty but the endurance of the Korean people with their shared ethnic identity.

2. Procurement of Supplies

For the Joseon state in flight the most important task was to procure military provisions for the Ming troops. Once the Japanese troops took Pyeongyang, Konish Yukinaga decided to consolidate his military base instead of advancing north to the Amnok river. It is puzzling why Konish Yukinaga chose not to advance north to the borders. The whole Joseon court was terrified at the Japanese onslaught and divided between two radical strategies, either to flee to Hamgyeong Province or to cross the Amnok river. The Japanese troops, however, stayed back at Pyeongyang, which presented a heaven-endowed opportunity for the Joseon court to prepare for the impending Ming-Wo war.

The most exigent task at the time was to procure military provisions for the coming Ming troops. Throughout his memorials Ryu Seong-ryong consistently reported to the king on the dire conditions of the state. The Joseon court had a limited pool of talents. Those who occupied the highest positions in the bureaucracy tended to lack administrative skills and experiences in crisis management. Ryu Seong-ryong was perhaps the only exception.

Unlike the Joseon literati, Ryu Seong-ryong was equipped with practical knowledge and administrative experience. Not surprisingly, Ryu Seong-ryong was placed in charge of procuring military provisions.[20)]

In 7/1592, Ryu Seong-ryong moved down to Anju by himself while the king and the other ministers stayed back in Uiju. His task was to procure provisions for the coming Ming troops. By 9/1592, he would also be assigned the concurrent position of commander-in-chief. He had to procure provisions on the one hand and perform the duties of overseeing the military organizations. It would be no exaggeration to say that the survival of the Joseon state lay on his shoulders. Anju was the most important strategy area, the hub of transportation, only a day's walk from Pyeongyang under the Japanese occupation and linked by sea lane to Uiju. With specific geographic knowledge, Ryu Seong-ryong figured out that if the Joseon lost Anju to the Japanese troops, it would mean the fall of Pyeong-an Province per se. For this reason, Ryu Seong-ryong began to procure provisions in Anju for the Ming troops who were on *en route*.[21)]

On 7/3/1592, Ryu Seong-ryong reports to the king that he has procured 636 *seok*(1 *seok* = ca. 144 kilograms) of grain, the six-days' provisions for five thousand Ming troops. The amount of grain required for the Ming troops shows that for the Joseon court the Imjin war was more than anything a war of provisions. In order to keep the Ming troops in Korea, Ryu Seong-ryong had to provide

20) Song Bok, Ryu Seong-ryong, pp.74-92.
21) Ibid., pp.74-75.

military provisions. One month's provisions for ten thousand Ming troops amounted to 108,000 *seok* of grain; not including the 5,000 Ming troops from Liaodong who were defeated by the Japanese troops and retreated in 7/1592, the sufficient amount of grain for the 45,000 Ming troops led by Li Rusong 李如松(1549-1598) for one year was as much as 486,000 *seok*, 81% of the annual income of the Joseon state in a relatively fruitful year. Despite Ryu Seong-ryong's backbreaking effort to procure grains, Li Rusong constantly complained of insufficient provisions and threatened to return to Ming China.[22)]

For the Joseon court, to procure the sufficient amount of grains for the Ming troops as well as fodder for war horses was the matter of life and death. The Ming generals kept confidential such necessary information as the number of their troops as well as the dates of their approach to the Joseon borders. Without even knowing the scale of military aid, the Joseon government had to procure provisions in advance. Hard-pressed, the Joseon government had to promulgate the decree of general mobilization. Endowment lands for schools, academies and monasteries were targeted, which meant the break-up of the education system in a Confucian state.

Once the Joseon government extracted provisions from the already impoverished population, it had to transport them to the strategic points where the Ming troops were temporarily stationed. To transport military provisions, Ryu Seong-ryong had to rely on porters and animals along rugged mountainous terrains. In his memorial to the king(8/9/1592), Ryu Seong-ryong describes in vivid

22) Ibid., pp.88-89.

detail the cumbersome processes the movement of provisions entailed. In 1/1593, in response to Ryu's request, King Seonjo sends down the royal decree ordering the village heads in Pyeongan Province to recruit 200-600 men with 300 to 700 horses and have them transport provisions to the Ming troops who were right about to have a showdown with the Japanese troops at Byeokje. The king also deploys 80 palace guards, 80 mounted soldiers and 130 foot soldiers to transport provisions, which demonstrates the sense of urgency felt by the king at the time.[23)]

Ryu Seong-ryong had to devise new methods of extracting revenues from the population. The Joseon government had traditionally relied on three different methods of extracting state income: land taxes, tributes, and military agricultural colonies (*dunjeon* 屯田). By relying on land taxes alone, the state was unable to raise the standing army of less than 10,000 men strong. Since King Seonjo's reign, the state enacted the Law of Grand Unity (*Daedong beop* 大同法), according to which tributes were commuted to grain, which helped the state to facilitate the collection of revenue. Despite these reforms, the state was unable to secure sufficient sources of income for war. Moreover, the lands of military agricultural colonies were notoriously unproductive as well.[24)] Ryu

23) Ibid., pp.90-93.

24) The Joseon military system was loosely based on the local military or military colony system (bubyeong je府兵制), in which only the commoners who were burdened with dues could become soldiers. In this system, the soldiers tilled the military fields in times of peace and were mobilized for war in accordance with the unity of peasantry and soldiery. The farmers who tilled the military fields away from home could not be properly trained for war. The military colony system was one of the most important reasons why the Joseon military was so

Seong-ryong observes in one of his memorials that the produce from the military fields are in general unhusked grains and, therefore, no good for military provisions.[25)]

Against this background, Ryu Seong-ryong managed to devise new voluntary methods of generating revenues for war. First of all, instead of using coercive means of extracting revenues, he encouraged the people of the war-ridden areas to donate part of their grains to the state: this method is known as voluntary grain drive(*mosok* 募粟). Ryu Seong-ryong targeted the middle people (*jung-in* 中人) for voluntary grain drive. Second, Ryu Seong-ryong proposed to the king that empty official warrants(*gongmyeong cheop* 空名帖) be sold to those who craved official titles for themselves and their families. By selling empty official warrants, the government could raise revenues and promote the sense of loyalty from those who purchased them. Third, Ryu Seong-ryong sought to promote trade as means of procuring grains for war. In short, Ryu Seong-ryong's methods of generating revenues were radically different from the conventional methods of revenue extraction.[26)]

Ⅵ. Ryu Seong-ryong's Institutional Reforms

Both Ryu Seong-ryong and Yi Sun-sin struggled to offset the asymmetry of power between Japan and Korea. At sea Yi Sun-sin

---

weak. See Kim Seong-wu, "임진왜란 시기 관군은 왜 약했는가? (Why were the Official Joseon troops so weak during the Imjin War?)," Yeoksawa Hyeonsil 역사와 현실 87 (2013), pp.506-509.

25) Song Bok, Ryu Seong-ryong, pp.97-99.

26) Ibid., pp.101-113.

had to muster military forces without relying on the state in order to defend the southwestern coast, especially the sea lanes leading to Jolla Province. In land, as the prime minister of the Joseon state, Ryu Seong-ryong began to refurbish its political, social, economic, and military institutions. Considering the important role of war in state-making, the Joseon state was hardly an exception. With the Japanese invasion, the Joseon state began to show its weaknesses in a most dramatic fashion. Ryu Seong-ryong began to remedy deep-rooted problems in government by launching a set of institutional reforms.

Unlike most Joseon literati, Ryu Seong-ryong fully understood the significance of military affairs. Based on a close observation of the structural flaws of the Joseon military, he sought to reorganize its institutional framework and organizational structures all at once. Due to the long-standing dynastic tradition of civil governance, the government placed the civil officials in charge of military affairs. Those civil officials in charge of military affairs were woefully untrained in, and unequipped with, the proper knowledge or experience of the military. For such reasons, when the war broke out, the weaknesses of the Joseon military organization began to show a systemic failure.

In the memorial he submitted eight months into the war(12/4/1592), Ryu Seong-ryong observed that the chain-of-command in the Joseon military was unsystematic and inefficient. As Ryu points out, the conflicting commands were issued by multiple officials of comparable ranks through multiple chains of command. In his own words: “In the military are appointed mobile border ommanders; at the same time, border inspectors and commanders-in-chief also exist. We have more than enough generals; that we have the multiple channels of command has created real problems."[27]

Ryu Seong-ryong also observes that a serious imbalance between leaders and foot soldiers existed in every level of the military ranks, forming an inverted pyramidal structure: Ryu likened this problem to "nine shepherds herding ten sheep." In other words, the Joseon military lacked even the most basic organizational rationality, and was, therefore, in need of a complete overhaul and restructuring.[28]

In addition to these structural weaknesses, the Joseon military had remained unprofessional throughout the dynasty as would be demonstrated by the revolt of the unpaid soldiers in the Imo Mutiny(1882).[29] Officials in the Joseon military had to extract their sources of income from their soldiers. In 1574, Yi Yi points out the serious flaws in the legal institutions of the Joseon dynasty: only the official posts of the military are installed without having the resources of salary; for this reason, the officials were to extract the means of livelihood from their soldiers, thereby creating "the problems of pillaging and plundering in the frontiers." [30] In other words, the Joseon state let officials extract their own salaries from

27) Ryu Seong-ryong, Seoae seonsaeng munjip 西厓先生文集 6, <祇受體察之命兼陳賊勢狀> : "且軍中旣有巡邊使, 又有巡察使都元帥。今之所不足者, 非將也。患在於號令多門, 反以爲害."

28) Song Bok, Ryu Seong-ryong, pp.118-119.

29) The trigger for the mutiny was the lack of provisions. The soldiers had not received their rations for thirteen months, and the rice they were finally given were mixed with sand. This shows the dire conditions in which the Joseon military had been organized till the end of the Joseon dynasty.

30) Yi Yi, Yulgokjeonseo栗谷全書 5, <萬言封事>: "我國法制。多所欠闕。只設兵使, 水使, 僉使, 萬戶, 權管等官。而無廩養之具。使之取辦於士卒。邊將侵漁之弊。"

their soldiers to the extent that the positions of unsalaried officials were coveted.[31] For this reason, not surprisingly, the Ming generals complained that the Joseon troops were unarmed and prone to run away. In 1594 Ryu Seong-ryong recalls that when the Imjin War broke out, the "civilian troops"(*minbyeong* 民兵) of three hundred starving farmers had to be mobilized for the temporary defense of the capital for lack of the regular defense troops.[32]

All these problems of the Joseon military show that the Joseon state was in its incipient stage of state-making: it had not yet raised the military forces for state security. To remedy such chronic systemic problems of the Joseon military, Ryu Seong-ryong proposed in 1594 to reorganize the military into the *sok'o* 束伍 fighting system: this system was first tried out in Hwanghye Province and implemented state-wide; especially during the Second Japanese Invasion of 1597, the *sok'o* fighting system proved efficient in terms of stemming the northern advance of the Japanese troops. Despite Ryu Seong-ryong's effort to recruit soldiers, the number of troops fell far short of his original plan. However, it seems obvious that Ryu tried at least to systematize the military organization by unifying the chain of command and reshaping it according to an ideal pyramidal structure: the one brigade(*yeong* 營) unit of 2,500 men dividing into the five battalions(*sa* 司), each battalion into five companies(*cho* 哨), one company into three platoon(*gi* 旗), each platoon into three squads(*gi* 隊), each squad consisting of eleven soldiers including one fire-armed specialist. Through a systematic

31) Song Bok, Ryu Seong-ryong, pp.121-132.
32) Ryu Seong-ryong, Seoae seonsaeng munjip 5, <陳時務箚> 甲午四月.

restructuring of the military organization, Ryu sought to build a crack army. Based on the painful lessons of war, he even emphasized the importance of espionage at times of war.[33)]

Apart from the introduction of the *sok'o* fighting system, Ryu Seong-ryong also created the Military Headquarters(*makbu* 幕府) for the unified command of military affairs covering the four provinces of Gyeonggi, Hwanghae, Pyeongan, and Hamgyeong. In classical Chinese, *mofu* refers to the command center of military generals; in Japanese history, *bakufu* refers to the Shogunate, the government of the supreme military leader. When Ryu adopted this term for the newly created military center of the Joseon state, he expressed the urgent need for the unified commandment of military affairs. Its primary objectives include the procurement of provisions, deployment of weapons, training of troops, upkeep of defending walls and castles, and maintenance of the communications system. As such, the Military Headquarters was solely for the purpose of overseeing military affairs; however, it was only to be staffed by the high-ranking civil officials. Even when Ryu created the Military Headquarters, he chose not to include the military generals in its leadership positions, which show the limits of civil-oriented Joseon literati thinking.

Ⅶ. Ryu Seong-ryong's Diplomatic Triumph: To Prevent the Division of Korea

The Joseon state teetered on the brink of collapse at the

33) Song Bok, Ryu Seong-ryong, pp.160-165.

Japanese onslaught. Ryu Seong-ryong came to the rescue of the Joseon in crisis by bringing the Ming troops to the Korean theater. By doing so, he was able to redefine it as the war between the two strongest states in Asia at the time. The second phase of the Imjin War continued for four and a half years from the first full-scale battle between the Ming and Japanese troops at Pyeongyang until the Japanese generals stationed all their troops to their military base in the southernmost coastal areas in Gyeong-sang Province. During this period, both the Ming and the Japan commanders tried to avoid military conflict; the two sides began to negotiate the terms to end the war. Both sides considered dividing up the Korean peninsula into two parts, the north to be incorporated into Ming and the south into Japan.

Why did the Ming government dispatch its troops to Joseon? Why did the Ming consider it necessary to station its troops in the Korean peninsula for almost eight years spending a large sum of money and manpower? In the late fifteenth century, the Ming state was driven to a financial crisis for having warred with the Mongol troops along the Great Walls. Although financially hard-pressed, the Ming dispatched the troops to Korea not to rescue the Joseon dynasty but to protect itself from the Japanese onslaught. From the start Japan declared to use Korea as pathway to conquer Ming China. Having experienced the *wakō* attacks in the southeastern provinces, the Ming was acutely informed of Hideyoshi's ambitions to conquer China. The Ming court thought that war with Japan was inevitable, and it was in the best interest of Ming to confront the Japanese troops in foreign land. Having appeased the new

Mongolian leader Altan Khan(1507-1582), the Ming court could finally manage to confront Japan in Korea.

The Ming court engaged in costly war in the Korean peninsula not to save the faltering Joseon dynasty but to protect its territory against the formidable Japanese troops. Having reclaimed Pyeongyang, Li Rusong's troops had a showdown with the retreating Japanese forces at Byeokjeguan near the capital. Having lost this battle, Li Rusong decided to move all the way back to Pyeongyang instead of trying to recapture the capital. It is not surprising because the original purpose of the Ming was to defend its borders along the Amrok river. Having pushed the Ming troops to Pyeongyang, the Japanese troops voluntarily vacated the capital and moved down south. For the Ming generals, their missions had already been accomplished: the capital of the Joseon dynasty has finally been reclaimed. At this point, the Ming generals began to negotiate with the Japanese counterparts to end the war. Shi Xing(石星, ?- 1599), the Ming minister of War, who was the command-in-chief of the Korean mission showed the staunchest position to end the war. He warned the Ming generals not to attack the Japanese troops.

The Ming court was motivated to negotiate with Japan for at least three reasons: 1) the depletion of the state coffers; 2) the military weaknesses of the Ming troops in Korea; 3) the Ming's disrespect for the Joseon dynasty. For the Ming court, the Joseon state was nothing more than the hedges or fences of the frontiers needed to protect Liaodong and Beijing. For these reasons, the Ming court was willing to meet halfway with Japan. The negotiations between Ming and Japan began right in the aftermath of the two Ming defeats: the first negotiation took place on 9/1/1592 after the first Ming defeat at Pyeongyang on 7/17/1592 and the second negotiation took place on 4/8/1593 after the second Ming defeat at Byeokje Guan on 1/27/1593. The results of these two negotiations materialized in the Seven Articles of Peace Treaty(6/28/1593), the main point of which was to divide up the Korean peninsula between the two countries. The Joseon court was kept completely unawares while the secret negotiations were under way.

Ryu Seong-ryong sensed the intents of both the Ming court and its Japanese counterpart. He was aware that the Ming generals feared the military prowess of the Japanese troops, that the Ming generals wished to end the war as soon as they could, and that the Ming court was behind them. Most importantly, Ryu Seong-ryong sensed that Ming and Japan were trying to divide up Korea into two halves. After the Ming troops were defeated at Byeokje Guan, Li Rusong rapidly returned to Pyeongyang. Ryu Seong-ryong and Joseon ministers requested the audience with Liu Rusong to stop the Ming troops from abandoning the capital area. Instead of fighting the Japanese troops, Li Rusong returned to Gaeseong and then to Pyeongyang.

The Ming generals received direct orders from the Ming court; they did not bother to let the Joseon court know of their strategies. Ryu Seong-ryong tried his best to convince Li Rusong of the necessity of fighting the Japanese. He cited five reasons: first, the ancestral tombs of the Joseon dynasty were located in Gyeong-gi Province; second, having lost allegiance toward the ruling dynasty, the Joseon people in the Japanese occupied areas would collaborate with the Japanese; third, the Joseon troops would be dissipated; fourth, if the southern half of the Korean peninsula was occupied by the Japanese troops, the Liaodong peninsula would be at risk. In spite of Ryu Seong-ryong's efforts to persuade Li Rusong into resuming war with Japan to no avail.

As the Ming generals and the Japanese counterparts began to negotiate the terms of peace settlement, the Ming troops mistreated the Joseon troops; regardless of ranking, they arrested the Joseon soldiers who attacked the Japanese soldiers. For example, Gwon Yul 權慄(1537-1599), the hero of the Haengju triumph(1593), was arrested and dragged to Li Rusong's quarters for having crossed the river to chase the Japanese at the command of Ryu Seong-ryong. Ryu Seong-ryong let the Joseon troops to fight the Japanese troops. The Ming generals exercised brutal violence against the Joseon soldiers who did: some of them were literally beaten up by ferocious Ming officers; some had their necks iron-chained and were seriously wounded. It was one of the most humiliating episodes in Korean history.

In 1593, Hideyoshi sent his emissaries to the Ming and requested the division of Joseon: he wanted the four southern provinces of Joseon. Hideyoshi's original objective might well have been to take the southern four provinces of Korea. That Hideyoshi moved swiftly to secure the southern four provinces of Korea might explain why Konish Yukinaga stationed his troops at Pyeongyang without advancing north. Instead of conquering the Chinese continent, Hideyoshi could have originally planned to divide up the Korean peninsula and distribute the southern four provinces to his generals. Otherwise it seems puzzling why Ming and Japan began so early to negotiate the terms of peace right in the aftermath of the first Ming defeat in 7/16/1592.

Hideyoshi proposed the Seven Articles of the Peace Treaty on 6/28/1593. The fourth of the Seven Articles was about the division of Korea: Japan coveted the southern four provinces including Choong-chung, Jeolla, Gyeong-sang, and the southern half of Gyeong-gi. It took three years and three months for this treaty to flounder. Hideyoshi resent the troops of 145,000 for the purpose of annexing the southern four provinces in 2/21/1597.

While Ming and Japan were in the middle of negotiating the terms of peace, the Ming court was planning to adopt the direct rule of Joseon. The Ming court wanted to divide up Korea into two to three regions, in which it planned to send the centrally-appointed governors. The Ming court considered foregoing the long-standing autonomy of the vassal state by replacing its king. When King Seonjo learned of this plan, he thought in total despair that he had to abdicate on his own. King Seonjo was virtually forced to express his will to abdicate before the Ming emissary.

With indignation Ryu Seong-ryong resisted the Ming court's outrageous plan to annex Joseon. However, King Seonjo submitted the hand-written letter of resignation before the Ming emissary. At this situation, Ryu Seong-ryong moved on his own to convince the Ming general and emissary of the illegitimacy of the Ming court's intervention in Joseon's domestic affairs. Ryu Seong-ryong believed that the Joseon state as one country should remain undivided and that the royal authority of the Joseon king should not be interfered with even by the Ming emperor. Ryu Seong-ryong demonstrated the proto-nationalism of the Joseon literati.

In retrospect, it is puzzling why Konish Yukinaga chose to remain in Pyongyang rather than advance north to take over Uiju where the Joseong court had moved. It seems plausible that Hideyoshi might have initially tried to meet half ways with the Ming troops by taking only the southern half of the Korean peninsula despite his ostensibly grandiose vision of conquering the whole of China and beyond. During WWII, the Germans halted for three days at the Battle of Dunkirk, which gave sufficient time for the Allies to organize the Dunkirk evacuation and build a defensive line. The reason why the Germans halted for three days at Dunkirk has generated heated debates because the German decision was strategically puzzling. In a similar vein, we might ask: why did Konish Yukinaga halt his best troops in Pyongyang?

The best explanation for the Pyongyang mystery might be found in the fact that Japan offered to negotiate with the Ming court the division of the Korean peninsula as early as three months after the war broke out. Having learned the power of Japanese military prowess at Pyeongyang in 7/1592, the Ming Minister of War Shi Xing immediately sent Shen Weijing(沈惟敬, ? -1597) on a secret mission to discuss the peace treaty with Japan. Konish Yokinaga and Shen Weijing agreed on the seven articles of peace which included: 1) rapprochement, 2) division of the Korean peninsula, 3) the Japanese occupation of the four Joseon provinces to the south of the Daedong river, 4) resumption of trade through tributary vessels. This treaty was to be concluded between Ming and Japan to the complete exclusion of the Joseon court.

The secret treaty reached between Konish and Shen explains the mystery of why Konish chose to stay at Pyongyang instead of advancing north. It seems highly probable that Hideyoshi's original plan was to invade Joseon and acquire its four southern provinces. The second treaty between Ming and Japan took place the next year in April, after which Japan decided to evacuate from the capital. The Ming generals prohibited the Joseon troops from attacking the vacating enemies, which reversed Ryu Seong-ryong's plan for the total mobilization of the Joseon troops. The conditions reached at the second treaty were in general reaffirming the articles of the first treaty: Japan retreat from the capital to the south and the Ming to Pyongyang. The seven articles of the Third Treaty proposed by Hideyoshi re-emphasized the division of the Korean peninsula as the precondition of peace. Hideyoshi would have to wait for another three years and three months to learn that the Ming emissaries had deceived their emperor into endorsing a completely different document. The prolonged process of travel from Joseon to Ming and Ming to Japan took almost four years. The imperial edict issued by the Ming emperor shocked Hideyoshi because none of the seven articles was even mentioned except for the imperial acceptance of Japan into the tributary system. Hideyoshi's second invasion of Korean immediately followed.

While the Ming-Wo negotiations were still in process, the Ming court also considered the strategy of taking direct control of Joseon by appointing the viceroy in the peninsula. Joseon had maintained its *de facto* sovereignty as one of the model tributary states within the Sino-centric world order. The Ming court showed its hegemonic superiority by undermining the long-standing protocols of the tributary system. Joseon was either to be divided between the two strong states or to be ruled directly by the viceroy of the Ming empire. When the Ming emissary met with the Joseon king in the Joseon court, he faced the south while the Joseon king faced the north. The Ming emissary imposed such humiliations on the Joseon king for the purpose of demoralizing his royal authority and forcing him into compliance.

The reasons for which the Joseon dynasty could survive all these threats and crises could be explained in three aspects: 1) the timely death of Hideyoshi; 2) Ryu Seong-ryong's diplomatic attempt to maintain independence; 3) Yi Sun-sin's demolition of the Japanese fleet by mustering the Joseon naval forces. In conversation by writing with the Ming general Chi Jin 戚金(1556-1621) and the Ming emissary Si Xian 司憲(fl.1590s), Ryu Seong-ryong demonstrated unparalleled grit, precision and a remarkable power of persuasion: he articulated the reasons why the Ming had to fight the Japanese forces and why the Joseon dynasty's unification and independence should benefit the Ming empire as well. In his effort to salvage the faltering Joseon dynasty, Ryu was not only in conflict with the Ming authority but also with the defeatist and dependent Joseon king and ministers who even argued for direct rule of Joseon by the Ming empire. In this regard, Ryu Seong-ryong represented the spirit of political independence, which would influence the later generations of the Korean people, especially in the aftermath of Japanese colonial rule in the mid-twentieth century.

Ⅷ. The Great Encounter: Ryu Seong-ryong and Yi Sun-sin

The Ming troops had neither will nor prowess to defeat the Japanese naval forces; it was Yi Sun-sin who mustered the Joseon forces without government aid and deployed them against the invading Japanese fleet with his brilliant strategies at sea. Without Yi Sun-sin's victories at sea, the Honam region would have most likely fallen to the Japanese troops. Because Yi Sun-sin could protect the Honam region, the heaven's storehouse, the Joseon could continue to remain in power. In this regard, the Joseon dynasty could survive the Imjin War thanks to the coordinated efforts of Ryu in land and Yi at sea.

It would, therefore, be no exaggeration to day that Ryu Seong-ryong's support of Admiral Yi Sun-sin was one of the great contributions he had made to the very survival of the Joseon dynasty. Ryu Seong-ryong recognized the talent of Yi Sun-sin early on and recommended Yi Sun-sin, then forty-four years of age, fourteen months before the outbreak of the Imjin War, as the Naval Commander of Left Jeolla Province. At this time, nobody but Ryu was able to recognize Yi's ability as military officer. Throughout his career in the military Yi Sun-sin's military occupational specialty had always been in the army; it was solely by Ryu's decision that Yi was placed as admiral instead of army commander. Ryu seems to have made this decision as he had been well aware of the strategic importance of the Honam region. Ryu's foresight shown in his selection of Yi as the Naval Commander of Left Jeolla Province proved powerful indeed. In the time-honored *Records for Averting Past Mistakes*(*Jingbirok* 懲毖錄), Ryu writes:

> The Japanese enemies had originally planned to advance north by joining the forces of their armies and navies; however, an important part of the enemies had been demoralized. Although Konish Yukinaga had already occupied Pyeongyang, he could not dare move forward. Because our country preserved the provinces of Jeolla and Choong-chung and the coasts of Hwanghae, and Pyeongan we were able to procure provisions and transmit the royal commands. For these reasons we were able to attempt at the restoration of the state. Moreover, Ming prefectures in the Liaodong peninsula could also be safe from the Japanese naval onslaught, for which the Ming troops could come to our rescue. All these were made possible by the single victory of Yi Sun-sin! How could this not be the heaven's aid?[34)]

Because the Joseon naval forces led by Yi Sun-sin had continuously defeated the Japanese fleet at sea battles, the Japanese troops had to give up their ambitions to annex at least the southern half of Korea into Japan. Without the relentless resistance, ingenious strategies, and independent spirits of Ryu Seong-ryong and Yi Sun-sin, the Joseon state would not have survived the Imjin War. For this reason, Ryu Seong-ryong devoted sixteen chapters of Books One and Two of the *Records for Averting Past Mistakes* to Yi Sun-sin's great achievements. The track records show that in Yi

34) Ryu Seong-ryong, Gyogan Hyeseol Jingbirok (교감 · 해설 징비록), translated and annotated by Kim Sideok 김시덕 (Seoul: Acanet, 2013), pp.310-315.

Sun-sin triumphed in all of the eleven sea battles with the Japanese forces whereas the Ming troops lost thirteen out of the fifteen battles in land. The Ming scored only one grand victory and another dubious slight victory.

Without Yi Sun-sin's victory at sea, the stumbling Joseon dynasty could not have survived the Japanese invasion: either it would have been divided and occupied by the two countries or subject to direct colonial rule by the Ming. The encounter between Ryu and Yi could be considered the most dramatic chapter not only in the history of the Imjin War, but in the whole history of the Joseon dynasty.

Ⅸ. Conclusion

Ryu Seong-ryong's roles in the making of the Joseon state during the Imjin War cannot emphasized too much. He argued against the defeatist claims at the court in flight that King Seonjo should either cross the Amnok river or to flee to Ham-gyeong Province. By keeping the Joseon court to the south of the Amnok river in Uiju, he could call upon the Ming court to intervene in war against Japan. By redefining the Japanese invasion of Korea into the war between Ming and Japan, Ryu Seong-ryong could begin to resuscitate the life of the Joseon dynasty. Moreover, he was adamantly opposed to the division of the Korean peninsula either between Ming and Japan or by the Ming government. In this sense, Ryu Seong-ryong articulated the proto-national consciousness of the Joseon literati at its formative stage.

All in all, the conquest of the Korean peninsula had been more cumbersome than the Japanese had expected in the first place. The Japanese troops could not maintain the morale and ambitions of their cause. In other words, the Japanese gave up on their imperial dream of conquering China and India because they failed to conquer the Korean peninsula. As to why the formidable Japanese forces failed to conquer the Korean peninsula, two obvious explanations stand to reason. First, the Ming troops came to the rescue of the Korean court. Second, the Korean people resisted: especially, the Joseon naval forces defeated the Japanese fleet.

To the great extent, Ryu Seong-ryong's leadership accounts for the survival of the Joseon dynasty during the Imjin War. What implications does this story hold for the further course of Korean history? Despite all the catastrophes and destructions that had befallen the country during the Imjin War, the Joseon court had not hearkened to Ryu Seong-ryong's warnings. The later kings and ministers of the Joseon court continued to honour the Ming dynasty couched in the self-protectionist rhetoric of "Little Sino-culturalism" (*Sojunghwa* 小中華). Even when the Chinese imperial system faltered with the Western onslaught, the Joseon elites were unable to see the shifting balance of international politics. Even when the Japanese empire defeated China in 1895 and then Russia in 1904-5, the Korean elites were helplessly unwitting as to the fate of their country. In the aftermath of the nearly four decades of Japanese colonial rule, the Korean peninsula was eventually divided into the two Koreas: the DPRK and the ROK.

The economic historians such as Acemoglu and Robinson marvel at the economic miracles of South Korea(ROK) and its striking contrast with North Korea(DPRK). They derive the general principle of economic development from the divergence of the Two Koreas into the two extremes: South Korea, one of the most liberal, democratic, and affluent countries in the world, and North Korea probably the most tyrannical, inhumane, poverty-stricken, totalitarian country the world has ever seen. They conclude that the political and economic institutions determine the fates of human societies.[35) Since the Imjin War, the Korean peninsula had been at the risk of being divided by the external forces of empire.

As the Ming-Wo peace negotiations portended, the southern half of the peninsula gravitated toward the maritime civilization and the northern half toward the continental civilization. The defeatist Ming-loyalists of the Joseon court who proposed no better strategy for their dynasty than to continue its wraith-like existence by becoming part of the Ming empire would also revive in the deeply troubled history of North Korea. For one thing, the Kim regime of the DPRK has for the past seven decades made the isolationist dystopic Galapagos of the northern half of Korea. For another, the ostensibly self-reliant(*Juche* 주체) philosophy of the North Korean state is obviously an extremist variant of the self-reliance movement of Maoist China, especially during the Great Leap Forward(1958-1962). Ironically, the self-reliant philosophy of North Korea has become the most non-independent enslaving ideology of totalitarianism.

35) Daron Acemoglu and James A. Robinson, Why Nations Fail: The Origins of Power, Prosperity, and Poverty (Crown Publishing Group, 2012).

Contrarily, Ryu Seong-ryong's leadership in involving the Ming empire in war against the Japanese invaders for the purpose of maintaining the territorial and ethnic integrity of the Joseon state dramatically failed. However, it seems obvious that Ryu Seong-ryong's line of self-strengthening(*jagang* 自强) would revive in the state-making and developing strategies of the South Korean government in the aftermath of the destructive Korean War(1950-1953). In this light, the economic and political miracles of South Korea might be considered the legitimate succession as well as dramatic culmination of Ryu Seong-ryong's spirit of independence and strategies of state-making.

〈Appendix〉

TABLE 46*

NUMBER OF YEARS IN WHICH ELEVEN PRINCIPAL EUROPEAN POWERS WERE AT WAR, BY FIFTY-YEAR PERIODS, 1100–1900

Power	1100–1150	1150–1200	1200–1250	1250–1300	1300–1350	1350–1400	1400–1450	1450–1500	1500–1550	1550–1600	1600–1650	1650–1700	1700–1750	1750–1800	1800–1850	1850–1900	Average 1450–1900
France	26.5	10.0	31.5	17.5	18.0	25.0	35.5	17.0	29.5	31.0	24.0	22.5	25.0	25.5	18.0	17.0	23.5
Austria	.....	.....	.....	.....	.....	.....	.....	37.0	36.0	39.5	40.5	33.0	29.0	19.5	7.5	6.0	27.5
Great Britain	38.0	16.0	19.0	17.0	39.5	25.5	38.0	19.0	16.0	38.5	17.5	26.0	29.0	26.5	26.0	27.5	25.0
Russia	.....	.....	.....	.....	.....	.....	.....	29.5	42.5	36.0	18.0	39.5	29.0	20.5	35.5	17.5	30.0
Prussia	.....	.....	.....	.....	.....	.....	.....	.....	.....	.....	39.0	19.5	20.0	11.0	7.5	5.5	17.0
Spain	.....	.....	.....	.....	.....	.....	.....	38.0	27.5	45.5	48.0	34.0	29.5	19.0	30.0	23.5	33.0
Netherlands	.....	.....	.....	.....	.....	.....	.....	.....	.....	48.5	36.0	26.5	18.0	11.5	14.5	0	22.0
Sweden	.....	.....	.....	.....	.....	.....	.....	21.5	21.5	29.0	39.5	10.5	22.5	7.0	6.5	0	17.5
Denmark	.....	.....	.....	.....	.....	.....	.....	15.5	22.5	10.0	21.5	9.0	11.0	1.0	10.0	5	11.5
Turkey	.....	.....	.....	.....	.....	.....	.....	42.5	33.0	47.5	47.0	42.0	9.0	14.0	24.0	15.5	30.5
Poland	.....	.....	.....	.....	.....	.....	.....	27.0	26.0	29.0	32.0	36.0	17.0	5.5	.....	.....	24.5
Total	64.5	26.0	50.5	34.5	57.5	50.5	73.5	247.0	254.0	354.5	363.0	298.0	239.0	161.0	178.5	117.5	.....
Average for states recorded in the period	32.0	13.0	25.0	17.0	28.5	25.0	36.5	27.5	28.0	35.5	33.0	27.0	21.5	14.5	18.0	11.5	.....
Average percentage of time at war	64	26	50	34	57	50	73	55	56	7[illegible]	66	54	43	29	36	23	.....
Average percentage of time at war in century	45.0		42.0		53.5		64.0		63.5		60.0		36.0		29.5		.....

* Source: Woods and Baltzly, *Is War Diminishing?* (Boston, 1915).

653

From Quincy Wright. 1941, *A Study of War*, Chicago: The University of Chicago Press, p.653.

참고문헌

김성우. 2013, "임진왜란 시기 관군은 왜 약했는가?", 『역사와 현실』 87, 한국역사연구회.

류성룡. "祇受體察之命兼陳賊勢狀", 『西厓先生文集 6』.

송 복. 2014, 『류성룡, 나라를 다시 세울 때가 되었나이다』, 시루, p.19.

이 이. "今之國儲。不支一年。眞所謂國非其國者也", 『栗谷全書』。

인터넷 검색, "六條啓 癸未"(http://db.mkstudy.com/)

인터넷 검색, "1494년 이애(李璦) 남매 화회문기(和會文記)"(http://archive.aks.ac.kr/)

Fairbank, J. K. 1978, "Introduction: The Old Order", in *The Cambridge History of China: X: Late Ch'ing, 1800-1911*, Part 1, Cambridge.

Frank, Adre Gunder. 1988, *ReOrient: Global Economy in the Asian Age*, University of California Press.

George Bryan Souza. 2007, *The Survival of Empire: Portuguese Trade and Society in China and the South China Sea, 1630-1754*, London: Cambridge University Press.

Haboush, JaHyun Kim. 2006, *The Great East Asian War and the Birth of the Korean Nation*, ed., William J. Haboush and Jisoo M. Kim, et al. 2006, New York: Columbia University Press.

Kawamich, Rintaro et al., "Military and Civil Uses of Osaka Castle in the Modern Age," *The Journal of Asian Architecture and Building Engineering*, 2: 1, pp.199-205.

Lidin, Olof G. 2002, *Tanegashima: The Arrival of Europe in Japan*, Copenhagen: NIAS Press, Chapter 1.

Rossabi, M. ed. 1983, *China among Equals: The Middle Kingdom and Its Neighbors, 10th-14th Centuries*, Berkeley.

Souza, George Bryan. 1986, *The Survival of Empire: Portuguese Trade and Society in China and the South China Sea, 1630-1754*, Cambridge: Cambridge University Press.

Swope, Kenneth M. "Deceit, Disguise, and Dependence: China, Japan, and the Future of the Tributary System, 1592-1596." *The International History Review*, Vol. 24, No. 4 (Dec., 2002), pp.757-782.

Tilly, Charles. 1990, *Coercion, Capital and European States, A.D. 990-1992*, Basil Blackwell.

Turnbull, Stephen. "Wars and Rumours of Wars: Japanese Plans to Invade the Philippines, 1593-1637," *Naval War College Review*, Vol. 69, No. 4(Autumn 2016), pp.107-121.

Wright, Quincy. 1942, *A Study of War*, Chicago: The University of Chicago Press.

찾아보기

ㄴ

ㄷ

ㅂ

ㅅ

ㅇ

ㅊ

ㅋ

ㅌ

ㅍ

ㅎ

저자 프로필

■ 송 복

현재 연세대 명예교수이며, 2007년에 『서애 류성룡 – 위대한 만남』을 출간한 이후 류성룡의 리더십 강의 명사로 정평이 나 있다. 서울대학교 정치학과 및 신문대학원을 졸업했다. 하와이 대학에서 사회학 석사학위를 받고, 서울대학교 정치학 박사학위를 취득했다. 청맥, 사상계, 서울신문 등 언론계를 거쳐 1975년부터 2002년 8월까지 연세대학교 사회학과 교수로 재직했다. 저서로는 조직과 권력, 한국사회의 갈등구조, 동양적 가치란 무엇인가, 열린 사회와 보수, 일류의 논리 등이 있다.

■ 전상인

현재 서울대 환경대학원 교수로 재직 중이며, 도시문화와 공간계획에 대한 강의와 연구를 주로 하고 있다. 미국 브라운대학에서 사회학 박사를 취득하였고, 한림대 교수를 거치고 한국미래학회장을 역임했다. 원래 역사사회학에서 출발했지만 사회학 전반과 당면 사회현실에 대해 두루 관심을 갖고 있다. 저서로는 공간으로 세상읽기, 공간 디자이너 박정희, 편의점 사회학, 한국현대사 진실과 해석, 공저로 박태준 사상 미래를 열다 등이 있다.

■ 서재진

현재 (재)미래연구원 원장으로 재직 중이며, 리더십 전문코치로서 활동하면서, 류성룡 리더십 연구에 전념하고 있다. 국책기관인 통일연구원에서 20여년간 북한 및 통일정책 연구를 하였으며 통일연구원 원장을 역임하였다. 서울대학교 사회학과 졸업 이후 1988년 미국 하와이大에서 한국의 자본가계급 형성에 관한 연구로 사회학 박사학위를 받았다. 저서로는 한국의 자본가계급, 또 하나의 북한 사회, 주체사상의 이반, 공저로는 세계체제이론으로 본 북한의 미래가 있다.

■ 백권호

현재 영남대학교 경영대학 교수로 재직 중이며, 기업문화, 동아시아 문화와 철학, 류성룡 리더십 연구에 관심이 크다. 1993년 서울대학교에서 박사학위를 받고, 국책연구기관인 대외경제정책연구원(KIEP) 중국실장을 역임하였다. 현대중국학회, 한중사회과학학회 회장을 역임하였다. 저서로는 중국내 한국계 외자기업의 경영 현지화, 미래지향적인 한·중관계, 중국 일등기업의 4가지 비밀 등이 있다.

■ 심재철

현재 고려대학교 미디어학부 교수로 재직중이며, 미국 미주리대학과 노스다코타대학에서 교수로 재직했다. 고려대 신문방송학과를 졸업한 후에 1992년 위스컨신대학교에서 매스컴학으로 박사학위를 받았다. 저서로는 시장자본주의와 경제저널리즘, 공저로는 뉴스 어뷰징과 검색 알고리즘, 외신–한국경제를 톺아보다, 한국 언론시스템의 선진화 방법론, 경제뉴스와 경제현실 등이 있다.

■ 조백상

현재 국립외교원 명예교수로 있다. 34년의 외교관 경력 중 미국, 중국, 일본에서 주재 근무를 하였고, 중국 선양주재 총영사와 주대만 대표부 대표를 역임하였다. 서울대학교 외교학과 졸업 후 1982년에 외교학과에서 석사학위를, 그리고 1986년에는 '분할 점령에서 통합된 오스트리아와 분단이 고착화한 남북한 비교연구'로 미국 펜실베이니아대학 국제관계학 석사학위를 받았다.

■ 박희태

현재 동아대학교 경영학과 교수로 재직중이며, 주된 연구관심사는 리더십, 편견, 조직행동 및 인적자원관리 등이다. 1996년 해군사관학교를 졸업하고 잠수함 장교로 근무하였으며, 2011년 서울대학교에서 경영학 박사를 취득한 이후, 해군사관학교 교수직을 역임하였다. 역사적인 인물에 대한 연구에 관심이 많아 명량해전 분석, 손원일제독의 전략적 리더십 등의 논문이 있다. 역서로는 편견사회–당신은 편견에서 자유로운가 등이 있다.

■ 노명화

현재 국방대학교 국방관리학과 교수로 재직 중이며, 주된 연구관심사는 리더의 판단력, 전쟁과 리더십, 전략과 리더십, 국방조직론 등이다. 2002년 고려대학교에서 경영학 박사를 취득하였고, 국방부에서 군 인적자원개발정책을 추진하였다. 인사관리학회 부회장과 제12대 대한리더십학회 회장을 역임하였다. 저서로는 성공의 재발견, 역서로는 익스트림 리더십 등이 있다.

■ 송재윤

하버드대학교에서 중국사 박사학위를 받았고, 현재 캐나다 맥매스터(McMaster University) 대학교 역사학과 교수로 재직중이다. 중국사상사, 중국근현대사 및 정치철학을 연구하고 있다. 저서로는 Traces of Grand Peace(Harvard University)와 Yoshiko's Flags(Quattro Books 영문소설) 등이 있다. 현재 펜앤마이크(pennmike.com)에 "문혁춘추: 현대중국의 슬픈역사"를 연재중이다.

서애 류성룡의 리더십

2019년 4월 10일 초판 인쇄
2019년 4월 15일 초판 발행

편저자 송 복 · 서 재 진
발행인 배 효 선

발행처 도서출판 法 文 社

주 소 10881 경기도 파주시 회동길 37-29
등 록 1957년 12월 12일/제2-76호(윤)
전 화 (031)955-6500~6 FAX (031)955-6525
E-mail (영업) bms@bobmunsa.co.kr
(편집) edit66@bobmunsa.co.kr
홈페이지 http://www.bobmunsa.co.kr
조 판 법 문 사 전 산 실

정가 23,000원 ISBN 978-89-18-12385-1